JN237209

カラー版

とっておきの韓国語会話表現辞典

IN COLOR
Dictionary of Korean for Specific Situations

李 清一 [著]
Lee Cheong-Il

ナツメ社

◆◆◆ はじめに ◆◆◆

　2000年代に入って、日韓共催のサッカーワールドカップ、「冬のソナタ」に始まる韓流ブームがきっかけとなって韓国に対する関心が高まり、両国間の文化交流はかつてない広がりを見せています。それにつれて韓国語を習う人が大いに増えました。入門書や簡単な旅行会話の本などもたくさん作られ、初心者はどれを選べばよいか迷ってしまうほどです。最近では中級者向けの学習書も徐々に増えてきています。

　日本語と韓国語には、意味や発音が共通する漢字熟語が少なからずある、語順がほぼ同じ、助詞がある、敬語表現があるなど似ている点が多くあります。日本人にとって、韓国語はとっつきやすい外国語ということができるでしょう。

　しかし、文字の数が多く、日本語にない音もあるうえに、発音の変化が激しいという難点もあり、慣れるまで少し大変ではあります。

　韓国語を習うほとんどの方が会話の習得を目指しています。語順が同じ言語なので、理屈では単語や助詞を並べて文を作れば簡単に会話ができるということになります。しかし、実際には短い文でもなかなかうまくできなかったり、直訳では通じなかったりすることも多いのです。

　この辞典は基本的には初級段階の語彙と文法を学んだ方が韓国語の様々な会話表現を習得するために作られた本で、**現在、韓国で使われている、生きた会話表現**をまとめています。

　日常生活の初歩的な短い表現から中上級者向けの様々な場面での言い回しまで幅広く取り上げており、表現の数はほかに例を見ない豊富なものです。

　また、短い片言の表現も多く、韓国語にはフリガナも付いているので、初心者の方でも簡単なひと言を覚えるのには便利だと思います。

　この本の一番の目玉としては、カジュアルな言い方、スタンダードな言い方、フォーマルな言い方と、会話表現が3つ

の種類に分かれていることです。

　カジュアル表現は、遠慮のいらない親しい友人、知人や目下の人などに使うぞんざいでくだけた言い方で、俗語表現なども含まれています。知らない人に使うと失礼になるので、使わないように気をつけてください。パンマルと言われる「ヘ体」の待遇法をベースに、一部「ヘラ体（ハンダ体）」の言い方も入れてあります。

　スタンダード表現は、一般社会で最も広く使われている丁寧語の表現です。基本的には「ヘヨ体」で、質問文、命令文などには尊敬形も用いています。また場面によってはかしこまった言い方のハムニダ体も一部含まれています。

　フォーマル表現はハムニダ体を使った表現で、数は多くありませんが、公の場や目上の人に対するかしこまった硬い言い方になっています。場合によっては紋切り型の文章語もあります。

　以上の3つの表現は全く同じ内容ではありません。カジュアルとスタンダードは内容的に同じで語尾が違うというものが一定程度あります。

　目次から必要な項目を当たって目的とする表現を探すこともできますし、巻末の詳しい索引からキーワードを探して表現にたどりつくこともできます。読者それぞれの方法で活用していただけることと思います。

　今回紙面の関係でカバーしきれなかった部分も少なからずありますが、本書が韓国語の会話表現を学ぶ方々の手助けとなれば誠に幸いです。

　　　　　　　　　　　　　　　　　　　　2010年3月　李　清一

◆◆◆ 本辞典の編纂に際して ◆◆◆

　本辞典は日本語と韓国語を対比する形になっています。一つの日本語表現に対してそれと全く同じか、もしくは類似した韓国語表現を一つまたは複数提示してあります。日本語と韓国語は語順がほぼ同じなので、一般的に学習者は直訳しがちですが、この辞典はあくまでも表現辞典であるため、ただ単語を訳すのではなく、ある一定のケース、場面で日本語ではこう言う、では同じケース、場面において韓国語ではどう言うかというコンセプトで表現しています。結果的に逐語訳（逐一単語を置き換えた翻訳）と同一になる場合もありますが、日本語の単語、語順、言い回しと対応せず、別の言い方になることもたくさんあります。

　一つの日本語表現に対して複数の韓国語表現を当てた場合は、日本語表現の意味合いに最もあう、一番ポピュラーな韓国語の言い方をキーセンテンスとしてまず掲載しています。

　また、生きた韓国語表現を紹介するという観点から、一部に標準語ではない言葉も入っています。それぞれ解説欄に説明しておきましたが、そういう言葉は標準語と同じように、ときにはそれ以上に一般的に広く使われているからです。

　またハングル（文字）にはカタカナによるフリガナを付けていますが、これはあくまで目安としていただければと思います。一文の表現を発話するとき、その時々の話すスピード、感情、意図など様々な要因によって、間の取り方が多少違い、それによって連音化、有声音化などの音の変化が起きたり、起きなかったりします。それらすべてのケースをカバーしてフリガナを付けることは不可能だからです。本辞典では、初級、中級程度の学習者が読みやすい程度の言葉の区切りを想定してカナをふってありますが、これで十分通じるはずです。

◆◆◆ 本辞典の読み方 ◆◆◆

❏ カジュアル表現

遠慮のいらない親しい友人、知人や目下の人などに使う**ぞんざいでくだけた言い方**で、俗語表現なども含まれます。パンマルといわれる「ヘ体」の待遇法をベースに、一部「ヘラ体(ハンダ体)」の言い方も入れてあります。カジュアル表現は、知らない人に使うと失礼になります。

| やぁ、僕はシン・サンウっていうんだ | 안녕, 난 신상우라고 해. _{アンニョン ナン シンサンウラゴ ヘ} ＊-라고 해は「~というんだ」。_{ラゴ ヘ} |

❏ スタンダード表現

一般社会で**最も広く使われている丁寧語**の表現です。基本的には「ヘヨ体」で、質問文、命令文などには尊敬形も含んでいます。また場面によってはハムニダ体も一部含まれています。

| こんにちは！ | 안녕하세요? _{アンニョンハセヨ} ＊直訳は「お元気でいらっしゃいますか？」で、朝、昼、晩の区別なく使えるので「おはようございます」や「こんばんは」にもなる表現。안녕하다_{アンニョンハダ}は「安寧(平穏無事)だ」。 |

❏ フォーマル表現

ハムニダ体の表現で、公の席や目上の人に対する**かしこまった硬い言い方**です。場合によっては紋切り型の文章語もあります。

| お元気でしょうか？ | 안녕하십니까? _{アンニョンハシムニッカ} ＊안녕하세요?_{アンニョンハセヨ}(お元気ですか？)のかしこまった言い方。안녕_{アンニョン}は漢字では[安寧]で「平穏無事」の意。 |

❏ フリガナについて

　本辞典は、表音文字であるハングルをまだ十分に読めない人、韓国語の発音に慣れていない人のために、すべての韓国語にフリガナを付けています。しかし、外国語である韓国語の発音を、日本語のカタカナで完璧に表すことは不可能ですので、本辞典のフリガナは、あくまでも目安です。

　また韓国語の場合、読むスピード、間の取り方などによって連音化、有声音化などの音の変化が起きたり、起きなかったりします。本辞典では、初級、中級程度の学習者が読みやすい長さの言葉の区切りを勘案して、フリガナをふっていますので、発音の参考にしてください。

　なお、本辞典では以下のルールで韓国語にフリガナを付けています。

　パッチム（終声）のㄱ [k] を小さい「ク」で表しています。
＊ただし、次の初声がㄱで始まるときは「ッ」のほうが適しているため、そのように表記しました。

小学生の娘が一人います	チョドゥンハ(ク)セン　タリ　ハナ　イッソヨ 초등학생 딸이 하나 있어요.
私は教師をしています	チョヌン　キョサイムニダ 저는 교사입니다. ＊「私は教師です」という言い方。입니다はかしこまった言い方。 ナヌン　ハ(ッ)キョ　ソンセンイエヨ　ハ(ク)キョ ＝나는 학교 선생이에요. ＊학교は「学校」。이에요は打ち解けたソフトな言い方。

　パッチム（終声）のㅁ [m] を小さい「ム」で表しています。
　パッチム（終声）のㅂ [p] を小さい「プ」で表しています。

| はじめまして、イ・ユハといいます | チョ(ム)ベ(プ)ケッスムニダ　イユハラゴ　ハムニダ
처음 뵙겠습니다. 이유하라고 합니다.
＊初対面のときの定番のかしこまった挨拶。처음 뵙겠습니다は「初めてお目にかかります」。 |

　パッチム（終声）のㄹ [l] を小さい「ル」で表しています。

| ここへは仕事で来ています | イゴセヌン　イ(ル)　テムネ　ワッソヨ　イゴッ
이곳에는 일 때문에 왔어요. ＊이곳은「ここ」。일 때문에は「仕事のために」「仕事で」。 |

本辞典の読み方 ◆ 5

❏ 会話例

韓国語のキーセンテンスは、対話形式になっているほうが、使われる場面や状況がわかりやすいものについては、🅐と🅑の会話例を掲載しています。

> 🅐 行ってらっしゃい
> 🅑 行ってきます
>
> 🅐 다녀와요. ※다녀오다は「行ってくる」。親など目上の人に「行ってらっしゃい」と言う場合は敬語を使って다녀오세요とか다녀오십시오と言う。
>
> 🅑 다녀올게요. ※다녀올게요は意志を表した言い方。より丁寧な言い方は다녀오겠습니다.

❏ 注について

本文中 ✱ 印の注は、韓国語表現についての解説です。以下のように、解説を加えています。

直訳(逐語訳)がわかると意味を捉えやすいものについては、直訳を記載しています。

> 元気?
> 잘 지내니? 直訳は「よく過ごしている?」。지내다は「過ごす」。-니?は対等以下の親しい相手に対する気楽な聞き方。

漢字語については、[ ]で漢字を表記しています。漢字は韓国で使われている旧字体ではなく、現在日本で使われている漢字で表記しました。

> チケットはどこで買えますか?
> 표는 어디서 살 수 있어요? 표は漢字では[票]で「チケット」の意。사다は「買う」。-ㄹ/을 수 있다で「~することができる」。

単語や熟語、活用語尾についての解説も加えています。

> 以前お会いしましたか?
> 전에 뵌 적이 있나요? -ㄴ/은 적이 있나요?は「~したことがありますか」。
> ■혹시 전에 만난 적이 있었던가요? 혹시は「ひょっとして」「もしかして」。

✱単語の和訳は、当該表現での意味を中心に記しています。

慣用句についても、適宜、説明をしています。また、表現のニュアンスや日本人が間違いやすい点、注意すべき点、会話でよく使われる縮約形（言葉を短く縮めた言い方。解説文中では「縮んだ形」と表記）などについても解説しています。

❏ 類似表現

類似表現とは、韓国語のキーセンテンスとほぼ同じ意味の別の言い方のことです。＝印の後に掲載しています。

ただし、言い回しやニュアンスが異なるものについては、＊印の後ろに日本語の直訳や解説を付けています。

| 私は独身です | 저는 <ruby>チョヌン</ruby> 미혼이에요. <ruby>ミホニエヨ</ruby> ＊저는自分を下げて言う「私」。미혼は「未婚」。
＝아직 결혼 안 했어요. 「まだ結婚していません」
＊아직は「まだ」。
＝아직 장가 안 갔어요. 「まだ結婚していません」だが、男性が使う表現。 |

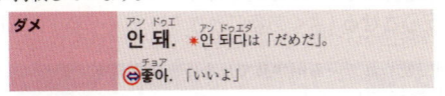

❏ 反対表現

韓国語のキーセンテンスと反対の意味を持つ表現を⇔印の後に掲載しています。

| ダメ | 안 돼. ＊안 되다は「だめだ」。
⇔좋아. 「いいよ」 |

❏ 日本語索引および韓国語索引

巻末の「日本語索引」では、韓国語で言ってみたい日本語の単語や言い回しについて、「韓国語索引」では、韓国語でよく使われる単語や活用語尾、連語、慣用句などについて、本文の掲載箇所を調べられるようになっています。

言ってみたい単語やフレーズ、耳にした片言の韓国語の意味を知るのに、「索引」を有効に活用してください。

目次

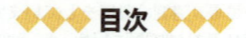

第1章　コミュニケーションを円滑にする　11

- 自己紹介する（はじめまして）・・・・・・・・・・・・・ 12
- 知らない人に話しかける（すみません）・・・・・・・ 25
- 家族に話しかける（ただいま！）・・・・・・・・・・・・ 34
- 大勢に話しかける（皆さん、ようこそ！）・・・・・ 48
- 職業名で呼ぶ（お医者さん！）・・・・・・・・・・・・・・ 51
- 友人や知人に話しかける（やぁ、どう？）・・・・・ 54
- 別れの挨拶をする（さよなら！）・・・・・・・・・・・・ 64
- 人を紹介する（私の友達です）・・・・・・・・・・・・・・ 76
- あいづちを入れる（そうかい？）・・・・・・・・・・・・ 82
- 人をほめる（よくやった！）・・・・・・・・・・・・・・・・ 92
- 服装・持ち物をほめる（いいシャツね）・・・・・・ 103
- 仲直りする（仲直りしよう）・・・・・・・・・・・・・・・ 107
- 気づかう（大丈夫？）・・・・・・・・・・・・・・・・・・・・・ 112
- 同情する（それはお気の毒に）・・・・・・・・・・・・・ 123
- 幸運を祈る（成功を祈ります）・・・・・・・・・・・・・ 128
- 人を励ます（がんばれ！）・・・・・・・・・・・・・・・・・ 132
- 安心させる（よくあることさ！）・・・・・・・・・・・ 139

第2章　気持ちを表現する　149

- 感謝する（ありがとう）・・・・・・・・・・・・・・・・・・・ 150
- 謝る（ごめん）・・・・・・・・・・・・・・・・・・・・・・・・・・ 159
- 喜ぶ（うれしいです）・・・・・・・・・・・・・・・・・・・・・ 168
- 感嘆する（まぁ！）・・・・・・・・・・・・・・・・・・・・・・・ 178
- 怒る（頭にきた！）・・・・・・・・・・・・・・・・・・・・・・・ 185
- 驚く（びっくりした！）・・・・・・・・・・・・・・・・・・・ 207
- 悲しむ（悲しいよ）・・・・・・・・・・・・・・・・・・・・・・・ 219
- 落胆する（がっかりだ）・・・・・・・・・・・・・・・・・・・ 227
- 非難する（あなたは無責任です）・・・・・・・・・・・・ 235

- ◆ 満足する（最高だよ！）・・・・・・・・・・・・・ 257
- ◆ 苦情を言う（これは問題だよ）・・・・・・・・・ 264
- ◆ ホッとする（やれやれ！）・・・・・・・・・・・ 282
- ◆ 後悔する（しまった！）・・・・・・・・・・・・ 287
- ◆ 歓迎する（いらっしゃい！）・・・・・・・・・・ 298
- ◆ 祝う（おめでとう！）・・・・・・・・・・・・・ 305
- ◆ お悔やみを述べる（お気の毒に）・・・・・・・・ 311

第3章　考えを述べる　317

- ◆ 約束する（約束します）・・・・・・・・・・・・ 318
- ◆ 主張する（こうでなきゃダメだ！）・・・・・・・ 325
- ◆ 肯定する（はい）・・・・・・・・・・・・・・・ 331
- ◆ 否定する（いいえ）・・・・・・・・・・・・・・ 345
- ◆ 推測する（そうじゃないかな）・・・・・・・・・ 362
- ◆ 仮定する（もし…）・・・・・・・・・・・・・・ 368
- ◆ 意見を聞く（どう思う？）・・・・・・・・・・・ 376
- ◆ 意見を述べる（ちょっと言わせてくれ）・・・・・ 386
- ◆ 意見がない（ノーコメントだ）・・・・・・・・・ 396
- ◆ 賛成する（賛成だ！）・・・・・・・・・・・・・ 404
- ◆ 反対する（反対！）・・・・・・・・・・・・・・ 419
- ◆ 正しくない（間違ってるよ）・・・・・・・・・・ 435
- ◆ 決断する（決心しました）・・・・・・・・・・・ 441

第4章　話を進めていく　453

- ◆ 何かを知りたい（教えてください）・・・・・・・ 454
- ◆ 何かをするつもりだ（やります）・・・・・・・・ 463
- ◆ 好みを尋ねる（どれがいい？）・・・・・・・・・ 471
- ◆ 忘れた（忘れていました）・・・・・・・・・・・ 480
- ◆ 覚えている（あ、そうそう！）・・・・・・・・・ 486
- ◆ ほかに何かあるか聞く（ほかに何か？）・・・・・ 491
- ◆ 例を挙げる（例えば…）・・・・・・・・・・・・ 495
- ◆ 説明を始める（こうなんだよ）・・・・・・・・・ 498

- ◆ **内容を明らかにする**（だって…）・・・・・・・・・504
- ◆ **報告する**（いいお知らせです）・・・・・・・・・509
- ◆ **理由を聞く**（なぜ？）・・・・・・・・・・・・・521
- ◆ **理由を述べる**（忙しかったからです）・・・・・・528
- ◆ **理解を伝える**（なるほど）・・・・・・・・・・・535
- ◆ **疑問を伝える**（それは怪しいぞ）・・・・・・・・543
- ◆ **促す**（気を抜くな！）・・・・・・・・・・・・・551

第5章　行動をおこす　559

- ◆ **協力・援助を申し出る**（手伝おうか？）・・・・・・560
- ◆ **希望・願望を申し出る**（金持ちだったらなぁ）・・・567
- ◆ **提案する**（こうしたら？）・・・・・・・・・・・576
- ◆ **依頼する**（よろしく頼むよ）・・・・・・・・・・586
- ◆ **誘う**（一緒にどう？）・・・・・・・・・・・・・598
- ◆ **許可を得る**（いい？）・・・・・・・・・・・・・608
- ◆ **命令する**（やめろ！）・・・・・・・・・・・・・614
- ◆ **聞き返す**（何て言ったの？）・・・・・・・・・・622
- ◆ **諭す**（やるなら今だ）・・・・・・・・・・・・・630
- ◆ **注意する**（気をつけて！）・・・・・・・・・・・640
- ◆ **制止する**（やめてください！）・・・・・・・・・655
- ◆ **警告する**（これは警告です）・・・・・・・・・・667

　　表現を広げるつなぎ言葉のいろいろ・・・・・・・・・316
　　表現を広げる言い回しのいろいろ①・・・・・・・・・452
　　表現を広げる言い回しのいろいろ②・・・・・・・・・558

日本語索引・・・・・・・・・・・・・・・・・・・676
韓国語索引・・・・・・・・・・・・・・・・・・・712

第1章

コミュニケーションを円滑にする

- ◆**自己紹介する**(はじめまして)➔P.12
- ◆**知らない人に話しかける**(すみません)➔P.25
- ◆**家族に話しかける**(ただいま!)➔P.34
- ◆**大勢に話しかける**(皆さん、ようこそ!)➔P.48
- ◆**職業名で呼ぶ**(お医者さん!)➔P.51
- ◆**友人や知人に話しかける**(やぁ、どう?)➔P.54
- ◆**別れの挨拶をする**(さよなら!)➔P.64
- ◆**人を紹介する**(私の友達です)➔P.76
- ◆**あいづちを入れる**(そうかい?)➔P.82
- ◆**人をほめる**(よくやった!)➔P.92
- ◆**服装・持ち物をほめる**(いいシャツね)➔P.103
- ◆**仲直りする**(仲直りしよう)➔P.107
- ◆**気づかう**(大丈夫?)➔P.112
- ◆**同情する**(それはお気の毒に)➔P.123
- ◆**幸運を祈る**(成功を祈ります)➔P.128
- ◆**人を励ます**(がんばれ!)➔P.132
- ◆**安心させる**(よくあることさ!)➔P.139

自己紹介する

「はじめまして」

カジュアル表現

やぁ、僕はシン・サンウ	<ruby>안녕<rt>アンニョン</rt></ruby>, <ruby>난<rt>ナン</rt></ruby> <ruby>신상우야<rt>シンサンウヤ</rt></ruby>.	＊若者や子供同士などで使うフランクな表現。난は나는が縮んだ形。
やぁ、僕はシン・サンウっていうんだ	<ruby>안녕<rt>アンニョン</rt></ruby>, <ruby>난<rt>ナン</rt></ruby> <ruby>신상우라고<rt>シンサンウラゴ</rt></ruby> <ruby>해<rt>ヘ</rt></ruby>.	＊-라고 해は「～というんだ」。
よろしく！	<ruby>잘<rt>チャル</rt></ruby> <ruby>부탁해<rt>ブタッケ</rt></ruby>! =<ruby>잘<rt>チャル</rt></ruby> <ruby>부탁한다<rt>ブタッカンダ</rt></ruby>!	「よろしく頼むよ！」という表現。부탁하다は「頼む」「お願いする」。 ＊目下の相手にいう言い方。

スタンダード表現

お会いできてうれしいです	<ruby>만나서<rt>マンナソ</rt></ruby> <ruby>반갑습니다<rt>バンガプスムニダ</rt></ruby>. =<ruby>만나서<rt>マンナソ</rt></ruby> <ruby>반가워요<rt>バンガウォヨ</rt></ruby>.	＊最も一般的なかしこまった言い方。반갑다は「うれしい」。 ＊同輩、年下の相手に対する打ち解けた言い方。
こんにちは	<ruby>안녕하십니까<rt>アンニョンハシムニッカ</rt></ruby>? =<ruby>안녕하세요<rt>アンニョンハセヨ</rt></ruby>?	＊最も一般的なかしこまった言い方。 ＊最も一般的な打ち解けた言い方。<ruby>안녕하세요<rt>アンニョンハセヨ</rt></ruby>?は出会いの挨拶としての「こんにちは」や「いやぁ」「どうも」にも使える。

どうも、コ・イチュンです	안녕하세요? 고이춘입니다. ＊初対面の自己紹介には입니다 (です) とか-라고/이라고 합니다 (~といいます) というかしこまった言い方のほうが礼儀正しい。
ゆき子と申しますが、ユキと呼んでください	유키코라고 합니다만 유키라고 불러 주세요. ＊부르다は「呼ぶ」。
M社の課長の佐藤です	M사의 과장 사토입니다. ＊과장は「課長」。主な役職名：계장「係長」、부장「部長」、국장「局長」、상무「常務」、전무「専務」、부사장「副社長」、사장「社長」、회장「会長」。
はじめまして。イ・ユハといいます	처음 뵙겠습니다. 이유하라고 합니다. ＊初対面のときの定番のかしこまった挨拶。처음 뵙겠습니다は「初めてお目にかかります」。
旧姓は鈴木です	결혼 전의 성은 스즈키입니다. ＊「結婚前の姓は鈴木です」という言い方。결혼は「結婚」。성は「姓」。韓国では結婚しても姓は変わらない。
以前お会いしましたか？	전에 뵌 적이 있나요? ＊-ㄴ/은 적이 있나요?は「~したことがありますか？」。 = 혹시 전에 만난 적이 있었던가요? ＊혹시は「ひょっとして」「もしかして」。
日本から来ました	일본에서 왔습니다.

自己紹介する ◆ 13

	= 일본에서 왔어요. ＊この場合日本부터とは言わない。부터は時間を表す言葉に付き、에서は基本的に場所を表す言葉に付く。主な「国から」の言い方：미국에서「米国から」、중국에서「中国から」、한국에서「韓国から」、영국에서「英国から」、프랑스에서「フランスから」。
ハワイへは一度行ったことがあります	하와이에는 한 번 가 본 적이 있습니다. ＊한 번は「一度」。 = 하와이에는 딱 한 번 가 봤어요. 「ハワイへは一度だけ行ったことがあります」
ハワイへは一度も行ったことがありません	하와이에는 한 번도 가 본 적이 없어요. = 하와이엔 한 번도 못 가 봤어요. ＊못＋動詞で「～できない」という不可能表現になる。ここでは、「(行く気はあるが)行けなかった」という意味。
生まれは東京です	태어난 곳은 도쿄예요. ＊태어난 곳は「生まれた所」。 = 도쿄에서 태어났어요. 「東京で生まれました」 = 도쿄 토박이예요. 「東京生まれ(江戸っ子)です」
私は都会育ちなんです	저는 도시에서 자랐어요. ＊저は自分を下げた言い方。도시は「都市」。자라다は「育つ」。도회[都会]에서 자라다とは言わない。

	=나는 도시에서 컸어요. ★나는同輩や目下の相手に使う。크다は形容詞では「大きい」だが、動詞では「大きくなる」。
私の故郷は福島です	제 고향은 후쿠시마예요. ★제は저의の縮んだ形で、自分を下げて言う場合の「私の」。고향は「故郷」。 =나는 고향이 후쿠시마예요.
ここへは仕事で来ています	이곳에는 일 때문에 왔어요. ★이곳は「ここ」。일 때문에は「仕事のために」「仕事で」。 =사업차 여기에 와 있습니다. ★사업차は漢字では〔事業次〕で「仕事のために」という意味。여기は「ここ」。
仕事は何をしていらっしゃいますか?	무슨 일을 하세요? ★무슨は「何の」「どんな」。일は「仕事」。 =무슨 일을 하고 계세요?
私は教師をしています	저는 교사입니다. ★「私は教師です」という言い方。입니다はかしこまった言い方。 =나는 학교 선생이에요. ★학교は「学校」。이에요は打ち解けたソフトな言い方。
A商社に勤めております	A상사에서 근무하고 있습니다. ★상사は「商社」。근무하다は「勤務する」。 =A상사에 다녀요. ★다니다は「通って勤める」。

自己紹介する ◆ 15

営業部におります	영업부에 있습니다.	
	= 영업부에서 일해요.　「営業部で働いています」	
	✲ 会社の各部署名：경리부「経理部」、총무부「総務部」、홍보부「広報部」、사업부「事業部」、인사부「人事部」。	
企画を担当しております	기획을 담당하고 있습니다.　✲기획は「企画」。담당하다는「担当する」。	
	= 기획을 맡고 있어요.　✲맡다는「受け持つ」。	
コンピュータ関係の仕事をしています	컴퓨터와 관계된 일을 하고 있습니다.	
	= 컴퓨터 관련 일을 해요.　✲관련は「関連」。	
ABCに勤めております	ＡＢＣ에서 근무합니다.	
	= ＡＢＣ에 다니고 있어요.　✲다니다は「通って勤める」。	
	= ＡＢＣ에서 일해요.	
自営業です	자영업을 해요.　✲자영업は「自営業」。	
	= 자영업자예요.　「自営業者です」	
	✲ 様々な業種名：제조업「製造業」、유통업「流通業」、금융업「金融業」、요식[료식]업「飲食[料食]業」、자유업「自由業」、농업「農業」、어업「漁業」。	
脱サラして自営しています	직장 생활 그만두고 자영업을 해요.	
	✲ 직장 생활は漢字では［職場生活］で「サラリーマン生活」の意。그만두다는「辞める」。	

16 ◆ 自己紹介する

	フェサルル クマンドゥゴ ネ サオブル ハゴ イッソヨ = 회사를 그만두고 내 사업을 하고 있어요. ＊直訳は「会社を辞めて自分の事業（ビジネス）をしています」。내 ~は「私の~」と「自分の~」の意味がある。
私は目下、失業中です	チョヌン チグム シロプチャエヨ 저는 지금 실업자예요. ＊실업자は「失業者」。 ナヌン チグム ノルゴ イッソヨ = 나는 지금 놀고 있어요. ＊놀고 있다はここでは「仕事をしないで休んでいる（ぶらぶらしている）」という意味。
新しい仕事を探しています	セロ ハル リルル チャッコ イッソヨ 새로 할 일을 찾고 있어요. ＊새로 할 일は「新たにする仕事」。찾다は「探す」。 セロウン ニルチャリルル チャンヌン ジュンイムニダ = 새로운 일자리를 찾는 중입니다. ＊일자리は「職場」。찾는 중は「探しているところ」。
英語を使う仕事につきたいと思っています	ヨンオルル スヌン ニルル ハゴ シポヨ 영어를 쓰는 일을 하고 싶어요. ＊쓰다は「使う」。사용하다（使用する）も使える。 ＊様々な言語名：중국어（중국말）「中国語」、일본어（일본말）「日本語」、러시아어（러시아말）「ロシア語」、프랑스어（프랑스말）「フランス語」、스페인어（스페인말）「スペイン語」。
私は株に投資しています	チョヌン チュシク トゥジャルル ヘヨ 저는 주식 투자를 해요. ＊주식 투자は「株式投資」。 ナヌン チュシク コレルル ハゴ イッソヨ = 나는 주식 거래를 하고 있어요. ＊주식 거래は「株の取引」「株の売買」。

自己紹介する ◆ 17

妻のほうが私よりも稼ぐんです	チプサラミ チョボダ マーニ ボロヨ **집사람이 저보다 많이 벌어요.** ※ <ruby>집사람<rt>チプサラム</rt></ruby>は普通、自分の妻のことを他人に言うときに使う「うちのやつ」「家内」の意味。아내という言葉もあるが、こちらは<ruby>남편<rt>ナムピョン</rt></ruby>（夫）と対になる言葉で、客観的に見た「配偶者」の関係を意味する。また、家族や親せき、個人的に親しい人に言うときは、普通、子供の名前を前に付けて「〇〇のママ」という言い方をする：<ruby>유하<rt>ユハ</rt></ruby> <ruby>엄마<rt>オムマ</rt></ruby>（ユハのママ）。-<ruby>보다<rt>ボダ</rt></ruby>は「〜より」。<ruby>벌다<rt>ボルダ</rt></ruby>は「稼ぐ」「もうける」。 ナボダド チプサラミ スイビ マーナヨ =**나보다도 집사람이 수입이 많아요.** ※ **수입이 많다**は「収入が多い」。
私は独身です	チョヌン ミホニエヨ **저는 미혼이에요.** ※**저**は自分を下げて言う「私」。**미혼**は「未婚」。 アジク キョロン ア ネッソヨ =**아직 결혼 안 했어요.**「まだ結婚していません」 ※**아직**は「まだ」。 アジク チャンガ アン ガッソヨ =**아직 장가 안 갔어요.** ※「まだ結婚していません」だが、男性が使う表現。 アジク シジプ アン ガッソヨ =**아직 시집 안 갔어요.**「まだお嫁に行っていません」 ※**시집**は「婚家」、**시집가다**は「嫁に行く」。
独身貴族はやめられないんです	ファリョハン シングルボダ ト ジョウン ゴン **화려한 싱글보다 더 좋은 건** オプコドゥニョ **없거든요.** ※「華麗な独身よりいいものはないですよ」という意味。**싱글**は「シングル(single)＝独身」。

18 ◆ 自己紹介する

私は婚約しています	저는 약혼했어요. ＊약혼は漢字では[約婚]で、日本語の「婚約」と反対になる。약혼했어요 は「婚約しました」と過去形になっているが、これで現在の状態を表している。「結婚」は결혼、「再婚」は재혼、「離婚」は이혼。 =나는 약혼한 사람이 있어요. ＊「私は婚約した人がいます」という言い方。
今、別居中なんです	지금 별거 중이에요. ＊지금 は「今」。별거 は「別居」。중は「中」。 =지금 따로따로 살아요. ＊따로따로 살다で「別々に住む」。
私は離婚しています	저는 이혼했어요. ＊「私は離婚しました」だが、離婚している現在の状態も表す。이혼하다は「離婚する」。
息子が二人います	아들이 둘 있어요. ＊아들は「息子」。둘は「二つ」「二人」。同じ意味で두 명（二名）も使える。
息子と娘が一人ずついます	아들하고 딸이 하나씩 있어요. ＊딸は「娘」。아들이 하나, 딸이 하나 있어요（息子が一人、娘が一人います）も類似表現。
小学生の娘が一人います	초등학생 딸이 하나 있어요. ＊초등학생は「小学生」で、漢字では[初等学生]。「中学生」は중학생、「高校生」は고등학생、「大学生」は대학생、「幼稚園生」は유치원생。

自己紹介する

	チョドゥンハッキョ タニヌン タリ ハナ イッソヨ = 초등학교 다니는 딸이 하나 있어요. * 초등학교 다니는は「小学校に通う〜」。
子供はおりません	アイヌン オプソヨ 아이는 없어요. *아이 (子供) は縮めて애とも言う。 チャシグン オプソヨ チャシク = 자식은 없어요. *자식は「子供」。漢字では [子息] で、부모 [父母 (親)] と対になる言葉。
妊娠しています	イムシン ジュンイエヨ 임신 중이에요. *임신は「妊娠」。 アギルル カジョッソヨ = 아기를 가졌어요. *直訳は「赤ちゃんを持ちました (所有しました)」で、「子供ができました」という意味。아이를 (子供を) 〜とも言う。
私は35歳です	チョヌン ソルンタソッ サリエヨ 저는 서른다섯 살이에요. ナヌン ソルンタソシエヨ サル = 나는 서른다섯이에요. *「〜歳」にあたる살を取って数字だけでいう言い方。나は目上の相手に対しては使わない。
私はこの夏で40歳になります	チョヌン オルリョルメ マフニ ドゥエヨ 저는 올여름에 마흔이 돼요. * 올여름は「今年の夏」。-가/이 되다で「〜になる」。 ナヌン オルリョルメ サーシビ ドゥエヨ = 나는 올여름에 사십이 돼요.
私は50代後半です	チョヌン オーシプ テ フバニエヨ 저는 오십 대 후반이에요.
私は若く見えるとよく言われます	チョヌン チョルモ ボインダヌン マルル チャジュ 저는 젊어 보인다는 말을 자주 ドゥロヨ 들어요. *젊어 보이다は「若く見える」。 チャジュ ドゥッタ 자주 듣다は「よく聞く」。「〜と言われる」と

20 ◆ 自己紹介する

	いう受身の言い方はなく、「～と人が言う」「～という話を聞く」のように表現する。 サラムドゥリ ナ ボゴ チョルモ ボインダゴドゥル ハジヨ =사람들이 나 보고 젊어 보인다고들 하지요. ＊直訳は「人々は私を見て若く見えると言います」。-들は複数を表し、語尾や副詞に付くと「誰もが」とか「みんなが」といった意味を表す。
来年卒業です	ネニョネ　チョロビエヨ 내년에 졸업이에요. ＊졸업は「卒業」。 タウ メ チョロッペヨ =다음 해에 졸업해요. 「来年卒業します」
私、ふだんはおしゃべりなんです	チョ ビョンソエヌン　スダジェンイエヨ 저 평소에는 수다쟁이예요. ＊평소は「平素」。수다は「おしゃべり（行為）」「むだ口」で、-쟁이は「～な人」を意味する。 ビョンサンシエン チェガ スダルル マーニ トルジョ =평상시엔 제가 수다를 많이 떨죠. ＊평상시は漢字では［平常時］。수다를 떨다で「おしゃべりをする」「だべる」。
私は意志が強いです	チョヌン　ウィジガ　カンヘヨ 저는 의지가 강해요. ＊강하다は「強い」。 ナヌン　ウィジガ　クッセゴドゥニョ 나는 의지가 굳세거든요. ＊나は目上の相手には使わない。굳세다は「強固だ」。-거든요は軽く理由を表し「～なんですよ」ぐらいの意味合い。
私、夜型なんです	ナン　ヤヘンソンイゴドゥニョ 난 야행성이거든요. ＊난は나는（私は）の縮んだ形。야행성は「夜行性」。 チョヌン チュロ バメ ファルトンハヌン タイビエヨ =저는 주로 밤에 활동하는 타입이에요. ＊直訳は「私は主に夜活動するタイプです」。밤は「夜」。활동하다は「活動する」。

お酒は飲みません	술은 안 해요.	＊日本語と同じように「酒はやりません」という表現で、「飲まない」という意味。술は「酒」。안 해요を못 해요にすると「飲めません」になる。
	= 술은 못 마셔요.「お酒は飲めません」 ＊마시다は「飲む」。술은 마시지 못해요も類似表現。	
お酒は付き合い程度です	술은 남이 권하면 조금 마시는 정도예요.	＊直訳は「酒はほかの人が勧めたら少し飲む程度です」。남は「他人」。
	= 술은 술자리에서나 마시는 정도지요. ＊술자리は「酒の席」「飲み会」。-지요はやさしく説明する言い方で、「〜ですよ」ほどのニュアンス。	
お酒はいけるほうです	술은 좀 하는 편이에요.	＊좀 하다で「結構いける」という意味。편は漢字では[便]で「(〜の) ほう」の意。
	= 술은 센 편이에요.「酒は強いほうです」	
趣味は切手を集めることです	취미는 우표 수집이에요.	＊취미は「趣味」。우표は漢字では[郵票]で「切手」の意。수집は「収集」。
	= 취미는 우표를 모으는 거예요. ＊모으다は「集める」。	

22 ◆ 自己紹介する

週末はいつもゴルフをします	주말에는 항상 골프를 쳐요. ★항상は漢字では[恒常]で「いつも」の意。치다は「打つ」。 =주말은 늘 골프 치러 가죠.「週末はいつもゴルフをしに行きます」
ショッピングが大好きです	쇼핑을 너무 좋아해요. ★너무は「すごく」。-를/을 좋아하다で「～が好きだ」。
ジャズが大好きです	재즈를 매우 좋아해요. ★재즈は「ジャズ」。매우は「とても」。 =재즈가 너무 좋아요.★좋다는-가/이 좋다の形で「～が好きだ」になる。
私、音痴なんです	저 음치예요. =전 노래 못 부릅니다.「私は歌を歌えません」 ★못 부릅니다는못합니다と言い換えられる。
英語を上達させたいんです	영어 실력을 늘리고 싶어요. ★실력을 늘리다は「実力を伸ばす」。늘리다の代わりに기르다(養う)も使える。 =영어를 더 잘하고 싶어요.「英語がもっとうまくなりたいです」
有名人になることが夢です	유명인이 되는 것이 꿈이에요. ★-가/이 되는 것は「～になること」。꿈は「夢」。 =유명해지는 게 꿈이에요.

高所恐怖症なんです	고소공포증이에요. _{コソゴンポッチュンイエヨ}	★고소공포증은「高所恐怖症」。_{コソゴンポッチュン}

フォーマル表現

なにぶんよろしくお願いします	부디 잘 부탁드리겠습니다. _{プディ チャル プタクトゥリゲッスムニダ} ★最も丁重なお願いの表現。 ＝아무쪼록 잘 부탁드립니다. _{アムッチョロク チャル プタクトゥリムニダ} ★아무쪼록は「どうか」「なにとぞ」。_{アムッチョロク}
はじめまして。青木武と申します	처음 뵙겠습니다. 아오키 다케시라고 _{チョウム ブェプケッスムニダ アオキ タケシラゴ} 합니다. _{ハムニダ} ★처음 뵙겠습니다は「初めてお目にかかります」。「~と申します」も「~と言います」と同じで、-라고/이라고 합니다になる。_{ラゴ イラゴ ハムニダ}
お目にかかれて光栄です。私はABC社のオ・ヨンスと申します	만나 뵙게 돼서 영광입니다. 저는 _{マンナ ブェプケ ドゥェソ ヨングァンイムニダ チョヌン} ABC사의 오영수라고 합니다. _{エイビッシサエ オヨンスラゴ ハムニダ} ★만나 뵙다は「お会いする」「お目にかかる」。_{マンナ ブェプタ}
お目にかかるのは初めてだと存じます	처음 만나 뵙는 것으로 알고 _{チョウム マンナ ブェムヌン ゴスロ アルゴ} 있습니다. _{イッスムニダ} ★-로/으로 알다で「~だと思う」。_{ロ ウロ アルダ}
私は最近お酒を慎んでおります	저는 요즘 술을 삼가고 있습니다. _{チョヌン ヨジュム スルル サムガゴ イッスムニダ} ★삼가다は「慎む」。삼가고の部分は절제하고(節制して)や자제하고(自制して)と言い換えられる。_{サムガダ サムガゴ チョルジェハゴ チャジェハゴ}

24 ◆ 自己紹介する

知らない人に話しかける

「すみません」

	カジュアル表現
ちょっと！	저기! _{チョギ} ＊他人に呼びかけるときに言う。話を切り出すときの「あのぅ」にも使える。 =이봐! _{イボァ} ＊ぞんざいな呼びかけ。「おい！」「よう！」という意味。
お〜い！	야! _{ヤー} ＊ぞんざいな呼びかけの言葉。
おはよう	안녕! _{アンニョン} ＊大人が子供に、または若者や子供同士で言う。「やあ！」ほどの意味。
元気？	잘 지내니? _{チャル ジネニ} ＊直訳は「よく過ごしている？」。지내다は「過ごす」。-니?は対等以下の親しい相手に対する気楽な聞き方。 =잘 있니? _{チャル リンニ} ＊直訳は「よくいる？」。
誰？	누구? _{ヌグ} ＊누구야?（誰なの？）とも言う。_{ヌグヤ}
ⓐ上に行くの？ ⓑいや、下だよ	ⓐ위로 가니? _{ウィロ ガニ} ＊가다は「行く」。가니?は親しい同輩以下の人に気楽に尋ねる言い方。_{カダ カニ} ⓑ아냐, 아래야. _{アニャ アレヤ} ＊아래は「下」「下の方」。_{アレ}

知らない人に話しかける ◆ 25

ちょっと通して くれる	좀 비켜 줘. * 「ちょっとどいてちょうだい」という言い方。비키다は「どく」「よける」。

スタンダード表現

すみません	저. *「あのぅ」にあたる言葉。人に呼びかけたり、話を切り出したりするときに言う。 = 저기요. *他人を呼ぶときの言い方。 = 여보세요. 「もしもし」*呼びかけの言葉。電話でも使う。
こんにちは！	안녕하세요? *直訳は「お元気でいらっしゃいますか？」で、朝、昼、晩の区別なく使えるので「おはようございます」や「こんばんは」にもなる表現。안녕하다は「安寧（平穏無事）だ」。
どちら様でしょうか？	누구세요? *누구は「誰」。
道に迷ったのですが	길을 잃어버렸는데요. *直訳は「道を失ってしまったのですが」。잃어버리다は「失ってしまう」「なくしてしまう」。-는데요は「～ですが」と断定を避けた言い方。 = 길을 잃었어요. 「道に迷いました」
道を教えていただきたいのですが	길을 좀 가르쳐 주셨으면 하는데요. * -았/었/였으면 하다は「～だったらいい」「～してほしい」という願望表現。

Ⓐここはなんとういう通りですか？ Ⓑ乙支路です	Ⓐ이 거리 이름이 뭐죠? Ⓑ을지로예요.	※「この通りの名前は何ですか？」という表現。거리は「街」「通り」。 을지로(乙支路)はソウル市中区を走る大通り。
私は今この地図のどこにいるのですか？	제가 지금 이 지도의 어디에 있죠?	※제가は내가（私が）の謙譲語。지금は「今」。지도は「地図」。
私は景福宮（キョンボックン）の近くにいますか？	제가 경복궁 근처에 있는 건가요?	경복궁（景福宮）は朝鮮王朝（1392～1910）時代の王宮。근처は「近く」「近所」。있는 건가요?は「いるのでしょうか？」。
次の駅は何という駅ですか？	다음 역 이름이 뭐예요? =다음 역은 무슨 역이에요?	※「次の駅の名前は何ですか？」という表現。다음は「次(の)」。역は「駅」。이름は「名前」。
どの駅で乗り換えればいいのですか？	어느 역에서 갈아타면 돼요?	※갈아타다は「換えて乗る」という言い方で、「乗り換える」という意味。-면/으면 되다で「～すれば（ならば）いい」。
春川（チュンチョン）へはどの電車に乗ればいいのでしょうか？	춘천으로 가려면 어느 기차를 타야 돼요?	춘천（春川）はドラマ「冬のソナタ」の舞台となった江原道の中心都市。가려면は「行こうとしたら」。기차は漢字では［汽車］だが「列車」

知らない人に話しかける ◆ 27

	の意。기차를 타다で「列車に乗る」。타야 돼요?で「乗らねばなりませんか?」。
慶州（キョンジュ）までいくらですか？	경주까지 얼마예요? ＊경주(慶州)は慶尚北道にある都市で、かつての新羅王国の首都が置かれていたところ。-까지は「〜まで」。얼마예요?は「いくらですか?」。
仁川（インチョン）に行くバスはどれですか？	인천 가는 버스가 어느 거예요? ＊「〜に」にあたる-에は会話ではよく省略される。 =어느 버스가 인천으로 갑니까? 「どのバスが仁川に行きますか?」
仁川（インチョン）行きのバスはもう出てしまいましたか？	인천행 버스는 벌써 떠났어요? ＊-행は「〜行」。벌써は「もう」。떠나다は「発つ」「出発する」。同じ意味で출발하다も使える。
仁川（インチョン）に行くにはこのバスでいいですか？	이거 인천 가는 버스 맞아요? ＊「これは仁川に行くバスですか?」という言い方。맞다は「合う」「正しい」。
次の扶余（プヨ）行きのバスは何時ですか？	다음 부여행 버스가 몇 시죠? ＊다음は「次(の)」。부여(扶余)は忠清南道にある都市で、かつての百済王国の首都であったところ。
バスは何分おきに来るのでしょうか？	버스는 몇 분마다 오나요? ＊몇 분마다は「何分ごとに」。-나요?はやさしい聞き方。

28 ◆ 知らない人に話しかける

釜山（プサン）へはどう行けば一番わかりやすいですか？	부산은 어떻게 가는 게 제일 간단해요? プサヌン オットッケ カヌン ゲ チェイル カンダネヨ ＊제일は漢字では［第一］で「一番」の意。 간단하다は「簡単だ」。
明洞（ミョンドン）はどちらの方向ですか？	명동은 어느 쪽이에요? ミョンドウン オヌッ チョギエヨ ＊어느は「どの」。쪽は「側」「方」。同じ意味で방향（方向）も使える。
ソウルタワーへはどう行くのですか？	서울타워는 어떻게 가죠? ソウルタウォヌン オットッケ カジョ ＊어떻게は「どのように」。가죠?は가지요?（行くのでしょう？）の縮んだ形。
そこまで歩いて行けますか？	거기까지 걸어서 갈 수 있어요? コギッカジ コロソ カル ス イッソヨ ＊걷다は「歩く」。-ㄹ/을 수 있다で「～することができる」。
ここから遠いですか？	여기서 멀어요? ヨギソ モロヨ ＊여기서は여기에서（ここから）の縮んだ形。멀다は「遠い」。
この辺でどこかいいホテルをご存知ですか？	이 근처에서 어디 좋은 호텔 아세요? イ グンチョエソ オディ チョウン ホテル アセヨ ＊이は「この」。근처は「近く」「近所」。어디は「どこ」と「どこか」の両方の意味がある。아세요?は알다（知る）の敬語の疑問形。
郵便ポストはどこかご存知ですか？	우체통이 어디 있는지 아세요? ウチェトンイ オディ インヌンジ アセヨ ＊우체통は「郵便ポスト」。있는지は「あるのか」。
この近くに郵便局はありますか？	이 근처에 우체국이 있어요? イ グンチョエ ウチェグギ イッソヨ ＊근처は漢字では［近処］で「近所」「近く」の意。우체국は漢字では［郵遞局］で「郵便局」の意。

知らない人に話しかける ◆ 29

トイレはどこですか？	화장실이 어디예요? ＊화장실は漢字では［化粧室］で「トイレ」の意。 ＝화장실은 어디 있어요?「トイレはどこにありますか？」
チケットはどこで買えますか？	표는 어디서 살 수 있어요? ＊표は漢字では［票］で「チケット」の意。사다は「買う」。-ㄹ/을 수 있다で「〜することができる」。 ＝표는 어디서 팔아요?「チケットはどこで売っていますか？」 ＊팔다は「売る」。
今、何時ですか？	지금 몇 시예요? ＊지금は漢字では［只今］。
❶今日は何日ですか？ ❷5月10日です	❶오늘이 며칠이에요? ＊오늘は「今日」。며칠は「何日」。몇 일と表記しない。 ❷오월 십 일이에요. ＊오월 십 일は「5月10日」。
❶今日は何曜日ですか？ ❷金曜日です	❶오늘이 무슨 요일이에요? ＊무슨 요일は「何曜日」。 ❷금요일이에요. ＊금요일は「金曜日」。
いつ開きますか？	몇 시에 문 열어요? ＊「何時に開店しますか？」という言い方。문は「戸」「扉」「ドア」。열다は「開ける」。

1万ウォンをくずしてもらえますか？	만 원 짜리를 잔돈으로 바꿔 주시겠어요? ＊만 원は「1万ウォン」。「1」は付けない。짜리は「〜に値するもの」。잔돈は「小銭」。바꾸다は「替える」。-아/어/여 주시겠어요?で「〜してくださいますか？」。
ここが列の最後ですか？	여기가 줄의 끝이에요? ＊줄は「列」「線」。끝は「終わり」。
この席に誰かいますか？	이 자리는 임자가 있나요? ＊자리は「席」。임자は「主」「持ち主」。있나요?は「いるのかしら？」。-나요?はやわらかい聞き方。
ここに駐車してもいいでしょうか？	여기에 주차해도 돼요? ＊주차하다は「駐車する」。-아/어/여도 돼요?で「〜してもいいですか？」。
これ、あなたのですよね	이거 당신 거 맞죠? ＊直訳は「これあなたのもの(で)合ってるでしょ？」。거は것(もの)の縮んだ形。맞다は「正しい」「間違いない」。 ＝이거 당신 거죠? 「これ、あなたのでしょ？」
救急車を呼んでください！	구급차를 불러 주세요! ＊구급차は「救急車」。응급차「応急車」とかアンビュランス(ambulance)とも言う。부르다は「呼ぶ」。-아/어/여 주세요で「〜してください」。

知らない人に話しかける ◆ 31

以前、お会いしたことがありませんか？	전에 만난 적이 없을까요? ＊전에는「前に」。만나다は「会う」。-ㄴ/은 적이 없다で「～したことがない」。 = 전에 한 번 뵌 것 같은데요. 「前に一度お目にかかったようですが」 ＊뵈다は「お目にかかる」。-ㄴ/은 것 같은데요で「～したようですが」。
新しく入られた方ですか？	새로 들어오신 분이세요? ＊들어오시다は들다と오시다が結合した形で、「入ってこられる」。「入る」「出る」「上がる」「降りる」など移動を表す動詞は普通가다（行く）や오다（来る）を後ろに付けて使う。분は사람（人）の敬語で「方」。이세요?は이에요?の敬語。
私、あなたの大ファンなんです！	전 당신의 열성 팬이에요! ＊전は저는（私は）の縮んだ形。열성は漢字では［熱誠］。팬は「ファン」。
ちょっとお願いしてもいいですか？	부탁 좀 해도 될까요? ＊부탁하다は「頼む」「お願いする」。-아/어/여도 될까요?で「～してもいいですか？」。
一緒に写真撮ってもらえますか？	같이 사진 찍어 주실래요? ＊같이は「一緒に」。사진は「写真」。찍다は「撮る」。-아/어/여 주실래요?で「～してくださいますか？」。
サインいただけますか？	사인해 주시겠어요? ＊사인하다は「サインする」。

握手してください	<ruby>악수해<rt>アクスヘ</rt></ruby> <ruby>주세요<rt>ジュセヨ</rt></ruby>.	＊<ruby>악수하다<rt>アクスハダ</rt></ruby>は「握手する」。

フォーマル表現

すみません！

<ruby>저기요<rt>チョギヨ</rt></ruby>! ＊他人に呼びかける言葉。<ruby>미안합니다<rt>ミアナムニダ</rt></ruby>（すみません）や<ruby>죄송합니다<rt>チュエソンハムニダ</rt></ruby>（恐縮です）は呼びかけではなく、謝るときに使う言葉。

＝<ruby>여보세요<rt>ヨボセヨ</rt></ruby>! 「もしもし！」

お元気でしょうか？

<ruby>안녕하십니까<rt>アンニョンハシムニッカ</rt></ruby>? ＊<ruby>안녕하세요<rt>アンニョンハセヨ</rt></ruby>?（お元気ですか？）のかしこまった言い方。<ruby>안녕<rt>アンニョン</rt></ruby>は漢字では［安寧］で「平穏無事」の意。

＝<ruby>편안하십니까<rt>ピョナナシムニッカ</rt></ruby>? ＊<ruby>편안<rt>ピョナン</rt></ruby>は漢字では［便安］で「無事」「安らか」の意。

すみませんが…

<ruby>죄송합니다만<rt>チュエソンハムニダマン</rt></ruby> … ＊<ruby>죄송하다<rt>チュエソンハダ</rt></ruby>は「恐縮だ」「恐れ入る」。

一つお願いしてもよろしいでしょうか？

<ruby>하나<rt>ハナ</rt></ruby> <ruby>좀<rt>ジョム</rt></ruby> <ruby>부탁드려도<rt>ブタクトゥリョド</rt></ruby> <ruby>되겠습니까<rt>ドゥエゲッスムニッカ</rt></ruby>?
＊<ruby>좀<rt>チョム</rt></ruby>は「ちょっと」で、要求や依頼をするとき普通、動詞の前に置く。<ruby>부탁드리다<rt>ブタクトゥリダ</rt></ruby>は「お願いいたす」。-<ruby>아<rt>ア</rt></ruby>/<ruby>어<rt>オ</rt></ruby>/<ruby>여도<rt>ヨド</rt></ruby> <ruby>되다<rt>ドゥエダ</rt></ruby>で「～してもよい」と許可を表す。

知らない人に話しかける ◆ 33

家族に話しかける

「ただいま！」

カジュアル表現

やぁ、兄ちゃん！	어, 형(오빠)! オ ヒョン オッパ	★형は男性から見た「兄」、오빠は女性から見た「兄」。
お姉さん、こっちだよ！	누나(언니), 이쪽이야! ヌナ オンニ イッチョギヤ	★누나は男性から見た「姉」、언니は女性から見た「姉」。이쪽は「こっち」。
ママ、2階にいるの？	엄마, 2층에 있어? オムマ イチュンエ イッソ	★엄마は「ママ」。
ママ、手伝って	엄마, 좀 도와줘. オムマ チョム トワジュオ	★도와주다は「手伝ってくれる」。
お父さんなの？	아빠야? アッパヤ	★子供や若い女性が父親に対して（または父親のことを）フランクにいう言い方。丁寧な言い方は아빠예요?。敬語は아버지세요?となる。
ねぇ、君 （ねぇ、あなた）	야. ヤー	★友達、後輩、子供など対等以下の全く遠慮がいらない相手に呼びかける言葉。
	=여보. ヨボ	★여보は基本的には夫婦間での「あなた」。若い夫婦間では자기야も使われる。

あなた、大丈夫? (君、大丈夫?)	여보, 괜찮아? _{ヨボ クェンチャナ}	＊괜찮다は「大丈夫だ」「平気だ」。 _{クェンチャンタ}
ヨンス、調子はどう?	영수야, 요즘 어때? _{ヨンスヤ ヨジュム オッテ}	＊「ヨンス、最近どう?」という言い方。-야は呼びかけるとき、名前の後に付ける助詞。名前がパッチムで終わる場合は-아を付ける。요즘は「最近」。
	=영수야, 요즘 잘 지내니? _{ヨンスヤ ヨジュム チャル ジネニ}	＊잘 지내니?は直訳では「よく過ごしているの?」で、「元気?」_{チャル ジネニ} という意味。対等以下の相手に用いる。
いい子、いい子!	아이고 착해라! _{アイゴ チャッケラ}	＊直訳は「わぁいい!」。 아이고は喜び、驚きなどを表す感嘆詞。착하다_{アイゴ} は「よい(善良だ)」「おとなしい」。착해라!は_{チャッカダ} 感嘆の表現。_{チャッケラ}
	=아이고 예뻐라! _{アイゴ イェッポラ}	＊예쁘다は「かわいい」。_{イェップダ}
いない、いない、ばあ	까꿍! _{カックン}	＊赤ちゃんをあやす言葉。
じっとしていなさい!	가만히 있어! _{カマニ イッソ}	＊가만히は「じっと」「だまって」。있어!は「いなよ!」。_{カマニ} _{イッソ}
静かにして!	조용히 좀 해! _{チョヨンイ ジョム ヘ}	＊조용히は「静かに」。좀は_{チョヨンイ}　　　　　　　　　　_{チョム} 「ちょっと」。해!は「しなよ!」。
電話に出て!	전화 받아! _{チョヌァ バダ}	＊直訳は「電話受けなよ!」。 받다は「受け取る」。받아!は받어!とも言う。「電_{パッタ}　　　　　　　_{バダ}　　　_{バド} 話に出る」は전화에 나가다とは言わない。_{チョヌァエ ナガダ}

家族に話しかける ◆ 35

	=전화 좀 받아 줘!	★좀は「ちょっと」で、相手に何かを頼むときに普通、動詞の前に置く。-아/어/여 줘!は「～してちょうだい!」。
君にだよ!	네 전화야!	★直訳は「君の電話だよ!」。-야!は「～だよ!」。
	=너한테 전화야!	「君に電話だよ!」
おはよう!	잘 잤어?	★直訳は「よく寝た?」。遠慮のいらない相手に使う。
起きて!	일어나!	★일어나다は「起きる」。
	=어서 일어나!	★어서は「早く」「さあ」。
起きてる?	일어났어?	★「起きた?」と「起きている?」の両方の意味がある。
目覚ましを止めて	자명종 꺼.	★자명종は漢字では［自鳴鐘］で「目覚まし時計」の意。끄다は「止める」「スイッチを切る」。
❹朝食抜きなの? ❺うん、コーヒーだけでいいんだ	❹아침 안 먹어? ❺응, 커피만 마시면 돼.	★아침は아침밥(朝ご飯)の밥が省略された形で、「朝食」の意。 ★마시면 되다で「飲めばいい」。
お湯、沸いてるよ!	물 끓어!	★「水が沸く」と表現する。끓다は「沸く」。

今日は学校をずる休みしよう！	오늘은 학교 땡땡이치자! ＊학교は「学校」で、「を」にあたる를は省略されている。 땡땡이치다はスラングで「さぼる」。
早くしてよ！	빨리 해! ＊빨리は「早く」。 =서둘러! 「急いで！」＊서두르다は「急ぐ」。
後10分だけ待ってて	십 분만 더 기다려. ＊더 기다려で「さらに待ちなよ」とか「もっと待ってて」という意味。 =십 분만 더 기다려 줘. ＊기다려 줘は「待ってちょうだい」という依頼の表現。
出かけるの？	나가는 거야? ＊-는 거야?は「〜なの？」。 =외출하니? 「外出するの？」＊-니?は子供や対等以下の相手に気楽に尋ねる言い方。
どこに行くの？	어디 가? ＊어디は「どこ」で、어디에(どこに)の-에 (〜に) が省略されている。어디 가는 거야?も類似表現。
行ってくるよ！	다녀올게! ＊다녀오다は「行ってくる」。 -ㄹ/을게!は「〜するよ！」と意志を表す。
ただいま！	나 왔어! ＊直訳は「僕（私）来たよ！」。気楽な相手に対して使う。나 왔어요!とすれば丁寧な言い方になる。日本語の「ただいま」のように誰にでも使える定型化した言い方はなく、その時その時の状況に合わせて言う。

家族に話しかける ◆ 37

お帰り！	왔어? ＊直訳は「来たの？」で、気楽な相手に言う。日本語の「お帰りなさい」のように幅広い対象に使える定型化した言い方はない。 ＝이제 오니? 「今来たの？」 ＊이제は「今」。-니?は子供や対等以下の相手に気楽に尋ねる言い方。
今日は帰りが早いね！	오늘은 일찍 들어오네! ＊일찍 들어오다で「早く帰って来る」。
お腹すいてる？	배고파? ＊배고프다は「空腹だ」。
一口どう？	한 입 먹어 봐. ＊「一口食べてみて」という言い方。飲み物なら한 모금 마셔 봐となる。
ご飯だよ！	밥 먹어! ＊直訳は「ご飯食べな！」。와서 밥 먹어!とも言う。와서は「来て」。
今、行くよ	금방 가. ＊금방は「今すぐ」。 ＝이제 갈게. ＊이제は「今」。-ㄹ/을게は意志を表す。
今日のご飯は何?	오늘 메뉴가 뭔데? ＊메뉴は「メニュー」。뭔데?は무엇인데? (何なの?) の縮んだ形。 ＝오늘 반찬이 뭐야? ＊반찬は「おかず」。
まだぁ？	아직 멀었어? ＊아직は「まだ」。멀다は「遠い」だが、ここでは「時間的に隔たりがある」

38 ◆ 家族に話しかける

	という意味。
手を洗ってきて	ソン シッコ ワ **손 씻고 와.** ★씻고 오다で「洗ってくる」。
食卓の準備をして	パプサン チャリョ **밥상 차려.** ★밥상は「食膳」。チャリダ 차리다は「準備する」「支度する」。
これをテーブルに置いて	イゴル シクタゲ ノア ジュオ **이걸 식탁에 놓아 줘.** ★줘は주어(ちょうだい)の縮んだ形。 イゴル シクタゲ カッタ ノア =**이걸 식탁에 갖다 놔.** ★놔は놓아(置いて)の縮んだ形。갖다 놓다は「持って行って置く」。
はい、食べな	オソ モゴ **어서 먹어.** ★어서は「さあ」。 オソ ドゥロ =**어서 들어.** ★들다は「いただく」で、먹다より丁寧な言葉。また「飲む」の意味もある。
好き嫌いはダメだよ！	ウムシク カリジ マ **음식 가리지 마!** ★「食べ物をえり好みするのよしなよ！」という言い方。음식 가리면 안 돼!も類似表現。-면/으면 안 돼で「～してはだめだよ」。
野菜も食べなよ！	ヤチェド モゴ **야채도 먹어!** ★야채は「野菜」で、채소とも言う。
残さずに食べなさい！	ナムギジ マルゴ タ モゴ **남기지 말고 다 먹어!** ★-지 말고で「～せずに」。다は「全部」。
おいしい！	マシッタ **맛있다!** ★맛 좋다!(味がいい！)も類似表現。

家族に話しかける ◆ 39

もっと食べる？	더 먹을래? ＊-ㄹ/을래?は相手の意志を問う表現。더 먹을 거야?も類似表現。
お腹いっぱいになった？	이제 배가 부르니? ＊「やっとお腹いっぱいになった？」という言い方。배(가) 부르다で「お腹がいっぱいだ」。-니?は対等以下の相手に気楽に尋ねる言い方。簡単に배 불러?と聞くこともできる。
お腹いっぱいだ	배부르다. ＊배부르다は「満腹だ」という形容詞。 ＝배불러.「満腹だよ」
犬にエサをやってね	개한테 밥 줘. ＊밥は「ご飯」。
皿洗いをして！	설거지해! ＊설거지하다は「食後の食器洗いをする」。
宿題をして！	숙제 해! ＊숙제は「宿題」。
テレビを消して！	티브이 꺼! ＊티브이は「TV」。텔레비전とも言う。끄다は「消す」。
音を小さくして！	소리 좀 낮춰! ＊낮추다は「低くする」。소리 좀 작게 해!も類似表現。작게 하다は「小さくする」。
テレビを見ていい？	티브이 봐도 돼? ＊티브이は「TV」。텔레비전 봐도 좋아?も類似表現。

何かいい番組やってる？	무슨 좋은 프로 하고 있어? ムスン チョウン プロ ハゴ イッソ	★프로は プロ グラム(program)の略語で「番組」。
おもしろ〜い！	재밌다! チェミッタ	★재밌다は 재미있다(おもしろい)の縮んだ形。
これって洗濯機で洗えるの？	이거 세탁기로 빨 수 있어? イゴ セタッキロ パル ス イッソ	★세탁기は「洗濯機」。빨다は「洗う」「洗濯する」。
	= 이거 세탁기로 빨아도 되는 거야? イゴ セタッキロ パラド ドゥエヌン ゴヤ	「これ洗濯機で洗ってもいいの？」 -아/어/여도 되다は「〜してもよい」。
ここはほこりっぽい	여긴 먼지가 많아. ヨギン モンジガ マーナ	★먼지は「ほこり」。
何て散らかっているんだ！	뭘 이렇게 어질러 놓았어! ムォル イロッケ オジルロ ノアッソ	★直訳は「何をこんなに散らかしておいたんだ！」。어질러 놓다は「散らかしておく」。
	= 방 안이 엉망이네! パン アニ オンマンイネ	「部屋の中がめちゃくちゃだな！」엉망は「めちゃくちゃ」。
部屋を片付けなさい！	방 좀 치워! パン ジョム チウォ	★좀は「ちょっと」で、要求や依頼のとき、よく動詞の前に付ける。치우다は「片付ける」。정리하다(整理する)も使える。
ゴミを出してね	쓰레기 좀 갖다 버려. スレギ ジョム カッタ ポリョ	★갖다 버리다は「持って行って捨てる」。
	= 쓰레기 내다 버려 줄래? スレギ ネダ ポリョ ジュルレ	★내다 버리다は「出して捨てる」。

家族に話しかける ◆ 41

花に水をやって	꽃에 물 좀 줘. ※꽃は「花」。물は「水」。
寝てたの？	자고 있었어? ※자고 있었다は「寝ていた」。자고 있었니?とすると子供や対等以下の相手に対する気楽な聞き方になる。
ソファで寝ないで！	소파에서 자지 마! ※-지 마!は禁止を表す。
寝なさい！	가서 자! ※直訳は「行って寝なよ！」。
6時に起こしてね	여섯 시에 깨워 줘! ※깨워 주다は「起こしてくれる」。

スタンダード表現

もう起きる時間ですよ！	이제 일어날 시간이에요! ※이제は「もう」。일어나다は「起きる」。 ＝일어날 시간 다 됐어요! ※다 되다で「すっかり～になる」。
もう7時半ですよ	벌써 일곱 시 반이에요. ※벌써は「もう」「すでに」。同じ意味で이제も使える。
起きてるよ	일어났어요. ※過去形だが、「起きている」という現在の状態も表す。
もう目が覚めてるの？	벌써 깼어요? ※벌써は「もう」。깨다は「(目が)覚める」。

よく寝たの？	チャル ジャッソヨ **잘 잤어요?** ＊敬語なら ^{アンニョンイ ジュムショッソヨ} 안녕히 주무셨어요? となる。 ＝^{プク チャッソヨ} 푹 잤어요? ＊^{プク}푹は「ぐっすり」。
悪い夢を見たんだ	アン ジョウン クムル クオッソヨ **안 좋은 꿈을 꾸었어요.** ＊^{アン ジョウン}안 좋은は「よくない〜」。^{クムル クダ}꿈을 꾸다で「夢を見る」。 ＝^{クムジャリガ サナウォッソヨ}꿈자리가 사나웠어요.「夢見が悪かったです」＊^{クムジャリ}꿈자리は「夢に現れた物事」。^{サナプタ}사납다は「悪い」。同じ意味で나쁘다も使える。
昨日は夜遅くまで起きていたの？	オジェヌン バム ヌッケッカジ イロナ イッソッソヨ **어제는 밤 늦게까지 일어나 있었어요?** ＊^{ヌッケッカジ}늦게까지は「遅くまで」。^{イロナ イッツォッタ}일어나 있었다は「起きていた」。
夜更かしはダメだよ！	バム ヌットロク イロナ イッスミョン アン ドゥエヨ **밤 늦도록 일어나 있으면 안 돼요.** ＊^{バム ヌットロク}밤 늦도록は「夜遅くまで」。^{ア オ ヨ イッスミョン アン ドゥエダ}-아/어/여 있으면 안 되다で「〜していてはいけない」。
徹夜したんだ	バムル セウォッソヨ **밤을 새웠어요.** ＊^{セウダ}새우다は「(夜を) 明かす」。「徹夜する」は普通、「徹夜」という名詞形は使わず、「夜を明かす」「夜を徹する」のように言う。
二日酔いだよ	スリ ケジ アナヨ **술이 깨지 않아요.** ＊直訳は「酒 (酔い) がさめません」。「二日酔い」は숙취 [宿酔] だが、^{スチュイエヨ}숙취예요という言い方は普通しない。
早くしないと遅れるよ	ソドゥルジ アヌミョン ヌジュル コエヨ **서두르지 않으면 늦을 거예요.** ＊^{ソドゥルダ}서두르다は「急ぐ」。-^{ジ アヌミョン}지 않으면は「〜しない

家族に話しかける ◆ 43

	と」。 늦다は「遅れる」。
食べる時間はあるの？	먹을 시간이 있어요? ☀시간は「時間」。
コーヒーを入れたよ	커피 탔어요. ☀インスタントコーヒーの粉をお湯に混ぜるところからきた表現。타다は「(液体の中に液体、粉末などを) 混ぜ入れる」。 ＝커피 끓였어요. 끓이다は「沸かす」。
みんな準備できた？	준비 다 됐어요? ☀다 되다は「すっかりできる」。 ＝채비 다 했어요? 채비は「支度」「準備」。다 했어요?は「みんなしましたか？」。
全部持った？	다 챙겼어요? ☀챙기다は「取りそろえる」「取りまとめる」。
今日の天気はどうなの？	오늘 날씨가 어때요? ☀날씨は「天気」。
傘を持って行きなさい	우산 갖고 가요. ☀우산は「雨傘」。갖고は가지고 (持って) の縮んだ形。우산 챙겨 가요も類似表現。
ジャケットがいるよ	재킷이 필요해요. ☀필요하다は「必要だ」。
ドアにカギをかけるのを忘れないでね	문단속 잊지 말아요. ☀문단속は「戸締まり」。 ＝문 꼭 잠가요. 「ドアにしっかりカギかけてね」

今日は帰りが遅くなるの?	오늘은 늦게 들어와요? _{オヌルン ヌッケ トゥロワヨ} ＊늦게 들어오다_{ヌッケ トゥロオダ}で「遅く帰ってくる」。
❹行ってらっしゃい ❺行ってきます	❹다녀와요. _{タニョワヨ} ＊다녀오다_{タニョオダ}は「行ってくる」。親など目上の人に「行ってらっしゃい」と言う場合は敬語を使って다녀오세요_{タニョオセヨ}とか다녀오십시오_{タニョオシプシオ}と言う。 ❺다녀올게요. _{タニョオルケヨ} ＊다녀올게요は意志を表した言い方。より丁寧な言い方は다녀오겠습니다_{タニョオゲッスムニダ}。
何かおもしろいことないの?	뭔가 재미있는 일 없어요? _{ムォンガ チェミインヌン ニル オプソヨ} ＊뭔가_{ムォンガ}は무엇인가 (何か) の縮んだ形。재미있는 일_{チェミインヌン ニル}は「おもしろいこと」。
この部屋、ムッとするよ	이 방, 숨이 막혀요. _{イ バン スミ マッキョヨ} ＊숨이 막히다_{スミ マッキダ}は「(風通しが悪くて) 息がつまる」。「むしむしする」場合は후텁지근해요_{フトプチグネヨ}と言う。
お使いに行ってちょうだい	장보러 갔다 와요. _{チャンボロ カッタ ワヨ} ＊「買い物に行ってきてちょうだい」という意味。장보다_{チャンボダ}は「買い物をする」で、장을 보다_{チャンウル ボダ} (市場に行って買い物をする) が縮んだ言葉。
ご飯ですよ	와서 식사해요. _{ワソ シクサヘヨ} ＊直訳は「来て食事しなさい」。밥 먹어요_{パム モゴヨ} (ご飯食べなさい) も類似表現。
もうすぐ夕食ですよ!	이제 곧 저녁 식사예요! _{イジェ ゴッ チョニョク シクサエヨ}

家族に話しかける ◆ 45

おいしい！	맛있어요！ _{マシッソヨ} =정말 맛있네요！「本当においしいねぇ！」 _{チョマル マシンネヨ}	
お風呂の時間ですよ	목욕할 시간이에요. _{モギョッカル シガニエヨ} ＊목욕_{モギョク}は漢字では[沐浴]で「入浴」の意。목욕할 시간_{モギョッカル シガン}は「お風呂に入る時間」。목욕 시간이에요_{モギョク シガニエヨ}とも言う。	
もう寝なさい	이제 자요. _{イジェ チャヨ} ＊자다_{チャダ}は「寝る」。이제_{イジェ}（もう）は그만_{クマン}（そのくらいで）と言い換えられる。	
歯は磨いた？	이 닦았어요？ _{イ タッカッソヨ} ＊닦다_{タクタ}は「磨く」。양치질_{ヤンチジル} 했어요？_{ヘッソヨ}も類似表現。양치질_{ヤンチジル}は「歯磨き」。	
電気つけっぱなしだよ	불 안 껐네요. _{プル アン コンネヨ} ＊「明かり消してないですね」という言い方。불_{プル}は「明かり」。끄다_{クダ}は「消す」。 =불이 켜져 있어요. _{プリ キョジョ イッソヨ}「明かりがついたままですよ」＊켜지다_{キョジダ}は「つく」「ともる」。	
お休みなさい	주무세요. _{チュムセヨ} ＊親、祖父母など目上の人に言う敬語表現。 =안녕히 주무세요. _{アンニョンイ ジュムセヨ} ＊안녕히_{アンニョンイ}（安らかに）が付いてより丁寧な言い方。	

フォーマル表現

おばあさん、こんにちは	할머님, 안녕하십니까？ _{ハルモニム アンニョンハシムニッカ} ＊할머님_{ハルモニム}は할머니（おばあさん）の敬語で「おばあ様」。	

46 ◆ 家族に話しかける

歯は磨きましたか?	^{ヤンチジルン} ^{ハショッスムニッカ} 양치질은 하셨습니까?	★^{ヤンチジル}양치질は「歯磨き」。
お父さん、手を貸してもらえますか?	^{アボニム} ^{チョム} ^{トワジュシル} ^ス ^{イッケッスムニッカ} 아버님, 좀 도와주실 수 있겠습니까? ★^{アボニム}아버님은 아버지(お父さん)の敬語で「お父様」。 ^{トワジュダ}도와주다は「手伝ってくれる」。	
急いで着替えてください	^{オソ} ^{カライブシジョ} 어서 갈아입으시지요. ★^{カライプタ}갈아입다は「着 ^シ ^{ウシジョ}替える」。-시/으시지요は最も丁寧な命令形。 ^{オルルン} ^{オッ} ^{カライブシブシオ} =얼른 옷 갈아입으십시오. ★^{オルルン}얼른は「早く」「急 いで」。^{オッ}옷は「服」。	
急がないと遅れますよ	^{ソドゥルジ} ^{アヌミョン} ^{ヌジュシル} ^{コムニダ} 서두르지 않으면 늦으실 겁니다. ★^{ヌッタ}늦다は「遅れる」。	
ごちそうさまでした	^{チャル} ^{モゴッスムニダ} 잘 먹었습니다. ★直訳は「よく食べました」。ごちそうしてくれた人に対して言う。	
お茶はどうですか?	^{チャ} ^{ドゥシゲッスムニッカ} 차 드시겠습니까? ^{チャ} ^{ハン} ^{ジャン} ^{ハシゲッスムニッカ} =차 한 잔 하시겠습니까? 「お茶一杯いかがで すか?」 ★^{ハン ジャン}한 잔は「一杯」。	
夕食は何がいいですか?	^{チョニョク} ^{シクサヌン} ^{ムォガ} ^{チョウシゲッスムニッカ} 저녁 식사는 뭐가 좋으시겠습니까? ^{チョニョグン} ^{ムォル} ^{ドゥシゲッスムニッカ} =저녁은 뭘 드시겠습니까? ★^{チョニョク}저녁は「夕方」と「夕食」の両方の意味がある。^{ムォル} ^{ドゥシゲッスムニッカ}뭘 드시겠습니까?は「何を召し上がりますか?」。	

家族に話しかける ◆ 47

大勢に話しかける

「皆さん、ようこそ！」

カジュアル表現

みんな、これで終わり！	얘들아, 이걸로 끝이야!	*얘들아の直訳は「この子供たちよ」で、子供や若い人に使う言葉。이걸로は이것으로（これで）の縮んだ形。끝は「終わり」。
やぁ、みんな！元気だった？	얘들아! 잘 있었냐?	*잘 있다で「元気でいる」。있었냐?は「いたか？」というぞんざいな聞き方。
	= 다들 잘 있었어?	*다들は「みんな」。同じ意味で모두들も使える。
聞いて！	좀 들어 봐!	*「ちょっと聞いてみて！」という言い方。
みんな、楽しんでる？	다들 즐기고 있어?	*다들は「みんな」。즐기다は「楽しむ」。

スタンダード表現

もしもし！	여보세요!	*呼びかけの言葉。電話でも使う。여기 보세요!「こちらを見てください！」が縮んだ言葉。

すみません！	저기요! _{チョギヨ} ＊呼びかけの言葉。類似表現として여보세요! _{ヨボセヨ} も使える。謝る言葉の「すみません」は미안해요 _{ミアネヨ} になる。 =여기요! _{ヨギヨ} ＊저기요! _{チョギヨ} と同様に食堂などで「ここお願いします！」と人を呼ぶときの言葉。
皆さん、ようこそ！	여러분, 어서 오세요! _{ヨロブン オソ オセヨ} ＊어서 오세요!は「ようこそいらっしゃい！」「いらっしゃいませ！」という意味。 =여러분, 잘 오셨어요! _{ヨロブン チャル ロショッソヨ} 「皆さん、ようこそいらっしゃいました！」
ついて来てください	따라오세요. _{タラオセヨ} ＊따라오다 _{タラオダ} は「ついて来る」。따라오세요 _{タラオセヨ} は親しみのある敬語表現になっている。따라와요 _{タラワヨ} とすると、敬語ではない「ついて来なさい」になる。
みんな来ましたか？	다들 오셨어요? _{タドゥル オショッソヨ} ＊親しみのある敬語表現。非敬語は다들 왔어요? _{タドゥル ワッソヨ} となる。
皆さん、静かにしてください！	모두들, 조용히 하세요! _{モドゥドゥル チョヨンイ ハセヨ} ＊親しみのある敬語表現。조용히は「静かに」。하세요! _{ハセヨ} を해요!(しなさい！) _{ヘヨ} にすると非敬語になる。 여러분, 조용히들 하세요! _{ヨロブン チョヨンイドゥル ハセヨ} も類似表現。-들 _{トゥル} は複数を表す言葉で、名詞、代名詞のほかに副詞や語尾にも付けて使う。

大勢に話しかける ◆ 49

皆さん、楽しんでますか？	여러분, 즐기고 계세요? ＊즐기고 계시다は「楽しんでいらっしゃる」という敬語表現。 ＝다들 즐기고 있어요? ＊対等以下の人に対して言う。

フォーマル表現

右手をごらんください	오른쪽을 보십시오. ＊오른쪽 は「右側」。
皆様、ようこそいらっしゃいました！	여러분, 잘 오셨습니다！ ＊잘は「よく」。 ＝여러분, 어서 오십시오！「皆様、いらっしゃいませ！」
こんにちは、お嬢さん！ようこそいらっしゃいました	안녕하십니까, 아가씨? 어서 오십시오. ＊아가씨は「お嬢さん」「お嬢様」。
お知らせいたします	알려 드리겠습니다. ＊알리다は「知らせる」。알려 드리다で「知らせて差し上げる」「お知らせする」。
❹何名様でしょうか？ ❺３人です	❹몇 분이십니까? 분は 사람（人）の敬語で「方」。몇 분で「何名様」になる。 ❺세 명입니다. ＊세 명は「3名」で、세 사람（3人）とも言う。

職業名で呼ぶ

「お医者さん！」

カジュアル表現

運転手さん！

기사 아저씨!（キサ アジョッシ）
＊「運転手」は운전기사［運転技師］と言う。아저씨は「おじさん」で、学生以外の成人した男性に呼びかけるときに使う。比較的若い人にも使える。

＝기사 양반!（キサ ヤンバン）＊年配者が使う表現。양반は誰かをフランクに呼ぶ言葉。

社長！

사장님!（サジャンニム）
＊役職名で呼ぶ場合、普通、このように敬称の님を付けて言う。社長より上の人や、社長と親しい人が気楽に呼びかける場合は、姓を前に付けて김 사장!（キム サジャン）のように言う。

おい、おまわり！

어이, 순경!（オイ, スンギョン）＊어이は同輩または年下の人を呼ぶ言葉で「おい」。순경は漢字では［巡警］。

＝야, 짭새!（ヤ, チャプセ）「おい、ポリ公！」＊야は어이と同義語。어이がちょっと離れた距離から呼ぶのに対して、야は目の前の人に注意をうながす意味でも使える。

お医者さん！

의사 양반!（ウィサ ヤンバン）＊年配者が医者にフランクに呼びかける言い方。의사は漢字では［医師］。

先公！

꼰대!（コンデ）＊꼰대は隠語。

軍人！	<ruby>군<rt>クン</rt></ruby><ruby>바리<rt>バリ</rt></ruby>！ ＊軍人を見下して呼ぶ言葉。

スタンダード表現

店員さん！	<ruby>저기요<rt>チョギヨ</rt></ruby>！ ＊普通職業名では呼ばず、このように言う。저기요!は直訳では「あそこです！」だが、「あのぅ」という呼びかけの言葉としても使われる。 =<ruby>여기요<rt>ヨギヨ</rt></ruby>! ＊直訳は「ここです！」。
マスター！	<ruby>지배인<rt>チベイン</rt></ruby>！ ＊「支配人！」という言い方。知り合いならば、姓を前に付けて<ruby>강<rt>カン</rt></ruby> <ruby>지배인<rt>ジベイン</rt></ruby>!のように呼ぶ。店の経営者なら<ruby>주인장<rt>チュインジャン</rt></ruby>!（ご主人！）とも言う。
おまわりさん！	<ruby>경찰<rt>キョンチャル</rt></ruby> <ruby>아저씨<rt>アジョッシ</rt></ruby>！ ＊<ruby>경찰<rt>キョンチャル</rt></ruby>は「警察」。
先輩！	<ruby>선배<rt>ソンベ</rt></ruby>！ ＊ずっと年上の相手の場合は、敬意を表す<ruby>님<rt>ニム</rt></ruby>を付けて<ruby>선배님<rt>ソンベニム</rt></ruby>!と呼ぶ。
お医者さん！	<ruby>의사<rt>ウィサ</rt></ruby> <ruby>선생님<rt>ソンセンニム</rt></ruby>！ ＊<ruby>의사<rt>ウィサ</rt></ruby>は漢字では［医師］。
院長先生！	<ruby>원장님<rt>ウォンジャンニム</rt></ruby>！ ＊<ruby>원장<rt>ウォンジャン</rt></ruby>は「院長（または園長）」。<ruby>원장 선생님<rt>ウォンジャン ソンセンニム</rt></ruby>とも言う。
先生（教授）！	<ruby>선생님<rt>ソンセンニム</rt></ruby>（<ruby>교수님<rt>キョスニム</rt></ruby>）！ ＊「金先生！」であれば、<ruby>김 선생님<rt>キム ソンセンニム</rt></ruby>!となる。
校長先生！	<ruby>교장<rt>キョジャン</rt></ruby> <ruby>선생님<rt>ソンセンニム</rt></ruby>！ ＊<ruby>교장<rt>キョジャン</rt></ruby>は「校長」。教頭は<ruby>교감<rt>キョガム</rt></ruby>

	[教監]と言う。	
船長！	^{ソンジャンニム} 선장님!	
機長！	^{キジャンニム} 기장님!	
看護師さん！	^{カノサニム} 간호사님!	★^{カノサ}간호사は「看護師」。
会長！	^{フェジャンニム} 회장님!	★「名誉会長」は^{ミョンイェ フェジャン}명예 회장、「顧問」は^{コムン}고문で、直接呼ぶときは後ろに敬称の^{ニム}님を付ける。
軍人さん！	^{クニン} ^{アジョッシ} 군인 아저씨!	★韓国には徴兵制度があり、軍人は街でもよく見かける存在だ。^{アジョッシ}아저씨は「おじさん」だが、比較的若い人にも使う。
警備員さん！	^{キョンビ} ^{アジョッシ} 경비 아저씨!	★マンションの管理人などに呼びかける言葉。^{キョンビ}경비は「警備」。

フォーマル表現

大統領！	^{テトンニョンニム} 대통령님!	
裁判長！	^{チェパンジャンニム} 재판장님!	
神父さん！	^{シンブニム} 신부님!	★^{シンブ}신부は「神父」で、カトリック（^{チョンジュギョ}천주교＝^{カトルリク}카톨릭）教会の聖職者。
牧師さん！	^{モクサニム} 목사님!	★プロテスタント（^{ケシンギョ}개신교＝^{プロテスタントゥ}프로테스탄트）教会の聖職者。

職業名で呼ぶ ◆ 53

友人や知人に話しかける

「やぁ、どう？」

カジュアル表現

Ⓐやぁ、ジョンウ！ Ⓑあっ、アミ！元気かい？	Ⓐ정우야! チョンウヤ Ⓑ아미 아냐? 잘 지냈어? ＊아냐?は アミ アニャ チャル ジネッソ アニャ 「～じゃない？」。잘 지내다は直訳では「よく チャル ジネダ 過ごす」だが、「元気だ」という意味で使う。
やぁ！きれいになったね！	오! 많이 예뻐졌네! ＊久しぶりに会った オ マーニ イェッポジョンネ 女の友達に気軽に言う挨拶言葉。예뻐지다は イェッポジダ 「きれいになる」。
やぁ、どう？	그래, 요즘 어때? ＊그래は話を切り出す クレ ヨジュム オッテ クレ 言葉としてよく用いる。요즘 어때?は「最近 ヨジュム オッテ どう？」。
君はどう？	넌 어때? ＊넌は너는（君は）の縮んだ形。 ノン オッテ ノン ノヌン ＝넌 어떠냐? ＊어떠냐?は「どうだ？」で、親 ノン オットニャ オットニャ しい友達や年下の人、子供に言う。
今日はどうだった？	오늘은 어땠어? ＊어땠어?は어때?（ど オヌルン オッテッソ オッテッソ オッテ う？）の過去形。
何してるの？	뭐 해? ＊뭐は무엇（何）の縮んだ形。 ムォ ヘ ムォ ムォッ ＝뭐 하고 있니? ＊있니?は子供や対等以下の ムォ ハゴ インニ インニ

	親しい相手に対する気楽な聞き方で、「いるの？」というニュアンス。
⒜調子はどうだい？ Ⓑすべてうまくいっているよ	⒜잘돼 가냐? ✳直訳は「うまくいってるか？」。 Ⓑ다 잘돼 간다. ✳다は「すべて」「全部」。
⒜体調はどうなの？ Ⓑ最高さ	⒜몸 상태는 어때? ✳몸は「体」。상태は「状態」。 Ⓑ최고야. ✳최고は「最高」。
どこにいたの？	어디 있었어? ✳어디は어디에の-에（～に）が省略されている。 =어디 갔었어? 「どこへ行ってたの？」
⒜あなた、ジョンウでしょう？ Ⓑおっ、久しぶり	⒜너, 정우 맞지? ✳너は友達、年下、子供に使う「君」「おまえ」だが、女性が使うと「あなた」にもなる。맞지?は「～（そう）だろ？」。 Ⓑ야, 오랜만이네. ✳오랜만は「久しぶり」。-이네は「～だね」。
⒜妹さん元気？ Ⓑ相変わらず元気だよ	⒜동생 잘 있어? ✳동생は漢字では［同生］で年下の兄弟のこと。男女の区別なく使う。特に区別する場合は여동생［女～］、남동생［男～］と言う。잘 있다は「無事でいる」。 Ⓑ여전히 잘 지내지. ✳잘 지내지は「元気に過ごしているよ」という意味。

君たちうまくいってるのかい？	니들 잘돼 가고 있어? ＊니들は너희들（君たち）と同じ意味。 =너희 잘돼 가고 있는 거야? ＊-는 거야?は「～のかい？」という聞き方。
❹何か新しいことはある？ ❺うん、聞いてくれよ！	❹무슨 새로운 소식 있어? ＊새로운 소식は「新しい知らせ」。 ❺응, 좀 들어 봐! ＊들어 봐!は「聞いてよ！」。
ちょっといい？	나 좀 보자. ＊人を呼び出す言い方で、「ちょっと顔を貸して」とか、電話で「ちょっと会おう」というときに使う。 =나 좀 봐. ＊上の表現と同じ意味。
❹調子はどう？ ❺まあ、何とか	❹잘돼 가? ＊「うまくいってる？」という表現。 ❺뭐, 그럭저럭. ＊뭐は무엇（何）の縮んだ形で、「あまり言う必要もないけど」という気持ちを表す。그럭저럭は「何とか」とか「まあまあ」くらいの意味。
後で電話してくれる？	이따가 전화 줄래? ＊이따가はその日のうちの「少し後で」。短く이따とも言う。줄래?は相手の意志を問う言い方。 =이따 전화 좀 줘. 「後で電話ちょうだい」 =나중에 전화해 줘. ＊나중에는「後で」「後ほ

	ど」だが、その日のうちとは限らない。
さっきも電話したんだけど	아까도 전화했는데. ＊-는데は断定を避けたえん曲な言い方で「～けど」。 = 좀 전에도 전화했는데 말야. ＊좀 전에도は「ちょっと前にも」。말야は語調を整える言葉。
ちょうど電話しようと思ってたの	마침 전화하려던 참이었어. ＊마침は「ちょうど」。-려던 참で「～しようとしていたところ」。

スタンダード表現

Ⓐスンミさん、こんにちは Ⓑあっ、ジョンウさん、こんにちは	Ⓐ승미 씨, 안녕하세요? Ⓑ아, 정우 씨, 안녕하세요? ＊親しい知り合いに呼びかける場合、姓を省く。안녕하세요は朝、昼、晩、いつでも使える。
Ⓐその後お元気でしたか? Ⓑええ、元気でしたよ	Ⓐ그동안 안녕하셨어요? ＊그동안は「その間」。 Ⓑ네, 잘 지냈어요. ＊잘 지내다で「元気に過ごす」。
やぁ、どうですか?	요즘 어때요? ＊요즘は「最近」。어때요?（どうですか？）は敬語だと어떠세요?となる。
皆さん、お元気ですか?	다들, 안녕하세요? ＊다は「みんな」。-들は複数を表す言葉。

友人や知人に話しかける

Ⓐ 家族の方はお変わりありませんか? Ⓑ みんな元気にしています	Ⓐ 가족분들 모두 별고 없으시죠? ★별고 없다で「別段変わりない」。별고は漢字では[別故]。 Ⓑ 다 잘 지내요.
奥さん(ご主人)はどうですか?	부인은(남편은) 어떠세요? ★부인は漢字では[夫人]で、「奥さん」の上品な言い方。
お子さんは大きくなったでしょ?	아이가 많이 컸지요? ★많이 크다で「ずいぶん成長する」。
Ⓐ 商売はどうですか? Ⓑ まあまあいいです	Ⓐ 장사는 어때요? ★장사は「商売」。 Ⓑ 그럭저럭 잘됩니다. ★그럭저럭は「何とかかんとか」「どうにかこうにか」。잘되다は「うまくいく」。
うまくいってますか?	잘돼 가요? ★잘되다は「うまくいく」。 =일이 잘돼요?「仕事はうまくいってますか?」 ★일は「事」「仕事」。
Ⓐ お忙しそうですね Ⓑ ええ、本当に	Ⓐ 바쁜가 봐요. ★-ㄴ가 봐요は「~のようです」。 Ⓑ 네, 진짜 바빠요. ★진짜は「本当に」。
Ⓐ 元気そうですね Ⓑ あなたも	Ⓐ 좋아 보이네요. ★좋아 보이다は「(元気が)いいように見える」。

	ⓑ당신도요. ＊당신の使い方には注意が必要だ。普通は夫婦間で使うもので、他人同士の大人が使う場合は、よそよそしくかしこまった言い方、冷淡またはけんか腰の言い方にもなる。したがって、使わずにすむ場合は省略したほうがよい。知り合い同士の場合は「あなた」の部分を名前や役職名で言うとよい。
ⓐお久しぶり！ ⓑそうですね、元気にしてましたか？	ⓐ오랜만이네요! ＊오랜만は「久しぶり」。 ⓑ그러네요. 그동안 별일 없었어요? ＊-네요は「〜ですねぇ」「〜ますねぇ」。별일 없다で「特に変わったことはない」。
ⓐまた会えてうれしいです！ ⓑ私も。また会えて本当によかったです	ⓐ다시 뵙게 되어 반가워요! ＊반갑다は「うれしい」。 ⓑ나도요. 이렇게 만나니 정말 좋아요. ＊나도요は나두요とも言う。이렇게は「このように」。좋아요は「うれしいです」という意味でも使う。
ⓐ何を急いでいるんですか？ ⓑ映画に遅れそうなんです	ⓐ뭘 그렇게 서두르세요? ＊그렇게は「そのように」。서두르다は「急ぐ」「慌てる」。 ⓑ영화에 늦을 것 같아서요. ＊늦다は、動詞では「遅れる」、形容詞では「遅い」。
お待たせしました！	많이 기다렸죠? ＊「ずいぶん待ったでしょ？」という言い方。기다리다は「待つ」。

友人や知人に話しかける ◆ 59

	=오래 기다리셨죠? ＊この表現は敬語。오래は「長らく」。
来てくれてありがとう！	와 주어서 고마워요! ＊와 주어서는「来てくれて」。
ヨンスさんが来てくれてうれしいです	영수 씨가 와 줘서 기뻐요. ＊씨は「さん」だが、目上の人には使えない。代わりに선생님を使う。줘서は주어서（くれて）が縮んだ形。기뻐요（うれしいです）と同じ意味で좋아요も使える。
さぁ、どうぞお入りください	자, 어서 들어오세요. ＊들어오세요は「入って来てください」、들어가세요は「入って行ってください」で、相手と自分の位置によって使い分ける。
ねぇ、こっちに来てくださいよ	이쪽으로 오세요. ＊「ねぇ」は、相手が誰かによって呼び方が違う。普通は영수 씨のように名前＋씨（または役職名）で呼ぶ。または呼びかけを省略することもできる。
今日は暑いですね	오늘은 날씨가 덥네요. ＊날씨は「天気」。直訳すると「今日は天気が暑いですね」で、おかしくなるが、韓国語では普通このように表現する。 ＝오늘은 덥군요.
お疲れさま	수고했어요. ＊友人、年下の相手に言う丁寧

	語。敬語だと<ruby>수고하셨어요<rt>スゴハショッソヨ</rt></ruby>となる。
留守電聞きましたぁ？	<ruby>메시지<rt>メシジ</rt></ruby> <ruby>들었어요<rt>トゥロッソヨ</rt></ruby>? ＊<ruby>메시지<rt>メシジ</rt></ruby>は「メッセージ」。
よろしくお願いします	<ruby>잘<rt>チャル</rt></ruby> <ruby>부탁해요<rt>プタッケヨ</rt></ruby>. ＊気軽な言い方で、「よろしく頼むね」ぐらいのニュアンス。同じ表現で、以下の順に丁寧度が増す。<ruby>잘<rt>チャル</rt></ruby> <ruby>부탁하겠어요<rt>プタッカゲッソヨ</rt></ruby> ⇒ <ruby>잘<rt>チャル</rt></ruby> <ruby>부탁합니다<rt>プタッカムニダ</rt></ruby> ⇒ <ruby>잘<rt>チャル</rt></ruby> <ruby>부탁하겠습니다<rt>プタッカゲッスムニダ</rt></ruby> ⇒ <ruby>잘<rt>チャル</rt></ruby> <ruby>부탁드립니다<rt>プタクトゥリムニダ</rt></ruby> ⇒ <ruby>잘<rt>チャル</rt></ruby> <ruby>부탁드리겠습니다<rt>プタクトゥリゲッスムニダ</rt></ruby>
遅れてますね～！	<ruby>유행에<rt>ユヘンエ</rt></ruby> <ruby>좀<rt>ジョム</rt></ruby> <ruby>뒤떨어지네요<rt>トゥイットロジネヨ</rt></ruby>. ＊<ruby>유행<rt>ユヘン</rt></ruby>は「流行」。뒤떨어지다は「立ち遅れる」。
すっごく話題になってるのに	<ruby>굉장히<rt>クェンジャンイ</rt></ruby> <ruby>화제가<rt>ファジェガ</rt></ruby> <ruby>되고<rt>ドゥェゴ</rt></ruby> <ruby>있는데요<rt>インヌンデヨ</rt></ruby>. ＊<ruby>굉장<rt>クェンジャン</rt></ruby>は漢字では［宏壮］で、<ruby>굉장히<rt>クェンジャンイ</rt></ruby>は「すごく」。<ruby>화제가 되다<rt>ファジェガ ドゥェダ</rt></ruby>で「話題になる」。 ＝<ruby>요즘<rt>ヨジュム</rt></ruby> <ruby>떠들썩한데요<rt>トドゥルソッカンデヨ</rt></ruby>. ＊<ruby>떠들썩하다<rt>トドゥルソッカダ</rt></ruby>は「騒がしい」。
あの俳優が出ているんです	<ruby>그<rt>ク</rt></ruby> <ruby>배우가<rt>ベウガ</rt></ruby> <ruby>나와요<rt>ナワヨ</rt></ruby>. ＊<ruby>그<rt>ク</rt></ruby>は「その」だが、話題に上った「あの」にもなる。
昨日テレビ見ましたぁ？	<ruby>어제<rt>オジェ</rt></ruby> <ruby>티브이<rt>ティブイ</rt></ruby> <ruby>봤어요<rt>ボァッソヨ</rt></ruby>? ＊<ruby>티브이<rt>ティブイ</rt></ruby>は「TV」。 ＝<ruby>어저께<rt>オジョッケ</rt></ruby> <ruby>텔레비전<rt>テルレビジョン</rt></ruby> <ruby>보셨어요<rt>ポショッソヨ</rt></ruby>? ＊<ruby>보셨어요?<rt>ポショッソヨ</rt></ruby>は敬語だが、打ち解けた言い方。<ruby>어저께<rt>オジョッケ</rt></ruby>は「昨日」で、<ruby>어제<rt>オジェ</rt></ruby>と類義語。
えっ？ 知らないんですか？	<ruby>아니<rt>アニ</rt></ruby>, <ruby>몰라요<rt>モルラヨ</rt></ruby>. ＊<ruby>아니<rt>アニ</rt></ruby>は驚きを表す「えっ」

	「おや」という意味。모르다(モルダ)は「知らない」。
	= 아니, 모르세요?(アニ モルセヨ) *모르세요?(モルセヨ)は敬語だが打ち解けた言い方。

フォーマル表現

どうぞよろしくお願いいたします	부디 잘 부탁드리겠습니다.(プディ チャル プタクトゥリゲッスムニダ) *부디(プディ)は「なにとぞ」。代わりに아무쪼록(アムッチョロク)も使える。
健康状態はいかがですか?	건강은 어떠십니까?(コンガンウン オットシムニッカ) *건강(コンガン)は「健康」。 = 몸은 좀 어떠하십니까?(モムン ジョム オットハシムニッカ) *몸(モム)は「体」。
お久しぶりですね	오래간만입니다.(オレガンマニムニダ) *오래간만(オレガンマン)は「久しぶり」で、오랜만(オレンマン)とも言う。 = 오랜만에 뵙습니다.(オレンマネ ペプスムニダ) *뵙다(ペプタ)は「お目にかかる」という謙譲語。
お元気そうにしていらっしゃいますね	좋아 보이십니다.(チョア ポイシムニダ) *좋다(チョッタ)はここでは「(元気が)いい」。-아/어/여 보이시다(ア オ ヨ ポイシダ)で「〜くお見受けする」。 = 건강해 보이십니다.(コンガンヘ ポイシムニダ) *건강하다(コンガンハダ)は「健康だ」。
Ⓐ前にお会いしたのはいつでしたか? Ⓑかなり前で覚えていません	Ⓐ전에 만나 뵌 게 언제였습니까?(チョネ マンナ ペン ゲ オンジェヨッスムニッカ) *만나 뵈다(マンナ ペダ)は「お目にかかる」。 Ⓑ너무 오래돼서 기억이 안 납니다.(ノム オレドゥエソ キオギ アン ナムニダ) *오래되다(オレドゥエダ)は「久しくなる」。

Ⓐお変わりない ですね Ⓑ先生もお変わりないですよ	Ⓐ여전하십니다. Ⓑ선생님도 변하신 게 없으십니다.	＊여전하다は「依然として変わりない」。 ＊변하다は「変わる」。
お母さんは相変わらずお元気にしておられますか？	어머님께서는 여전히 건강하십니까?	＊-께서는は-는/은（～は）の敬語。
Ⓐこんなところであなたにお目にかかるとは！ Ⓑ全くですね！	Ⓐ이런 곳에서 만나 뵙다니요! Ⓑ정말 뜻밖입니다!	＊「あなた」は、相手が誰かによって言い方が変わってくる。言いにくいときは省いてもよい。実際には名前と役職名を言って、김 사장님을 만나 뵙다니요!「金社長にお目にかかるなんて！」のように言う。 「本当に意外です！」＊뜻밖は「意外」。漢字語の의외［意外］も使える。
またお会いできるとは光栄です！	또 뵙게 되어 영광입니다. ＝다시 만나 뵈어서 영광입니다.	＊뵙게 되다は「お目にかかることになる」。영광は「光栄」または「栄光」。
折り入ってお話したいことがあります	긴히 드릴 말씀이 있습니다.	＊決まり文句として使われる。긴히は「折り入って」。드릴 말씀は「申し上げること」。

友人や知人に話しかける ◆ 63

別れの挨拶をする

「さよなら！」

カジュアル表現

じゃね！	<ruby>안녕<rt>アンニョン</rt></ruby>！ ＊子供や若者同士、または大人が子供に言う。出会ったときの「やぁ！」の意味でも使う。
ばいばい、気をつけてね！	<ruby>조심히<rt>チョシミ</rt></ruby> <ruby>가<rt>ガ</rt></ruby>！ ＊その場を立ち去る相手に言う。 <ruby>조심하다<rt>チョシマダ</rt></ruby>は「気をつける」「用心する」。
さよなら！	<ruby>잘<rt>チャル</rt></ruby> <ruby>가<rt>ガ</rt></ruby>！ ＊その場を立ち去る相手に言う。 ＝<ruby>잘<rt>チャ</rt></ruby> <ruby>있어<rt>リッソ</rt></ruby>！ ＊その場に残る相手に言う。
じゃあ、また	<ruby>그럼<rt>クロム</rt></ruby> <ruby>또<rt>ト</rt></ruby> <ruby>보자<rt>ボジャ</rt></ruby>. ＊<ruby>또<rt></rt></ruby> <ruby>보자<rt></rt></ruby>で「また会おう」。 ＝<ruby>다음에<rt>タウメ</rt></ruby> <ruby>보자<rt>ボジャ</rt></ruby>. 「この次（また）会おう」
帰るよ	<ruby>돌아갈게<rt>トラガルケ</rt></ruby>. ＊<ruby>돌아가다<rt>トラガダ</rt></ruby>は「帰る」。-ㄹ/<ruby>을게<rt>ウルケ</rt></ruby>は意志を表す。 ＝<ruby>나<rt>ナ</rt></ruby> <ruby>간다<rt>カンダ</rt></ruby>. 「僕（私）行くよ」
もう帰ろうよ	<ruby>그만<rt>クマン</rt></ruby> <ruby>들어가자<rt>トゥロガジャ</rt></ruby>. ＊<ruby>그만<rt>クマン</rt></ruby> ～<ruby>자<rt>ジャ</rt></ruby>で「もう～しよう」の意味。<ruby>들어가다<rt>トゥロガダ</rt></ruby>は「（外出先からもとの場所に）戻って行く」。 ＝<ruby>이제<rt>イジェ</rt></ruby> <ruby>돌아가<rt>トラガ</rt></ruby>. 「もう帰ろう」
話ができてよかったよ	<ruby>얘기할<rt>イェギハル</rt></ruby> <ruby>수<rt>ス</rt></ruby> <ruby>있어서<rt>イッソソ</rt></ruby> <ruby>다행이야<rt>タヘンイヤ</rt></ruby>. ＊<ruby>다행<rt>タヘン</rt></ruby>

	は漢字では［多幸］で、다행이다は「よかった」「ラッキーだ」という意味。
もう行かなくちゃ	이제 가 봐야겠다. ＊가 보다は「行ってみる」。-아/어/여야겠다は「〜しなければならない」という強い意志を表す言い方。 = 그만 돌아가야겠어.「もう帰るよ」＊이제 들어가야 해 も類似表現。
行く時間だよ！	떠날 시간이야! ＊떠나다は「発つ」「出発する」。
じゃ、このへんで！	그럼 이만 갈게! ＊「じゃ、このくらいでもう行くよ！」という言い方。 = 이제 그만 일어날게! ＊이제 그만は「もうこのくらいで」。일어나다は「席を立つ」の意味で使われている。
がんばって！	힘내! ＊直訳は「力出して！」。日本語の「がんばって」はいろいろな場面で使われるが、韓国語では各場面によって言い方が違う。落ち込んでいる人には、힘내!、新たに何かを始めた（始める）人には、열심히 해!（一生懸命やれよ！）、スポーツの応援には、파이팅!（ファイト！）または힘내!など。
楽しんできてね！	잘 놀다 와! ＊直訳は「よく遊んできな！」。原形の놀다は「遊ぶ」だが、ここでは놀다가（遊んで）の가が省略された形である。

別れの挨拶をする ◆ 65

	=재미나게 놀고 와! 「楽しく遊んできな！」 ＊재미나다は「おもしろい」「楽しい」「愉快だ」。
今日は楽しかったよ！	오늘 즐거웠어! ＊즐겁다は「楽しい」。
電話ありがとう	전화 고마워. ＊고맙다は「ありがたい」。 =전화해 줘서 고맙다.「電話してくれてありがとう」＊고맙다は子供や目下の人にいう言い方。
じゃあ、切るね	그럼 끊을게. ＊끊다は「切る」。 =이만 끊어. ＊이만 〜で「これくらいで〜する」。
後で電話してね	이따가 전화 줘. ＊이따가はその日のうちの「後ほど」。주다は「くれる」で、줘はぞんざいな命令形。 =나중에 전화 주라. ＊주라は줘よりもぞんざいな言い方で、子供やごく親しい友達などに使う命令形。男性が使えば「くれ」、女性なら「ちょうだい」くらいのニュアンス。나중에は「後で」だが、その日のうちとは限らない。
もう帰るの？	벌써 돌아가? ＊벌써は「もう」。돌아가다は「帰る」「帰って行く」。 =벌써 가려고? ＊가다は「行く」。-려고?は相手の意志を問う言い方。
また来るね	또 올게. ＊또は「また」。-ㄹ/을게は相手に

66 ◆ 別れの挨拶をする

	意志を表す、または約束する言い方。 =또 올 거야. ＊-ㄹ/을 거야は意志を表す言い方。
また来てね	또 와. ＊또は「また」。
またちょくちょく顔を出してね！	얼굴 자주 좀 보자! ＊直訳は「顔をしょっちゅう（ちょっと）見よう！」。얼굴は「顔」。자주は「度々」。
必ずまた帰ってこなくちゃダメだよ	꼭 다시 돌아와야 해. ＊꼭は「必ず」。다시は「また」。
ミナによろしくね！	미나한테 안부 전해 줘! ＊안부は漢字では［安否］で、안부(를) 전하다は「よろしく伝える」という意味。 =미나에게 인사 전해 줘! ＊直訳は「ミナに挨拶伝えて！」。
無茶しないでね	무리하지 마. ＊「無理しないで」という言い方。-지 말다は「〜するのをよす」。
ほどほどにね	적당히 해. ＊「適当にやりなよ」という言い方。적당히は「適当に」だが、日本語と同じように「適度に」という意味と「いい加減に」という否定的な意味の両方に使う。 =쉬엄쉬엄 해. ＊쉬엄쉬엄は「休み休み」。 =너무 지나치게 하지 마! ＊直訳は「あまり甚だしくやるなよ！」で、「やり過ぎないように」という意味。

別れの挨拶をする ◆ 67

そろそろお開きだ	슬슬 끝내야겠다. ^{スルスル クンネヤゲッタ}	※슬슬は「そろそろ」。끝내야겠다は「終えなければならない」「終えるつもりだ」。
	= 이제 그만 해야지. ^{イジェ クマ ネヤジ}	「もう終えなくちゃ」 ※이제は「もう」。그만 하다は「それくらいでやめる」。

スタンダード表現

さよなら	안녕히 가세요. ^{アンニョンイ ガセヨ}	※最も一般的な別れの挨拶だが、相手がその場を去る場合に使う表現。相手が居残る場合は안녕히 계세요になる。それぞれ「ご無事にお行きください」、「ご無事でいらしてください」という言い方。
	= 잘 가요. ^{チャル ガヨ}	※直訳は「よく行きなさい」。안녕히 가세요が敬語であるのに対して、こちらは対等または目下の相手に使う丁寧な表現。その場に残る相手には잘 있어요と言う。
お休みなさい	안녕히 주무세요. ^{アンニョンイ ジュムセヨ}	※親しい相手には안녕히を略して주무세요とも言う。
	= 잘 자요. ^{チャル ジャヨ}	※直訳は「よく寝なさい」。対等または目下の相手に使う丁寧な表現。자다は「寝る」。
じゃあ、また後で	그럼 이따 봐요. ^{クロム イッタ ボァヨ}	※「じゃあ、後で会いましょう」という言い方。그럼は「それでは」。이따は「(その日のうちの) 後で」。

また会いましょうね！	또 _ト 봐요! _{ポァヨ}	＊또は「また」。
	＝다시 _{タシ} 만나요! _{マンナヨ}	＊다시は「また」「再び」。만나다は「会う」。
いつかまたどこかで	언제 _{オンジェ} 한번 _{ハンボン} 또 _ト 봐요. _{ポァヨ}	＊「いつかまた会いましょう」という言い方。
	＝다음에 _{タウメ} 또 _ト 보죠. _{ポジョ}	「今度また会いましょう」
また明日	내일 _{ネイル} 봐요. _{ポァヨ}	＊내일は「明日」。
	＝내일 _{ネイル} 만나요. _{マンナヨ}	「明日会いましょう」
お大事に	몸조심하세요. _{モムジョシマセヨ}	＊「お体にお気をつけください」という言い方。
	＝몸조리 _{モムジョリ} 잘 _{チャ} 하세요. _{ラセヨ}	＊直訳は「体の養生をよくしてください」で、病人に言う表現。
行ってらっしゃい！	다녀오세요! _{タニョオセヨ}	＊目上の相手に使う敬語表現。다녀오다は「行ってくる」。
	＝잘 _{チャル} 다녀오세요! _{ダニョオセヨ}	＊잘は「よく」「うまく」だが、ここでは「気をつけて」「無事に」という意味。
	＝다녀와요! _{タニョワヨ}	＊対等または目下の相手に対する丁寧な言い方。
そろそろ失礼しましょうか？	그만 _{クマン} 일어날까요? _{イロナルカヨ}	＊「これくらいで席を立ちましょうか？」という言い方。일어나다は「立ち上がる」。
	＝슬슬 _{スルスル} 가 _カ 볼까요? _{ポルカヨ}	＊「そろそろ行ってみまし

別れの挨拶をする ◆ 69

	ょうか」という言い方。
よい一日を！	<ruby>좋은<rt>チョウン</rt></ruby> <ruby>하루<rt>ハル</rt></ruby> <ruby>되세요<rt>ドゥエセヨ</rt></ruby>**! ＊**直訳は「よい一日になってください！」。
よい週末を！	<ruby>좋은<rt>チョウン</rt></ruby> <ruby>주말<rt>ジュマル</rt></ruby> <ruby>되세요<rt>ドゥエセヨ</rt></ruby>**! ＊**<ruby>주말<rt>チュマル</rt></ruby>は「週末」。 **=**<ruby>주말<rt>チュマル</rt></ruby> <ruby>잘<rt>チャル</rt></ruby> <ruby>지내세요<rt>ジネセヨ</rt></ruby>**! ＊**直訳は「週末をよくお過ごしください」。<ruby>지내다<rt>チネダ</rt></ruby>は「過ごす」。
楽しい休暇を！	<ruby>즐거운<rt>チュルゴウン</rt></ruby> <ruby>휴가<rt>ヒュガ</rt></ruby> <ruby>되세요<rt>ドゥエセヨ</rt></ruby>**! ＊**<ruby>휴가<rt>ヒュガ</rt></ruby>は「休暇」。 **=**<ruby>휴가<rt>ヒュガ</rt></ruby> <ruby>잘<rt>チャル</rt></ruby> <ruby>지내요<rt>ジネヨ</rt></ruby>**! ＊**対等以下の相手に使う丁寧な表現。<ruby>지내요<rt>チネヨ</rt></ruby>!は<ruby>보내요<rt>ボネヨ</rt></ruby>!と言い換えられる。
楽しいご旅行を！	<ruby>즐거운<rt>チュルゴウン</rt></ruby> <ruby>여행<rt>ニョヘン</rt></ruby> <ruby>되세요<rt>ドゥエセヨ</rt></ruby>**! ＊**<ruby>여행<rt>ヨヘン</rt></ruby>は「旅行」。 **=**<ruby>여행<rt>ヨヘン</rt></ruby> <ruby>잘<rt>チャル</rt></ruby> <ruby>다녀와요<rt>ダニョワヨ</rt></ruby>**! ＊**対等以下の相手に使う丁寧な表現。<ruby>다녀오다<rt>タニョオダ</rt></ruby>は「行ってくる」。
ご一緒できなくて残念です	<ruby>함께하지<rt>ハムケハジ</rt></ruby> <ruby>못해<rt>モテ</rt></ruby> <ruby>유감이에요<rt>ユガミエヨ</rt></ruby>. **＊**<ruby>함께 하다<rt>ハムケハダ</rt></ruby>は「共にする」「ご一緒する」。<ruby>유감이에요<rt>ユガミエヨ</rt></ruby>の代わりに<ruby>안타깝네요<rt>アンタッカムネヨ</rt></ruby>も使える。 **=**<ruby>같이<rt>カチ</rt></ruby> <ruby>가지<rt>ガジ</rt></ruby> <ruby>못해서<rt>モテソ</rt></ruby> <ruby>아쉬워요<rt>アシュイウォヨ</rt></ruby>. 「一緒に行けなくて残念です」 **＊**<ruby>아쉽다<rt>アシュイプタ</rt></ruby>は「残念だ」。
日が暮れる前に帰りましょう	<ruby>해가<rt>ヘガ</rt></ruby> <ruby>지기<rt>チギ</rt></ruby> <ruby>전에<rt>ジョネ</rt></ruby> <ruby>돌아가요<rt>トラガヨ</rt></ruby>. **＊**<ruby>해가<rt>ヘガ</rt></ruby> <ruby>지다<rt>チダ</rt></ruby>で「日が沈む」。-기 전에で「～する前に」。 **=**<ruby>날이<rt>ナリ</rt></ruby> <ruby>저물기<rt>チョムルギ</rt></ruby> <ruby>전에<rt>ジョネ</rt></ruby> <ruby>들어갑시다<rt>トゥロガプシダ</rt></ruby>. **＊**<ruby>날이<rt>ナリ</rt></ruby> <ruby>저물다<rt>チョムルダ</rt></ruby>で「日が暮れる」。「帰る」は<ruby>돌아가다<rt>トラガダ</rt></ruby>と<ruby>들어가다<rt>トゥロガダ</rt></ruby>の両方が使える。

遅くなってしまったから	^{シガニ ヌジョッスニ} 시간이 늦었으니.	「時間が遅くなったので」という言い方。늦다は「遅い」。
終電の時間です	^{マクチャ タル シガニエヨ} 막차 탈 시간이에요.	「終電に乗る時間です」という言い方。
時間がないので失礼いたします	^{シガニ オプソソ イマン シルレハゲッスムニダ} 시간이 없어서 이만 실례하겠습니다. ＊이만 〜 は「これで〜」「このくらいで〜」。실례하다は「失礼する」。 ＝^{パッパソ イマン カ ボゲッソヨ} 바빠서 이만 가 보겠어요. ＊바빠서は「忙しいので」。	
食事の後すぐに帰るのは心苦しいのですが…	^{パム モッコ クムバン イロナギガ ジョム} 밥 먹고 금방 일어나기가 좀 ^{チェソンハネヨ} 죄송하네요… ＊食事会などで、食後すぐに席を立たなくてはならないときに使われる表現。죄송하네요は「申し訳ないです」「恐縮です」。	
忘れ物はありません?	^{イジュン ムルゴン オプソヨ} 잊은 물건 없어요? ＊^{イッタ}잊다は「忘れる」。잊은 물건は「忘れた物」。 ＝^{トゥゴ オン ムルゴン オプセヨ} 두고 온 물건 없으세요? 「置き忘れた物ございませんか?」	
Ⓐお先に失礼します Ⓑどうぞ	Ⓐ^{モンジョ イロナルケヨ} 먼저 일어날게요. ＊「先に席を立ちますよ」という言い方。먼저は「先に」。 Ⓑ^{ネ カ ボセヨ} 네, 가 보세요. ＊「はい、お行きください」という言い方。	

別れの挨拶をする ◆ 71

お疲れさまでした	**수고하셨어요.** _{スゴハショッソヨ}	＊敬語だが打ち解けた表現。수고は漢字では［受苦］で、수고하다は「苦労する」。
	＝**수고했어요.** _{スゴヘッソヨ}	＊対等以下の相手に言う。
お忙しいところをありがとうございました	**바쁘신데 정말 감사합니다.** _{バップシンデ チョンマル カムサハムニダ}	＊ごく一般的なかしこまったお礼の言い方。바쁘다は「忙しい」。정말は「本当（に）」。
	＝**바쁜데 정말 고마워요.** _{バップンデ チョンマル コマウォヨ}	＊対等以下の相手に言う。고맙다は「ありがたい」。
また会えてよかったです	**다시 만나서 반가웠어요.** _{タシ マンナソ バンガウォッソヨ}	＊再会して別れるときの挨拶。반갑다は「うれしい」。반가웠어요は기뻤어요と言い換えられる。
	＝**또 볼 수 있어서 다행이었습니다.** _{ト ボル ス イッソソ タヘンイオッスムニダ} ＊다행이다は「幸いだ」「ラッキーだ」。	
お話しできてよかったです	**얘기할 수 있어서 좋았어요.** _{イェギハル ス イッソソ チョアッソヨ} ＊얘기하다は「お話しする」。	
また会いましょう	**또 봐요.** _{ト ボァヨ}	＊対等以下の相手に言う。
	＝**또 만나요.** _{ト マンナヨ}	
近いうちにまたお会いしたいです	**가까운 시일 내에 또 만났으면 좋겠어요.** _{カッカウン シイル レエ ト マンナッスミョン チョッケッソヨ} ＊시일は漢字では［時日］で、ここでは「時」の意。내에は「うちに」。만났으면 좋겠다で「会えたらいい」という願望表現。	

また来てくださいね	또 오세요. ＊敬語表現。오다は「来る」。 = 또 와요. ＊対等以下の相手に言う。
スミさんによろしくお伝えください	수미 씨한테 안부 전해 주세요. ＊안부は漢字では[安否]。안부 전하다で「よろしく伝える」。 = 수미 씨에게 인사 전해 줘요. ＊対等以下の相手に言う。인사 전하다で「挨拶を伝える」。
また電話してください	또 전화해 주세요. ＊전화하다は「電話する」。 = 또 전화 줘요. ＊対等以下の相手に言う。
何のお構いもしませんで	아무 대접도 못 했네요. ＊대접は「もてなし」「接待」。못 하다は「できない」。
メールしてくださいね！	문자 보내 주세요! ＊直訳は「文字送ってください！」で、携帯のメール送信を頼むときの言い方。 = 메일 주세요! 「(パソコンでの)メールください！」
連絡を取り合いましょう	서로 연락하도록 해요. ＊서로は「互いに」。연락하도록は「連絡するように」。해요は하죠(しましょう)と言い換えられる。
連絡を待ってますからね	연락 기다릴게요. ＊親しい相手に使う。기다리다は「待つ」。-ㄹ/을게요は自分の意志

別れの挨拶をする ◆ 73

	を表明したり約束したりする表現。 ＝연락 기다리겠어요.
スミさんに会えなくなると寂しくなりますよ	수미 씨를 못 보게 되면 서운해지겠네요. ＊-게 되면は「〜なると」。서운해지겠네요は「寂しくなりますね」。
もう会うことはないと思います	이제 다시 만날 일은 없을 거예요. ＊만나다は「会う」。-ㄹ/을 거예요は「〜でしょう」と推測を表す。

フォーマル表現

ごきげんよう	안녕히 가십시오. ＊その場を去る相手に言う。「ご無事でお行きください」という意味。 ＝안녕히 계십시오. ＊その場に残る相手に言う。「ご無事でいらしてください」という意味。
またお会いしましょう	또 만나십시다. ＊또は「また」。 ＝또 뵙겠습니다. 「またお目にかかります」
もうそろそろおいとましなければなりません	이제 슬슬 일어나야겠습니다. ＊슬슬は「そろそろ」。일어나다はここでは「席を立つ」という意味。 ＝슬슬 가 보겠습니다. ＊直訳は「そろそろ行ってみます」。

お知り合いになれてうれしく思います	이렇게 알게 되어 기쁘게 생각합니다. ＊알게 되다는「知るようになる」。기쁘다는「うれしい」で、기쁘게は「うれしく」。
いつかまたお会いできることを楽しみにしています	언제 다시 만나 뵐 수 있으면 좋겠습니다. ＊언제 다시は「いつかまた」。-ㄹ/을 수 있으면は「〜できたら」。 ＝다시 만나 뵐 날을 기대하겠습니다. 「またお目にかかる日を期待します」 ＊기대하다は「期待する」だが、「楽しみにする」の意味でも使われる。
お時間を割いていただきありがとうございました	바쁘신데 시간 내 주셔서 감사합니다. ＊바쁘신데は「お忙しいのに」。시간 내 주다は「時間を割いてくれる」。
お会いできて楽しかったです	만나 봬서 정말 즐거웠습니다. ＊만나 뵙다は「お目にかかる」。즐겁다は「楽しい」。
ご家族の方にくれぐれもよろしくお伝えください	가족분들에게 부디 잘 전해 주십시오. ＊가족분들は「ご家族の方々」。부디は「なにとぞ」。 ＝가족 여러분께 안부 잘 전해 주십시오. ＊여러분은「皆様方」。-께는-에게または-한테(〜に)の敬語。안부は漢字では [安否] で、안부 전하다で「よろしく伝える」という意味。

別れの挨拶をする ◆ 75

人を紹介する

「私の友達です」

カジュアル表現

トンス、こっちは友達のポミだよ	동수야, 이쪽은 내 친구 보미야. ※ 親しい友達に呼びかけるときは、姓を付けず、下の名前の後ろに-야か-아を付ける。名前の最後にパッチムがないときは-야、あるときは-아になる。이쪽은は「こっちは」。
チョングに、そしてサンウよ	정구하고 상우야. ※ 両者を別の友人にフランクに紹介する言い方。 = 이쪽은 정구, 그리고 이쪽은 상우야.「こっちはチョング、そしてこっちはサンウだよ」
ヨンギ、こっちはユンジョンっていうんだよ	영기야, 이쪽은 윤정이라고 해. ※ -라고/이라고 해で「~というんだよ」という意味。
トンス、チョングを紹介するよ	동수야, 정구를 소개할게. ※ -할게は「~するよ」「~するぞ」と意志を表す。
ヨンエさんを紹介するよ	영애 씨를 소개한다. ※ -한다は親しい同輩や目下の人に対して「~する」という表現。
だあれ？	누구? ※ 親しい友人に聞くときの言い方。「誰なの？」という意味で누구야?とか누군데?も

彼のこと覚えてる？	使える。 イ チング キオッケ **이 친구 기억해?** ＊이 친구は目の前にいる友達、または同輩以下の人を指し、男女の区別なしに用いる親しみを込めた言い方。「〜のこと」という言葉は必要なく、「このチング（を）覚えている？」と表現する。기억해?の直訳は「記憶している？」。 イェ キオッカニ ＝**얘 기억하니?**「この子覚えてる？」 ＊얘は이 아이（この子）が縮んだ形。子供や若者を指して言う言葉で、男女の区別はない。

スタンダード表現

私の友達です	チェ チングエヨ **제 친구예요.** ＊제は저의（私の）が縮んだ形。自分を下げて言う謙譲語。
私のアシスタントの鈴木を紹介します	チェ チョスイン スズキッ シルル ソゲハゲッソヨ **제 조수인 스즈키 씨를 소개하겠어요.** ＊「助手の誰々」と言う場合の助詞「の」は의を使わず、「〜である」にあたる인を使う。日本語では「鈴木」と呼び捨てにしているが、스즈키だけだと韓国語では見下した言い方になってしまうので、同輩、年下の人に使う씨（さん）を付ける。
彼はチョン・ジェミンさんです	イッチョグン チョンジェミン シエヨ **이쪽은 정재민 씨예요.** ＊そばにいる男性を指して言う場合、日本語の「彼」のように幅広い対象に使える代名詞はなく、個々のケースで使い分ける。이쪽は「こちら」で、男女両方に比較的幅広く使える。

人を紹介する ◆ 77

あなたはチスの友達ですか？	지수하고 친구가 되세요?	＊直訳は「チスと友達（の関係）になるのですか？」。
	=지수 친구세요?	「チスのお友達ですか？」
キョンホさん、私の上司の佐藤部長を紹介します	경호 씨, 제 상사이신 사토 부장님을 소개할게요.	＊상사は「上司」。日本語は相対敬語だが、韓国語は絶対敬語なので、目上の人のことは、誰に言うかに関係なく、常に敬語で言う。肩書きには普通、敬称の님を付ける。
こちらがかの有名な中田選手です	이쪽이 그 유명한 나카타 선수예요.	＊그 유명한は「あの有名な」。선수は「選手」。「監督」は감독。「コーチ」は코치。
カン・シニさん、佐藤さんにお会いいただきたいのですが	강신의 씨, 사토 씨를 좀 만나 주셨으면 하는데요.	
	=강신의 씨, 사토 씨 좀 만나 주시면 안 돼요?	「カン・シニさん、佐藤さんにちょっと会ってくれませんか？」
紹介したい人がいるのですが	소개하고 싶은 사람이 있는데요.	＊目上の人に言う場合は소개해 드리고 ~となる。
	=소개시키고 싶은 사람이 있어요.	
後ほどお引き合わせします	이따가 만나게 해 드리죠.	＊直訳は「後で会うようにして差し上げます」。

	=나중에 소개시켜 드리죠. 「後でご紹介します」
私の妹に会ったことあります？	제 동생 본 적 있으세요? ＊-ㄴ/은 적 (이) 있다で「～したことがある」という表現。동생は「年下の兄弟（姉妹）」を指す言葉で、男女の区別はない。特に区別する場合は、前に여（女）、남（男）を付けて여동생（妹）、남동생（弟）とする。 =내 여동생 만난 적이 있어요?
お二人はお知り合いなんですか？	두 분이 서로 아시는 사이세요? ＊두 분は敬語で「お二人」「お二方」。서로は「互いに」。아시는 사이は「知っている間柄」。
私たちは初対面です	우리는 초면이에요. ＊초면は漢字では［初面］。 =우린 오늘 처음 만났어요. ＊우린は우리는の縮んだ形。처음は「初めて」。
彼にはどこかで会ったことがあります	그 사람 어딘가에서 만난 적이 있어요. ＊日本語の「彼」や「彼女」は目の前の人、または話題に上った第三人称の両方に使えるし、年齢にあまり関係なく使える。このように、幅広く使える代名詞は韓国語にはない。그 사람は男女を区別しない「その人」または「あの人」で、自分の近くではなく聞き手の近くの、または話題に出てきた人を指す。

人を紹介する ◆ 79

彼女の名前が思い出せないんですよ	그 사람 이름이 생각 안 나요.	✱그 사람은「その人」。생각(이) 안 나다で「思い出せない」。
	=그 여자 이름이 기억나지 않아요.	✱그 여자は目上の女性、年配者には普通使わない。기억は「記憶」。
彼は私の部下なんです	이 사람은 내 밑에서 일하는 사람이에요.	✱이 사람은「この人」。내を使う場合は聞き手が同等以下。밑에서 일하는は「下で働いている～」。
あの人は私の上司です	저분은 제 상사세요.	✱저분은「あの方」。저は自分と相手から遠い所を指す。세요/이세요は예요/이에요（～です）の敬語表現。
彼がここの責任者です	이쪽이 여기 책임자예요.	✱이쪽は「こちら」で、自分のすぐそばにいる人を指す。책임자は「責任者」。
彼は大学の先輩です	이쪽은 대학교 선배예요.	✱선배は「先輩」。
	=제 대학 시절 선배예요.	✱시절は漢字では[時節]で「時代」の意。대학 시대とは言わない。
いい方ですよ	좋은 분이에요.	✱분は「方（かた）」。

フォーマル表現

チョン・ジェミンさんにご登場いただきましょう

정재민 선생님 나와 주시기 바랍니다. ※선생님は「先生」で、敬称としても使われる。나와 주시다は「出て来てくださる」。-기 바랍니다は願望、希望を表す表現で「~していただきたいです」という意味。

コ・デホさん、妻を紹介させてください

고대호 씨, 제 처를 소개해 드리겠습니다. ※씨は漢字では[氏]だが、対等以下の人に使う。처（妻）は아내や집사람と同義語だが、漢字語で硬い言い方。소개해 드리다は「ご紹介する」。

あなたをぜひ彼女にご紹介したいのですが

선생님을 꼭 그 여자분에게 소개시켜 드리고 싶습니다만. ※「あなた」の訳語には당신があるが、相手によっては失礼になることもあるので、ここでは無難に선생님という敬称を用いた。ここでの「彼女」もどういう人かによって言い方が変わるが、여자분は「女性の方」という丁寧な言い方。

= 선생님을 꼭 그 친구에게 소개시켜 드렸으면 합니다만. ※그 친구は対等以下の人を親しく言う言葉で、男女の区別なく「彼」「彼女」の意味で使う。-았/었/였으면 하다は「~だったらいいなあ」という願望表現。

人を紹介する ◆ 81

あいづちを入れる
「そうかい？」

カジュアル表現		
え〜と…	저… _{チョー}	★すぐに言葉が出てこないときに言う「あのぅ」。同じように그_{クー}も使える。
あのさぁ	있잖아. _{イッチャナ}	★直訳は「あるじゃない」。
	=저기 말이야. _{チョギ マリヤ}	★말이야_{マリヤ}は特に意味はなく、語調を整える言葉。
そうだなぁ	글쎄. _{クルセ}	★すぐに答えられず、返事を保留するときに言う。
ほらね！	거봐! _{コボァ}	★「それ見ろ！」の意味。
うん	응. _{ウン}	★日本語と同じ言い方。
	=그래. _{クレ}	★「うん」「ああ」「そう」などの意。
ほんと？	정말? _{チョンマル}	
	=정말이야? _{チョンマリヤ}	「本当なの？」
		★同じ意味で진짜야?_{チンチャヤ}も使える。
そうかい？	그래? _{クレ}	
	=그러냐? _{クロニャ}	「そうなのか？」　★目下の人や子供に対する言い方。

そうだよな	그러게. _{クロゲ} ＊相手の言うことに同意する言い方。 ＝그러게 말이야. _{クロゲ マリヤ}「そうなんだよな」 ＊말이야_{マリヤ}は特に意味はなく、語調を整える言葉。말이다_{マリダ}を用いてもよい。
そうそう	참! _{チャム} ＊思い出したとき発する言葉。
え〜？	뭐? _{ムォ} ＊「何？」の意味。 ＝뭐야? _{ムォヤ}「何だ？」
うわ〜！	와! _{ワー} ＊驚きの声。 ＝어머! _{オモ} ＊驚いたとき女性が言う言葉。強めて어머나!_{オモナ}とも言う。 ＝어유! (아유!) _{オユ アユ} ＊驚いたときや、疲れてしんどいときに発する言葉。어휴!(아휴!)_{オヒュ アヒュ}とも言う。
あ〜あ！	저런! _{チョロン} ＊好ましくないことに対する驚きの表現。이런!_{イロン}とも言う。 ＝아이고! (어이구!) _{アイゴ オイグ} ＊強調して어이쿠!_{オイクー}とも言う。
何てこった！	세상에! _{セサンエ} ＊直訳は「世上に！」で、「この世の中にそんなことがあり得るのか」という意味。 ＝이런 일이! _{イロン ニリ} ＊「こんなことが（あり得るのか）！」という驚き、嘆きの表現。
もちろん！	물론이지! _{ムルロニジ} ＊물론_{ムルロン}は「もちろん」。

あいづちを入れる ◆ 83

	= 그럼! 「そうとも！」
間違いない！	틀림없어! *틀림は「間違い」。 = 분명해! 「明らかだ！」 *분명は漢字では[分明]。
そのとおりだよ	그렇고말고. *그렇다は「そうだ」。-고말고は強調を表す言い方。그렇구말구とも言う。 = 누가 아니래? *「誰が違うと言うのか？」という反語的な言い方。 = 내 말이 그 말이야. *直訳は「僕（私）の言葉がその言葉だよ」で、「まさに自分が言おうとしたことだ」という意味。
だから何？	그게 뭐 어때서? *直訳は「それが何がどうかした？」。 = 그러니까 뭔데? 「だから何なんだよ？」
そりゃぁそうだろ！	그야 그렇지! *그は「それ」。-야は前の語を強調する。 = 하긴 그렇지! *하긴は하기는（もっとも、そういえば）の縮んだ形。
わかったよ	알았어. *알다は「わかる」「知る」「理解する」。
そんなはずないよ！	그럴 리가 없어! *그렇다は「そうだ」。-ㄹ/을 리가 없다で「(～な、～である、～する)はずがない」という意味。

スタンダード表現

それで？
그래서요?
_{クレソヨ}

あっ、そう？
아, 그래요? ＊그렇다は「そうだ」。
_{ア クレヨ} _{クロッタ}

なるほど
그렇군요. ＊「そうなんですね」という言い方。
_{クロックニョ}

＝과연 그러네요. 「なるほど、そうなんですね」
_{クァヨン クロネヨ}

わかっています
알아요.
_{アラヨ}

＝알고 있어요. 「知ってます」
_{アルゴ イッソヨ}

それは初耳です
그건 금시초문이에요. ＊그건は그것은
_{クゴン クムシチョムニエヨ} _{クゴン クゴスン}
(それは)の縮んだ形。금시초문は漢字では［今
_{クムシチョン}
時初聞］で「初耳」という意味。

＝그건 처음 듣는 얘기네요. 「それは初めて聞く話です」
_{クゴン チョウム ドゥンヌン ニェギネヨ}

おっしゃること はわかります
하시는 말씀은 이해해요. ＊말씀은 말
_{ハシヌン マルスムン イヘヘヨ} _{マルスム マル}
(言葉、話)の敬語。이해하다は「理解する」。
_{イヘハダ}

＝무슨 말인지 알아요. 「何のことかわかります」
_{ムスン マリンジ アラヨ}

そのとおりです
그러게 말이에요. ＊相手の言うことに同
_{クロゲ マリエヨ}
感だという表現。

＝맞는 말이에요. ＊相手の言うことが正しいと
_{マンヌン マリエヨ}
いう表現。맞다は「合う」「正しい」。
_{マッタ}

あいづちを入れる ◆ 85

図星です	バロ クゴエヨ **바로 그거예요.** ＊「まさにそれです」という表現。	
	＝**정곡을 찔렀어요.** ＊정곡을 찌르다で「正鵠を射る→急所を突く」。	
ええ、そうですよね	クロゲヨ **그러게요.** ＊相手の言うことに同感を表す。 クロゲ マリエヨ 그러게 말이에요とも言う。	
	ネー クロッチョ クロッタ ＝**네, 그렇죠.** 그렇다は「そうだ」。	
おっしゃるとおり！	ネ マリ ク マリエヨ **내 말이 그 말이에요!** ＊直訳は「私の言葉がその言葉です！」で、「自分の言いたいことはまさにそれだ」という意味。	
	クロッコマルゴヨ ＝**그렇고말고요!** 「そうですとも！」 コマルゴヨ ＊-고말고요は強調を表す言い方。	
もちろんです	ムルロニジョ ムルロン **물론이죠.** 물론は「もちろん」。	
	クロミョ ＝**그럼요.** 「そうですとも」	
いいですとも！	チョッコマルゴヨ チョックマルグヨ チョッタ **좋고말고요!** ＊좋구말구요とも言う。 좋다は「いい」。	
	チョッチョ ＝**좋지요!** 「いいでしょう！」	
本当に？	チョンマリョ **정말요?**	
	チンチャエヨ ＝**진짜예요?** 「本当ですか？」	
それはどうですかねぇ	クゴン オットルカヨ クゴン クゴスン **그건 어떨까요?** ＊그건はそれは(그것은)の縮んだ形。 어떻다は「どうだ」。 オットッタ	

まさか！	설마!
	=설마 그럴 리가! 「まさかそんなはずが！」
そうですか？	그래요?
ご冗談を！	농담이죠? ＊농담は「冗談」。
	=지금 농담하시는 거예요?「今冗談おっしゃってるのですか？」
道理でね	그러면 그렇죠.
	=그럴 줄 알았어요.「そうだと思いましたよ」
やっぱり！	역시!
	=과연 그렇군요!「やはりそうなんですね！」
信じられないです！	못 믿겠어요! ＊믿다は「信じる」。
	=믿을 수가 없어요! ＊-가は省略してもよい。
	=믿기지가 않아요! ＊-가は省略してもよい。
すばらしいです！	훌륭해요! ＊훌륭하다は「立派だ」「見事だ」「偉い」。
	=대단하네요!「すごいですね！」
いいですね！	좋네요!
	=참 좋군요! ＊참은 정말と類義語で「本当に」「誠に」「実に」という意味。

あいづちを入れる

何ていいんでしょう！	너무너무 <ruby>좋아요<rt>ジョアヨ</rt></ruby>! <rt>ノムノム</rt>	※「あまりにもいいです！」という言い方。
すばらしい考えです！	<ruby>참<rt>チャム</rt></ruby> <ruby>좋은<rt>ジョウン</rt></ruby> <ruby>생각이에요<rt>センガギエヨ</rt></ruby>.	※「実にいい考えです」という言い方。
偶然ですね！	<ruby>우연이네요<rt>ウヨニネヨ</rt></ruby>!	※<ruby>우연<rt>ウヨン</rt></ruby>は「偶然」。
それは残念ですね！	<ruby>그거<rt>クゴ</rt></ruby> <ruby>참<rt>チャム</rt></ruby> <ruby>유감이네요<rt>ユガミネヨ</rt></ruby>!	※<ruby>그거<rt>クゴ</rt></ruby>は<ruby>그것<rt>クゴッ</rt></ruby>(それ)の縮んだ形。참は「本当に」「誠に」。<ruby>유감<rt>ユガム</rt></ruby>は漢字では［遺憾］。
	=<ruby>그거<rt>クゴ</rt></ruby> <ruby>안됐네요<rt>アンドゥエンネヨ</rt></ruby>!	※<ruby>안되다<rt>アンドゥエダ</rt></ruby>は「残念だ」「気の毒だ」。<ruby>안됐습니다<rt>アンドゥエッスムニダ</rt></ruby>で「お気の毒さまでした」。
それはまずいですね	<ruby>그거<rt>クゴ</rt></ruby> <ruby>안되겠네요<rt>アンドゥエゲンネヨ</rt></ruby>.	※ここでの<ruby>안되다<rt>アンドゥエダ</rt></ruby>は「うまくない」「いけない」。
	=<ruby>그거<rt>クゴ</rt></ruby> <ruby>곤란하네요<rt>コルラナネヨ</rt></ruby>.「それは困りましたね」	※<ruby>곤란<rt>コルラン</rt></ruby>は漢字では［困難］。
それは驚きですね！	<ruby>그거<rt>クゴ</rt></ruby> <ruby>참<rt>チャム</rt></ruby> <ruby>놀라운<rt>ノルラウン</rt></ruby> <ruby>일이네요<rt>ニリネヨ</rt></ruby>!	※<ruby>놀라운<rt>ノルラウン</rt></ruby> <ruby>일<rt>ニル</rt></ruby>は「驚くべきこと」。
	=<ruby>그거<rt>クゴ</rt></ruby> <ruby>신기하네요<rt>シンギハネヨ</rt></ruby>!	※<ruby>신기하다<rt>シンギハダ</rt></ruby>は「何とも不思議だ」。
それはお気の毒ですね	<ruby>그거<rt>クゴ</rt></ruby> <ruby>안됐군요<rt>アンドゥエックニョ</rt></ruby>.	※<ruby>안되다<rt>アンドゥエダ</rt></ruby>は「気の毒だ」「残念だ」。
	=<ruby>그거<rt>クゴ</rt></ruby> <ruby>딱하네요<rt>タッカネヨ</rt></ruby>.	※<ruby>딱하다<rt>タッカダ</rt></ruby>は「気の毒だ」「かわいそうだ」。

そうだといいですね	그랬으면 좋겠어요. クレッスミョン ジョッケッソヨ	※「そうであってほしいです」という言い方。
	= 그렇다면 좋겠네요. クロッタミョン ジョッケンネヨ	
そうでないといいんですが	안 그랬으면 좋겠는데. アン グレッスミョン ジョッケンヌンデ	※独り言で「そうでなければいいんだけど」という表現。
そうでしょうか	그럴까요? クロルカヨ	
私もそう思います	저도 그렇게 생각해요. チョド クロッケ センガッケヨ	
	= 나도 같은 생각이에요. ナド カトゥン センガギエヨ	「私も同じ考えです」
思っていたとおりですよ	그럴 줄 알았어요. クロル チュル アラッソヨ	※「そうだろうと思っていました」という言い方。-ㄹ/을 줄 알다で「~だろうと思う」。
	= 내가 생각했던 그대로예요. ネガ センガッケットン クデロエヨ	※그대로は「そのまま」「そのとおり」。 クデロ
心当たりあります	짚이는 데가 있어요. チピヌン デガ イッソヨ	※짚이다は「思い当たる」「心当たりがある」。데は「ところ」。 チピダ
	= 짐작이 가요. チムジャギ ガヨ	※짐작이 가다で「見当がつく」。 チムジャギ ガダ 짐작は漢字では[斟酌]。 チムジャク
思い出しましたよ	생각났어요. センガンナッソヨ	
	= 기억이 나요. キオギ ナヨ	※기억は「記憶」。나다は「出る」。 キオク ナダ
とにかく…	그나저나 … クナジョナ	

あいづちを入れる ◆ 89

	=　어쨌거나… ※「どうであれ…」の意味。어쨌든…、어쨌든지…とも言う。
	=　하여튼… ※하여간(여하튼、여하간)…とも言う。
たぶん、そうでしょう	아마 그럴 거예요. ※아마は「たぶん」「おそらく」。
それどういうことですか？	그게 무슨 말이에요? ※그게は그것이(それは)の縮んだ形。무슨は「どういう」「何の」。
確かに！	맞아요! ※맞다は「合っている」「正しい」。 =　바로 그래요!「そのとおりです！」
そうではありません	그렇지 않아요. ※-지 않다は「～ではない」「～しない」。 =　그런 게 아니에요.「そういうことではありません」
そう言ってくれてうれしいですよ	그렇게 말해 주시니 고마워요. ※고맙다は「ありがたい」。 =　그런 말 들으니 기뻐요.「そういうことを聞くと、うれしいです」 ※듣다は「聞く」。기쁘다は「うれしい」。

フォーマル表現

かしこまりました	알겠습니다. ※알다は「わかる」。

	=네, 잘 알겠습니다. 「はい、承知しました」
それはいい考えですね	그거 좋은 생각이십니다. =참 훌륭한 생각입니다. ★直訳は「実に立派な考えです」。훌륭하다は「立派だ」。
それは興味深いですね	그거 재미있겠습니다. ★「それはおもしろそうですね」という言い方。재미は「おもしろみ」。
それはあり得ることですね	그건 있을 수 있습니다. ★그건은 그것은(それは)の縮んだ形。그건 있을 수 있는 일입니다とも言える。-ㄹ/을 수 있다は「~することができる」とか「~する可能性がある」という意味。 =그럴 수도 있습니다. 「そういう可能性もあります」
私も同じ気持ちでいます	저도 같은 심정입니다. ★相手に同情を示す言い方。같은は「同じ~」。심정は「心情」。
もっと詳しく伺いたいのですが	좀 더 자세히 여쭙고 싶습니다만. ★여쭙다は「伺う」で、묻다 (問う、尋ねる)の謙譲語。
それはお気の毒なことですね	그건 안타까운 일입니다. ★안타깝다は「気の毒だ」「かわいそうだ」。 =그거 정말 안됐습니다. 「それは誠にお気の毒さまです」

あいづちを入れる ◆ 91

人をほめる

「よくやった！」

	カジュアル表現
よし、よし！	좋아, 좋아! ※좋다は「よい」。 = 그렇지, 그렇지! 「そうとも、そうとも！」
よくやった！	잘했어! ※잘하다は「よくやる」「うまくやる」。
いいぞ！	좋다!
すてきだ！	근사하다! ※同じ意味で멋있다!も使える。 = 끝내준다! ※俗語で「めっちゃすてき！」。
君はすごい！	넌 정말 대단해! ※정말は「本当に」。
日本語が上手ね	일본말 잘하네. ※잘하다は「上手だ」。 = 일본말 유창하구나. 「日本語が流ちょうだね」 ※유창하다は「流ちょうだ」。
かっこいい！	멋있다! ※멋지다とも言う。 = 잘생겼다! ※顔立ち、容姿がいいという意味。
その調子！	잘한다! 「うまいぞ！」という言い方。 = 좋다! 「いいぞ！」

根性があるね！	깡이 있네! _{カンイ インネ} ＊「根性」は俗語では깡다구、略して깡と言う。
	＝배짱 한번 좋다! _{ペッチャン ハンボン チョッタ} ＊배짱は「度胸」「肝っ玉」。한번は前の語を強調する。
なかなかだよ	제법이구나! _{チェボビグナ} ＊제법は「なかなか」「かなり」。
	＝제법인데! _{チェボビンデ}
偉いね！	장하다! _{チャンハダ} ＊親しい同輩や目下の人に使う。장は漢字では[壮]で「立派」の意。
	＝훌륭해! _{フルリュンヘ} 「立派だよ！」
	＝기특하다! _{キトゥッカダ} 「偉いぞ！」＊子供をほめるとき言う。
おめでとう！	축하해! _{チュッカヘ} ＊축하は漢字では[祝賀]。축하하다は「お祝いする」という意味。
	＝축하한다! _{チュッカハンダ} ＊親しい同輩や目下の人に言う。
すご〜い！	굉장하네! _{クェンジャンハネ} ＊굉장は漢字では[宏壮]で「ものすごい」という意味。
	＝대단해! _{テダネ} ＊대단하다は「すごい」。
君には負けたよ！	내가 졌어! _{ネガ チョッソ} ＊「私が負けたよ！」という言い方。지다は「負ける」。
	＝너한텐 못 이기겠다! _{ノハンテン モン ニギゲッタ} 「君には勝てないよ！」
	＊못 이기겠다!は못 당하겠다!と言い換えることができる。 _{モン ニギゲッタ モッ タンハゲッタ}

人をほめる

スタンダード表現

おめでとう！	<ruby>チュッカヘヨ</ruby> **축하해요!** ＊<ruby>축하</ruby>は漢字では［祝賀］。 <ruby>チュッカドゥリョヨ</ruby> ＝**축하드려요!** ＊自分を下げた言い方。 <ruby>チュッカハムニダ</ruby> ＝**축하합니다!** ＊かしこまった言い方。
ご立派！	<ruby>チョンマル　フルリュンハセヨ</ruby> **정말 훌륭하세요!** <ruby>チョンマル</ruby>は<ruby>チンチャ</ruby>진짜と同義語で、「本当（に）」。훌륭하다は「立派だ」。
ついにやりましたね！	<ruby>トゥディオ　ヘネショックニョ</ruby> **드디어 해내셨군요!** ＊드디어は「とうとう」。해내다は「やり遂げる」「やり抜く」。
努力した甲斐がありましたね	<ruby>ノリョッカン　ボラミ　イッスシネヨ</ruby> **노력한 보람이 있으시네요.** ＊ㅡㄴ/은 보람이 있다で「〜した甲斐がある」。普通、現在形で言う。 <ruby>エッスン　ボラミ　インネヨ</ruby> ＝**애쓴 보람이 있네요.** 애쓰다は「尽力する」「骨を折る」。
本当にあなたを誇りに思います	<ruby>タンシニ　チョンマル　チャランスロウォヨ</ruby> **당신이 정말 자랑스러워요.** ＊자랑스럽다は「誇らしい」。
感動しました	<ruby>カムドンヘッソヨ</ruby> **감동했어요.** 감동は「感動」。
さすがですね！	<ruby>ヨクシ　タルシグニョ</ruby> **역시 다르시군요!** ＊「やはり違いますね！」という言い方。역시は「やはり」。 <ruby>カヨン　テダナシネヨ</ruby> ＝**과연 대단하시네요!** 「さすが大したものですね！」 ＊과연は漢字では［果然］で「さすが」「やはり」の意。

94 ◆ 人をほめる

それは本当によかったですね	그거 참 잘됐네요. ★잘되다는「うまくいく」。 =정말 다행이네요.「本当に幸いです」 다행は「多幸」。
彼はあなたのことを高く評価しています	그 사람은 당신을 높이 평가하고 있어요. ★「あなたのことを」でも당신의 것을とは言わず、당신을でよい。높이は「高く」。
そんなエネルギーどこから出るんですか？	그런 힘이 어디서 나와요? ★힘이 나오다で「力が出る」。
彼女はてきぱきしています	그 사람은 일하는 것이 시원시원해요. ★あの（その）人は「仕事をてきぱきこなす」とか「手際がよい」という意味。「彼女」は自分との関係によって言い方が違ってくる。그 여자とすれば「あの女」「あの女性」、그 여자분は「あの女性」「あの女性の方」、그 처녀は「あの娘」、그 친구は「あの友人」「あの子」となる。ここでは男女の区別のない「あの人」または「その人」を表す그 사람を用いている。 =그 사람은 일을 척척 해내요. ★척척は「てきぱき」。해내다는「やり遂げる」「やってのける」。
彼は付き合いやすい人です	그 사람은 지내기 편한 사람이에요. ★지내기 편하다で「付き合いやすい」。

人をほめる ◆ 95

	= 그 사람은 붙임성이 있어요. 「彼は社交性があります」 ＊붙임성は「社交性」。
彼は一緒にいて楽しい人です	ク サラムグァ カチ イッスミョン チュルゴウォヨ 그 사람과 같이 있으면 즐거워요. ＊「あの人と一緒にいると楽しいです」という言い方。
あなたは本当に働き者ですよ	タンシヌン チャム プジロナシネヨ 당신은 참 부지런하시네요. ＊부지런하다は「勤勉だ」「まめだ」。
あなたならできると信じてました	タンシニラミョン ハシル ス イッスル コラ 당신이라면 하실 수 있을 거라 ミドッソヨ 믿었어요. ＊믿다は「信じる」。 = 당신이 해낼 줄 알았어요. 「あなたはやり遂げると思っていました」
秘訣は何ですか？	ピギョリ ムォジョ 비결이 뭐죠? ＊비결は「秘訣」。 = 무슨 비결이 있어요? 「どんな秘訣があるのですか？」
申し分ないです	ワンビョッケヨ 완벽해요. ＊완벽하다は「完璧だ」。 = 나무랄 데 없군요. 「非の打ち所がないですね」 = 흠잡을 데가 없어요. 「けちの付け所がありません」
みんなあなたのことをほめていましたよ	タドゥル タンシヌル チンチャナゴ イットンデヨ 다들 당신을 칭찬하고 있던데요. ＊다들は「みんな」。「あなたのことをほめる」は「あなたをほめる (당신을 칭찬하다)」と言う。

あなたはユーモアのセンスがありますよ	タンシヌン ユモガ イッスシグニョ 당신은 유머가 있으시군요. ＊タンシン 당신의ニュアンスは日本語の「あなた」と全く同じではなく、なかなか微妙で使いづらいので、場合によっては省略することもできる。
彼には貫禄があります	ク サラムン クァルロギ イッソヨ 그 사람은 관록이 있어요. ＊그 사람は「その人」「あの人」。
彼には品があります	ク サラムン ブミ インヌン サラミエヨ 그 사람은 품위 있는 사람이에요. ＊품위は「品位」。
彼女はすごくきれいな人ですね	クブヌン ノム イェップシネヨ 그분은 너무 예쁘시네요. ＊그분は「その方」。예쁘다は「きれいだ」「かわいい」。 チョンマル アルムダウン プニネヨ ＝정말 아름다운 분이네요. 「本当に美しい方ですね」 テダナン ミイニシネヨ ＝대단한 미인이시네요. 「すごい美人ですね」
勇気がありますね	ヨンギガ イッスシネヨ 용기가 있으시네요. ＊용기は「勇気」。 ヨンガマシネヨ ＝용감하시네요. 「勇敢ですね」
あなたはいつもイキイキとしています	ハンサン センギパルララシネヨ 항상 생기발랄하시네요. ＊생기발랄は漢字では［生気溌剌］ ヌル センギガ ノムチシネヨ ＝늘 생기가 넘치시네요. ＊直訳は「いつも生気があふれていますね」。
彼女はつらくても決してぐちをこぼしません	ク サラムン ヒムドゥロド キョルコ プニョム ア ネヨ 그 사람은 힘들어도 결코 푸념 안 해요. ＊결코は「決して」。푸념하다または푸념을 늘어놓다で「ぐちをこぼす」。

	= 그 사람은 괴로워도 절대 약한 소리 하지 않아요. ＊괴롭다は「つらい」。절대は「絶対(に)」。 약한 소리 하다は「弱音を吐く」。
お世辞がうまい ですね	아부를 잘하시네요. ＊「おべんちゃらが うまいですね」と皮肉った言い方。아부は「お べっか」「ごますり」。 = 비행기 태우지 마세요. ＊直訳は「飛行機に 乗せないでください」。비행기(를) 태우다で「お だてる」。
義理堅いですね	정말 의리 있는 분이시군요. ＊直訳は 「本当に義理のある方ですね」。의리は「義理」。
心が広いですね	마음이 넓으시네요. = 아량이 넓으시군요. ＊아량は漢字では「雅 量」。同じ意味で도량（度量）も使える。
いつも時間厳守 ですね	언제나 시간을 엄수하시는군요. ＊엄수하다は「厳守する」。 = 늘 시간을 칼같이 지키시네요. ＊直訳は「い つも時間を刃物のように守りますね」。刃物で切 った切り口のように「ぴったりだ」という意味。
経験では彼のほ うが一枚上なん です	경험이야 그 사람이 더 많지요. ＊경험は「経験」。이야は「～は」だが、前の語 を取り立てて強調する言い方。 = 경험으로 보면 그 사람이 한 수 위지요.

	＊ -로/으로 보면은「～から見ると」。수는「手」で、한 수 위다で「うわてだ」。
あなただって彼に引けをとりませんよ	당신도 그 사람 못지 않아요. ＊直訳は「あなたもその人に劣りません」。
彼はとても礼儀正しい人です	그 사람은 아주 예의가 발라요. ＊예의(가) 바르다で「礼儀正しい」。 ＝그는 매우 예절 바른 사람이에요. ＊그は「彼」だが、文語的な言い方。예절は「礼節」。
彼女は年の割には大人です	그 처녀는 나이에 비해 어른스러워요. ＊처녀は大人が使う言葉で、「未婚の女性」「乙女」。-에 비해は「～に比べて」「～の割には」。어른스럽다は「大人っぽい」。 ＝그 여자는 나이에 비해 생각이 어른 같아요. ＊그 여자は「その女」「その女性」。생각이 어른 같다は「考えが大人のようだ」。
あなたは頭が切れますね	머리가 비상하시네요. ＊비상は漢字では「非常」で、비상하다は「並じゃない」。 ＝정말 총명하세요. ＊총명は「聡明」。
お詳しいですね	잘 아시는군요. ＊잘（よく）の代わりに자세히（詳しく）を使うことができる。알다は「知る」「わかる」「理解する」。 ＝손금 보듯 아시네요. ＊直訳は「手相を見るようにご存知ですね」。

人をほめる ◆ 99

一生懸命勉強したので、先生にほめられたのですよ	열심히 공부했으니까 선생님한테 칭찬 받은 거예요. ＊열심히は「熱心に」だが、「一生懸命」の意味でも使われる。칭찬は漢字では［称賛］。
あなたの話には説得力がありますよ	당신 얘기는 설득력이 있어요. ＊설득력は「説得力」。 ＝하시는 말에 설득력이 있군요. ＊「あなた」にあたる言葉を省略した言い方。하시는 말は「おっしゃること」。
彼はハンサムです	그 사람은 잘생겼어요. ＊「彼」を尊重して言う場合は그 남자분または그분と言う。잘생기다は「顔かたちが整っていてきれいだ」。男性に使えば「ハンサムだ」「男前だ」、女性に言えば「きれいだ」「美人だ」になる。 ＝그분은 미남이세요. 「その方は美男子です」
あなたは思いやりがあります	남을 배려할 줄 아시네요. ＊「あなた」にあたる言葉は省略してある。直訳は「他人を配慮することをご存知ですね」。 ＝정말 정이 많으세요. ＊정이 많다で「情け深い」。
彼のことはみんながよく言っています	그 사람에 대해서는 모두 좋게들 평가하고 있어요. ＊-에 대해서는は「～に対しては」。-들は複数を表し、좋게들で

	「誰もがよく」の意。평가하다は「評価する」。
気前がいいですね	통이 크시네요. ✱통は「きも」「腹」。 = 손이 크시네요. ✱慣用句。直訳は「手が大きいですね」。
彼女は感じのいい人です	그 사람 인상이 정말 좋아요. ✱인상は「印象」。 = 느낌이 좋은 여성입니다. 「感じのいい女性です」 ✱느낌は「感じ」。

フォーマル表現

すべてあなたのおかげです	모든 것이 다 당신 덕분입니다. ✱目上の相手には당신は使わず선생님（先生）などと言う。덕분は漢字では[徳分]で「おかげ」の意。
あなたには本当に感心させられますね	당신은 정말 대견스럽습니다. ✱受け身の表現は日本語の表現どおりにいかないものが多く、ここでも「あなたは本当に感心です」という言い方になっている。대견스럽다は「感心だ」「殊勝だ」。
あなたの意気込みには敬服しております	당신의 열정에는 저절로 머리가 수그러집니다. ✱「あなたの情熱にはおのずと頭が下がります」という言い方。열정は「熱情」「情熱」。

	=당신의 열의에는 탄복할 따름입니다. 「あなたの熱意には感服するばかりです」 ★탄복할 따름이다는 감탄할 뿐이다と言い換えられる。 탄복 および 감탄 は漢字ではそれぞれ [歎服]、[感歎]。
あなたの誠実な態度には心を打たれました	당신의 성실한 태도에 감명을 받았어요. ★감명을 받다は「感銘を受ける」。
あなたは何でもきちんとやりこなしますね	무슨 일이든 빈틈없이 해내십니다. ★「あなたは」は省略。빈틈없이は「抜かりなく」。해내다は「やり遂げる」。
あなたの勤務態度はすばらしいです	근무 태도가 훌륭합니다.
あなたなしではどうにもならなかったことです	당신이 아니었다면 어쩔 도리가 없었을 것입니다. ★당신이 아니었다면で「あなたがいなかったなら」という意味。어쩔 도리가 없다は「どうすることもできない」という意味。 =당신 없이는 아무것도 못 했을 것입니다. 「あなたなしでは何もできなかったでしょう」

服装・持ち物をほめる

「いいシャツね」

カジュアル表現

すてきね
근사한데. ＊근사하다は「すてきだ」。-ㄴ/은데は感嘆を表す。
=멋있는데. ＊멋있다は「粋だ」「しゃれてる」「かっこいい」。

セクシーだね
섹시하다야. ＊-야は感嘆を表す「～だねぇ」。
=섹시해. ＊섹시하다でもよい。

わぁ、かわいい～！
와, 이쁘다! ＊이쁘다!は예쁘다!と同じ意味で、「かわいい！」「きれいだ！」。
=너무 귀엽다! ＊귀엽다!は「かわいらしい！」「愛らしい！」で、主に子供などに使う。

それ、いいね
그거 좋구나. ＊좋구나は좋네や참 좋아と言い換えることができる。참は「本当に」。
=그거 괜찮은데. ＊괜찮다はここでは「よい」の意味。

いいシャツね
좋은 셔츠 입었네. ＊「いいシャツ着てるね」という言い方。
=셔츠가 좋구나.「シャツがいいなぁ」 ＊日本語で「何々な～（物・事）だ」の形で終わる文の場合、

	韓国語では順序が逆になって、「～(物・事)が～だ」と名詞＋形容詞の形で言うことが多い。
しゃれたカバンだね	멋있는 가방 들고 있네. _{モシンヌン カバン トゥルゴ インネ} ＊カバンを手に持っている相手に言う。들고 있다は「(手に)持って(提げて)いる」。 ＝가방이 근사한데. _{カバニ クンサハンデ}「カバンがすてきだね」
それ今、流行ってる！	그거 요즘 유행이지! _{クゴ ヨジュム ユヘンイジ} ＊유행이지!は直訳は「流行だよ！」。
おしゃれね	멋쟁이네. _{モッチェンイネ} ＊멋쟁이は「おしゃれな人」。

スタンダード表現

そのスーツとても上品ですね	그 양복 정말 품위가 있네요. _{ク ヤンボク チョンマル プミガ インネヨ} ＊양복は漢字では［洋服］だが、「男性用の背広」の意味で使われる。품위は漢字では［品位］。 ＝그 정장 참 점잖아 보여요. _{ク ジョンジャン チャム チョムジャナ ボヨヨ}「そのスーツ実に上品に見えます」 ＊정장は「正装」で、女性のスーツの場合にも用いられる。-아/어/여 보이다で「(～く、～に)見える」。
そのワンピース似合ってますね	그 원피스가 잘 어울리시네요. _{ク ウォンピスガ チャル オウルリシネヨ} ＊어울리다は「似合う」。
ちょっとすてきなドレスですね	근사한 드레스 입으셨네요. _{クンサハン ドゥレス イブショッンネヨ} ＊「すてきなドレスを着ていますね」という言い方。근사하다は「すてきだ」。

その色はとても似合っていますね	색깔이 정말 잘 어울리시는군요. ＊색깔は「色」で、색とも言う。 ＝색이 참 잘 받으시네요. ＊받다はここでは「(色合い、形などが)似合う」という意味。
すてきな指輪ですね	반지가 근사하군요. ＊반지は「指輪」。 ＝반지가 멋지네요. ＊멋지다は「とてもすてきだ」。
何てすてきなブラウスなんでしょう！	블라우스가 너무 예쁘시네요!
よく合ってますよ	딱 맞는데요. ＊딱は「ぴったり」。맞다は「合う」「似合う」。
おしゃれして、どこへ行くんですか？	쪽 빼입고 어디 가세요? ＊쪽 빼입다で「ぱりっと着飾る」「めかし込む」。 ＝예쁘게 차려입고 어디 가는 거예요? ＊예쁘게は「きれいに」。차려입다は「着飾る」「装う」。
着こなしが上手ですね	옷을 맵시 있게 잘 입으시네요. ＊「服を格好よく上手に着ますね」という言い方。맵시は「着こなし」「格好」。맵시 있게で「格好よく」。 ＝옷맵시가 좋으십니다. ＊옷맵시は「服の着こなし」。
重ね着のおしゃれがきいてますね	겹쳐 입는 솜씨가 보통이 아니시군요. ＊겹쳐 입다は「重ね着する」。보통이 아니다で

服装・持ち物をほめる ◆ 105

	「普通じゃない」「並じゃない」。
いいイヤリングですね	귀걸이가 멋있네요. ※「イヤリングがすてきですね」という言い方。귀걸이は直訳では「耳かけ」で、「耳飾り」の意。 = 이어링이 근사한데요. ※ーㄴ데요はここでは感嘆を表す。「イヤリング」は이어링または귀걸이。「首飾り」は목걸이、「ペンダント」は펜던트、「腕輪」は팔찌。
趣味がいいんですね	센스 좋으시군요. ※센스は「センス」。
どこでそんなしゃれたスカート見つけたんですか?	그런 근사한 치마, 어디서 구하셨어요? ※「そんなしゃれたスカート、どこで見つけたんですか?」という言い方。치마は「スカート」。구하다は「求める」「探す」。

フォーマル表現

服のセンスがいいですね	옷차림 센스가 너무 좋으십니다. ※옷차림は「服装」「装い」。 = 패션 감각이 뛰어나십니다.「ファッション感覚が優れています」※뛰어나다は「優れている」「抜きんでている」。
着ておられる服はすばらしいですね	아주 좋은 옷을 입으셨습니다. ※「とてもいい服をお召しになりました」という言い方。 = 복장이 훌륭하십니다.「服装がすばらしいです」

仲直りする

「仲直りしよう」

カジュアル表現

仲直りしよう	우리 화해하자. <small>ウリ ファヘハジャ</small>	＊「僕たち和解しよう」という表現。화해は漢字では［和解］で、「仲直り」にも使う。<small>ファヘ</small>
仲直りはできないのかい？	화해할 수 없는 거니? <small>ファヘハル ス オムヌン コニ</small>	＊-니?は気楽な聞き方で、「〜なの？」「〜なのかい？」。
仲良くしなさい	사이좋게 지내! <small>サイジョッケ ジネ</small>	＊「仲良く付き合いなよ！」とか「仲良く過ごしなよ！」という表現。 ＝서로 잘 지내! 서로は「互いに」。<small>ソロ チャル ジネ ソロ</small>
私たちの仲は終わっているの	우리 사이 끝났어. <small>ウリ サイ クンナッソ</small>	＊끝나다は「終わる」。<small>クンナダ</small> ＝우린 이미 끝났어. 「私たちはすでに終わったよ」<small>ウリン イミ クンナッソ</small> ＊우린は우리는の縮めた形。<small>ウリン ウリヌン</small>
仲直りするつもり？	화해할 거니? <small>ファヘハル コニ</small>	＊화해하다は「和解する」「仲直りする」。-니?は親しい同輩や年下の人に用いる気楽な聞き方。<small>ファヘハダ</small> ＝화해할 생각이야? 생각は「考え」「つもり」。<small>ファヘハル センガギヤ センガク</small>
とっても彼に会いたいわ	걔가 무척 보고 싶어. <small>ケガ ムチョク ポゴ シポ</small>	＊걔はユ 아이 (その子、あの子) の縮めた形。무척は「とっても」。<small>ケ ク アイ ムチョク</small>

		-고 싶다は「〜したい」。
	=^{ク サラム}그 사람 ^{ボゴ シポ}보고 싶어 ^{ジュッケッソ}죽겠어.	＊直訳は「あの人に会いたくて死にそう」。-아/어/여 ^{ジュッケッタ}죽겠다で「〜したくてたまらない」という慣用表現。
別れたくないわ	^{ヘオジゴ シプチ アナ}헤어지고 싶지 않아.	＊^{ヘオジダ}헤어지다は「別れる」。
	=^{ヘオジル センガク オプソ}헤어질 생각 없어.「別れるつもりないわ」	
やり直しできない？	^{ウリ タシ シジャッカル ス オプスルカ}우리 다시 시작할 수 없을까?	
	＊直訳は「私たち再び始められない？」。-ㄹ/을 ^{ス オプタ}수 없다は「〜できない」。	
	=^{セロ シジャッカミョン アン ドゥエ}새로 시작하면 안 돼?	＊直訳は「新たに始めちゃだめ？」
もう一度チャンスをちょうだい	^{ハン ボンマン ド キフェルル ジュオ}한 번만 더 기회를 줘.	^{ハン ボンマン}한 번만は「一度だけ」。더は「もう」「もっと」だが、位置に注意が必要。日本語に比べて後ろにくる。^{キフェ}기회は「機会」。^{タシ ハンボン キフェルル ジュオ}다시 한 번 기회를 줘も類似表現。

スタンダード表現

あなたがいなくて寂しかったです	^{タンシニ オプソソ ホジョネッソヨ}당신이 없어서 허전했어요.	
	＊^{ホジョナダ}허전하다は「寂しい」。^{ホジョネッソヨ}허전했어요の代わりに^{ソウネッソヨ}서운했어요と言うこともできる。	
	=^{タンシン オプシ チネニ ウェロウォッソヨ}당신 없이 지내니 외로웠어요.「あなたなしで過ごしたので寂しかったです」	

悪気はなかったんです	악의는 없었어요.	※「悪意はありませんでした」という言い方。악의는「悪意」「悪気」。同じ意味で나쁜 뜻も使える。
トンスさん、また友達に戻りましょう	동수 씨, 우리 다시 친구해요.	※친구하다は俗語で「友達になる」。
また会いましょう	다음에 또 봐요.	※다음에は「次に」「次回」。또 만나요も類似表現。
早く彼女と仲直りしなさい	그 여자랑 빨리 화해해요.	※그 여자랑(彼女と)は、「彼女」が若い人なら개랑(あの子と)という言い方もできる。화해하다は「和解する」「仲直りする」。
ミヘとはもう仲直りしましたか？	미혜랑 이제 화해한 거예요? ＝미혜하곤 화해했어요?	※-하곤は-하고는（〜とは）の縮んだ形。
お互いに仲良くしなさい	서로 사이좋게 지내세요. ＝서로 화목하게 지내요.	※사이좋게 지내다は「仲良くする」。 ※화목は漢字では［和睦］で、仲むつまじいこと。
どうにか仲直りできないの？	어떻게 화해할 수 없어요?	
どうにかして二人を仲直りさせたいんです	어떻게 해서든 두 사람을 화해시키고 싶어요.	※-고 싶다は「〜したい」。

仲直りする ◆ 109

水に流しましょう	깨끗이 잊어버려요. _{ケックシ イジョボリョヨ} ＊「きれいさっぱり忘れましょう」という表現。 ＝다 지나간 일로 해요. _{タ− チナガン ニルロ ヘヨ} ＊直訳は「すっかり過ぎたことにしましょう」。
お互いに折れたんです	서로 양보한 거죠. _{ソロ ヤンボハン コジョ} ＊서로は「互いに」。양보하다は「譲歩する」。거죠は것이지요(〜のですよ)の縮んだ形。 ＝서로 한 발짝씩 물러섰어요. _{ソロ ハン パルチャクシク ムルロソッソヨ} 「お互い一歩ずつ譲りました」＊물러서다は「退く」。
その件ではすでに和解しました	그 일에 관해선 벌써 화해했어요. _{ク イレ グァネソン ポルソ ファヘヘッソヨ} ＊그 일에 관해선は「そのことに関しては」。벌써は「もう」「すでに」。

フォーマル表現

私たちは妥協にこぎつけました	저희들은 타협하기로 했습니다. _{チョイドゥルン タヒョッパギロ ヘッスムニダ} ＊저희들은 우리들の謙譲語。타협하다は「妥協する」。-기로 하다は「〜することにする」と決定を表す表現。 ＝우리 사이에 타협이 이루어졌습니다. _{ウリ サイエ タヒョビ イルオジョッスムニダ}「私たちの間に妥協が成立しました」
もう、お互いに気まずい関係ではありません	이제는 서로 껄끄러운 관계가 아닙니다. _{イジェヌン ソロ コルクロウン クァンゲガ アニムニダ} ＊「もう互いにぎくしゃくした関係ではありません」という言い方。

	=이제 어색한 사이는 아닙니다. ＊어색하다는 「ぎこちない」。사이는「間」「仲」。
ようやく折り合いがついてうれしく思います	겨우 이렇게 해결이 돼서 기쁘게 생각합니다. ＊「やっとこのように解決できてうれしく思います」という言い方。해결은「解決」。
私は妻と和解しました	저는 아내와 화해했습니다. ＊ 화해하다는「和解する」。 =나는 집사람하고 다시 화목하게 지내기로 했습니다.「私は家内とまた仲良くすることにしました」＊집사람은「家内」「うちのやつ」。 화목은漢字では［和睦］。
大統領は２カ国間の和解に成功しました	대통령께서는 양국 간의 화해에 성공하셨습니다. ＊양국 간은「両国間」。 성공하다는「成功する」。
論争は２年間続きましたが私たちはついに和解いたしました	논쟁은 2년 동안 계속되었습니다만 저희들은 드디어 화해를 했습니다. ＊ 논쟁은「論争」。계속되다는「続く」。 =2년간의 논쟁 끝에 우리는 마침내 화해에 이르렀습니다.「２年間の論争の末に、私たちはついに和解に至りました」＊끝에는「果てに」 「終わりに」。마침내는「ついに」。-에 이르다 は「～に至る」。

仲直りする ◆ 111

気づかう

「大丈夫？」

カジュアル表現

何で元気がないの？	왜 맥이 빠져 있는 거야? ウェ メギ パジョ インヌン ゴヤ	＊맥이 빠지다で「気が抜ける」「がっかりする」。
	＝어째서 기죽어 있니? オッチェソ キジュゴ インニ	＊어째서は「どうして」。
	기(가) 죽다は「がっかりする」「しょげる」。 キ ガ ジュクタ	
	－니?は対等以下の人に用いる気楽な聞き方。	
かわいそうに！	불쌍하게! プルサンハゲ	
	＝너무 딱하다!　「すごくかわいそう！」 ノム タッカダ	
	＝아이고 가엾어라!　「ああ、かわいそうに！」 アイゴ カヨプソラ	
	＊－아/어/여라!は感嘆を表す。 ア オ ヨラ	
気分を害した？	속상했어? ソクサンヘッソ	＊속상하다は「気に障る」「腹が立つ」。 ソクサンハダ
	＝기분 상했어? キブン サンヘッソ	＊상하다は「傷つく」。 サンハダ
何か嫌なことでも？	무슨 안 좋은 일이라도 있어? ムスン アン ジョウン ニリラド イッソ	
	＊안 좋은 일は「よくないこと」。 アン ジョウン ニル	
	＝뭐 언짢은 일이 있는 거니? ムォ オンチャヌン ニリ インヌン ゴニ	＊언짢은 일は「不愉快なこと」。 オンチャヌン ニル
誰か嫌な人がいるの？	누구 싫어하는 사람 있어? ヌグ シロハヌン サラム イッソ	＊누구は ヌグ

	「誰」と「誰か」の両方の意味がある。
どうかしたの？	왜 그래? _{ウェ グレ} ＊直訴は「なぜそうなの？」。 ＝무슨 일 있어?「何かあったの？」 _{ムスン イル イッソ} ＊普通、現在形で言う。
大丈夫？	괜찮아? _{クェンチャナ} ＊괜찮다は「大丈夫だ」。 _{クェンチャンタ}
どうしていたの？	어떻게 지냈어? _{オットッケ ジネッソ} ＊久しぶりに会った人に言う。지내다は「過ごす」。 _{チネダ} ＝그동안 잘 지내니?「その後元気だった？」 _{クドンアン チャル ジネニ} ＊그동안は「その間」。 _{クドンアン}
ストレスがたまっているの？	스트레스 쌓인 거야? _{ストゥレス サイン ゴヤ} ＊쌓이다は「たまる」「積もる」。 _{サイダ}
働き過ぎだよ	일을 너무 많이 한다. _{イルル ノム マーニ ハンダ} ＝넌 일벌레야.「君は仕事の虫だよ」 _{ノン イルボルレヤ}
ほどほどにね	쉬엄쉬엄해. _{シュイオムシュイオメー} ＊「(急がずに)ゆっくりやりなよ」というニュアンス。쉬엄쉬엄하다は「休み休みする」。 _{シュイオムシュイオマダ} ＝너무 무리하지 마.「あまり無理しないで」 _{ノム ムリハジ マー} ＝너무 애쓰지 마.「がんばり過ぎないように」 _{ノム エッスジ マー} ＊애쓰다は「尽力する」「骨を折る」。 _{エッスダ}
いつ帰ってもいいよ	아무 때나 돌아가도 돼. _{アムッ テナ トラガド ドゥエ} ＊돼の代わりに괜찮아と言ってもよい。 _{トゥエ} _{クェンチャナ}

気づかう ◆ 113

一体何ごと?	대체 무슨 일이야? ＊대체は漢字では [大体] で「一体」の意。도대체 [都大体] とも言う。
	= 무슨 일인데 그래? ＊그래は前の事柄を強調する。

満足?	만족이야? ＊만족は「満足」。
	= 만족해? ＊만족하다は「満足だ」。

疲れてるの?	피곤해? ＊피곤하다は「疲れている」。피곤は漢字では [疲困]。
	= 고단하니? 고단하다は「疲れてだるい」。
	= 지쳤어? 「疲れた?」 ＊지치다は「くたびれる」「疲れ果てる」。

気づかってもらわなくても結構だよ	나한테 마음 쓰지 않아도 돼. ＊「私に気をつかわなくてもいいよ」という言い方。마음は「気」「心」。
	= 내 걱정 안 해도 돼. 「私のこと心配しなくてもいいんだよ」

❹もうお腹いっぱい? ❸うん、いっぱい	❹이제 배불러? ＊배부르다は「満腹だ」。
	❸어, 배불러.

不安なの?	불안해? ＊불안하다は「不安だ」。
	= 불안한 거야?

スタンダード表現

元気がないですね	기운이 없으시네요. _{キウニ オプスシネヨ}	＊_{キウン}기운は漢字では[気運]。
	= 힘이 없네요. _{ヒミ オムネヨ}	＊_{ヒム}힘は「力」「精力」「元気」。
何か困ったことでも？	무슨 힘든 일이라도 있으세요? _{ムスン ヒムドゥン ニリラド イッスセヨ} ＊_{ヒムドゥン}힘든は「困難な」「大変な」。	
	= 무슨 고민거리라도 있어요? _{ムスン コミンコリラド イッソヨ} ＊_{コミンコリ}고민거리は「悩み事」「悩みの種」。	
大丈夫ですか？	괜찮으세요? _{クェンチャヌセヨ}	＊_{クェンチャンタ}괜찮다は「大丈夫だ」。
具合はいかがですか？	몸은 좀 어떠세요? _{モムン ジョム オットセヨ}	＊病気の人に言う。
どうかしましたか？	왜 그러세요? _{ウェ グロセヨ}	＊直訳は「なぜそうしているのですか？」。相手の様子がおかしいときに言う。
	= 무슨 일 있으세요? _{ムスン ニル イッスセヨ} 「何かあったんですか？」	
一体何ごとですか？	대체 무슨 일인데요? _{テチェ ムスン ニリンデヨ}	＊_{テチェ}대체は漢字では[大体]で「一体」の意。
	= 무슨 일인데 그래요? _{ムスン ニリンデ グレヨ}	
あまり無理しないでください	너무 무리하지 마세요. _{ノム ムリハジ マセヨ}	＊_{チ マルダ}-지 말다で「～するのをよす」「～しない」。
	= 너무 애쓰지 말아요. _{ノム エッスジ マラヨ} 「がんばり過ぎないようにしなさい」	＊_{エッスダ}애쓰다は「すごく努力する」「骨を折る」。

気づかう ◆ 115

何を心配しているんですか？	무슨 걱정을 그리 하세요? ＊直訳は「何の心配をそのようになさっているのですか？」。걱정は「心配」。그리は「そのように」。 = 뭐가 그렇게 걱정이에요?「何がそんなに心配なんですか？」
結果が気になります	결과가 궁금해요. ＊궁금하다は「気になる」「知りたい」。
何が気になっているんですか？	뭐가 그렇게 신경 쓰이세요? ＊신경は「神経」。신경 쓰이다で「気になる」。 = 무엇이 그렇게 궁금해요?
何だか沈んだ顔をしていますね	표정이 어두워요. ＊「表情が暗いです」という言い方。 = 얼굴이 우울해 보이네요.「顔が憂うつそうに見えますね」
すごく疲れているようですね	무척 피곤해 보여요. ＊무척は「とても」「非常に」。 = 몹시 고단한 모양이네요. ＊고단한 모양は「疲れてだるい様子」。
さぞ、お疲れでしょう	많이 피곤하시죠? ＊많이は「ずいぶん」。
今日は顔色が悪いですね	오늘은 얼굴색이 안 좋군요. ＊얼굴색이 안 좋다で「顔色がよくない」。안색이 안 좋다とも言う。

116 ◆ 気づかう

深刻な顔をしていますね	얼굴 표정이 심각하시네요.	※심각하다는「深刻だ」。
彼女にはちょっと悩みがありましてね	그 사람은 고민이 좀 있거든요. =그 여자가 좀 고민하고 있어요.	※고민은 漢字では［苦悶］で「悩み」の意。 ※그 여자(彼女)は目上の人には使わない。
私のことは気づかってもらわなくても結構です	저한테 신경 쓰실 거 없어요.	※신경 쓰다で「気をつかう」。
母はいつも私の健康を気づかってくれるんです	우리 어머니는 항상 제 건강을 걱정해 주시거든요.	※걱정해 주시다で「心配してくださる」。
お母さんはいかがですか？	어머님은 안녕하세요? =어머님은 건강하신가요?	※「お母様はお元気ですか？」という言い方。 ※건강하시다は「健康でいらっしゃる」。
仕事のほうはうまくいってますか？	하시는 일은 잘되세요? =하는 일은 잘돼 가요?	※하시는 일은「なさっている仕事」。
ここは暑くないですか？	여기 안 더우세요?	※덥다は「暑い」。「寒い」は춥다。「暖かい」は따뜻하다。「涼しい」は시원하다。

気づかう ◆ 117

	=여긴 춥지 않아요? ★여긴은 여기는(ここは)の縮んだ形。
満足してますか？	만족하세요?
ここは心地よいですか？	여기가 편안하세요? ★편안하다는「楽だ」。편안は漢字では[便安]。 =여기가 마음 편해요?「ここは気が楽ですか？」
お腹すいてませんか？	시장하지 않으세요? ★시장하다는 배고프다（空腹だ）の美化語。 =출출하지 않으세요? ★출출하다는 배고프다の同義語。 =배고프지 않아요?
十分に食べられましたか？	많이 드셨어요? =많이 잡수셨어요? ★잡수시다는「召し上がる」。
病気なんですか？	병나셨어요? ★「病気になられたんですか？」という言い方。병は漢字では[病]で[病気]の意。병기とは言わない。「病人」は병자[病者]と言う。 =병이 들었어요?「病気になったんですか？」 =병에 걸렸어요?「病気にかかったんですか？」

	^{モミ} ^{アパヨ} ^{アプダ} =몸이 아파요? ＊아프다는「具合が悪い」。
風邪ですか？	^{カムギセヨ} 감기세요? ＊^{カムギ}감기は漢字では［感気］で「風邪」の意。インフルエンザは^{インプルエンジャ}인플루엔자または^{トッカム}독감［毒感］。「風邪を引く」は^{カムギ ガ ドゥルダ}감기(가) 들다、または^{カムギ エ ゴルリダ}감기(에) 걸리다。「風邪気味です」は^{カムギ キウン ［ ギウン ］ イ イッソヨ}감기 기운 ［気運］ 이 있어요。 ^{カムギ ドゥショッソヨ} =감기 드셨어요? 「風邪を引きましたか？」 ＊^{カムギ ゴルリョッソヨ}감기 걸렸어요?とも言う。
熱はあるんですか？	^{ヨルン イッスセヨ} 열은 있으세요? ＊^{ヨル}열は「熱」。
医者に診てもらいましたか？	^{ウィサハンテ カ ボショッソヨ} 의사한테 가 보셨어요? ＊直訳は「医者のところに行ってみましたか？」。^{ビョンウォネ カ ボショッソヨ}병원에 가 보셨어요？（病院に行ってみましたか？）も類似表現。
お大事に	^{モムジョリ チャ ラセヨ} 몸조리 잘 하세요. ＊病人に言う決まり文句。妊婦にも使える。^{チョリ}조리は漢字では［調理］で、ここでは「養生」「摂生」の意。
早くよくなるといいですね	^{パルリ ナアジショッスミョン チョッケッソヨ} 빨리 나아지셨으면 좋겠어요. ＊^{ナアジダ}나아지다は「よくなる」「治る」。 ^{パルリ クェユハシギル ピロヨ} =빨리 쾌유하시길 빌어요. 「早くよくなるよう祈っています」＊^{クェユ}쾌유は漢字では［快癒］で「全快」の意。同じ意味で^{クェチャ}쾌차［快差］も使える。^{ピルダ}빌다は「祈る」。 ^{パルリ フェボッカセヨ} =빨리 회복하세요. 「早く回復してください」

気づかう ◆ 119

本当に確かなんですか？	チンチャ ファクシラン ゴエヨ **진짜 확실한 거예요?** ファクシラダ ＊확실하다는「確実だ」。 チョンマル トゥルリモムヌン ゴンガヨ ＝**정말 틀림없는 건가요?** トゥルリモプタ ＊틀림없다는「間違いない」。
本気なんですか？	チンシミエヨ **진심이에요?** チンシム ＊진심は漢字では［真心］で「本心」「本気」の意。
ちょっと休んだほうがいいんじゃないですか？	チョム シュイシヌン ピョニ チョッチ アヌルカヨ **좀 쉬시는 편이 좋지 않을까요?** ヌン ピョニ ＊-는 편이は「～するほうが」。
よく眠れますか？	チャムン チャル ジュムセヨ **잠은 잘 주무세요?** チュムシダ チャダ ＊주무시다는 자다（寝る）の敬語で「お休みになる」。 チャムン チャル ジャセヨ チャル ジャダ ＝**잠은 잘 자세요?** ＊잘 자다で「よく眠る」。
あがっているみたいですけど	チョム キンジャンドゥエシヌン モヤンイグニョ **좀 긴장되시는 모양이군요.** キンジャンドゥエダ ヌン モヤンイダ ＊긴장되다は「緊張する」。-는 모양이다は「～するもようだ」「～するみたいだ」。 トゥルリシナ ボジョ トゥルリダ ＝**떨리시나 보죠.** ＊떨리다は「震える」だが、「緊張する」「あがる」という意味でも使われる。 ナ ボジョ -나 보죠は「～のようですね」。
コートをお預かりしましょう	コトゥ イリ ジュセヨ **코트 이리 주세요.** ＊「コートをこちらにください」という言い方。コトゥ 코트は「コート」。
どうぞくつろいでください	ピョニ シュイセヨ **편히 쉬세요.** ＊「ゆっくり休んでください」 ピョニ プーク という言い方。편히の代わりに푹も使える。

ちょっとすみません	실례합니다. _{シルレハムニダ} ＊「失礼します」という意味。
気のせいですよ	잘못 보신(들으신) 거예요. _{チャルモッ ボシン トゥルシン ゴエヨ} ＊直訳は「誤って見た（聞いた）のですよ」。
大変ですね	힘드시겠네요. _{ヒムドゥシゲンネヨ} ＊힘들다は「しんどい」「大変だ」「困難だ」。 ＝고생이시네요. _{コセンイシネヨ} ＊고생は漢字では[苦生]で「苦労」「難儀」の意。
彼女のこと気がかりだったんです	그 사람이 걱정이었어요. _{ク サラミ コクチョンイオッソヨ} ＊걱정は「心配」。
私のために手をわずらわすことないですよ	저 때문에 괜히 고생하실 거 없어요. _{チョ テムネ クェニ コセンハシル コ オプソヨ} ＊괜히 고생하다は「むだ骨を折る」。

フォーマル表現

何か気にかかっていらっしゃるのですか？	뭔가 궁금하신 일이라도 있으십니까? _{ムォンガ クングマシン ニリラド イッスシムニッカ} ＊뭔가は무엇인가（何か）の縮んだ形。궁금하다は「気がかりだ」。 ＝무슨 걱정이 있으십니까? _{ムスン コクチョンイ イッスシムニッカ}「何かご心配がおありですか？」
今日のあなたはどうかしていらっしゃいますね	오늘은 뭔가 좀 이상하십니다. _{オヌルン ムォンガ ジョム イサンハシムニダ} ＊이상하다は「変だ」「尋常でない」。

彼女はどうもそれを心配し過ぎているようです	그 사람은 그 일에 대해 과도로 걱정하는 듯 싶습니다. ＊과도로는「過度に」。-는 듯 싶다는「〜するようだ」。 ＝그 여자는 그것에 대해서 걱정이 너무 많은 것 같습니다. ＊그 여자(彼女)は目上の女性には使わない。
何か問題でもございますか？	무슨 문제라도 있으십니까?
なぜそんなに不安に思われるのですか？	어째서 그렇게 불안해 하십니까? ＊불안해 하다는「不安がる」。 ＝무엇이 그렇게 불안스롭습니까? 「何がそんなに不安なんですか？」＊불안스롭다는「不安だ」。
誰のことでイライラしていらっしゃるのですか？	누구 일로 그렇게 짜증을 내십니까? ＊짜증을 내다で「いらだつ」。
彼女の安否が気づかわれます	그 사람 안부가 걱정됩니다. ＝그 여자의 안부가 궁금합니다. ＊그 여자(彼女)は目上の人には使わない。
お先にお入りください	먼저 들어가시죠. ＊들어가시죠は「入って行ってください」。「入って来てください」なら들어오시죠となる。 ＝먼저 들어가십시오.

122 ◆ 気づかう

同情する

「それはお気の毒に」

カジュアル表現

それは気の毒ね
그거 안됐구나. ＊形容詞の안되다は「気の毒だ」という意味。
=거참 딱하네.「それは本当に気の毒だね」
＊거は그것（それ）の縮んだ形。

それは残念！
아이고 아쉬워라! ＊아이고は驚き、悲しみ、怒りなどいろいろな感情を表すときに言う「ああ」「わあ」「おお」などの意味。아쉽다は「心残りだ」「惜しい」。
=거참 유감이네!「それは本当に遺憾だな！」

超最悪だよね
진짜 최악이다. ＊최악は「最悪」。

それは大変だね！
거참 고생이다! ＊고생は漢字では［苦生］で「苦労」の意。

運が悪かったね
운이 나빴구나. ＊나쁘다は「悪い」。
=재수 없었구나.「ついてないね」

何てかわいそうな！
진짜 가엾구나! ＊「本当に哀れだ！」という言い方。
=너무 불쌍하다!「あまりにかわいそうだ！」

それは悲しい！	너무 슬프다! =눈물 나겠다!	「悲し過ぎる！」という言い方。 「涙が出そうだ！」
そりゃひどい！	그거 너무한데! ＊너무하다は「ひどい」。 =너무 심한데! 심하다は「甚だしい」。	
うるうるしちゃう	눈시울이 뜨거워지네. ＊「目頭が熱くなるよ」という言い方。 =눈물이 글썽거린다. 「涙ぐんでしまうよ」 ＊눈물は「涙」。글썽거리다は「(目に涙を)ためる」。	
それわかるよ	알 것 같다. ＊直訳は「わかるみたいだ」。 =이해해. 「理解できるよ」 ＊이해は「理解」。	
わかってあげなよ！	알아 줘! ＊-아/어/여 주다は「〜してあげる」。 =이해해 줘라! 「理解してやれよ！」 ＊親しい友達や子供、目下の人に言う。	

スタンダード表現

それはお気の毒に	그거 안됐네요. ＊形容詞の안되다は「気の毒だ」「哀れだ」という意味。 =그거 딱하군요. 딱하다は「気の毒だ」。 =정말 불쌍하네요. 「本当にかわいそうですね」	
うまくいかなくて残念でしたね	잘되지 않아서 유감이네요. ＊유감は	

	「遺憾」。 =뜻대로 안 돼서 섭섭하겠네요. 「思いどおりいかなくて残念ですね」 ＊뜻대로は「思いどおりに」。
本当に同情します	진심으로 동정해요. ＊진심は漢字では[真心]で、진심으로は「心から」「本当に」の意味。
同情せずにはいられませんよ	동정 안 할 수 없어요. ＊안 할 수 없다は「～せずにいられない」。
あなたの言うことはわかります	하시는 말씀은 알겠어요. ＊하시는 말씀は「おっしゃること」。 =무슨 말인지 알아요. 「何のことかわかります」
お気持ちはわかります	심정은 이해해요. ＊심정は漢字では[心情]。
私も同じ経験をしたことがあります	저도 같은 경험을 한 적이 있어요. ＊같은は「同じ～」。-ㄴ/은 적이は「～したことが」。
つらかったでしょうね	괴로우셨겠네요. ＊괴롭다は「つらい」「苦しい」。 =고생하셨겠어요. ＊고생하다は「苦労する」。
大変でしょうね	힘드시겠네요. =고생 많으시죠? ＊고생は漢字では[苦生]で「苦労」の意。

同情する ◆ 125

それはイライラするでしょうね	하긴 짜증이 날 법도 하죠. ＊하긴は하기는(そりゃあ、もっとも)の縮んだ形。짜증(이) 나다で「いらだつ」。-ㄹ/을 법도 하다は「〜するのも道理だ」。 = 하기야 안달복달하겠군요. ＊하기야は하기는の強調形。-야は強調を表す。안달복달하다は「やきもきする」「気をもむ」。
自信をなくさないでくださいね	자신감 잃지 마세요. ＊자신감は漢字では[自信感]。잃다は「なくす」「失う」。
あなたミナに厳し過ぎるんじゃないですか	당신, 미나한테 너무 엄한 게 아닐까요? ＊엄하다は「厳しい」。 = 당신, 미나에게 너무 모질게 구는 거 아니에요? ＊모질게 굴다は「つらく当たる」。

フォーマル表現

それは残念です	그거 정말 유감입니다. ＊「それは本当に残念です」という表現。유감は漢字では[遺憾]だが、「残念」の意味でも使う。 = 참으로 아쉽습니다. ＊아쉽다は「心残りだ」「惜しい」。
あなたが気を落とされるのもわかります	당신이 실망하시는 것도 이해가 갑니다. ＊실망は漢字では[失望]。이해가 가다は「理解できる」。

この度の災難を お気の毒に思い ます	이번에 봉변을 당하신 것을 안타깝게 생각합니다. ★봉변은「不意の災難にあうこと」。漢字では［逢変］。안타깝다は「気の毒だ」。 ＝재난을 당하셨다니 정말 안됐습니다. ★재난을 당하다は「災難にあう」。
ご同情申し上げ ます	진심으로 안타깝게 생각합니다. ★진심으로は「心から」。 ＝동정을 금할 길 없습니다. ★금할 길 없다は「禁じ得ない」。금할 수 없다とも言う。
犠牲者の方を誠 にお気の毒に思 います	희생되신 분에 대해서 정말로 안타깝게 생각합니다. ★희생되신 분は「犠牲になられた方」。複数のときは분들になる。
同情の言葉もあ りません	무엇이라고 드릴 말씀이 없습니다. ★「何とも申し上げる言葉がございません」という言い方。 ＝무슨 말로 위로해 드려야 할지 모르겠습니다. ★直訳は「どんな言葉でお慰めするべきかわかりません」。위로하다は「慰労する」「慰める」。
私も同じ苦い経 験をしたことが あります	저도 똑같이 쓰라린 경험을 한 적이 있습니다. ★똑같이は「全く同じように」。쓰라린 경험は「苦い経験」。한 적이は「したことが」。

同情する ◆ 127

幸運を祈る

「成功を祈ります」

カジュアル表現

たくさん、いいことがあるといいね	좋은 일 많았으면 좋겠다. _{チョウン ニル マーナッスミョン チョッケッタ} ★많았으면 좋겠다는「たくさんあってほしい」という希望、願望の表現。 = 좋은 일만 많길 바래. _{チョウン ニルマン マーンギル パレ} ★많길は많기를（多いことを）の縮んだ形。바래は「望むよ」「願うよ」という意味。
嫌なことが起こらなければいいね	안 좋은 일이 안 생겼으면 좋겠다. _{アン ジョウン ニリ アン センギョッスミョン チョッケッタ} ★안 생겼으면は「起こらなかったら」。 = 불행한 일이 안 일어나길 바래. _{プレンハン ニリ アン ニロナギル パレ} ★불행한 일は「不幸なこと」。
うまくいくように	잘되길 바래. _{チャルドゥエギル パレ} ★잘되다は「うまくいく」。
次はもっとうまくいきますように	다음엔 더 잘됐으면 좋겠다. _{タウメン ト チャルドゥエッスミョン チョッケッタ} ★잘됐으면 좋겠다는「うまくいってほしい」という希望、願望の表現。
神様お願い	하느님, 저 좀 도와주세요. _{ハヌニム チョ ジョム トワジュセヨ} ★「神様、私をお助けください」という言い方。
元気で！	잘 있어! _{チャ リッソ} ★居残る相手に言う。

= 잘 가! ＊去って行く相手に言う。

スタンダード表現

健闘を祈ります
건투를 빌어요. ＊빌다は「祈る」。
= 건투를 기원해요. ＊기원하다は「祈願する」。

成功を祈ります
성공을 빌어요. ＊성공は「成功」。
= 성공을 기원해요.
= 성공하시기 바래요. ＊-기 바라다で「～することを望む」「～することを願う」。

お幸せに！
행복하시길 빌어요! ＊행복하다は「幸福だ」。

うまくいくといいですね
잘되었으면 좋겠어요.
= 잘되시기를 바래요.
= 잘될 기대하겠어요. ＊기대하다は「期待する」。

神様にお祈りします
하느님께 빌어요. ＊-께は-에게（～に）の敬語。
= 신께 기도해요. ＊신は「神」。기도하다は「祈とうする」。

合格を祈ってますよ
합격하시길 빌어요. ＊「合格されることを祈ります」という言い方。

	=시험에 붙기를 기원할게요. 「試験に合格することを祈っていますよ」
鬼は外、福は内！	잡귀는 물러가고 복신은 들어오라! ＊直訳は「雑鬼は立ち退き福神は入って来い！」。唱え言葉としてあるものではない。

フォーマル表現

一日も早くよくなられることを祈っています	하루 빨리 쾌유하시기를 빕니다. ＊쾌유は漢字では［快癒］で「全快」の意。同じ意味で쾌차［快差］も使える。빌다は「祈る」。 =하루 속히 완치하시기를 기원합니다. ＊완치は「完治」。기원하다は「祈願する」「祈る」。
天が味方されるようお祈りします	하늘이 도와주시기를 기원합니다. ＊「天がお助けくださることをお祈りします」という言い方。
ご多幸をお祈り申し上げます	행운을 기원합니다. ＊행운は「幸運」。 =만복이 깃들기를 기원합니다. ＊慣用的な表現。만복は漢字では［萬福］。만복이 깃들다で「幸せがたくさん訪れる」という意味。
お二人の幸せをお祈りいたします	두 분의 행복을 기원합니다. ＊행복は「幸福」。
幸多き将来でありますように	앞날에 복 많으시기를 축원합니다. ＊축원は漢字では［祝願］で「願掛け」「祈願」の意。

130 ◆ 幸運を祈る

	=행복한 미래가 펼쳐지기를 빕니다. ＊直訳は「幸せな未来が広がることをお祈りします」。
年頭に当たり、皆様のご繁栄を心からお祈り申し上げます	올해도 여러분의 가정에 더 큰 번영이 깃들기를 진심으로 기원합니다. ＊「今年も皆様のご家庭により大きな繁栄が訪れることを心よりお祈りいたします」という表現。번영이 깃들기는「繁栄がもたらされること」。진심は漢字では[真心]で、진심으로は「心より」。
新しいお仕事での成功をお祈りしています	새로 시작하신 일이 성공하시기를 기원합니다. ＊새로 시작하신 일은「新たに始められたお仕事」。성공하다는「成功する」。 =새 사업이 잘되시기를 빕니다.「新事業がうまくいくことを祈っています」

幸運を祈る ◆ 131

人を励ます

「がんばれ！」

カジュアル表現

がんばれ！	**힘내!** _{ヒムネー} ＊直訳は「力を出せ！」で、「元気を出せ」という意味。日本語のように、あらゆる場面で使える「がんばれ！」という便利な言葉はなく、場面によって言い方が違う。 ＝**열심히 해!** _{ヨルシミ ヘー} ＊仕事、勉強などを「一生懸命やれよ！」という意味。 ＝**파이팅!** _{パイティン} 「ファイト！」
くじけるな！	**기죽지 마!** _{キジュクチ マー} ＊기(가) 죽다で「弱気になる」「しょげる」。 ＝**주저앉지 마!** _{チュジョアンチ マー} ＊주저앉다は「へこたれる」。
粘れ！	**버텨!** _{ポティヨ} ＊버티다は「辛抱する」「持ちこたえる」。 ＝**조금만 더 참어!** _{チョグムマン ド チャモ} 「もう少しだけ我慢しなよ！」 ＊참어!は本来참아!が標準形だが、日常会話ではどちらもよく使われている。
仕事がんばってね！	**일 열심히 해!** _{イル ヨルシミ ヘー} 열심히は「熱心に」「一生懸命」。 ＝**일 잘해!** _{イル チャレー} ＊잘해!は直訳では「よくやれよ！」。
試験うまくやれよ！	**시험 잘 봐!** _{シホム チャル ボア}

負けるなよ！	지지 마! ＊지다は「負ける」。「勝つ」は 이기다。「引き分ける」は 비기다。 = 지면 안 돼! 「負けちゃだめだよ！」
おじけないでね！	겁먹지 마! ＊겁먹다で「怖がる」。겁내지 마! も類似表現。 = 무서워하지 마! ＊무서워하다は「怖がる」。 = 위축되지 마! ＊위축되다は「萎縮する」。
しっかりしろよ！	정신 차려! ＊叱るときにも言う。정신(을) 차리다で「気をしっかり持つ」。 = 똑바로 잘해! ＊똑바로は「まっすぐに」とか「間違いなく」という意味。
気合いを入れてね！	정신 바짝 차려! ＊바짝は「びしっと」とか「しっかり」という意味。 = 기합 넣어! ＊넣다は「入れる」。
元気を出して！	기운 내! ＊기운は漢字では［気運］で「元気」の意。내다は「出す」。 = 힘 내! ＊힘は「力」「元気」。
その調子でがんばれ！	그대로만 하면 돼! ＊直訳は「そのとおりにだけやればいい！」。
その意気だ！	그렇지! ＊「そうとも！」という意味。

人を励ます ◆ 133

やってみよう！	해 보자!
運を天に任せてやってみよう！	운에 맡기고 한번 해 보자! ＊운에 맡기고は「運に任せて」。 =하늘을 믿고 한번 해 보자! 하늘はここでは「天」とか「神様」の意。믿다は「信じる」。
可能性はあるよ	가능성은 있어. ＊가능성は「可能性」。 =가망성은 있지. 「望みはあるさ」 ＊가망성は漢字では［可望性］。
やればできる！	하면 된다구! ＊된다구は된다고とも言う。 =하면 될 거야! 「やればできるはずだよ！」 =못할 게 뭐 있어? ＊直訳は「できないことは何がある？」で、反語的に「できないことはないさ」という意味。
ダメもとだから	밑져야 본전이지. ＊ことわざ。「利益は得られなくても元手は残るから損することはない」という意味。밑지다は「損する」。본전は漢字では［本錢］で「元金」の意。
立ち向かおう	맞서 보자. ＊맞서다は「張り合う」。

スタンダード表現

勇気を出して！	용기 내세요! ＊용기は「勇気」。

がんばって！	힘내세요! ＊直訳は「力を出してください！」。 = 열심히 하세요! ＊勉強や仕事などを「一生懸命やってください！」という言い方。
ベストを尽くしてください	최선을 다하세요. ＊최선は「最善」。 = 힘껏 해 보세요. ＊힘껏は「力の限り」「精いっぱい」。
あきらめないでください	포기하지 마세요. ＊포기하다は「放棄する」。 = 단념하지 말아요. ＊단념하다は「断念する」。
あせらないで	조바심 내지 마세요. ＊조바심は「あせり」。 = 안달하지 마세요. ＊안달하다は「やきもきする」。 = 마음 졸이지 말아요. ＊마음(을) 졸이다は「気をもむ」。
その調子でがんばってください	지금 처럼만 계속 잘해 주세요. ＊지금 처럼만は「ただ今のように」。
そんなのすぐに慣れますから	그런 거야 곧 익숙해지실 거예요. ＊곧 익숙해지다は「すぐに慣れる」。日本語と違って「慣れる」は、ケースによって言い方が異なる。「習熟」のケースは익숙해지다、「習慣」のケースは습관되다（習慣になる）、新たな環

人を励ます ◆ 135

	境への「適応」のケースは적응되다 (適応する) などと言う。 チョグンドゥエダ
あなただったらできますよ	당신이라면 할 수 있을 거예요. タンシニラミョン ハル ス イッスル コエヨ ＊할 수 있다で「することができる」。 ハル ス イッタ
何だってできますよ	무엇이든 다 할 수 있어요. ムオシドゥン タ ハル ス イッソヨ ＊다は「みんな」「全部」。 タ
私にできるのだから、あなたにもできますよ	내가 할 수 있으니까 당신도 할 수 있을거예요. ネガ ハル ス イッスニッカ タンシンド ハル ス イッスルコエヨ ＝나도 할 수 있는데 못 할 게 뭐가 있어요? ナド ハル ス インヌンデ モ タル ケ モガ イッソヨ 「私だってできるのに(あなたに)できないわけないでしょう?」
できると信じてください	할 수 있다고 믿으세요. ハル ス イッタゴ ミドゥセヨ ＊믿다は「信じる」。 ミッタ ＝하면 된다고 믿어요.「やればできると信じなさい」 ハミョン トゥエンダゴ ミドョ
自信を持ちなさい	자신을 가지세요. チャシヌル カジセヨ
最後にはうまくいきますから	결국엔 다 잘될 거예요. キョルグゲン タ チャルドゥエル コエヨ ＊결국엔は「結局は」。다 잘되다は「すべてうまくいく」。 キョルグゲン　タ チャルドゥエダ
失敗を恐れないでくださいね	실패를 두려워하지 마세요. シルペルル トゥリョウォハジ マセヨ ＊두려워하다は「恐れる」。 トゥリョウォハダ

136 ◆ 人を励ます

あなたを応援しますからね	당신을 _{タンシヌル} 응원할게요. _{ウンウォナルケヨ} =내가 _{ネガ} 밀어주겠어요. _{ミロジュゲッソヨ}「私が後押ししてあげますよ」
期待しています	기대하고 _{キデハゴ} 있을게요. _{イッスルケヨ}
偉いですね	훌륭하시네요. _{フルリュンハシネヨ} ＊훌륭하다는「偉い」「立派だ」。 =대단하네요. _{テダナネヨ}「すごいですね」 =장하네요. _{チャンハネヨ} ＊장하다는「見事だ」「偉い」。
うまくなりましたね	많이 _{マーニ} 느셨네요. _{ヌションネヨ} ＊많이は「ずいぶん」「とても」。늘다は「上達する」「うまくなる」。

フォーマル表現

あなたでしたらできると思います	당신이라면 _{タンシニラミョン} 하실 _{ハシル} 수 _ス 있을 _{イッスル} 것입니다. _{コシムニダ} ＊-ㄹ/을 것입니다で「〜でしょう」「〜だと思います」と推量を表す。 =당신 _{タンシン} 같으면 _{ガトゥミョン} 하실 _{ハシル} 수 _ス 있다고 _{イッタゴ} 봅니다. _{ボムニダ} ＊-ㄹ/을 수 있다고 봅니다で「〜できると思います」。
ご自分を信じればできますよ	당신 _{タンシン} 자신을 _{ジャシヌル} 믿으면 _{ミドゥミョン} 잘 _{チャ} 해낼 _{レネル} 수 _ス 있을 _{イッスル} 것입니다. _{コシムニダ} ＊잘 해내다で「うまくやり遂げる」という意味。

あなたならこの責務を効果的に遂行することができると確信しております	당신이라면 맡은 바 소임을 틀림없이 다하실 것이라고 확신합니다. ＊소임을 다하다で「任を全うする」。틀림없이は「間違いなく」「確実に」。
そんなに落ち込むことはございませんよ	그렇게 낙담하실 것은 없습니다. ＊낙담하다は「落胆する」「気を落とす」。 =그렇게 상심하실 것 없습니다. ＊상심하다は「傷心する」「気を落とす」。 =너무 낙심하지 마십시오. ＊낙심は漢字では［落心］で「気落ち」「落胆」の意。
難しいようでもくじけないでください	어려울 것 같아도 약해지지 마십시오. ＊약해지다は「(気が)くじける」。 =힘들어도 굴하지 마십시오. ＊힘들다は「難しい」「大変だ」。굴하다は「屈する」。
バックアップいたします	밀어 드리겠습니다. ＊밀다は「押す」「後押しする」。 =도와 드리겠습니다 ＊돕다は「手助けする」「援助する」。

安心させる

「よくあることさ！」

カジュアル表現

ホッとした！

イジェ アンシミダ
이제 안심이다! ＊「もう安心だ！」という言い方。이제 안심된다!とも言う。

イジェヤ マウミ ノインダ
= 이제야 마음이 놓인다! ＊마음이 놓이다で「安心する」。

うまくいってるから

チャルドゥエ ガゴ イッソ
잘돼 가고 있어. ＊잘돼 가다は「うまくいく」。

スンジョロプケ チネンドゥエゴ イッソ
= 순조롭게 진행되고 있어. ＊순조롭게 진행되다で「順調に進む」。

落ち着いて！

チンジョンヘー
진정해! ＊興奮している人に言う。진정は漢字では[鎮静]。

チムチャッケー
= 침착해! ＊침착は漢字では[沈着]。

冷静に考えてね！

ネンジョンハゲ センガッケー
냉정하게 생각해! ＊냉정하게は「冷静に」。

チャブニ センガッケー
= 차분히 생각해! ＊차분히は「じっくりと」「落ち着いて」。

大したことじゃないよ

ピョルゴット アニャ
별것도 아냐. ＊별것は「大したこと」「大したもの」。

ピョルリル アニャ
= 별일 아니야. ＊별일は「特別なこと」。

	= 그게 무슨 대수로운 일이라고. ★「それが何が大したことなのか」という反語表現。大수로운 일は「大したこと」。대수とも言う。
気にしないでいいよ	신경 쓰지 않아도 돼. ★신경 쓰다で「気をつかう」「気にする」。 = 신경 쓸 거 없어. 「気にすることないよ」
それほどまでひどくはないから	그렇게 심하진 않아. ★심하다は「ひどい」「甚だしい」。심하진は심하지는(ひどくは)が縮んだ形。 = 그렇게까진 나쁘지 않아. 「それほどまでは悪くないよ」
気を落とさないで	기죽지 마. ★기(가) 죽다で「気落ちする」。 = 너무 상심하지 마. 「あまり気を落とすなよ」 ★상심하다は「傷心する」。 = 낙심할 거 없어. ★낙심하다は「気を落とす」「がっくりする」。
話してごらん	얘기해 봐. ★얘기하다は「話をする」。 = 말해 봐. 「言ってみなよ」
そんなもんだよ	그런 거지, 뭐. ★뭐は文末に付いた場合、「少し不満だが」とか「当然だ」という気持ちを表す。 = 그런 거라고. 「そういうものだって」

うまくいかない こともあるさ	^{チャル アン ドゥエル スド イッチ ムォ} 잘 안 될 수도 있지, 뭐. ^{トゥッテロ アン ドゥエル テド インヌン ゴジャナ} =뜻대로 안 될 때도 있는 거잖아. 「思いどおりにならないこともあるじゃないか」
君はちゃんとや っているよ	^{ノン チャラゴ イッソ} 넌 잘하고 있어. ＊넌は너는 (君は)の縮 んだ形。
それはまだまし なほうだよ	^{クナマ ナウン ピョニヤ} 그나마 나은 편이야. ＊^{クナマ}그나마は「それでも」。나은 편は「いいほう」。 ^{クレド アジク チョウン ピョニジ} =그래도 아직 좋은 편이지. 「それでもまだいいほうだよ」
まだまだこれか らだから	^{アジク マーニ モロッソ} 아직 많이 멀었어. ＊^{アジク モロッタ}아직 멀었다は決まり文句で、「(あるところに達するには) まだまだだ」という表現。많이は「うんと」「ずいぶん」。 ^{アジク カル キリ モロ} =아직 갈 길이 멀어. ＊直訳は「まだ行く道は遠い」。
捨てたもんじゃ ないね	^{クェンチャヌンデ} 괜찮은데. ＊「悪くないよ」とか「大丈夫だよ」という意味。 ^{アン ドゥエル コ オプソ} =안 될 거 없어. 「だめということはないよ」
よくあることさ	^{フニ インヌン ニリジャナ} 흔히 있는 일이잖아. ＊^{フニ イッタ}흔히 있다で「よくある」。 ^{オルマドゥンジ インヌン ニリヤ} =얼마든지 있는 일이야. 「いくらでもあることさ」

安心させる ◆ 141

そんなの笑いとばしなさい	그까짓 거 웃어넘겨.	＊웃어넘기다で「笑いとばす」。
	＝그런 거야 웃고 지나가.	＊直訳は「そんなものは笑って過ぎて行けよ」。
悪くなんか思っていないからね	전혀 나쁘게 생각하지 않으니까.	＊「全然悪く思っていないから」という言い方。
	＝언짢게 생각하진 않아.	＊언짢게は「よくなく」「不愉快に」。
	＝못마땅하게 생각 안 해.	＊못마땅하게は「気に食わなく」「不満に」。
後は時間の問題なんだから	이젠 시간 문제야.	＊이젠は이제는の縮んだ形で、「今は」「今ではもう」という意味。
	＝이제 남은 건 시간 문제뿐이지. 「後残っているのは時間の問題だけさ」	
時がたてばわかるよ	시간이 지나면 알게 될 거야.	＊알게 되다は「わかる」「知るようになる」「知ることになる」。
	＝때가 되면 알게 되겠지.	＊때가 되면は「その時になったら」「いつかは」という意味。
いつかこれっていう男に出会うものよ	언젠가는 이 사람이다 싶은 남자를 만나게 될 거야.	＊이 사람이다 싶은は「この人だと思う～」。

◆ 安心させる

あせることないわ	조바심 낼 거 없어.	★直訳は「あせりを出すことない」。조바심は「あせり」。
	= 초조해 할 거 없어.	★초조は漢字では[焦燥]で、초조해 하다は「あせる」「いらいらする」。

スタンダード表現

泣かないでください	울지 마세요.	★-지 말다は「~するのをよす」「~するのをやめる」。
涙をふいてください	눈물 닦으세요.	★닦다は「ふく」「ぬぐう」。
	= 눈물 훔쳐요.	「涙をぬぐってください」★훔치다は「ふく」「ぬぐう」。
心配しないでください	걱정하지 마세요.	★걱정は「心配」。
	= 심려치 말아요.	★심려は漢字では[心慮]。심려치は심려하지の縮んだ形。
心配し過ぎです	지나치게 걱정하시네요.	★지나치게は「度を越して」。걱정하다は「心配する」。
	= 근심이 지나쳐요.	★근심は「心配」「懸念」。
大丈夫ですよ	괜찮아요.	
	= 걱정 없어요.	「心配ないです」
やけを起こさないでください	자포자기하지 마세요.	★「自暴自棄にならないでください」という表現。

安心させる ◆ 143

うまくいくと思いますよ	잘될 거예요.	★잘되다は「うまくいく」。
そういう日もありますよ	그런 날도 있겠지요. ＝마른날이 있으면 궂은날도 있는 법이죠.	★「晴れの日があれば、雨の日もあるものですよ」という意味の慣用表現。
何とかなるから、見ててください	다 잘될 거니까 두고 보세요.	★두고 보세요は「(今後を)見ていてください」という表現で、いい意味でも悪い意味でも使う。
私を信用してください	나를 믿으세요. ＝나만 믿어요.	★믿다は「信じる」。 ★直訳は「私だけ信じなさい」だが、「私に任せなさい」という意味でよく使われる。
慌てる必要はありません	당황하실 거 없어요. ＝허둥거릴 필요 없어요.	★당황は漢字では[当慌]で「慌てること」の意。 ★허둥거리다は「慌てふためく」「じたばたする」。
ここなら安全です	이곳이라면 안전해요.	★이곳(ここ)は여기とも言う。
それで安心しました	그 말 듣고 안심했어요. ＝이제야 마음이 놓여요.	★그 말 듣고は「その言葉を聞いて」。 「ようやく安心しました」★마음이 놓이다で「安心する」。

144 ◆ 安心させる

すべてうまく収まりました	다 잘 수습됐어요. ＊수습되다는「収拾がつく」。 = 모두 좋게 마무리됐어요. ＊마무리되다는「仕上がる」「終結する」。
事態はよくなってきてますから	상황은 좋아지고 있거든요. ＊상황은「状況」。 = 사태가 호전되고 있어요. ＊사태가 호전되다で「事態が好転する」。
あなたを失望させませんから	당신을 실망시키지는 않을 거예요. ＊실망시키다는「失望させる」。 = 당신한테 실망 주는 일은 없을 거예요.「あなたに失望を与えることはないでしょう」
そんなの大したことじゃないです	그게 무슨 대수로운 일인가요? ＊直訳は「それが何が大したことですか?」で、「大したことじゃない」という意味の反語表現。 = 그까짓 거 별일 아니예요. ＊그까짓 거는「それしきのこと」。별일은「特別なこと」。
そんなに悩まないでください	그렇게 고민하실 거 없어요. ＊「そんなに悩むことはありません」という言い方。 고민は漢字では[苦悶]で「悩み」の意。 = 너무 괴로워하지 마세요.「あまり悩まないでください」 ＊괴로워하다는「苦しむ」「悩む」。 = 너무 속 썩이지 말아요. ＊속(을) 썩이다는

安心させる ◆ 145

	慣用句で、腹が立ったり、心配事で「心を痛める」という意味。
考え過ぎないでくださいね	<ruby>너무<rt>ノム</rt></ruby> <ruby>어렵게<rt>オリョプケ</rt></ruby> <ruby>생각하실<rt>センガッカシル</rt></ruby> <ruby>거<rt>コ</rt></ruby> <ruby>없어요<rt>オプソヨ</rt></ruby>. **너무 어렵게 생각하실 거 없어요.** ＊「あまり難しく考えることないですよ」という言い方。 ＝<ruby>그렇게<rt>クロッケ</rt></ruby> <ruby>복잡하게<rt>ポクチャッパゲ</rt></ruby> <ruby>생각하지<rt>センガッカジ</rt></ruby> <ruby>마세요<rt>マセヨ</rt></ruby>. 「そんなに複雑に考えないでください」
誰にだってあることです	<ruby>누구에게나<rt>ヌグエゲナ</rt></ruby> <ruby>있는<rt>インヌン</rt></ruby> <ruby>일이죠<rt>ニリジョ</rt></ruby>. **누구에게나 있는 일이죠.** ＝<ruby>누구나<rt>ヌグナ</rt></ruby> <ruby>겪는<rt>キョンヌン</rt></ruby> <ruby>일이에요<rt>ニリエヨ</rt></ruby>. 「誰もが経験することですよ」
君が悪いんじゃないですから	<ruby>당신<rt>タンシン</rt></ruby> <ruby>잘못이<rt>ジャルモシ</rt></ruby> <ruby>아니거든요<rt>アニゴドゥニョ</rt></ruby>. ＊<ruby>잘못<rt>チャルモッ</rt></ruby>は「過ち」。 **당신 잘못이 아니거든요.** ＝<ruby>당신이<rt>タンシニ</rt></ruby> <ruby>나쁜<rt>ナップン</rt></ruby> <ruby>게<rt>ゲ</rt></ruby> <ruby>아닌걸요<rt>アニンゴリョ</rt></ruby>, <ruby>뭐<rt>ムォ</rt></ruby>. ＊<ruby>ㄴ/은 걸요<rt>ン ウン ゴリョ</rt></ruby>は「〜ですよ」と主張する言い方。<ruby>뭐<rt>ムォ</rt></ruby>は文末に付いた場合、「少し不満だが」とか「当然だ」という気持ちを表す。
誰のせいでもないんですから	<ruby>누구<rt>ヌグ</rt></ruby> <ruby>탓도<rt>タット</rt></ruby> <ruby>아니니까요<rt>アニニッカヨ</rt></ruby>. ＊<ruby>누구<rt>ヌグ</rt></ruby> <ruby>탓<rt>タッ</rt></ruby>は「誰のせい」。 **누구 탓도 아니니까요.** ＝<ruby>아무도<rt>アムド</rt></ruby> <ruby>잘못<rt>チャルモッ</rt></ruby> <ruby>없어요<rt>オプソヨ</rt></ruby>. 「誰も悪くないですよ」
君が謝ることないですよ	<ruby>당신이<rt>タンシニ</rt></ruby> <ruby>사과할<rt>サグァハル</rt></ruby> <ruby>필요<rt>ピリョ</rt></ruby> <ruby>없어요<rt>オプソヨ</rt></ruby>. **당신이 사과할 필요 없어요.** ＊<ruby>사과<rt>サグァ</rt></ruby>は漢字では[謝過]で「謝罪」「おわび」の意。<ruby>필요<rt>ピリョ</rt></ruby>は「必要」。 ＝<ruby>당신이<rt>タンシニ</rt></ruby> <ruby>용서를<rt>ヨンソルル</rt></ruby> <ruby>빌<rt>ピル</rt></ruby> <ruby>거<rt>コ</rt></ruby> <ruby>없어요<rt>オプソヨ</rt></ruby>. <ruby>용서를 빌다<rt>ヨンソルル ビルダ</rt></ruby>

	は「許しを請う」。
自分を責めることないですよ	자신을 책망할 거 없어요. ※자신は漢字では［自身］で「自分」または「自分自身」の意。「自分」を자분とは言わないので要注意。 책망하다は「とがめる」「叱る」。 =그렇게 자책할 필요 없어요. ※자책は漢字では［自責］
タイミングが悪かっただけなんですから	그냥 타이밍이 나빴을 뿐이에요. ※그냥は「ただ」。
もう済んだことだからいいですよ	다 지나간 일이니까 신경 쓰지 마세요. ※直訳は「完全に過ぎたことだから神経使わないでください」。신경 쓰다で「気にする」。 =다 끝난 일인데, 됐어요. 「すっかり終わったことだからいいですよ」
この世の終わりじゃないんですから	세상이 끝난 것도 아닌데요, 뭐. ※「この世が終わったわけでもないのに」という言い方。끝난は망한（滅びた～）と言い換えることができる。文末の뭐は「当然だ」という不満の気持ちを表す。 =하늘이 무너져도 솟아날 구멍이 있다고 했어요. ※ことわざを使った言い方で、意味は「"空が崩れても抜け出る穴がある"と言います」。

安心させる ◆ 147

フォーマル表現

もう危険を脱したようです

이제 위험한 고비는 넘긴 것 같습니다. ＊위험한 고비를 넘기다で「危険な峠を越える」。

必ずやりますからご安心ください

반드시 할 테니까 마음 놓으십시오. ＊마음(을) 놓다で「安心する」。
= 기필코 해낼 것이니까 안심하십시오. 「必ずやり遂げますからご安心ください」 ＊기필코の代わりに꼭 (必ず) や 틀림없이 (間違いなく) も使える。

その件はご心配なさらないでください

그 문제는 걱정하지 마십시오. ＊그 문제は「その問題」。그 일 (そのこと) も使える。
= 그 건에 관해서는 심려치 마십시오. 「その件に関してはご心配なさらないでください」 ＊심려は漢字では「心慮」。심려치は심려하지 (心配しないで) の縮んだ形。

その知らせを聞いて彼女は安心しました

그 소식을 듣고 그 사람은 안심했습니다. ＊소식は「消息」「知らせ」。

それを聞いて安心しました

그 말을 듣고 안심했습니다. ＊「その言葉を聞いて安心しました」という言い方。
= 듣고 보니 마음이 놓입니다. ＊듣고 보니は「聞いてみたら」。마음이 놓이다で「安心する」。

148 ◆ 安心させる

第2章

気持ちを表現する

◆感謝する(ありがとう)➔P.150
◆謝る(ごめん)➔P.159
◆喜ぶ(うれしいです)➔P.168
◆感嘆する(まぁ!)➔P.178
◆怒る(頭にきた!)➔P.185
◆驚く(びっくりした!)➔P.207
◆悲しむ(悲しいよ)➔P.219
◆落胆する(がっかりだ)➔P.227
◆非難する(あなたは無責任です)➔P.235
◆満足する(最高だよ!)➔P.257
◆苦情を言う(これは問題だよ)➔P.264
◆ホッとする(やれやれ!)➔P.282
◆後悔する(しまった!)➔P.287
◆歓迎する(いらっしゃい!)➔P.298
◆祝う(おめでとう!)➔P.305
◆お悔やみを述べる(お気の毒に)➔P.311

感謝する

「ありがとう」

カジュアル表現

どうも	고마워. ＊「ありがとう」という言い方。
とにかくありがとう	어쨌든 고마워. ＊「とにかく」にあたる言葉は어쨌든、어쨌거나、하여튼、좌우간など、たくさんある。 ＝하여간 고맙구나.「とにかくありがたい」
ほんとにありがとう！	정말 고마워! ＊정말は「本当に」の意で、정말로とも言う。 ＝진짜 고맙다! ＊親しい友人や目下の人に言う。진짜は정말と類義語で、もっぱら会話で使う。
よかった！ 彼女は無事だ	다행이다! 그 여잔 아무 일 없어. ＊여잔は여자는（女は、女性は）の縮んだ形。여자は目上の女性には使わない。아무 일 없어は「何事もない」。
おかげで助かったよ！	네 덕에 살았어! ＊「君のおかげで助かったよ！」という言い方で、窮地、危機などから救われたときに言う。 ＝덕분에 잘됐어!「おかげでうまくいったよ！」 ＊덕분は漢字では［徳分］で「おかげ」の意。

恩に着るよ	이 은혜 잊지 않을게. ＊「この恩を忘れないよ」という言い方。은혜は「恩恵」。-지 않다は「~しない」「~くない」。-ㄹ/을게は意思の表明や約束の表明。
それで大変に助かるよ！	그러면 큰 도움이 될 것 같애! ＊直訳は「そうなら大きな助けになりそうだ！」。도움이 되다で「助けになる」「役に立つ」。 = 그건 큰 도움이 될 거야! 「それは大いに助かるよ！」
それは役に立ったよ	그건 도움이 됐어. ＊그건 유용했어も類似表現。유용は漢字では［有用］。 = 그건 많이 참고가 됐지. 「それはずいぶん参考になったよ」
ちょうどこれがほしかったのよ	마침 이걸 갖고 싶었거든. ＊이걸は이것을 (これを) の縮んだ形。갖고 싶다は「持ちたい」「所有したい」で、「ほしい」の意味で使われる。だが、「ほしい」は場合によっては具体的な行為を表す言い方を用いて、사고 싶다 (買いたい) とか、따고 싶다 (取りたい) などと言うこともある。
メールありがとう	메일 고마워. ＊고맙다は「ありがたい」。 = 문자 보내 줘서 고마워. ＊直訳は「文字 (を) 送ってくれてありがとう」。携帯メールの場合に用いる表現。문자は「文字」。

感謝する ◆ 151

スタンダード表現

ありがとう	고마워요.	★고맙다は「ありがたい」。
どうもありがとうございます	정말 고마워요.	★정말は「本当に」で、정말로とも言う。 =정말 감사합니다.「本当にありがとうございます」
お礼の言いようもありません	뭐라고 감사해야 할지 모르겠네요.	★「何と感謝すべきかわかりません」という言い方。-ㄹ/을지 모르다は「～かわからない」。 =어떻게 감사드려야 좋을지 모르겠어요. ★어떻게は「どのように」。감사드리다は감사하다（感謝する）の謙譲語。
重ねてお礼を申します	다시 한 번 감사합니다.	★다시 한 번は「もう一度」「再度」。
それはどうもご親切に	그거 정말 고마운 일이네요.	★「それは本当にありがたいことですね」という表現。
あなたのご厚意は忘れません	당신의 은혜는 잊지 않을 거예요.	★은혜は「恩恵」。
プレゼントをありがとうございます	선물 고마워요.	★선물は「プレゼント」「贈り物」。 =선물을 주셔서 감사합니다.「プレゼントをくださってありがとうございます」

いろいろとお世話になりました	여러 가지로 신세 많이 졌어요.
	＊여러 가지로는「いろいろと」。신세(를) 지다で「世話になる」「面倒をかける」。
	＝정말 신세가 많았습니다. 「本当にずいぶんとお世話になりました」

お忙しいところをありがとうございました	바쁘신데 고맙습니다. ＊바쁘신데は「お忙しいのに」。
	＝바쁘신데 정말 감사합니다.

ご協力ありがとうございます	협조해 주셔서 고맙습니다. ＊협조하다は「協調する」だが、「協力する」の意味でよく使う。-아/어/여 주셔서は「～してくださって」。
	＝협조에 감사드립니다. 「ご協力に感謝します」

お気づかいありがとう	마음 써 줘서 고마워요. ＊마음(을) 쓰다で「気をつかう」「気を配る」。-아/어/여 줘서は「～してくれて」という意味。
	＝신경 써 줘서 고마워요. ＊신경(을) 쓰다で「気をつかう」「気にかける」。

心配してくれてありがとうございます	걱정해 줘서 고마워요. ＊걱정하다は「心配する」。
	＝심려해 주셔서 감사합니다. ＊かしこまった言い方。심려は漢字では［心慮］。

忠告をありがとうございます	충고 고마워요. ＊충고は「忠告」。

感謝する ◆ 153

誘ってくれてありがとう	불러 줘서 고마워요. ＊「呼んでくれてありがとう」という言い方。 = 초대해 줘서 고마워요.「招待してくれてありがとう」 ＊초대は「招待」。
教えてくれてありがとう	가르쳐 줘서 고마워요. ＊가르쳐 주다は「教えてくれる」。 = 알려 줘서 고마워요. ＊알려 주다は「知らせてくれる」。
思い出させてくれてありがとう	생각나게 해 줘서 고마워요. ＊생각나게 하다で「思い出させる」。 = 기억나게 해 줘서 고마워요. ＊기억は「記憶」。
私をかばってくれてありがとう	날 감싸 줘서 고마워요. ＊날は나를(私を)の縮んだ形。감싸다は「かばう」。
お出迎えありがとうございます	마중 나와 주셔서 감사합니다. ＊마중 나오다で「出迎える」。
励ましの言葉をありがとうございます	격려 말씀 감사합니다. ＊격려 말씀は「激励のお言葉」。
ご出席ありがとうございます	참석해 주셔서 감사합니다. ＊참석하다は「参席する」。
助けていただき、ありがとう	절 도와 줘서 고맙습니다. ＊절は저를(自分を下げた言い方の「私を」)の縮んだ形。

	돕다は「手助けする」。
おかげさまで、仕事が早く終わりました	덕분에 일이 빨리 끝났어요. ★덕분は漢字では［德分］で「おかげ」の意。 ＝덕택에 일이 일찍 끝났습니다. ★덕택には「おかげで」。일찍は「早い時間に」「早めに」。
すべてあなたのおかげです	다 당신 덕분이에요. ★다は「すべて」。 ＝모든 게 당신 덕이죠. ★모든 게는「すべてのことが」。덕은 덕분（おかげ）と類義語。
もし来てくださればうれしいわ	혹시 와 주신다면 고맙겠어요. ★혹시は「もし」。와 주시다は「来てくださる」。 ＝만약 와 주신다면 너무 기쁠 것 같아요. ★만약は「もし」。
来てくださってありがとう	와 주셔서 고마워요. ＝찾아와 줘서 반가워요. ★찾아오다は「訪ねて来る」。반갑다は「うれしい」。
お招きくださってありがとうございます	초대해 주셔서 감사합니다. ★초대하다は「招待する」。 ＝불러 줘서 고마워요. ★불러 줘서は부르다（呼ぶ、招く）に-어 주어서が結合したもので、「招いてくれて」の意。
いつも本当に助かります	번번이 도와줘서 정말 고마워요. ★번번이は「まいど」。번번は漢字では［番番］。

感謝する ◆ 155

おかげさまで私はメンツを保てました	덕분에 제가 체면이 섰습니다. 「おかげさまで私は面目が立ちました」という言い方。체면は漢字では［体面］。
あなたは私にとって本当に大切な人です	당신은 나한테 정말 소중한 사람이에요. *나한테は「私に」とか「私にとって」という意味。소중한 사람は「大切な人」。
意義のある言葉をありがとうございます	귀중한 말씀 고맙습니다. *귀중한 말씀は「貴重なお言葉」。
とても参考になりました	많이 참고가 됐어요. *참고가 되다で「参考になる」。

フォーマル表現

あなたのご協力なくしては実現できなかったことです	당신의 협조가 없었다면 실현하지 못했을 것입니다. *협조は「協調」だが、「協力」の意味でよく使われる。실현하지 못했을 것입니다で「実現できなかったことでしょう」。 ＝당신의 협력 없이는 실현이 불가능한 일이었습니다. *협력 없이는は「協力なしには」。불가능한 일は「不可能なこと」。
お話しできる機会をありがたく思います	말씀 나눌 수 있는 기회를 주셔서 감사합니다. *말씀 나눌 수 있는 기회は「お話を交わすことができる機会」。

心より御礼申し上げます	진심으로 감사드립니다. ✳진심は漢字では［真心］。 ＝진심으로 감사의 말씀 올리겠습니다. ✳말씀 올리다で「言葉をささげる」。
あなたのご親切、何ともお礼のしようがありません	베풀어 주신 정성에 어떻게 감사드려야 좋을지 모르겠습니다. ✳直訳は「施してくださった真心にどのように感謝申し上げたらよいやらわかりません」。
本当にありがたいばかりです	정말 고마울 따름입니다. ✳-ㄹ/을 따름이다で「～な（する）ばかりだ」。
おほめの言葉をいただき、ありがとうございます	칭찬해 주셔서 감사드립니다. ✳「おほめいただき感謝します」という言い方。칭찬は「賞賛」。
お気持ちは感謝します	마음은 고맙습니다. ✳마음は「心」「気持ち」。 ＝마음 써 주셔서 감사합니다.「気をつかってくださってありがとうございます」
そうしていただけるとありがたいです	그렇게 해 주셨으면 좋겠습니다. ✳그렇게は「そのように」。 ＝그렇게 해 주신다면 감사하겠습니다. ＝그리 해 주시면 고맙겠습니다. ✳그리は「そのように」。

感謝する ◆ 157

日頃のご愛顧に感謝します	평소에 잘 돌봐 주셔서 감사합니다. ＊평소는「平素」。돌봐 주다는「面倒を見てくれる」「世話をしてくれる」。
ご賛同いただけるとありがたいです	찬동해 주셨으면 합니다. ＊「賛同なさっていただきたいです」という表現。찬동은「賛同」。
感謝の気持ちを述べさせてください	감사의 말씀을 드리고자 합니다. ＊드리다는 주다（あげる、やる）の謙譲語で「差し上げる」。-고자 하다で「～しようと思う」。 ＝감사의 마음을 전해 드리고 싶습니다. ＊전해 드리다는「お伝えする」。
ご恩は忘れません	이 은혜는 결코 잊지 않을 것입니다. ＊「このご恩は決して忘れません」という言い方。은혜는「恩恵」。결코는「決して」。
先生には大変お世話になりました	선생님께는 신세 많이 졌습니다. ＊신세는「世話」「面倒」。신세(를) 지다で「お世話になる」。 ＝선생님께는 대단히 신세가 많았습니다.
彼女に会っていただければ幸いです	그 사람을 만나 주시면 고맙겠습니다. ＊그 사람 은「その人」で、男女の区別はない。 ＝그녀를 만나 주셨으면 좋겠습니다. ＊그녀는「彼女」だが、文語的な言い方。また目上の女性には使わない。

謝る

「ごめん」

	カジュアル表現
ごめん	미안. _{ミアン} ＊미안_{ミアン}は漢字では［未安］。미안해（ごめんね）の後ろを省略した形で、ごく親しい相手に気楽に「ごめん」という言い方。 ＝미안해_{ミアネ}.「すまない」
がっかりさせてしまってごめん	실망시켜서 미안해. _{シルマンシキョソ ミアネ} ＊실망시키다_{シルマンシキダ}は「失望させる」「がっかりさせる」。 ＝기대에 어긋나서 미안하구나. _{キデエ オグンナソ ミアナグナ} ＊기대에 어긋나다_{キデエ オグンナダ}で「期待外れになる」。
ドジってしまってごめん	실수해서 미안해. _{シルスヘソ ミアネ} ＊실수_{シルス}は漢字では［失手］で「ミス」「へま」の意。 ＝사고 쳐서 미안하다. _{サゴ チョソ ミアナダ} ＊사고_{サゴ}は「事故」だが、사고 치다_{サゴ チダ}で「問題を起こす」の意になる。
変なこと言っちゃってごめんね	괜한 말 해서 미안해. _{クェナン マル ヘソ ミアネ} ＊괜한_{クェナン}は「むだな〜」「つまらない〜」。
傷つけたら、ごめん	속상하게 했다면 미안해. _{ソクサンハゲ ヘッタミョン ミアネ} ＊속상하다_{ソクサンハダ}は「気に障る」「腹が立つ」。 ＝기분 상하게 했다면 미안하구나. _{キブン サンハゲ ヘッタミョン ミアナグナ}「気持ちを傷つけたならすまない」

謝る ◆ 159

悪気はなかったんだ	악의는 없었어.	*악의は漢字では［悪意］で、「悪気」の意味にもなる。
	= 일부러 그런 건 아냐.「わざとしたんじゃないよ」	*일부러は「わざと」「故意に」。그러다は「そうする」。
わずらわせてごめん	성가시게 해서 미안해.	*성가시다は「わずらわしい」という形容詞。語幹に-게하다が付いて「～くする」という使役の意味になり「わずらわす」となる。
	= 번거롭게 해서 미안하다.	*번거롭다は「やっかいだ」「煩雑だ」。
	= 귀찮게 해서 미안하구나.	*귀찮다は「面倒くさい」。
僕が悪かった	내가 잘못했어.	*잘못하다は「過ちを犯す」。
	= 내 잘못이야.	*直訳は「僕（私）の過ちだ」。

スタンダード表現

Ⓐ 失礼しました Ⓑ いいんですよ	Ⓐ 실례했어요. Ⓑ 괜찮습니다.	*실례하다は「失礼する」。 *괜찮다は「構わない」「大丈夫だ」。
ぶしつけで申し訳ありませんでした	결례해서 죄송합니다.	*결례は漢字では［欠礼］。

	=무례를 용서하세요.「無礼を許してください」 ＊용서は漢字では［容赦］。
すみません、先に失礼しなくてはなりません	미안하지만 먼저 가 봐야 겠어요. ＊直訳は「すまないけど先に行ってみなければなりません」。目上の相手には미안하지만の代わりに、より丁寧な죄송하지만（申し訳ありませんが）を使う。 =죄송하지만 먼저 실례하겠습니다.「恐縮ですが、お先に失礼いたします」
どうもすみません	정말 미안해요. ＊정말は「本当に」。 =너무 죄송하군요.「大変申し訳ないです」 ＊너무は本来「あまりにも」という意味だが、「すごく」とか「本当に」の意味でも使われる。
そのつもりではなかったんです	일부러 그런 거 아니에요. ＊일부러 그러다は「わざとそうする」。 =작정하고 한 거 아니었어요. ＊작정하고 하다は「意図的にする」。
それは冗談のつもりだったんですが	농담으로 말했을 뿐인데요. ＊「冗談で言っただけですけど」という表現。농담으로は「冗談で」。
すみません、できません	미안한데 난 못 하겠어요. ＊「すまないけど、私はできません」という言い方。난は나는（私は）の縮んだ形。

謝る ◆ 161

	= 죄송하지만 그리 못 하겠어요.
	＊죄송하지만은「恐縮ですが」で、미안한데よりも丁寧な言い方。그리は「そのように」。同じ意味で그렇게も使える。
遅れてすみません	늦어서 미안해요. ＊늦어서は「遅れて」。
	= 늦어서 죄송해요. 「遅れて申し訳ありません」
こんな話を持ち出してごめんなさい	이런 얘기 해서 미안해요. ＊이런は「こんな」。
すみません、それには気がつきませんでした	미안해요, 그런 줄 미처 몰랐거든요.
	＊그런 줄は「そうだとは」。미처は否定表現を伴って、一定のところに至らないことを表す。「ついぞ」とか「いまだ」の意。
	= 그런 줄도 모르고, 죄송해요. 「そんなこととも知らず、申し訳ありません」
お邪魔してすみません	방해해서 미안해요. ＊방해하다は「妨害する」「邪魔する」。
邪魔になってないでしょうね	혹시 방해되는 거 아니겠지요?
	＊혹시 방해되다で「ひょっとして邪魔になる」。
	= 혹시 내가 방해하고 있는 건 아니지요? 「もしかして私が邪魔しているんじゃないでしょうね？」
私のミスです	내 실수예요. ＊실수は漢字では［失手］で「ミス」「失敗」の意。

	=제 잘못이에요. ＊잘못は「過ち」「誤り」。	

お手数をかけて申し訳ありません	번거롭게 해서 죄송해요. ＊번거롭게 하다で「わずらわす」。
	=귀찮게 해서 미안해요. 「面倒をかけてごめんなさい」
	=성가시게 해서 죄송합니다. 「わずらわしい思いをさせて申し訳ありません」

私が悪いんです	내가 잘못했어요. ＊잘못하다は「過ちを犯す」。
	=제가 잘못한 거예요. 「私が間違っていました」

遅れたのは私のせいです	늦어진 건 내 탓이에요. ＊늦어지다は「遅れる」。
	=나 때문에 늦은 거예요. ＊直訳は「私のために遅れたのです」。 때문에는「(~の)ために」。

私のせいかもしれません	내 탓인지도 몰라. ＊-ㄴ/은/는지도 모르다で「~かもしれない」。
	=나 때문인지도 모르겠어요. 「私のためかもしれません」

| 数字を読み間違えました | 숫자를 잘못 읽었어요. ＊「数字を間違って読みました」という言い方。숫자は「数字」。잘못 ~は「間違って~」。 |

計算を間違えました	계산을 틀렸어요. ※틀리다は「間違える」。 = 계산을 잘못했어요. ※잘못하다は「間違う」。 = 잘못 계산했어요. ※直訳は「間違って計算しました」。
これからは気をつけます	앞으론 조심할게요. ※앞으론は앞으로는(今後は)の縮んだ形。조심하다は「気をつける」。 = 앞으로는 잘하겠습니다.「これからはしっかりやります」
気がとがめます	양심의 가책을 느껴요. ※「良心の呵責を感じます」という言い方。양심は「良心」。가책は「呵責」。느끼다は「感じる」。 = 마음에 걸려요.「心に引っかかります」
悪口を言って悪かったと思っています	욕을 해서 미안하게 생각해요. ※욕は「悪口」。미안하게は「すまなく」。
あなたを傷つけるつもりはなかったのです	당신한테 상처 줄 생각은 없었어요. ※상처は漢字では[傷処]。~한테 상처 주다で「(誰々)を傷つける」。 = 당신 마음을 다치게 할 생각은 아니었어요. ※다치게 하다で「傷つける」。
申し訳ありません	죄송합니다. = 사과하겠습니다.「謝ります」 ※사과は漢字では[謝過]。

気に障るようなことがありましたら、おわびします	비위에 거슬리셨다면 사과하겠습니다. ＊비위에 거슬리다で「気に食わない」。-면/으면は「～ならば」と仮定を表す。 ＝심기 불편하게 했다면 사과드릴게요. ＊심기 불편하게 하다で「機嫌を損ねる」。
あなたに謝らなければなりません	당신한테 사과해야 겠어요. ＝당신한테 용서를 빌어야 겠어요. ＊용서를 빌다で「許しを請う」。용서は「容赦」。
どうか許してください	제발 용서해 주세요. ＊제발は「どうか」「なにとぞ」。용서하다は「許す」。 ＝날 용서해 줘요. 「私を許してください」 ＊날は나를 (私を)の縮んだ形。
全く言い訳のしようもないです	변명할 여지가 전혀 없어요. ＊「弁明する余地が全然ありません」という言い方。변명は「弁明」。여지は「余地」。 ＝입이 열 개라도 할 말이 없습니다. ＊慣用句で、直訳は「口が十個でも言う言葉がありません」。
もう二度としません	두 번 다시 그러지 않겠어요. ＊直訳は「二度と再びそのようにしません」。그러다は「そうする」。 ＝앞으로 절대로 그러지 않겠습니다. ＊앞으로 절대로で「今後絶対に」。

謝る ◆ 165

	タシヌン クロン ニル ア ナル コムニダ **=다시는 그런 일 안 할 겁니다.** 「二度とそういうことはしません」
全く彼に合わせる顔がありません	チョンマル ク サラムル ポル ラチ オプソヨ **정말 그 사람을 볼 낯이 없어요.** ＊낯は「顔」「面目」。 チョンマル ク サラマンテ ミョンモギ オプスムニダ ミョンモク **=정말 그 사람한테 면목이 없습니다.** ＊면목は「面目」。

フォーマル表現

誠に申し訳ございません	テダニ チュエソンハムニダ **대단히 죄송합니다.** ＊대단히は「大変」。 チャムロ ソングスロプスムニダ **=참으로 송구스럽습니다.** 「誠に恐れ入ります」 ソングスロプタ 송구스럽다は「恐縮だ」。
ご期待に沿えなくてすみませんでした	キデエ モン ミチョソ ソングスロプスムニダ **기대에 못 미쳐서 송구스럽습니다.** ＊못 미치다は「及ばない」。 キデエ ポダッパジ モテソ チュエソンハムニダ **=기대에 보답하지 못해서 죄송합니다.** ポダパダ ＊보답하다は「報いる」。
ご迷惑さまです	シルレヘッスムニダ **실례했습니다.** ＊「失礼しました」という言い方。小さなことで迷惑をかけたときに言う。 ペルル キチョッスムニダ **=폐를 끼쳤습니다.** 「ご迷惑をおかけしました」
先生におわび申し上げます	ソンセンニムケ サグァドゥリムニダ ソンセンニム **선생님께 사과드립니다.** ＊선생님は「先生」。 サグァドゥリダ 사과드리다は「謝る」。 ソンセンニムケ サジュエハゲッスムニダ サジュエハダ **=선생님께 사죄하겠습니다.** ＊사죄하다は「謝罪する」「おわびする」。

迷惑をおかけしまして申し訳ございません	ペルル キチョ チュエソンハムニダ 폐를 끼쳐 죄송합니다. ＊폐를 끼치다で「迷惑をかける」。
このような不祥事が起こりましたことを心より陳謝申し上げます	イ ガトゥン プルサンサガ イロナン デ デハヨ 이 같은 불상사가 일어난 데 대하여 マウム ソグロ キピ サグァドゥリムニダ 마음 속으로 깊이 사과드립니다. ＊이 같은 불상사は「このような不祥事」。 일어나다は「起きる」。 ＝이런 불미스러운 일이 발생한 데 대해 진심으로 사죄의 말씀을 올리겠습니다. ＊불미스럽다は「よからぬ」「まずい」。 발생하다は「発生する」。말씀을 올리겠습니다は「申し上げます」。
おわびの申し上げようもございません	ムォラゴ サグァドゥリヤ チョウルチ モルゲッスムニダ 뭐라고 사과드려야 좋을지 모르겠습니다. ＊「何とおわびすればよいやらわかりません」という言い方。 ＝뭐라고 사죄의 말씀을 드려야 할지 모르겠습니다.「何とおわびの言葉を申し上げるべきかわかりません」
どうかお許しください	チェバル ヨンソヘ ジュシギ バラムニダ 제발 용서해 주시기 바랍니다. ＊「なにとぞご容赦願います」という言い方。제발は「どうか」「なにとぞ」。-기 바라다で「～することを望む」。용서하다は「容赦する」「許す」。 ＝제발 용서해 주십시오.「なにとぞご容赦ください」

謝る ◆ 167

喜ぶ

「うれしいです」

カジュアル表現

わ～い！	<ruby>야<rt>ヤー</rt></ruby>! ＊驚き、感動、喜びを表す声。 = <ruby>우아<rt>ウアー</rt></ruby>! ＊意外な喜びに出くわしたとき出す声。
あ～、ホッとしたよ！	<ruby>아, 한숨 놓였다<rt>アー ハンスム ノヨッタ</rt></ruby>! ＊<ruby>한숨 놓이다<rt>ハンスム ノイダ</rt></ruby>は「ほっとする」。 = <ruby>휴, 이제 안심이다<rt>ヒュー イジェ アンシミダ</rt></ruby>! 「フーッ、やっと安心だ！」 ＊<ruby>휴<rt>ヒュー</rt></ruby>は<ruby>후유<rt>フユー</rt></ruby>の縮んだ形。안심は「安心」。 = <ruby>이제 마음이 놓인다<rt>イジェ マウミ ノインダ</rt></ruby>! 「あ～、安心した」 ＊<ruby>마음이 놓이다<rt>マウミ ノイダ</rt></ruby>は「安心する」。
すごいな！	<ruby>대단해<rt>テダネ</rt></ruby>! ＊<ruby>대단하다<rt>テダナダ</rt></ruby>は「すごい」。 = <ruby>굉장하네<rt>クェンジャンハネ</rt></ruby>! ＊<ruby>굉장하다<rt>クェンジャンハダ</rt></ruby>は「すごい」。 = <ruby>짱이다<rt>チャンイダ</rt></ruby>! ＊俗語で「最高だ！」。
いいぞ！	<ruby>좋아<rt>チョア</rt></ruby>! ＊<ruby>좋다<rt>チョッタ</rt></ruby>!とも言う。
かっこいい！	<ruby>멋있다<rt>モシッタ</rt></ruby>! ＊<ruby>멋지다<rt>モッチダ</rt></ruby>!とも言う。 = <ruby>죽인다<rt>チュギンダ</rt></ruby>! ＊俗語で「たまらない！」。
やった！	<ruby>아싸<rt>アッサ</rt></ruby>! ＊俗語で「やった！」。 = <ruby>신 난다<rt>シン ナンダ</rt></ruby>! ＊「よっしゃ！」とか「やった！」の意。

時間に間に合ったぞ！	チェ シガネ マッチュオンネ 제 시간에 맞췄네! ＊제 시간は「定時」「定刻」。맞추다は「合わせる」。 チェ シガネ テッタ ＝제 시간에 댔다! 「時間どおりに着いた！」 ＊대다は「間に合う」。
まさにこれ！	パロ イゴヤ 바로 이거야! ＊바로は「まさに」。 イゴヤ イゴ ＝이거야, 이거! 「これだよ、これ！」
ついてるぞ！	チェス ジョッタ 재수 좋다! ＊재수は漢字では［財数］で「つき」「金運」「縁起」の意。 ウンス ジョックナ ＝운수 좋구나! 「運がいいなぁ！」 ＊운수は漢字では［運数］で「運」「星回り」の意。
幸運だったよ	ウニ ジョアッソ 운이 좋았어. ＊「運がよかったよ」という言い方。운は「運」。 タヘンイヤ タヘン ＝다행이야. ＊다행は漢字では［多幸］。
わくわくする！	トゥグンドゥグネ 두근두근해! ＊期待、不安などで胸が「どきどきする」とか「わくわくする」という表現。 ウルロンウルロンヘ トゥグンドゥグナダ ＝울렁울렁해! ＊두근두근하다と類義語。 カスム ソルレンダ ソルレダ ＝가슴 설렌다! 「胸がときめく！」 ＊설레다は「はやる」「ときめく」。마음 설렌다!とも言う。
ウキウキしちゃう！	シン ナンダ 신 난다! トゥルソクトゥルソッケ トゥルソクトゥルソッカダ ＝들썩들썩해! ＊들썩들썩하다は「うきうきする」。

喜ぶ ◆ 169

	= 마음이 들뜨네! ＊들뜨다는「浮き立つ」「そわそわする」。
とてもいい気分!	기분 참 좋다! ＊기분は「気分」。 = 기분 최고야!「最高の気分だよ!」 ＊최고は「最高」。 = 기분이 째진다! ＊俗語で「気分は最高!」。 = 너무 기분 좋아!「すごく気分がいい!」 ＊너무は「すごく」。
有頂天だ	하늘로 날아갈 것 같다. ＊「天にも昇るようだ」という言い方。날아가다는「飛んで行く」。-ㄹ/을 것 같다는「～するようだ」と推量を表す言い方。 = 기뻐 죽겠어. ＊直訳は「うれしくて死にそうだ」。-아/어/여 죽겠다で「～くてたまらない」という慣用表現。 = 좋아서 미칠 것 같아. ＊直訳は「うれしくて気が狂いそうだよ」。미치다는「気が狂う」。
ふぅ～、一件落着だ!	휴, 겨우 끝났다! ＊겨우は「やっと」。
夢がかなったぞ!	꿈이 이루어졌다! ＊꿈은「夢」。이루어지다は「かなう」「成就する」。 = 꿈이 실현됐어! ＊실현되다は「実現する」。 = 꿈이 현실이 됐어! ＊현실이 되다は「現実になる」。

夢みたいだ！	꿈 같애! ※같애는 같아 (～みたい) と同じ意味。같아が正しい形だが、같애も日常会話で広く使われている。 = 꿈만 같다! ※만は前の語を強調する。

スタンダード表現

うれしいです	기뻐요. ※기쁘다は「うれしい」。 = 좋아요. ※좋다は「いい」のほかに「うれしい」「楽しい」という意味もある。 = 반가워요. ※반갑다は人と出会ったり、よい知らせに接して「懐かしい」「うれしい」「喜ばしい」という意味。
そうしてくれるとうれしいです	그리 해 주시면 고맙겠어요. ※그리는 그렇게 (そのように) と同じ意味。해 주시면は「してくださったら」。 = 그렇게 해 주신다면 좋겠네요. 「そうしてくださるのであればうれしいです」 -면/으면 좋겠다は「～たらいい」という願望表現。
すごいです！	대단해요! ※대단하다は「すごい」「すばらしい」。 = 굉장하군요! ※굉장하다は「ものすごい」。
すてきです！	근사해요! ※근사하다は「すてきだ」。 = 정말 멋져요! 「本当にすてきです！」

よかったですね！	잘됐네요! *잘되다は「よくできる」「うまくいく」。
	=다행이군요! *다행は漢字では［多幸］で、다행이다は「幸いだ」「よかった」の意。
それすごくいいじゃないですか！	그거 정말 좋은데요! *정말は「本当に」。
	-ㄴ/은데요!は「〜ですね！」と感嘆を表す。
言葉にできないほどうれしいですよ！	말로 다 할 수 없을 정도로 기뻐요!
	*「言葉で言い尽くせないほどうれしいです！」という言い方。정도로は「ほどに」。기쁘다は「うれしい」。
	=너무 기뻐 죽겠어요! *-아/어/여 죽겠다で「〜くてたまらない」という慣用表現。
最高の気分です	기분이 최고예요. *「気分は最高です」という言い方。최고は「最高」。
	=기분이 째져요. *俗語表現で、直訳は「気分が裂けます」。
	=기분이 이보다 더 좋을 수 없어요. *直訳は「気分がこれ以上いいことはあり得ません」。
今日はうれしそうですね	오늘은 기분이 좋아 보이네요.
	*-아/어/여 보이다で「〜く（そうに）見える」。
結果には満足しています	결과에는 만족해요. *만족하다は「満足する」。

君がいるととてもうれしいんです	당신이 있으면 너무 좋아요. タンシニ イッスミョン ノム ジョアヨ	✱「君(あなた)がいればすごくうれしいです」という表現。당신は男性が女性に使えば「君」にも「あなた」にもなるが、女性が男性に使う場合は普通「あなた」の訳になる。
世の中バラ色ですよ！	세상에 부러울 것 없어요! セサンエ プロウル コッ オプソヨ	✱「世の中にうらやましいものはありません！」という表現。세상には「世の中に」「世界に」。부럽다は「うらやましい」。
わくわくしています	두근두근해요. トゥグンドゥグネヨ =가슴이 울렁거려요. カスミ ウルロンゴリョヨ =가슴 설레네요. カスム ソルレネヨ	✱두근거려요とも言う。 「胸がどきどきします」 ✱가슴は「胸」。 ✱설레다は「ときめく」「高鳴る」。마음(이) 설레네요とも言う。
感激です	감동했어요. カムドンヘッソヨ =감격적이네요. カムギョクチョギネヨ	✱「感動しました」という言い方。감동は「感動」。 ✱直訳は「感激的ですね」。감격は「感激」。
あなたのおかげでいい日になりましたよ	당신 덕에 좋은 하루가 됐어요. タンシン ドゲ チョウン ハルガ ドゥエッソヨ	✱덕は漢字では[德]で、덕에は「おかげで」の意。하루가 되다は「一日になる」。
試験が終わってうれしいです	시험이 끝나서 기뻐요. シホミ クンナソ キッポヨ	✱끝나다は「終わる」。

喜ぶ ◆ 173

お会いできてうれしいです	뵙게 되어 반갑습니다. ＊뵙게 되다は「お目にかかることになる」。반갑다は「(人に会ったり思いがけずいいことに出合って)うれしい」。下の表現よりもかしこまった言い方。 ＝만나서 반가워요. ＊만나다は「会う」。
それを聞いてうれしいですよ	듣던 중 반가운 소리네요. ＊決まり文句で、「うれしいことを言ってくれますね」とか「それはありがたいことですね」という意味。듣던 중は「聞いた中で」。반가운 소리は「うれしい言葉」とか「うれしい話」。
よく聞いてくれました	그걸 물어봐 줘서 고마워요. ＊「それを聞いてくれてありがとう」という表現。그걸は그것을（それを）の縮んだ形。
それはいいことを知りました	좋은 걸 알려 줬군요. ＊「いいことを教えてくれましたね」という言い方。알려 주다は「教えてくれる」「知らせてくれる」。
夢のような話です	꿈 같은 이야기예요. ＊꿈 같은は「夢のような」。 ＝듣고 보니 꿈만 같네요. 「(話を)聞いてみたら夢のようですね」
私にも運が向いてきましたよ！	나도 운이 트이기 시작했어요! ＊「私も運が開けてきました！」という言い方。운は「運」。트이다は「開ける」。-기 시작하다で「～し始める」。

今日、ついてますね！	オヌル ウニ ジョックンニョ **오늘 운이 좋군요!**	＊「今日運がいいですね！」という言い方。
	オヌル チェス ジョンネヨ =**오늘 재수 좋네요!**	＊チェス 재수は漢字では［財数］で「つき」「縁起」の意。
何と好都合なことなんでしょう！	マチム チャルドゥエンネヨ **마침 잘됐네요!**	＊「ちょうどよかったです！」という言い方。
	イロッケ イリ タン マジャットロジダニ =**이렇게 일이 딱 맞아떨어지다니!**	＊直訳は「このように事がぴったり合うなんて！」。タン マジャットロジダ 딱 맞아떨어지다は「ぴったり合う」「的中する」。
日曜日が楽しみです	イリョイリ キデガ ドゥエヨ **일요일이 기대가 돼요.**	＊キデガ ドゥエダ 기대가 되다は「期待される」。
	イリョイリ キダリョジョヨ =**일요일이 기다려져요.**	＊キダリョジダ 기다려지다は「待たれる」「待ち遠しい」。
合格しました！	ハプキョッケッソヨ **합격했어요!**	＊ハプキョク 합격は「合格」。
	プトッソヨ =**붙었어요!**	＊プッタ 붙다は「付く」のほかに「合格する」という意味がある。시험에 붙다で「試験に合格する」。
勝ちました！	イギョッソヨ **이겼어요!**	＊イギダ 이기다は「勝つ」。
	スンニヘッソヨ =**승리했어요!**	＊スンニ 승리は「勝利」。
昇進しました！	スンジネッソヨ **승진했어요!**	＊スンジン 승진は「昇進」。
	スンキョクトゥエッソヨ =**승격됐어요!**	＊スンキョクトゥエダ 승격되다は「昇格する」。

喜ぶ ◆ 175

私の作品が採用されました！	ネ ジャクプミ チェヨンドゥエッソヨ **내 작품이 채용됐어요!** チャクプミ チェヨンドゥエダ ＊작품이 채용되다で「作品が採用される」。
光栄です	ヨングァンイエヨ **영광이에요.** ＊ヨングァン 영광は漢字では［栄光］だが、「光栄」の意味でも使われる。

フォーマル表現

お会いできて光栄です	マンナ ブェプケ ドゥエソ ヨングァンイムニダ **만나 뵙게 돼서 영광입니다.** マンナ ブェプタ ＊만나 뵙다は「お目にかかる」。
とてもうれしく思います	チャムロ キップゲ センガッカムニダ チャムロ **참으로 기쁘게 생각합니다.** ＊참으로 ケ センガッカダ は「誠に」「実に」。-게 생각하다は「〜く（に）思う」。
成功されたとお伺いしうれしく存じます	ソンゴンハショッタヌン ニェギルル ドゥルニ チョンマル **성공하셨다는 얘기를 들으니 정말** キップムニダ ソンゴンハダ **기쁩니다.** ＊성공하다は「成功する」。 トゥルニ 들으니は「聞いたので」と原因・理由を表す言い方。
あまりのうれしさに涙が出るほどでした	ノム キッポソ ヌンムリ ナル チギョンイオッスムニダ **너무 기뻐서 눈물이 날 지경이었습니다.** ヌンムリ ナダ ル ウル チギョンイダ ＊눈물이 나다で「涙が出る」。 -ㄹ/을 지경이다 チギョン は「〜するほどだ」。지경は漢字では［地境］。 ハド バンガウォ ヌンシウリ トゥゴウォジョッスムニダ ＝**하도 반가워서 눈시울이 뜨거워졌습니다.** 「あまりにもうれしくて目頭が熱くなりました」
いい知らせに胸がはずんでおります	バンガウン ソシゲ カスミ マク トゥイムニダ **반가운 소식에 가슴이 막 뜁니다.** バンガウン ソシク カスミ マク ＊반가운 소식は「うれしい知らせ」。가슴이 막

	뛰이다で「胸がやたらときめく」「心がやたら(と)はずむ」。 = 좋은 소식 들으니 마음이 설렙니다. ＊마음이 설레다は「胸がときめく」。
先生のやさしい言葉に胸がいっぱいになりました	선생님의 다정하신 말씀에 가슴이 벅차오릅니다. ＊다정하다は「思いやりがある」。벅차오르다は「いっぱいになる」。 = 선생님께서 따뜻한 말씀을 해 주셔서 마음이 뜨거워졌습니다. ＊따뜻한 말씀は「あたたかいお言葉」。마음이 뜨거워지다で「胸が熱くなる」。
あまりのうれしさに喜びを抑えきれなかったんです	하도 반가워서 기쁨을 억누르지 못했습니다. ＊하도は「あまりにも」。억누르다は「抑える」。 = 너무 기뻐서 어쩔 줄 몰랐습니다. 「あまりにもうれしくてどうしていいかわかりませんでした」 ＊어쩔 줄 모르다で「どうしていいかわからない」。
これに勝る喜びはありません	이보다 더 큰 기쁨은 없습니다. ＊이보다は「これより」。 = 이보다 더한 기쁨이 어디 있겠습니까? 「これ以上の喜びがどこにあるでしょうか?」 ＊더한 기쁨は「より大きい喜び」。

喜ぶ ◆ 177

感嘆する

「まぁ！」

カジュアル表現

わぁ！
우아! (ウアー) ＊意外な喜びを表す。
= 이야! (イヤー) ＊喜び、驚き、怒りなどの声。

まぁ！
어머! (オモ) ＊女性が言う言葉。強調すると어머머…!(オモモ)となる。
= 저런! (チョロン) 「何とまあ！」 ＊이런!(イロン)とも言う。

ほう！
흠! (フム) ＊「ふむ」と、感心、満足したときの声。
= 어! (オー) ＊驚き、喜び、悲しみなど様々な感情を表す。
= 그래? (クレ) 「へぇ、そう？」

おぉ！
오오! (オオー) ＊日本語と同じ言い方。
= 어이구! (オイグ) ＊驚き、感激、嘆きなど様々な感情を表す。아이고!(アイゴ)とも言う。

痛い！
아야! (アヤ)
= 아이, 아파! (アイ、アパ) 「あいたっ！」

やれやれ！
휴! (ヒュー) ＊ホッと安心したとき、しんどいとき、心配するときに言う。
= 아이고 참! (アイゴ チャム) 「やれやれ、全く！」

もう終わりだ！	이제 끝장이다! ＊끝장は「終わり」で、끝とも言う。 = 이젠 망했어! 「もうだめだ」 ＊망하다は「滅びる」。
ほんとにもう	이거 정말! ＊「これは全くもう！」という感じ。아이, 진짜!も類似表現。정말は「本当(に)」。
やっぱり！	역시! = 그러면 그렇지! 「やはりそうなんだ！」
う～ん	음. ＊考えているときに言う。
えへん！	에헴! ＊もったいぶったり、自分の存在を知らせるためにするせき払い。 = 어험! ＊에헴と同じように使う。
ちぇ！	쳇! ＊日本語と同じ言い方。 = 치! 「ちぇっ！」 = 제기랄! 「くそっ！」
おっといけない！	앗, 어쩌지? ＊「あっ、どうしよう！」という意味。어쩌다は「どうする」。 = 내 정신 좀 봐라! ＊直訳は「私の精神ちょっと見ろ！」で、自分がミスったときの軽い驚きを表す。

感嘆する ◆ 179

げっ！	ホク **헉!** = 어이쿠! ＊アイゴ 아이고やオイグ 어이구と同じく、驚き、嘆きなど様々な感情を表すが、より強い感じ。 = 뭐야! ＊「何だ？」の意。	
くそっ！	チェギラル **제기랄!** ＊「くそっ！」「ちぇっ！」「ちくしょう！」などの意。 = 젠장! ＊「えいくそ！」とか「こんちくしょう！」の意。 = 씨! ＊이씨!とも言う。	
臭い！	アイゴ ネムセヤ **아이고 냄새야!** ＊냄새は「におい」。 = 이런, 지독한 냄새! 「何てひどいにおい！」	
何を抜かす！	ムォン ソリ ハヌン ゴヤ **뭔 소리 하는 거야!** ＊「何てこと言うんだ！」という意味。뭔は무슨（何の）と同じ意味で、もっぱら会話で使う。 = 말도 안 돼! ＊慣用句で「話にならない！」という意味。 = 그걸 말이라고 해? ＊慣用句で、直訳は「それを言葉（話）だというの？」。	
わっ！	ワッ **왓!** ＊驚かすときに言う。	
もう、どうでもいい！	エーラ モルゲッタ **에라, 모르겠다!** ＊「えーい、知らん！」という意味。	

	=에이, 될 대로 돼라! 「えーい、なるようになれ!」
何と残念なことなんだ!	아이, 아쉬워! ＊「ああ、惜しい!」という意味。아쉽다は「惜しい」「残念だ」。
ちょっと待て!	가만있어 봐! ＊「じっとしてろよ!」とか「黙ってろよ!」という意味。가만!だけでも使える。 =잠깐 기다려 봐! 「ちょっと待って!」
し〜っ!	쉿! ＊日本語と同じ言い方。
何というやつだ!	무슨 이런 놈이 다 있어? ＊直訳は「何とこんなやつがいるのか?」。무슨(何の)や다(すっかり、全部)は強調で使われている。 =어디 이런 놈을 봤나! 「こんなやつ見たことあるか!」 ＊어디(どこ)は強調を表す。
知らないよ〜だ!	난 몰라! ＊난は나는(私は)の縮んだ形。모르다は「知らない」。 =내가 알 게 뭐야! ＊直訳は「私の知る(べき)ことは何?」で、「おれの知ったことか!」という意味。
何てラッキーなんだ!	무지 운 좋다! ＊「ものすごく運がいい!」という表現。무지は「ものすごく」。 =운이 짱 좋다! ＊짱は「最高のもの」を指す

	若者言葉。
	=**복 터졌다!** ＊直訳は「福がはじけた！」。
	=**정말 다행이야!**「本当によかった！」 ＊**다행**は漢字では［多幸］。
そんなバカな！	**이런, 세상에!** ＊「何と、世の中に！」という言い方。세상は漢字では［世上］で「世の中」「この世」の意。세상에!は세상에 이럴 수가 있는가!「この世にこんなことがあり得るのか！」という驚きの表現だが、前の部分だけを生かしたもの。
	=**세상에!** ＊上の表現の短縮形。
	=**말도 안 돼!**「話にならん！」
	=**그런 게 어딨어!** ＊直訳は「そんなのどこにあるんだよ！」。어딨어!は어디에 있어!（どこにあるの！）の縮んだ形。

スタンダード表現

何とわくわくさせるんでしょう！	**진짜 두근두근하네요!** ＊「本当にわくわくしますね！」という言い方。
	=**흥분돼서 죽을 지경이에요!** ＊「興奮して死にそうです！」という意味。-ㄹ/을 지경이다は「〜するほどだ」という意味。
何と退屈なんでしょう！	**너무 지루하네요!** ＊「すごく退屈ですね！」という言い方。지루하다は「退屈だ」「あきあきする」。

	=무지무지 따분해요! 「ものすごく退屈です!」 ＊따분하다は「つまらない」「退屈だ」。
いいですねぇ！	좋군요!
	=근사하네요! 「すてきですね!」
抜群です！	기가 막히네요! ＊기(가) 막히다は「言いようもないほどいい（すごい）」という意味と、反対に「あきれる」という意味がある。
	=짱이군요! ＊짱は「最高のもの」を指す若者言葉。
何と着こなしがうまいんでしょう！	정말 맵시 있게 옷을 입으시네요! ＊맵시 있다で「着こなしがいい」。옷을 입다は「服を着る」。
	=옷맵시가 보통이 아니군요! ＊直訳は「服の着こなしが普通じゃないですね」。
まあ、ご親切に！	신경 써 주셔서 고마워요! ＊直訳は「神経つかってくださってありがとうございます!」。신경 쓰다で「気をつかう」。
何と歌がうまいんでしょう！	어쩌면 저렇게 노래를 잘 부를까요? ＊直訳は「どうしてあんなに歌をうまく歌うのでしょう!」。어쩌면 ～-ㄹ/을까요?で「何と～なのでしょう!」という感嘆、驚きの表現としてよく使う。
何たる浪費！	이게 무슨 낭비예요! ＊「これは何とい

感嘆する ◆ 183

う浪費ですか！」という表現。낭비は「浪費」。
= 낭비가 너무 심한데요! ＊「浪費があまりにもひどいですね！」という表現。심하다は「ひどい」。

フォーマル表現

何てすばらしいお天気なのでしょう

날씨가 참 좋습니다. ＊날씨は「天気」。
= 날씨가 얼마나 좋습니까! 「天気が何といいことでしょう！」 ＊얼마나は「どれほど」。

彼は何とすばらしい人生を送ったのでしょう！

그 사람이 얼마나 값진 삶을 살았습니까!
＊값진 삶을 살다は「価値ある人生を送る」。
= 그분 인생이 얼마나 훌륭합니까! 「その方の人生は何と立派なのでしょうか！」 ＊인생は「人生」。

私も世界一周の旅ができたらなあと思います

저도 세계 일주 여행을 할 수 있었으면 합니다. ＊-았/었/였으면 하다で「〜たらいい」という願望表現。
= 저도 세계를 한 바퀴 빙 돌아 봤으면 좋겠습니다. 「私も世界をぐるっと一周できたらうれしいです」 ＊한 바퀴は「一周」。빙 돌아 보다は「ぐるっと回ってみる」。

怒る

「頭にきた！」

カジュアル表現

もう！	이거 진짜! _{イゴ チンチャ} ＊直訳は「これは本当に！」で、「全く腹が立つ」とか「本当にいやだ」というような気持ちを表す。진짜は「本当(に)」。 = 왜 이래! _{ウェ イレ} ＊直訳は「何でこうなの！」。진짜 왜 이래!とも言う。
もう我慢できない！	더 이상 못 참겠다! _{ト イサン モッ チャムケッタ} ＊더 이상は「これ以上」。참다は「我慢する」。 = 이제 참을 수가 없어! _{イジェ チャムル スガ オプソ} ＊이제は「もう」。 = 더는 참지 못해! _{トヌン チャムチ モテ} 「これ以上は耐えられない！」 ＊-지 못하다は「〜できない」。
本当にイヤ〜！	진짜 싫어! _{チンチャ シロ} ＊싫다は「いやだ」。 = 정말 지긋지긋해! _{チョンマル チグッチグッテ} ＊지긋지긋하다は「うんざりする」。 = 너무 지겨워! _{ノム チギョウォ} ＊지겹다は「こりごりだ」「うんざりだ」。
いい加減にしろ！	어지간히 해! _{オジガニ ヘ} ＊어지간히は「いい加減に」「適当に」。 = 그만 해라! _{クマ ネラ} 「もうよせよ！」

とっとと消えろ！	당장 꺼져！	＊당장は漢字では［当場］で「ただちに」「すぐさま」の意。꺼지다は「消える」。
	＝어서 꺼지지 못해！	＊直訳は「早く消えることができないのか！」。
言い訳するな！	변명하지 마！	＊변명は「弁明」。
	＝변명 따위 필요 없어！	「弁明なんか必要ない！」
	＝핑계 대지 마라！	＊핑계 대다は「言い訳する」。
むかつく！	재수 없어！	＊「ついてない！」という意味だが、俗語で「むかつく！」という意味もある。
	＝짱 나！	「いらいらする！」 ＊짜증(이) 나！の縮んだ形。
	＝신물 나！	「嫌気が差す！」 ＊신물は「すっぱい胃液」。
	＝메스꺼워！	「むかむかする！」
嫌なやつだな！	재수 없는 놈！	＊「むかつくやつめ！」という意味。놈は「男」に使う「やつ」「野郎」で、「女」には년（あま）を使う。
	＝지겨운 자식！	＊지겹다は「うんざりだ」。자식は「野郎」だが、놈よりさらにさげすんだ言い方。女性には계집년を使う。
最低！	나쁜 놈！	＊「悪いやつ！」の意。

	=몹쓸 놈! ＊몹쓸は「悪い～」「ひどい～」。 =나쁜 자식! 「悪い野郎め!」
しつこいわね!	왜 자꾸 이래! ＊「何でしつこくこうするの!」という言い方。자꾸は「しきりに」。이러다は「こうする」。 =싫다는데도 그러네! 「いやだと言ってるのに!」 ＊그러다は「そうする」。 =되게 끈질기다! ＊「すごくしつこい!」という意味。되게は「すごく」。끈질기다は「しつこい」「粘り強い」。
ウソつき!	거짓말쟁이! ＊거짓말は「うそ」。-쟁이は性質、習慣、行動などを表す語に付いて、その行為をする「人」を見下して言う言葉。 =허풍쟁이! 「ほら吹き!」
ケチ!	구두쇠! =쩨쩨하게! ＊直訳は「みみっちい!」。쩨쩨하다は「みみっちい」。 =짠돌이가! 「このケチが!」 ＊짠돌이は俗語で、「けち雄」とか「ケチ助」という言い方。女性には짠순이 (けち子) を使う。
このやっかい者!	이 말썽꾸러기가! ＊말썽꾸러기は「トラブルメーカー」「問題児」。 =이 골칫거리가! ＊골칫거리は頭を悩ませる

怒る ◆ 187

	「困ったやつ」。
この裏切り者が！	배신자 같으니라구! ＊배신자は漢字では[背信者]。같으니라구!は「〜め!」。 = 이 반역자가! 「この反逆者が!」 ＊반역자は「反逆者」。
この変態野郎!	변태! ＊「変態!」の意。 = 빌어먹을 놈! 「くそ野郎!」 ＊빌어먹다は「こじきをする」。 = 거지 같은 자식! ＊거지は「こじき」。같은は「〜のような」。
バカ言え!	바보 같은 소리 하지 마! ＊「ばかなこと言うな!」という言い方。소리は「こと」「言葉」「話」。-지 말다は「〜するのをよす」。 = 엉뚱한 소리 하지 마! 「とんでもないこと言うな!」 = 말도 안 되는 소리! ＊直訳は「話にもならないこと!」。 = 무슨 황당한 소리 하는 거야! 「何をバカなこと言ってるんだ!」 ＊황당は漢字では[荒唐]。
全くずうずうしいわね!	정말 뻔뻔하네! ＊뻔뻔하다は「ずうずうしい」。 = 낯짝 두껍다! ＊「面の皮が厚い!」という意味。낯짝は낯（顔）の俗語。

	=넉살 좋다! 「厚かましい！」 ＊直訳は「ふてぶてしさがいい！」。넉살は「ふてぶてしさ」。	
そんなの構うもんか	그런 건 상관없어. ＊상관は漢字では［相関］で、상관없다は「関係ない」という意味。 =그게 무슨 상관이야. 「それが何の関係があるのか」	
ちょっとそれ、笑えないよね	그거 웃을 일이 아닌데. ＊「それは笑い事じゃないよ」という意味。웃다は「笑う」。 =그냥 웃어넘길 일이 아니지. 「ただ笑って済ますことじゃないよ」 웃어넘기다は「笑い飛ばす」。	
何がそんなにおかしいんだ？	뭐가 그렇게 우스워? ＊그렇게 우습다で「そんなにおかしい」。 =뭐가 그리도 우습냐? ＊그리도は「そんなにも」。-냐?は目下の人に用いるぞんざいな聞き方。	
君は一体何を考えているんだ！	넌 도대체 뭘 생각하고 있는 거야! ＊도대체は「一体全体」。생각하다は「考える」。 =대체 넌 생각이 있는 거야, 없는 거야! ＊直訳は「一体君は考えがあるのか、ないのか！」。	
私があなたに何をしたと言うの？	내가 너한테 뭘 어쨌다는 거야? ＊너한테は「君に」「お前に」だが、女性が使うと「あなたに」にもなる。뭘 어쨌다는 거야?は「何をどうしたと言うの？」。	

怒る ◆ 189

	= 내가 뭘 했는데 그래? ＊그래는 前の事柄を強調する。
何をそんなにカッカしているんだ？	웬 신경질이야? ＊웬は「どうした」「どういうわけの」。신경질は「神経質」「ヒステリー」。
	= 왜 열을 올리고 그래? ＊열을 올리다は直訳は「熱を上げる」だが、「かっかする」という慣用句。
	= 뭘 그렇게 발끈거리냐? ＊발끈거리다は「かっかする」。
聞いてるの？	듣고 있어? ＊-고 있다は「～している」。
	= 내 말 안 들려? 「私の言うことが聞こえないの？」＊안 들리다は「聞こえない」。
ケンカ売るつもり？	지금 시비 거는 거야? ＊시비(를) 걸다で「言いがかりをつける」「けんかをふっかける」。
	= 싸움 거는 거야, 뭐야? ＊싸움は「けんか」。
そんなに怒らないでね	그렇게 화내지 마. ＊화내다は「怒る」「腹を立てる」。
	= 너무 열 받지 마. ＊열(을) 받다は「頭にくる」。
八つ当たりしないで	나한테 화풀이 하지 마. ＊화풀이は「腹いせ」。-지 마는「～しないで」「～してはいけない」と禁止を表す。

	=엉뚱하게 남에게 분풀이 하지 마. ★엉뚱하게は「とんでもなく」「突拍子なく」。남에게は「他人に」。분풀이は「うっぷん晴らし」。
バカにするな！	깔보지 마! ★깔보다は「侮る」「見下す」。
	=우습게 보지 마! ★우습게 보다で「見くびる」「なめる」。
	=얕보지 마! ★얕보다は「さげすむ」「軽んずる」。
私をからかってるの？	나 놀리는 거야? ★나는 나를（私を）の를が省略されている。놀리다は「からかう」。
	=날 갖고 노는 거야? ★直訳は「私を持って遊ぶの？」。갖고は가지고（持って）の縮んだ形。
勝手にしろ！	맘대로 해! ★「思いどおりにしろ！」という言い方。맘は마음（心、気持ち）の縮んだ形。-대로は「〜（の）とおり」「〜（の）まま」。
	=니 멋대로 해! ★니は네（お前の、君の）の方言だが、会話で一般的によく使う。멋대로は「勝手に」。
私のことはほっといて！	날 그냥 내버려 둬! ★내버려 두다は「放っておく」。
	=나 건드리지 마! ★건드리다は「触る」「刺激する」。
	=나 가만 놔두면 안 돼? 「私をそっとしておいてくれない？」★가만は「そのままそっと」。놔두다は놓아두다（置いておく）の縮んだ形。

怒る ◆ 191

余計なお世話だよ	참견하지 마. ★「口出ししないでよ」という表現。참견は漢字では［参見］で「おせっかい」の意。-지 마は「～してはいけない」と禁止を表す。 =괜히 간섭하지 마. ★괜히は「いたずらに」「やたらに」。간섭は「干渉」。
子供扱いしないで	내가 어린애야? ★直訳は「私が子供なの？」で、反語的に「私は子供じゃない」という意味。어린애は어린아이（幼い子供）の縮んだ形。 =나 아이 취급 하지 마. ★나는나를（私を）の 를が省略されている。취급は漢字では［取扱］。
君には聞いてないよ	너한테 묻지 않았어. ★普通、過去形で言う。묻다は「尋ねる」。 =누가 너한테 물었어? 「誰が君に聞いた？」
ずるい、最低のカス！	교활한 놈! ★교활하다は「狡猾だ」。놈は男に使う「やつ」「野郎」。女には년（あま）と言う。 =더러운 자식! 「きたねえやつ！」 =간사한 놈 같으니라구! 「悪党め！」 ★간사하다は「ずる賢い」。간사は漢字では［奸邪］。같으니라구!は「～め！」の意。 =앙큼한 녀석! 「腹黒いやつ！」 ★녀석は男を卑しめて言う「やつ」。女の場合は년（あま）。

	= 여우 같은 계집년! 「女狐め!」 ＊狡猾で気まぐれな女性をののしる表現。여우は「きつね」。계집は「女」の俗語。계집년で「あま」。
このクソ女!	이년이! ＊「このあまが!」の意。 = 이 망할 년! ＊망하다は「亡びる」だが、망할 ~で「けしからん~」の意味でも使う。
ふたまたかけて!	양다리 걸치다니! ＊양다리は「両脚」。걸치다니!は「かけるとは!」。 = 양다리를 걸쳐? ＊「ふたまたをかける?」というニュアンス。
これはどういうことなの?	이게 무슨 일이야? ＊무슨 일は「どういうこと」。 = 뭐가 어떻게 된 거야? 「何がどうなっているんだ?」 ＊된は「なった~」と過去形になっているが、これで動作終了後の「現在の状態」を表している。 = 도대체 어찌 된 셈이야? ＊도대체は「一体全体」。어찌 된 셈は「どうなったこと」で、어떻게 된 것と同じ意味。셈は状況、結果などを表す。
君を信じてたのに	널 믿고 있었는데. ＊널は너를 (君を) の縮んだ形。믿다は「信じる」。 = 너를 믿었는데 말야. ＊-는데 말야は「~のに」。

怒る ◆ 193

本当のこと言って	사실대로 말해!	＊사실은「事実」。-대로は「～どおり」。
	= 똑바로 말해!	＊똑바로は「正直に」「ありのままに」。
	= 바른대로 얘기해 봐!	「正直に話してみなよ！」
どうして話せないの？	왜 말 못 해?	＊못 하다は「できない」。
	= 어째서 얘기 못 하는 거야?	＊어째서は「どうして」。
	= 말하지 못 하는 이유가 뭔데?	「言えない理由は何なの？」＊뭔데は 무엇인데の縮んだ形。
あなたにだまされたわ	너한테 속았구나.	＊너は「君」「お前」だが、女性が使うと「あなた」にもなる。속다は「だまされる」。
	= 내가 너한테 속았어.	「僕は君にだまされたよ」
私はそれほどバカじゃないわよ	나 그렇게 바보가 아냐.	＊바보は「ばか」。
	= 난 그렇게 멍청하지 않다구.	＊멍청하다は「まぬけだ」。않다구は않다고とも言う。
	= 내가 바본 줄 알아?	「私がバカだと思ってるの？」 ＊-ㄴ 줄 알다で「～だと思う」。알아?は아라?とも言う。
もう利用されるのはイヤ！	이젠 이용당하기 싫어!	＊이젠は이제는(今はもう)の縮んだ形。이용당하다は「利用

	される」。 =더 이상 이용당하고 싶지 않아!「これ以上利用されたくない！」	
傷ついたわ！	속상했어! ＊「気に障って腹が立った！」という意味。속は「胸」「心」「腹の中」。상하다は「傷つく」。 =마음 상했어!「心が傷ついたわ！」 =상처 받았어! ＊直訳は「傷を受けた！」。상처は漢字では［傷処］。	
出てって！	나가! ＊나가다は「出て行く」。 =당장 꺼져!「直ちに消えろよ！」 ＊꺼지다は「消えうせる」。	
大嫌い！	넌 질색이다! ＊넌は너는（君は、おまえは）の縮んだ形。질색は「大嫌いなこと」「苦手」。 =꼴도 보기 싫어! ＊決まり文句で「顔も見たくない！」。꼴は「格好」「ざま」。	
ぶっとばしてやる！	두드려 팰 거야! ＊두드려 패다は「ぶん殴る」。 =냅다 쳐 버리겠다!「ぶん殴ってやる！」 ＊냅다 치다は「ぶん殴る」。 =후려갈겨 주겠다! ＊후려갈기다は「ぶっとばす」。 =한 대 갈겨 줄 거야!「一発ぶん殴ってやる！」	

くそ！	제기랄! ※「くそっ！」とか「ちぇっ！」の意。
	=젠장! 「えいくそ！」「こんちくしょう！」
	=빌어먹을! 「くそったれ！」
	=씨! ※不満、不快感を感じたときに出す声。 이씨!とも言う。
くだらん！	시시하게! ※直訳は「くだらなく！」。
	=쓸데없이! ※直訳は「むだに！」「無用に！」
お前は黙ってろ！	넌 가만있어! ※가만있다は「黙っている」。
	=잠자코 있어, 임마! ※잠자코は「黙って」。 임마は男に使う「こいつ」。女には이년아。
アホ！	바보! ※「ばか！」の意。
	=멍청이!
	=미친놈! ※미치다は「狂う」。
	=어리보기! 「とんま！」
	=얼간이! 「まぬけ！」
この野郎！	이 자식! ※이놈（こいつ）よりも乱暴でおとしめた言い方。개자식이!（犬畜生めが！）とも言う。
	=이놈 자식!
	=이 새끼야! 「このガキが！」
	=이놈의 새끼! 「このくそガキ！」

スタンダード表現

頭にきました！

열 받았어요!
ヨル バダッソヨ / ヨルル バッタ
*열(을) 받다は直訳では「熱をもらう」だが、「頭にくる」という慣用句。

= 진짜 화났어요! 「本当に腹が立ちました！」
チンチャ ファナッソヨ / ファナダ
*화나다は「腹が立つ」。

= 미치겠어요! 「狂いそうです！」
ミチゲッソヨ

= 돌아 버릴 것 같아요! 「狂いそうです！」
トラ ボリル コッ カタヨ / トルダ
*돌다は「気がふれる」。

= 약 올랐어요! 「しゃくに障りました！」 *약は「怒り」。
ヤク オルラッソヨ / ヤク

ちょっと気分を害しました

기분 좀 상했어요.
キブン ジョム サンヘッソヨ
*상하다は「傷つく」。

= 기분 좀 더러워졌어요. *더럽다は「不愉快だ」。
キブン ジョム トロウォジョッソヨ / トロプタ

= 좀 속상했어요. *속상하다は「しゃくに障る」。
チョム ソクサンヘッソヨ / ソクサンハダ

怒らないでください

화내지 마세요.
ファネジ マセヨ
*-지 마세요は「～しないでください」。

= 노여워하지 말아요. 「腹を立てないでください」
ノヨウォハジ マラヨ

自分に腹が立ってるんです

나 자신에게 화나 있어요.
ナ ジャシネゲ ファナ イッソヨ

= 내 자신한테 화가 나는 거예요. 「私自身に腹が立つのです」 *-한테は「～に」。
ネ ジャシナンテ ファガ ナヌン ゴエヨ / ハンテ

怒る ◆ 197

あなたのやり方にはもう我慢できません！	당신이 그러는 거 이제 더는 못 참겠어요! ＊그러는 거는「そうすること」。참다는「我慢する」。
イライラしますよ！	짜증 나요! ＊짜증は「いらだち」。 ＝속이 타 죽겠어요!「気がもめてしかたがありません！」
むかむかします	화가 치밀어요. ＊「怒りがこみ上げてきます」という言い方。 ＝메슥거려요.「むかつきます」
堪忍袋の緒が切れました！	울화통이 터졌어요! ＊울화통이 터지다は「かんしゃく玉が破裂する」。 ＝분통이 터졌어요!「憤りが爆発しました！」
もうあなたなんか信じません	이젠 당신 안 믿을 거예요. ＊믿다は「信じる」。 ＝더 이상 당신을 믿지 않겠어요. ＊더 이상は「これ以上」。 ＝이제 더는 당신을 안 믿을래요. ＊이제 더는は「もうこれ以上」。안 믿을래요は「信じません」と意志を表明している（上の二つの表現も同様）。
絶対に許しませんからね	절대 용서치 않을 거예요. ＊절대는「絶対(に)」。용서치 않다は용서하지 않다の

	縮んだ形で、「容赦しない」という意味。
	=절대로 용서하지 않겠어요.
	=절대 용서 못 해요. 「絶対許せません」
もう、いい加減にしてください	정말 어지간히 하세요. ＊정말は「本当に」。
	=이제 그만 하세요. 「もうよしてください」
彼はキレやすいたちです	그 사람은 걸핏하면 화를 내요.
	＊「その人はちょっとするとすぐ腹を立てます」という表現。걸핏하면は「ちょっとすると」。
	=그 친구는 쉬이게 꼭지가 돌아요. ＊그 친구は対等以下の第三人称をフランクに言う「彼」「彼女」。쉬이게は「すぐに」「簡単に」。꼭지가 돌다は直訳は「(水道の) 栓が回る」だが、俗語で「キレる」の意。
	=그 사람은 욱하는 성질이 있어요. 「その人はすぐかっとなるタイプです」 ＊성질은「性質」。
彼女って本当に気性が激しい人です	그 여자는 진짜 성질이 급해요.
	＊성질이 급하다は「性急だ」「気が短い」。
	=그녀는 정말 성미가 사나워요. ＊그녀は「彼女」だが、文語的な言い方で、会話ではあまり使わない。성미가 사납다で「気性が荒い」。
あなたは私を怒らせたんですよ	당신 나 화나게 한 거예요. ＊당신 나は당신이 나를の助詞を省略した言い方。-게 하다で「～するようにする」「～させる」とい

怒る ◆ 199

	う使役の表現。 =**당신은 나를 열 받게 했어요.** ※**열 받다**は「興奮して怒る」。
彼ったら、真っ赤になって怒ったんです	**그 사람, 얼굴 붉히면서 화를 냈어요.** ※**얼굴(을) 붉히다**で「顔を赤くする」。 =**그 친구 노해서 얼굴이 붉으락푸르락하더라구요.** 「彼は怒って顔が赤くなったり青くなったりしたんですよ」 ※**노하다**は「憤る」。-**더라구요**は過去を回想した言い方。
あなたのしたことをひどく怒ってます	**당신 처사에 무척 화나 있어요.** ※**처사**は漢字では［処事］で「しわざ」「事の処理」の意。**무척**は「非常に」「大変」。
汚いやり方です！	**더러운 수를 쓰는군요!** ※「汚い手を使いますね！」という表現。**수**は「仕方」「方法」「手段」。 =**비겁한 수작이네요!** ※「卑怯なまねしますね！」という言い方。**수작**は他人の「言動」「計画」をあざけっていう言葉。 =**이거 너무 비열한 방법이네요!** 「これはあまりにも卑劣なやり方ですね！」 ※**비열하다**は「卑劣だ」。**방법**は「方法」。
私を誰だと思ってるんですか？	**내가 누군 줄 아세요?** ※**누군 줄**は**누구인 줄**（誰だと）の縮んだ形。-**ㄴ/은 줄 알다**で「～と思う」。

	=내가 누군지 알기나 해요? 「私が誰だかわかってるんですか？」 알기나 해요?は알아요?（知ってますか？）の皮肉っぽい言い方。
自分を何様だと思ってるんですか？	뭐가 잘났다고 그래요? ＊直訳は「何が偉いからってそうなんですか？」。잘나다は「偉い」「器量がよい」。
君の態度が気に入らないんです	당신 태도가 마음에 안 들어요. ＊태도は「態度」。마음에 안 들다で「気に入らない」。 =당신 행동거지가 탐탁지 않은 거예요. ＊행동거지は「立ち居振る舞い」。탐탁지 않다は「気に入らない」。 =당신 하는 짓이 못마땅해요. ＊못마땅하다は「気に入らない」「不満だ」。
全く信じられませんよ	전혀 믿을 수가 없어요. =하나도 믿지 못해요. 「全然信じられません」 ＊하나도は「一つも」。
それは言い過ぎですよ	말씀이 지나치세요. ＊말씀は말（言葉、話）の敬語で、「お言葉」「お話」。지나치다は「度を越している」「過激だ」。 =너무 심한 말을 하네요. 「あまりにもひどいことを言いますね」 ＊심하다は「ひどい」。 =말이 너무 심한데요. ＊直訳は「言葉があまりにもひどいですね」。

怒る ◆ 201

何度言わすつもりなんです？	몇 번을 말해야 하는가요? ※「何度言わなきゃならないんですか？」という言い方。-는가요?は幾分くだけた聞き方。몇 번は「何度」「何回」。 = 같은 말 몇 번 해야 알아듣겠어요?「同じこと何回言えばわかるんですか？」※알아듣다は「理解する」「聞き分ける」。
もう繰り返して言いませんよ！	이젠 같은 말 되풀이 안 할 거예요! ※되풀이は「繰り返して」。 = 다시는 같은 말 하지 않겠어요!「二度と同じこと言いません！」
何かあなたの言い分はあるんですか？	뭐 하고 싶은 말이라도 있으세요? ※「何か言いたいことでもありますか？」という表現。 = 변명하실 거 있어요?「弁明することありますか？」※변명は「弁明」。
よくそんなことが言えますね	어떻게 그런 말을 하실 수 있어요? ※直訳は「どうしてそんなことをおっしゃることができるのですか？」。 = 그런 말이 지금 입에서 나와요?※直訳は「そんな言葉が今、口から出てきますか？」。
きれいごと言わないでください！	겉치레 말 그만 하세요!「きれいごとはもうやめてください！」という言い方。겉치레 말は「うわべだけ飾った言葉」の意。

	= 말은 번지르르하게 하네요! ＊「口ではきれいなことを言いますね！」と皮肉る言い方。번지르르하다は「口先なめらかだ」。	
勝手にすればいいです！	마음대로 하세요! ＊마음대로は「思いどおりに」「勝手に」。	
	= 멋대로 하세요! ＊멋대로は「勝手に」。	
	= 하고 싶은 대로 해요! 「やりたいようにしなさい！」	
私に命令しないでください！	나한테 명령하지 마세요! ＊명령は「命令」。	
	= 나 보고 이래라저래라 하지 마세요! 「私に向かってああしろ、こうしろと言わないでください！」	
ばかにしないでください！	깔보지 마세요! ＊깔보다は「侮る」「見下す」。	
	= 우습게 보지 마세요! ＊우습게 보다は「見くびる」「なめる」。	
	= 얕보지 마세요! ＊얕보다は「甘く見る」。	
	= 만만하게 보지 마세요! 「甘く見ないでください！」	
それは失礼じゃないですか？	그건 실례가 아닌가요? ＊실례は「失礼」。	
	= 그런 실례가 어디 있어요? 「そんな失礼（なこと）がどこにあるんですか？」	

怒る ◆ 203

仕返ししてやります	복수할 거예요.	★「復讐します」という表現。
	= 보복하겠어요.	「報復します」
	= 이 원한 갚을 거예요.	「この恨みを晴らしてやりますよ」 ★갚다は「返す」。
このままでは済ませません！	이대로는 지나가지 못하겠어요!	★지나가다は「通り過ぎる」「素通りする」。
	= 이대로 끝낼 수는 없어요.	「このまま終わるわけにはいきません」 ★끝내다は「終える」。
恥を知りなさい！	부끄러운 줄 알아요!	★부끄럽다は「恥ずかしい」。
	= 염치도 없이!	★「恥ずかしげもなく！」という言い方。 염치は漢字では［廉恥］。
	= 염치도 몰라요?	「恥ずかしくもないんですか？」 ★直訳は「恥も知らないんですか？」。모르다は「知らない」。
約束破らないって言ったでしょう！	약속 깨지 않겠다고 했잖아요!	★약속(을) 깨다で「約束を破る」。
	= 약속 어기지 않겠다고 말하지 않았어요!	★어기다は「たがえる」「破る」。
	= 약속 저버리지 않을 거라고 말했잖아요!	★저버리다は「破る」「背く」。

204 ◆ 怒る

フォーマル表現

それでは私は納得いきません！

그것으로는 제가 납득할 수 없습니다!
★납득하다は「納得する」。

＝그렇다면 저는 납득이 안 갑니다. ★납득이 안 가다で「納得がいかない」。

＝저는 그거 납득 못 하겠습니다. 「私はそれは納得できません」

全く腹が立ちます

너무 화가 납니다. ★화가 나다で「腹が立つ」。

＝화가 나서 속이 뒤집힐 지경입니다. ★속이 뒤집히다は「腹の中がひっくり返る」という言い方で、「むかむかする」「へどが出る」の意。 -ㄹ/을 지경이다は「～するほどだ」。

私の承諾なしにスケジュールを変更するとは、全く腹立たしいことです

내 승낙 없이 스케줄을 바꾸다니 괘씸하기 짝이 없습니다. ★괘씸하다は「けしからん」「不届きだ」。-기 짝이 없다で「～なことこの上ない」。

＝내가 승낙도 안 했는데 일정을 변경했으니 속이 상합니다. ★일정을 변경하다は「日程を変更する」。속이 상하다は「腹が立つ」。

ちょっと気分を害しました

기분 좀 상했습니다. ★상하다は「傷つく」。

＝그리 기분이 좋지 않습니다. 「あまりいい気分ではありません」 ★그리は「さほど」。

彼の言い分が気に障るのです	그 사람 하는 말이 내 비위에 거슬립니다. ＊비위에 거슬리다は「気に障る」「機嫌を損ねる」。 =그의 주장이 불쾌합니다. 「彼の主張は不愉快です」 ＊그は「彼」だが、文語的な言い方で、会話ではあまり使わない。 =그 사람 말이 못마땅합니다. ＊못마땅하다は「気に食わない」。
スミさんはその知らせに憤慨しました	수미 씨는 그 소식을 듣고 분개했습니다. ＊분개하다は「憤慨する」。 =수미 씨는 그 소식에 격노했습니다. ＊격노하다は「激怒する」。
あなたの指示に従っただけです	당신 지시에 따랐을 뿐입니다. ＊따르다は「従う」。 =당신 지시대로 했을 뿐입니다. ＊지시대로 하다で「指示どおりにする」。
生まれつき怒りっぽい性格なのです	화를 잘 내는 것은 타고난 성질입니다. ＊「すぐ腹を立てるのは生まれつきの性質です」という言い方。타고난 성질は「生まれつきの性質」。 =천성이 노하기 쉽습니다. ＊直訳は「天性が怒りやすいのです」。천성は「天性」「生まれつき」。노하다は「怒る」。-기 쉽다は「~しやすい」。

驚く

「びっくりした！」

カジュアル表現	
わっ！	으악！ _{ウアク} ＊人を驚かすときの声。
うわ〜！	와아！ _{ワアー} ＊驚き、喜びなどの声。 ＝어！ _{オー} ＊驚き、喜び、悲しみなどの声。 ＝아이고！ _{アイゴー} ＊驚き、悲しみ、悔しさなど様々な感情を表す「わあ」「ああ」。
あっ、いけない！	아차！ _{アチャ} ＊「しまった！」と、とっさに言う言葉。 ＝아이고야！ _{アイゴヤ} 「あっ、まずった！」
どうしよう！	어떡해！ _{オットッケー} ＊「あ、どうしよう！」という感じ。 ＝어떡하지？ _{オットッカジ} 「どうしたらいいの？」 ＝이거 어쩌지？ _{イゴ オッチョジ} 「これは、どうしよう？」
何てことだ！	세상에！ _{セサンエ} ＊세상에는「世の中に」だが、「この世にこんなことがあり得るのか！」と思わぬ出来事に対する驚きを表す。 ＝이런！ _{イロン} ＊「何と！」とか「おやおや！」という感じ。저런！_{チョロン}とも言う。 ＝이게 무슨 날벼락이야！ _{イゲ ムスン ナルビョラギヤ} 「こりゃあ何てこった！」 ＊思わぬ災難にあったときに言う。

	날벼락[ナルビョラク]は「晴天のへきれき」。	
	=이거야 원![イゴヤ ウォン]「いやはや全く！」 ＊比較的年配者が使う表現。	
しまった！	아이고![アイゴ] ＊「ああ！」で、嘆き、驚き、不満などいろいろな感情を表す言葉。短く아이![アイ]とも言う。	
	=어유![オユー]「ありゃ！」＊아이고![アイゴ]と同じ意味合い。	
何だって？	뭐야?[ムォヤ] ＊驚いて言う「何っ？」とか「えっ？」。	
	=뭐라구?[ムォラグ]「何だって？」＊뭐라고?[ムォラゴ]とも言う。	
	=뭔 소리야?[ムォン ソリヤ] ＊「何言ってんの？」とか「どういうこと？」という意味。	
今何て言った？	지금 뭐랬어?[チグム ムォレッソ] ＊뭐랬어?[ムォレッソ]는 무엇이라고 했어?[ヘッソ]（何て言ったの？）が縮んだ形。	
本当？	진짜?[チンチャ] ＊진짜야?[チンチャヤ]とか진짜니?[チンチャニ]とも言う。	
	=정말?[チョンマル]＊정말야?[チョンマリャ]とか정말이니?[チョンマリニ]とも言う。	
	=사실이야?[サシリヤ] ＊사실[サシル]は「事実」だが、「本当」の意味でも使う。	
冗談だろう？	농담이지?[ノンダミジ] ＊농담[ノンダム]は「冗談」。	
	=농담하는 거지?[ノンダマヌン ゴジ]「冗談言ってるんだろ？」	
	=장난이지?[チャンナニジ] ＊장난[チャンナン]は「いたずら」。	
信じられない！	못 믿겠어![モン ミッケッソ] ＊못[モッ]は不可能を表す。믿다[ミッタ]は「信

	じる」。類似表現に믿기지 않아!、안 믿어져!、믿을 수 없어!などがある。
そんなことあり得ないよ！	그럴 리가 없어! ＊그럴 리は「そんなはず」。 = 그런 일 있을 수 없어! 「そんなことあり得ないよ！」 = 세상에 그런 일이 어딨어! 「この世にそんなことがあるものか！」 ＊어딨어は「どこにある！」。
バカなこと言わないで！	말이 되는 소릴 해! ＊直訳は「話になることを言えよ！」。소리は「こと」「話」「言葉」。 = 말도 안 돼! ＊直訳は「話にもならない！」。 = 바보 같은 소리 그만 해! 「バカみたいなこと言うのやめろよ！」 = 엉뚱한 소리 하지 마! ＊엉뚱하다は「とんでもない」「突拍子もない」。
さぁ…	글쎄… = 글쎄다… ＊「さぁね」とか「そうだなぁ」の意。
おやまあ！	어머! ＊女性が使う。어머머!とか어머나!とも言う。 = 어! ＊驚き、喜び、悲しみなどを表す「あっ！」「あれ！」。
どうしたんだい？	왜 그래? ＊直訳は「なぜそうなの？」。 = 무슨 일이야? 「何事だ？」

	=무슨 일이 있어? 「何かあったの？」 ムスン ニリ イッソ =어떻게 된 거야? 「どうしたんだ？」 オットッケ ドゥエン ゴヤ
本当にびっくりした！	어이구 깜짝이야! ＊「ああびっくりした！」という表現。깜짝は「びっくり」。 オイグ カムチャギヤ =진짜 놀랐어! 「本当に驚いた！」 ＊놀라다は「驚く」。깜짝 놀랐어!も類似表現。 チンチャ ノルラッソ ノルラダ カムチャン ノルラッソ
あきれて何も言えないわ	기막혀서 말도 안 나와. ＊기(가) 막히다は「あきれる」。말도 안 나와は「言葉も出ない」。 キマッキョソ マルド アン ナワ キガ マッキダ マルド アン ナワ =어이가 없어서 말이 안 나와. ＊어이가 없다で「あきれる」。 オイガ オプソソ マリ アン ナワ オイガ オプタ =어처구니없어서 말도 안 나와. 「あきれてものも言えないよ」 ＊어처구니없다は「あきれる」。 オチョグニオプソソ マルド アン ナワ オチョグニオプタ
こいつは驚きだよ！	별일이 다 있네! ＊「珍しいこともあるもんだな！」という驚きの表現。별일は「珍しいこと」「変わったこと」。다は驚き、強調を表す。 ビョルリリ タ インネ ビョルリル =어디 이런 일이 다 있어? 「えー？こんなことってあるの？」 ＊어디は強調。이런 일이は「こんなことが」。 オディ イロン ニリ タ イッソ オディ イロン ニリ
もう死ぬかと思った	정말 죽는 줄 알았어. ＊죽다は「死ぬ」。-는 줄 알다で「～かと思う」。 チョンマル チュンヌン ジュル アラッソ チュクタ =심장이 멈추는 줄 알았어. 「心臓が止まるかと思ったよ」 ＊심장は「心臓」。멈추다は「止まる」。 シムジャンイ モムチュヌン ジュル アラッソ シムジャン モムチュダ

210 ◆ 驚く

寿命が縮んだよ！	**십년감수했어!** _{シムニョンガムスヘッソ}	※「寿命が十年縮んだ！」という言い方。감수_{カムス}は漢字では［減寿］。

スタンダード表現

これは驚きました！	**진짜 놀랐어요!** _{チンチャ ノルラッソヨ}	※진짜_{チンチャ}は「本当に」。놀라다_{ノルラダ}は「驚く」。
	=**깜짝 놀랐어요!** _{カムチャン ノルラッソヨ}「びっくりしました！」 ※깜짝_{カムチャク}は「びっくり」。	
度肝を抜かれました！	**간담이 내려앉았어요!** _{カンダミ ネリョアンジャッソヨ}	※直訳は「肝と胆が崩れ落ちました！」。간담_{カンダム}は漢字では［肝胆］。
	=**간담이 서늘해졌어요!**_{カンダミ ソヌレジョッソヨ}「肝を冷やしました！」 ※서늘해지다_{ソヌレジダ}は「冷たくなる」。	
	=**간이 떨어질 뻔했어요!**_{カニ トロジル ポネッソヨ} ※「あやうく肝が落ちるところでした！」という表現。	
	=**간 떨어지는 줄 알았어요!**_{カン トロジヌン ジュル アラッソヨ} ※「肝が落ちるかと思いました！」という表現。간이_{カニ}（肝が）の이が省略されている。	
知らなかったとは驚きですねぇ	**몰랐다니 정말 놀랍군요.** _{モルラッタニ チョンマル ノルラプクニョ}	
驚いたことに彼女は結婚しているんです	**놀랍게도 그 여자는 이미 결혼했대요.** _{ノルラプケド ク ヨジャヌン イミ キョロネッテヨ}	
	※이미 결혼했대요_{イミ キョロネッテヨ}は「すでに結婚したそうです」と「すでに結婚しているそうです」の両方の意味がある。日本語の「彼女」のように年齢や自	

驚く ◆ 211

	分との親密度などにあまり関係なく幅広く使える言葉はない。若い女性で、あまり親しくない人の場合、그 여자(尊敬対象には使わない)とか그 사람(その人)、그녀(文語的な言い方)などが使える。 = 놀라운 일인데 그 사람은 유부녀래요. * 놀라운 일인데は「驚くべきことだけど」。 유부녀は漢字では[有夫女]で「人妻」の意。 = 믿기 어렵지만 그녀는 유부녀라고 해요. * 믿기 어렵지만は「信じがたいけど」。
ショックです	쇼크예요. * 쇼크は「ショック」。 = 쇼크 받았어요.「ショックを受けました」 = 충격이 커요.「衝撃が大きいです」
彼女が僕のことを好きだなんて本当に意外です	그 사람이 나를 좋아하다니, 정말 뜻밖이에요. *좋아하다니は「好きだなんて」。뜻밖は「意外」。의외とも言う。 = 그 여자가 날 마음에 두고 있다니 의외로군요. * 마음에 두다は「心に置く」という言い方で、「心に秘める」「想う」。의외로군요は「意外ですね」。
みんな舌を巻くことでしょう	모두 혀를 내두를 거예요. * 혀를 내두르다で「舌を巻く」。-ㄹ/을 거예요は「〜するでしょう」と推量を表す。 = 다들 놀라 자빠질 걸요. *「みんな驚いてぶっ倒れるでしょう」という表現。놀라다は「驚

	く」。자빠지다は「倒れる」。
何をそんなに驚いているんですか？	뭘 그렇게 놀라세요? ＊뭘は「何を」。그렇게は「そんなに」。 =왜 그토록 놀라는 거죠? ＊그토록は「そんなに」「それほど」。거죠?は것이지요?の縮んだ形。
生徒たちは唖然としていました	학생들은 아연실색해 있었어요. ＊학생は「学生」だが、小学生から大学生まで使える。아연실색は漢字では［唖然失色］。 =학생들은 어안이 벙벙해 있었어요. ＊어안이 벙벙하다は「あっけにとられる」「唖然とする」。
びっくりするじゃないですか！	깜짝 놀랐잖아요! ＊「アッと驚いたじゃないですか！」と過去形で言う。깜짝は驚くさま。놀라다は「驚く」。-잖아요!は「～じゃないですか！」。깜짝の代わりに너무（すごく）を使うこともできる。
本当にそうなんですか？	그게 사실이에요? ＊「それは本当ですか？」という表現。사실は「事実」だが、「本当」の意味でも使う。 =정말 그런 거예요? ＊그런 거は「そういうこと」。
バカなこと言わないでください！	말도 안 돼요! ＊「話にもなりません！」という表現。말は「話」「言葉」。 =말이 되는 소릴 하세요! ＊「話になることを

	言ってください！」という言い方で、「話にならない！」という意味。소릴은 소리를（ことを）の縮んだ形。
	=그걸 말이라고 하세요? ＊直訳は「それを話だと言うのですか？」。
	=엉뚱한 소리 하지 마세요! ＊엉뚱하다は「とんでもない」「突拍子もない」。
信じられません！	못 믿겠어요! ＊믿다は「信じる」。못は不可能を表す。
	=믿지 못하겠어요! ＊-지 못하다は「～することができない」。類似表現に믿기지 않아요!、안 믿어져요!、믿을 수 없어요!などがある。
そんなはずはありません	그럴 리는 없어요. ＊그럴 리は「そんなはず」。
そうなるはずがないです！	그렇게 될 리가 없어요! ＊그렇게は「そのように」。
それは初耳です	그건 금시초문인데요. ＊금시초문は漢字では［今時初聞］。
	=그건 처음 듣는 얘기예요. 「それは初めて聞く話です」 ＊처음は「初めて」。
それは前代未聞です	그건 전대미문이에요. ＊전대미문は「前代未聞」。
	=그런 얘긴 들어 본 적이 없어요. 「そんなこ

	とは聞いたことがありません」 ＊-ㄴ/은 적이 없다で「～したことがない」。
	= 그건 듣도 보도 못했어요. 「それは見たことも聞いたこともありません」 ＊「見る」と「聞く」の順序が日本語と逆になる。
大変なことになりました！	큰일 났어요! ＊큰일は「大事」「一大事」。
こんなことは夢にも思いませんでした	이런 일은 꿈에도 생각 못 했어요. ＊꿈에도は「夢にも」。생각 못 하다で「考えられない」。
	= 이렇게 될 줄은 생각조차도 못 했어요. 「こうなるとは思いもよりませんでした」 ＊생각조차도は「考えることすら」。
一体どういう風の吹き回しなんですか？	이게 웬일이에요? ＊何か意外なことに出くわしたときに言う。웬일は「どうしたこと」。
	= 대체 어떻게 된 거예요? 「一体どうなっているんですか？」 ＊대체は「一体」。
偶然ですね！	우연이네요! ＊우연이군요!とも言う。우연は「偶然」。
	= 뜻밖이네요! 「意外ですね！」 ＊뜻밖は「意外」。
世の中狭いですね	세상이 좁기도 하네요. ＊세상は「世間」「世の中」。좁다は「狭い」。좁기도 하다で「実に狭い」と感嘆する言い方になる。

驚く ◆ 215

君とここで会うとは！	당신을 여기서 만나다니! ＊당신은 夫婦間の「あなた」とか「君」。または、改まった感じで言う「君」や「あなた」だが、子供には使わない。만나다니!は「会うなんて！」。
	=자네를, 여기서 보다니! ＊자네は中高年が対等以下の成人に対して言う「君」。보다는「見る」「会う」。
びっくりさせることがあるんです	깜짝 놀라게 해 드릴 게 있어요. ＊놀라게 해 드리다で「驚かせて差し上げる」という表現。
	=놀래 줄 게 있거든요. ＊놀래다は「驚かす」。 있거든요は「あるんですよ」と軽く理由を表す。
そんなの驚くようなことではありませんよ	그까짓 것 별로 놀랄 일이 아니에요. ＊그까짓 것は「それしきのこと」。별로は否定を表す語を伴って「べつに（〜じゃない）」とか「あまり（〜じゃない）」という意味。
	=그런 거 뭐 놀랄 만한 일도 아니라구요. ＊놀랄 만한 일은「驚くほどのこと」。
	=그게 뭐가 놀랄 일인데요?「それが何が驚くことなんですか？」

フォーマル表現

びっくりするじゃありませんか！	아이고 깜짝입니다! ＊「わあ、びっくりです！」という言い方。

	=깜짝 놀랐습니다! 「びっくりしました！」
驚かさないでください	사람 놀래지 마십시오. ＊사람は「人」。놀래다는「驚かす」。 =그렇게 사람 놀래는 법이 어디 있습니까? ＊直訳は「そんなふうに人を驚かすきまりがどこにあるんですか？」で、「人を驚かすものではない」という意味。
あまりの驚きに口もきけませんでした	너무 놀란 나머지 말도 안 나왔습니다. ＊「驚きのあまり言葉も出ませんでした」という言い方。나머지は「あまり」「残り」。 =너무 놀라서 말문이 막혔습니다. 「あまりにも驚いて口がふさがりました」＊말문은「言葉の門」で、「しゃべるとき開く口」の意味。
私は彼の才能に舌を巻きました	저는 그 사람의 재능에 혀를 내둘렀습니다. ＊재능은「才能」。혀를 내두르다는「舌を巻く」。
そのようなことが起こるとは、ぞっとします	그런 일이 일어나다니 정말 끔찍합니다. ＊그런 일이는「そのようなことが」。일어나다는「起こる」「発生する」。-다니는「～とは」。끔찍하다는「残酷で恐ろしい」。 =그런 일이 생기다니 정말 소름이 끼칩니다. ＊생기다는「起こる」「生じる」「発生する」。소름이 끼치다는「身の毛がよだつ」。

そのニュースを聞いてびっくり仰天しました	그 뉴스를 듣고 간이 철렁했습니다. ＊뉴스は「ニュース」。간이 철렁하다は「肝を冷やす」。 ＝그 소식에 깜짝 놀랐습니다. 「その知らせにびっくり仰天しました」 ＊소식は「消息」「便り」「ニュース」。
交通事故にあわれたことを聞き、大きなショックを受けております	교통사고를 당하셨다는 얘기를 듣고 큰 쇼크를 받았습니다. ＊교통사고は「交通事故」。당하다は「(事故などに)あう」「(被害などを)こうむる」。큰 쇼크は「大きなショック」。 ＝교통사고가 났다는 소식을 듣고 충격이 이만저만이 아닙니다. 「交通事故が起きたという知らせを聞いて大変な衝撃を受けました」 ＊사고가 나다는は「事故が起きる」。충격は「衝撃」。이만저만(이) 아니다는は「並大抵じゃない」。
ミナの死は私にとって大きなショックでした	미나의 죽음은 나에게는 큰 쇼크였습니다. ＊죽음は「死」。 ＝미나가 죽은 것은 저한테 큰 충격이었습니다. ＊저한테は「私に(とって)」。
寝耳に水ですね	아닌 밤중에 홍두깨입니다. ＊아닌 밤중에 홍두깨 (내밀 듯)は「藪から棒(に)」。

悲しむ

「悲しいよ」

カジュアル表現

わぁ〜ん

엉엉. _{オンオン}　＊「わーんわーん」という泣き声。

= 으아. _{ウア}　＊「うわーん」と泣き出す声。

残念だ

섭섭해. _{ソプソッペ}　＊「なごり惜しい」「もの足りない」という表現。

= 안됐구나. _{アンドゥエックナ}　＊悪い知らせを聞いて「残念だ」「気の毒だ」という表現。

= 안타깝네. _{アンタッカムネ}　＊物事が思いどおりにいかず「残念だ」「はがゆい」という感じ。

ついてないよ

재수 없어. _{チェス オプソ}　＊재수_{チェス}は漢字では［財数］で「つき」「縁起」の意。

= 운 나빴어. 「運が悪いな」　＊운_{ウン}は「運」。나쁘다_{ナッブダ}は「悪い」。

= 아이고 내 팔자야. 「ああ、何てついてないんだ」　＊아이고_{アイゴ}は悲しみ、悔しさなど様々な感情を表す「ああ」「わあ」。팔자_{パルチャ}は「持って生まれた運命」。

がっかりだ！

실망이야! _{シルマンイヤ}　＊실망_{シルマン}は「失望」。

= 정말 김 빠진다! 「本当にがっかりだ！」　＊김(이) 빠지다_{キム イ パジダ}で「気が抜ける」「がっかりする」。

何て悲惨なんだ！	ノム ピチャメ 너무 비참해!	※비참は漢字では [悲惨]。
哀れんでほしくないんだ	トンジョン タウィン ピリョ オプソ 동정 따윈 필요 없어. = 동정 받기 싫어. ※받기 싫다で「受けたくない」。	※「同情なんかはいらないよ」という言い方。동정は「同情」。 필요は「必要」。 「同情されたくないよ」
悲しいよ	スルポ 슬퍼.	슬프다は「悲しい」。

スタンダード表現

悲しいです	スルポヨ 슬퍼요. = 가슴이 아파요.	「胸が痛みます」 ※가슴は「胸」「心」。
どうしてそんな沈んだ顔をしてるんですか？	オッチェソ クリ ウウレ ボイヌンジヨ 어째서 그리 우울해 보이는지요? ※우울하다は「憂うつだ」。-아/어/여 보이다は「～に（く）見える」。 = 표정이 왜 그리도 어두워요?	「表情がなぜそんなに暗いのですか？」 ※표정は「表情」。 어둡다は「暗い」。
何て悲しいことなのかしら！	オルマナ スルプン ニリンジ モルラヨ 얼마나 슬픈 일인지 몰라요! 方. -ㄴ/은지 모르다で「～なのかわからない」。 = 진짜 가슴 아픈 일이네요!	※「どれほど悲しいことかわかりません！」という言い方. 「本当に胸の痛む

220 ◆ 悲しむ

	ことですね！」
私、おもしろくないのよ	_{チョン チェミオプソヨ} 전 재미없어요. =_{ナ キブン トロウォヨ} 나 기분 더러워요. 「私、気分を害しました」 ＊더럽다は「汚い」「不愉快だ」「台無しになる」。 =_{プルクェヘヨ} 불쾌해요. 「不愉快です」
今日は元気がないですね	_{オヌルン キウニ オプソ ボイネヨ} 오늘은 기운이 없어 보이네요. ＊기운は「元気」「生気」。없어 보이다は「ないように見える」。 =_{オヌルン ヒミ オプスシネヨ} 오늘은 힘이 없으시네요. ＊힘は「力」「元気」。
こんなはずじゃなかったんです	_{イロッケ ドゥエル チュル モルラッソヨ} 이렇게 될 줄 몰랐어요. ＊「こうなるとは思いませんでした」という言い方。-ㄹ/을 줄 모르다で「～とは思わない」。 =_{イロン ゲ アニオッスル テンデヨ} 이런 게 아니었을 텐데요. 「こういうことじゃなかったはずですが」 ＊-았/었/였을 테다は「～だったはずだ」。
家族と離れていて孤独です	_{カジョッカゴ トロジョ イッソソ ウェロウォヨ} 가족하고 떨어져 있어서 외로워요. ＊외롭다は「孤独だ」「寂しい」。
失業してるし、体調も悪いし、ひとりぼっちだし	_{シルチッカン デダ モム サンテド アン ジョッコ} 실직한 데다 몸 상태도 안 좋고 _{ケダガ ウェトリグヨ} 게다가 외톨이구요. ＊실직は漢字では[失職]。몸 상태도は「体の状態も」。게다가は「その上」。외톨이は「ひとりぼっち」。
むなしいです	_{ホマンヘヨ} 허망해요. ＊허망は漢字では[虚妄]。

悲しむ ◆ 221

	= 허무하네요. ※허무は漢字では [虚無]。	
	= 허전하군요. ※허전하다は「うつろだ」「もの寂しい」。	
泣きたい気持ちですよ	울고 싶은 심정이에요. ※울다は「泣く」。심정は漢字では [心情]。심정の代わりに기분 (気分) も使える。 = 눈물 날 지경이에요. 「涙が出るほどです」 ※눈물は「涙」。-ㄹ/을 지경이다で「〜するほどだ」。	
一日中泣いたんですよ	하루 종일 울었어요. ※종일は漢字では [終日]。 = 온종일 울기만 했어요. 「一日中泣いてばかりいました」 ※-기만 하다で「〜してばかりいる」。	
もう涙をこらえることができなかったんです	더는 눈물을 참을 수가 없었던 거예요. ※더는は「これ以上は」とか「それ以上は」。참다は「耐える」「我慢する」。 = 더 이상 눈물을 억제하지 못했지요. ※더 이상は「それ以上」。억제하다は「抑制する」。	
誰とも会いたくありません	아무도 보고 싶지 않아요. ※아무도は「誰も」。 = 아무하고도 만나기 싫어요. ※만나다は「会う」。-기 싫다は「〜したくない」。	

私の気持ちは誰にもわかってもらえません	내 마음 누구도 알아 주지 않아요. ＊누구도は「誰も」を強調する言い方。알아 주다は「わかってくれる」。 ＝내 심정 알아줄 사람 아무도 없어요.「私の気持ちを理解してくれる人は誰もいません」 ＝아무도 내 심정 이해해 주지 않아요.「誰も私の気持ちを理解してくれません」
胸が張り裂ける思いです	가슴이 미어질 것 같아요. ＊미어지다は「破れる」「裂ける」。同じ意味で찢어지다も使える。-ㄹ/을 것 같다で「～しそうだ」。 ＝가슴이 막 터질 것 같아요. ＊막は「ひどく」。터지다は「張り裂ける」。
胸が痛みます	가슴이 아파요. ＊마음이 아파요とも言う。아프다は「痛い」。
拷問のようです	마치 고문 같아요. ＊마치は「まるで」。고문は「拷問」。 ＝고문 당하는 것 같아요. ＊「拷問を受けているみたいです」という言い方。당하다はよくないことを「される」「やられる」「こうむる」という意味。
母が死んだときは泣き崩れました	어머니가 돌아가셨을 때는 정신없이 울었어요. ＊돌아가시다は죽다

悲しむ ◆ 223

	(死ぬ)の敬語。自分の親のことを言うときも敬語を使う。정신없이は「我を忘れて」「無我夢中で」。 = 어머니가 세상 떠났을 땐 마구 울었지요. ★ 세상 떠나다は「この世を去る」。마구は「やたらに」「さんざん」。
どうやって彼のこと忘れるのですか？	어떻게 그 사람을 잊을 수 있겠어요? ★잊다は「忘れる」。
私の心は本当に傷つきました	내 마음 정말 상했어요. ★상하다は「傷つく」。 = 제 마음 크게 다쳤어요. ★크게 다치다は「大きく傷つく」。 = 저, 마음에 큰 상처 받았어요. ★直訳は「私、心に大きな傷を受けました」。

フォーマル表現

解雇されるという事実は私にとって非常に受け入れがたいことです	해고당한다는 것은 저에게는 매우 받아들이기 어려운 일입니다. ★ 해고당하다は「解雇される」。받아들이기 어렵다は「受け入れがたい」。 = 해고 선고는 저로서는 쉽게 받아들일 수 있는 일이 아닙니다. 「解雇宣告は私には容易に受け入れられることではありません」 ★ 받아들일 수 있다は「受け入れられる」。

彼女は自分の失敗に絶望しているのです	그 사람은 자기 잘못에 절망감을 느끼고 있습니다. ※그 사람은「彼女」「彼」の両方に使える。잘못は「過ち」。절망감을 느끼다は「絶望感を感じる」。 =그녀는 자신의 실수 때문에 완전히 맥이 풀려 있습니다. ※실수는「失敗」。완전히 맥이 풀리다는「完全に気落ちする」。
彼女がこんなに若くして死ぬとは何て悲しいことでしょう	그 사람이 이렇게 젊은 나이에 죽다니 너무 애통합니다. ※젊은 나이에는「年若くして」。애통하다는「悲しく痛い」。애통は漢字では[哀痛]。 =그녀가 이토록 어린 나이에 가다니 얼마나 비통한 일입니까. ※이토록은「こんなに」。가다는「(あの世へ)逝く」。비통하다는「悲痛だ」。슬프다(悲しい)も使える。
私たちはみなスファの死を悼みました	저희들은 다 수화의 죽음을 추모했습니다. ※죽음은「死」。추모は漢字では[追慕]。 =우리 모두 수화의 죽음을 애도했습니다. ※애도하다는「哀悼する」。
私はずっと悲しみにくれています	저는 계속 슬픔에 잠겨 있습니다. ※슬픔은「悲しみ」。잠겨 있다는「浸っている」。 =나는 날마다 눈물에 잠겨 있습니다. 「私は

悲しむ ◆ 225

	日々涙にくれています」
いくら悲しんでも死んだ人は帰ってこないのです	아무리 슬퍼해도 죽은 사람은 돌아오지 않습니다. ＊돌아오다は「帰ってくる」。
父の死は言葉に表せないほどの悲しみを私に与えました	아버지의 죽음은 나에게 말로 표현할 수 없는 슬픔을 가져다주었습니다. ＊표현하다は「表現する」。가져다주다は「もたらす」。 ＝부친의 별세는 형언할 수 없을 만큼의 설움을 저에게 안겼습니다. ＊부친は아버지（父）の敬語。별세は죽음（死）の敬語で「逝去」。형언할 수 없을 만큼의は「言葉で言い表せないほどの」。설움을 안기다は「悲しみを与える」。
金会長のご逝去の報を承り、誠に悲しく存じます	김 회장님께서 서거하셨다는 부고를 접하여 슬픔을 금할 길 없습니다. ＊「金会長が逝去されたという訃報に接して悲しみを禁じ得ません」という表現。부고は漢字では［訃告］。길は「手段」「方法」。금할 길(이) 없다で「禁じ得ない」。

落胆する

「がっかりだ」

カジュアル表現

気がとがめるよ	양심의 가책을 느껴. ※「良心の呵責を感じるよ」という言い方。느끼다は「感じる」。 = 마음에 걸리네. 「心に引っかかるな」 ※ 걸리다は「引っかかる」。
気がめいってるよ	기분이 언짢아. ※기분は「気分」「機嫌」。언짢다は「不快だ」。 = 우울해. ※우울하다は「憂うつだ」。 = 꿀꿀해. 「憂うつだよ」※俗語で子供や若者が使う。
落ち込んでいるね	풀이 죽어 있네. ※「しょげてるね」という表現。풀(이) 죽다は「しょげる」。 = 완전히 기죽었구나. 「すっかりしょげてるね」※완전히は「完全に」。기(가) 죽다は「気が沈む」。 = 표정이 어두운데. 「表情が暗いね」※어둡다は「暗い」。 = 왜 이렇게 기운이 없어? 「何でこんなに元気がないの？」
がっかりだ！	실망이다! ※실망は漢字では［失望］。

こんなに気落ちしたのは初めてだよ	이렇게 맥 풀린 거 처음이야. ＊맥(이) 풀리다는「気が抜ける」「がっかりする」。거は것(の、こと)の縮んだ形。처음は「初めて」。
うんざりだ	지긋지긋해. ＝지겨워. ＊지겹다는「あきあきする」「うんざりする」。 ＝진저리가 난다. ＊진저리는「ぶるっとする身震い」。진절머리、넌더리、넌덜머리とも言う。 ＝갑갑하구나. ＊갑갑하다は「うんざりだ」「うっとうしい」。
もうダメ！	이제 안되겠다! ＊안되다は「だめだ」「うまくいかない」。 ＝이젠 결딴났어!「もうだめになっちゃったよ!」 ＊이젠은 이제는(もう、今では)の縮んだ形。결딴나다は「台無しになる」。 ＝이젠 틀렸어! ＊틀리다는「だめになる」。
見込みゼロなんだ！	가망이 전혀 없어! ＊「見込みが全然ないよ!」という言い方。가망は漢字では［可望］。 ＝도무지 가망이 없다!「てんで見込みがない!」 ＊도무지 は「全然」「まるっきり」。 ＝가능성 하나도 없다구!「可能性がひとつもないんだよ!」 ＊하나도 없다で「ひとつもない」。 ＝절망적이야!「絶望的だ!」

もういい！	됐어! ※되다は「十分だ」「結構だ」「いい」。
	= 그만 됐어! ※그만は「それくらいで」「それくらいに」。
	= 그만 하자! 「もうやめよう！」

スタンダード表現

みじめな気分です	기분이 비참해요.
	※기분は「気分」。비참하다は「悲惨だ」。
	= 기분이 말이 아니에요. ※「(今の)気分は話になりません」という意味。
今日は浮かない顔をしていますね	오늘 표정이 안 좋으시네요.
	※표정이 안 좋다で「(顔)の表情がよくない」。
	= 오늘 안색이 어두우신데요. ※안색は「顔色」。어둡다は「暗い」。
雨の日は気がめいります	비 오는 날은 기분이 우울해요.
	※우울하다は「憂うつだ」。
	= 비 내리는 날이면 기분이 처져요. ※기분이 처지다で「気がめいる」。
君のおかげでがっかりだよ	당신 때문에 김빠졌어요. ※당신は夫婦間の「君」「あなた」。夫婦以外では、大人同士で改まった場面や、相手と距離を置いた感じで使う。-때문에には「～のおかげで」「せいで」。김(이) 빠지다で「気が抜ける」「がっかりする」。

落胆する ◆ 229

	=당신이 나를 실망시켰어요. 「あなたが私を失望させました」
憂うつです	우울해요. ＊우울하다は「憂うつだ」。
悲しい話で気が沈みました	슬픈 얘기라서 마음이 무거워졌어요. ＊슬프다は「悲しい」。-라서/이라서は「～なので」。무거워지다は「重くなる」。 =이야기가 서글픈지라 마음이 우울해졌네요. ＊서글프다は「もの悲しい」。우울해지다は「憂うつになる」。
その言葉に失望しました	그 말에 실망했어요. ＊실망하다は「失望する」。
本当に情けないことです	정말 한심한 일이에요. ＊한심하다は「情けない」。 =한심하기 짝이 없어요. ＊-기 짝이 없다は「～な(い)こと極まりない」。 =너무 한심스러워요. ＊한심스럽다は「情けない」。
もうどうしようもないんです	이제 어쩔 수 없어요. ＊어쩔 수 없다で「どうしようもない」。 =이제 어찌할 도리가 없거든요. ＊도리は「方法」「すべ」。 =이젠 어떻게도 할 수 없어요. 「もうどうすることもできません」 ＊이젠は이제는(もはや)

230 ◆ 落胆する

	の縮んだ形。
もう耐えられないですよ	이제 참을 수 없어요. ＊참다は「耐える」「我慢する」。 ＝더 이상 못 견디겠어요. ＊더 이상は「これ以上」。못 견디다で「耐えられない」。못は不可能を表す。 ＝더는 못 참겠어요. 「これ以上は耐えられません」
何もやる気が起きません	아무것도 하기 싫어요. ＊「何もしたくありません」という表現。-기 싫다は「～するのがいやだ」。 ＝뭘 하려는 의욕이 안 생겨요. 「何かをしようとする意欲がわきません」＊의욕は「意欲」。
希望が持てません	희망을 가질 수 없어요. ＊희망は「希望」。
全くのお手上げですよ	두 손 들었어요. ＊「もろ手を挙げました」という表現。들다は「挙げる」。 ＝이제 속수무책이에요. 「もうお手上げです」＊속수무책は漢字では［束手無策］で「なすすべがない」の意。
勝ち目がないんですよ	승산이 없는 거예요. ＊승산は「勝算」。 ＝이길 가망성이 없어요. 「勝つ見込みがありません」＊이기다は「勝つ」。가망성は漢字では［可望性］で、「見込み」「望み」の意。가망だけでも使える。

落胆する ◆ 231

どうしましょう？	어떻게 하죠? ＊하죠?は하지요?（しましょうか？）の縮んだ形。 ＝어쩌죠? ＊어찌 하지요?の縮んだ形。
全く最悪です！	진짜 최악이에요! ＊진짜は「本当（に）」。 ＝이보다 더 나쁠 수가 없어요! 「これ以上悪くなり得ません」 나쁘다は「悪い」。
あんまりですよ！	이거 너무하시네요! ＊「これはあんまりですね！」という言い方。너무하다は「あんまりだ」「ひどい」。 ＝이건 너무 심해요! 「これはあまりにもひどいです！」
ことが裏目に出てがっかりですよ	뜻밖에 일이 잘못돼서 실망했어요. ＊「思いのほかことを誤り、失望しました」という表現。잘못되다は「間違える」「誤る」。 ＝좋으라고 한 일이 역효과라서 낙심했어요. 「よかれと思ってしたことが逆効果で、がっかりしました」 ＊낙심は漢字では［落心］。
タイミングが悪かったんです	타이밍이 나빴던 거예요. ＊나쁘다は「悪い」。
私の信用はガタガタになっています	내 신용이 땅바닥에 떨어졌어요. ＊신용は「信用」。땅바닥에 떨어지다で「地に落ちる」。엉망이에요（めちゃめちゃです）も使える。

フォーマル表現

もう絶望的です

이제 절망적입니다. ＊절망적は「絶望的」。

=이제는 가망이 전혀 없습니다. 「もう望みが全然ありません」 ＊전혀は「全く」「まるっきり」。

=이제는 가능성이 조금도 안 보입니다. 「もう可能性が少しも見えません」

お先真っ暗なんです

앞이 깜깜합니다. ＊깜깜하다は「真っ暗だ」。

=눈앞이 캄캄합니다. 「目の前が真っ暗です」
＊눈앞は「目の前」。

=앞길이 막막합니다. 「前途が全く見渡せません」
＊앞길は「前途」。

最悪の状態なんです

최악의 상태입니다.

その知らせを受けて悲しみに打ちひしがれました

그 소식을 듣고 서러움을 참지 못했습니다. ＊서러움은「悲しみ」。

=그 소식을 접해서 슬픔에 잠겼습니다. 「その知らせに接して悲しみに沈みました」
＊접하다は「接する」。잠기다は「浸る」「沈む」。

彼女はとても気落ちしていました

그녀는 무척 풀이 죽어 있었습니다.
＊그녀（彼女）は文語的な言い方。무척は「とても」。풀이 죽다は「がっかりする」。

落胆する ◆ 233

彼女は泣き崩れました	그 여자는 목 놓아 울었습니다. ★목 놓아는「声を上げて」。울다は「泣く」。 =그녀는 정신없이 울었습니다. ★정신없이는「我を忘れて」「無我夢中で」。
なぜ彼は憂うつな顔をしているのですか？	그 사람은 왜 우울한 표정을 짓고 있습니까? ★왜は「なぜ」。표정을 짓다は「表情をする」。 =그 사람 얼굴 표정이 왜 그렇게 침울합니까? ★直訳は「その人の顔の表情はなぜそのように沈うつなのですか？」。침울하다は「沈うつだ」。
これは期待外れです	이거 기대가 빗나갔습니다. ★기대는「期待」。빗나가다는「外れる」。 =이거 기대에 어긋났습니다. ★어긋나다는「外れる」。
取り引きが破綻して落胆しております	거래가 무산돼서 낙담했습니다. ★거래は漢字では［去来］で「取り引き」の意。무산되다は「霧散する」。낙담하다は「落胆する」。 =거래가 파탄돼서 낙심천만입니다. ★파탄되다は「破綻する」。낙심천만は漢字では［落心千万］で「ひどく気を落とすこと」。 =거래가 물거품이 돼서 실망이 큽니다. 「取り引きが水の泡となりひどく失望しています」 ★물거품は「水の泡」。실망이 크다は「失望がひどい」。

234 ◆ 落胆する

非難する

「あなたは無責任です」

カジュアル表現

だから言ったじゃないか	グロニッカ ネガ ムォレッソ **그러니까 내가 뭐랬어?**	★直訳は「だから私が何て言った？」。뭐랬어?は무엇이라고 했어?の縮んだ形。
	グロニッカ ネガ グレッチャナ =**그러니까 내가 그랬잖아.**	「だから僕がそう言ったじゃないか」 ★그러다は「そう言う」。
	コボァ ネガ ムォラ グレッソ =**거봐, 내가 뭐라 그랬어?**	「それ見なよ、私が何て言った？」 ★거봐は그것 봐の縮んだ形。
君の責任だよ	ネ チェギミヤ **네 책임이야.**	★네は너의（君の、お前の）の縮んだ形。책임は「責任」。
	ノハンテ チェギム イッソ =**너한테 책임 있어.**	「君に責任があるよ」
冷たい人ね	ネンジョンハン サラミネ **냉정한 사람이네.**	★냉정は漢字では［冷情］。사람は「人」。냉정한の代わりに차가운(冷たい〜) も使える。
	チンチャ メジョンヘ =**진짜 매정해.**	★매정하다は「薄情だ」「冷酷だ」という意味。
	ヤッソッカグナ =**야속하구나.**	「薄情だな」 ★야속は漢字では［野俗］。야박하구나も類似表現。야박は漢字では［野薄］。
ひどい人！	ナップン サラム **나쁜 사람!**	★나쁘다は「悪い」。

	= 못된 자식! 「悪いやつ！」 ＊자식は男をののしる言葉で、「やつ」「野郎」。못되다は「悪い」「あくどい」。
	= 나쁜 인간! ＊인간は「人間」だが、気に食わない「やつ」の意味でも使う。
このバカが！	바보! ＊「バカ」の代表的な言い方。
	= 병신! 「できそこない！」
	= 멍청이! 「間抜け！」
	= 이 머저리가! 「このアホが！」
	= 이 미련한 것이! 「この愚か者が！」
	= 바보 같은 자식! 「バカなやつ！」
ウソつき！	거짓말쟁이! ＊거짓말は「うそ」。-쟁이は人の性質、習慣などを表す名詞に付いて「~な人」を表す。
	= 허풍쟁이! 「ほら吹き！」 ＊허풍は漢字では[虛風]で「ほら」の意。
	= 뻥치지 마! 「ウソつかないで！」 ＊뻥치다は俗語で「ほらを吹く」「うそをつく」。
彼は大ウソつきだ	그 사람 천하의 거짓말쟁이야. ＊「その人は天下のウソつきだよ」という表現。천하は「天下」。
	= 그놈은 세상에 둘도 없는 대포쟁이다. 「あいつは世に二人といない大ウソつきだ」 ＊대포は漢字では[大砲]。

ひどい!	ノムヘ **너무해!** ＊「あんまりだ!」という言い方。 ノムハンダ =너무한다!
ずるーい	ピゴッパゲ **비겁하게.** ＊「卑怯に」という言い方。 ピゴッパダ 비겁하다は「卑怯だ」。 カンサヘ　　　　　　　　　　　カンサ =간사해. 「ずる賢い」 ＊간사は漢字では［奸邪］。 チサハゲ　　　　　　チサ =치사하게. ＊치사は漢字では［恥事］。
何のつもり?	チグム　ムォ　ハジャヌン　　ゴヤ **지금 뭐 하자는 거야?** ＊「今、何しよ うって言うの?」という表現。 イゴ　ムォ　ハヌン　ジシヤ =이거 뭐 하는 짓이야? 「これは何のまね だ?」 ＊짓は「まね」「仕業」。
その考えにはあ きれたよ!	オントゥンハン　センガグル　タ　ハネ **엉뚱한 생각을 다 하네!** ＊直訳は「突 オントゥンハダ 拍子もない考えをするね!」。엉뚱하다は「と センガク んでもない」。생각は「考え」。다は強調を表す。 オチョグニオムヌン　　センガギヤ　　　　オチョグニオプ タ =어처구니없는 생각이야! ＊어처구니없다は 「あきれる」「とんでもない」。
とぼけるな!	シチム　テジ　マ **시침 떼지 마!** ＊시침は시치미の縮んだ 　　　　　　　　シチム　テダ 形。시침 떼다で「しらを切る」「とぼける」。 タンジョン　ブリジ　マ　　　　　　タンジョン　ウル　ブリダ =딴전 부리지 마! ＊딴전(을) 부리다は慣用句 　　　　　　　　　　　　　　　　タンジョン　ピウジ　マ で「とぼける」。딴청 피우지 마!も類似表現。 オリバル　ネミルジ　マ　　　　オリバル　ウル　ネミルダ =오리발 내밀지 마! ＊오리발(을) 내밀다は慣 用句で「とぼける」「ごまかす」。

非難する ◆ 237

ずうずうしい！	<ruby>뻔뻔하긴<rt>ポンポナギン</rt></ruby>! ＊「ずうずうしいったら（ありゃしない）！」という意味。類似表現に <ruby>뻔뻔해<rt>ポンポンスロウォ</rt></ruby>!、<ruby>뻔뻔스러워<rt>ポンポンスロウォ</rt></ruby>! などがある。 ＝ <ruby>낯가죽 두껍다<rt>ナッカジュク トゥッコプタ</rt></ruby>! 「面の皮が厚い！」 ＊ <ruby>낯<rt>ナッ</rt></ruby>(이) <ruby>두껍다<rt>トゥッコプタ</rt></ruby>とも言う。<ruby>낯<rt>ナッ</rt></ruby>は「顔」。 ＝ <ruby>철면피 같으니라구<rt>チョルミョンピ カトゥニラグ</rt></ruby>! 「鉄面皮めが！」 ＊ <ruby>같으니라구<rt>カトゥニラグ</rt></ruby>!は「～めが！」。～라고!とも言う。
この意気地なし！	<ruby>한심한 놈<rt>ハンシマン ノム</rt></ruby>! ＊<ruby>한심하다<rt>ハンシマダ</rt></ruby>は「情けない」。<ruby>놈<rt>ノム</rt></ruby>は男性の卑称で「やつ」「野郎」。よりさげすんだ言い方は<ruby>자식<rt>チャシク</rt></ruby>。 ＝ <ruby>쓸개 빠진 놈<rt>スルゲ パジン ノム</rt></ruby>! 「腰抜け野郎！」 ＊ <ruby>쓸개 빠지다<rt>スルゲ パジダ</rt></ruby>は「胆のうが抜ける」という言い方で、「腑抜けだ」「腰抜けだ」という意味。 ＝ <ruby>얼빠진 놈<rt>オルパジン ノム</rt></ruby>! ＊「魂の抜けたやつ！」という言い方。<ruby>얼<rt>オル</rt></ruby>は「魂」。 ＝ <ruby>이 겁쟁이가<rt>イ コプチェンイガ</rt></ruby>! 「この臆病者が！」 ＊<ruby>겁<rt>コプ</rt></ruby>は漢字では[怯]で「恐怖心」の意。<ruby>-쟁이<rt>チェンイ</rt></ruby>は人の性質、習慣などを表す名詞に付いて「～な人」を表す。
おしゃべり！	<ruby>수다쟁이<rt>スダジェンイ</rt></ruby>! <ruby>수다<rt>スダ</rt></ruby>は「むだ口」「おしゃべり」。 ＝ <ruby>촉새 기집애<rt>チョクセ キジベ</rt></ruby>! 「おしゃべり女！」 ＊<ruby>촉새<rt>チョクセ</rt></ruby>はスズメ目ホオジロ科のアオジという鳥。기집애（女の子、娘）は正しくは<ruby>계집애<rt>ケジベ</rt></ruby>だが、会話で一般的に使われる。 ＝ <ruby>왜 그렇게 입이 가볍냐<rt>ウェ グロッケ イビ カビョムニャ</rt></ruby>! 「何でそんなに口が軽いんだ！」

何て意地悪な！	너무 심술 사납다! ＊심술 사납다で「意地悪だ」。심술は漢字では［心術］。 = 심통 부리긴! ＊심통は「意地悪」。심통 부리다で「意地悪をする」。 = 무지 심술궂다! ＊무지は「ものすごく」。심술궂다は「意地悪だ」。
わがままねー！	제멋대로 구는구나! ＊제멋대로は「自分勝手に」。굴다は「振る舞う」。 = 어쩜 그렇게 버릇이 없냐? 「何てわがままなの？」 ＊어쩜は어쩌면（どうして）の縮んだ形。
君は態度が大きいんだよ！	니 태도가 뻔뻔스러워! ＊태도は「態度」。뻔뻔스럽다は「ずうずうしい」。 = 넌 하는 짓이 유들유들해! 「君は振る舞いがずうずうしいよ！」 ＊짓は悪い意味での「行動」「振る舞い」。유들유들하다は「ずうずうしい」「しゃあしゃあしている」。
大人になってよ	철 좀 들어라! ＊철(이) 들다で「分別がつく」「物心がつく」。
度胸のないやつだな！	배짱 없는 놈! ＊배짱は「度胸」「肝っ魂」。놈は男性の卑称で「やつ」「野郎」。女性の場合は년（あま）と言う。 = 이 겁쟁이가! 「この臆病者が！」

非難する ◆ 239

	=겁부터 먹는구나!	★「やる前から怖がってるんだなぁ!」という意味。겁(을) 먹다で「怖がる」。
	=소심한 놈!	「小心者!」
気が利かないな!	눈치가 없어!	★눈치は「勘」「機転」。
	=센스가 없어!	★센스は「センス」。
	=눈치코치도 모르네!	「鈍感だなぁ!」 ★눈치코치は눈치の強調形。
恩知らず!	배은망덕한 놈!	★배은망덕は漢字では [背恩忘徳]。
	=은혜도 모르는 놈 같으니!	★은혜は「恩恵」。같으니!は같으니라고!(라구!)の縮んだ形で、ののしるときに言う「~め(が)!」。
恥を知れ!	부끄러운 줄 알아!	「恥ずかしいということを知れよ!」という言い方。부끄럽다は「恥ずかしい」。알아!は알아!と同じ意味で、「知れよ!」。
	=창피한 줄 알아!	★창피하다は「恥ずかしい」。
	=염치도 없어?	★直訳は「恥もないのか?」。염치は漢字では [廉恥]。
ゴマすり野郎めが!	아첨꾼 같으니라고!	★아첨꾼は「ゴマすりする人」。아첨쟁이とも言う。
	=이 아부쟁이가!	★아부は漢字では [阿附]で、

240 ◆ 非難する

	「ゴマすり」「おべっか」「へつらい」という意味。 -쟁이(チェンイ)は人の性質、習慣などを表す名詞に付いて「〜な人」を表す。
あきれたわ！	어이없어!(オイオプソ)　＊어이(가)없다(オイ ガ オプタ)は「あきれる」。 어처구니없다(オチョグニオプタ)とも言う。 ＝기가 막혀!(キガ マッキョ)　＊기(가) 막히다(キ ガ マッキダ)は「あきれる」。
生意気な！	건방지게!(コンバンジゲ)　＊건방지다(コンバンジダ)は「生意気だ」。 ＝시건방진 놈!(シゴンバンジン ノム)「小生意気なやつ！」　＊놈(ノム)は男性の卑称で「やつ」「野郎」。女性の場合は년(ニョン)(あま)と言う。 ＝주제넘게!(チュジェノムケ)　＊주제넘다(チュジェノムタ)は「分をわきまえない」「生意気だ」。
エッチ！	색골!(セッコル) ＝호색광!(ホセックァン)　＊호색광(ホセックァン)は漢字では[好色狂]。 ＝밝히기는!(パルキギヌン)「好き者なんだから！」　＊밝히다(パルキダ)(または색을 밝히다(セクル パルキダ))は「色を好む」。
いつもブラブラして	늘 빈둥거리기만 하고.(ヌル ピンドゥンゴリギマン ハゴ)　＊늘(ヌル)は「いつも」。빈둥거리다(ピンドゥンゴリダ)は「ぶらぶらする」。同じ意味で빈둥대다(ピンドゥンデダ)もよく使う。-기만 하고(ギマン ハゴ)は「〜ばかりして」とか「〜してばかりで」という意味。 ＝빈둥빈둥 놀기만 하고.(ピンドゥンピンドゥン ノルギマン ハゴ)「ぶらぶら遊んでばかりいて」 ＝세월아 네월아 하고.(セウォラ ネウォラ ハゴ)　＊俗語表現で、「何もし

	ないでだらだらと過ごして」という意味。세월(セウォル)は「歳月」。
礼儀知らず！	**싸가지 없는 놈!** (サガジ オムヌン ノム) ＊싸가지(サガジ)は俗語で「礼儀」。놈(ノム)は「やつ」（女性には년(ニョン)を使う）。 ＝**예의도 몰라?** (イェイド モルラ)「礼儀も知らないの？」 ＊예의(イェイ)は「礼儀」。모르다(モルダ)は「知らない」。 ＝**버릇이 없구나!** (ポルシ オプクナ) ＊버릇(ポルッ)は「礼儀作法」。버르장머리(ポルジャンモリ)（버릇(ポルッ)の俗語）とも言う。
品がないね	**품위가 없어.** (プムィガ オプソ) ＊품위(プムィ)は「品位」。 ＝**상스럽군.** (サンスロプクン) ＊상스럽다(サンスロプタ)は「下品だ」。
見た目がだらしないよ	**겉모양이 너절해.** (コンモヤンイ ノジョレ) ＊겉모양(コンモヤン)は「外見」。너절하다(ノジョラダ)は「みすぼらしい」「汚らしい」。 ＝**겉모습이 구질구질해.** (コンモスビ クジルグジレ) ＊겉모습(コンモスプ)は「見かけ」「外見」。구질구질하다(クジルグジラダ)は「乱雑で不潔だ」。-아/어/여 보이다(オ/ヨ ボイダ)は「〜く見える」。
低レベルの男だ	**저질이야.** (チョジリヤ) ＊저질(チョジル)は「低質」。 ＝**저속한 인간이다.** (チョソッカン インガニダ)「低俗な人間だ」 ＊저속하다(チョソッカダ)は「低俗だ」。
よくばりだなぁ！	**욕심쟁이구나!** (ヨクシムジェンイグナ) ＊욕심(ヨクシム)は漢字では［欲心］で「欲」の意。-쟁이は人の性質などを表す語に付いて「〜な人」の意。-꾸러기(クロギ)も使える。 ＝**욕심 너무 많다!** (ヨクシム ノム マーンタ)「欲が深過ぎる！」

	= 이 꿀꿀이가!「このよくばりめが!」 ＊꿀꿀이は「(豚のように)貪欲な人」。
くどいんだよ、君は	넌 너무 끈덕져. ＊끈덕지다は「しつこい」。代わりに느끼하다(くどい)も使える。 = 느끼한 거야, 넌.「くどいんだよ、君は」 = 넌 오뉴월의 똥파리 같다.「君は5、6月のくそバエみたいだ」＊오뉴월의 똥파리は俗語で「しつこいやつ」の意。
口のきき方に気をつけろ!	말조심해! ＊말조심하다は「言葉づかいに気をつける」。입조심해!(口に気をつけろ!)とも言う。 = 입 함부로 놀리지 마! ＊「やたらに(へたに、むやみに)口を動かすな!」という言い方。입の代わりに혀(舌)を使うこともできる。
彼女は口が軽い	그 여자는 입이 가벼워. ＊그 여자は「彼女」だが、目上の人には使わない。가볍다は「軽い」。 = 그녀는 입이 헤퍼. ＊그녀は文語的な言い方で、会話ではあまり使わない。입이 헤프다で「口が軽い」。同じ意味で입이 싸다, 말이 헤프다も使える。 = 걔는 주둥이가 싸. ＊걔は「あの子」「その子」。주둥이は俗語で「口」。주둥이가 싸다で「口が軽い」「おしゃべりだ」。

非難する ◆ 243

彼女、ダサイよ	グ ヨジャ チョンスロウォ 그 여자, 촌스러워.	チョンスロプタ *촌스럽다는「田舎くさい」。
	ケ チョンタク カテ =걔, 촌닭 같애.	「あの子、田舎の鶏みたい」
	ク ヨジャ フジョッソ =그 여자, 후졌어.	フジダ *후지다は「ダサイ」という俗語。
	ク ヨジャン センスガ クァンイヤ =그 여잔 센스가 꽝이야!	「彼女はセンスが全然ないよ!」 クァンイダ 꽝이다は俗語で「全然だめだ」。
やつはいつも大口をたたく	ケヌン ハンサン クンソリマン チョ 걔는 항상 큰소리만 쳐.	ケ *걔は「あの子」。 クンソリチダ 큰소리치다で「大口をたたく」。
やつはフェアじゃない	クノムン ビゴッペ 그놈은 비겁해.	*「やつは卑怯だ」という言い方。ビゴッパダ 비겁하다は「卑怯」。놈は男性の卑称で「やつ」「野郎」。女性の場合は년(あま)と言う。
でまかせ言うんじゃない!	ハムブロ マラジ マ 함부로 말하지 마!	ハムブロ *함부로は「むやみに」「みだりに」。
	ホトゥンソリ ハジ マ =허튼소리 하지 마!	「でたらめなこと言うな!」 シロムヌン ソリ ハジ マ *실없는 소리 하지 마!とも言う。
	トゥエヌンデロ マラヌン ゴ アニャ =되는대로 말하는 거 아냐!	「いいかげんなこと言うもんじゃない!」 トゥエヌンデロ *되는대로は「適当に」「でたらめに」。
なぜ私のあら探しをするの?	ウェ ネ フムル ジャムヌン ゴヤ 왜 내 흠을 잡는 거야?	フルム ジャプタ *흠을 잡다は「あらを探す」。
	ウェ ナメ トゥジプ チャブリョゴ ドゥヌン ゴヤ =왜 남의 트집 잡으려고 드는 거야?	「なぜ人にけちをつけようとするの?」 ナム *남は「他人」。

	트집(을) 잡다は「文句を言う」「言いがかりをつける」。-려고 들다は「必死に～しようとする」。
君の話はでたらめだよ	네가 하는 얘기, 엉터리야. *엉터리は「でたらめ」。 =니 말은 다 헛소리야. *니は네（君、君の）の口語体。헛소리は「いいかげんな話」。
あの人といてもつまらない	그 사람하고 같이 있어도 재미없어. *같이 있어도は「一緒にいても」。재미없다は「おもしろくない」。
しょうのないお姫様だ	공주병 단단히 걸렸네. *俗っぽい言い方で「お姫様病にしっかりかかってるね」という意味。
あの人仕事ばかりしてるの	그 사람 일벌레야. *일벌레は「仕事の虫」。 =일밖에 모르는 사람이야.「仕事しか知らない人だよ」 *-밖에は「～しか」と、限定を表す。모르다は「知らない」。
あいつ気難しいんだから	걔가 좀 까다롭거든. *걔は「あの子」。까다롭다は「気難しい」。

スタンダード表現

あなたをけなしているわけではありません	당신 깎아내리는 거 아니예요. *깎아내리다は「けなす」。

非難する ◆ 245

	=지금 당신 헐뜯는 게 아니에요. ＊헐뜯다는 「けなす」「こきおろす」。
あなたの責任ですよ	당신 책임이에요. ＊책임은「責任」。 =당신한테 책임이 있어요.「あなたに責任があります」
その件ではあなたを責めますからね	그 건에 관해서는 당신한테 책임을 물을 거예요. ＊-에 관해서는「～に関して」。책임을 묻다는「責任を問う」。
私のせいにしないでください	날 탓하지 마세요. ＊탓하다는「(～の)せいにする」。-지 마세요는「～しないでください」「～するのをよしてください」。 =나한테 책임 덮어씌우지 마세요. ＊「私に責任をなすりつけないでください」という表現。덮어씌우다는「なすりつける」。 =내 탓으로 돌리지 마세요. ＊탓으로 돌리다는「(～の)せいにする」という意味。
うぬぼれないでください	우쭐거리지 마세요. ＊우쭐거리다는「偉そうに振る舞う」「威張り散らす」。 =잘난 척하지 말아요.「偉そうなふりしないでください」 ＊-ㄴ/은/는 척하다(체하다)で「～である(する)かのようなふりをする」。
物事を甘く見ないでください	무슨 일이든 만만하게 보지 마세요. ＊「何事であれ甘く見ないでください」という言

	い方。만만하게 보다는「甘く見る」。
	=세상 우습게 보지 말아요. ＊세상은「世の中」。우습게 보다는「侮る」「甘く見る」。
自分だけ目立とうとしないでください	자기만 잘 보이려고 하지 마세요. ＊잘 보이려고 하다는「よく見せようとする」。 =자기 혼자만 그렇게 나서지 마세요.「自分一人だけそのようにでしゃばらないでください」혼자만は「一人だけ」。나서다は「乗り出す」「でしゃばる」。
知ったかぶりをしないでください	아는 척하지 마세요. ＊알다는「知る」「わかる」。-ㄴ/은/는 척하다(체하다)で「～であるようなふりをする」。
何も知らないくせに	아무것도 모르면서. ＊아무것도는「何も」。 =개코도 모르면서. ＊俗語表現。개코は「犬の鼻」。 =아무것도 모르는 주제에. ＊주제는「くせ」「分際」。 =아는 것 하나도 없는 주제에.「知ってること、ひとつもないくせに」
子供みたいなことはやめなさい!	어린애 같은 짓 그만두세요! ＊어린애は「子供」。짓は「まね」「振る舞い」「仕業」。그만두다は「やめる」「中止する」。 =유치한 짓 하지 말아요!「幼稚なまねはよしなさい!」＊유치하다 は「幼稚だ」。

非難する ◆ 247

	= 눈 가리고 아웅 하는 것 그만 해요! 「子供だましみたいなことはやめなさい！」 ★ 눈 가리고 아웅 하다は「目を覆ってニャオーと言う」（浅はかな知恵で人をだまそうとすること）で、「子供だまし」という慣用表現。눈 감고 아웅 하다とも言う。
よくそんなに涼しい顔をしていられますね	잘도 아무렇지도 않은 얼굴을 하고 있군요. ★「よくも何ともない顔をしていますね」という表現。 = 어떻게 그렇게 남의 일인 양 시치미를 떼고 있을 수 있어요? 「どうしてそんなに他人事のようにとぼけていられるんですか？」★남의 일인 양は「他人事のように」。시치미(를) 떼다は「しらばくれる」。 = 어쩌면 그렇게도 뻔뻔할 수가 있어요? 「どうしてそんなにずうずうしくしていられるのですか？」★뻔뻔하다は「ずうずうしい」。
あなたもバカですね	당신도 정말 미련한 사람이네요. ★미련하다は「愚鈍だ」。 = 당신도 어지간히 멍청하시네요. ★어지간히 멍청하다は「ずいぶんばかだ」。
あなた、彼に利用されているのよ	당신, 그 사람한테 이용당하고 있는 거예요. ★이용당하다は「利用される」。 = 그 남자가 당신을 이용하고 있어요. 「その

	(あの) 男があなたを利用しているんですよ」
何てみっともないことをするの！	**쪽팔리게!** ＊「みっともない！」という表現。쪽팔리다は俗語で、「恥ずかしい」「かっこ悪い」「冷たい」「卑怯だ」などといろいろな意味で使われる。 ＝ **왜 그렇게 볼썽사나운 짓을 해요?** ＊짓は「まね」「振る舞い」。볼썽사납다は「みっともない」「見苦しい」。
どうしてそんなことを言うんですか？	**왜 그런 말 하시는 거예요?** ＝ **그런 소리가 어디서 나와요?** ＊直訳は「そんな言葉がどこから出てくるのですか？」。소리は「言葉」「こと」「話」。 ＝ **어떻게 그런 말을 할 수가 있어요?** ＊直訳は「どうしてそういうことが言えるんですか？」で、「よくそんなことが言えますね」という意味。
もっと真面目にやるべきよ	**더 열심히 해야겠어요.** ＊열심히は「一生懸命」。해야겠어요は「すべきです」。 ＝ **더 진지하게 해야 돼요.** ＊진지하게は「真摯に」。
思いやりのない人ですね	**남을 생각하지 않는 사람이네요.** ＊「他人のことを考えない人ですね」という言い方。 ＝ **남에게 배려하는 마음이 없네요.** ＊直訳は「人に配慮する気持ちがありませんね」。

	= 무정한 사람이네요. 「無情な人ですね」 ＊매정한 사람이군요(薄情な人ですね)とも言う。
そんなことやめるべきよ！	그런 짓 그만두세요! ＊짓は「まね」「振る舞い」「仕業」。 = 그런 일 하지 마세요! = 그딴 짓 집어치워요! ＊그딴은그따위(そんな、そんなたぐいの)の見下した会話体。집어치우다は「やめる」。
そんなことすべきじゃなかったのに	그딴 짓 하지 말지 그랬어요. ＊-지 말지 그랬다는「〜すべきではなかった」。 = 그러지 말았어야 했는데. 「そうするべきじゃなかったのに」
あなたがしたことです！	당신이 한 짓이에요! ＊한 짓は「やったこと」。 = 당신이 저지른 짓이에요! ＊저지르다는「しでかす」「やらかす」。 = 당신이 자초한 일이에요! 「あなたが自ら招いたことです」 ＊자초は漢字では〔自招〕。
あなたも懲りないですね！	지겹지도 않아요? ＊直訳は「こりごりじゃないんですか?」。지겹다は「こりごりだ」「あきあきする」。 = 이제 질리지도 않아요? 「まだ懲りないんですか?」 ＊질리다は「あきる」「嫌気がさす」。

でしゃばらないで	주제넘게 나서지 마세요. ＊주제넘다는「分際をわきまえない」。나서다は「でしゃばる」。 = 남의 일에 참견하지 마세요.「他人のことに口出ししないでください」＊참견は漢字では[参見]。참견하다は「おせっかいをやく」「でしゃばる」。
あなたの手に負えませんよ	당신이 감당할 수 없을 거예요. ＊「あなたはうまくやり遂げられないでしょう」という表現。감당하다は「うまくやり遂げる」「(役目を)果たす」。 = 당신 힘에 부칠 거예요. ＊힘에 부치다は「力に余る」。
あなた、罰が当たりますよ	당신 벌 받을 거예요. ＊벌(을) 받다で「罰を受ける」。죄(를) 받다、천벌을 받다とも言う。 = 벌 받을 짓을 했어요.「罰当たりなまねをしました」＊짓は「まね」「振る舞い」「仕業」。
それは当然です	그거야 당연하죠. ＊그거야は「そりゃ」。 = 그건 당연한 일이에요.「それは当然のことです」
あなたは自己中心過ぎます	당신은 너무 자기중심적이에요. ＊자기중심적は「自己中心的」。 = 당신은 뭐든지 자기 마음대로네요.「あなたは何でも自分勝手ですね」＊자기 마음대로は

非難する ◆ 251

		「自分の意のまま（に）」。
あなたは無責任です	タンシヌン　ムチェギメヨ **당신은 무책임해요.** ＊ムチェギム 무책임は「無責任」。	
	= タンシン　チェギムガミ　オプソヨ **당신 책임감이 없어요.** 「あなたは責任感がありません」	
あなたは世間知らずです	タンシヌン　セサヌル　モルラヨ **당신은 세상을 몰라요.** ＊セサン 세상は「世間」「世の中」。	
	= タンシヌン　セサン　ムルチョンエ　オドゥウォヨ **당신은 세상 물정에 어두워요.** 「あなたは世事にうといです」という表現。세상 물정は漢字では［世上物情］。オドゥプタ 어둡다は「暗い」。	
	= タンシン　モルサンシッケヨ **당신 몰상식해요.** 「あなたは非常識です」＊モルサンシク 몰상식は漢字では［没常識］。	
	= タンシン　モッ　ペウォックニョ **당신 못 배웠군요.** 「あなたは常識がないですね」 ＊モッ ペウォッタ 못 배웠다 は「学べなかった」だが、俗語で「学がない」「非常識だ」という意味。	
あいつ借金だらけです	ケ　ピットゥソンイエヨ **걔, 빚투성이에요.** ＊ケ 걔は「あの子」「その子」。ピッ 빚は「借金」。トゥソンイ -투성이は「だらけ」「まみれ」。	
	= ク　チング　ピットミエ　オルラアンジャ　イッソヨ **그 친구 빚더미에 올라앉아 있어요.** ＊直訳は「あの友達借金の山に登って座っています」。チング 친구は対等以下の人をフランクに言うときの「彼」「彼女」。빚더미에 올라앉다は俗語で「借金まみれだ」。빚더미에 깔려 있다（借金の山に敷かれている）とも言う。	

あなたは記憶力が悪いですね	기억력 나쁘시네요. ＊기억력は「記憶力」。나쁘다は「悪い」。 = 기억을 잘 못하시나 보죠. 「記憶がうまくできないようですね」 ＊-나 보다は「～らしい」「～のようだ」。
あなたは短気ですね	성미가 급하시네요. ＊성미は漢字では[性味]で「気性」「性格」の意。同じ意味で성격(性格)も使える。급하다は「せっかちだ」。 = 성급하시군요. ＊성급하다は「性急だ」。
図太い神経してますよ	넉살 한번 좋으시네요. ＊넉살(이) 좋다で「ふてぶてしい」。한번は強調として使われている。類似表現として비위가 좋으시네요も使える。 = 뻔뻔하시네요. 「ずうずうしいですね」 = 능글맞기도 하네요. ＊直訳は「ずうずうしくもありますね」。능글맞다は「ずうずうしい」「ふてぶてしい」。
あなたは問題児です	당신은 문제아예요. = 당신 말썽꾼이에요. ＊말썽꾼は「問題児」「トラブルメーカー」。말썽꾸러기とも言う。
心が狭いですよ	속이 너무 좁아요. ＊좁다は「狭い」。 = 옹졸해요. 「度量が狭いです」

非難する ◆ 253

そんなのは言い訳になっていませんよ	그건 말도 안 되는 소리예요. ＊「そんなの話になりません」という意味。소리は「言葉」「話」。 = 그런 거 이유가 안 된다구요. 「そんなの理由になりませんよ」 ＊이유は「理由」。
あなたのおかげですべてが水の泡です	당신 때문에 모든 게 수포로 돌아갔어요. ＊수포로 돌아가다は「水泡に帰す」。수포로は물거품으로とも言う。 = 당신 때문에 말짱 도루묵이 됐잖아요. ＊말짱 도루묵は俗語で「もとのもくあみ」とか「パーになること」という意味。 = 당신 탓에 모든 게 결딴나고 말았어요. 「あなたのせいですべてが台無しになってしまいました」 ＊당신 탓에は「あなたのせいで」。결딴(이) 나다は「だめになる」「台無しになる」。
彼はおっちょこちょいなんです	그 사람 덜렁이예요. ＊덜렁이は「あわてんぼう」「おっちょこちょい」。더펄이とか출랑이、방정꾸러기とも言う。 = 그 친구 경거망동하거든요. ＊그 친구は対等以下の人をフランクに言う場合の「彼」「彼女」。경거망동は「軽挙妄動」。 = 그는 자꾸 방정을 떨어요. 「彼はしょっちゅう軽はずみな行動をします」 ＊방정(을) 떨다は「軽々しく振る舞う」。

254 ◆ 非難する

彼は上品に言えないんです	그 사람은 고상한 말투를 쓰지 못해요. ★ 고상하다는「高尚だ」。말투는「言葉づかい」「言い方」。 = 그는 품위 있게 말할 줄 몰라요. ★품위는 漢字では［品位］で、품위 있다는「品がある」。 -ㄹ/을 줄 모르다는「～することができない」。
彼は外見に無頓着な人です	그 사람은 외모에는 신경 안 쓰는 사람이에요. ★ 直訳は「その人は外見には神経を使わない人です」。외모は漢字では［外貌］。신경 안 쓰다は「気にしない」。 = 그는 겉모습엔 무관심한 사람이죠.「彼は外見には無関心な人ですよ」 ★겉모습は「見かけ」「外見」。
彼は自分では何も決められないんです	그 사람은 혼자서는 아무것도 결정하지 못해요. ★혼자서는「一人で」。 결정하다는「決定する」。 = 그 사람은 스스로 결정할 수 있는 게 아무것도 없어요.「彼は自ら決められることが何もありません」

フォーマル表現

自分のことが恥ずかしくないのですか？	당신 자신이 부끄럽지도 않으십니까? ★ 자신은「自身」。부끄럽다는「恥ずかしい」。

	= 자기 자신을 창피하다고 생각하지 않으십니까? 「自分自身を恥ずかしいと思われないのですか？」 ＊창피하다は「恥ずかしい」。-고 생각하다は「～と思う」。
私のせいにしないでください	제 탓으로 돌리지 마십시오. ＊탓으로 돌리다で「(～の) せいにする」。 = 저를 탓하지 마십시오. ＊탓하다は「(～の) せいにする」。
彼はいつも私の仕事に文句をつけます	그 사람은 언제나 제 일에 시비를 겁니다. ＊시비(를) 걸다は「文句をつける」。 = 그는 항상 제가 하는 일에 트집을 잡습니다. ＊항상は漢字では「恒常」で「いつも」の意。트집(을) 잡다は「けちをつける」「言いがかりをつける」。
別にあなたを非難しているわけではないのです	지금 당신을 비난하는 것이 아닙니다. ＊비난하다は「非難する」。代わりに책망하다（責める）も使える。
感情的になっているわけではありません	감정이 앞서고 있는 것은 아닙니다. ＊감정이 앞서다は「感情が先立つ」。 = 감정적으로 말하고 있는 것이 아닙니다. 「感情的に言っているわけではありません」 ＊-적으로 は「～的に」。

満足する

「最高だよ！」

カジュアル表現

よし！	좋아！ _{チョア} ※좋다は「よい」。_{チョッタ} = 됐어！ _{トゥエッソ} ※「OK！」という意味。오케이！とも言う。
上出来だ！	잘됐다！ _{チャルドゥエッタ} ※잘되다は「よくできる」「うまくいく」。_{チャルドゥエダ} = 잘했어！ _{チャレッソ} ※잘하다は「うまくやる」。_{チャラダ}
カワイー！	너무 귀엽다！ _{ノム クィヨプタ} ※너무は「すごく」。귀엽다は「かわいい」。_{ノム クィヨプタ} = 아이고 예뻐라！ _{アイゴ イェッポラ} ※아이고は感嘆詞で、「ああ」_{アイゴ}「わあ」。예쁘다は「かわいい」。_{イェップダ} = 정말 예쁘네！ _{チョンマル イェップネ} 「本当にかわいいね！」
パーフェクトだ！	완벽해！ _{ワンビョッケ} ※완벽하다は「完璧だ」。_{ワンビョッカダ} = 나무랄 데가 없어！ _{ナムラル テガ オプソ} ※「申し分ない！」とか「非の打ちどころがない！」という意味。나무라다_{ナムラダ}は「とがめる」。데は「ところ」。_テ = 흠잡을 데가 없구나！ _{フムジャブル テガ オプクナ} 「けちのつけどころがないな！」 ※흠は「欠点」「あら」。_{フム}

満足する ◆ 257

うまくいってるさ！	**잘되고 말고!** _{チャルドゥエゴ マルゴ}	＊잘되다は「うまくいく」。-고 말고!は肯定の意を強く表す言い方。
	=**순조롭게 돼 가!** _{スンジョロプケ ドゥェ ガ}	＊순조롭다は「順調だ」。-게 돼 가는-게 되어 가가縮んだ形で、「～く（に）なっていく」。
最高だよ！	**최고야!** _{チュエゴヤ}	＊최고は「最高」。
	=**무지 좋다!** _{ムジ チョッタ}	「すごくいい！」
	=**진짜 죽여준다!** _{チンチャ チュギョジュンダ}	＊直訳は「本当に殺してくれる！」だが、俗語では「最高に満足だ！」の意。

スタンダード表現

満足です	**만족해요.** _{マンジョッケヨ}	＊만족하다は「満足する」。
	=**충분해요.** _{チュンブネヨ}	＊충분하다は「十分だ」。
	=**더 이상 바랄 게 없어요.** _{ト イサン パラル ケ オプソヨ}	「これ以上望むことはありません」 ＊더 이상は「これ以上」。바라다は「望む」。
幸せです	**행복해요.** _{ヘンボッケヨ}	＊행복하다は「幸福だ」。
	=**행복을 느껴요.** _{ヘンボグル ヌッキョヨ}	「幸せを感じます」 ＊느끼다は「感じる」。
楽しかったです	**즐거웠어요.** _{チュルゴウォッソヨ}	＊즐겁다は「楽しい」「愉快だ」。
	=**재미있었어요.** _{チェミイッソッソヨ}	＊재미있다は「おもしろい」。
	=**신나더라구요.** _{シンナドラグヨ}	＊신나다は「うきうきする」。

	-더라구요は「~でしたよ」。-더라고요とも言う。
いいですね	좋네요. *좋군요, 좋은데요なども類似表現。
言うことなしです	더할 나위 없이 좋아요. *더할 나위 없다は「申し分ない」。 =나무랄 데가 없어요. *나무라다は「とがめる」。데は「ところ」。 =더 이상 바랄 것 없어요. 「これ以上望むことはありません」 *바라다は「望む」。것は「こと」「もの」。
順調です	순조로워요. *순조롭다は「順調だ」。 =순탄하게 진행되고 있어요. 「順調に進んでいます」 *순탄は漢字では「順坦」。진행되다は「進行する」「進む」。 =순풍에 돛 단 배 같아요. 「順風満帆です」 *直訳は「順風に帆を張った船のようです」。순풍에 돛(을) 단 배は慣用句。
とても気に入りました	아주 마음에 들어요. *마음에 들다は「気に入る」。日本語と違って現在形で言う。
念願がかないました	소원이 이루어졌어요. *소원は漢字では[所願]で「願い」の意。同じ意味で염원(念願)も使える。이루어지다は「かなう」。꿈이 이루어졌어요(夢がかないました)も類似表現。

新しい車は気に入りました	새 차가 마음에 들어요. ※새は「新しい～」。마음에 들다は「気に入る」。
	=새로운 차가 정말 좋아요. 「新しい車は本当にいいです」 ※새롭다は「新しい」。
新しいコンピュータに満足してますか？	새 컴퓨터에 만족하세요? ※만족하다は「満足する」。
何も文句はありません	불평할 것 하나도 없어요. ※불평하다は「不平を言う」。
	=불만 전혀 없어요. 「不満は全然ありません」 ※불만は「不満」。전혀は「全然」。
これでは不十分です	이걸로는 불충분해요. ※이걸로는は이것으로는(これでは)の縮んだ形。불충분は漢字では[不充分]。
	=이것으론 모자라요. 「これでは足りません」 ※모자라다は「足りない」。
	=이것 가지고는 부족해요. ※가지고는は会話体で、「～をもってしては」「～では」。부족하다は「不足だ」。
満足そうですね	만족스러워 보이네요. ※만족스럽다は「満足気だ」。-아/어/여 보이다は「～に（く）見える」。
	=흐뭇해 보여요. ※흐뭇하다は「満足だ」。
	=흡족하신가 보죠. ※흡족하다は「十分満ち足

260 ◆ 満足する

	리다」。-ㄴ/은가 보다は「～のようだ」「～みたいだ」。
少ない給料でも満足しなさい	**월급이 적어도 만족하도록 하세요.** ＊월급이 적다는「月給が少ない」。만족하다は「満足する」。-도록 하다で「～するようにする」。 ＝적은 월급이라도 그걸로 만족하세요. ＊그걸로는 그것으로 (それで) の縮んだ形。
みんなを満足させることはできません	**모든 사람을 만족시키지는 못해요.** ＊모든 사람は「すべての人」。만족시키다は「満足させる」。-지는 못하다で「～することはできない」。 ＝모두를 만족시킬 수는 없어요. ＊-ㄹ/을 수 없다で「～することはできない」。
それはあなたの自己満足だけじゃないですか	**그건 당신의 자기만족일 뿐이 아니겠어요?** ＊자기만족は「自己満足」。 -일 뿐이다で「～であるだけだ」。 ＝그것은 당신 자기만족에 지나지 않잖아요. ＊-에 지나지 않다で「～に過ぎない」。-잖아요は「～じゃないですか」。
あなたを本当に誇りに思いますよ	**당신을 정말로 자랑스럽게 생각해요.** ＊자랑스럽다は「誇らしい」。
商売繁盛です	**장사가 번창해요.** ＊번창하다は「繁盛する」。 ＝사업이 잘돼요.「事業がうまくいってます」

売上げが伸びました	매상이 늘었어요. ＊매상은「売上げ」。늘다는「増える」「伸びる」。
上司とはとてもうまくやっています	상사하고는 호흡이 잘 맞아요. ＊-하고는は「~とは」。호흡이 맞다で「呼吸が合う」。손발이（手足が）맞다とも言う。

フォーマル表現

満足しています	만족합니다. ＝만족스럽습니다. ＊만족스럽다は「満足気だ」「満足できる」。 ＝마음이 흐뭇합니다. ＊마음は「心」「気持ち」「精神」。흐뭇하다は「満足だ」。
私自身きっと満足すると思います	저 자신이 꼭 만족할 것입니다. ＊꼭は「きっと」「必ず」。
その知らせにとても満足しました	그 소식에 대단히 만족했습니다. ＊소식は「知らせ」「消息」。대단히は「とても」。 ＝그 소식을 듣고 가슴이 흐뭇해졌습니다. 「その知らせを聞いて心が満たされました」 가슴は「胸」「心」。
その結果は我々にとって満足のいくものでした	그 결과는 저희들에게 만족스러운 것이었습니다. ＊저희들は「私ども」とへりくだった言い方。

	= 그 결과는 우리가 만족할 만한 것이었습니다. ★ 만족할 만하다는「満足するに足る」。
満足できる結論に達しました	만족할 만한 결론에 이르렀습니다. ★ 결론은「結論」。-에 이르다는「〜に至る」。 = 만족스러운 결론이 났습니다. ★결론이 나다는「結論が出る」。
至上の喜びです	더없는 기쁨입니다. ★더없는은「この上ない〜」「至上の」。무한한 (無限の) とも言う。 = 한없이 기쁩니다. ★한없이는「限りなく」。기쁘다는「うれしい」。
我々のマネージャーは結果に満足とのことでした	저희 매니저는 결과에 만족한다고 했습니다. ★저희는 우리 (私たちの) のへりくだった言い方。결과는「結果」。-고 하다で「〜という」。 = 우리 매니저는 결과가 만족스럽다고 했습니다. ★ 만족스럽다는「満足に足る」。
仕事がうまくいっていることを知り、満足しております	하시는 일이 잘되신다고 들으니 만족스럽습니다. ★하시는 일은「なさっている仕事」。このように일の前に하시는とか하는を付けて言うことが多い。잘되다は「うまくいく」。듣다は「聞く」。

満足する ◆ 263

苦情を言う

「これは問題だよ」

カジュアル表現

ちょっと言わせてくれ

내 말 좀 들어 봐. 「僕の言うことちょっと聞いてよ」 *듣다は「聞く」。

= 내가 한마디 해도 돼? *「僕がひとこと言ってもいい?」という言い方。한마디 하다で「ひとこと言う」。

これは問題だよ

이거 문제야. *이거は이것（これ）の縮んだ形。

= 일 났네. *일 나다で「事が起きる」「問題が発生する」。

間違いのようだ

실수했나 봐. *실수は漢字では[失手]で「ミス」「過ち」の意。-했나 봐は「〜したようだ」。

= 잘못한 거 같은데? 「間違ってるみたいだけど?」 *잘못하다は「間違える」「誤る」。

我慢できないよ

참을 수가 없어. *참다は「我慢する」「耐える」。

= 못 참겠어. *못は不可能を表す。

= 견디지 못하겠어. *견디다は「我慢する」「耐える」。-지 못하다は「〜することができない」。

何とかしなよ！	어떻게 좀 해 봐!	＊直訳では「何とかちょっとしてみてよ！」。
	= 손 좀 써 봐!	＊「手を打ってみなよ！」という意味。
しっかりしてくれよ！	정신 차려!	＊정신(을) 차리다で「しっかりする」。
	= 똑바로 해!	＊똑바로は「間違いなく」「正確に」。해!は「しろよ！」。
一体どうなってるんだ！	도대체 어떻게 된 거야!	＊도대체は「一体全体」。어떻게 되다で「どうなる」。
いやんなっちゃうわ！	지긋지긋해!	＊「うんざりする！」という表現。
	= 지겨워!	＊지겹다は「うんざりする」「こりごりだ」。
	= 싫증 나!	＊싫증(이) 나다は「嫌気がさす」。
	= 신물이 나!	「こりごりだわ！」
	= 진저리 나!	＊진저리(가) 나다は「こりごりだ」「うんざりする」。
どうしてこんなに時間がかかるんだ？	왜 이렇게 시간이 걸리는 거야?	
	= 무슨 놈의 시간이 이렇게 걸리나?	＊무슨 놈의は俗語で、意外、不快感を強調するときの「何たる〜」「何だって〜」。

苦情を言う ◆ 265

何たるサービスなんだ！	이런 서비스가 어딨어! ＊「こんなサービスがどこにあるんだ！」という言い方。어딨어!は어디에 있어!の縮んだ形。 ＝ 무슨 놈의 서비스가 이래! 「これは一体何たるサービスなんだ！」＊이래!は이러해!の縮んだ形で「こうなのか！」。
私には荷が重過ぎるよ！	나한텐 너무 무거운 짐이야! ＊나한텐は나한테는の縮んだ形で「私には」。너무は「あまりにも」。무겁다は「重い」。짐は「荷」「荷物」。 ＝ 나한텐 힘에 부치거든! ＊힘에 부치다は「力に余る」。 ＝ 나로선 벅찬 일이다! 「私には手に余ることだ！」＊나로선は나로서는の縮んだ形。벅차다は「手に余る」。 ＝ 내겐 너무 힘겨워! ＊내겐は나에게는の縮んだ形。힘겹다は「力に余る」。힘겨워は버거워と言い換えられる。버겁다は「手に余る」。
よくもそんなことが言えるね！	어떻게 그런 말을 할 수가 있어? ＊直訳は「どうしてそんなことが言えるの？」。말は「言葉」「話」。그런 말(을) 하다は「そういうことを言う」。 ＝ 그런 말이 입에서 나와, 지금? ＊直訳は「そんな言葉が口から出る、今？」。 ＝ 그런 말 할 자격이 있어? 「そんなこと言う資

	格あるの？」 *자격は「資格」。	
	= 말은 잘하네! 「よく言うよ！」	
最後まで聞いてよ！	끝까지 들어 봐! *들어 보다は「聞いてみる」。	
	= 마지막까지 들어 보라구! *마지막は「最後」。들어 보라구!は들어 보라고!と同じで、「聞いてみろよ！」と強調した言い方。	
ずるい！	교활하구나! *교활は漢字では［狡猾］。	
	= 치사하다! *「恥ずかしい！」という意味だが、「ずるい！」という意味でも使われる。	
	= 간사해! *간사は漢字では［奸邪］で「ずる賢いこと」の意。	
退屈だよ！	지루해! *지루하다は「退屈だ」。	
	= 따분하구나! *따분하다は「退屈だ」。	
	= 심심하네! *심심하다は「退屈だ」。	
	= 지겨워 죽겠다! *直訳は「退屈で死にそうだ！」	
そんなの面倒だよ	그런 거 귀찮다. *귀찮다は「面倒くさい」。	
	= 그따위 거 번거로워. 「そんなものわずらわしい」 *그따위は物事を見下した「そんな（もの）」というニュアンスの言葉。번거롭다は「やっかいだ」「わずらわしい」。	

苦情を言う ◆ 267

	=어유, 성가셔. 「ああ、面倒くさい」 ＊성가시다は「面倒だ」「わずらわしい」。
しんどいよ！	힘들어! =괴로워! ＊괴롭다「つらい」「苦しい」。 =피곤하구나! 「疲れるなあ！」 ＊피곤は漢字では［疲困］。
貧乏暇なしだよ	날이면 날마다 먹고 살기가 바쁘다. ＊「年がら年中食べて生きるのが忙しい」という言い方。날이면 날마다は「年がら年中」という慣用句。 =먹고 사는 데 바빠 시간적 여유가 없어. 「生活に追われて時間的余裕がないよ」 ＊시간적 여유は「時間的余裕」。
保険会社のヤツにだまされたんだ	보험 회사 놈한테 속았어. ＊놈は「やつ」「野郎」で、男性に使う卑語。女性には년を使う。속다は「だまされる」。同じ意味で넘어가다も使える。
何も理解できね〜よ！	도무지 이해 못 하겠다니까! ＊도무지は「全く」「まるっきり」。이해は「理解」。 못 하겠다니까は「できない」を相手に強く主張する言い方。 =이해할 수가 있어야지! ＊直訳は「理解することができなくちゃ！」で、「理解できない」を強調した言い方。

268 ◆ 苦情を言う

	=하나도 이해할 수 없다구! 「全然理解できないってば！」 ＊하나도は「ひとつも」。
彼、真面目過ぎて、つまらない	그 사람 너무 고지식해서 재미없어. ＊고지식해서は「き真面目で」「くそ真面目なので」。재미없다は「おもしろくない」。

スタンダード表現

苦情があります	할 말이 있는데요. ＊「言いたいことがあるんですが」という言い方。할 말は「（これから）言うこと」「言うべきこと」。 =불만이 좀 있는데요. ＊불만は「不満」。
問題はこうです	문제는 이래요. ＊こう言った後で特定の問題を言う。문제は「問題」。 =뭐가 문제냐 하면요 … 「何が問題かと言うとですね…」
言いたくはないが、あまりにもひど過ぎます	이런 말 하고 싶지 않지만, 해도 해도 너무해요. ＊이런 말は「こんなこと」。하고 싶지 않다は「言いたくない」。해도は直訳では「やっても」だが、「それにしても」という意味。2回繰り返すことで強調を表す。너무해요は「やり過ぎです」「ひど過ぎます」。 =아닌 말로 정말 너무하네요. ＊아닌 말로は「（こう）言っては何ですが」。

苦情を言う ◆ 269

私、忙し過ぎるんです	나 너무 바쁘거든요. ＊바쁘다は「忙しい」。-거든요は軽く理由を述べる「～なんですよ」。 ＝바빠서 죽을 지경이에요. 「忙しくて死にそうです」 ＊-아/어/여서は「～ので」「～くて」。지경は漢字では［地境］。 ＝눈코 뜰 새 없이 바빠요. ＊눈코 뜰 새 없다は「目鼻を開ける間がない」という表現の慣用句で、「目が回るほど忙しい」という意味。
ここで働くのが嫌になりました	여기서 일하기가 싫어졌어요. ＊일하기は「働くこと」。싫어지다は「嫌になる」。 ＝여기서 근무하는 거 이제 지겨워요. 「ここで勤務するのはもううんざりです」 ＊지겹다は「こりごりだ」「うんざりだ」。
すみません、これはおかしいと思いますが	죄송한데요, 이건 아니라고 봐요. ＊이건は이것은の縮んだ形。죄송한데요は「恐縮ですが」。아니라고 보다は「違うと思う」だが、「おかしいと思う」という意味で使われる。 ＝미안하지만, 이건 아닌 거 같은데요. ＊미안하지만は「すみませんが」。-ㄴ/은/는 거 같다で「～みたいだ」。 ＝저기요, 이거 좀 이상하지 않아요? 「すみません、これちょっとおかしいんじゃないですか？」 ＊저기요は人に呼びかける言葉。이상は漢字では［異常］で、이상하다は「おかしい」。

誤解しないでください	오해하지 마세요. ＊오해하다は「誤解する」。 = 오해하지 말아요.
お釣りが違うようですが	잔돈이 안 맞는 거 같은데요. ＊잔돈は「小銭」「お釣り」。맞다は「合う」。 = 거스름돈이 맞지 않는데요. 「お釣りが合ってませんが」 ＊거스름돈は「お釣り」。
私はそう言っておりません	전 그렇게 말 안 했어요. ＊전は저는の縮んだ形で、へりくだった言い方の「私は」。그렇게は「そのように」。 = 나는 그런 말 한 적이 없어요. ＊-ㄴ/은 적이 없다は「〜したことがない」。
私はそう聞いておりません	저는 그렇게 안 들었어요. ＊듣다は「聞く」。 = 내가 듣기론 그렇지 않은데요. ＊듣기론は듣기로는 듣기로는(聞くには)の縮んだ形。그렇지 않다は「そうじゃない」。
だから私がそう言いましたよね	그러니까 제가 그렇게 말했잖아요. ＊「だから私がそう言ったじゃないですか」という言い方。
そちらのせいです	그쪽 탓이에요. ＊그쪽は「そちら」。탓は「(〜の) せい」。 = 댁의 잘못이에요. 「お宅が悪いのですよ」 ＊댁は「お宅」「そちら」。잘못は「ミス」「過ち」。

苦情を言う ◆ 271

私の分け前をください！	내 <ruby>몫<rt>モク</rt></ruby>을 <ruby>주세요<rt>チュセヨ</rt></ruby>! ＊<ruby>몫<rt>モク</rt></ruby>は「分け前」「取り分」。
彼はサービスの悪いことで苦情を言いました	그 <ruby>사람은<rt>サラムン</rt></ruby> <ruby>서비스가<rt>ソビスガ</rt></ruby> <ruby>좋지<rt>チョッチ</rt></ruby> <ruby>않다고<rt>アンタゴ</rt></ruby> <ruby>불평했어요<rt>プルピョンヘッソヨ</rt></ruby>. ＊<ruby>불평하다<rt>プルピョンハダ</rt></ruby>は「不平を言う」「文句を言う」。 ＝그 <ruby>친구는<rt>ク チングヌン</rt></ruby> <ruby>서비스가<rt>ソビスガ</rt></ruby> <ruby>안<rt>アン</rt></ruby> <ruby>좋다고<rt>ジョッタゴ</rt></ruby> <ruby>불만을<rt>プルマヌル</rt></ruby> <ruby>말했어요<rt>マレッソヨ</rt></ruby>. 「彼はサービスがよくないと不満を言いました」 ＊<ruby>그 친구<rt>ク チング</rt></ruby>は親しみを込めて言う「彼」または「彼女」だが、目上の人には使わない。
私は全く気に入っていません	<ruby>저는<rt>チョヌン</rt></ruby> <ruby>하나도<rt>ハナド</rt></ruby> <ruby>마음<rt>マウメ</rt></ruby> <ruby>안<rt>アン</rt></ruby> <ruby>들어요<rt>ドゥロヨ</rt></ruby>. ＊<ruby>하나도<rt>ハナド</rt></ruby>は「ひとつも」。<ruby>마음에 안 들다<rt>マウメ アン ドゥルダ</rt></ruby>で「気に入らない」。 ＝난 <ruby>전혀<rt>チョニョ</rt></ruby> <ruby>탐탁하지<rt>タムタッカジ</rt></ruby> <ruby>않아요<rt>アナヨ</rt></ruby>. ＊<ruby>전혀<rt>チョニョ</rt></ruby>は「全然」。<ruby>탐탁하다<rt>タムタッカダ</rt></ruby>は「気に入る」。
君の仕事ぶりにはちょっとがっかりしています	<ruby>당신이<rt>タンシニ</rt></ruby> <ruby>일하는<rt>イラヌン</rt></ruby> <ruby>모습엔<rt>モスベン</rt></ruby> 좀 <ruby>실망이에요<rt>シルマンイエヨ</rt></ruby>. ＊<ruby>일하다<rt>イラダ</rt></ruby>は「仕事する」「働く」。<ruby>모습<rt>モスプ</rt></ruby>は「姿」。<ruby>실망이다<rt>シルマンイダ</rt></ruby>は「がっかりだ」。<ruby>실망<rt>シルマン</rt></ruby>は漢字では[失望]。 ＝<ruby>당신의<rt>タンシネ</rt></ruby> <ruby>사업<rt>サオプ</rt></ruby> <ruby>태도엔<rt>テドエン</rt></ruby> 좀 <ruby>낙심했어요<rt>ナクシメッソヨ</rt></ruby>. ＊<ruby>사업<rt>サオプ</rt></ruby> <ruby>태도<rt>テド</rt></ruby>は漢字では[事業態度]。<ruby>낙심<rt>ナクシム</rt></ruby>は漢字では[落心]。
あなたは彼に甘え過ぎです	당신 그 <ruby>사람한테<rt>サラマンテ</rt></ruby> <ruby>너무<rt>ノム</rt></ruby> <ruby>기대고<rt>キデゴ</rt></ruby> <ruby>있어요<rt>イッソヨ</rt></ruby>. ＊直訳は「あなたはあの人にあまりにも寄りかかっています」。<ruby>기대다<rt>キデダ</rt></ruby>は「頼る」「寄りかかる」。

	同じ意味で의지하다も使える。
君にはいつも泣かされますよ	당신은 번번이 내 속을 썩이네요. ＊번번이は「毎度」「いつも」。속을 썩이다は慣用句で、「心配をかけて苦しめる」「気をもませる」。 ＝당신 때문에 늘 애먹어요. ＊때문에は「〜(の)せいで」。늘は「いつも」。애먹다は「手を焼いて困る」「手こずって苦労する」。
私的感情は抜きで言うけど、これで2回目ですよ	사적인 감정 빼고 말하는데, 이게 두 번째예요. ＊사적は「私的」で、発音は〔사쩍〕。빼다は「抜く」。말하는데は「言うけれど」。두 번째は「2回目」。
マネージャーと話させてくれませんか	매니저랑 얘기하고 싶은데요. ＊「マネージャーと話したいんですけど」という言い方。-랑は「〜と」で、もっぱら会話で使う。 ＝매니저하고 얘기하게 해 주세요. ＊-하게 해 주세요は「〜させてください」。
ここの責任者は誰ですか？	여기 책임자가 누구시죠? ＊책임자は「責任者」。누구시죠?は누구시지요?(どなたでしょう?)の縮んだ形。
これはただでは済みませんからね	이거 그냥 넘어갈 수 없어요. ＊그냥 넘어가다는「そのまま過ぎていく」。-ㄹ/을 수 (가) 없다で「〜することができない」。 ＝이거 이대로 넘길 일이 아니에요. 「これはこ

苦情を言う ◆ 273

	のまま済むことではありませんよ」	*イデロ 이대로 は「このまま」。넘기다は「越す」「過ごす」。
一体どうなって いるんですか？	대체 어떻게 된 거예요?	*대체は漢字 では［大体］で「一体」の意。도대체［都大体］ とも言う。
何とかしていた だけませんか？	어떻게 좀 해 주실 수 없어요? =어떻게 손 좀 써 주세요.	「何とかしてくださ い」 *손(을) 쓰다は「手を打つ」。
ぼられました	바가지를 썼어요.	*바가지(를) 쓰다で 「ぼられる」という慣用句。
10個中9個は 欠陥商品でした	열 개 중 아홉 개는 불량품이었어요. =구십 프로가 불량품이었지 뭐예요.	「90%が 不良品だったじゃありませんか」 *-지 뭐예요 は不満を持った言い方。
この商品は質的 に劣っています	이 상품은 질이 떨어져요.	*질이 떨어지다は「質が落ちる」。
ここで営業する 許可証は持って いますか？	여기서 영업할 수 있는 허가증은 갖고 계세요? =이곳의 영업 허가증 갖고 있어요?	*영업할 수 있다で「営業 することができる」。갖고は가지고（持って） の縮んだ形。허가증は「許可証」。 「ここの営 業許可証持っていますか？」 *영업 허가증は

	「営業許可証」。
男はつらいですよ	サナイヌン クェロウン ニリ マーナヨ **사나이는 괴로운 일이 많아요.** ＊「男はつらいことが多いです」という表現。사나이は「男」の俗っぽい言い方。괴롭다は「つらい」「苦しい」。 ナムジャラン ゲ コセンスロウォヨ =**남자란 게 고생스러워요.** 「男というものはつらいです」 ＊남자は「男」。고생스럽다は「つらい」「苦しい」。
超かったるいです	ムジハゲ タプ タッペヨ **무지하게 답답해요.** ＊「ものすごくもどかしいです」という言い方。무지하게は「ものすごく」。 チンチャ カプカッペヨ =**진짜 갑갑해요.** ＊갑갑하다は「息苦しい」「飽き飽きする」。
何か、むなしいです	ムォンガ ホムヘヨ **뭔가 허무해요.** ＊허무は漢字では［虚無］。 オッチョンジ ホジョナネヨ =**어쩐지 허전하네요.** 「なぜかうつろな感じです」 ＊어쩐지は「なぜか」。허전하다は「もの寂しい」。 オットン コンホガムル ルッキョヨ =**어떤 공허감을 느껴요.** 「ある種のむなしさを感じます」 ＊어떤は「何らかの」「ある種の」。공허감は漢字では［空虚感］。 ウェンジ マウム ハングソギ トン ビン ゴッ カタヨ =**왠지 마음 한구석이 텅 빈 것 같아요.** 「なぜか心に穴が開いたようです」 ＊한구석は「片隅」。텅 비다は「がらんと空く」。
すべてが高過ぎますよ	モドゥン ゲ ノム ピッサヨ **모든 게 너무 비싸요.** ＊모든 게は모든 것이 (すべてのものが) の縮んだ形。너무は「あ

苦情を言う ◆ 275

	まりに (も)」。비싸다は「高い」。 = 다 비싼 것뿐이네요. 「みんな高いものばかりですね」 *다は「すべて」「全部」。
あなたが手抜き仕事をしたからです	당신이 일을 부실하게 했기 때문이에요. *부실하게は「いい加減に」。-했기 때문이다は「~したためだ」「~したせいだ」。 = 당신이 날림으로 일해서 그렇지요, 뭐. 「あなたがやっつけ仕事をしたからですよ」 *날림は「手抜き」「やっつけ」。
なぜ私がこんなことをしなくてはならないのですか？	왜 제가 이런 일까지 해야 해요? *이런 일까지は「こんなことまで」。해야 하다は「しなくてはならない」。해야 되다とも言う。 = 어째서 내가 이딴 일을 해야 한단 말이에요? *이딴は이따위の口語体で、見下した言い方の「こんな」。해야 한단 말이에요?は「しなきゃならないと言うのですか？」。
はっきりとした返事をください	분명히 대답해 주세요. *「はっきり答えてください」という表現。분명は漢字では[分明]。대답하다は「答える」「返事する」。 = 확실한 대답을 들어야겠어요. 「はっきりとした答えを聞かなければなりません」 *확실は漢字では[確実]。듣다は「聞く」。
それはやりたくないです	그건 하고 싶지 않아요. *그건は그것은 (それは) の縮んだ形。-고 싶지 않다は「~したくない」。

	= 그런 건 하기 싫어요. 「そういうのはやりたくないです」 ＊-기 싫다は「〜したくない」。
それでは納得いきません	그걸로는 납득이 안 가요. ＊그걸로는は그것으로는(それでは)の縮んだ形。납득は「納得」。 = 그렇다면 납득할 수 없어요. 「そうなら納得できません」 ＊-할 수 없다は「〜することができない」。
訴えますよ	소송을 제기하겠어요. ＊소송は「訴訟」。제기하다は「提起する」。일으키다 (起こす) も使える。 고소할 거예요. ＊고소하다は「告訴する」。
公平に扱ってください	공평하게 다루어 주세요. ＊공평하게は「公平に」。다루다は「扱う」。 = 저희들을 공정하게 대해 주세요. ＊저희は우리 (私たち) のへりくだった言い方。공정하게は「公正に」。대하다は「対する」「接する」。
私には荷が重過ぎるんです	저에겐 너무 무거운 짐이에요. ＊너무 무겁다は「あまりにも重い」。짐は「荷物」。 = 나한텐 힘에 부치거든요. ＊힘에 부치다は「力に余る」。 = 나에겐 너무 힘겨워요. ＊힘겹다は「力に余る」。同じ意味で버겁다も使える。

きりがないんです	끝이 없어요. ※끝は「終わり」「果て」。없다は「ない」。 = 한이 없어요. ※한は漢字では［限］で「限界」「限り」の意。 = 한도 끝도 없어요. ※直訳は「限りも終わりもありません」。
一日中単純作業をしているんです	하루 종일 단순 작업만 하거든요. ※단순 작업は「単純作業」。-만 하거든요で「～ばかりしているんですよ」。 = 온종일 단순 작업을 하고 있지 뭐예요. ※온종일は「一日中」で、하루 종일と同義語。진종일とも言う。-지 뭐예요は不満を持った言い方。
ストレスがたまりましてね	스트레스가 쌓였단 말이에요. ※쌓였단 말이에요は「たまっている」ということを強く主張する言い方。
過労でしてね	과로했어요. ※과로하다は「過労だ」。
それは答えになっていません	그걸 대답이라고 하세요? ※「それを返事だと言うのですか？」という言い方で、相手の言葉に反発する表現。그걸は그것을の縮んだ形。대답は「答え」「返事」。 = 그건 대답이라고 할 수 없지요. 「それは答えとは言えないでしょう」※그건は그것은の縮んだ形。

そういうことは もっと早く言ってください	그런 건 진작에 말해 주세요. ＊진작에 는「前もって」「もっと早く」。진작とも言う。 ＝그런 얘긴 미리 해 주셨어야죠.「そういう話はもっと早く言ってくださるべきです」
もっと時間が必要なんです！	시간이 더 필요하거든요! ＊필요하다 は「必要だ」。 ＝더 많은 시간이 필요해요!「もっと多くの時間が必要です！」
いくら働いてもお金がたまらないんです	아무리 일해도 돈이 모이지 않아요. ＊돈은「お金」。모이다는「集まる」「たまる」。 ＝억척같이 일해 봐야 돈이 안 벌려요.「がむしゃらに働いてみたところでお金がもうかりません」＊억척같이는「がむしゃらに」。
私をだしに使わないでください！	절 미끼로 쓰지 마세요! ＊절은 저를(私を)の縮んだ形。미끼는「えさ」「だし」。 ＝날 핑계 삼지 말아요! ＊날은 나를(私を)の縮んだ形。핑계(를) 삼다는「口実にする」。
女だと思ってバカにしないでください！	여자라고 우습게 보지 마세요! ＊여자는「女」。-라고는 -라고 해서(〜だといって)の해서が省略された形。우습게 보다는「見下げる」「侮る」。 ＝여자라고 해서 깔보지 마세요! ＊깔보다는「ばかにする」。얕보다(見くびる)も使える。

苦情を言う ◆ 279

フォーマル表現

損害を弁償してください

손해를 변상해 주십시오. ※변상하다は「弁償する」。

= 손해 배상 해 주셔야겠습니다.「損害賠償してくださらなければなりません」 ※-아/어/여야겠다は「〜すべきだ」。

重大な間違いを指摘してもよろしいでしょうか？

중대한 착오를 지적해도 되겠습니까? ※지적하다は「指摘する」。-해도 되다は「〜してもよい」。되다の代わりに좋다も使える。착오は「錯誤」「間違い」。

= 큰 잘못에 대해서 말씀드려도 좋겠습니까?「大きな間違いについて申し上げてもよろしいでしょうか？」 ※잘못は「過ち」「間違い」。

問題があるようです

문제가 있는 것 같습니다. ※문제は「問題」。있는 것 같다は「あるようだ」。

= 문제가 있는 모양입니다. ※모양は「模様」「様子」「ありさま」。

= 문제가 있어 보입니다.「問題がありそうです」 ※있어 보이다は「あるように見える」。

あなたの態度が少し不愉快なのですが

댁의 태도가 좀 못마땅합니다. ※댁は「お宅」。못마땅하다は「不愉快だ」「気に入らない」。同じ意味で언짢다, 탐탁지 않다も使える。

申し訳ありませんが、品物がまだ届いておりません	죄송합니다만 물건이 아직 도착하지 않았습니다. ★물건은「品物」「物」。
貴社の品質について申し上げなければならないのは大変残念です	귀사 제품의 질에 대해서 지적해야 함은 대단히 유감스럽습니다. ★「貴社の製品の質について指摘しなければならないことは大変遺憾です」という表現。귀사는「貴社」。제품은「製品」。질은「質」。함은 하다(する)が名詞化したもので、하는 ことと同じ意味だが、格式ばった言い方。
御社への未納残金がないことにご注意を願いたいのですが	귀사에 대한 미납금이 없다는 것에 유의하시기 바랍니다. ★-에 대한은「～に対する」。유의하다는「留意する」。-시기 바랍니다는「～されることを望みます」という格式ばった言い方。
貴社のサービスについて苦情が入っていることを指摘したいと思います	귀사 서비스에 대해 불평 신고가 들어와 있음을 알려 드립니다. ★서비스는「サービス」。-에 대해는「～に対して」「～について」。불평 신고は漢字では［不平申告］。있음은있다 (いる、ある)の名詞形で「いる(ある)こと」という意味。알려 드리다는「お知らせする」。

苦情を言う ◆ 281

ホッとする

「やれやれ！」

カジュアル表現

やれやれ！	후유! ＊ほっとした気持ちを表す声。후!とも言う。
連休だからゆっくり休めるぞ！	연휴니까 푹 쉴 수 있겠다! ＊연휴は「連休」。푹 쉬다は「ゆっくり休む」。 = 연휴라서 편안히 쉴 수 있을 거야! ＊편안히は「気楽に」「のんびり」。편히(楽に)も使える。
きれいに整理ができてせいせいした	말끔히 정리돼서 시원하다. ＊말끔히は「きれいに」「すっきりと」。정리돼서は「整理できて」。시원하다는「せいせいしている」「さわやかだ」。 = 깨끗이 정리가 돼서 기분이 산뜻해. 「きれいに整理ができて気分がさっぱりしたよ」＊기분は「気分」。산뜻하다는「さわやかだ」。
よし！やっと社長の許可が下りた	됐다! 겨우 사장님 허가를 얻었다. ＊됐다!は事がうまくいったときの「よし！」。겨우は「やっと」。사장は「社長」。허가를 얻다は「許可を得る」で、허가를 받다とも言う。 = 됐어! 사장님이 겨우 허가해 주셨어. 「やった！やっと社長が許可してくださったよ」

	= 드디어 사장님이 허락해 주셨어. 「ついに社長が許可してくださった」 *허락は漢字では[許諾]で「承諾」「許可」の意。
わ～い、目標を達成したぞ！	야, 목표 달성이다! *목표 달성이다!は「目標達成だ!」。 = 오, 목표가 달성됐어! 「おー、目標が達成できたよ!」
ああ、ホッとした！	후유, 겨우 마음 놓인다! *마음(이) 놓이다で「安心できる」。안심이 되다とも言う。 = 아이고, 이제 한숨 돌리겠네! *이제は「今やっと」。한숨(을) 돌리다は「一息つく」。
ああ、疲れた！	아이고, 피곤해! *피곤は漢字では[疲困]。 = 아이, 고단하다! *고단하다は「疲れてだるい」。 = 아유, 지쳤어! *지치다は「くたびれる」。

スタンダード表現

ホッとしましたよ	마음이 놓여요. *마음(이) 놓이다で「安心する」。 = 한숨 돌렸어요. 「一息つきました」 = 안심했어요. 「安心しました」
もう心配いりません	이젠 걱정 없어요. *걱정は「心配」。없다は「ない」。

	=더는 걱정하실 필요 없어요. 「もう心配する必要ありません」 ＊피료は「必要」。	
	=이제 걱정 안 하셔도 돼요. 「もう心配しなくても大丈夫です」	
たいした被害がないと知って安心しました	큰 피해가 없다고 들어서 안심이 됐어요. ＊안심(이) 되다は「安心できる」。 =크게 피해 입지 않았다는 걸 알고 마음이 놓였어요. 「大きく被害を受けなかったということを知って安心しました」	
肩の荷が下りました	마음이 놓여요. ＊「心が安らぎます」という言い方。 =어깨가 가벼워졌어요. ＊直訳は「肩が軽くなりました」。 =마음의 짐을 덜었어요. 「心の荷を下ろしました」 덜다は「減らす」。	
お父さんが助けてくれました	아버지가 도와주었어요. =아버님이 도움을 주셨지요. ＊아버님は아버지の敬語。聞き手が身内、他人にかかわらず、自分が尊敬対象とする人のことを敬語で言う。	
何はともあれよかったです	어떻든 간에 잘됐어요. ＊「どうであれ、うまくいきました」という言い方。 =하여튼 잘된 일이에요. ＊하여튼は「ともかく」。 =어쨌거나 다행이에요. ＊어쨌거나は「い	

	ずれにせよ」。다행は漢字では［多幸］で、 다행이다は「よかった」の意味になる。
カギを取り替えてくれたら安心できますが	열쇠를 바꿔 주면 안심되는데요. ＊열쇠は「カギ」。바꾸다は「取り替える」「交換する」。 ＝자물쇠를 갈아 주면 안심할 수 있는데요. ＊자물쇠は「錠」「錠前」。갈다は「(古いものを新しいものに) 取り替える」。

フォーマル表現

やっと平静を取り戻しました	겨우 평정을 되찾았습니다. ＝겨우 안정을 회복했습니다. ＊안정을 회복하다は「安静を回復する」。
あなたも元気そうで安心しました	당신도 잘 지내는 것 같아서 안심했습니다. ＊잘 지내는 것 같다で「元気で過ごしているようだ」。 ＝당신의 건강한 모습을 보니 마음이 놓입니다. 「あなたの健康な姿を見て安心しました」 ＊마음(이) 놓이다で「安心する」。
彼女を安心させようとしているのです	그 사람을 안심시키려고 하고 있습니다. ＝그녀를 안심시키려고 그럽니다. ＊-려고 그러다は口語体で「～しようとする」。

これで安心して眠れます	이제 안심하고 잘 수 있겠습니다. = 이제 편히 잠을 잘 수가 있겠습니다. ＊편히 잠을 자다는「安眠する」。 = 이제 두 다리 뻗고 잘 수 있겠습니다. ＊두 다리 뻗고 자다는「両脚を伸ばして寝る」で、「安心して寝る」という意味の慣用句。
試験が終わってまた羽を伸ばせます	시험이 끝나서 다시 기를 펼 수가 있습니다. ＊기(를) 펴다は「気が楽になる」「羽を伸ばす」。 = 시험이 끝났으니 이제 자유스럽습니다.「試験が終わったのでもう自由です」
ご注文の品は予定どおりに着きますので、ご安心ください	주문하신 상품은 예정대로 도착할 것이오니 안심하십시오. ＊상품은「商品」。예정대로 도착하다で「予定どおり到着する」。-ㄹ/을 것이오니는-ㄹ/을 것이니까(～するだろうから)のフォーマルな言い方。 = 주문하신 물건은 제대로 배달될 것이오니 걱정하지 마십시오.「ご注文なさった品物はきちんと配達されますので、ご心配なさらないでください」 ＊제대로は「ちゃんと」「まともに」。

後悔する

「しまった！」

カジュアル表現	
がっかりだ！	실망이다! <small>シルマンイダ</small> ＊실망は漢字では［失望］。 ＝낙심했어! <small>ナクシメッソ</small> ＊낙심は漢字では［落心］。
電車に乗り遅れるなんて！	전철을 놓치다니! <small>チョンチョルル ノッチダニ</small> ＊전철は漢字では［電鉄］。놓치다は「逃す」。 ＝에구 한발 늦었네! <small>エグ ハンバル ヌジョンネ</small>「ああ、一足遅かったか！」 ＊에구は어이구の縮んだ形で、悔しいときや恨めしいとき、驚いたときなど様々な場面で言う「ああ」「おう」など。
しまった！	아차! <small>アチャ</small> ＝어이구! <small>オイグ</small> ＊「ああ」とか「あら」のように驚き、悔しさ、喜びなど様々な感情を表す。아이고! とも言う。
やばい！	이거 어쩌지?! <small>イゴ オッチョジ</small> ＊「これ、どうしよう？！」という言い方。 ＝안되겠다! <small>アンドゥエゲッタ</small> ＊안되다は「いけない」「まずい」「だめだ」。 ＝이런, 젠장! <small>イロン チェンジャン</small> ＊이런は驚きを表す「ありゃ」とか「あれっ」。젠장!は苦々しい気持ちで言う「えいくそ！」「ちくしょう！」。

後悔する ◆ 287

またドジってしまった！	또 실수했다! ＊실수は漢字では［失手］で「失敗」「へま」の意。 = 또 얼빠진 짓을 했구나! 「また間抜けなことをしてしまった！」 ＊얼빠지다は「気（間）が抜ける」。짓は「まね」「こと」「仕業」。했구나!は「したなあ！」という感嘆形。
失敗したよ！	실패했어! = 잘 안됐어! 「うまくいかなかったよ！」 = 실수했다! ＊실수하다は「しくじる」「失敗する」「ミスする」。
我ながらバカだった！	내가 바보였어! ＊바보は「ばか」。 = 내가 정신 나간 놈이지! 「おれってバカだな！」 ＊정신 나가다は直訳は「精神が出る」だが、「間が抜けている」「アホだ」という意味。놈は「やつ」。女性の場合は년という。-지は自分の考え、判断をやさしく述べる言い方。
やり過ぎたよ	좀 너무 했어. ＊너무 하다は「やり過ぎる」。 = 너무 심하게 했어! ＊直訳は「あまりにもひどくやった」。
しなきゃよかったよ！	하지 말 걸 그랬어! ＊하지 말다は「するのをよす」。-ㄹ/을 걸 그러다は「~すればよかったのに」と後悔を表す言い方。 = 괜한 짓을 했어! 「余計なことしちゃった

	よ！」 ＊괜한 짓は「余計なこと」「むだなこと」。 ＝하지 말았어야 했는데! 「やるべきじゃなかったのに！」
緊張し過ぎていたんだ	너무 긴장했었어. ＊너무は「あまりにも」。긴장하다は「緊張する」。 ＝너무 떨렸어. ＊떨리다は「震える」だが、「緊張する」の意味でよく使われる。 ＝극도로 긴장해 있었어. 「極度に緊張していたんだよ」
ほかに方法がなかったんだ	방법이 따로 없었거든. ＊방법は「方法」。따로は「ほかに」。-거든は軽く理由を述べる言い方。 ＝다른 도리가 없었던 거야. ＊다른 도리は「ほかの方法」。없었던 것이다は「なかったのだ」と確信、断定を表す。 ＝별수가 없었지. ＊별수は「ほかに何とかする方法」。-지は自分の考え、判断をやさしく述べる言い方。
面目ない	면목 없다. ＝널 볼 낯이 없어. ＊直訳は「君に会う顔がない」で「君に会わせる顔がない」という意味。낯は「顔」。 ＝입이 열 개라도 할 말이 없네. ＊直訳は「口

	が10個でも言うことがないよ」で、「何とも弁明の余地がない」という意味の慣用句。할 말は「言う言葉」。
本当に参ったよ	정말 난감하게 됐어. ＊「本当に困ったことになったよ」という表現。난감하다は「とても困る」。 =진짜 골치 아퍼. 「本当に頭が痛い」＊골치は俗語で「頭」。아퍼は아파とも言う。 =정말 기가 찰 노릇이야. ＊기가 차다で「唖然とする」「あきれてものが言えない」。노릇は「こと」「出来事」。
一文無しなの	빈털터리야. ＊빈털터리は「一文無し」。単に털터리とも言う。 =땡전 한 푼도 없어. ＊땡전は돈（お金）の卑語。한 푼は「一文」。-도は「～も」。
ど忘れしてしまったんだ	까맣게 잊었거든. ＊까맣게 잊다は「すっかり忘れる」。-거든は軽く理由を述べる。 =깜빡 잊어버렸어. 「うっかり忘れてしまったよ」 =깜빡했던 거야. 「うっかり忘れちゃったんだよ」＊-ㄴ/은/는 것이다は確信、断定を表す。
後で泣くなよ	나중에 우는소리 하지 마. ＊우는소리 하다で「泣きごとを言う」。

スタンダード表現

後で後悔しますよ	나중에 후회하게 될 거예요. ★ 후회하게 되다で「後悔するようになる」。
私が間違っていたんです	내가 잘못한 거예요. ★잘못하다は「間違える」「過ちを犯す」。 = 제 잘못이에요.「私の間違いです」
自分のしたことを後悔しています	자기가 한 짓을 후회하고 있어요. ★ 짓はよくない行為、行動に使う「こと」「まね」「仕業」。 = 내 잘못을 뉘우치고 있지요. ★뉘우치다は「悔いる」「悔やむ」。
自分がしたことを悪く思っていないんですか？	자신이 잘못을 저질렀다고 생각 안 하세요? ★저지르다は「犯す」「しでかす」。-다고 생각하다は「〜と思う」。 = 자신이 나쁜 일 했다고 생각하지 않아요?「自分が悪いことしたと思わないんですか？」
彼の気持ちを傷つけて気の毒に思います	그 사람 마음에 상처 줘서 안타까워요. ★ 마음은「心」「気持ち」。상처 주다で「傷つける」。안타깝다は「気の毒だ」。 = 그 친구 마음을 다치게 해서 안됐군요. ★그 친구は「その人」をフランクに言う言葉だが、目上の人には使わない。마음을 다치게 하다で「心を傷つける」。안되다は「気の毒だ」。

後悔する ◆ 291

こんなことになり、悪く思っています	일이 이렇게 돼서 미안하게 생각해요. ＊「事がこのようになって、すまなく思っています」という言い方。 ＝이런 결과가 돼서 죄송해요.「こんな結果になって申し訳ないです」
約束を守れなかったことで気がとがめています	약속을 못 지켜서 양심에 찔려요. ＊양심에 찔리다は「良心がとがめる」。 ＝약속을 어긴 것이 마음에 걸려요. ＊약속을 어기다で「約束を破る」。마음에 걸리다は「心に引っかかる」「気にかかる」。
聞いておけばよかったです	물어 놓을 걸 그랬어요. ＊물어 놓다는「聞いて（尋ねて）おく」。-ㄹ/을 걸 그러다で「〜すればよかった」と後悔する表現。 ＝물어 두면 좋았을 텐데요.「聞いておけばよかったでしょうに」 ＊-ㄹ/을 텐데요は「〜でしょうに」。
あなたに言われたとおりにしておくべきでした	당신 말대로 할 걸 그랬어요. ＊대로は「〜とおり」。 ＝당신이 말한 대로 했어야 했는데 그러지 못했어요.「あなたが言ったとおりにしておくべきだったのに、そのようにできませんでした」
取り返しのつかないことをしてしまいました	돌이킬 수 없는 일을 해 버렸어요. ＊돌이키다는「取り戻す」「挽回する」。 ＝돌이키지 못할 짓을 했어요. ＊짓はよくない

	行為、行動に使う「こと」「まね」「仕業」。 =엎지른 물이 되고 말았어요. 「"覆水盆に返らず"になってしまいました」 ＊엎지른 물は「こぼした水」という意味の慣用句。
バカなことをしてしまいました	바보 같은 짓을 해 버렸어요. ＊해 버렸어요は「してしまいました」。 =어리석은 짓을 저질렀어요. ＊어리석다は「愚かだ」。저지르다は「しでかす」「やらかす」。
あんなことしなければよかったです	괜한 짓을 했어요. ＊直訳は「むだなことをしました」。괜한 짓は「むだなこと」「つまらないこと」。 =그런 일 하지 말 걸 그랬어요. ＊하지 말다は「するのをやめる」。-지 말 걸 그러다で「～しなければよかった」。
あんなこと言わなければよかったです	그런 말 하지 말 걸 그랬어요. =괜한 말을 했어요. ＊「つまらないことを言いました」という意味。
君に最初から会っていなかったらよかったのに	처음부터 당신을 만나지 않았더라면 좋았을 텐데요. ＊「最初からあなたに会わなかったらよかったでしょうに」という言い方。 =애초에 당신을 만나지 말았어야 했는데 말이에요. ＊애초에は「初めに」「最初から」。만나지 말다で「会うのをやめる」。

後悔する ◆ 293

選べませんでしたからねぇ	고를 수가 없었거든요. ＊고르다は「選ぶ」。선택하다（選択する）も使える。 = 고르지 못했으니까요.
最後までしておけばよかったのに	끝까지 해 놓을 걸 그랬어요. ＊해 놓다は「しておく」。-ㄹ/을 걸 그러다で「～すればよかった」。 = 마지막까지 했더라면 좋았을 텐데요. ＊했더라면は「したなら」。좋았을 텐데요は「よかったでしょうに」。
そんなことをしなかったらよかったのに、と思うでしょう	괜한 짓을 했다고 생각할 거예요. ＊「つまらないことをしたと思うでしょう」という表現。괜한 짓は「むだなこと」。 = 그런 짓 하지 말 걸 그랬다 싶을 거예요. ＊-다 싶을 거예요で「～と思うでしょう」。
安全に越したことはありません	안전한 게 제일이에요. 「安全であることが一番です」という言い方。제일は「第一」「一番」。 = 안전이 가장 중요하죠. 「安全が最も重要です」
自分の練習不足を後悔しています	자신의 연습 부족을 후회하고 있어요. ＊자신は漢字では［自身］。후회하다は「後悔する」。연습 부족は「練習不足」。 = 연습이 모자랐던 것을 뉘우치고 있어요. ＊모자랐던 것을は「足りなかったことを」。뉘우치다は「悔いる」。

コチコチに緊張していたからなんです	너무 긴장해서 그랬어요. ＊「あまりにも緊張したからそうだったんですよ」という言い方。 ＝너무 떨려서 그랬어요. ＊떨리다は「震える」だが、「緊張する」という意味でも使われる。
こんなことをするなんて私も軽率でした	이런 일을 저지르다니 제가 경솔했어요. ＊저지르다は「しでかす」「やらかす」。경솔は「軽率」。 ＝이런 실수를 했으니 내가 정신없었던 것 같아요.「こんなミスをしたとは私がどうかしていたようです」＊정신없다は「気が気じゃなくて無分別に振る舞う」という意味。-ㄴ/은 것 같다は「～のようだ」「～したみたいだ」。
しょうがなかったんです	어쩔 수 없었던 거예요. ＊어쩔 수 없다는「どうしようもない」。 ＝다른 도리가 없었어요. ＊다른 도리は「ほかの方法」。별수とも言う。 ＝마지못해 그랬던 거죠.「仕方なくそうしたんですよ」
あれが限界だったんです	그게 한계였어요. ＝더 이상 할 수가 없었어요.「それ以上やれませんでした」
彼を甘く見たのがバカでした	그 사람을 우습게 본 게 잘못이었어요. ＊우습게 보다는「軽視する」。잘못이다는「間

	違いだ」。 = 그 사람을 만만하게 여긴 게 어리석었어요. ＊ 만만하게 여기다는「甘く見る」。어리석다는「愚かだ」。
後悔先に立たず と言いますから	소 잃고 외양간 고친다고 하잖아요. ＊ 直訳は"牛を失って牛舎を直す"と言うじゃないですか」。소 잃고 외양간 고친다はことわざ。

フォーマル表現

あなたの忠告を聞かなかったことを後悔しています	당신의 충고를 듣지 않았던 것을 후회하고 있습니다. ＊ 후회하다は「後悔する」。 = 당신 충고에 귀를 기울이지 않았던 것이 후회됩니다.「あなたの忠告に耳を傾けなかったことが悔やまれます」 ＊ 귀를 기울이다は「耳を傾ける」。
自分のしたことを後悔しています	자기가 한 일을 후회하고 있습니다. = 제가 한 일이 후회됩니다.「自分のしたことが悔やまれます」 ＊ 제가は「私が」という意味と「自分が」という意味がある。
今までをふり返って、私には何も悔いるところはありません	과거를 되돌아봐도 저에게는 뉘우칠 데가 전혀 없습니다. ＊ 과거를 되돌아보다は「過去をふり返って見る」。

	뉘우치다는「悔いる」。전혀 없다는「全然ない」。 =지금까지를 돌이켜 보고 후회되는 것은 하나도 없습니다. *돌이켜 보다는「ふり返って見る」。하나도는「ひとつも」。
慌てて結婚すると、将来、後悔することになります	서둘러 결혼하면 장차 후회하게 마련입니다. *-게(기) 마련이다는「(当然)～するものだ」。
自分の行動を省みてください	자신의 행동을 돌이켜 보십시오. *돌이켜 보다는「省みる」「反省する」。 =자기가 한 일을 반성하십시오.「自分のしたことを反省してください」
彼はそのことを嘆いています	그 사람은 그 일을 한탄하고 있습니다. *한탄は漢字では[恨歎]。 =그는 그 일에 대해서 통탄하고 있습니다.「彼はそのことに対してひどく嘆いています」 *그は「彼」だが、文語的な言い方。통탄は漢字では[痛嘆]で、통탄하다は「いたく嘆き悲しむ」という意味。
あいにく、私がうっかり忘れておりました	공교롭게도 제가 깜빡 잊고 있었습니다. *깜빡 잊다は「うっかり忘れる」。 =송구합니다만 제가 깜빡했습니다.「恐縮ですが、私がうっかり忘れていました」 *송구하다は「恐縮だ」。깜빡하다は「うっかり忘れる」。

後悔する ◆ 297

歓迎する

「いらっしゃい！」

カジュアル表現

よく来てくれた！	잘 왔어! ^{チャル ワッソ} ＊「よく来たな！」という言い方。「来てくれた」とはあまり言わない。오다は「来る」。 ＝ 어서 와! ^{オソ ワ}「いらっしゃい！」
さあ、中に入って！	어서 들어와! ^{オソ トゥロワ} ＊어서は相手に行動を促す「さあ」とか「どうぞ」。들어오다は「入ってくる」。 ＝ 어서 안으로 들어오게! ^{オソ アヌロ トゥロオゲ}「さあ、中に入ってきて！」＊들어오게!は大人が同等以下の成人に言う。
やぁ、久しぶりだね！	야, 오래간만이네! ^{ヤー オレガンマニネ} ＊야は驚き、感嘆の声。 ＝ 정말 오랜만이다! ^{チョンマル オレンマニダ}「本当に久しぶりだ！」 ＝ 이게 얼마 만이야? ^{イゲ オルマ マニヤ} ＊直訳は「これってどれくらいぶり？」。
ここに座ってくれ	여기 앉아. ^{ヨギ アンジャ} ＊앉다は「座る」。 ＝ 이쪽으로 앉아. ^{イッチョグロ アンジョ} ＊이쪽으로は「こっちに」。앉아は「座りなよ」で、앉아とも言う。 ＝ 이리 와서 앉게. ^{イリ ワソ アンケ}「こっちへ来て座りたまえ」 ＊이리は「こっちに」「こちらへ」。앉게は大人が対等以下の成人に使う。

298 ◆ 歓迎する

君を待っていたんだよ！	널 기다리고 있었어! ＊널은너를（君を）の縮んだ形。기다리다は「待つ」。 ＝네가 오길 기다리고 있었던 거야! 「君が来るのを待っていたんだよ！」 ＊거야!は것이야!（〜のだよ！）の縮んだ形。
いつでも寄ってくれ！	언제든 들러! ＊-든は-든지（〜でも）の縮んだ形。들르다は「寄る」「立ち寄る」。 ＝언제라도 좋으니 찾아와! 「いつでもいいから訪ねて来て！」 ＝아무 때나 놀러 와! 「いつでも遊びに来るよ！」

スタンダード表現

ようこそ！	잘 오셨어요! ＊「ようこそいらっしゃいました！」という言い方。오다は「来る」。 ＝잘 왔네요! 「よく来ましたね！」 ＊敬語ではなく、対等以下の人に使う丁寧語。
いらっしゃいませ！	어서 오세요! ＊어서は相手に行動を促す「さあ」とか「どうぞ」。 ＝어서 와요! 「どうぞいらっしゃい！」 ＊敬語ではなく、対等以下の人に使う丁寧語。
お帰りなさい！	오셨어요? ＊直訳は「いらっしゃいましたか？」。尊敬対象に使う一般的な言い方。日本

	語のように誰にでも幅広く使える「お帰りなさい！」という定番の言い方はない。相手との関係、その場の状況に応じて「遅かったですね」とか「もう帰ってきたのですか？」のような言い方をする。 イジェ ワヨ ＝이제 와요? ＊直訳は「今来るんですか？」で、敬語ではなく対等以下の人に使う丁寧語。場合によっては過去形で言うこともある。
ようこそ日本へ！	イルボネ チャル オショッソヨ **일본에 잘 오셨어요!** ＊「日本へようこそいらっしゃいました！」という言い方。 イルボネ オシン ゴル ファニョンヘヨ ＝일본에 오신 걸 환영해요! 「日本にいらっしゃったことを歓迎します！」＊걸は것을（こゴル コスル とを）の縮んだ形。
ご利用ありがとうございます！	イヨンヘ ジュショソ カムサハムニダ イヨンヘ **이용해 주셔서 감사합니다.** ＊이용해 ジュショソ 주셔서は「利用してくださって」。
あなたを大歓迎します	タンシヌル ヨルリョリ ファニョンハムニダ ヨルリョリ **당신을 열렬히 환영합니다.** ＊열렬히 は「熱烈に」。大げさにちゃかした言い方になファニョンハダ ることもある。환영하다は「歓迎する」。 テファニョンイエヨ ＝대환영이에요. 「大歓迎です」
我が家ではあなたをいつでも歓迎します	ウリ ジベソン オンジェドゥンジ タンシヌル ファニョンヘヨ **우리 집에선 언제든지 당신을 환영해요.** エソン エソヌン ＊-에선は-에서는（〜では）の縮んだ形。 オンジェドゥンジ 언제든지は「いつでも」。 ウリネヌン タンシン オンジェドゥンジ テファニョンイエヨ ＝우리네는 당신 언제든지 대환영이에요. 「うちではあなたはいつでも大歓迎です」 ウリネ ＊우리네は「私たちのところ」「我が家」「うち」。

ぜひ我が家へお越しください	우리 집으로 꼭 한번 오세요.	＊꼭は「必ず」「きっと」。한번は「一度」。
	= 저희 집에 꼭 한번 들르세요. 「我が家へ是非一度お越しください」 ＊저희は우리(私たち〔の〕)の謙譲語。들르다は「寄る」「立ち寄る」。	
母はあなたを大いに歓迎することでしょう	우리 어머니가 당신을 대환영할 거예요. ＊우리は「私たちの」だが、「うちの」とか「私の」の意味でもよく使う。대환영하다は「大歓迎する」。	
	= 엄마가 당신을 따뜻이 맞아 줄 거예요. 「ママがあなたをあたたかく迎えてくれるでしょう」 ＊엄마はもともとは子供が使う「ママ」だったが、現在では大人も親しみを込めた言い方として使っている。	
歓迎会を開きます	환영회를 열 거예요. ＊열다は「開く」。	
	= 환영 모임을 가지겠어요. ＊모임は「集い」「集会」。가지다は「持つ」。	
	= 환영 파티를 열 생각이에요. 「歓迎パーティーを開くつもりです」	
来てくれてうれしいですよ	와 주셔서 반가워요. ＊반갑다は「うれしい」。	
	= 이렇게 와 주어서 고마워요. ＊直訳は「このように来てくれてありがとう」。相手がわざわざ何かしてくれたことに対する喜びを表す場合、「わざわざ」とか「このように」の意味で이렇게をよく使う。	

歓迎する ◆ 301

お会いできてうれしいです	뵙게 되어 반갑습니다.	*뵙게 되다는「お目にかかる（ことになる）」。
	= 만나서 반가워요.	*만나다는「会う」。
お出迎えありがとうございます	마중 나와 주셔서 감사합니다.	*直訳は「迎えに出てきてくださって感謝します」。마중 나오다で「出迎える」。
	= 이렇게 나와 주어서 고마워요.	*直訳は「このように出てきてくれてありがたいです」。
気楽にしてください	마음 편하게 계세요.	*「気を楽にしていらしてください」という言い方。
	= 편안하게 하세요.	「リラックスなさってください」 *편안は漢字では［便安］。
どうぞお座りください	어서 앉으세요.	*어서は「さあ」「どうぞ」。앉다は「座る」。
	= 이쪽으로 앉으시죠.	「こちらにお座りください」 * -시/으시죠は最も丁寧な命令形。
コーヒーは自由に飲んでください	커피는 마음대로 드세요.	*마음대로は「自由に」「勝手に」。드세요は「お飲みください」。

フォーマル表現

よく来てくれましたね	잘 오셨습니다. ＊오다は「来る」。 ＝와 주셔서 감사합니다. 「来てくださってありがとうございます」
妻も歓迎しますよ	집사람도 환영할 것입니다. ＊집사람は「家内」「妻」。환영하다は「歓迎する」。-ㄹ/을 것이다は主語が第三人称のときは「～だろう」と推量を表す。 ＝제 아내도 따뜻이 맞이할 것입니다. 「私の妻も温かくお迎えするでしょう」
カン社長、心より歓迎いたします	강 사장님, 진심으로 환영합니다. ＊진심は漢字では［真心］。
このような展開になったことを大いに歓迎しております	일이 이렇게 진행된 것을 매우 기쁘게 생각합니다. ＊「事がこのように運んで、とてもうれしく思います」という言い方。진행되다は「進行する」「進められる」。 ＝이와 같은 발전을 진심으로 기뻐하고 있습니다. 「このような発展を心より喜んでいます」 ＊발전は「発展」。
私たちはカン社長夫妻をあたたかく迎えました	저희들은 강 사장님 내외분을 따뜻이 맞이했습니다. ＊내외분은「ご夫妻」。내외は漢字では［内外］。따뜻이は「あたたかく」。맞이하다は「迎える」。

歓迎する ◆ 303

ご来訪、光栄に存じます	방문해 주셔서 영광입니다. ＊「訪問してくださって光栄です」という表現。방문하다は「訪問する」。영광は漢字では［栄光］で、「光栄」の意味でも使われる。
お会いできて光栄です	뵙게 되어 영광입니다. ＊直訳は「お目にかかるようになって光栄です」。뵙다は「お目にかかる」。 ＝만나 뵙게 돼서 영광스럽습니다.「お目にかかれて光栄です」만나 뵙다は「お目にかかる」。
前々からお呼びしたいと思っていました	오래전부터 한번 초대하고 싶었습니다. ＊「ずいぶん前から一度ご招待したいと思っておりました」という表現。초대하다は「招待する」。 -고 싶다は「〜したい」と希望、願望を表す言い方。 ＝이전부터 한번 모시고 싶었습니다.「以前から一度お招きしたいと思っておりました」 ＊모시다は（目上の人を）「お招きする」「ご案内する」「お連れする」。
私はお客さんをうまく接待します	저는 손님 대접을 아주 잘합니다. ＊「私はお客様の接待がとても上手です」という表現。대접は漢字では［待接］。
提案はいくらでも歓迎します	제안은 얼마든지 환영합니다.　＊제안は「提案」。 ＝제안은 무엇이든 기꺼이 받아들이겠습니다. ＊기꺼이 받아들이다で「喜んで受け入れる」。

304 ◆ 歓迎する

祝う

「おめでとう！」

カジュアル表現

よくやった！	잘했어！ _{チャレッソ} ＊잘하다は「よくやる」「うまくやる」。_{チャラダ} ＝장해！ _{チャンヘ} ＊장하다は「立派だ」「見事だ」「偉い」。_{チャンハダ}
よかったね！	다행이야！ _{タヘンイヤ} ＊다행は漢字では［多幸］で「幸い」「よいこと」の意。_{タヘン} ＝정말 잘됐어！ _{チョンマル チャルドゥエッソ} ＊잘되다は「うまくいく」。_{チャルドゥエダ}
乾杯！	건배！ _{コンベ} ＝위하여！ _{ウィハヨ} ＊「（〜の）ために！」という言い方。本来は後ろに「乾杯」と続くが、それを省略した若者言葉から一般に広まった。위하다は「（〜の）ためにする」とか「（〜の）ためを思う」という意味。_{ウィハダ}
ユハに乾杯！	유하를 위하여！ _{ユハルル ウィハヨ} ＊「ユハのために！」という言い方。-를/을 위하여で「〜のために」。_{ルル ウル ウィハヨ} ＝유하를 위해 건배！ _{ユハルル ウィヘ コンベ} 「ユハのために乾杯！」 ＊위해は위하여の縮んだ形。_{ウィヘ ウィハヨ}
お祝いしよう。僕のおごりだ	축하하자, 내가 쏠게. _{チュッカハジャ ネガ ソルケ} ＊축하は漢字では［祝賀］。쏘다は「撃つ」だが、俗語で「おごる」。_{チュッカ ソダ} ＝내가 축하주 살게, 우리 축하 모임 하자. _{ネガ チュッカジュ サルケ ウリ チュッカ モイム ハジャ}

祝う ◆ 305

	「僕が祝い酒をおごるから、みんなで祝賀会をしよう」 ＊축하주は漢字では［祝賀酒］。모임は「集い」「集り」。
今晩は特別なんだ！	오늘 밤은 특별하단 말이야! ＊특별하다は「特別だ」。-단 말이야は「～ということなんだ」。 ＝오늘 저녁은 특별해! ＊저녁は「夕方」「晩」。
それはいい知らせだ！	그거 좋은 소식이네! ＊그거は그것(それ)の口語体。소식は漢字では［消息］で「知らせ」「ニュース」「便り」の意。 ＝그건 반가운 소식이다! ＊그건は그것은(それは)の縮んだ形。반가운は「うれしい～」。

スタンダード表現

よかったですね	잘됐네요. ＊잘되다は「うまくいく」。-네요は感嘆形で、「～ですねえ」という意味。 ＝정말 다행이네요. 「本当にラッキーですね」 ＊다행は漢字では［多幸］。
ついに努力が報われましたね	노력한 보람이 있었네요. ＊「努力した甲斐がありましたね」という言い方。보람は「甲斐」「やり甲斐」。 ＝드디어 노력이 열매를 맺었군요. 「ついに努力が実を結びましたね」 ＊열매(를) 맺다で「実を結ぶ」。

今夜はお祝いしなくちゃいけませんね	オヌル チョニョゲン チュッカ モイムル カジョヤゲンネヨ 오늘 저녁엔 축하 모임을 가져야겠네요. ＊ チュッカ モイムル カジダ 축하 모임을 가지다で「祝賀会を行う」。 チョニョゲ パティルル ヘヤ ドゥエゲンネヨ = 저녁에 파티를 해야 되겠네요. 「晩にパーティーをやらなければなりませんね」
一緒にお祝いをしましょう！	ウリ カチ チュッカヘヨ 우리 같이 축하해요. ＊「私たち一緒にお祝いしましょう」という言い方。축하は漢字では [祝賀]。 チュッカ モイム ハムケ ヘヨ = 축하 모임 함께 해요. 「祝賀会一緒にやりましょう」 ＊함께は「共に」。
久しぶりの再会を祝ってパーティーをしましょう	オレンマネ チェフェルル チュッカハミョ ウリ パティ 오랜만의 재회를 축하하며 우리 파티 ヨロヨ 열어요. ＊우리 파티 열어요で「私たちパーティーを開きましょう」。 オレガンマネ マンナッスニ チュッカ パティ ヘヨ = 오래간만에 만났으니 축하 파티 해요. 「久々に会ったからお祝いのパーティーをしましょう」
お祝いに一杯やりましょう	チュッカハヌン ウィミエソ ハンジャネヨ 축하하는 의미에서 한잔해요. ＊ヌン -는 ウィミエソ 의미에서는「～する意味で」。ハンジャンハダ 한잔하다は「一杯やる」。 チュッカジュ ハンジャナロ ガヨ = 축하주 한잔하러 가요. 「祝い酒一杯やりに行きましょう」＊축하주は漢字では [祝賀酒]。
乾杯しましょう！	コンベヘヨ 건배해요！ コンベ ジャン ドゥロヨ = 건배 잔 들어요！ ＊直訳は「乾杯の杯を挙げましょう！」

祝う ◆ 307

お誕生日おめでとうございます！	생일 축하해요!	＊생일は漢字では［生日］で「誕生日」の意。
	＝생신 축하드려요!	＊上の表現の敬語での言い方。생신は漢字では［生辰］。
これ、誕生祝いの贈り物です	이거 생일 선물이에요.	＊선물は漢字では［膳物］で「贈り物」の意。
来月、私の誕生パーティーがあるんです	다음 달에 제 생일 축하 모임이 있어요.	＊축하 모임は「祝賀会」。
私の誕生パーティーに来てほしいんですけど	제 생일 파티에 와 주셨으면 하는데요.	＊-았/었/였으면 하다は希望、願望を表す。
	＝내 생일 모임에 와 주면 좋겠는데요.	＊모임は「集まり」「集い」。
おめでとうございます！	축하드려요!	＊敬語だが親しみのある言い方。축하は漢字では［祝賀］。드리다は謙譲語で「差し上げる」「申し上げる」。
	＝축하해요!	＊フランクな言い方。
	＝축하합니다!	＊かしこまった言い方。
ご結婚おめでとうございます！	결혼 축하드려요!	＊敬語だが親しみのある言い方。결혼は「結婚」。「婚約」は약혼。「結婚記念日」は결혼기념일。「出産」は출산。
	＝결혼 축하해요!	＊フランクな言い方。
	＝결혼을 축하합니다!	＊かしこまった言い方。

幸せな家庭を築いてください！	행복한 가정을 만드세요! ＊敬語だが親しみのある言い方。행복하다は「幸福だ」。만들다は「作る」。 =행복한 가정 꾸미길 바래요! ＊꾸미다は「作り上げる」。바라다は「願う」「望む」。丁寧な活用形は바라요だが、日常会話では普通바래요と発音されている。
いつまでもお幸せに！	언제까지나 행복하게 사세요! ＊敬語だが親しみのある言い方。
合格おめでとうございます！	합격 축하드려요! ＊敬語だが親しみのある言い方。합격は「合格」。「入学」は입학、「卒業」は졸업。「昇進」は승진。 =합격 축하해요! ＊フランクな言い方。
卒業祝いに何か贈り物をしたいのですが	졸업을 축하하며 뭔가 선물하고 싶어요. ＊뭔가は무엇인가(何か)の縮んだ形。선물は「贈り物」「プレゼント」。 =졸업 기념으로 선물 하나 하고 싶은데요. 「卒業の記念として、贈り物を一つしたいのですが」＊기념は「記念」。
全快おめでとうございます！	완쾌되신 걸 축하드려요! ＊直訳は「全快されたことをお祝いいたします」。완쾌は漢字では［完快］。 =쾌차하신 거 축하해요! ＊쾌차は漢字では［快差］で「全快」の意。

祝う ◆ 309

明けましておめでとうございます！	_{セヘ ボン マーニ バドゥセヨ} 새해 복 많이 받으세요!	＊直訳は「新年、福(を)たくさんいただいてください！」。
メリークリスマス！	_{メリ クリスマス} 메리 크리스마스! _{チュルゴウン ソンタンジョル ドゥエセヨ} =즐거운 성탄절 되세요!	_{ソンタンジョル} ＊성탄절は漢字では[聖誕節]。

フォーマル表現

心よりお祝いを申し上げます	_{チンシムロ チュッカドゥリムニダ} 진심으로 축하드립니다.	＊_{チンシム}진심は漢字では[真心]。_{チュッカ}축하は漢字では[祝賀]。드리다は「差し上げる」「申し上げる」。_{トゥリダ}
ご卒業を心からお祝い申し上げます	_{チョロブル チンシムロ チュッカドゥリムニダ} 졸업을 진심으로 축하드립니다.	＊졸업は「卒業」。
還暦をお祝い申し上げます	_{ファンガブル チュッカドゥリムニダ} 환갑을 축하드립니다.	＊환갑は漢字では[還甲]。회갑[回甲]とも言う。_{ファンガプ}_{フェガプ}
ヘンミさんに乾杯しましょう	_{ヘンミッ シルル ウィハヨ コンベハブシダ} 행미 씨를 위하여 건배합시다.	＊「ヘンミさんのために乾杯しましょう」という言い方。-를/을 위하여で「～のために」。_{ルルウル ウィハヨ}
合格されたようで、本当によかったですね	_{ハブキョッカショッタニ チョンマル チャルドゥエッスムニダ} 합격하셨다니 정말 잘됐습니다.	＊잘되다は「うまくいく」。_{チャルドゥエダ}
この度のご昇進、本当におめでとうございます	_{イボン スンジヌル チンシムロ チュッカドゥリムニダ} 이번 승진을 진심으로 축하드립니다.	

310 ◆ 祝う

お悔やみを述べる

「お気の毒に」

カジュアル表現

残念だ！
アシュイプ゚タ
아쉽다!
ユガミネ　　　ユガム
= **유감이네!** ＊유감は漢字では［遺憾］。
　　　ノム　アッカウォ
= **너무 아까워!**「すごく惜しい！」＊**아깝다**は
　「惜しい」「もったいない」。

何てことだ！
チョロン
저런! ＊驚き、気の毒な思いを表す言葉。直訳
イロン
は「あんな！」。**이런!**（こんな！）とも言う。
セサンエ
= **세상에!** ＊直訳は「世の中に！」だが、驚き
を表す表現。
イロル　スガ
= **이럴 수가!**「こんなことって（あり得る）？！」

それはひどい！
クゴ　　ノムハダ
그거 너무하다! ＊**그거**は**그것**（それ）の
　　　　　　　　　　　クゴ　クゴッ
　　　　　　　　　　　ノムハダ
縮んだ形。**너무하다**は「ひどい」「あんまりだ」。

スタンダード表現

お気の毒に
チョンマル　アンタッカムネヨ　　　　　アンタッカプ゚タ
정말 안타깝네요. ＊**안타깝다**は「気の毒だ」。
クゴ　アンドゥエンネヨ
= **그거 안됐네요.**「それはお気の毒に」
アンドゥエダ
＊**안되다**は「気の毒だ」。
プルサンハゲ
= **불쌍하게.**「かわいそうに」
カヨプ゚キド　ハネヨ
= **가엾기도 하네요.**「気の毒だこと」

お嘆きをお察しします	정말 슬프시겠어요. _{チョンマル スルプシゲッソヨ} ＊「本当にお悲しみのことでしょう」という言い方。슬프다は「悲しい」。
	＝얼마나 애통하시겠어요. _{オルマナ エトンハシゲッソヨ} ＊直訳は「どれほど悲しいでしょう」。애통は漢字では［哀痛］。
	＝얼마나 가슴 아프시겠어요. _{オルマナ カスム アプシゲッソヨ} 가슴 아프다は「胸が痛い」。
お気持ちお察し申し上げます	당신 심정 짐작할 수 있어요. _{タンシン シムジョン チムジャッカル ス イッソヨ} ＊「あなたのお気持、察しがつきます」という言い方。심정は漢字では［心情］。
	＝당신 마음 헤아리고도 남아요. _{タンシン マウム ヘアリゴド ナマヨ} 「あなたのお気持、察して余りがあります」 ＊헤아리다は「推し量る」。남다は「余る」。
どうぞ気を落とさないでください	너무 상심하지 마세요. _{ノム サンシマジ マセヨ} ＊「あまり傷心なさらないでください」という言い方。상심は「傷心」。낙담［落胆］や낙심［落心］も使える。
この度は大変でしたね	이번에 수고가 많으셨어요. _{イボネ スゴガ マーヌショッソヨ} ＊수고は漢字では［受苦］。수고(가) 많다で「苦労が多い」「大変だ」。
	＝이번에 많이 힘드셨겠어요. _{イボネ マーニ ヒムドゥショッケッソヨ} 「この度はずいぶん大変でしたでしょう」 ＊힘(이) 들다で「大変だ」「しんどい」。
	＝이번에 고생 많았군요. _{イボネ コセン マーナックニョ} 「この度は大変ご苦労さまでした」 ＊고생は漢字では［苦生］。

ご愁傷さまです	<ruby>정말<rt>チョンマル</rt></ruby> <ruby>안됐네요<rt>アンドゥエンネヨ</rt></ruby>. ＊「本当にお気の毒さまです」という言い方。안되다はここでは形容詞で「気の毒だ」「哀れだ」の意。<ruby>안되다<rt>アンドゥエダ</rt></ruby> ＝<ruby>상심이<rt>サンシミ</rt></ruby> <ruby>크시겠어요<rt>クシゲッソヨ</rt></ruby>. ＊直訳は「傷心が大きいでしょう」。
お悔やみを申し上げます	<ruby>조의를<rt>チョイルル</rt></ruby> <ruby>표합니다<rt>ピョハムニダ</rt></ruby>. ＊「弔意を表します」という言い方。표하다は「表する」。<ruby>표하다<rt>ピョハダ</rt></ruby> ＝<ruby>애도의<rt>エドエ</rt></ruby> <ruby>뜻을<rt>トゥスル</rt></ruby> <ruby>전합니다<rt>チョナムニダ</rt></ruby>. ＊直訳は「哀悼の意を伝えます」。
さぞ気を落とされたことと思います	<ruby>얼마나<rt>オルマナ</rt></ruby> <ruby>상심이<rt>サンシミ</rt></ruby> <ruby>크시겠어요<rt>クシゲッソヨ</rt></ruby>? ＊「どれほど傷心が大きいことでしょう?」という言い方。상심は「傷心」。<ruby>상심<rt>サンシム</rt></ruby> ＝<ruby>가슴이<rt>カスミ</rt></ruby> <ruby>많이<rt>マーニ</rt></ruby> <ruby>아프셨을<rt>アプショッスル</rt></ruby> <ruby>거예요<rt>コエヨ</rt></ruby>. 「ずいぶん胸をお痛めになったことでしょう」

フォーマル表現

金先生のご逝去の報を承り、お気の毒に思います	<ruby>김<rt>キム</rt></ruby> <ruby>선생님께서<rt>ソンセンニムケソ</rt></ruby> <ruby>서거하셨다는<rt>ソゴハショッタヌン</rt></ruby> <ruby>소식을<rt>ソシグル</rt></ruby> <ruby>듣고<rt>ドゥッコ</rt></ruby> <ruby>참으로<rt>チャムロ</rt></ruby> <ruby>안타깝게<rt>アンタッカプケ</rt></ruby> <ruby>생각합니다<rt>センガッカムニダ</rt></ruby>. ＊서거하다は「逝去する」で、社会的地位の高い人に使う。참으로 안타깝다で「誠に気の毒だ」。<ruby>서거하다<rt>ソゴハダ</rt></ruby> <ruby>참으로<rt>チャムロ</rt></ruby> <ruby>안타깝다<rt>アンタッカプタ</rt></ruby> ＝<ruby>김<rt>キム</rt></ruby> <ruby>선생님께서<rt>ソンセンニムケソ</rt></ruby> <ruby>운명하셨다는<rt>ウンミョンハショッタヌン</rt></ruby> <ruby>부고에<rt>プゴエ</rt></ruby> <ruby>안타까움을<rt>アンタッカウムル</rt></ruby> <ruby>금 누를<rt>クムヌルル</rt></ruby> <ruby>길<rt>キル</rt></ruby> <ruby>없습니다<rt>オプスムニダ</rt></ruby>. 「金先生が他界されたという訃報に哀悼の念を禁じ得ません」 ＊운명は漢字では[殞命]。부고は漢字では[訃告]<ruby>운명<rt>ウンミョン</rt></ruby> <ruby>부고<rt>プゴ</rt></ruby>

	で「訃報」と同じ。억누를 길 없다で「抑えることができない」。
ご愁傷さまです	^{チョンマル アンドゥエッスムニダ} **정말 안됐습니다.** ＊^{アンドゥエダ}안되다は「気の毒だ」。 ^{サンシミ クシゲッスムニダ} ＝**상심이 크시겠습니다.** ＊直訳は「傷心が大きいでしょう」。
惜しい人をなくしました	^{アッカウン ブヌル イロッスムニダ} **아까운 분을 잃었습니다.** ＊^{アッカプタ}아깝다は「惜しい」。분は「方」。잃다は「失う」。 ^{アッカウン ブニ ウリ ギョトゥル トナッスムニダ} ＝**아까운 분이 우리 곁을 떠났습니다.** ＊直訳は「惜しい方が我々のそばを離れました」。^{キョトゥル トナダ}곁을 떠나다は「死ぬ」のえん曲な表現。
ただ今、安先生ご逝去の報を承り、誠に悲しく存じます	^{パングム アン ソンセンニムケソ ピョルセハショッタヌン} **방금 안 선생님께서 별세하셨다는** ^{クッポルル ドゥッコ スルプムル クマル ス オプスムニダ} **급보를 듣고 슬픔을 금할 수 없습니다.** ＊「今しがた、安先生が他界されたという急報を聞き、悲しみを禁じ得ません」という言い方。별세は漢字では［別世］。^{ピョルセ}슬픔は「悲しみ」。^{スルプム}금할 수 없다で「禁じ得ない」。^{クマル ス オプタ} ^{チョグム ジョネ アン ソンセンニム ソゴエ ピボルル チョッパヨ} ＝**조금 전에 안 선생님 서거의 비보를 접하여** ^{チャムロ カスミ アプムニダ} **참으로 가슴이 아픕니다.** ＊서거は「逝去」。^{ソゴ}비보를 접하다は「悲報に接する」。^{ピボルル チョッパダ}가슴이 아프다は「胸が痛い」。^{カスミ アプダ}
心からお悔やみを申し上げます	^{チンシムロ エドエ トゥスル ピョハムニダ} **진심으로 애도의 뜻을 표합니다.** ＊「心より哀悼の意を表します」という表現。진심は漢字では［真心］。^{チンシム}표하다は「表する」。^{ピョハダ}

故人のご冥福を祈り黙祷を捧げたいと思います	고인의 명복을 빌며 묵념을 올리고자 합니다. ＊명복は「冥福」。빌다は「祈る」。묵념을 올리다で「黙祷を捧げる」。-고자 하다は目的、望みを表す「～しようと思う」。
この大変な時期を勇気を持って乗り越えてください	이 어려운 시기를 용기를 내고 이겨 나가 주십시오. ＊어려운は「困難な」。이겨 나가다は「打ち勝っていく」「克服していく」。 ＝이 힘겨운 고비를 슬기롭게 넘기시기 바랍니다. ＊直訳は「この苦しい山場を見事に乗り越えてくださることを望みます」。슬기롭게は「賢明に」。-기 바라다は「～することを望む」。
ご母堂様のご逝去を悼み、謹んでお悔やみ申し上げます	모친의 서거를 애도하여 삼가 조의를 표합니다. ＊모친は어머니の敬語。漢字では[母親]。애도하다は「哀悼する」。삼가は「謹んで」。조의를 표하다は「弔意を表す」。
一日も早く悲しみから立ち直れることをお祈り申し上げます	하루빨리 슬픔을 극복하시기를 기원합니다. ＊슬픔は「悲しみ」。극복하다は「克服する」。기원하다は「祈願する」。 ＝하루속히 슬픔을 털고 다시 일어서실 것을 빌겠습니다. ＊슬픔을 털다で「悲しみを払いのける」。다시 일어서다で「再起する」。빌다は「祈る」。

お悔やみを述べる ◆ 315

表現を広げるつなぎ言葉のいろいろ

韓国語	日本語	韓国語	日本語
ケダガ **게다가** ・ その上	マーニ **많이** ・ たくさん、ずいぶん
キョウ **겨우** ・ ようやく、やっと	ムルロン **물론** ・ もちろん
コク **꼭** ・ きっと、必ず	ボルソ **벌써** ・ すでに、もう
クゴミョン **그거면** ・ それなら	アッカ **아까** ・ さっき
クレド **그래도** ・ それでも	アマ **아마** ・ たぶん、おそらく
クレソ **그래서** ・ それで	アジク **아직** ・ まだ
クロニッカ **그러니까** ・ だから	オンジェナ **언제나** ・ いつも
クロミョン **그러면** ・ それでは	ヨクシ **역시** ・ やはり
クロンデ **그런데** ・ ところで	イロッケ **이렇게** ・ このように
クロム **그럼** ・ では	イジェ **이제** ・ もう、すでに
クロッケ **그렇게** ・ そのように	チョニョ **전혀** ・ 全く、全然
クロッチマン **그렇지만** ・ だが、でも	チョム ド **좀 더** ・ もう少し
クリゴ **그리고** ・ そして	スルスル **슬슬** ・ そろそろ
タシ **다시** ・ また	ハジマン **하지만** ・ だけど、でも
マチム **마침** ・ ちょうど、たまたま	ホクシ **혹시** ・ ひょっとしたら、もしも

第3章

考えを述べる

- ◆**約束する**(約束します)➔P.318
- ◆**主張する**(こうでなきゃダメだ!)➔P.325
- ◆**肯定する**(はい)➔P.331
- ◆**否定する**(いいえ)➔P.345
- ◆**推測する**(そうじゃないかな)➔P.362
- ◆**仮定する**(もし…)➔P.368
- ◆**意見を聞く**(どう思う?)➔P.376
- ◆**意見を述べる**(ちょっと言わせてくれ)➔P.386
- ◆**意見がない**(ノーコメントだ)➔P.396
- ◆**賛成する**(賛成だ!)➔P.404
- ◆**反対する**(反対!)➔P.419
- ◆**正しくない**(間違ってるよ)➔P.435
- ◆**決断する**(決心しました)➔P.441

約束する

「約束します」

	カジュアル表現
わかった、するよ	알았어, 할게. ＊알다は「わかる」「理解する」。하다は「する」「やる」。-ㄹ/을게は相手に約束する言い方。 = 그래, 할 거야. ＊그래は対等以下の相手に対して了解、承認を表す「うん」「そう」「よし」。-ㄹ/을 거야は意志を表す言い方。
誓うよ	맹세해. ＊맹세は漢字では［盟誓］。맹세하다は「誓う」。 = 맹세할게.
神に誓うよ	하느님께 맹세할게. ＊하느님は「神様」で、하나님とも言う。-께は-에게（〜に）の敬語。 = 하늘에 맹세할 거야. ＊하늘は「天」「神様」。
約束したよね	약속했잖아. ＊「約束したじゃない」という言い方。약속하다は「約束する」。 = 우리 약속했지? 「私たち約束したよね？」
指切りげんまんしよう	손가락 걸고 약속해. ＊「指をからめて約束しよう」という言い方。걸다は「掛ける」。

約束は約束だよ!	약속은 약속이야!
損はさせないと約束するよ	손해 보게 하지 않겠다고 약속할게. ＊直訳は「損害をこうむるようにしないと約束するよ」。손해(를) 보다で「損をする」。 = 손해 안 가게 할 거라고 약속하지. ＊直訳は「損害が行かないようにすると約束するよ」。-하지は意志を表す。
内緒にするよ	비밀로 할게. ＊「秘密にするよ」という言い方。비밀は「秘密」。 = 아무한테도 말 안 할 거야.「誰にも言わないよ」
すぐにメールするね	바로 메일 보낼게. ＊「すぐEメールを送るよ」という意味。보내다は「送る」。携帯メールの場合はメイルの代わりに문자（文字）を使って「文字を送る」と表現する。そのほかに以下のような表現が使える。 = 곧 문자 날릴 거야. ＊곧は「すぐに」。문자は「文字」。날리다は「飛ばす」。 = 즉시 문자 넣을게. ＊즉시は漢字では［即時］。넣다は「入れる」。 = 금방 문자 할게. ＊금방は「すぐに」。

スタンダード表現

約束します	약속할게요. ＊약속は「約束」。할게요は「し

	ますよ」と意志を表す言い方。 ＝약속하겠어요. ＊하겠어요는意志を表す。 ＝약속하죠. ＊하죠는하지요の縮んだ形で、意志を表す。
約束は守ってください	약속은 지키세요. ＊지키다は「守る」。 ＝약속은 지켜야 돼요. 「約束は守らねばなりません」 -아/어/여야 돼요で「～しなければなりません」。
口外しないと約束できますか？	입 밖에 안 내겠다고 약속할 수 있으세요? ＊입 밖에는「口の外に」。안 내다는「出さない」。할 수 있다는「～することができる」。 ＝남한테 말하지 않겠다고 약속할 거예요? 「他人に言わないと約束しますか？」 ＊남は「他人」。
誰にも言いません	아무에게도 말 안 할게요. ＊아무에게도は後ろに否定形を伴って「誰にも（～ない）」という意味になる。 ＝아무한테도 말하지 않을게요. ＊-한테도は-에게도（～にも）と同じ意味の口語体。
それは約束できません	그건 약속 못 하겠어요. ＊그건은그것은の縮んだ形。못 하다は「できない」。-겠어요はここでは控えめな気持ちを表す。

	クゴスン ヤクソッカル ス オプソヨ = 그것은 약속할 수 없어요.
がっかりさせないと約束します	シルマンシキジ アンケタゴ ヤクソッカジヨ 실망시키지 않겠다고 약속하지요. シルマンシキダ ＊실망시키다는 「失望させる」。-지요는 意志を表している。 シルマンシキョ ドゥリヌン ニルン オプタゴ ヤクソッカルケヨ = 실망시켜 드리는 일은 없다고 약속할게요. 「がっかりさせることはないと約束しますよ」 シルマンシキョ ドゥリダ ＊실망시켜 드리다는 「失望を与える」の謙譲語。 タゴ -다고は「～だと」「～すると」。
明日、スンチョルさんに会う約束が入っています	ネイル スンチョル シルル マンナル リャクソギ チャピョ イッソヨ 내일 승철 씨를 만날 약속이 잡혀 있어요. ルル ウル マンナダ チャピョ イッタ ＊-를/을 만나다で「～に会う」。잡혀 있다는「(予定などが) 入っている」。 ネイル スンチョル シラン マンナギロ ドェ イッソヨ = 내일 승철 씨랑 만나기로 돼 있어요. 「明日スンチョルさんと会うことになっています」 ラン ハゴ キロ ドェ イッタ ＊-랑은 하고 (～と) と同じ意味。-기로 돼 있다는「～することになっている」。
必ずやります	コク ハルケヨ ハダ ル 꼭 할게요. ＊하다는「やる」「する」。-ㄹ /을게요는 意志を表し相手に約束する言い方。 パンドゥシ ハゲッソヨ パンドゥシ ケッソヨ = 반드시 하겠어요. ＊반드시는「必ず」。-겠어요는 意志を表す言い方。
どんなことがあってもそれをやってみせます	ムスン ニリ イッソド クゴル ヘネルケヨ 무슨 일이 있어도 그걸 해낼게요. クゴル クゴスル ヘネダ ＊그걸은 그것을 (それを) の縮んだ形。해내다는「やり遂げる」。 ムスン ニリ イッソド コク ヘネゴヤ マルゲッソヨ = 무슨 일이 있어도 꼭 해내고야 말겠어요. 「何が何でも必ずやり遂げますよ」

約束する ◆ 321

私は約束を守る男です	저는 약속을 지키는 남자예요. ＊저는 自分を下げた言い方。지키다は「守る」。
約束は破れませんよ	약속은 어길 수 없어요. ＊어기다は「(約束、命令などを)守らない」。 ＝약속 깨시면 안 돼요. 「約束を破ってはいけません」 ＊안 되다は「いけない」「だめだ」。
口約束なんていりません！	입으로만 약속하는 거라면 필요 없어요! ＊直訳は「口でだけ約束するのなら必要ありません！」。-라면/이라면は「〜ならば」。필요は「必要」。
もう二度としません	두 번 다시 안 하겠어요. ＊「二度と再びやりません」という言い方。 ＝다시는 안 그럴게요. ＊直訳は「二度とそうしません」。안 그러다は「そうしない」。-ㄹ/을게요は相手に約束する言い方。
必ず伺います	꼭 찾아뵙겠어요. ＊찾아뵙다は「お伺いする」 ＝꼭 갈게요. 「必ず行きます」
約束ですよ！	약속한 거예요! ＊「約束しましたよ！」という言い方。
私が保証します	제가 보증하죠. ＊제가は自分を下げた言い方。보증は「保証」。

	=내가 보증을 서겠어요. ＊보증(을) 서다는「保証する」とか「保証人になる」。
必ずやり遂げましょう！	꼭 해냅시다! ＊해내다는「やり遂げる」。 =우리 반드시 해내요! ＊直訳は「私たち、必ずやり遂げましょう！」。반드시は「必ず」。

フォーマル表現

お引き受けいただけると約束しましたよね	맡아 주시겠다고 분명히 약속하셨습니다. ＊「引き受けてくださると確かに約束されました」という表現。「〜してもらう」「〜していただく」などの受身の表現は、ほとんどの場合（誰かが）「〜してくれる」「〜してくださる」という言い方になる。맡다は「引き受ける」「受け持つ」。-다고は「〜だと」「〜すると」。분명히は「明らかに」「確かに」。 =맡아 주시겠다고 약속하시지 않았습니까? 「お引き受けくださると約束なさったではありませんか？」
1カ月以内に間違いなく終わらせます	한 달 안으로 틀림없이 끝내겠습니다. ＊한 달 안으로は「ひと月以内に」。끝내다は「終える」。 =한 달 안에 반드시 끝장내겠습니다. ＊끝장내다は「終える」「けりをつける」。 =일개월 내에 꼭 마무리 짓겠습니다. ＊마무리 짓다は「仕上げる」。〜내에は〜이내로（以内

約束する ◆ 323

	に) と言い換えることができる。
必ず何とかいたしますのでご安心ください	^{パンドゥシ} ^{オットッケ} ^{ハゲッスニ} ^{アンシマシㇷ゚シオ} 반드시 어떻게 하겠으니 안심하십시오. ＊^{ハゲッスニ}하겠으니는「するから」「するつもりだから」。 ^{アンシマダ}안심하다는「安心する」。 ＝^{コク} ^{ヘギョラゲッスニ} ^{マウム} ^{ノウシㇷ゚シオ}꼭 해결하겠으니 마음 놓으십시오.「必ず解決しますからご安心ください」＊^{マウム} ^{ウル}마음(을) ^{ノッタ}놓다는「安心する」。
できる限りのことはいたしますからお任せください	^{チュエソンヌル} ^{タハル} ^{コシムロ} ^{チョエゲ} ^{マッキョ} 최선을 다할 것임으로 저에게 맡겨 ^{ジュシㇷ゚シオ}주십시오. ＊「最善を尽くしますので私にお任せください」という言い方。최선은「最善」。 ^{チュエソン}다할 것임으로는「果たしますから」「尽くしますので」。맡기다는「任せる」。 ＝^{ハル} ^ス ^{インヌン} ^{ハン} ^タ ^{ハゲッスニ} ^{マッキョ} ^{ジュシギ} ^{パラムニダ}할 수 있는 한 다 하겠으니 맡겨 주시기 바랍니다. ＊^{ハン}한은「限り」。다 하겠으니는「すべてやりますから」。^{キルル} ^{パラダ}-기(를) 바라다는「~することを望む」。
私の名誉にかけて約束します	^{チェ} ^{ミョンイェルル} ^{コルゴ} ^{ヤクソクトゥリゲッスムニダ} 제 명예를 걸고 약속드리겠습니다. ＊「私の名誉にかけてお約束いたします」という表現。^{ヤクソクトゥリダ}약속드리다는약속하다（^{ヤクソッカダ}約束する）の謙譲語。
真実だけを語ることを誓います	^{チンシルマヌル} ^{マラル} ^{コスル} ^{メンセハムニダ} 진실만을 말할 것을 맹세합니다. ＊^{チンシルマヌル}진실만을은「真実のみを」。맹세は漢字では「盟誓」で、^{メンセハダ}맹세하다는「誓う」。
彼女は忠誠を誓いました	^{クニョヌン} ^{チュンソンウル} ^{メンセヘッスムニダ} 그녀는 충성을 맹세했습니다. ＊^{クニョ}그녀는「彼女」だが、文語的な言い方。

主張する

「こうでなきゃダメだ!」

カジュアル表現

本気だ	진심이야. _{チンシミヤ} ＊진심は漢字では「真心」。 ＝농담 아냐.「冗談じゃないんだよ」 ＊농담は「冗談」。
うそじゃないって!	뻥 아냐! _{ポン アニャ} ＊뻥は俗語で「うそ」。 ＝거짓말 아니야! ＊거짓말は「うそ」。
僕は折れないからな	나 굽히지 않을 거야. ＊굽히다は「折れる」。-ㄹ/을 거야は意志を表す言い方。 ＝난 양보 안 한다.「僕は譲歩しないぞ」 ＊양보하다は「譲歩する」「譲る」。
こうでなきゃダメだ!	이래야 된단 말이야! ＊이래야は이러해야の縮んだ形。이러하다は「こうだ」。-ㄴ/는단 말이야!は「~ということさ!」。이래야만 해!も類似表現。-만は強調を表す。 ＝그래, 바로 이거야!「そうだよまさにこれだよ!」 ＊그래は「そう」「うん」。바로は「まさに」。
絶対にダメだ!	절대 안 돼! ＊절대は「絶対」。절대로(絶対に)とも言う。안 되다は「いけない」「だめだ」。

主張する ◆ 325

スタンダード表現

私は強くそう信じます	나는 그렇다고 굳게 믿어요. ナヌン クロッタゴ クッケ ミドヨ	★「私はそうだと固く信じます」という言い方。믿다は「信じる」。
	= 나는 틀림없이 그럴 거라고 믿어요. ナヌン トゥルリモプシ クロル コラゴ ミドヨ	「私は間違いなくそうだと信じています」★틀림없이は「間違いなく」。
はっきり言って、私は彼が好きではありません	솔직히 말해서 나 그 남자 안 좋아해요. ソルチッキ マレソ ナ ク ナムジャ アン ジョアヘヨ ★ 솔직히 말해서は「正直に言って」。좋아하다は「好きだ」。	
	= 툭 까놓고 그 남자 마음에 들지 않아요. トゥク カノッコ ク ナムジャ マウメ ドゥルジ アナヨ ★ 툭 까놓고は「ぶちあけた話が」。마음에 들지 않다は「気に入らない」。	
このやり方でないといやです！	이 방법이 아니면 싫어요！ イ バンボビ アニミョン シロヨ	★방법は「方法」。싫다は「いやだ」。
私は折れたりしません	난 절대 굽히지 않을 거예요. ナン チョルデ クピジ アヌル コエヨ	★절대は「絶対」。굽히다は「折れる」。
	= 나 굽힐 생각 하나도 없어요. ナ クピル センガク ハナド オプソヨ	「私は折れるつもりはひとつもありません」★생각は「考え」「つもり」。
これ以上は妥協できません	더 이상은 타협할 수 없어요. ト イサンウン タヒョッパル ス オプソヨ ★타협하다は「妥協する」。더 이상は直訳では「より（もっと）以上」で、「これ、それ、あれ」という言葉にかかわらず「～以上」という意味	

326 ◆ 主張する

	で使える。 =이 이상은 타협 못 하겠어요. ＊이 이상는 「これ以上」。못 하다는「できない」。
あなたの主張している点はわかります	당신이 주장하는 점은 알겠어요. ＊주장하다는「主張する」。알다는「わかる」。 =당신 주장은 이해돼요. ＊이해되다는「理解できる」。
本気で言っているのです	진심으로 하는 말이에요. ＊진심은 漢字では「真心」で、진심으로는「本心から」。 =진심으로 말하고 있는 거라구요.
それについて疑問の余地はありません	그에 대해선 의심할 여지가 없어요. ＊대해선은 대하여서는(ついては)の縮んだ形。 의심은 漢字では「疑心」。 =그에 관해서는 의심할 바 없어요.「それに関しては疑う余地がありません」 -에 관해서는は「~に関しては」。 -ㄹ/을 바 없다は「~するところがない」。
説明書に従わないとダメです	설명서에 따르지 않으면 안 돼요. ＊설명서는「説明書」。-에 따르다는「~に従う」。 =설명서대로 해야지요.「説明書どおりするべきでしょう」
重ねて強調します	거듭 강조하겠어요. ＊거듭은「重ねて」。 강조하다는「強調する」。

主張する ◆ 327

	=다시 한 번 강조할게요.「もう一度強調します」
それは全く正しいと思います	그건 전적으로 옳다고 봐요. ＊전적으로는「全的に」。옳다는「正しい」。 -다고 보다で「～と思う」。 =그것은 완전히 맞다고 생각해요.「それは完全に正しいと思います」 ＊맞다는「正しい」「合う」。
私は野菜を食べることの重要性を力説しました	저는 야채를 먹는 중요성을 역설했어요. ＊야채는「野菜」。중요성은「重要性」。역설하다는「力説する」。 =난 채소를 먹는 게 중요하다는 것을 강조했지요.「私は野菜を食べることが重要だということを強調しました」
彼女は自分が正しいと主張しています	그 사람은 자기가 옳다고 주장하고 있어요. ＊그 사람은「その人」で、男女両方に使える。자기가는「自分が」。 =그 여자는 자기가 옳다고 우기고 있어요.「彼女は自分が正しいと言い張っています」 ＊그 여자는「その女」「その女性」だが、目上の人には使わない。우기다는「言い張る」。
この件は一歩も譲りません	이 건에 관해선 한 치의 양보도 안 하겠어요. ＊「この件に関しては少しの譲歩

	もしません」という言い方。한 치は「一寸」。
	= 이에 관해선 한 발짝도 물러서지 않을 거예요.
	＊한 발짝도は「一歩も」。물러서다は「後へ引く」。

フォーマル表現

仕事は過不足なくやっているつもりです	일은 빈틈없이 하고 있다고 생각합니다.
	＊빈틈없이は「隙なく（きっちりと）」。
	= 차질 없이 일을 하고 있다고 생각합니다.
	＊차질は漢字では［蹉跌］で、차질 없이は「狂いなく」「手違いなく」。

はっきり私の立場を述べさせてください	제 입장을 분명히 말하려고 합니다.
	＊「私の立場をはっきり言おうと思います」という言い方。입장は「立場」。분명히は「はっきりと」。

私は断固たる立場を取らなければなりません	저는 단호한 입장을 취해야겠습니다.
	＊단호한は「断固たる」。취하다は「取る」。

私のやり方でやってもらうよう要求します	제 방식대로 해 줄 것을 요구합니다.
	＊「私の方式どおりやってくれるよう要求します」という強い言い方。방식は「方式」。해 줄 것は「やってくれること」。요구하다は「要求する」。
	= 내 방침에 따라 주기 바랍니다.「私の方針に従ってくれるようお願いします」 ＊따르다は「従う」。-기 바라다は「～することを望む」。

私の主張は通りませんでした	チェ ジュジャンウン トンハジ アナッスムニダ 제 주장은 통하지 않았습니다. ＊주장은「主張」。통하다は「通じる」。 ネ ジュジャンウン パダドゥリョジジ アナッスムニダ ＝내 주장은 받아들여지지 않았습니다. ＊받아들여지다は「受け入れられる」。
彼は無罪を主張しました	ク サラムン ムジュエルル チュジャンヘッスムニダ 그 사람은 무죄를 주장했습니다. ＊무죄는「無罪」。주장하다는「主張する」。 ク ナムジャヌン チュエガ オプタゴ チュジャンヘッスムニダ ＝그 남자는 죄가 없다고 주장했습니다. 「その男は罪がないと主張しました」 ＊그 남자는「その男性」「彼」ともなるが、目上の人には使わない。죄는「罪」。
彼は自分が正しいとしつこく主張しています	ク サラムン チャギガ オルタゴ ウギゴ 그 사람은 자기가 옳다고 우기고 イッスムニダ 있습니다. ＊우기다는「言い張る」。 クヌン チャシニ オルタヌン チュジャンウル コジッパゴ イッスムニダ ＝그는 자신이 옳다는 주장을 고집하고 있습니다. 「彼は自分が正しいという主張に固執しています」 ＊그는「彼」だが、文語的な言い方。
これらの数字は私の主張を裏づけています	イ スッチャドゥルン チェ ジュジャンウル トゥイッパッチマゴ 이 숫자들은 제 주장을 뒷받침하고 イッスムニダ 있습니다. ＊숫자는「数字」。-들은 複数を表す言葉。뒷받침하다는「裏づける」。 イドゥル スッチャヌン ネ ジュジャンウル イプチュンハヌン ゴットゥリムニダ ＝이들 숫자는 내 주장을 입증하는 것들입니다. ＊입증하다는「立証する」。

330 ◆ 主張する

肯定する

「はい」

	カジュアル表現
うん	응_{ウン}. ＊日本語と同じで「うん」。 ⇔ 아냐_{アニャ}. 「いや」 = 그래_{クレ}. ＊「うん」とか「そう」とか「よし」の意。 = 그렇지_{クロッチ}. 그렇다_{クロッタ}は「そうだ」。
そうだろうね	그럴_{クロル} 거야_{コヤ}. = 그렇겠지_{クロッケッチ}.
Ⓐ皿洗いしなさい Ⓑうん、するよ	Ⓐ설거지해_{ソルゴジヘ}. ＊설거지_{ソルゴジ}は「食後の食器洗い」。 Ⓑ응_{ウン}, 할게_{ハルケ}. = Ⓐ그릇_{クルッ} 씻어_{シソ}. 「食器洗いなよ」 ＊ 그릇_{クルッ}は「器」。씻다_{シッタ}は「洗う」。 = Ⓑ알았어_{アラッソ}, 지금_{チグム} 할_{ハル} 거야_{コヤ}. 「わかった。今やるよ」 ＊ 알다_{アルダ}は「わかる」「承知する」。지금_{チグム}は「今」。
そうそう	그래그래_{クレグレ}. = 그러게_{クロゲ}. 「そうだよ」 = 그러게_{クロゲ} 말이야_{マリャ}. 「そうなんだよ」 ＊말이야_{マリャ}は特に意味はなく、語調を整える役割をする。

ⓐそれは本当に大きいんだ ⓑ確かにそうだね	ⓐ그건 진짜 커.	＊크다は「大きい」。
	ⓑ그럼.	＊「そうだとも」という言い方。
	=ⓐ정말 크단 말이야.	＊-단 말이야は「(要するに) 〜ということさ」という意味。
	=ⓑ진짜 그렇네.「本当にそうだね」	＊그렇다は「そうだ」。
そうだ、そうだ！	그래그래!	
	=맞아 맞아!	＊맞어 맞어!とも言う。맞다は「合う」「正しい」。
ⓐ一杯飲みに行こうか？ ⓑそれはいいね	ⓐ한잔하러 갈까?	＊한잔하다は「一杯やる」。
	ⓑ그거 좋지.	＊좋다は「いい」。
	=ⓐ한잔하러 안 갈래？「一杯やりに行かない？」	＊가다は「行く」で、안 갈래?は「行かない？」となる。
	=ⓑ그래, 좋은데.「うん、いいね」	
いいじゃん！	좋잖아!	＊좋지 않아! (いいじゃない！) が縮んだ形。
	=뭐, 괜찮은데!「まあまあいいよ！」	＊괜찮다は「普通よりいい」。
	=괜찮을 거 같은데!「いいみたいだけど！」	＊-ㄹ/을 거(것) 같다は「〜みたいだ」「〜のようだ」。

そうだ	맞어. _{マジョ} ＊それが答えとして正しいという意味。 맞아_{マジャ}とも言う。 맞다_{マッタ}は「合う」「正しい」。 = 그렇다._{クロッタ} 「そうだ」 = 그래._{クレ} 「そう」
オ〜ケ〜！	오케이! _{オケイ} ＊英語の「OK！」。 = 좋아!_{チョア} 「いいよ！」＊좋다_{チョッタ}は「よい」。 = 잘됐어!_{チャルドゥエッソ} ＊「よくできたよ！」とか「うまくいったよ！」という意味。
私も	나두. _{ナドゥ} ＊나도_{ナド}とも言う。 = 나도 그래._{ナド クレ} 「私もそう」
もちろん	물론이지. _{ムルロニジ} ＊「もちろんだよ」という言い方。-지_チは自分の考え、判断をやさしく述べる言い方。 아무렴_{アムリョム}とか 암_{アム}とも言う。 = 그럼._{クロム} 「そうとも」 = 당연하지._{タンヨナジ} 「当然さ」＊당연하다_{タンヨナダ}は「当然だ」。
もちだよ	당근이지. _{タングニジ} ＊당연하지_{タンヨナジ}に引っ掛けた若者言葉。 당근_{タングン}は「にんじん」。
いつでもいいよ	아무 때나 괜찮아. _{アムッ テナ クェンチャナ} ＊「いつでも大丈夫だよ」という言い方。 = 언제라도 좋아._{オンジェラド ジョア} = 언제든 상관없어._{オンジェドゥン サングァノプソ} 「いつでも構わないよ」

そのとおり！	그렇고말고! [クロッコマルゴ] ＊「そうだとも！」と強調した言い方。 ＝내 말이 그 말이야! [ネ マリ ク マリヤ] ＊直訳は「私の言葉がその言葉だ！」で、「それを言いたかったのさ！」という意味。 ＝그러게 말이야! [クロゲ マリャ] 「そうなんだよ！」 ＝바로 그거야! [パロ クゴヤ] 「まさにそれだよ！」 ＊바로[パロ]は「まさしく」。
ピンポ〜ン！	딩동댕! [ティンドンデン] ＊「当たり！」の意味。 ⇔땡! [テン] 「ブッブー！」
ごもっとも	옳은 말이다. [オルン マリダ] ＊直訳は「正しい言葉(話)だ」で、言っていることが正しいという意味。옳다[オルタ]は「正しい」。 ＝맞는 말이야. [マンヌン マリャ] 「もっともな話だよ」 ＊맞다[マッタ]は「合う」「正しい」。 ＝니 말이 맞어. [ニ マリ マジョ] 「君の言うとおりだよ」 ＊니[ネ]は「君の」「お前の」「あなたの」で、너や네と同じ意味で使われる。맞어は「合ってる」「正しい」で、맞아[マジャ]とも言う。
いい！	좋아! [チョア] ＊いいことに対して広く使われる。 ＝좋다! [チョッタ] 「いいぞ！」
上手！	잘한다! [チャランダ] ＊잘하다[チャラダ]は「上手にする」「うまくやる」。

	チャラネ =잘하네!「上手だね!」 ※-네は感嘆を表す。	
十分イケてる!	クンネジュンダ 끝내준다! ※直訳は「終わらせてくれる!」 で、「これ以上ない!」、つまり「最高にいい!」 という意味の俗語。 モシッタ =멋있다!「すてきだ!」とか「かっこいい!」 という意味。 モッチダ =멋지다!「すごくすてき!」	
よし!	トゥエッソ 됐어! ※トゥエダ 된다は「十分だ」「結構だ」。 オケイ =오케이!「OK!」	
喜んでするよ!	キッコイ ハルケ 기꺼이 할게! ※キッコイ 기꺼이は「喜んで」。 ムジョッコン ハル コヤ =무조건 할 거야!「無条件でやるよ!」	
まあまあだね	クジョ グロネ 그저 그러네. ※直訳は「まあそうだね」。 ナップジン アナ ナップダ =나쁘진 않아.「悪くはないよ」 ※나쁘다は 「悪い」。	
君がそう言うの なら	ネガ クロッケ マランダミョン 네가 그렇게 말한다면. ※말하다は「言 マランダミョン う」で、말한다면は「言うのなら」。 ニ センガギ クロッタミョン =니 생각이 그렇다면.「君の考えがそうなら」 ニ ネ ※니は네(君の)と同じように使われる。	
ひとことで言っ て、そうだ	ハンマディロ マレソ クロッタ ハンマディロ 한마디로 말해서 그렇다. ※한마디로 は「ひとことで」。 ハンマディロ クレ =한마디로 그래.「ひとことで、そうだよ」	

	＊ 말해서（言って）は省略。 = 간단히 말하면 그렇다. 「簡単に言えばそうだ」
信じられないかもしれないが本当なんだ！	믿기지 않을지도 모르겠지만 진짜야! = 못 믿을지도 모르겠지만 정말이라구! ＊ -이라구!は「〜なんだよ！」とか「〜だってば！」と、強い主張を表す。-이라고!とも言う。

スタンダード表現

はい	예. ＊正式な「はい」で、かしこまった硬い感じ。 = 네. ＊日常会話で普通に使われる。
はい、そうです	네, 그래요. ＊그렇다は「そうだ」。
はい、私の知っている限りではそうです	네, 제가 아는 한에는 그래요. ＊제가は「私が」で、自分を下げた言い方。아는 한は「知る限り」。 = 네, 내가 알기로는 그런데요. 「ええ、私が知る限りではそうですけど」
そう思います	그렇게 생각해요. ＊생각하다は「考える」。 = 그렇다고 봐요. 「そうだと思います」 ＊-고 보다で「〜と思う」。 = 그렇지 싶어요. 「そうだろうと思います」
そうです	맞아요. ＊맞다は「合う」「正しい」。

	= 그래요. 그렇다는「そうだ」。
やってみましょう！	해 봐요! = 해 보자구요! ＊親しみのある言い方。 = 해 봅시다! ＊かしこまった言い方。
十分に可能性はあります	가능성은 충분히 있어요. ＊「可能性は十分にあります」という言い方。가능성は「可能性」。 = 얼마든지 가능성 있어요. ＊얼마든지は「いくらでも」。 = 가능성은 아주 많아요.「可能性はとても多いです」＊많아요の代わりに커요（大きいです）も使える。
いい選択ですね	잘 선택하셨어요. ＊「よく選択されました」という表現。선택は「選択」。 = 잘 생각하셨어요. ＊直訳は「よくお考えになりました」で、いい選択をしたという意味でもよく使う。생각하다는「考える」。 = 선택 한번 잘했어요. ＊한번は前の名詞を強調する副詞。잘하다는「上手にする」。
私にだってできますよ	저도 할 수 있어요. ＊「私もできますよ」という言い方。저は나（私）の謙譲語。 = 나라고 못 할 거 없어요.「私だからといってできないことありません」。＊-라고は-라고

肯定する ◆ 337

해서 (〜だからといって) の縮んだ形。

= 나라고 못 하겠어요? ＊直訳は「私だからといってできませんか？」だが、反語的に「私にだってできますよ」という意味。

大成功を収める チャンスです	대성공을 거둘 찬스예요. ＊대성공は「大成功」。거두다は「収める」。
	= 크게 성공할 절호의 기회예요. 「大きく成功する絶好の機会です」 절호의は「絶好の」。기회は「機会」「チャンス」。
	= 대성공할 좋은 기회라구요. -라구요は強く主張する言い方。
	= 한밑천 잡을 찬스지요. ＊한밑천 잡다は「大もうけする」。-지요は考えをやさしく述べる言い方。
それには有利な 点がいっぱいあ ります	그건 유리한 점이 많아요. ＊「それは有利な点が多いです」という言い方。
	= 그건 많은 점에서 유리해요. 「それは多くの点で有利です」
	= 그건 여러모로 이점이 많아요. ＊여러모로は「いろいろな面で」。이점は「利点」「メリット」。
それは料理に役 立ちます	그건 요리에 쓸모가 있어요. ＊쓸모は「使い道」「利用価値」。
	= 그건 요리 만드는 데 큰 도움이 돼요. 「それは料理を作るのに大いに役立ちます」

	＊도움이 되다는「助けになる」。 =그건 요리하는 데 써먹을 수 있어요.「それは料理をするのに利用できます」＊써먹다は「活用する」「利用する」。
その指摘は的を射ています	그 지적은 정곡을 찔렀어요. ＊지적は「指摘」。정곡을 찌르다は「正鵠を射る」。 =그건 핵심을 찌른 지적이에요.「それは核心を突いた指摘です」＊핵심は「核心」。급소(急所)も使える。
徐々に効果が現れるでしょう	서서히 효과가 나타날 거예요. ＊서서히は「徐々に」。효과は「効果」。나타나다は「出る」「現れる」。-ㄹ/을 거예요は「~するでしょう」。 =점차 효능이 있을 거예요.「だんだん効き目が現れるでしょう」＊점차は漢字では［漸次］。효능は「効能」。
まだ逆転勝ちできます	아직 역전승할 가능성이 남아 있어요. ＊역전승は「逆転勝ち」。가능성は「可能性」。남아 있어요は「残っています」。 =아직도 역전승이 가능해요. ＊아직도は「いまだに」。
全くおっしゃるとおりです	지당하신 말씀이에요. ＊지당は漢字では［至当］で、지당하다は「至極当然だ」。말씀は말の敬語で、「お言葉」「お話」。

肯定する ◆ 339

	=내 말이 그 말이에요. ＊直訳は「私の話はその話です」で、「それが私の言いたかったことです」という意味。
間違いありません！	틀림없어요! ＊틀림없다は「間違いない」。
	=확실해요! ＊확실하다は「確実だ」。
保証します！	제가 보증할게요! ＊제가は謙譲語の「私が」。보증하다は「保証する」。
	=내가 보증 서겠어요! 「私が保証します！」 ＊보증(을) 서다で「保証する」「保証人になる」。
確かにそうです	그게 틀림없어요. ＊「それに間違いありません」という意味。그게は그것이（それは）の縮んだ形。
	=맞는 말이에요. 「そのとおりです」 ＊直訳は「正しい話です」。
	=하긴 그래요. 「もっともです」 ＊하긴は하기는（もっとも、そう言えば）の縮んだ形。
よくできました	잘하셨어요. ＊直訳は「よくなさいました」。相手をほめる言い方。잘하다は「上手にする」「よくやる」。
	=잘했군요. 「上手にできましたね」
	=잘됐어요. 「うまくいきました」 ＊잘되다は「うまくいく」「よくできる」。
名案ですね！	그거 참 좋은 생각이네요! ＊「それは

	本当にいい考えですね！」という言い方。生각(センガク) は「考え」「意見」。 = 훌륭한 생각이에요! ＊훌륭하다は「立派だ」 「すばらしい」。
実にすばらしい **ことです**	정말 훌륭한 일이에요. = 진짜 대단하세요. 「本当にすばらしいです」 ＊진짜は「本当(に)」。대단하다は「すばらしい」 「すごい」。
それはいいです **ね**	그거 좋은데요. ＊그거는 그것(それ)の 縮んだ形。좋다は「よい」「いい」。 = 그거 참 좋군요. 「それは本当にいいですね」
ある意味で彼は **正しいです**	어떻게 보면 그 사람이 옳아요. ＊「見方によってはその人が正しいです」という 意味。그 사람は「その人」「あの人」。「彼」は 그 남자も使えるが、「あの男」というニュアン スもあり、当然目上の人には使わない。옳다は 「正しい」。 = 어찌 보면 그이 말이 맞아요. 「見方によって はその人の言っていることが正しいです」 ＊어찌 보면は어떻게 보면(見方によっては) と同じ意味。그이는 그 사람(その人、あの人) の丁寧語。 = 어느 의미에선 그가 옳아요. 「ある意味で は彼が正しいです」 ＊그は文語的な言い方の 「彼」。

無論ですよ	**물론이지요.** ※물론は「もちろん」「無論」。 -지요は早く言うと-죠になる。 = 그럼요. 「そうですとも」 = 당연하죠. 「当然でしょう」
残念ながらそのようです	**유감스럽지만 그런 것 같애요.** ※유감스럽다は「残念だ」「遺憾だ」。 유감스럽지만は「残念だけど」。같애요は 같아요が正しい形だが、日常会話では広く使われている。 = 유감이지만 그런 모양이에요. 유감이지만 は「残念だけど」。그런 모양이다は「そうらしい」。모양は漢字では［模様］で「様子」「ありさま」の意。
はい、行っても結構です	**예, 가셔도 돼요.** ※예は目上の人に使うかしこまった返事の「はい」。日常会話では気楽な感じの네（はい、ええ）がよく使われる。-아/어/여도 되다は「～してもよい」。되다は괜찮다（構わない）や좋다（いい）と言い換えることができる。 = 네, 가도 괜찮아요.
私のプランが通りました	**제 기획이 통과됐어요.** ※直訳は「私の企画が通過しました」。통과되다は「通過する」「通る」。 = 내 안이 인정됐어요. 「私の案が認められました」 ※인정되다は「認定される」。

フォーマル表現

そうでございます
그렇습니다. _{クロッスムニダ}
⇔그렇지 않습니다. _{クロッチ アンスムニダ} 「そうではありません」

はい、ありがとうございます
예, 감사드립니다. _{イェー カムサドゥリムニダ} ＊감사드리다는 _{カムサドゥリダ} 「感謝申し上げる」という謙譲語。
＝네, 감사합니다. _{ネー カムサハムニダ} ＊감사하다는 _{カムサハダ} 「感謝する」。
＝네, 고맙습니다. _{ネー コマプスムニダ} ＊고맙다는 _{コマプタ} 「ありがたい」。

はい、お願いします
예, 잘 부탁드리겠습니다. _{イェー チャル ブタクトゥリゲッスムニダ} ＊「はい、よろしくお願い申し上げます」という最も丁寧な言い方。부탁は漢字では[付託]。_{ブタク}
＝네, 잘 부탁합니다. _{ネー チャル ブタッカムニダ}
＝그렇게 좀 부탁합시다. _{クロッケ ジョム ブタッカプシダ} ＊申し出に対して「そのようにお願いします」という言い方。

承知しました
알겠습니다. _{アルゲッスムニダ} ＊알다는 _{アルダ} 「わかる」「承知する」。
⇔아뇨, 안 되겠습니다. _{アニョ アン ドゥエゲッスムニダ} 「いいえ、だめです」
＝잘 알았습니다. _{チャル アラッスムニダ} 「よくわかりました」

本部長は新製品の販売を承認しました
본부장님은 신제품의 판매를 승인하셨습니다. _{ポンブジャンニムン シンジェブメ パンメルル スンイナショッスムニダ} ＊신제품은 _{シンジェブム} 「新製品」。판매는 _{パンメ} 「販売」。승인하다는 _{スンイナダ} 「承認する」。
＝본부장님이 새 제품의 발매를 승낙했습니다. _{ポンブジャンニミ セ ジェブメ パルメルル スンナッケッスムニダ}
＊새는 _セ 「新しい～」。발매는 _{パルメ} 「発売」。승낙하다는 _{スンナッカダ} 「承諾する」。

肯定する ◆ 343

承諾を得ようが得まいがやります	승낙을 받든 말든 하겠습니다. ＊-든 말든은「～しようがしまいが」で、-든지 말든지 (간에)の縮んだ形。 =승낙을 얻거나 말거나 진행시키겠습니다. ＊-거나 말거나 (간에)は「～しようがしまいが」で、縮んだ形は-건 말건。진행시키다は「(仕事などを)進める」。
社長が承認しました	사장님께서 승인하셨습니다. ＊-께서는-가/이 (～が、～は)の敬語。 =사장님의 승인을 받았습니다.「社長の承認を取り付けました」＊받다は「もらう」で、얻다(もらう、得る)と言い換えることができる。
失敗の責任はとらせていただきます	실패한 책임은 제가 지겠습니다. ＊「失敗した責任は私が負います」という言い方。실패하다는「失敗する」。책임(을) 지다で「責任をとる」。 =실수에 대해서는 제가 책임지겠습니다.「失敗については私が責任をとります」＊실수は「失敗」「失策」。
あなたの意見は理にかなっています	당신 의견은 지당한 것입니다. ＊의견은「意見」。지당하다は「至極当然だ」「理にかなっている」。 =이치에 맞는 의견입니다.「理にかなった意見です」＊이치は漢字では[理致]。맞다는「合う」。

否定する

「いいえ」

カジュアル表現

ううん	아냐. アニャ	＊아니다は「いや」「違う」。 ⇔그래._{クレ}「うん」 ＝아니._{アニ}「いや」
ダメ	안 돼. アンドゥエ	＊안 되다は「だめだ」。 ⇔좋아._{チョア}「いいよ」 ＝안 된다._{アンドゥエンダ}「だめだ」 ＊子供や目下の人にいう言い方。
絶対ダメ！	절대 안 돼! チョルテ アンドゥエ	＊절대は「絶対」。 ＝절대로 안 된다!「絶対にだめだ！」
うまくいかないよ	잘 안돼. チャル アンドゥエ	＊잘は「うまく」「上手に」で、잘 안되다は「うまくいかない」。 ＝잘되지 않아.
僕はやってないよ	난 하지 않았어. ナン ハジ アナッソ	＊「誰がやったんだ？」と責められて言う場合の言い方。하지 않다は「やらない」。 ＝내가 한 거 아냐.「僕がやったんじゃないよ」 ＊거は것（もの、こと）の縮んだ形。

否定する ◆ 345

いや、いいよ	아냐, 됐어.	＊됐다はこの場合、「十分だ」「いい」「結構だ」の意。
ⓐお腹はすいてないの? ⓑええ、ちっとも	ⓐ배 안 고프니? ⓑ응, 전혀 안 고파.	＊배(가) 고프다で「空腹だ」。 ＊전혀は「全然」。
ⓐ行かない! ⓑ私も!	ⓐ나 안 갈래! ⓑ나두!	＊나は「僕」「私」。안 갈래!は「行かない!」という意志の表明。 ＊나도!とも言う。
僕は結構だ	난 빼 줘. =난 됐어.	＊自分は数に入れるなという意味の「僕は抜いてよ」という表現。빼다は「抜く」。 「僕はいいよ」
それほどでもないよ	그렇지도 않아. =그 정도까진 아냐.	＊그렇다は「そうだ」。 ＊直訳は「その程度まではないよ」。-까진は-까지는(までは)の縮んだ形。
そういうわけじゃないんだ	그런 게 아냐. =꼭 그런 건 아냐.	＊「そういうことじゃないよ」という言い方。게は것이の縮んだ形。-가/이 아니다で「～ではない」。 「必ずしもそういうわけじゃないよ」 ＊꼭は普通は「きっと」とか「必ず」の意味だが、否定の表現を伴うと「必ずしも(～ではない)」となる。

いつもそうではないよ	늘 그런 건 아냐. ＊그런 건은 그러한 것은 (そういうことでは) の縮んだ形。 = 언제나 그렇다는 게 아냐. ＊直訳は「いつもそうだということじゃないよ」。언제나は「いつも」。
それはどうかな	그건 어떨까? ＊어떨까?は어떠할까? (どうだろうか?) の縮んだ形。 = 글쎄다. ＊「さあねぇ」とか「そうだなぁ」というニュアンス。
❹彼は料理うまいの? ❺最高だとは言えないけどね	❹그 사람 요리 잘해? ＊잘하다は「上手だ」。 ❺최고라곤 할 수 없지만 말이야. ＊최고라곤は최고라고는 (最高だとは) の縮んだ形。말이야は特に意味はなく、語調を整えるための言葉。
違うよ!	아냐!
そんなバカな!	그럴 리가! ＊「そんなはずが!」という言い方。 = 어떻게 그럴 수가! 「どうしてそんなことが!」 = 세상에! ＊直訳は「世の中に!」だが、「この世にそんなバカなことがあるものか!」という意味。 = 말도 안 돼! ＊直訳は「話にもならない!」。

否定する ◆ 347

そうではないよ	그게 아냐. ＊그게は그것이の縮んだ形。 =그런 거 아냐.「そういうことじゃないよ」
もちろん違うよ	물론 아니지. ＊물론は「もちろん」「無論」。 아니다は「いや」「違う」。
答えはノーだ！	내 대답은 '노'야. ＊내は나의 (私の) が縮んだ形。
冗談だよ	농담이야. ＊농담は漢字では[弄談]で「冗談」の意。 =농으로 말한 거야.「冗談で言ったんだよ」 ＊농は농담の縮んだ形。말하다は「言う」「話す」。
そのことじゃなくて	그 일 말고. ＊体言 (名詞、代名詞、数詞) +말고で「～じゃなくて」という意味。말다は「しない」「よす」。 =그 일이 아니라.「そのこと (件) じゃなくて」 =그 얘기 말고.「その話じゃなくて」 ＊얘기は이야기 (話) の縮んだ形。
それじゃダメだ	그러면 안 돼. ＊그러면は「そうだとすれば」「それなら」。 =그건 안 돼.「それはダメだよ」 ＊그건は그것은 (それは) の縮んだ形。
今はダメ	지금은 안 돼. ＊지금は「今」。

	= 지금은 아냐. ＊「今はその時じゃない」という意味で使われる。아니다は「いや」「違う」。
ここではダメだ	여기선 안 돼. ＊여기선は여기에서는（ここでは）の縮んだ形。 = 이곳에선 안 된다. ＊이곳은여기（ここ）と同義語。
まだだよ	아직 멀었어. ＊直訳は「まだ遠かった」で、時間・空間的に、または水準・完成度などにおいて、目指すところに達していないことを言う慣用表現。멀다は「遠い」。 = 아직은 아냐. ＊「まだその時じゃない」という意味。
私はパスするよ	난 패스할래. ＊난は나는（私は）の縮んだ形。패스は「パス」。 = 난 됐어. ＊되다はここでは「結構だ」。
やめておこうよ	하지 말자. ＊-지 말다は「～するのをやめる」。 ⇔ 하자. 「やろう」 = 그만두자. ＊그만두다は「やめる」「中止する」。 = 그만 하자. ＊「このくらいにしておこう」とか「もうやめよう」の意。
そうじゃないみたいだね	그게 아닌 거 같아. ＊거は것（こと、もの）の縮んだ形。-ㄴ/은 거 같다は「～みたいだ」。

否定する ◆ 349

	같아는 같애^{カテ}とも言う。 ⇔그런 ^{クロン} 거 ^ゴ 같아^{ガタ}.「そうみたいだよ」 =안 ^{アン} 그런 ^{グロン} 거 ^ゴ 같은데^{ガトゥンデ}.「そうじゃないようだよ」
やりたくない	하기 ^{ハギ} 싫어^{シロ}. ＊直訳は「やるのいや」。하다^{ハダ}は「やる」「する」。싫다^{シルタ}は「いやだ」。 =하고 ^{ハゴ} 싶지 ^{シプチ} 않아^{アナ}.「したくない」 ＊-고 ^コ 싶다^{シプタ}は「〜したい」。 =안 ^ア 하고 ^{ナゴ} 싶어^{シポ}.「したくない」
私はイヤよ！	난 ^{ナン} 싫어^{シロ}! ＊난は나는（私は）の縮んだ形。 =난 ^{ナン} 싫다고^{シルタゴ}! ＊-다고^{タゴ}!は強く主張する言い方。-다구^{タグ}!とも言う。
大嫌い！	질색이야^{チルセギヤ}! ＊질색이다^{チルセギダ}は「いやだ」「苦手だ」「こりごりだ」などの意味がある。 =정말 ^{チョンマル} 싫어^{シロ}!「本当にいや！」
難し過ぎるよ	너무 ^{ノム} 어려워^{オリョウォ}. ＊너무^{ノム} 〜で「〜過ぎる」とか「すごく〜」の意。어렵다^{オリョプタ}は「難しい」。 =무지무지 ^{ムジムジ} 어렵다구^{オリョプタグ}. ＊무지^{ムジ}は「ものすごく」。무지하게^{ムジハゲ}とも言う。무지무지^{ムジムジ}は強調形。-다구^{タグ}は強く主張する言い方。-다고とも言う。
わかんな〜い	몰라^{モルラ}. ＊모르다^{モルダ}は「わからない」「知らない」。 =모르겠어^{モルゲッソ}. ＊やや控えめな言い方。

余計なお世話だ！	쓸데없는 참견! ※쓸데없다は「無用だ」で、쓸데없는は「無用な〜」。참견は漢字では[参見]で「おせっかい」「口出し」の意。
	= 참견하지 마! 「口出ししないでよ！」 ※-지 말다は「〜するのをやめる」で、-지 마!は命令形。
	= 넌 빠져! 「君はあっち行ってろよ！」 ※넌は너는（君は、お前は）の縮んだ形。빠지다は「抜ける」「外れる」「消えうせる」。

スタンダード表現

いいえ	아뇨. ※아뇨は아니요（いいえ）の縮んだ形。
いいえ、違います	아뇨, 아니에요.
	= 아뇨, 그렇지 않아요. 「いいえ、そうではありません」 ※-지 않다は「〜ではない」。
結構です	됐어요. ※되다は「十分だ」「いい」「結構だ」。
	= 괜찮아요. ※괜찮다は「大丈夫だ」「結構だ」「構わない」。
いらないです	필요 없어요. ※「必要ありません」という言い方。필요は「必要」。
ムリです	무리예요. ※무리は「無理」。불가능해요（不可能です）も使える。

否定する ◆ 351

お気の毒ですが力になれません	안타깝지만 힘이 되어 드릴 수 없어요. ＊안타깝다는「気の毒だ」。힘이 되어 드릴 수 없다で「力になって差し上げられない」。 ＝미안하지만 도와줄 수가 없어요.「悪いけど力になってやれません」 ＊도와주다는「助けてやる」「援助する」。-ㄹ/을 수 없다는「～することができない」。
ご希望に沿えません	원하시는 대로 해 드리지 못하겠어요. ＊「お望みどおりして差し上げられません」という言い方。원하다は「願う」「望む」「欲する」。-지 못하다は「～できない」。 ＝기대에 보답하지 못하겠어요.「期待に応えられません」 ＊기대は「期待」。보답하다 は「応える」「報いる」。
私はやっていませんが	전 하지 않았어요.＊「誰がやったんだ？」と責められて言う場合。전は저는（私は）の縮んだ形。
あなたは間違っています	당신 잘못했어요. ＊잘못하다は「間違える」「過ちを犯す」。 ＝당신 그거 잘못이에요.「あなた、それ間違ってますよ」
私は違った考えを持っています	제 생각은 달라요. ＊「私の考えは違います」という言い方。제は내（私の）の謙譲語。다르다は「違う」。

	=나는 그렇게 생각하지 않아요. 「私はそう思いません」 ※그렇게は「そのように」。
大したことではないと思います	큰 문제는 아니라고 봐요. ※直訳は「大きな問題ではないと見ます」。-라고/이라고 보다で「〜だと思う」。
	=별일 아닐 거예요. ※별일 아니다で「どうっていうことない」「大したことじゃない」。
	=그게 무슨 대수로운 일이에요? ※直訳は「それが何が大したことなのですか？」。대수로운 일は「大したこと」。同じ意味で대수や대단한 일も使える。
それはむだ骨です	그건 헛수고예요. ※헛~は「むだな～」とか「むなしい～」の意。수고は漢字では[受苦]で「苦労」の意。헛수고と同じ意味で헛고생、헛일、허탕が使える。
それはあまりピンときません	그거 뭔가 느낌이 확 안 오는데요. ※直訳は「何か感じがパッとこないんですが」。뭔가は 무엇인가（何だか）の縮んだ形。
	=그건 뭔가 감을 잡을 수가 없어요. 「それはいまいち感じがつかめません」 ※감は漢字では[感]で、감을 잡다は「感じをつかむ」。
楽観はしていません	낙관은 하지 않고 있어요. ※낙관は「楽観」。
	=낙관하고 있지는 않아요. 「楽観してはいません」

否定する ◆ 353

そのことは何も知りません	그 일에 대해선 아무것도 몰라요. ＊-에 대해선은-에 대해서는 (~については)の縮んだ形。모르다は「知らない」。아무것도の代わりに하나도（ひとつも）も使える。 ＝그에 관해선 아는 게 전혀 없어요.「それに関しては知っていることが何もありません」 ＊-에 관해선は「~に関しては」。게は것이（ことが）の縮んだ形。전혀は「全然」。
残念ながらダメなようです	유감스럽지만 안 되는 거 같아요. ＊유감스럽지만は「残念ながら」。안 되는 거 같아요は「(今現在は) だめなようだ」という意味。今後の見通しとして「だめなようだ」と言う場合は안 될 거 ~となる。 ＝안타깝지만 안 되는 모양이에요. ＊안타깝지만は「残念ながら」。-ㄴ/은/는 모양이다は「~らしい」「~の(する)ようだ」。
いい考えだとは思いません	좋은 생각은 아닌 거 같애요. ＊「いい考えじゃないようです」という言い方。같애요は같아요が正しい形だが、日常会話で広く使われている。 ＝좋은 생각이라곤 보지 않아요. ＊이라곤は-이라고는 (~だとは)の縮んだ形。-라고/이라고 보다で「~だと思う」。
できたらそうしたくないです	가능하면 그러고 싶지 않아요. ＊가능하면は「可能ならば」。그러다は「そうする」。

354 ◆ 否定する

	トゥエドロギミョン クロッケ ア ナゴ シポヨ = 되도록이면 그렇게 안 하고 싶어요. トゥエドロギミョン ＊되도록이면は「できるだけ」「なるべくなら」。
気に入りません	マウメ アン ドゥロヨ マウメ ドゥルダ 마음에 안 들어요. ＊마음에 들다で「気に入る」。 タムタッカジ アナヨ タムタッカダ = 탐탁하지 않아요. ＊탐탁하다は「気に入る」「好ましい」。
そんな気分じゃないんです	クロル キブニ アニエヨ キブン 그럴 기분이 아니에요. ＊기분は「気分」。 カイ アニダ -가/이 아니다で「～じゃない」。 クロル キブニ モッ トゥエヨ = 그럴 기분이 못 돼요. 「そういう気分になれません」 カイ モッ トゥエダ ＊-가/이 못 되다で「～になれない」。
別の機会にしてください	タルン キフェロ ハシジョ タルン 다른 기회로 하시죠. ＊다른は「別の」。 ハシジョ 하시죠は「なさってください」という非常に丁寧な命令形。 タウムボヌロ ハセヨ = 다음번으로 하세요. 「次回にしてください」 タウム ＊丁寧な命令形。다음は「次（の）」。
悪いけど、今急いでいるので	チュエソンハジマン チグム パッパヨ 죄송하지만 지금 바빠요. ＊「申し訳 チグム ないけど今忙しいんです」という言い方。지금 パップダ は「今」。바쁘다は「忙しい」。 ミアナジマン チグム シガニ オプソヨ = 미안하지만 지금 시간이 없어요. 「すまない けど今時間がないんです」
すみません、今手が離せません	チュエソンハジマン チグム ソヌル ロウル スガ 죄송하지만 지금 손을 놓을 수가 オプソヨ ソヌル ロッタ 없어요. ＊손(을) 놓다は「手を休める」。

否定する ◆ 355

興味ありません	^{クァンシ モプソヨ} 관심 없어요.	＊提案、勧誘を断るとき言う。 ^{クァンシム} 관심は「関心」。
冗談ですよ	^{ノンダミエヨ} 농담이에요. ^{ノン}	＊^{ノンダム}농담は漢字では［弄談］で「冗談」の意。농とも言う。
	=^{ノンウロ ハン マリエヨ} 농으로 한 말이에요.	「冗談で言ったことですよ」
私は無関係です	^{チョヌン ムグァナン サラミエヨ} 저는 무관한 사람이에요.	＊相手から責められたときに言う。저는나(私)の^{チョ ナ}謙譲語。 ^{ムグァン}무관は漢字では［無関］で、^{ムグァナダ}무관하다は「無関係だ」。
	=^{ナハゴン サングァノムヌン ニリエヨ} 나하곤 상관없는 일이에요.	「私とは関係のないことです」＊^{ナハゴン}나하곤は^{ナハゴヌン}나하고는の縮んだ形。^{サングァノムヌン}상관없는は무관한と言い換えられる。
彼に勝つのは無理です	^{ク サラムル イギヌン ゴスン ムリエヨ} 그 사람을 이기는 것은 무리예요.	＊^{ルル ウル イギダ}-를/을 이기다で「〜に勝つ」。
	=^{ク サラムル タンヘ ネジヌン モテヨ} 그 사람을 당해 내지는 못해요.	＊^{ルル ウル}-를/을^{タンヘ ネダ}당해 내다は「〜に打ち勝つ」。
私の知ったことではありません	^{チェガ アル バガ アニエヨ} 제가 알 바가 아니에요.	＊^{アル バ}알 바は「知ること」「知るところ」。^{サングァナル バ}상관할 바 (かかわること) も使える。
私を巻き込まないでください	^{チョル クロドゥリジ マセヨ} 절 끌어들이지 마세요.	＊^{チョル チョルル}절は저를(私を)の縮んだ形。^{クロドゥリダ}끌어들이다は「引き込む」。 ^{チ マセヨ}-지 마세요は「〜しないでください」。

	= 날 말려들게 하지 말아요.	＊直訳は「私を引き込まれるようにしないでください」。
知りません	저는 모르겠어요.	＊모르다は「知らない」。
	= 난 몰라요.	「私は知りません」
理解できません	이해할 수 없어요.	＊이해は「理解」。
	= 이해하지 못해요.	＊-지 못하다は「〜することができない」。
	= 이해 못 하겠어요.	＊-겠が付くと控えめな言い方になる。
わからないです	알 수 없어요.	＊알다は「わかる」。 알지 못해요（わかりません）とも言う。
それは本当ではありません	그건 사실이 아니에요.	＊그건は그것은（それは）の縮んだ形。 사실は「事実」だが、「本当」「本当のこと」の意味でよく使われる。
	= 그건 진짜가 아니에요.	＊진짜は「本当」。
それははっきりしていません	그건 확실하지 않아요.	＊확실하다は「確実だ」。
	= 그건 명확지 않아요.	＊명확지 않다は명확하지 않다（明確ではない）の縮んだ形。同じ意味で분명치 않다も使える。
それは誤解ですよ	그건 오해예요.	＊오해は「誤解」。

否定する ◆ 357

そういう意味では言っていません	그런 뜻에서 한 말이 아니에요. ※「そういう意味で言ったのではありません」という言い方。뜻は「意味」。 = 그런 뜻으로 말하진 않았어요. 「そういう意味で言ってはいません」※말하다は「言う」「話す」。말하진は말하지는の縮んだ形。그런 뜻으론 말하지 않았어요も類似表現。 = 내 말은 그런 의미가 아니에요. 「私が言ったのはそういう意味じゃありません」※내 말은は「私の言ったことは」。
あなたの言うことは的外れです	엉뚱한 소리 하시네요. ※엉뚱하다는「とんでもない」「突拍子もない」。소리は「話」「こと」「言葉」。 = 동문서답하고 있네요. 「的外れな答えをしていますね」※동문서답は漢字では［東問西答］で「とんちんかんな答え」の意。
悪いけど、あなたとは合いそうにないです	죄송하지만 당신하고는 안 맞는 것 같아요. ※죄송하다は「申し訳ない」「恐縮だ」。미안하다（すまない）より丁寧な謝り方。안 맞다は「合わない」。-ㄴ/은/는 것 같다で「〜のようだ」「〜するらしい」。 = 미안하지만 당신하곤 말이 통하지 않나 봐요. 「悪いけど、あなたとは話が通じないみたいです」※통하지 않다は「通じない」。-나 보다는「〜らしい」「〜そうだ」「〜みたいだ」。

そんなこと言ってませんよ	그런 말 안 했어요. ＊말の代わりに얘기(話)も使える。
それには納得できません	그건 납득할 수 없어요. ＊납득は「納得」。-ㄹ/을 수 없다は「〜することができない」。납득이 가지 않아요も類似表現。 = 그것엔 납득 못 하겠어요. ＊-엔は-에는(〜には)の縮んだ形。
それじゃダメですよ	그건 안 되죠. ＊-죠は-지요の縮んだ形で、「〜でしょう」とか「〜ですよ」と自分の考えをやさしく述べる言い方。
すみません、それはご利用できません	죄송하지만 그건 이용하실 수 없어요. ＊이용하다は「利用する」。
簡単に話に乗らないでください	남의 말 쉽게 믿으면 안 돼요. ＊「他人の話を簡単に信じてはだめです」という言い方。쉽게は「簡単に」。믿다は「信じる」。 = 감언이설에 넘어가지 마세요.「口車に乗らないでください」＊감언이설は漢字では［甘言利説］で、감언이설에 넘어가다は「甘い言葉にだまされる」。

フォーマル表現

そうではございません	그렇지가 않습니다. ＊-가(〜は)は取ることもできる。

否定する ◆ 359

	= 그런 것이 아닙니다. 「そういうことではありません」
とんでもないです	당치 않습니다. ＊당치 않다は「とんでもない」「もってのほかだ」。
	= 어처구니없는 일입니다. 「とんでもないことです」 ＊어처구니없다は「とんでもない」「あきれる」。어이없다とも言う。
	= 천부당만부당한 일입니다. 「不当千万です」 ＊천부당만부당は漢字では［千不当万不当］。短く천만부당とも言う。
いいえ違います	아뇨, 아닙니다.
私は認めることができません	저는 인정할 수 없습니다. ＊인정は漢字では［認定］。할 수 없다で「することができない」。
あなたの考えには根本的に間違っているところがあります	당신 생각에는 근본적인 잘못이 있습니다. ＊근본적인は「根本的な」。잘못は「間違い」「過ち」。
私にはそうとは思えませんが	저에게는 그렇게 안 보입니다만. ＊ -에게는は「〜には」。그렇게 안 보이다で「そのように見えない（思えない）」。
	= 나는 그렇게는 생각하지 못하겠습니다만. 「私はそのようには思えませんが」

この点では私たちは同意しておりません	イ ジョメソヌン チョイガ トンイハジ 이 점에서는 저희가 동의하지 モテッスムニダ 못했습니다. ＊「あなた方に同意し得なかった」という意味。저희는 우리(私たち)の謙譲語。 トンイハダ 동의하다は「同意する」。
お申し出は、お受けできません	チェイルル パダドゥリジ モタゲッスムニダ 제의를 받아들이지 못하겠습니다. チェイルル パダドゥリダ ＊제의를 받아들이다は「提議を受け入れる」。
この仕事にはほかの人を選びました	イボン ニレヌン タルン サラムル コルラッスムニダ 이번 일에는 다른 사람을 골랐습니다. コルダ ＊고르다は「選ぶ」。 イ イルル ウィヘソ タルン サラムル ポパッスムニダ =이 일을 위해서 다른 사람을 뽑았습니다. イ イルル ウィヘソ タルン ＊이 일을 위해서는「この仕事のために」。 다른 ポプタ は「ほかの」。뽑다は「選ぶ」。
残念ながら急用があるので失礼します	チュェソンハムニダマン クパン ニリ イッソソ イマン 죄송합니다만 급한 일이 있어서 이만 シルレハゲッスムニダ クパン ニル 실례하겠습니다. ＊급한 일は「急用」「急 イマン な仕事」。이만は「これで」「これぐらいで」。 クマン シルレハダ 그만も使える。실례하다は「失礼する」。 ソングハムニダマン パップン ニリ センギョソ イジェ カ =송구합니다만 바쁜 일이 생겨서 이제 가 ポアヤゲッスムニダ 봐야겠습니다. ＊「恐縮ですが、急用ができまして、もう行かなくてはなりません」という表現。いとまを告げるときのお決まりの言 イジェ イマン クマン カ ポゲッスムニダ カ い方は、이제 (이만, 그만) 가 보겠습니다 (가 ポアヤゲッスムニダ 봐야겠습니다)。
先約があります	ソニャギ イッスムニダ ソニャク 선약이 있습니다. ＊선약は「先約」。

推測する

「そうじゃないかな」

カジュアル表現

だと思ったよ	그럴 줄 알았어. ※「そんなことだろうと思った」という言い方。-ㄹ/을 줄(로) 알다は「～だろうと思う」。 = 그치 싶었어.「そうだろうと思った」 ※그치 싶다는 그렇지 싶다 (そのようだ) が縮んだ形。
そうじゃないかな	안 그럴까? ※그럴까?は그러할까? (そうだろうか？) の縮んだ形。 = 그렇지 않을까?「そうじゃないだろうか？」
合ってると思うけど	맞는다고 보는데. ※맞다は「正しい」「合う」。-고 보다で「～と思う」。 = 맞는 거 같은데. ※-ㄴ/은/는 거 같다で「～のようだ」「～みたいだ」。거는것の縮んだ形。 = 맞지 싶은데. ※-지 싶다は「～のようだ」。
絶対そうだよ	분명히 그럴 거야. ※분명히は「明らかに」。-ㄹ/을 거야は「～だろう」と推測を表す。 = 그게 틀림없을 거야.「それに違いないだろうよ」 ※그게는 그것이 (それは) の縮んだ形。틀림없다は「間違いない」。

スタンダード表現

やっぱりそうですか

역시 그렇군요. ＊역시は「やっぱり」。
그렇다は「そうだ」。

= 과연 그러네요. 「やはりそうなんですね」
＊과연は漢字では[果然]で「果たして」「やはり」の意。

見た目で判断しないでください

겉만 보고 판단하지 마세요. ＊「表面だけ見て判断しないでください」という言い方。겉は「うわべ」「表」。판단は「判断」。-지 말다は「〜しない」「〜するのをよす」。

= 외모만으로 판단하지 말아요. ＊외모は漢字では[外貌]で「見た目」「外見」の意。

本当だと思いますが

사실일 거라고 보는데요. ＊사실は「事実」だが、「本当」という意味でよく使われる。-일 거라고 보다は「〜だろうと思う」。

= 진짜인 줄로 아는데요. ＊진짜は「本当」。-인 줄(로) 알다は「〜だと思う」。

= 정말이라고 생각하는데요. ＊생각하다は「考える」「思う」。

そう思います

그렇다고 봐요. ＊그렇다は「そうだ」。

= 그런 줄로 아는데요. 「そうだと思いますが」

= 그리 생각해요. ＊그리は「そのように」。

それは全く思ったとおりでした

그건 제가 생각한 그대로였어요.

推測する ◆ 363

	＊제가 は「私が」。그대로 は「そのまま」「そのとおり」。 ＝내 짐작이 딱 맞았어요.「私の見込みどおりでした」＊짐작 は「見当」「推量」。딱 맞다 は「ぴったり合う」。
早合点しないでください！	지레짐작하지 마세요! ＊지레짐작 は「早合点」。 ＝속단하지 마세요!「早計に判断しないでください！」＊속단 は「速断」。마세요!は敬語で、敬語ではない丁寧語は말아요!。 ＝넘겨짚지 말아요! ＊넘겨짚다 は「あて推量する」「憶測する」。
理由はそんなことだろうと思いました	그런 이유겠지 싶었어요. ＊「そういう理由だろうと思いました」という言い方。이유 は「理由」。-지 싶다 は「～と思う」。 ＝그런 이유일 거라고 생각했어요. ＊생각하다 は「思う」「考える」。
見込みがあると彼は言いました	그 사람이 가망이 있다고 했어요. ＊가망 は漢字では[可望]で「見込み」「望み」の意。
来年までには最高売上げを出すこともあり得るでしょう	내년까지는 최고 매출액을 기록할 수도 있을 거예요. ＊최고 매출액 は漢字では[最高売出額]。기록할 수도 있다 は「記録することもあり得る」。

それは単なる推測に過ぎないのです	クゴン タンジ チュチュゲ チナジ アナヨ 그건 단지 추측에 지나지 않아요. ＊단지は「単に」。추측は「推測」。-에 지나지 않다で「~に過ぎない」。 ＝그건 단순히 억측에 불과해요.「それは単純に憶測に過ぎません」＊억측は「憶測」。-에 불과하다で「~に過ぎない」。불과は漢字では[不過]。
あなたの推量は当たりです	タンシン チムジャギ マジャックニョ 당신 짐작이 맞았군요.＊짐작は漢字では「斟酌」で「推量」「見当」の意。맞다は「合う」「正しい」。 ＝당신이 짐작한 그대로네요.「あなたが推測したとおりですね」＊그대로は「そのとおり」。
彼女の表情から悲しんでいるのだと察しました	ク サラム ピョジョンウル ポニ スルポハゴ 그 사람 표정을 보니 슬퍼하고 イッタヌン ゴル ヘアリル ス イッソッソヨ 있다는 걸 헤아릴 수 있었어요. ＊보니は「見ると」。슬퍼하다は「悲しがる」。헤아릴 수 있다で「推察できる」。

フォーマル表現

彼が言うにはそれはあり得るそうです	ク サラム マレ ウィハミョン クゴスン カヌンハン 그 사람 말에 의하면 그것은 가능한 ニリラゴ ハムニダ 일이라고 합니다.＊-에 의하면は「~によると」。가능한 일は「可能なこと」。 ＝그 사람 말로는 그것은 있을 수 있는 일이라고 합니다.＊~ 말로는は「~（の）話では」。

この件での私どもの立場をご理解いただけるものと了解しております	^イ ^{ムンジェエ} ^{デハン} ^{チョイドゥレ} ^{イプチャンウル} 이 문제에 대한 저희들의 입장을 ^{イヘヘ} ^{ジュシヌン} ^{ゴスロ} ^{アルゴ} ^{イッスムニダ} 이해해 주시는 것으로 알고 있습니다. ＊「この問題に対する私どもの立場を理解してくださるものと思っています」という言い方。 ^{イプチャン} 입장は「立場」。-해 주시는 것으로は「～してくださるものと」。 ^イ ^{コングァ} ^{クァルリョネソ} ^{チョイガ} ^{チョハン} ^{ニプチャンウル} ^{イヘヘ} ＝이 건과 관련해서 저희가 처한 입장을 이해해 ^{ジュシリラゴ} ^{ミッスムニダ} 주시리라고 믿습니다.「この件に関連して私どもの置かれた立場を理解していただけるものと信じております」＊처하다は「^{チョハダ}置かれる」。
彼はそういうことだと推測しました	^ク ^{サラムン} ^{クロル} ^{コシラゴ} ^{チムジャッケッスムニダ} 그 사람은 그럴 것이라고 짐작했습니다. ＊^{チムジャッカダ}짐작하다は「推測する」「推量する」。 ^{クヌン} ^{クロン} ^{ニリゲッタゴ} ^{チュチュッケッスムニダ} ＝그는 그런 일이겠다고 추측했습니다.「彼はそういうことだろうと推測しました」＊그は 「彼」だが、文語的な言い方。推測하다は「^{チュチュッカダ}推測する」。
彼はそこにいるだろうと思います	^ク ^{サラムン} ^{コギエ} ^{イッスル} ^{コシラゴ} ^{ボムニダ} 그 사람은 거기에 있을 것이라고 봅니다. ＊-^{ラゴ}라고/^{イラゴ}이라고 보다は「～だと思う」。 ^{クヌン} ^{クゴセ} ^{イッスリラゴ} ^{センガットゥエムニダ} ＝그는 그곳에 있으리라고 생각됩니다.「彼はそこにいるものと思われます」
あの方が新しい上司だと思います	^{チョブニ} ^{セロウン} ^{サンサシンガ} ^{ボムニダ} 저분이 새로운 상사신가 봅니다. ＊^{サンサシンガ}상사신가は^{サンサイシンガ}상사이신가（上司でいらっしゃるかと）の縮んだ形。 ^{チョブニ} ^セ ^{サンサラゴ} ^{センガッカムニダ} ＝저분이 새 상사라고 생각합니다.

彼らは私が無罪であると判断しました	그 사람들은 저를 무죄라고 판단했습니다. ＊판단하다は「判断する」。 ＝그들은 내가 무죄인 것으로 판단했습니다. 「彼らは私が無罪であるものと判断しました」 ＊무죄인 것으로で「無罪であるものと」。
この資料に基づき、次のように推測します	이 자료에 기초하여 다음과 같이 추측합니다. ＊기초は漢字では［基礎］で、기초하다は「基づく」。 ＝이 자료에 근거해서 다음과 같이 추측하는 바입니다. ＊근거は漢字では［根拠］。-는 바이다は「〜するものだ」「〜するところだ」。
その結果から原因を推論しましょう	그 결과를 놓고 원인을 추론합시다. ＊-를/을 놓고は「〜について」「〜を巡って」。 -를/을 두고とも言う。원인は「原因」。추론하다は「推論する」。 ＝그 결과로부터 원인을 짚어 보도록 합시다. ＊짚어 보도록 합시다は「推し測ってみることにしましょう」。
彼の言ったことから推論しました	그 사람이 한 말로부터 추론했습니다. ＊한 말로부터は「言ったことから」。 ＝그의 발언에 기초해서 미루어 보았습니다. 「彼の発言に基づいて推察してみました」 ＊미루다は「推測する」「推察する」。

仮定する

「もし…」

カジュアル表現

そうかも	그럴지도 몰라. ※「そうかもしれない」という言い方。그럴지도は그러할지도(そうであるかも)の縮んだ形。모르다は「わからない」「知らない」。 ＝그럴 수 있지. 「そういうことがあり得るさ」 ※ここでの-ㄹ 수 있다は「あり得る」。
一理あるね	일리가 있어. ※일리は「一理」。 ＝일리 있는 말이네. 「一理ある話だな」 ※-네は感じたこと、気づいたことを述べる言い方。
彼は辞めたと思うけど	그 사람 그만두었을 텐데. ※텐데は터인데(はずだけど)の縮んだ形。 ＝걔는 때려치운 걸로 아는데. ※걔は그 아이(その子、あの子)の縮んだ形で、子供や若い人に使う。때려치우다は「辞める」の俗っぽい言い方。-로/으로 알다は「～と思う」「～と理解する」。
金なしではやっていけないね	돈 없인 못 해 나갈 거야. ※없인は없이는(なしには)の縮んだ形。 ＝돈이 없으면 못 할 걸. 「金がないとできない

368 ◆ 仮定する

	だろうよ」 ＊-ㄹ/을 걸は推量を表す。
もし1億ウォン持っていたら何をする？	만일 일억 원 갖고 있다면 뭐 할 거야? ＊ 만일は「万一」。갖고 있다は가지고 있다（持っている）の縮んだ形。 ＝ 혹시 일억 원이 생긴다면 뭐 할 거야? 「もし1億ウォンが手に入ったら何をする？」 ＊ 혹시は漢字では［或是］で「もし」の意。생기다はここでは「手に入る」の意。
彼はキレちゃうかもね	그 사람 꼭지 돌지도 모르겠네. ＊ 꼭지(가) 돌다は俗語で、もとは「（水道）の栓が回る」という意味だが、止まっていたものが一気に噴出するというイメージから「キレる」の意味で使われる。돌지도 모르다は「回るかもしれない」。 ＝ 그 사람 뚜껑이 열릴지도 몰라. ＊뚜껑이 열리다は俗語で、もとは「（頭の）ふたが開く」という意味だが、「頭にくる」「キレる」の意味で使われる。

スタンダード表現

決めてかからないでください	결론부터 짓지 마세요. ＊直訳は「結論から先に出さないでください」。결론(을) 짓다は「結論づける」。 ＝ 덮어놓고 그러지 마세요. ＊直訳は「むやみにそう言わないでください」。덮어놓고は

	「(善悪、事の次第などを問わずに) むやみに」。 그러다は「そうする」とか「そう言う」。
おそらくそれも一理あるでしょう	**아마 그 말도 일리가 있겠지요.** ＊「おそらくその話も一理あるでしょう」という言い方。일리(가) 있다は「一理ある」。 ＝일리 있는 말일 거예요.「一理ある言い分でしょう」
彼は当然のことだと思い込んでいます	**그 사람은 당연한 일인 줄로 알고 있어요.** ＊당연하다は「当然だ」。-ㄴ/은 줄(로) 알다は「〜だと思う」。
もしそれが本当だったらどうなるか想像してください	**만약 그게 사실이라면 어떻게 될지 상상해 보세요.** ＊만약は漢字では[万若]で「万一」「もし」の意。사실이라면は「事実なら」。상상하다は「想像する」。 ＝혹시 그게 진짜라면 어찌 될 건지 상상해 봐요. 혹시は漢字では[或是]で「もし」「仮に」の意。진짜は「本当」「本物」。될 건지は될 것인지 (なることか) の縮んだ形。
それは十分に起こり得ます	**그건 충분히 있을 수 있어요.** ＊「それは十分にあり得ます」という言い方。있을 수 있다は「あり得る」。 ＝그런 일 얼마든지 일어날 수 있거든요.「そんなこといくらでも起こり得ますよ」 ＊-거든요は軽く理由を述べる言い方。

370 ◆ 仮定する

水なしでは彼らは助からないでしょう	물 없이는 그들은 살아남지 못할 거예요. ＊살아남다는「生き残る」「生き延びる」。 ＝물이 없으면 그들은 살아남기가 어려울 걸요. 「水がなければ、彼らは生き残ることが難しいでしょう」 ＊-ㄹ/을 걸요は不確かな推量を表す。
もし英語が話せるのなら雇いますよ	만일 영어를 할 수 있다면 고용하겠어요. ＊만일は「万一」「もし」。할 수 있다면は「できるなら」。고용하다는「雇用する」。 ＝혹시 영어 할 줄 안다면 채용하도록 하죠. ＊혹시は漢字では［或是］で「もしも」の意。-ㄹ/을 줄 알다는「（能力、技能があって）できる」という意味。채용하도록 하다で「採用することにする」。
時間が許せばします	혹시 시간이 있으면 하겠어요. ＊「もしも時間があったらやります」という言い方。 ＝시간이 허락하면 할 거예요. ＊허락하다는「許す」で、허락하면은「許すなら」という意味。 ＝시간이 생기면 할게요.「時間ができたらします」 할게요は「やります」という意志の表明。
彼にできるのならあなたにもできますよ	그 사람이 할 수 있는 일이라면 당신도 할 수 있을 거예요. ＊「その人にできることなら、あなたもできるでしょう」という言い方。 ＝그 사람도 하는데 당신이 못 할 게 뭐가 있겠어요? ＊直訳は「その人もするのに、あなたができない

仮定する ◆ 371

	ことが何があるでしょうか?」という反語的な言い方。
もし私がそうすると、彼は気に入らないでしょう	혹시 제가 그렇게 하면 그 사람이 못마땅해할 거예요. ＊못마땅하다는「気に食わない」だが、主語が第三人称の場合は못마땅해하다となる。-ㄹ/을 거예요は「〜でしょう」。 = 만일 내가 그런다면 그 양반은 언짢아할 거예요. ＊그 양반は中高年が使う言葉で、「彼」とか「彼女」をフランクに言うとき用いる。언짢다は「不快だ」「気に入らない」。언짢아하다は主語が第三人称のときの形。
もし私たちの関係がまずくなったらどうしましょう?	혹시 우리 관계가 나빠지면 어쩌죠? ＊관계は「関係」。나빠지다は「悪くなる」。 = 만약 우리 사이가 어색해지면 어떡하죠?「もし私たちの仲が気まずくなったらどうしますか?」 ＊어색해지다は「ぎこちなくなる」「きまり悪くなる」。어색は漢字では [語塞]。
もしあなたが金持ちでなければ、僕の気持ちがわかるのですが	만일 당신이 부자가 아니라면 제 심정을 알 수 있을 텐데요. ＊부자は漢字では [富者]。심정は漢字では [心情]。-ㄹ/을 텐데요は「〜する(な)はずですが」。 = 만약 당신이 돈이 많지 않았다면 내 마음을 이해할 거예요. ＊直訳は「もしあなたがお金がたくさんなかったなら、僕の気持ちを理解す

	ることでしょう」。이해하다は「理解する」。
僕だったら彼女をデートに誘わないです	저 같으면 그 사람한테 데이트 신청 안 하겠어요. ※「私だったらその人にデートの申し込みをしません」という言い方。저は나(私、僕)の謙譲語。~ 같으면は「~だったら」「~なら」。신청は漢字では「申請」で、「申し込み」という意味でよく使う。 ＝나라면 그 여자에게 데이트하자고 말 안 할 거예요. 「僕だったら彼女にデートしようと言わないでしょう」 ※-라면/이라면は「~ならば」。데이트하다は「デートする」。
もし私の立場にいたらあなたはどうしますか？	만일 당신이 제 입장이라면 어떻게 하실 거예요? ※제 입장이라면は「私の立場だったら」。 ＝만약에 내 입장에 서 있다면 어찌하겠어요? 「もし私の立場に立っているとしたら、どうしますか？」
今ここにあなたがいたらいいのですが	지금 여기에 당신이 있으면 좋겠는데요. ＝당신이 지금 이 자리에 있었으면 해요. 「あなたが今この場にいたらいいのですが」 ※ -았/었/였으면 해요は願望の表現。

フォーマル表現

コ・スチョルさんですか?	고수철 씨가 맞습니까?	＊直訳は「コ・スチョルさんで合ってますか?」。初対面の相手に確認を求める言い方。씨は「さん」と似たような意味合いだが、子供や目上の人には使わない。-가/이 맞다で「間違いなく〜だ」。
彼は辞めたと思っていますが	그 사람은 그만둔 것으로 알고 있습니다만.	＊그만두다は「辞める」。-로/으로 알다で「〜と思う」「〜なものと理解する」。-만은-마는 (〜けど)の縮んだ形。
	＝그는 그만두었다고 봅니다만.	＊-고 보다は「〜と思う」。
決めてかからないでいただきたい	결론부터 짓지 마십시오.	＊결론は「結論」で、결론(을) 짓다は「結論づける」。
	＝덮어놓고 그러지 마십시오.	＊「むやみにそう言わないでください」とか「やたらにそうしないでください」という表現。덮어놓고は「(善悪、事の次第などを問わず) むやみに」。
さらにご質問があれば遠慮なく聞いてください	질문이 더 있으시면 사양 마시고 하십시오.	＊사양 말다は「遠慮しない」。
	＝더 물어보실 것이 있으시면 기탄없이 질문하십시오.	「もっとお聞きになることがございましたら、忌憚なく質問なさってください」

374 ◆ 仮定する

彼にそれをする能力があるのなら、あなたにもできるはずです	ク サラミ ハル ス インヌン ニリラミョン 그 사람이 할 수 있는 일이라면 タンシンド ハル ス イッスル コシムニダ 당신도 할 수 있을 것입니다.	*^{ハル ス}할 수 ^{イッタ}있다는「できる」。
あなたの奥さんが知ったら、何と言うでしょうか？	サモニムケソ アシミョン ムォラゴ 사모님께서 아시면 뭐라고 ハシゲッスムニッカ 하시겠습니까？	*^{サモニム}사모님は他人（特に先生、目上の人）の妻に対する敬語で、「奥様」の意。^{ムォラゴ ハダ}뭐라고 하다は「何と言う」。 =^{ブイニ アシゲ ドゥェミョン ムォラゴ ハシル コシムニッカ}부인이 아시게 되면 뭐라고 하실 것입니까? *^{ブイン}부인は漢字では［夫人］で、「奥様」「奥さん」の意味でも使う。
もしキャンセルになっていたら、どうなっていたことでしょう？	マニル チュイソドゥエオットラミョン オッチ ドゥエッスル 만일 취소되었더라면 어찌 됐을 コシムニッカ 것입니까？	*^{チュイソドゥエダ}취소되다は「取り消される」「キャンセルになる」。 =^{マネ ハナ ケンスリオッタミョン オットッケ ドゥエッケッスムニッカ}만에 하나 캔슬이었다면 어떻게 되었겠습니까? 「万が一キャンセルだったらどうなったでしょうか？」 *^{マネ ハナ}만에 하나は「万が一」。^{ケンスル}캔슬は「キャンセル」。
事故にあったら、あなたに保険金が入ります	サゴルル タンハシミョン タンシネゲ ポホムグミ 사고를 당하시면 당신에게 보험금이 チブルドゥエムニダ 지불됩니다.	*^{ポホムグム}보험금は「保険金」。^{チブルドゥエダ}지불되다は「支払われる」。 =^{サゴ シエヌン タンシナンテ ポホムグミ トゥロオムニダ}사고 시에는 당신한테 보험금이 들어옵니다. *^{サゴ シ}사고 시は漢字では［事故時］。^{トゥロオダ}들어오다は「入ってくる」。

仮定する ◆ 375

意見を聞く

「どう思う？」

カジュアル表現

いい？ それともダメ？	좋아? 안 좋아? _{チョア アン ジョア}	＊안 좋다は「よくない」。 _{アン ジョッタ}
どう思う？	어떻게 생각해? _{オットッケ センガッケ}	＊생각하다は「思う」「考える」。 _{センガッカダ}
	＝니 생각은 어때？ 「君の考えはどう？」 _{ニ センガグン オッテ}	＊니は네（君の、お前の）の方言だが、日常会話で広く使われている。 _ニ
何かコメントでも？	무슨 의견 있어? _{ムスン ウィギョン イッソ}	＊「何か意見ある？」という言い方。무슨は「何の」と「何かの」「何らかの」の意味がある。의견は「意見」。 _{ムスン} _{ウィギョン}
	＝한마디 할 거야? 「ひとこと言う？」 _{ハンマディ ハル コヤ}	＊한마디は「ひとこと」。 _{ハンマディ}
何か不満はある？	무슨 불만이라도 있어? _{ムスン プルマニラド イッソ}	＊불만이라도は「不満でも」。 _{プルマニラド}
そう思う？	그렇게 생각해? _{クロッケ センガッケ}	＊생각하다は「思う」「考える」。 _{センガッカダ}
	＝그런 생각이야? 「そういう考えなの？」 _{クロン センガギヤ}	
何か言いたいことある？	뭔가 하고 싶은 말 있어? _{ムォンガ ハゴ シプン マル イッソ}	

	ムォンガ　ムオシンガ ＊ 뭔가는 무엇인가 (何か) の縮んだ形。 ムォ ハル マリ イッソ　　　ハル マル ＝ 뭐 할 말이 있어?　＊ 할 말은「言うこと」。
遠慮なく言ってくれ！	サヤン　マルゴ　マレ 사양 말고 말해!　＊ 사양は漢字では [辞譲] マルダ で「遠慮」の意。말다は「しない」「やめる」で、 サヤン　マルゴ　　　　　　　　　　　マラダ 사양 말고は「遠慮しないで」。말하다は「言う」。 ホムロプシ　マレ　ボァ ＝ 허물없이 말해 봐!「気軽に言ってみなよ!」 ススロモプシ　イェギヘ　ボァ ＝ 스스럼없이 얘기해 봐!「気がねなく話してみなよ!」
何を考えてるのか言ってくれ！	ムスン　センガグル　ハゴ　インヌンジ　マレ 무슨 생각을 하고 있는지 말해! ＊直訳は「何の考えをしているのか言ってく ヌンジ　ンジ　ウンジ れ！」。-는지/ㄴ지/은지は「~する(な)のか」。
どうしてそう思うの？	ウェ　クロン　センガグル　ハヌン　ゴヤ　　　　ウェ 왜 그런 생각을 하는 거야?　＊ 왜は オッチェソ　　　　　　　クロン センガク 「なぜ」。어째서とも言う。그런 생각は「そういう考え」。 オットッケ　クロン センガグル　ハジ　　　　オットッケ ＝ 어떻게 그런 생각을 하지?　＊ 어떻게はここ ハジ では「どうして」の意。하지?は「するのかな?」 というニュアンス。
この格好で大丈夫？	イロン　チャリムロ　クェンチャナ　　　　チャリム 이런 차림으로 괜찮아?　＊ 차림は「服 クェンチャンタ 装」。괜찮다は「構わない」「大丈夫だ」。

スタンダード表現

あなたは？	タンシヌニョ 당신은요?　＊相手の思っていることや、ど タンシン うするかを聞くときの言い方。당신の使い方

意見を聞く　◆ 377

	には注意が必要だ。普通、夫婦間での「あなた」として使われる。また大人同士で、非常に改まった場面、相手と距離を置く場合などに使われるが、目上には使わない。目上の相手には^{ソンセンニム}선생님（先生）を用いる。聞き手に対する呼称は、フルネーム＋씨（氏）、フルネーム＋役職名＋敬称の^{ニム}님、姓＋役職名＋^{ニム}님などの言い方が一般的だ。個人的に親しい関係で子供がいる人には、子供の名＋^{アッパ}아빠（^{アボジ}아버지）とか^{オムマ}엄마（^{オモニ}어머니）と呼んだりもする。 ＝^{タンシヌン　オッテヨ}당신은 어때요? 「あなたはどうですか？」 ＊^{オッテヨ}어때요?は「どうですか？」。 ＝^{クッチョグン　オッテヨ}그쪽은 어때요? 「そちらはどうですか？」 ＊対等以下の相手に使う。
どう感じますか？	^{オットン　ヌッキミ　ドゥセヨ}어떤 느낌이 드세요? ＊^{ヌッキム}느낌は「感じ」「感想」「印象」。^{ヌッキミ　ドゥルダ}느낌이 들다で「感じがする」「気がする」。 ＝^{オットン　ヌッキムル　パダッソヨ}어떤 느낌을 받았어요? 「どんな感じを受けましたか？」 ＊^{パッタ}받다は「受ける」「もらう」。
私の髪型は好きですか？	^{チェ　モリ　モヤン　チョアハセヨ}제 머리 모양 좋아하세요? ＊^{チェ}제は謙譲語で「私の」。^{モリ}머리は「頭」「髪」。^{モヤン}모양は「格好」。^{ヘオスタイル}헤어스타일（ヘアースタイル）も使える。^{マウメ　ドゥルダ}마음에 들다で「気に入る」。
気に入りましたか？	^{マウメ　ドゥセヨ}마음에 드세요? ＊「気に入っていますか？」という言い方。「気に入る」は普通この表現のように現在形で使う。敬語でない言い方

378 ◆ 意見を聞く

	は마음에 들어요?になる。
どう思いますか？	어떻게 생각하세요? ☀생각하다は「思う」「考える」。 =당신 생각은 어때요?「あなたの考えはどうですか？」 어때요?は「どうですか？」。
日本についてどう思いますか？	일본에 대해서 어떻게 생각하세요? ☀ -에 대해서は「〜について」「〜に対して」。
誰が勝つと思いますか？	누가 이길 거라고 생각하세요? ☀이기다は「勝つ」。-ㄹ/을 거라고で「〜だろうと」。 =누가 이긴다고 봐요? ☀-ㄴ다고 보다は「〜だと思う」。 =어느 쪽이 이길 거 같애요?「どちらが勝ちそうですか？」
新たなご提案はありますか？	새로운 제안이 있으세요? ☀있다は「ある」。 =새로 제안하실 게 있으세요?「新たにご提案されることございますか？」 ☀게は것이(ことが、ものが)の縮んだ形。
何がお勧めですか？	추천하실 게 뭐죠? ☀「推薦されるものは何ですか？」という言い方。추천하다は「推薦する」。뭐죠?は무엇이지요?(何ですか？)の縮んだ形。

意見を聞く ◆ 379

	=뭘 권하실 건가요? 「何をお勧めになりますか？」 ＊건가요?は것인가요?の縮んだ形。
何を考えているのか言ってください	무슨 생각을 하시는지 말씀해 보세요. ＊直訳は「どんな考えをなさっているのかおっしゃってみてください」。-는지は「～するのか」。 =무엇을 생각하고 있는지 말해 보세요.
新しい計画についてのあなたの意見は？	새로운 계획에 대해 어떻게 생각하세요? ＊「新しい計画についてどのようにお考えですか？」という言い方。계획は「計画」。-에 대해(서)は「～について」。 =새로운 계획에 대해서 어떤 의견을 갖고 계세요? 「新しい計画についてどのような意見をお持ちですか？」 ＊의견は「意見」。갖고は가지고(持って)の縮んだ形。
正直なところ、どうですか？	솔직히 어떠세요? ＊솔직히は「率直に」「正直に」。 =진솔한 의견을 듣고 싶은데요. 「率直な意見を聞きたいのですが」 ＊진솔한 は「真実で率直な」。
個人的にどう思いますか？	개인적으로 어떻게 생각하세요? =개인적인 의견은 어떠세요? 「個人的なご意見はどうですか？」
プロとしてのご意見は？	전문가로서의 의견은 어떠세요? ＊전문가は「専門家」。-로서의は「～としての」。

= <ruby>전문가<rt>チョンムンガ</rt></ruby> <ruby>입장에서<rt>イプチャンエソ</rt></ruby> <ruby>어떻게<rt>オットッケ</rt></ruby> <ruby>생각하세요<rt>センガッカセヨ</rt></ruby>? 「専門家の立場からどのようにお考えですか？」

= <ruby>프로로서<rt>プロロソ</rt></ruby> <ruby>어떻게<rt>オットッケ</rt></ruby> <ruby>보세요<rt>ポセヨ</rt></ruby>? 「プロとしてどう見ますか？」

| ほかに何かご意見はありませんか？ | <ruby>그<rt>ク</rt></ruby> <ruby>외에<rt>ウェエ</rt></ruby> <ruby>무슨<rt>ムスン</rt></ruby> <ruby>의견이<rt>ウィギョニ</rt></ruby> <ruby>없으세요<rt>オプスセヨ</rt></ruby>? |

＊그 외에는「そのほかに」。무슨は「何の」と「何らかの」の意味がある。

= <ruby>다른<rt>タルン</rt></ruby> <ruby>의견이<rt>ウィギョニ</rt></ruby> <ruby>또<rt>ト</rt></ruby> <ruby>있으세요<rt>イッスセヨ</rt></ruby>? 「別の意見がまだありますか？」　＊또は「また」「さらに」「まだ」。

| 何かご意見はありますか？ | <ruby>무슨<rt>ムスン</rt></ruby> <ruby>의견이<rt>ウィギョニ</rt></ruby> <ruby>있으세요<rt>イッスセヨ</rt></ruby>? |

＊<ruby>뭔가<rt>ムォンガ</rt></ruby> <ruby>의견이<rt>ウィギョニ</rt></ruby> <ruby>있어요<rt>イッソヨ</rt></ruby>?とも言える。뭔가は<ruby>무엇인가<rt>ムオシンガ</rt></ruby>（何か）の縮んだ形。

| ご感想をお願いします | <ruby>소감을<rt>ソガムル</rt></ruby> <ruby>말씀해<rt>マルスメ</rt></ruby> <ruby>주세요<rt>ジュセヨ</rt></ruby>. |

＊「感想をおっしゃってください」という言い方。<ruby>소감<rt>ソガム</rt></ruby>は「所感」「感想」。

= <ruby>소감이<rt>ソガミ</rt></ruby> <ruby>어때요<rt>オッテヨ</rt></ruby>? 「感想はどうですか？」

| はっきりした返事をください | <ruby>확실히<rt>ファクシリ</rt></ruby> <ruby>대답해<rt>テダッペ</rt></ruby> <ruby>주세요<rt>ジュセヨ</rt></ruby>. |

＊「はっきりと答えてください」という言い方。<ruby>확실히<rt>ファクシリ</rt></ruby>は「確実に」。

= <ruby>확실한<rt>ファクシラン</rt></ruby> <ruby>대답을<rt>テダブル</rt></ruby> <ruby>주세요<rt>ジュセヨ</rt></ruby>. 「確実な返事をください」

| どんなことでも聞いてください | <ruby>뭐든지<rt>ムォドゥンジ</rt></ruby> <ruby>다<rt>タ</rt></ruby> <ruby>물어보세요<rt>ムロボセヨ</rt></ruby>. |

＊<ruby>뭐든지<rt>ムォドゥンジ</rt></ruby> <ruby>다<rt>タ</rt></ruby>は「何であろうとみんな」。<ruby>물어보다<rt>ムロボダ</rt></ruby>は「聞いてみる」。

遠慮しないで率直に言ってください	サヤンハジ　マルゴ　ソルチッキ　マルスマセヨ **사양하지 말고 솔직히 말씀하세요.** ＊사양은 漢字では［辞讓］で「遠慮」の意。말다は「よす」。말씀하시다は「おっしゃる」。 ＝기탄없이 말해 보세요. ＊기탄없이は「忌憚なく」「遠慮なく」。말해 보세요は「言ってみてください」。
あなたの本音を聞きたいのです	タンシネ　ポンシミ　ムォンジ　トゥッコ　シポヨ **당신의 본심이 뭔지 듣고 싶어요.** ＊본심이 뭔지は「本心が何なのか」。듣고 싶다は「聞きたい」。 ＝당신의 속마음을 알고 싶은 거예요. ＊속마음は「本心」「心の内」。알고 싶은 거예요は「知りたいのです」。
ご意見は歓迎します	ウィギョヌン　オンジェドゥンジ　ファニョンヘヨ **의견은 언제든지 환영해요.** ＊언제든지は「いつでも」。환영하다は「歓迎する」。 ＝의견은 얼마든지 받겠어요.「ご意見はいくらでもお受けします」＊얼마든지は「いくらでも」。
もっといい案はありますか？	ト　ジョウン　アニ　イッスルカヨ **더 좋은 안이 있을까요?** ＝보다 좋은 아이디어가 있나요?「よりよいアイデアがあるかしら？」＊-나요?は親しみを込めた聞き方。
何かいい考えはありませんか？	ムォンガ　チョウン　センガギ　オプスルカヨ **뭔가 좋은 생각이 없을까요?** ＊없을까요?は「ないでしょうか？」。 ＝무슨 뾰족한 수는 없는지요? ＊뾰족한は「気

382 ◆ 意見を聞く

	の利いた」「あじな」「感心する」といった意味。 없는지요?は「ないのでしょうか?」。	
賛成しますか?	<ruby>찬성하십니까?<rt>チャンソンハシムニッカ</rt></ruby> ✱<ruby>찬성하다<rt>チャンソンハダ</rt></ruby>は「賛成する」。 =<ruby>찬성하겠어요?<rt>チャンソンハゲッソヨ</rt></ruby>	
反対意見はありますか?	<ruby>반대 의견이 있으세요?<rt>パンデ ウィギョニ イッスセヨ</rt></ruby> ✱<ruby>있으세요?<rt>イッスセヨ</rt></ruby> は있어요?(ありますか?)の敬語。	
可能だと思いますか?	<ruby>가능하다고 생각하세요?<rt>カヌンハダゴ センガッカセヨ</rt></ruby> ✱<ruby>가능하다<rt>カヌンハダ</rt></ruby> は「可能だ」。생각하다は「思う」「考える」。 =<ruby>가능할 거라고 보세요?<rt>カヌンハル コラゴ ポセヨ</rt></ruby>「可能なこととご覧になりますか?」 =<ruby>가능성 있다고 봐요?<rt>カヌンソン イッタゴ ボァヨ</rt></ruby>「可能性あると思いますか?」	
そう思いませんか?	<ruby>그리 생각 안 하세요?<rt>クリ センガク ア ナセヨ</rt></ruby> ✱<ruby>그리 생각하다<rt>クリ センガッカダ</rt></ruby> で「そう思う」。 =<ruby>그렇게 생각하지 않아요?<rt>クロッケ センガッカジ アナヨ</rt></ruby> ✱<ruby>그렇게<rt>クロッケ</rt></ruby>は「そのように」。	
何が不満なのですか?	<ruby>뭐가 불만이세요?<rt>ムォガ プルマニセヨ</rt></ruby> ✱<ruby>뭐가<rt>ムォガ</rt></ruby>は<ruby>무엇이<rt>ムオシ</rt></ruby>(何が)の会話体。<ruby>불만<rt>プルマン</rt></ruby>は「不満」。	
どうしたらいいのですか?	<ruby>어떻게 해야 되죠?<rt>オットッケ ヘヤ ドゥエジョ</rt></ruby> ✱「どのようにするべきでしょう?」という言い方。<ruby>해야 되다<rt>ヘヤ ドゥエダ</rt></ruby>は「しなければならない」。<ruby>해야 하다<rt>ヘヤ ハダ</rt></ruby>とも言う。 =<ruby>어떻게 하면 좋아요?<rt>オットッケ ハミョン ジョアヨ</rt></ruby>「どのようにすればい	

意見を聞く ◆ 383

	いですか？」 ※^{ハミョン}하면は「したら」「すれば」。^{チョアヨ}좋아요?は^{トゥエヨ}돼요?と言い換えることができる。 ＝^{オッチヘヤ}어찌해야 ^{ハルカヨ}할까요?「どうしたらいいでしょうか？」
その仕事を受けるべきでしょうか？	^ク그 ^{イルル}일을 ^{マタヤマン}맡아야만 ^{ハルカヨ}할까요? ※^{マッタ}맡다は「引き受ける」。–^{マン}만は前の語の意味を強調する。
仕事に満足していますか？	^{ハシヌン}하시는 ^{ニレ}일에 ^{マンジョッカセヨ}만족하세요? ※^{ハシヌン}하시는 ^{ニル}일は「(今)なさっている仕事」。

フォーマル表現

あなたのご意見をお聞かせください	^{ソンセンニメ}선생님의 ^{ウィギョヌル}의견을 ^{マルスメ}말씀해 ^{ジュシプシオ}주십시오. ※直訳は「先生のご意見をおっしゃってください」。尊敬対象となる「あなた」には^{ソンセンニム}선생님(先生)を使う。 ＝^{ソンセンニム}선생님 ^{ウィギョヌル}의견을 ^{ヨッチュプコ}여쭙고 ^{シプスムニダ}싶습니다. 「先生のご意見を伺いたいです」 ※^{ヨッチュプタ}여쭙다は謙譲語で「伺う」「お尋ねする」。
ご意見を伺えると助かります	^{ウィギョヌル}의견을 ^{マルスメ}말씀해 ^{ジュショッスミョン}주셨으면 ^{ハムニダ}합니다. ※「ご意見をおっしゃっていただけたらと思います」という丁寧な願望の表現。
遠慮のないところをお聞かせください	^{キタノムヌン}기탄없는 ^{ウィギョヌル}의견을 ^{マルスメ}말씀해 ^{ジュシプシオ}주십시오. ※「忌憚のないご意見をおっしゃってください」という言い方。

	= 허물없이 말씀해 주시기 바랍니다. ＊허물없이は「気安く」「気がねなく」。-기 바랍니다は「〜することを願います」という格式ばった言い方。
彼の批判的な意見にどうお考えですか？	그 사람의 비판적인 의견에 대해서 어떻게 생각하십니까？ ＊그 사람は「その人」または「あの人」。비판적인は「批判的な」。-에 대해서は「〜に対して」「〜について」。
この件に関してどう思いますか？	이 건에 관해서 어떻게 생각하십니까？ ＊-에 관해서は「〜に関して」。
世間は何と言うでしょう？	세상 사람들이 뭐라고 하겠습니까？ ＊세상 사람들は「世の人々」。
それは間違いないですね？	그것은 확실합니까？ ＊「それは確かですか？」という表現。 = 그것은 틀림없다고 봐도 됩니까？ 「それは間違いないと見てもいいですか？」＊틀림없다は「間違いない」。
私は何をすればよろしいのでしょうか？	제가 무엇을 하면 좋겠습니까？ ＊하면 좋다は「すればよい」。하면 되다とも言う。 = 제가 해야 할 일이 무엇입니까？ 「私のすべきことは何でしょうか？」 ＊해야 하다は「しなければならない」「すべきだ」。

意見を聞く ◆ 385

意見を述べる

「ちょっと言わせてくれ」

カジュアル表現

そうそう！	참^{チャム}! ＊急に何か思い出したときに言う。아^ア, 참^{チャム}!（あっ、そうだ！）とも言う。 ＝맞다^{マッタ}!「そうだ！」
見て、見て！	봐^{ポァ} 봐^{ポァ}! ＊보다^{ポダ}は「見る」。
これはどう？	이건^{イゴン} 어때^{オッテ}? ＊何かを提案したり、話を切り出すときに言う。이건^{イゴン}は이것은^{イゴスン}（これは）の縮んだ形。 ＝이러면^{イロミョン} 어떨까^{オットルカ}?「こうしたらどうだろう？」
あのねぇ	있잖아^{イッチャナ}. ＊直訳は「あるじゃない」。있다^{イッタ}は「ある」「いる」。 ＝저^{チョ} 말야^{マリャ}. ＊저^{チョ}は「あの」。말야^{マリャ}は말이야^{マリヤ}の縮んだ形で、特に意味はなく語調を整える言葉。 ＝저기^{チョギ}.「あのぅ」
ねぇ、知ってる？	그거^{クゴ} 알아^{アロ}? ＊「あれ、知ってる？」で、こう言って話を始める。이거^{イゴ} 알아^{アラ}?（これ知ってる？）とも言う。
だろうな	그럴^{クロル} 거야^{コヤ}. ＊그러할^{クロハル} 것이야^{コシヤ}の縮んだ形で、

	「そうだろうよ」と推量する言い方。그러하다^{クロハダ}は「そうだ」。 =그럴 테지.^{クロル テジ} 「そうだろう」 ＊테지는 터이지^{テジ トイジ}（だろう、はずだ）の縮んだ形で、터は推量を表す。
ちょっと言わせてくれ	나두 한마디 할래.^{ナドゥ ハンマディ ハルレ} ＊「私もひとこと言うよ」という表現。나두^{ナドゥ}は나도^{ナド}とも言う。한마디^{ハンマディ}は「ひとこと」。-ㄹ/을래^{ル ウルレ}は意志を表す。 =내 말 좀 들어 봐.^{ネ マル ジョム トゥロ ボア} 「私の話ちょっと聞いてみて」
オレの考えはこうだ	내 생각은 이래.^{ネ センガグン イレ} ＊생각^{センガク}は「考え」「思い」。이렇다^{イロッタ}は「こうだ」。 =난 이렇게 생각해.^{ナン イロッケ センガッケ} 「私はこう思うのよ」 ＊난^{ナン}は나는^{ナヌン}（おれは、僕は、私は）の縮んだ形。
私の思うには	내 생각엔.^{ネ センガゲン} ＊-엔^{エン}は-에는^{エヌン}（～では、～には）の縮んだ形。내가 생각하기엔^{ネガ センガッカギエン}（私が思うには）とも言う。 =내가 보기엔.^{ネガ ボギエン} 「私が見るには」
高望みはしないほうがいいよ	너무 높은 데는 쳐다보지 마라.^{ノム ノプン デヌン チョダボジ マラ} ＊「あまり高いところは見るなよ」という言い方。높은 데^{ノプン デ}は「高いところ」。쳐다보다^{チョダボダ}は「見つめる」「見上げる」。-지 말아^{チ マラ}は「～するのをよしなよ」という禁止命令の表現。 =오르지 못할 나무 쳐다보지도 말랬다.^{オルジ モタル ラム チョダボジド マルレッタ} 「"登れない木は見上げるのもよせ"と言うじゃない

意見を述べる ◆ 387

	か」 ＊「可能性のないことは期待するな」という意味のことわざを用いた言い方。말했다^{マルレッタ}は말라고 했다^{マルラゴ ヘッタ}（よせと言った）の縮んだ形。라고 했다^{ラゴ ヘッタ}はことわざなどの引用によく用いる。 ＝ 분수에 맞게 해야지.^{プンスエ マッケ ヘヤジ}「分相応にやらなきゃ」 ＊ 분수^{プンス} は漢字では「分数」で「分際」「身のほど」の意。맞게 하다^{マッケ ハダ}は「合うようにする」。
勝負はこれからよ！	승부는 지금부터야!^{スンブヌン チグムブトヤ} ＊승부^{スンブ}は「勝負」。 ＝ 승부는 이제 시작이야!^{スンブヌン イジェ シジャギヤ}「勝負は今から始まりだよ！」 ＊이제は「今」。시작^{シジャク}は「始まり」。 ＝ 이제부터가 승부지!^{イジェブトガ スンブジ}「これからが勝負さ！」
だまされたと思ってやってみて	속는 셈 치고 해 봐.^{ソンヌン セム チゴ ヘ ボァ} ＊속다^{ソクタ}は「だまされる」。속는 셈 치고^{ソンヌン セム チゴ}は「だまされるつもりで」で、過去形にしない。
考え直したほうがいいんじゃない？	다시 생각해 보는 게 어때?^{タシ センガッケ ボヌン ゲ オッテ} ＊「考え直してみるのはどう？」という言い方。다시^{タシ}は「また」「再び」の意だが、後ろの動詞と相まって全体で「〜し直す」という意味にもなる。게^ケは것이^{コシ}の縮んだ形。 ＝ 재고해 보는 게 좋지 않을까?^{チェゴヘ ボヌン ゲ チョッチ アヌルカ}「考え直してみるほうがいいんじゃない？」 ＊재고하다^{チェゴハダ}は「再考する」。
そんなの時間のムダよ！	그거야 시간 낭비지!^{クゴヤ シガン ナンビジ} ＊「それは時間の浪費だよ！」という表現。-야は強調を表す。낭비^{ナンビ}は「浪費」。-지は話し手の判断を表す。

388 ◆ 意見を述べる

=그건 시간 허비하는 거야! ＊허비는 漢字では〔虚費〕で「浪費」「むだ遣い」の意。

スタンダード表現

そう思います

그렇다고 봐요. ＊-고 보다で「～と見る」「～と思う」。

= 그렇게 생각해요. 「そのように思います」
＊생각하다は「思う」「考える」。

= 그렇지 싶어요. ＊-지 싶다は「～と思う」。

そう思いません

그렇게는 안 봐요. ＊「そうは思いません」という言い方。

= 그리 생각하지 않아요.

= 그렇게 생각 안 해요.

品質はより優れていると思います

품질은 더 좋은 걸로 알고 있어요.

＊「品質はよりよいものと思っています」という言い方。품질は「品質」。-로/으로 알다で「～と思う」。

= 품질은 이쪽이 더 낫다고 생각해요. 「品質はこっちのほうがより優れていると思います」
＊이쪽이は「こちらが」。더 낫다は「もっと勝っている」「より優れている」。

私はこう考えます

전 이렇게 생각해요. ＊전は저는（私は）の縮んだ形。생각하다は「思う」「考える」。

	_{ナン イロッケ ポヌンデヨ} = 난 이렇게 보는데요. 「私はこう見ますが」 _{ナン ナヌン} ＊ 난은 나는 (私は) の縮んだ形。 _{ネ センガグン イレヨ} = 내 생각은 이래요. 「私の考えはこうです」 _{ネ ナエ} ＊ 내는 나의 (私の) の縮んだ形。
私の意見を言わせてもらいます	_{チェ センガグル マラゲッソヨ} 제 생각을 말하겠어요. ＊「私の考えを言います」という表現。韓国語には「～させてもらう」という言い方はない。제は저의 (私の) の縮んだ形。_{マラダ}말하다は「言う」「話す」「述べる」。 _{ネ ウィギョヌル マラゲッソヨ} = 내 의견을 말하겠어요. 「私の意見を言います」
ちょっと言わせていただけますか？	_{チェガ ハンマディ ヘド トゥエルカヨ} 제가 한마디 해도 될까요? ＊「私がひとこと言っても構いませんか？」という表現。「～させていただく」という言い方はしない。_{ハンマディ ハダ}한마디 하다で「ひとこと言う」。 _{ナド ハンマディ ハゲッソヨ} = 나도 한마디 하겠어요. 「私もひとこと言います」
ちょっと提案してもいいですか？	_{チェガ チェアン ハナ ヘド トゥエルカヨ} 제가 제안 하나 해도 될까요? ＊「私が提案を一つしてもいいですか？」という言い方。_{チェアン}제안は「提案」。 _{ハン ガジ ジョム チェアナゴ シプンデヨ} = 한 가지 좀 제안하고 싶은데요. 「一つ提案したいんですが」 ＊_{ハン ガジ}한 가지は「一つ」。_{ハゴ シプタ}-하고 싶다は「～したい」。
言っておきますが	_{プンミョンイ マレ トゥゲンヌンデ} 분명히 말해 두겠는데 … ＊「はっきり言っておくけど…」という表現。분명は漢字では [分明] で、_{プンミョンイ}분명히は「明らかに」「確かに」。_{マレ ドゥダ}말해 두다は「言っておく」「話しておく」。

虫がよ過ぎます	너무 뻔뻔스러워요. ＊「あまりにもずうずうしいです」という表現。 ＝너무 염치가 없어요. 「あまりにも恥知らずです」 ＊염치は漢字では［廉恥］。염치가 없다で「破廉恥だ」「恥知らずだ」。
もう一度言います	한 번 더 말하겠어요. ＊더は「もう」「もっと」だが、文の中での位置が日本語とは違うので注意がいる。この表現でも한 번（一度）の後ろに더（もう）がくる形になっている。「もう少し」の場合も좀 더で、直訳すると「少しもう」になる。말하다は「言う」「話す」。 ＝다시 한 번 말할게요. ＊다시は「また」「再び」。-ㄹ/을게요は意志を表す。
私だったらやりますよ	저 같으면 하겠어요. ＊같으면は「〜だったら」「〜なら」。하다は「する」「やる」。 ＝나 같으면 할 거예요. ＊거예요は것이에요の縮んだ形。나라면 하지요も類似表現。-라면/이라면は「〜なら」。
私の意見は…	제 의견은 … ＊의견は「意見」。 ＝제 생각은 … 「私の考えは…」 ＊생각은「考え」「思い」。 ＝내 생각엔 … 「私の考えでは…」
私が言おうとしているのは…	제가 말하고자 하는 것은 … ＊-고자 하다は「〜しようとする」で、目的、望みを述

意見を述べる ◆ 391

	べる言い方。 ＝내가 하고 싶은 말은 …「私が言いたいことは…」 ＝내가 얘기하려는 것은 …「私が話そうとしているのは…」
私は気を変えませんから	전 생각 바꾸지 않겠어요. ＊바꾸지 않겠어요は「変えません」と意志を表している。 ＝내 마음 안 변할 거예요.「私の気持ちは変わらないでしょう」
今おっしゃったことに同意します	지금 하신 말씀에 동의해요. ＊지금は「今」。말씀は말(言葉、話)の敬語。동의하다は「同意する」。 ＝방금 하신 말씀과 같은 의견이에요.「今おっしゃったことと同意見です」 ＊같은 의견は「同じ意見」。
私はそうすべきだと痛切に感じます	전 그래야만 한다고 믿어 의심치 않아요. ＊「私はそうすべきだと信じて疑いません」という言い方。믿어 의심치 않다は「信じて疑わない」。의심치は의심하지の縮んだ形。 ＝난 그래야 된다는 걸 절실히 느껴요. ＊절실히 느끼다は「切実に感じる」。
肝心なのは…	중요한 것은 … ＊「重要なことは…」という言い方。 ＝요는 … 「要は…」

気のせいに違いありません	너무 예민해서 그럴 거예요. ※「あまりに敏感だからそうなんでしょう」という言い方。예민は漢字では［鋭敏］。 ＝신경과민 탓이겠죠.「神経過敏のせいでしょう」※탓は「(～の)せい」「～(の)ため」。
その意図は何かというと	그 의도가 뭐냐 하면… ※의도は「意図」。
効果はあると思います	효과는 있다고 봐요. ※-다고 보다는「～だと思う」。 ＝효과는 있을 거예요.「効果はあるでしょう」 ＝효험이 있으리라 보는데요.「効き目があると思いますが」※효험は漢字では［効験］。있으리라(고) 보다는「あるだろうと思う」。

フォーマル表現

それは見方によると思います	그것은 보는 시각에 따라 다르다고 봅니다. ※「それは見る角度によって違うと思います」という言い方。시각は「視角」。-에 따라는「～によって」。다르다는「違う」。 ＝그것은 관점에 따라서 다를 것입니다.「それは観点によって違うでしょう」※관점は「観点」。 ＝그것은 생각하기 나름일 것입니다.

意見を述べる ◆ 393

	＊생각하기 나름이다は「考え方次第だ」。
その問題は慎重に検討すべきだと思います	그 문제는 신중히 검토해야 할 것입니다. ＊신중히 검토하다は「慎重に検討する」。~해야 하다（~しなければならない）は~해야 되다とも言う。 ＝그 문제는 심중하게 검토해야 된다고 봅니다. ＊심중は漢字では［深重］で「思慮深く慎重なこと」の意。
彼の見解を考慮に入れるべきです	그분의 견해를 고려해야 할 것입니다. ＊그분は「その方」。고려하다は「考慮する」。 ＝그 사람의 의견을 염두에 둘 필요가 있습니다.「その人の意見を念頭に置く必要があります」 염두에 두다は「念頭に置く」。
この件に関して私はあなたの考えに真っ向から反対です	이 건에 관해서 저는 당신 의견에 전적으로 반대합니다. ＊-에 관해서は「~に関して」。전적으로 반대하다は「全面的に反対する」。전적は漢字では［全的］。 ＝이 문제에 관한 당신의 견해에는 절대 반대입니다.「この問題に関するあなたの見解には絶対反対です」
私はそう確信しております	저는 그렇게 확신하고 있습니다. ＝나는 그렇다고 굳게 믿고 있습니다.「私はそうだと固く信じています」 ＊굳게 믿다は「固く信じる」。

我々は貴社の提案に全く異議がありません	저희는 귀사의 제안에 아무런 이의도 없습니다. ＊저희는 우리（私たち）の謙譲語。 아무런 이의도は「何の異議も」「いかなる異議も」。 ＝저희들은 귀사의 제안에 이의가 전혀 없습니다. ＊전혀は「全然」「全く」。
私は彼に禁煙を勧めました	저는 그 사람에게 금연을 권장했습니다. ＊금연は「禁煙」。권장は漢字では［勧奨］。 ＝나는 그 사람한테 담배를 끊을 것을 권고했습니다. 「私はその人にタバコを断つことを勧めました」 ＊권고は漢字では［勧告］。
私個人の意見を述べさせていただくと、我々はその申し出を受け入れるべきだと思います	저의 개인적인 의견입니다만 우리는 그 제의를 받아들여야 한다고 봅니다. ＊개인적인 의견입니다만は「個人的な意見ですが」。「～させていただく」という言い方はしない。제의は「提議」。 ＝저 개인의 의견을 말씀드리자면 우리가 그 제안을 수용해야 된다고 생각합니다. ＊말씀드리자면は「申し上げるならば」。수용は漢字では［受容］。제안을 수용하다は「提案を受け入れる」。

意見を述べる ◆ 395

意見がない

「ノーコメントだ」

カジュアル表現

さぁ	글쎄. クルセ　＊迷う、疑う、ためらうときの「さぁ」「さて」「はて」。
ノーコメントだ	'노코멘트' 야. ノコメントゥヤ = 할 말 없어. 「言うことないよ」 ハル マル オプソ
何のことやら	대체 무슨 소리 하는 건지.　＊「一体 テチェ　ムスン　ソリ　ハヌン　ゴンジ 何を言ってるのか」という言い方。대체は「一 テチェ 体」。소리は発言、またはその内容を指し、「〜 ソリ のこと」とか「話」などと訳される。 = 무슨 말인지 몰라. 「何のことだかわからない ムスン　マリンジ　モルラ よ」 = 뭐가 뭔지 통 모르겠다. 「何が何だかさっぱ ムォガ　ムォンジ　トン　モルゲッタ りわからん」　＊통は「さっぱり」「全然」。 トン
さぁ、僕もわからないよ	글쎄, 나두 몰라.　＊나두は나도とも言う。 クルセ　ナドゥ　モルラ　　ナドゥ　ナド
僕にわかるとでも思うのか？	내가 알 거 같애?　＊直訳は「僕が知って ネガ　アル　コ　ガテ るみたいかい?」。같애?は같아?とも言う。 ガテ　　　ガタ = 나라고 알 것 같아?　＊-라고は「〜だからと ナラゴ　アル　コッ　カタ　　ラゴ いって」。

ほかの人に聞いてよ	^{タン}딴 ^{サラマンテ}사람한테 ^{カソ}가서 ^{ムロボァ}물어봐. ★「ほかの人のところに行って聞いてみなよ」という言い方。묻다は「問う」「尋ねる」。
	= ^{タルン}다른 ^{サラメゲ}사람에게 ^{ムロボァ}물어봐. 「ほかの人に聞いてみて」
そんなの知るか！	^{クゴル}그걸 ^{ネガ}내가 ^{オットッケ}어떻게 ^{アロ}알어! ★「それを私がどうしてわかるの！」という表現。알어!は^{アラ}알아!とも言う。
	= ^{クッタン}그딴 ^ゴ거 ^{ナン}난 ^{モルラ}몰라! ★^{クッタン}그딴 ^ゴ거는^{クッタウィ}그따위 ^コ거 (そんなもの)の縮んだ形。^{モルダ}모르다は「知らない」「わからない」。
	= ^{ネガ}내가 ^{アル}알 ^ケ게 ^{ムォヤ}뭐야! ★直訳は「私が知ることは何なのさ！」
	= ^ネ내 ^{アル}알 ^バ바 ^{アニャ}아냐! ★直訳は「私の知ることじゃないよ！」。^バ바は「ところ」「こと」。^{アニャ}아냐!は^{アニヤ}아니야!の縮んだ形。
そんなのクソくらえだ！	^{クッカジッ}그까짓 ^ケ게 ^{ムォンデ}뭔데! ★「それしきのことが何なんだ！」という表現。^ケ게は^{コシ}것이 (ことが、ものが) の縮んだ形。
どうしようもない	^{オッチョル}어쩔 ^ス수 ^{オプソ}없어. ★「どうにかするすべがない」という言い方。수は「すべ」「方法」。
	= ^{オッチハル}어찌할 ^{トリガ}도리가 ^{オプソ}없어. ★^{オッチハル}어찌할は「どうする〜」。^{トリ}도리は漢字では「道理」で「方法」「すべ」の意。

	= 어떻게도 못 하겠어. 「どうにもできないよ」 ＊못 하다は「できない」。

スタンダード表現

私は知りません	전 모르겠어요. ＊전は저는（私は）の縮んだ形。모르다は「知らない」。모르겠어요は控えめな言い方。 = 난 몰라요. ＊난は나는（私は）の縮んだ形。 = 난 모르는데요. 「私は知りませんが」 ＊-는데요は断定を避けたえん曲な言い方。
よくわかりません	잘 모르겠어요. ＊잘は「よく」。 = 잘 몰라요.
興味がありません	관심 없어요. ＊「関心ありません」という言い方。 = 흥미 없거든요. 「興味ありませんので」 ＊흥미は「興味」。-거든요は軽く理由を表す。
たぶん、そうでしょう	아마 그럴 거예요. ＊아마は「たぶん」。거예요は것이에요（ことでしょう）の縮んだ形。 = 아마도 그렇지 싶어요. ＊-도は強調を表す。-지 싶다で「～だろう」と推測を表す。
あまり自信はないのですが	그다지 자신은 없지만요. ＊그다지は「それほど」「さほど」。자신は「自信」。

	=별로 자신은 없는데요. ＊별로は後ろに否定の言葉を伴って「あまり（〜ない）」という意味。
	=그렇게 자신 있는 건 아니에요. 「そんなに自信があるわけじゃありません」
そうかもしれません	그럴지도 몰라요. ＊그렇다は「そうだ」。-ㄹ/을지도 모르다は「〜かもしれない」。그럴지도 모르죠も類似表現。-죠は-지요の縮んだ形で、自分の考えをやさしく説明する言い方。
	=그럴 수도 있지요. 「そういうこともあるでしょう」 ＊-ㄹ/을 수도 있다は「あり得る」「可能性もある」という意味。-도は強調を表す。
ちょっと言いづらいですね	말하기가 좀 곤란해요. ＊「言うのがちょっと難しいです」という表現。事情があって言いづらいときに使う。말하기は「言うこと」「しゃべること」。
	=말하기가 좀 그러네요. ＊「言うのがちょっと、何ですね」と言葉尻を濁す言い方。
	=말하기 거북한데요. 「言いづらいんですが」 ＊거북하다は「気まずい」「きまり悪い」。
どう言ったらいいのかわかりません	뭐라고 말해야 될지 모르겠어요. ＊뭐라고は「何と」。말해야 될지は「言うべきか」。
	=어떻게 말해야 좋을지 모르겠어요. ＊말해야 좋을지で「言ったらいいのか」。
	=무슨 말을 해야 할지 알 수가 없어요. 「何を

意見がない ◆ 399

	言うべきかわかりません」
言い切れはしませんが	단언할 수는 없지만 말이에요. ＊단언하다は「断言する」。말이에요は特に意味はなく、語調を整える言葉。 ＝장담하진 못하겠는데요.「自信を持って言うことはできませんが」＊장담は漢字では[壮談]で「断言」の意。하진は하지는(することは)の縮んだ形。
できたら私の意見は言いたくありません	가능하면 제 의견은 말 안 하고 싶어요. ＊가능하면は「可能なら」。의견は「意見」。 ＝될 수 있으면 내 생각은 말하고 싶지 않아요.「できれば私の考えは言いたくありません」
意見といえるほどではありません	의견이라고 할 만한 게 아니거든요. ＊-거든요は軽く理由を表す。 ＝의견이라고 하기엔 좀 그러네요.「意見というにはちょっと、何ですね」＊좀 그러네요は言葉尻を濁す言い方。
ノーコメントです	'노코멘트' 예요. ＝할 말 없어요.「言うことありません」
彼は、私から見れば問題ありません	제가 보기엔 그 사람 문제 없어요. ＊「私が見るには、その人は問題ありません」という言い方。보기엔は보기에는(見るには)の縮んだ形。

	= 그 친구, 별문제 없어 보이는데요. 「彼、別に問題ないようですよ」 *그 친구は男女を問わず第三人称をフランクに言う言葉で、「彼」「彼女」として使えるが、目上の人には使わない。별문제は「特別な問題」。	
私の意見はありません	전 별로 의견이 없어요. *「私は特に意見がありません」という表現。전は저는の縮んだ形。별로は「特に」「別に」で、後ろに否定の表現がくる。	
	= 난 의견 없어요. *난は나는の縮んだ形。	
私はどちらでもいいです	저는 어느 쪽이든 상관없어요. *어느 쪽이든は「どちらであれ」。상관없다は「関係ない」「構わない」。	
	= 나는 아무거나 괜찮아요. 「私は何でも構いません」 *아무거나は「何であれ」。괜찮다は「構わない」「大丈夫だ」。	
まだ決めていません	아직 정하지 않았어요. *정하다は「定める」「決める」。결정하다(決定する)も使える。	
	= 아직도 정하지 못했어요. 「いまだに決めかねています」 *-지 못하다は「～することができない」。못했어요は過去形だが、現在の状態も表す。	
検討しておきます	검토해 보겠어요. *「検討してみます」という表現。검토하다は「検討する」。	
	= 생각해 볼게요. 「考えてみますよ」	

意見がない ◆ 401

	※<ruby>생각하다<rt>センガッカダ</rt></ruby>は「考える」。
考える時間をください	<ruby>생각할<rt>センガッカル</rt></ruby> <ruby>시간을<rt>シガヌル</rt></ruby> <ruby>주세요<rt>ジュセヨ</rt></ruby>.
明日お知らせします	<ruby>내일<rt>ネイル</rt></ruby> <ruby>알려<rt>アルリョ</rt></ruby> <ruby>드리죠<rt>ドゥリジョ</rt></ruby>. ※<ruby>알리다<rt>アルリダ</rt></ruby>は「知らせる」。<ruby>드리다<rt>トゥリダ</rt></ruby>(差し上げる)は<ruby>주다<rt>チュダ</rt></ruby>(あげる、やる)の謙譲語。 ＝<ruby>내일<rt>ネイル</rt></ruby> <ruby>알려<rt>アルリョ</rt></ruby> <ruby>줄게요<rt>ジュルケヨ</rt></ruby>. 「明日知らせてあげますよ」 ※対等以下の人に使う丁寧語。

フォーマル表現

はっきりとは申し上げられません	<ruby>확실하게<rt>ファクシラゲ</rt></ruby> <ruby>말씀드리기가<rt>マルスムドゥリギガ</rt></ruby> <ruby>어렵습니다<rt>オリョプスムニダ</rt></ruby>. ※「はっきりと申し上げることは難しいです」という言い方。<ruby>확실하게<rt>ファクシラゲ</rt></ruby>は「確実に」「確かに」。<ruby>말씀드리다<rt>マルスムドゥリダ</rt></ruby>は「申し上げる」。 ＝<ruby>분명히<rt>ブンミョンイ</rt></ruby> <ruby>말씀<rt>マルスム</rt></ruby> <ruby>올리기가<rt>オルリギガ</rt></ruby> <ruby>곤란합니다<rt>コルラナムニダ</rt></ruby>. ※<ruby>분명<rt>ブンミョン</rt></ruby>は漢字では［分明］で、<ruby>분명히<rt>ブンミョンイ</rt></ruby>は「確かに」「はっきりと」という意味。<ruby>곤란하다<rt>コルラナダ</rt></ruby>は「困難だ」「難しい」。
申し上げかねます	<ruby>말씀드리지<rt>マルスムドゥリジ</rt></ruby> <ruby>못하겠습니다<rt>モタゲッスムニダ</rt></ruby>. ※-<ruby>지<rt>チ</rt></ruby> <ruby>못하다<rt>モタダ</rt></ruby>は「～することができない」。 ＝<ruby>말씀<rt>マルスム</rt></ruby> <ruby>올릴<rt>オルリル</rt></ruby> <ruby>수가<rt>スガ</rt></ruby> <ruby>없습니다<rt>オプスムニダ</rt></ruby>. ※<ruby>말씀<rt>マルスム</rt></ruby> <ruby>올리다<rt>オルリダ</rt></ruby>は「申し上げる」。-ㄹ/<ruby>을<rt>ウル</rt></ruby> <ruby>수<rt>ス</rt></ruby> <ruby>(가)<rt>ガ</rt></ruby> <ruby>없다<rt>オプタ</rt></ruby>は「～することができない」。

残念ながら、考えたこともありません	유감스럽습니다만 생각해 본 적도 없습니다. ＊유감스럽다は「遺憾だ」「残念だ」。「考えたこともない」のように経験がないことを強調する場合、-아/어/여 본 적도 없다（～してみたこともない）という表現をよく使う。ここでの보다は経験を表す。 = 죄송합니다만 한 번도 생각해 보지 못했습니다. ＊直訳は「恐縮ですが、一度も考えてみることができませんでした」。한 번도は「一度も」。
意見というほどのものは今ございません	의견이라고 할 만한 것은 지금 없습니다. ＊-라/이라고 할 만한 것は「～というほどのもの」。
それにつきましてはどちらとも言えません	그에 관해서는 어느 쪽이라고 말할 수가 없습니다. ＊말할 수(가) 없다で「言うことができない」。
彼はまだゆらいでいます	그 사람은 아직도 마음이 흔들리고 있습니다. ＊아직도は「いまだに」。마음이 흔들리다は「心が揺れる」。
彼はまだ結論を出せないでいます	그 사람은 아직 결론을 못 내리고 있습니다. ＊결론을 내리다で「結論を出す」。
彼らはまだ評決に達していません	그 사람들은 아직 평결에 이르지 못했습니다. ＊평결에 이르다で「評決に至る」。

意見がない ◆ 403

賛成する

「賛成だ！」

カジュアル表現

いいよ

좋아. *좋다は「よい」「好ましい」。

= 알았어. 「わかったよ」 *알다は「わかる」「承知する」。

= 그래. *直訳は「そう」で、対等以下の相手に対して了解、承認を表す「うん」とか「よし」。

いつでもいいよ

아무 때나 괜찮아. *아무は「どんな」「何の」。때は「時」。-나は「~でも」。

= 언제든지 좋아. *언제は「いつ」。-든지は「~でも」。

やってみよう！

해 보자! *해 보다は「やってみる」。

= 해 보자구! 「やってみようよ！」 *親しみのある言い方。보자구!は보자고!とも言う。

= 해 보자꾸나! 「やってみようよ！」 *親近感のある言い方。

ちょっとだけね

조금만이야. *조금は「ちょっと」「少し」。-만は「~だけ」。

= 좀만이다. *좀만は조금만（少しだけ）の縮んだ形。

おやすいご用！	그까짓 거 일도 아니지! ＊「そんなのわけないよ！」という言い方。直訳は「それしきのこと用事でもないよ！」。 ＝ 식은 죽 먹기야! ＊식은 죽 먹기は「朝飯前」という慣用句。もとの意味は「冷めたおかゆを食べること」。 ＝ 누워서 떡 먹기지! 「朝飯前だよ！」 ＊누워서 떡 먹기はことわざ。もとの意味は「寝てもちを食うこと」。
うん、そうしよう	응, 그러자. ＊그러다は「そうする」。 ＝ 그래, 알았어. 「うん、わかった」
ええ、まあ	어, 그래. ＊場合によっては、「ああ、そう」「ああ、そうだね」のような意味にもなる。그래は「うん」「そう」「よし」「ああ」。
それは私には都合がいいんだよ	그게 나한텐 편해. ＊나한텐は나한테는（私には）の縮んだ形。편하다は「楽だ」。 ＝ 나한텐 그게 더 좋아. ＊直訳は「私にはそれがよりいい」。더は「もっと」。
よし決まりだ	그럼 결정된 거다. ＊「じゃあ決まったよ」という言い方。결정되다は「決まる」。거다は것이다（ことだ、のだ）の縮んだ形。
賛成だ！	찬성이야! ＊찬성は「賛成」。 ＝ 오케이! 「OK！」

賛成する ◆ 405

それで行こう！	**그걸로 가자!** ※그걸로は그것으로（それで）の縮んだ形。 = **그걸로 밀고 나가자!**「それで進めよう！」 ※밀고 나가다は「推し進める」。 = **그걸로 한번 해 보자!**「それで一度やってみよう！」
では握手といこう！	**그럼 악수 한번 하자!** ※한번は「一度」だが、ここでは回数に積極的な意味はなく、악수 한번で「握手でも」ほどの意味。 = **자, 악수하자꾸나!**「さあ、握手しよう！」 ※-자꾸나は親しみのある言い方。
こっちもそうだよ	**나도 그렇다.** ※「私もそうだよ」という言い方。-도は「～も」。 = **우리도 매한가지야.**「我々も同じだよ」 ※매한가지は「同じこと」。 = **이쪽도 마찬가지네.**「こっちも同じだよ」 ※마찬가지は「同様」。
そうだね	**그래.** ※그래は「うん」「そう」「よし」「ああ」などと訳される。 = **그러게.**「そのとおりだよ」 = **그러게 말야.**「そうなんだよな」 ※말야は말이야の縮んだ形で、特に意味はなく、語調を整える言葉。

それで問題ないよ	그걸로 문제 없어. ※그걸로は그것으로(それで)の縮んだ形。문제は「問題」。 ＝그러면 괜찮아. 「それなら大丈夫だよ」 ※그러면は그것이라면(それなら)の縮んだ形。그거라면とも言う。
僕もそう思う	나도 그렇게 생각해. ※그렇게は「そのように」。생각하다は「思う」「考える」。 ＝나도 같은 생각이야. 「僕も同じ考えだよ」 ※같은は「同じ」。 ＝내 생각도 마찬가지야. 「僕の考えも同じだよ」
同感だ	동감이야. ＝나도 같은 의견이야. 「私も同じ意見だよ」
全くそうだよ	정말 그래. ※정말は「本当に」。 ＝그렇구 말구. 「もちろんそうだとも」 ※同意、あいづちの慣用表現で、그렇고 말고とも言う。 ＝누가 아니래. 「そのとおりだよ」 ※直訳は「誰が違うと言うのだ」という反語表現。 ＝그러게 말이야. 「そのとおりだよ」 ＝내 말이 그 말이야. 「私が言いたいのはそれだよ」 ※直訳は「私の話はその話だよ」。
確かにそうだ	하긴 그렇다. ※하긴は하기는(もっとも、そういえば)の縮んだ形。

賛成する ◆ 407

	=그거야 그렇지.「そりゃあそうだよ」 ✴-야は前の語を強調する。
	=니 말이 맞어.「君の言うとおりだよ」 ✴니は네（君の）と同じ意味。말は「言葉」「話」。맞다は「正しい」「合う」。맞어は맞아とも言う。
④君もその映画気に入ったの？ ⑧もちだよ！	④너도 그 영화 마음에 들어? ✴마음에 들다で「気に入る」という慣用句。日本語では過去形で言うが、韓国語では普通現在形で言う。 ⑧당근이지! ✴俗語表現。당근は「にんじん」。普通は당연하지!（当然だよ！）と言うところだが、これをもじったふざけた言い方。 =④너도 그 영화가 좋아? ✴좋아?は「いい?」とか「好き?」の意。 =⑧그럼!「そうとも！」
④最近チュニが僕に親切にしてくれないんだ ⑧いつものことだろ？	④요즘 준희가 나한테 친절하지 않아. ✴요즘は「最近」。친절하다は「親切だ」。 ⑧늘 그러지 않았어?「いつもそうじゃなかった？」という言い方。늘は「いつも」。 =④요즘 준희가 내게 잘해 주지 않는 거야. ✴잘해 주지 않다は「よくしてくれない」とか「やさしくしてくれない」という意味。 =⑧늘 그랬잖아, 왜?「いつもそうだったじゃないの、何で？」 ✴그랬잖아は그러했지 않아（そうだったじゃない）の縮んだ形。왜?は「そ

	れがどうかしたの？」という気持ちを表す。
いい案だ	좋은 안이다. =좋은 생각이야. ✻생각は「考え」「アイデア」。 =근사한 아이디어구나.「すてきなアイデアだなぁ」 ✻근사하다は「すてきだ」。
言われたとおりにするよ	네 말대로 할게. ✻대로は「とおりに」。「言う」は말하다だが、これを受身の形にして「言われる」を作ることはできない。一般的には「誰々が言う」とか「誰々の話」という形にする。 =니가 말한 대로 하겠어.「君が言ったとおりにするよ」 ✻니가は네가（君が、お前が）と同じように使える。 =네가 시키는 대로 할 거야. ✻시키다は「させる」「命じる」。

スタンダード表現

同意します	동의해요. ✻동의は「同意」。 =찬성해요. ✻찬성は「賛成」。
あなたの意見に賛成します	당신 의견에 찬성이에요. ✻의견は「意見」。 =당신 의견에 찬성하겠어요. ✻-겠はここでは控えめな気持ちを表す。

その考えを支持します	グ センガグル チジヘヨ 그 생각을 지지해요. ＊치지하다는「支持する」。
ⓐ同意しますか? ⓑはい、ある程度までは	ⓐ トンイハセヨ 동의하세요? ＊-하세요?は「〜しますか？」という言い方。 ⓑ ネー オヌ ジョンドッカジヌニョ 네, 어느 정도까지는요. ＊어느 정도は「ある程度」。-까지는は「〜までは」。요が付くと丁寧な表現になる。
それは十分にあり得ます	クゴン チュンブニ イッスル ス イッソヨ 그건 충분히 있을 수 있어요. ＊충분히は「十分に」。있을 수 있다は「あり得る」。 = クロン ニルン オルマドゥンジ イッスル ス イッチョ 그런 일은 얼마든지 있을 수 있죠.「そんなことはいくらでもあり得ますよ」＊일は「こと」。얼마든지は「いくらでも」。 = クロル カヌンソンウン チュンブナジョ 그럴 가능성은 충분하죠.「そうなる可能性は十分です」＊가능성は「可能性」。
それは無理ないですね	クゴン ムリド アニエヨ 그건 무리도 아니에요. ＊直訳は「それは無理でもありません」。 = タンヨニ クロッケッチョ 당연히 그렇겠죠.「当然そうでしょう」 ＊그렇다は「そうだ」。
それでいいでしょう	クゴルロ ジョッケッソヨ 그걸로 좋겠어요. ＊그걸로は그것으로（それで）の縮んだ形。 = クゴラミョン ジョアヨ 그거라면 좋아요. ＊그거라면は그것이라면（それなら）の縮んだ形。同意、妥協するとき

	の表現。 ＝그러면 됐어요. 「そうならいいですよ」 ＊그러면は「そうなら」。되다は「いい」「結構だ」。
おっしゃるとおりかもしれません	맞는 말씀인 것 같애요. ＊直訳は「正しいお言葉のようです」。連体形＋것 같다で「〜のようだ」。같애요は같아요が正しい形だが、日常会話で広く使われている。 ＝그 말이 맞을지도 모르겠네요. 「言ってることが正しいかもしれませんね」 ＊-ㄹ/을지도 모르다で「〜かもしれない」。
私もそう思っていたところです	저도 그렇게 생각하던 참이었어요. ＊-하던 참は「〜していたところ」。 ＝나도 마침 그런 생각을 하고 있었어요. 「私もちょうどそう思っていました」 ＊마침は「ちょうど」。
そのとおりです	맞아요. ＊맞다は「合う」「正しい」。 ＝맞는 말이에요. ＊直訳は「正しい言葉です」。 ＝그러게 말이에요. 「そのとおりですよ」
ではこれでいいですね？	그럼, 이걸로 됐죠? ＊合意を確認するときの言い方。이걸로は이것으로（これで）の縮んだ形。되다は「いい」「結構だ」。 ＝자 이제 다 됐죠? 「さあこれで全部OKですね？」 ＊자は「さあ」「さて」。다は「すべて」「全部」。

お互い同意のようですね	서로 동의한 것 같군요. ＊서로는「お互い」「互いに」。동의는「同意」。-한 것 같다 で「〜したようだ」。 =서로 뜻이 맞은 것 같군요. ＊뜻은「意志」「意向」「思い」。맞다는「合う」。
異議ありません	이의 없어요. ＊이의は「異議」。 =다른 의견 없어요. ＊다른 의견은「別な意見」。
意見が一致しますね	의견이 잘 맞는군요. ＊잘 맞다는「よく合う」。 =서로 뜻이 잘 맞나 봐요. 「お互い意志がよく合うようです」 ＊뜻은「志」「意向」「思い」。 =우리 견해가 일치되네요. 「私たち、見解が一致しますね」 ＊견해는「見解」。일치되다는「一致する」。
それならOKです	그거라면 괜찮아요. ＊괜찮아요は「いいです」「構いません」。 =그거면 오케이예요. ＊오케이は「OK」。 =그러면 됐어요. 「それならいいです」
これで我慢します	이걸로 참겠어요. ＊이걸로は이것으로 (これで)の縮んだ形。참다は「我慢する」「耐える」。 =이걸로 견디어 볼게요. 「これで耐えてみます」 ＊견디다は「耐える」「我慢する」。

それで十分です	그걸로 _{クゴルロ} 충분해요. _{チュンブネヨ} ＊그걸로는 그것으로(それで)の縮んだ形。 ＝그만하면 _{クマナミョン} 족해요. _{ジョッケヨ} 「その程度なら十分です」 ＊족하다は「十分だ」「足りる」。_{チョッカダ}
私もそう思います	저도 _{チョド} 그렇게 _{グロッケ} 생각해요. _{センガッケヨ} ＊저는 나(私、僕、おれ)の謙譲語。생각하다は「思う」「考える」。_{チョ ナ}_{センガッカダ} ＝내 _ネ 생각도 _{センガクト} 그래요. _{クレヨ} 「私の考えもそうです」 ＝나도 _{ナド} 같은 _{カトゥン} 생각이에요. _{センガギエヨ} 「私も同じ考えです」 ＊같은は「同じ~」。_{カトゥン}
あなたに全く同感です	당신 _{タンシン} 의견에 _{ウィギョネ} 전적으로 _{チョンチョグロ} 동감이에요. _{トンガミエヨ} ＊「あなたの意見に全く同感です」という言い方。 전적으로は「全的に」。_{チョンチョグロ} ＝나도 _{ナド} 당신하고 _{タンシナゴ} 똑같은 _{トッカトゥン} 생각이에요. _{センガギエヨ} 「私もあなたと全く同じ考えです」
気に入りました	마음에 _{マウメ} 들어요. _{ドゥロヨ} ＊普通このように現在形で言う。 ⇔마음에 _{マウメ} 안 _{アン} 들어요. _{ドゥロヨ} 「気に入りません」 ＝너무 _{ノム} 좋아요. _{ジョアヨ} 「すごくいいです」
それは的を射ていますね	정곡을 _{チョンゴグル} 찔렀군요. _{チルロックニョ} ＊普通このように過去形で言う。정곡을 찌르다は「正鵠を射る」という慣用句。찌르다は「突く」「突き刺す」。_{チョンゴグル チルダ}_{チルダ} ＝급소를 _{クプソルル} 찔렀네요. _{チルロンネヨ} 「急所を突いていますね」

賛成する ◆ 413

あなたの言い分はわかります	ハシヌン マルスムン イヘガ ドゥエヨ 하시는 말씀은 이해가 돼요. ＊「おっしゃることは理解できます」という言い方。 タンシン チュジャンウン アラヨ = 당신 주장은 알아요. 「あなたの主張はわかります」＊주장は「主張」。알다は「わかる」。 ムスン マリンジ アルゲッソヨ = 무슨 말인지 알겠어요. ＊「何のことかわかります」とか「何が言いたいのかわかります」という意味。
彼も私と同じ意見です	ク チングド ナラン カトゥン ウィギョニエヨ 그 친구도 나랑 같은 의견이에요. ＊그 친구は、第三人称をフランクに言うときの「彼」または「彼女」で、目上の人には使わない。-랑は-하고 (〜と) と同じ意味。 ク サラム ウィギョンド ナハゴ カタヨ = 그 사람 의견도 나하고 같아요. 「その人の意見も私と同じです」
あなたの言うことは部分的には正しいです	タンシン マルン ブブンジョグロヌン オラヨ 당신 말은 부분적으로는 옳아요. ＊부분적으로は「部分的に」。옳다は「正しい」。 タンシン チュジャン ガウンデ イルブブヌン マンヌン マリエヨ = 당신 주장 가운데 일부분은 맞는 말이에요. 「あなたの主張の中で一部分は正論です」 ＊가운데は「〜の中 (で)」。일부분は「一部分」。
あなたは賛成ですか？ それとも反対ですか？	チャンソンハシル コエヨ アニミョン パンデハシル 찬성하실 거예요? 아니면 반대하실 コエヨ 거예요? ＊찬성하다は「賛成する」。아니면は「でなければ」。반대하다は「反対する」。 チャンソンハル コンガヨ パンデハル コンガヨ = 찬성할 건가요? 반대할 건가요? ＊-ㄹ/을 コンガヨ 건가요?は親しみを込めた聞き方。 タンシン チャンソンイエヨ アニミョン パンデエヨ = 당신 찬성이에요? 아니면 반대예요?

それはごもっともです	지당한 말씀이에요. _{チダンハン マルスミエヨ} ＊「至極当然のお話です」という言い方。 ＝옳은 말이네요. _{オルン マリネヨ}「もっともな話です」 ＝하긴 그렇죠. _{ハギン グロッチョ}「ごもっとも」＊하긴は하기는_{ハギヌン}(もっとも、そりゃぁ)の縮んだ形。
それはいい案です	그거 좋은 생각이에요. _{クゴ チョウン センガギエヨ} ＊「それいい考えです」という表現。 ＝그거 훌륭한 아이디어네요. _{クゴ フルリュンハン アイディオネヨ}「それはすばらしいアイデアですね」
おもしろそうですね	재미있을 것 같은데요. _{チェミイッスル コッ カトゥンデヨ} ＊提案に興味を示すときなどに言う。재미있다は「おもしろい」。_{チェミイッタ} ＝그거 재미있겠네요. _{クゴ チェミイッケンネヨ}「それおもしろそうですね」
円満解決を求めています	원만히 해결할 길을 찾고 있어요. _{ウォンマニ ヘギョラル キルル チャッコ イッソヨ} ＊「円満に解決する方法を探しています」という表現。해결하다は「解決する」。길は「方法」。_{ヘギョラダ キル} 방도(방途、方法)も使える。찾다は「探す」。_{パンド チャッタ} ＝원만한 해결책을 찾고 있어요. _{ウォンマナン ヘギョルチェグル チャッコ イッソヨ}「円満な解決策を探しています」
しょうがないですね	하는 수 없네요. _{ハヌン ス オムネヨ} ＊수は「方法」「手段」。_ス ＝어쩔 수 없군요. _{オッチョル ス オプクニョ}「どうしようもないですね」

フォーマル表現

賛成します

찬성하겠습니다. ※찬성は「賛成」。-겠は控えめな気持ちを表す。

= 찬성입니다. 「賛成です」

では、これで我々の結論に至りました

그럼 이것으로 결론을 보았습니다.
※ 이것으로は「これで」。결론을 보다は「結論を見る」。

= 이로써 우리가 결론에 도달한 셈입니다.
「これで我々は結論に達したわけです」
※ 도달하다は「到達する」。-ㄴ/은 셈이다は「~したわけだ」とか「~したことになる」という意味。

お互いに譲歩して合意しました

서로 양보해서 합의했습니다.
※ 양보하다は「譲歩する」。합의하다は「合意する」。

= 서로가 양보한 끝에 합의에 이르렀습니다.
「お互いが譲歩した末に合意に至りました」
※ 끝에は「末に」。이르다は「至る」。

我々は同意に至りました

저희들은 의견이 일치했습니다. ※저희들は저(私)の複数形で、우리들(我々)の謙譲語。

= 우리들은 뜻을 같이하기로 했습니다. ※直訳は「私たちは志を一にすることにしました」。뜻을 같이하다は「志を同じくする」。

416 ◆ 賛成する

次の点に関してあなたに同意します	이하의 점들에 대하여 당신 의견에 동의합니다.	★「以下の諸点につきあなたの意見に同意します」という表現。-에 대하여は「〜について」。
貴状のご提案について、すべて同意します	당신께서 편지로 제안하신 점에 대하여 전적으로 동의합니다.	★「あなたがお手紙にてご提案なされた点について全面的に同意します」という表現。제안하다は「提案する」。
	= 당신의 서신에 쓰여진 제안에 다 동의합니다. 「あなたの書信に書かれたご提案にすべて同意します」 ★쓰여지다は「書かれる」。	
この件につきまして同意を見たということでよろしいでしょうか?	이 건에 관하여 동의했다고 봐도 되겠습니까?	★「この件に関して同意したとみなしてもよろしいでしょうか?」という表現。-고 봐도 되겠다は「〜と判断してもよい」。
	= 이 문제에 대하여 우리 뜻이 맞은 것으로 이해해도 좋겠습니까? 「この問題について我々の意見が一致したものと理解してもよろしいでしょうか?」 ★뜻이 맞다は「意志(思い)が合う」。	
この件は何も問題なく思われます	이 일은 아무 문제도 없다고 봅니다. ★없다고 봅니다は「ないと思います」。	

	= 이 건은 전혀 문제가 없을 것 같습니다. 「この件は全然問題がないようです」 ✱전혀は「全然」。-ㄹ/을 것 같다は「～のようだ」。
我々は貴社のご提案には全く異議がありません	저희들은 귀사의 제안에 아무런 이의가 없습니다. ✱저희들은 우리들(我々)の謙譲語。귀사は「貴社」。아무런 이의가 없다는「何の異議もない」。 = 저희는 귀사가 하신 제안에 이의가 전혀 없습니다. ✱하신은「なさった～」。전혀 없다는「全然ない」。
喜んで来月にお会いしたいと思います	기꺼이 다음 달에 뵙고자 합니다. ✱기꺼이는「喜んで」。다음 달은「来月」で、내달とも言う。뵙고자 하다는「お目にかかろうと思う」。 = 내달 기쁜 마음으로 뵙기를 바랍니다. 「来月うれしい気持でお目にかかりたく思います」 ✱-기(를) 바라다で「～することを願う（望む）」。
過半数票で可決されました	다수결로 결정되었습니다. ✱「多数決で決定いたしました」という表現。 = 찬성 과반수로 가결되었습니다. 「賛成過半数で可決されました」 ✱가결되다는「可決される」。

反対する

「反対！」

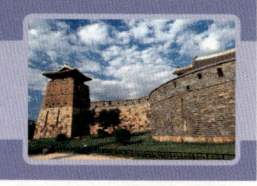

	カジュアル表現
いやだ	싫어. ※싫다は「いやだ」「嫌いだ」。 ＝질색이야. ※질색は「大嫌い」「苦手」。
うん、でも僕はやらないよ	응, 근데 난 안 할 거야. ※근데はそれで(だけど)の縮んだ形。난は나는（僕は）の縮んだ形。-ㄹ/을 거야は意志を表す。-ㄹ/을래も同様。 ＝그래, 하지만 난 안 할래. ※그래は「そう」「うん」。하지만は口語体で「だけど」。 ＝응, 그래도 난 안 해. ※그래도は「それでも」。
絶対ダメ！	절대 안 돼! ＝무조건 안 된다구! ※무조건は「無条件」。-다구は「〜だってば」の意味で、-다고とも言う。
反対！	반대! ＝찬성 안 해!「賛成しないよ！」 ※찬성は「賛成」。
反対だと言っただろ！	반대라고 했잖아! ※-라고 하다は「〜だと言う」。

反対する ◆ 419

	= 반대한다고 말했지! 「反対すると言っただろ！」
	= 반대라고 말 안 했어? 「反対だと言わなかった？」
やめておこうよ	관두자. ＊고만두자（やめよう）の縮んだ形。
	= 하지 말자. 「するのをよそう」 ＊-지 말다は「～するのをやめる」。
Ⓐ彼は OK したの？ Ⓑそうでもないんだ	Ⓐ개가 좋다고 했니? ＊개は子供や若者に使う「その子」「あの子」。좋다は「よい」。-니?は子供や対等以下の親しい相手に用いる気楽な聞き方。
	Ⓑ꼭 그런 건 아니고. ＊「必ずしもそうではないけど」という意味。꼭は否定の表現を伴い「必ずしも（～ない）」。
	= Ⓐ그 사람이 허락한 거야? ＊허락は漢字では［許諾］で、허락하다は「承諾する」。
	= Ⓑ뭐, 그렇다고 할 순 없어. 「まあ、そうだとは言えないよ」
	= Ⓐ그 친구가 그렇게 한대? 「彼がそうするって言ったの？」 ＊그 친구は第三人称をフランクに呼ぶ言葉。
	= Ⓑ그렇지도 않아. 「そうでもないよ」
それはよくないよ	그건 안 돼. ＊안 되다は「いけない」。
	= 그건 좋지 않아. ＊좋다は「よい」で、좋지

	않아は「よくないよ」。
君が間違ってるよ！	**니가 잘못했어!** ✽잘못하다は「間違える」「誤りを犯す」。니가は네가とも言う。 =**네가 잘못한 거야!** ✽断定的な言い方。 =**니 잘못이야!** ✽直訳は「君の過ちだよ！」で、「君が悪いんだよ！」とか「君のせいだよ！」という意味で使える。
これには納得できないよ！	**이건 납득이 안 가!** ✽「これは納得がいかないよ！」という言い方。 =**이런 일 납득할 수 없어!** 「こんなこと納得できないよ！」 ✽일は「こと」。-ㄹ/을 수 없다で「〜できない」。 =**이건 수긍 못 해!** ✽直訳は「これはうなずけないよ！」。수긍は漢字では［首肯］で「うなずくこと」の意。 =**이걸로는 이해가 안 가!** 「これでは理解できません！」 ✽이해は「理解」。
冗談だろ？	**농담이지?** ✽농담は漢字では［弄談］で「冗談」の意。 =**장난하는 거야?** 「ふざけてるの？」 ✽장난は「いたずら」「悪ふざけ」。 =**뻥치는 거지?** 「うそだろ？」 ✽뻥치다は「うそをつく」。

反対する ◆ 421

笑いごとじゃない！	웃을 일이 아냐! ＊웃다は「笑う」。	
	=농담 아니라구! 「冗談じゃないんだってば！」	
	=장난 아냐! 「冗談じゃないんだよ！」	
ふざけんな！	까불지 마! ＊까불다は「ふざける」。-지 마!は「～するな！」。	
	=장난치지 마! ＊장난치다は「ふざける」。	
	=턱도 없어! 「とんでもない！」 ＊택도 없어! とも言うが、これは慶尚道の方言。	
	=웃기지 마! 「笑わせるなよ！」 ＊웃기다は「笑わせる」。	
君、頭は大丈夫？	너, 돌았나? ＊돌다は俗語で「頭が変になる」。	
	=미쳤어? 「狂ったか？」 ＊미치다は「狂う」。	
	=약 먹었나? ＊俗語表現で、直訳は「薬飲んだのか？」。この약(薬)は殺鼠剤(ネズミを殺す薬)のこと。	
	=뭘 잘못 먹었나? ＊俗語表現で、直訳は「何か誤って食べたのか？」。뭘は무엇을 (何かを)の縮んだ形。	
	=너 술 취했니? ＊俗語表現で、直訳は「君、酒に酔ったの？」。취하다は「酔う」。	
	=눈에 콩깍지가 씌었나? ＊直訳は「目に豆のさやがかぶさったのか？」で、「物事がまともに見えていない」と皮肉な俗語表現。	

スタンダード表現

反対です！

반대예요! ★반대は「反対」。
= 반대하겠어요! 「反対します！」
= 동의할 수 없어요! 「同意できません！」
★동의は「同意」。

それは法律違反です

그건 법률 위반이에요. ★법률は「法律」。
= 그건 법에 위배돼요. 「それは法律に違反します」 ★법は「法」。위배は漢字では「違背」で「違反」の意。
= 그건 위법 행위예요. 「それは違法行為です」
★행위は「行為」。
= 그건 법에 어긋나는 짓이에요. 「それは法に反することです」 ★어긋나다は「外れる」「反する」。짓は「振る舞い」「行動」「まね」。

それはお断りです

그건 거절하겠어요. ★거절は「拒絶」。
= 난 그거 거부하겠어요. ★거부は「拒否」。
= 그건 받아들일 수 없어요. 「それは承諾できません」 ★받아들이다は「受け入れる」。

私は賛成できません

전 찬성 못 하겠어요. ★전は저는(私は)の縮んだ形。찬성は「賛成」。
= 난 찬동하지 못해요. ★난は나는(僕は、私は、おれは)の縮んだ形。찬동は「賛同」。

反対する ◆ 423

断固反対です	チョルテ バンデエヨ **절대 반대예요.** ※「絶対反対です」という 言い方。절대は「絶対」。반대は「反対」。 ムジョッコン バンデエヨ ムジョッコン =**무조건 반대예요.** ※무조건は「無条件」。 キョルタンコ バンデエヨ キョルタンコ =**결단코 반대예요.** ※결단코は「断じて」。 キョルタン コ ハゴ 결단は漢字では［決断］。-코は하고（〜して） の縮んだ形。
あなたには賛成 できかねます	タンシナンテヌン チャンソンハル ス オプソヨ **당신한테는 찬성할 수 없어요.** チャンソンハダ ※찬성하다は「賛成する」。 タンシネゲン チャンソン モ テヨ =**당신에겐 찬성 못 해요.**「あなたには賛成で エゲン エゲヌン きません」※-에겐は-에게는（〜には）の縮 んだ形。
どう考えても賛 成できません	アムリ センガッケド チャンソンハジ モタゲッソヨ **아무리 생각해도 찬성하지 못하겠어요.** アムリ センガッケド ※아무리 생각해도は「いくら考えても」。 アムマネド チャンソンハル スガ オプソヨ アムマネド =**암만해도 찬성할 수가 없어요.** ※암만해도 アムレド は「どうしても」「到底」。아무래도と言い換え られる。
両親は私の結婚 に反対していま す	プモニムン チェ キョロネ バンデハゴ ゲセヨ **부모님은 제 결혼에 반대하고 계세요.** プモ ニム ※부모は漢字では［父母］。님は敬称。 プモニムケソ ネ キョロヌル ホラッカジ アヌショッソヨ =**부모님께서 내 결혼을 허락하지 않으셨어요.** ケソ ※-께서は尊敬対象に使う「〜は」または「〜が」。 ホラッカジ アンタ ホラク 허락하지 않다は「許さない」。허락は漢字で は［許諾］。
その点で話が合 いませんね	ク ジョメソヌン マリ アン トンハネヨ ク **그 점에서는 말이 안 통하네요.** ※그 ジョメソヌン アン トンハダ 점에서는は「その点では」。안 통하다は「通

424 ◆ 反対する

	じない」。 =그 점에 ^{ク ジョメ} 관해선 ^{グァネソン} 의견이 ^{ウィギョニ} 안 ^{アン} 맞는군요 ^{マンヌングニョ}. 「その点に関しては意見が合いませんね」 -군요^{クニョ}は感想を述べる言い方。
私の考えはちょっと違うのです	제 생각은 ^{チェ センガグン} 좀 ^{ジョム} 달라요 ^{タルラヨ}. ＊제^{チェ}は내^ネ(私の)の謙譲語。생각は「考え」。다르다^{タルダ}は「違う」。 =나는 ^{ナヌン} 좀 ^{ジョム} 달리 ^{タルリ} 생각하고 ^{センガッカゴ} 있어요 ^{イッソヨ}. 「私はちょっと違う考え方をしています」 ＊달리^{タルリ}は「違って」「別に」。
あなたと私は立場が違いますから	당신하고 ^{タンシナゴ} 나는 ^{ナヌン} 입장이 ^{イプチャンイ} 다르거든요 ^{タルゴドゥニョ}. ＊입장^{イプチャン}は「立場」。-거든요^{コドゥニョ}は軽く理由を述べる言い方。 =우린 ^{ウリン} 서로 ^{ソロ} 입장이 ^{イプチャンイ} 다르니까요 ^{タルニッカヨ}. 「私たちは互いに立場が違いますから」 ＊서로^{ソロ}は「互いに」。-니까요^{ニッカヨ}は理由、根拠を述べる言い方。
私の立場になって考えてください！	제 ^{チェ} 입장에 ^{イプチャンエ} 서서 ^{ソソ} 생각 ^{センガク} 좀 ^{チョム} 해 ^ヘ 보세요 ^{ボセヨ}! ＊입장에 서서는^{イプチャンエ ソソヌン}「立場に立って」。 =역지사지해서 ^{ヨクチサジヘソ} 생각해 ^{センガッケ} 보시라구요 ^{ボシラグヨ}! 「立場を変えて考えてみてくださいよ！」 ＊역지사지^{ヨクチサジ}は漢字では［易地思地］で、「立場を変えて考える」という意味。-라구요^{ラグヨ}!は強い命令形で、-라고요^{ラゴヨ}!とも言う。
そうとは思いません	그렇다곤 ^{クロッタゴン} 생각하지 ^{センガッカジ} 않아요 ^{アナヨ}. ＊-다곤^{タゴン}は-다고는^{タゴヌン}(～だとは)の縮んだ形。

	=그렇다고 보진 않아요. ※直訳は「そうだと思いはしません」。-진は-지는の縮んだ形。
そうは言っておりません	전 그렇겐 말하지 않았어요. ※전は저는(私は)の縮んだ形。말하다は「言う」「話す」。
	= 난 그렇게 얘기한 적 없어요. 「私はそのように話したことありません」
	= 그런 말 하지 않았는데요. 「そんなこと言っていませんが」 ※-는데요は断定を避けた言い方で、「〜ですけど」というニュアンス。
それは全くのナンセンスです！	말도 안 되는 소리예요! ※直訳は「話にもならない話です！」。소리は「言葉」「話」。
	= 그건 엉뚱한 소리예요! ※그건は그것은(それは)の縮んだ形。엉뚱하다は「とんでもない」「突拍子もない」。
	= 그건 뚱딴지 같은 소리예요! ※뚱딴지 같다は「突拍子もない」「とんでもない」。
	= 그걸 말이라고 해요?! ※直訳は「それを話だというのですか？！」で、「話にならない！」「とんでもない！」という意味。
同じことじゃないですか！	마찬가지잖아요! ※마찬가지は「同じこと」。-잖아요!は-지 않아요の縮んだ形で、「〜じゃないですか！」。
	= 매한가지가 아니에요?! ※매한가지は「同じこと」。

	= 결국 같은 거잖아요! 「結局同じことじゃないですか!」 *결국は「結局」。
	= 다를 게 뭐가 있어요! *直訳は「違うことが何がありますか!」で、「違わないでしょ!」という意味の反語表現。다르다は「違う」。
その案はよくないです	그 안은 좋지 않아요.
	= 그 생각 별로 좋지 않아요.「その考えはあまりよくないです」
	= 그 아이디어는 안 좋은데요.「そのアイデアはよくないですけど」
長い目で見ると我々にはよくありません	긴 안목으로 보면 저희들에게 좋을 것 없어요. *긴 안목は直訳では「長い眼目」。저희들は「私たち」「我々」。
	= 장기적으로 볼 때 우리한테는 불리해요.「長期的に見ると我々には不利です」
あなたの案は支持できません	당신의 안은 지지 못 해요. *안は「案」。지지は「支持」。못 하다は「できない」。
わかりますが、仕方がないのです	알겠지만 어쩔 수가 없어요. *어쩔 수가 없다は「どうすることもできない」。
	= 알 만한데 달리 도리가 없거든요.「わかるけど、ほかに方法がないんですよ」 *알 만하다は「わかる」「理解できる」。도리は漢字では[道理]で「方法」「すべ」の意。-거든요は軽く

反対する ◆ 427

	理由を表す。 =イヘヌン トゥエジマン バンボビ オプ タグヨ =이해는 되지만 방법이 없다구요.「理解はできるけど、方法がないんですってば」 ＊이해は「理解」。방법は「方法」。-다구요は強い主張を表す。
どうしてかわかりません	ウェンジ モルラヨ 왠지 몰라요. ＊왠지は왜인지（なぜだか）の縮んだ形。모르다は「わからない」「知らない」。 =ウェ グロンジ モルゲッソヨ =왜 그런지 모르겠어요.「なぜそうなのかわかりません」 =ムスン ニユインジ アル スガ オプソヨ =무슨 이유인지 알 수가 없어요.「どういう理由なのかわかりません」＊무슨は「どういう」「どんな」「何の」。
なぜそう言うのですか？	ウェ クロン マルスム ハセヨ 왜 그런 말씀 하세요? ＊그런 말씀は「そういうお話」「そんなお言葉」。 =オッチェソ クロッケ マラヌン ゴエヨ =어째서 그렇게 말하는 거예요? ＊어째서は「どうして」「なぜ」。
あなたを信じません	タンシン アン ミドヨ 당신 안 믿어요. ＊믿다は「信じる」。 =タンシヌル ミドゥル ス オプソヨ =당신을 믿을 수 없어요.「あなたを信じることができません」
それは私の知ったことではありません	クゴン チェガ アル バガ アニエヨ 그건 제가 알 바가 아니에요. ＊-ㄹ/을 바가 아니다で「~すること（ところ）ではない」。 =ナハゴン サングァノムヌン ニリエヨ =나하곤 상관없는 일이에요.「私とは関係のないことです」＊나하곤は나하고는（私とは）

	の縮んだ形。상관 (サングァン) は漢字では［相関］。 = 내가 상관할 게 뭐예요? ＊直訳は「私が関係することは何ですか？」で、「関係ない」ということを皮肉って言う表現。
そんなことは言うべきではありません	그런 말 하는 거 아니에요. ＊-는 거 아니다で「〜するものじゃない」。 = 그런 얘기 하지 마세요. 「そんな話しないでください」 말다は「やめる」で、-지 마세요は「〜しないでください」。 = 그런 말 하면 안 돼요. 「そんなこと言ってはなりません」 안 되다は「だめだ」「いけない」。
あなたが間違っています	당신이 잘못했어요. ＊잘못하다は「間違える」「誤りを犯す」。普通、過去形にして「間違っている」という意味で使う。 = 당신 잘못이에요. 「あなたが悪いのですよ」 ＊直訳は「あなたの過ちです」。
それでは話が違います	그렇다면 얘기가 다른데요. ＊그렇다면は「そうならば」。 = 이거 얘기가 다르네요. 「これは話が違いますね」
おっしゃることが矛盾しています	하시는 말씀에 모순이 있어요. ＊「おっしゃることに矛盾があります」という表現。 모순は「矛盾」。 = 말씀하시는 게 모순되네요. 「おっしゃることが矛盾してますね」

あなたのそこが間違っているのです	당신 그 점이 잘못된 거예요. ＊그 점이は「その点が」。잘못되다は「間違う」「誤る」。-ㄴ/은/는 거예요は「～なんですよ」で、確信、断定を表す。 ＝당신의 그 생각이 옳지 못해요. ＊直訳は「あなたのその考えが正しくありません」。옳다は「正しい」。
あなたは大きな間違いを犯していますよ	당신 큰 잘못을 범하고 있어요. ＊범하다は「犯す」。同じ意味で저지르다も使える。 ＝당신 지금 크게 잘못하고 있는 거예요. 「あなたは今、大きく過ちを犯しつつあるのです」 ＝잘못돼도 한참 잘못됐어요. ＊直訳は「間違ってもずいぶんな間違いを犯しています」。-아/어/여도 한참 ~は「～も半端じゃなく～」という強調表現。
納得できません	납득하지 못하겠어요. ＊납득は「納得」。 -지 못하다は「～できない」。 ＝납득이 안 가요. 「納得がいきません」 ＊안 가다は「いかない」。 ＝수긍이 안 돼요. ＊수긍は漢字では[首肯]で、納得して賛成すること。안 되다はこの場合「できない」。안 가다（いかない）も使える。 ＝못마땅해요. ＊못마땅하다は「納得がいかない」「気に食わない」。 ＝이해가 안 가요. 「合点がいきません」

* イヘ
  이해는 「理解」。안 가요는 안 돼요と言い換えられる。

フォーマル表現

抗議します！
항의하겠습니다!
* 항의하다は「抗議する」。

異議あり！
이의가 있습니다!
* 이의は「異議」。

私たちはその考えに強く反対です
저희는 그 생각에 결단코 반대합니다.
* 결단코は「断固として」。
= 우리들은 그 견해에 절대 반대입니다. 「私たちはその見解に絶対反対です」 * 견해は「見解」。

彼女は弟の言い方が気に入りませんでした
그 여자는 동생의 말투가 마음에 안 들었습니다.
* 그 여자は「彼女」だが、目上の人には使わない。동생は年下の兄弟で、男女両方に使える。特に区別するときは남동생(弟)、여동생(妹)と言う。말투は「言い方」「口のきき方」。마음에 안 들다は「気に入らない」。

法案に反対票を投じるつもりです
법안에 반대표를 던질 생각입니다.
* 반대표를 던지다は「反対票を投じる」。

それは全く事実とかけ離れています
그것은 사실과는 동떨어져 있습니다.
* 사실は「事実」。동떨어지다は「かけ離れる」。

反対する ◆ 431

= 그것은 사실하고는 전혀 다릅니다. ＊전혀 다르다는「全然違う」。

= 그것은 사실과는 엄연한 차이가 있습니다.
＊엄연한 차이는「厳然たる違い」。

彼らとかかわり合いになるのは反対です	그 사람들하고 얽히는 것은 반대입니다. ＊얽히다는「かかわる」。 = 그들과 상관하는 것에 대해서는 반대입니다. 「彼らとかかわることについては反対です」 ＊그들은「彼ら」の文語的な言い方。相関は漢字では［相関］。 = 그자들과 연관되는 일에는 반대합니다.「やつらと関係を持つことには反対します」 ＊그자들은「そいつら」「あいつら」。연관は漢字では［連関］。반대하다는「反対する」。
残念ですが同意できません	유감스럽습니다만 동의할 수 없습니다. ＊유감스럽다는「遺憾だ」「残念だ」。
その意見には反対します	그 의견에는 반대하겠습니다. ＊의견은「意見」。 = 그 생각에는 반대입니다. ＊생각은「考え」「意見」。
反対せざるを得ません	반대 안 할 수가 없습니다. ＊直訳は「反対しない方法がありません」。수는「方法」「仕方」。 = 반대하지 않을 수 없습니다. ＊-지 않을 수

	없다는 「～せざるを得ない」。
反対したくありませんが…	반대하고 싶지 않습니다만 … ＊-고 싶지 않다는 「～したくない」。 ＝반대하기 싫습니다만 … 「反対するのはいやですが…」。＊싫다는 「いやだ」「嫌いだ」。
彼はその件に異議を申し立てました	그 사람은 그 건에 관해서 이의를 제기했습니다. ＊「その人はその件に関して異議を提起しました」という言い方。-에 관해서는 「～に関して」。제기하다는 「提起する」。
上司がその案に反対しています	상사가 그 안에 반대하고 있습니다. ＊상사는 「上司」。
会社の反対を押し切ってまでやりました	회사의 반대를 물리치면서까지 추진했습니다. ＊물리치다는 「押しのける」「排する」。-면서까지는 「～してまで」。추진하다는 「推進する」。 ＝회사가 반대하는 것을 무릅쓰고 밀고 나갔습니다. ＊무릅쓰다는 「押し切る」「ものともしない」。 밀고 나가다는 「推し進める」「押し通す」。
いい計画だとは思えません	좋은 계획이라고는 생각하지 못하겠습니다. ＝좋은 계획이라고는 볼 수 없습니다. ＊-라고/이라고 보다で「～だと見る」「～だと思う」。

反対する ◆ 433

あなたの企画は我々の方針に反しています	^{タンシネ} ^{キフェグン} ^{ウリ} ^{バンチメ} ^{オグンナムニダ} 당신의 기획은 우리 방침에 어긋납니다. ＊방침は「方針」。어긋나다は「食い違う」「外れる」。
あなたの決めたことは承認できません	^{タンシニ} ^{キョルチョンハン} ^{ゴスン} ^{スンイナジ} ^モ 당신이 결정한 것은 승인하지 못 ^{タゲッスムニダ} 하겠습니다. ＊결정하다は「決める」「決定する」。 승인하다は「承認する」。 ^{タンシネ} ^{キョルチョヌン} ^{インジョンハル} ^ス ^{オプスムニダ} ＝당신의 결정은 인정할 수 없습니다. 「あなたの決定は認めることができません」 ＊인정하다は「認める」。
私たちの見解は違っているようです	^{ウリエ} ^{キョネガ} ^{ソロ} ^{タルン} ^{ゴッ} ^{カッスムニダ} 우리의 견해가 서로 다른 것 같습니다. ＊서로 다르다は「互いに違う」。 ^{ウリエ} ^{キョネガ} ^{イルチハジ} ^{アンヌン} ^{モヤンイムニダ} ＝우리의 견해가 일치하지 않는 모양입니다. 「私たちの見解は一致していないようです」 ＊모양は「模様」「様子」。
あなたの考えは正しいかもしれませんが、私の考えは違います	^{タンシン} ^{センガギ} ^{オルチド} ^{モルムニダマン} 당신 생각이 옳을지도 모릅니다만 ^{チェ} ^{センガグン} ^{タルムニダ} 제 생각은 다릅니다. ＊옳을지도 모르다は「正しいかもしれない」。 다르다は「違う」。
こんなことは言いたくはありませんが、あなたは論点が外れています	^{イロン} ^{マルン} ^{ハゴ} ^{シプチ} ^{アンスムニダマン} 이런 말은 하고 싶지 않습니다만 ^{マルスミ} ^{ビンナガッスムニダ} 말씀이 빗나갔습니다. ＊말씀은 「お話」「おっしゃること」。 빗나가다는 「(狙いが) 外れる」「それる」。

正しくない

「間違ってるよ」

カジュアル表現

ううん	아냐. _{アニャ} ＊아니야（いや）の縮んだ形。 = 아니. _{アニ}「いや」
それは間違ってるよ	그건 잘못이야. _{クゴン チャルモシヤ} ＊그건은 그것은（それは）の縮んだ形。잘못_{チャルモッ}は「間違い」「過ち」。 = 그건 옳지 않아. _{クゴン オルチ アナ} ＊옳다_{オルタ}は「正しい」。 = 그건 아냐. _{クゴン アニャ}「それは違うよ」
そんなの全くばかげている！	어처구니없어! _{オチョグニオプソ} ＊어처구니없다_{オチョグニオプタ}は俗語で、「とんでもない」「あきれる」という意味。 = 진짜 웃긴다! _{チンチャ ウッキンダ}「全く笑わせるよ！」 ＊진짜_{チンチャ}は「本当に」。웃기다_{ウッキダ}は「笑わせる」。 = 배꼽이 웃을 일이야! _{ペッコビ ウスル リリヤ} ＊直訳は「おへそが笑うことだ！」。俗語表現で、「あきれる」「ばかばかしい」という意味で使う。웃다_{ウッタ}は「笑う」。 = 지나가는 개가 웃겠다! _{チナガヌン ケガ ウッケッタ} ＊直訳は「通り過ぎる犬が笑うだろう！」。
そんなはずはない！	그럴 리가 없어! _{クロル リガ オプソ} ＊리_リは「わけ」「はず」。 = 말도 안 돼! _{マルド アン ドェ}「あり得ない！」 ＊直訳は「話にもならない！」。

	= 설마 그럴 리가! 「まさか、そんなはずが！」	
そんなことは絶対にない！	그런 일 절대 없어!	＊絶対は「絶대」。절대로（絶대로）も使える。
	= 그런 거 있을 수 없다구! 「そんなことあり得ないってば！」 ＊-다구!は-다고!とも言い、強い主張を表す。	

スタンダード表現

そうではありません	그렇지 않아요. ＊그렇다は「そうだ」。
	= 아니에요. 「違います」
私の知る限りそうではないです	제가 아는 한 그렇지 않아요. ＊아는 한は「知る限り」。
	= 내가 알기로는 그렇지가 않아요. 「私が知っているところでは、そうではありません」
そんなはずはありません	그럴 리가 없어요. ＊리は「わけ」「はず」。
	= 설마 그럴 리가요. 「まさか、そんなはずが」
	= 그럴 리가 있겠어요? 「そんなわけないでしょう？」
それは違います	그건 아니에요.
	= 그렇지 않아요. 「そうじゃありません」
そうは聞いていません	그런 얘긴 못 들었는데요. ＊「そうい

う話は聞いてませんが」という言い方。얘긴은 이야기는（話は）の縮んだ形。

= 그렇게 들은 적 없거든요. ＊「そのように聞いたことありませんよ」という言い方。-ㄴ/은 적 없다は「～したこと（経験）がない」。-거든요は軽く理由を述べる言い方。

そうは言っていません

그렇게는 말 안 했어요.

= 그렇게 얘기하진 않았어요. ＊얘기하진은 이야기하지는（言ってはいない）の縮んだ形。

= 그런 말은 하지 않았어요. 「そんなことは言ってません」

正しいとは思えません

옳다고는 생각 못 해요. ＊옳다は「正しい」。못 하다は「できない」。

= 옳다고 생각할 수는 없어요. 「正しいと思うことはできません」 ＊-할 수는 없다で「～することはできない」。

= 맞다고 볼 수는 없어요. 「正しいと思うことはできません」 ＊맞다は「正しい」。

あなたの誤解ですよ

당신 오해하고 있는 거예요.
＊오해하다は「誤解する」。있는 거예요は「いるのですよ」で、断定する言い方。

= 당신 그거 오해예요. 「あなたそれ誤解ですよ」

それはあなたの聞き違いですよ

그건 당신이 잘못 들은 거예요.
＊잘못は名詞では「誤り」「間違い」だが、ここ

正しくない ◆ 437

	では副詞で「間違って~」「誤って~」。잘못 듣다で「聞き間違える」。 =당신 그거 잘못 들었어요. ＊直訳は「あなたそれ間違って聞きましたよ」。
残念ですが違うようです	유감스럽지만 아닌 거 같아요. ＊유감스럽다は「遺憾だ」。 =유감스럽지만 그렇지 않은 모양이에요. 「残念ですが、そうではないようです」 ＊유감は漢字では［遺憾］で、유감스럽다は「遺憾だ」「残念だ」。모양は「模様」「様子」。
あなたは間違った選択をしています	당신 선택은 틀렸어요. ＊「あなたの選択は間違っています」という言い方。틀렸어요は過去形だが、現在の状態を表している。틀리다は「間違える」「誤る」。틀렸어요は잘못이에요（間違いです）と言い換えられる。 =당신은 잘못 선택했어요. ＊副詞の잘못は「誤って」「間違って」。
その答えは正しくありません	그 답은 옳지 않아요. ＊답は「答え」。 옳다は「正しい」。 =그건 정답이 아니에요. 「それは正答ではありません」 ＊정답は「正答」「正解」。
それは逆です	그건 반대예요. ＊반대は「反対」「逆」。 =그건 거꾸로 됐어요. 「それは逆になっています」 ＊거꾸로は「逆に」。

あなたは誤ったことをしているんですよ	당신 지금 잘못하고 있는 거예요. ＊지금 잘못하고 있다は「今過ちを犯しつつある」という進行形。 ＝당신 그거 그릇된 처사예요. ＊直訳は「あなたそれは間違った処置ですよ」。그릇되다は「間違う」「誤る」。처사は漢字では［処事］で「ものごとの処理」「処置」の意。
あなたは私の上司じゃないですからね	당신은 제 상사가 아니거든요. ＊상사は「上司」。-거든요は軽く理由を表す。 ＝당신은 내 상사가 아닌걸요. ＊-ㄴ걸요は軽く主張を表す。 ＝당신이 내 상사예요? ＊「あなたは私の上司ですか？」と反語的に皮肉った言い方。

フォーマル表現

いいえ、そうではございません	아니요, 그렇지 않습니다. ＝아뇨, 그런 것이 아닙니다. ＊아뇨は아니요（いいえ）の縮んだ形。
残念ながら、少々誤解があると思います	유감입니다만 좀 오해가 있는 것 같습니다. ＊유감이다は「遺憾だ」。있는 것 같습니다は「あるようです」「あるみたいです」。 ＝안타깝습니다만 다소 오해가 있는 듯 싶습니다. 「残念ですが、多少誤解があるよう

正しくない ◆ 439

	です」 ＊안타깝다は「もどかしい」「歯がゆい」。連体形＋듯 싶다は推測を表す。
誤りをおわかりいただけるかと思います	잘못에 대하여 알아차리실 것이라고 생각합니다. 알아차리다は「気づく」「見抜く」。것이라고 생각하다は「ものと思う」。 ＝잘못된 점을 깨달으시리라고 봅니다. ＊깨닫다は「悟る」「理解する」。-리라고 보다は「～だろうと思う」。
それとこれとは別問題です	이것과 그것은 별개 문제입니다. ＊日本語とは逆に「これとそれ」になる。별개 문제は「別個の問題」。 ＝이것하고 그것하고는 문제가 다릅니다. ＊다르다は「違う」。
私は彼の理論が正しくないことを証明しました	저는 그 사람의 이론이 옳지 않음을 증명했습니다. ＊이론は「理論」。않음은 않다（～ない）を「～ないこと」と名詞形にしたもので、文語的で硬い言い方。증명하다は「証明する」。 ＝나는 그의 이론의 부당성을 증명해 보였습니다.「私は彼の理論の不当性を証明してみせました」
それは正しくございません	그것은 옳지 않습니다. ＊옳다は「正しい」。 ＝그것은 옳다고 할 수 없습니다.「それは正しいと言えません」

440 ◆ 正しくない

決断する

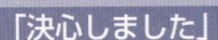

「決心しました」

カジュアル表現

決まりだ！	됐어! ※「よし！」とか「OKだ！」ぐらいの意味。되다は「よい」「結構だ」。 = 결정된 거야!「決まったよ！」 ※결정되다は「決まる」「決定される」。거야は것이야（ことだよ）の縮んだ形。
あなたが決めてよ	니가 정해. ※니가は네가（君が、おまえが、あなたが）の非標準語だが、日常会話で一般的に使われている。対等以下のごく親しい相手に使う。정하다は「定める」「決める」。 = 네가 결정해. ※결정하다は「決定する」「決める」。 = 결정은 니가 해.「決定は君がしろよ」
好きにして	마음대로 해. ※「思うとおりにやりなよ」という言い方。마음は「心」「思い」で、마음대로は「思いのままに」。 = 좋을 대로 해. ※좋을 대로は「好きなように」。 = 니 생각 대로 해.「君の思うとおりにしろよ」 = 하고 싶은 대로 해.「やりたいとおりにしなよ」

決断する ◆ 441

優柔不断になるな！	우유부단은 안 돼! ＊우유부단は「優柔不断」。안 돼!は「だめだよ！」。 ＝우유부단해서는 안 된다!「優柔不断ではだめだ！」 ＝물에 물 탄 듯 술에 술 탄 듯 해서는 못써! ＊直訳は「水に水混ぜたように、酒に酒混ぜたようにしてはだめだ！」。물에 물 탄 듯 술에 술 탄 듯は慣用句で、「自分の意見、定見がなく、態度がはっきりしないこと」のたとえ。못써!は「使えない！」「けしからん！」。
どんなことがあっても気を変えないわ	무슨 일이 있어도 내 마음 변하지 않을 거야.　＊「何があっても私の気持は変わらないわ」という言い方。 ＝하늘이 두 쪽이 나도 난 결심 바꾸지 않을게.「どんなことがあっても私は決心を変えないよ」 ＊하늘이 두 쪽이 나도は「空が二つに割れても」で、「どんなことがあっても」という意味の慣用句。바꾸다は「変える」。-ㄹ/을게は意志を表したり、相手に約束したりする言い方。
今度こそやるぞ！	이번에야말로 꼭 해야겠다! ＊-야말로は「～こそ」。꼭 해야겠다!は「きっとやるぞ！」とか「必ずやらなきゃ！」と強い意志を表す。 ＝이번엔 반드시 해낼 거야! ＊이번엔은이번에는 (今度は) の縮んだ形。반드시 해내다は「絶対やり遂げる」「必ずやり

	抜く」。-ㄹ/을 거야は意志を表す。
立ち直ってみせるぞ	꼭 다시 일어서고 말겠어! ＊「必ずまた立ち上がってみせるぞ！」という言い方。일어서다は「立ち上がる」「立ち直る」。-고 말겠어!は「～してみせる！」「～してしまう！」と決心を表す。 =반드시 다시 일어설 거야! 「必ずまた立ち上がるぞ！」

スタンダード表現

決心しました	결심했어요. ＊결심하다は「決心する」。 =마음 정했어요. 「心を決めました」 ＊정하다は「定める」「決める」。
決意は固いです	결의는 굳건해요. ＊결의は「決意」。굳건하다は「固い」「しっかりしている」。類似表現として단단히 결심했어요 (固く決心しました) も使える。 =마음 굳게 먹었어요. 「固く決心しました」 ＊마음(을) 먹다で「決心する」。굳게 は「固く」。
その仕事をすることに決めました	그 일을 하기로 했어요. ＊-기로 하다で「～することにする」。 =그 일을 맡기로 결심했어요. 「その仕事を引き受ける決心をしました」 ＊맡다は「引き受ける」。

決断する ◆ 443

まだ決められません	アジク チョンハジ モテッソヨ **아직 정하지 못했어요.** ＊아직は「まだ」。정하다は「決める」。정하지 못했어요は決めかねている状態を表す。 ＝ 아직도 결심이 서지 않아요. ＊-도は前の語を強調する。결심이 서다で「決心がつく」。 ＝ 여태껏 결정 못 하고 있어요. 「いまだ決められずにいます」 ＊여태껏は「いまだに」「今まで」で、여태とも言う。못 하고 있다は「できないでいる」「できていない」。
彼は決断が早い人です	ク サラムン キョルタニ パルン サラミエヨ **그 사람은 결단이 빠른 사람이에요.** ＊ 결단이 빠르다で「決断が早い」。
彼は決断力のある人です	ク サラムン キョルタンニョギ インヌン サラミエヨ **그 사람은 결단력이 있는 사람이에요.** ＊ 그 사람は「その人」。결단력は「決断力」。
そろそろ決めなくてはなりませんね	スルスル キョルチョンヘヤゲンネヨ **슬슬 결정해야겠네요.** ＝ 이제 슬슬 마음 정해야죠. 「もうそろそろ決心するべきでしょう」 ＊마음(을) 정하다で「心を決める」。
明日までに決めなくてはなりません	ネイルカジ チョンヘヤ ドゥエヨ **내일까지 정해야 돼요.** ＊「～までに」は-까지에とは言わない。정해야 되다で「決めなくてはならない」。정해야 하다とも言う。
それはまだ保留です	クゴン アジク ポリュ ジュンイエヨ **그건 아직 보류 중이에요.** ＊아직は「まだ」。보류 중は「保留中」。 ＝ 그 건은 지금 보류 상태예요. 「その件は今保

444 ◆ 決断する

	留状態です」	
どうやって決めましょうか？	어떻게 정할까요?	＊어떻게は「どのように」。
	= 어떤 식으로 결정할까요? 「どういうふうに決めましょうか？」 ＊식は漢字では［式］。	
	= 어떤 방법으로 결정하죠? 「どういう方法で決めましょう？」 ＊-죠?は-지요?の縮んだ形。疑問詞＋-죠?はやわらかい聞き方になる。	
決心はつきましたか？	결심이 섰어요?	＊결심이 서다で「決心がつく」。
	= 결심했어요? 「決心しましたか？」	
	= 마음 정했어요? 「心を決めましたか？」	
多数決で決めましょう	다수결로 결정해요.	＊다수결は「多数決」。
	= 다수결로 정하도록 하죠. 「多数決で決めることにしましょう」 ＊-도록 하다は「〜するようにする」。	
会合の時間を決めましょう	모임의 시간을 결정해요.	＊모임は「会合」「集まり」「集会」。
	= 모일 시간을 정하도록 하죠. 「集まる時間を決めることにしましょう」 ＊모이다は「集まる」。	
それは決めがたいです	그건 정하기 어려워요.	＊정하다は「決

める」。-기 어렵다は「〜しづらい」「〜にくい」。

= 그건 결정하는 게 힘들어요. 「それは決めるのが大変です」 ＊게は것이（ことが）の縮んだ形。힘들다は「大変だ」「困難だ」「しんどい」。

= 그걸 정하기가 쉽지 않아요. 「それを決めるのは容易じゃないです」 ＊쉽다は「やさしい」「容易だ」。

日時を決めてくれないと、予約が取れません	일정을 정해 주시지 않으면 예약할 수가 없어요. ＊일정は「日程」「スケジュール」。예약할 수(가) 없다は「予約ができない」。
	= 날짜하고 시간이 확정되지 않으면 예약을 못 하거든요. 「日にちと時間が確定しないと予約ができないんですよ」 ＊확정되다は「確定する」「確定される」。
どちらに決めたのですか？	어느 쪽으로 정하셨어요? ＊어느 쪽は「どちら側」「どっちの方」。
	= 어느 쪽을 택하셨죠? ＊택하다は「選ぶ」「選択する」。
すべてはあなた次第です	모든 게 당신한테 달려 있어요. ＊「すべてのことはあなたにかかっています」という言い方。게は것이（ことは）の縮んだ形。달리다は「かかる」。
	= 다 당신 할 나름이에요. ＊「すべてあなたの

	やり方次第です」とか「すべてあなたがどのようにするかによります」という意味。나름は「次第」「なり」。할 나름は하기 나름と言い換えられる。
それはあなたが自分で決めることです	그건 당신 자신이 결정할 일이에요. * 자신이は「自身が」。 = 그건 당신이 스스로 정해야죠. *스스로は「自ら」「進んで」。
彼はこの企画が失敗すると決めつけているのです	그 사람은 이 기획이 실패할 거라고 결론부터 짓고 있어요. * 실패하다は「失敗する」。결론부터 짓다は「結論から出す」で、「はなから結論づける」の意。
彼と結婚することに決めました	그 사람이랑 결혼하기로 했어요. * -랑/이랑は「〜と」で、もっぱら会話で使う。語幹＋-기로 하다 (決定하다、정하다)で「〜することにする (決定する、決める)」。 = 그 남자하고 결혼하기로 결정했어요.
彼女がするものと思い込んでいたのです	그 여자가 하는 줄로 알았거든요. * 하는 줄로 알다で「するものと思う」。-거든요は軽く理由を述べる言い方。 = 그 사람이 하는 걸로 알고 있었어요. * 걸로 알다は것으로 알다 (ものと思う) の縮んだ形。

決断する ◆ 447

アメリカに行くことを固く心に決めています	미국에 가기로 단단히 마음먹었어요. ★ 단단히は「固く」「しっかりと」。 마음먹다は「心に決める」「決意する」。語幹＋기로で「～することに」。 ＝ 미국으로 떠날 결심을 굳혔어요. ★떠나다は「発つ」「出発する」。결심을 굳히다で「決心を固める」。
彼には二度と会わないことにしました	다시는 그 사람을 안 보기로 했어요. ★ 다시는は「二度と」。 ＝ 그 남자 두 번 다시 만나지 않기로 작정했어요. 「彼に二度と再び会わないことに決めました」 ★ 작정하다は「決める」。
お酒をやめることにしました	술을 끊기로 결심했어요. ★끊다は「断つ」。 결심하다は「決心する」。 ＝ 술을 안 마시기로 했어요. ★안 마시다は「飲まない」。 안 먹다とも言う。
最初から簡単だと決めてかかったのが間違いでした	애초부터 만만하게 본 것이 잘못이었어요. ★애초は「最初」「初め」。 만만하게 보다は「甘く見る」「なめる」。 ＝ 처음부터 우습게 여긴 것이 잘못된 거예요. ★ 우습게 여기다는「見くびる」「軽んじる」。 잘못되다は「間違う」「誤る」。-ㄴ/은/는 거예요は「～なのです」と断定、強調する言い方。

この車に決めます	이 차로 정하겠어요. *정하겠어요は「決めます」と意志を表す言い方。 = 이 차로 하죠. *「この車にしますよ」と意志を表す言い方。
決断のときがきました	결단할 때가 왔어요. *「決断するときがきました」という言い方。 = 결단 내릴 때가 됐어요. *直訳は「決断を下すときになりました」。내리다は「下す」「降ろす」。
後には引けないのです	뒤로 물러설 수는 없어요. *뒤로は「後へ」。물러서다は「引く」「退く」。 = 후퇴하지는 못해요. 「後退することはできません」
明日そのセミナーに行きます	내일 그 세미나에 가겠어요. * 가겠어요は「行きます」と意志を表す言い方。갈게요とも言う。

フォーマル表現

今はそのことを確信しています	지금은 그것을 확신하고 있습니다. * 확신하다は「確信する」。 = 지금은 그것에 대해 확신을 가지고 있습니다. 「今はそれに対して確信を持っています」 * 가지다は「持つ」。

決断する ◆ 449

タバコをやめる決心をしました	담배를 끊을 결심을 했습니다. ＊끊다는「断つ」「やめる」。 ＝담배를 끊기로 마음먹었습니다. ＊끊기는 끊다（断つ）の名詞形。마음(을) 먹다는「心を決める」「決心する」。 ＝금연하기로 작정했습니다. ＊금연は「禁煙」。하기로 작정하다는「することに決める」。
出席することにしました	참석하기로 했습니다. ＊会議、集まり、式などへの「出席」「参加」の場合、참석（参席）がよく使われる。출석하기로（出席することに）～も使える。
そのことで私は会社を辞める決意をしました	그 일로 저는 회사를 그만둘 결심을 했습니다. ＊그만두다は「辞める」。결심は「決心」。 ＝그것 때문에 나는 직장을 그만두기로 했습니다. 「そのために私は職場を辞めることにしました」 ＊직장は「職場」だが、よく「会社」の意味で使われる。
多数決で決まりました	다수결로 결정됐습니다. ＊다수결は「多数決」。결정되다는「決定される」。
もう本件は決めてしまいたく思います	이제 이 안건은 결정을 보고 싶습니다. ＊「もうこの案件は決定を見たいと思います」という言い方。

◆ 決断する

そのことはまだ決定していません	グ イルン アジク キョルチョンドゥエジ アナッスムニダ 그 일은 아직 결정되지 않았습니다. ★ キョルチョンドゥエダ 결정되다は「決定される」「決まる」。 = クゴスン アジクト チョンヘジジ アナッスムニダ 그것은 아직도 정해지지 않았습니다. 「それはまだ決まっていません」 ★ チョンヘジダ 정해지다は「決まる」「定められる」。
我々は最終的な決断を迫られています	チョイドゥルン チュエジョン キョルタヌル ネリョヤ ドゥェル 저희들은 최종 결단을 내려야 될 チョジエ ノヨ イッスムニダ 처지에 놓여 있습니다. 「私たちは最終決断を下さねばならない状況に置かれています」。チョジ 처지は漢字では［処地］で「境遇」「立場」の意。サンファン 상황（状況）も使える。
我々は次の会合の日取りを決めました	チョイドゥルン タウム フェハベ ナルチャルル 저희들은 다음 회합의 날짜를 チョンヘッスムニダ 정했습니다. ★ タウム 다음は「次（の）」。フェハプ 회합は「会合」。ナルチャ 날짜は「日取り」「日にち」。 = ウリドゥルン タウムボン モイメ ナルル チャパッスムニダ 우리들은 다음번 모임의 날을 잡았습니다. ★ タウムボン 다음번は「次回」。モイム 모임は「集まり」「集い」。ナルル チャプタ 날을 잡다は「日取りを決める」。
後であなたの仕事内容を決めます	ナジュネ タンシニ ハル リレ ネヨンウル 나중에 당신이 할 일의 내용을 チョンハゲッスムニダ 정하겠습니다. ★ タンシニ ハル リル 당신이 할 일は「あなたのするべき仕事」。ネヨン 내용は「内容」。 = チャフエ タンシネ イル レヨンエ デヘソ キョルチョンハゲッスムニダ 차후에 당신의 일 내용에 대해서 결정하겠습니다. ★ チャフ 차후は漢字では［此後］で「この後」「今後」の意。エ デヘソ -에 대해서는「～について」。

決断する ◆ 451

表現を広げる言い回しのいろいろ①

- -가/이 되다・〜になる
- -게(기) 마련이다・(当然)〜するものだ
- -고 싶지 않다・〜したくない
- -고자 하다・〜しようとする
- -기로 하다・〜することにする
- -기만 하다・〜してばかりいる
- -기 짝이 없다・〜なことこの上ない
- -ㄴ/은/는 척하다(체하다)・〜である(する)ようなふりをする
- -ㄴ/은 것 같다・〜のようだ、〜したみたいだ
- -ㄴ/은 셈이다・〜したわけだ、〜したことになる
- -ㄴ/은 적(이) 있다・〜したことがある
- -ㄴ/은 줄 알다・〜と思う
- -나 보다・〜らしい、〜のようだ
- -는 모양이다・〜するもようだ、〜するみたいだ
- -ㄹ/을 걸 그러다・〜すればよかった

第4章

話を進めていく

- ◆**何かを知りたい**(教えてください)➔P.454
- ◆**何かをするつもりだ**(やります)➔P.463
- ◆**好みを尋ねる**(どれがいい?)➔P.471
- ◆**忘れた**(忘れていました)➔P.480
- ◆**覚えている**(あ、そうそう!)➔P.486
- ◆**ほかに何かあるか聞く**(ほかに何か?)➔P.491
- ◆**例を挙げる**(例えば…)➔P.495
- ◆**説明を始める**(こうなんだよ)➔P.498
- ◆**内容を明らかにする**(だって…)➔P.504
- ◆**報告する**(いいお知らせです)➔P.509
- ◆**理由を聞く**(なぜ?)➔P.521
- ◆**理由を述べる**(忙しかったからです)➔P.528
- ◆**理解を伝える**(なるほど)➔P.535
- ◆**疑問を伝える**(それは怪しいぞ)➔P.543
- ◆**促す**(気を抜くな!)➔P.551

何かを知りたい
「教えてください」

カジュアル表現

名前教えて？	이름이 어떻게 되니? ※直訳は「名前はどうなってるの？」。
この人だあれ？	이 사람 누구야? ※누구は「誰」。 = 이건 누구니? ※写真などを見て「これは誰？」という聞き方。
メールアドレス教えて	메일 주소 알려 줘. ※메일は「メール」。주소は「住所」。알리다は「知らせる」「教える」。 = 메일 어드레스 가르쳐 줘.
どんな人が好きなの？	어떤 사람이 좋아? ※어떤は「どんな」。좋다は「いい」「好きだ」。어떤 사람을 좋아해? とも言う。 = 어떤 타입을 좋아해? ※타입は「タイプ」。-를/을 좋아하다は「～が好きだ」「～を好む」。この意味では-가/이 좋아하다とは言わない。
何かある？	뭔가 있어? ※뭔가は무엇인가（何か）の縮んだ形。
わかった？	알았어? ※알다は「わかる」「知る」「理解す

454 ◆ 何かを知りたい

	る」。 = 알아들었어? ＊알아듣다は「理解する」「聞き分ける」。 = 이해돼? 「理解できる？」 ＊이해は「理解」。
ねぇ、どうしたの？	왜 그래? ＊直訳は「何でそうなの？」「なぜそうしてるの？」。 = 무슨 일 있어? 「何かあったの？」 ＊普通、現在形で尋ねる。무슨 일は「何事か」。
話を聞こう	네 말 좀 들어 보자. ＊「君の話をちょっと聞いてみよう」という言い方。듣다は「聞く」。 = 얘기해 봐.「話してみなよ」
あなたの本音が知りたいの	니 진심을 알고 싶어. ＊니は네（あなたの、君の）の方言だが、日常会話で一般的に使われる。対等以下の親しい相手に用いる。진심は漢字では「真心」で「本音」「本心」の意。 = 네 속마음이 알고 싶다. ＊속마음이は「本音が」「本心が」。속마음을 〜（本音を〜）とも言える。
仕事と私、どっちが大切なの？	일이랑 나, 어느 쪽이 더 중요해? ＊ -랑/이랑は「〜と」で、もっぱら会話で使う。중요하다は「重要だ」。
私の知っている人？	내가 아는 사람이야?

何かを知りたい ◆ 455

あなたたちどうやって知り合ったの？	니들 어떻게 알게 됐어？ =어떻게 서로 알게 된 거야？	＊알게 되다で「知り合う」。 ＊서로は「互いに」。
彼にナンパされたの？	걔한테 헌팅 당했어？ =그 남자가 꼬신 거야？	＊걔는 그 아이（その子、あの子）の縮んだ形。헌팅は「ハンティング（狩り）」。당하다は「される」。「彼が誘惑したの？」 ＊꼬시다は「誘惑する」。
まだスチョルと付き合ってんの？	아직도 수철이랑 사귀니？ =수철이하고 계속 만나는 거야？	＊사귀다は「付き合う」。 「スチョルとずっと付き合ってるの？」 ＊계속は漢字では［継続］で「引き続き」の意。만나다は「付き合う」「会う」。교제하다（交際する）も使える。
ケータイ番号教えてくれる？	핸드폰 번호 알려 줄래？	＊핸드폰は「携帯電話」。번호は「番号」。알리다は「教える」「知らせる」。줄래?は「くれる？」。
彼のメールアドレス知ってる？	그 사람 메일 주소 아니？ =걔 메일 어드레스 알아？	＊그 사람は「その人」。주소は「住所」「アドレス」。 ＊걔는 그 아이（その子、あの子）の縮んだ形。알다は「知る」「わかる」。

ほれちゃったの？	반했니？ パネンニ ＊반하다は「ほれる」。	
	＝빠졌어？ パジョッソ 「はまっちゃったの？」＊빠지다は「はまる」。	
知り合いなの？	아는 사람이야？ アヌン サラミヤ ＊아는は「知ってる～」。	
	＝아는 사이니？ アヌン サイニ ＊사이は「間柄」。-니？は子供や目下の相手に対する気楽な聞き方。	
そういう仲だったわけ？	그런 사이였단 말야？ クロン サイヨッタン マリャ ＊말야？は말이야？の縮んだ形で、特に意味はなく語調を整える言葉。	
	＝둘이 그런 사이였다, 이거야？ トゥリ クロン サイヨッタ イゴヤ 「二人はそういう仲だった、ということか？」＊이거야？は直訳では「これか？」。	
今、誰と付き合っているの？	지금 누구랑 사귀니？ チグム ヌグラン サグィニ ＊지금は「今」。사귀다は「付き合う」。	
	＝지금 누구하고 만나고 있어？ チグム ヌグハゴ マンナゴ イッソ ＊만나다は「会う」「付き合う」。	

スタンダード表現

教えてください	가르쳐 주세요. カルチョ ジュセヨ ＊가르치다は「教える」。주세요は줘요（ください、ちょうだい）の敬語。	
もっと詳しく知りたいんです	더 자세히 알고 싶거든요. ト チャセヒ アルゴ シプコドゥニョ ＊자세히は「子細に」「詳しく」。알고 싶다は「知りたい」。	

	-거든요は軽く理由を述べる表現。 = 자세한 걸 좀 가르쳐 주세요. 「詳しいことを教えてください」 ※걸은걸을（ことを）の縮んだ形。
…教えてもらえますか？	… 좀 가르쳐 주시겠어요? ※ 주시겠어요?は「くださいますか？」。…가르쳐 주실래요?も類似表現。
電話のかけ方を教えていただけますか？	전화 거는 방법 좀 가르쳐 주시겠어요? ※ 걸다は「かける」。방법は「方法」「やり方」。
コピー機の使い方を教えてください	복사기 사용법 좀 가르쳐 주세요. ※ 복사기は「複写機」。사용법は「使用法」。
やり方を教えてもらえますか？	어떻게 하는 건지 좀 가르쳐 주실래요? ※ 「どのようにするのか教えてくださいますか？」という言い方。하는は「やる〜」「する〜」。건지は것인지（のか、ものなのか）の縮んだ形。
彼のことをすべて知りたいです	그 사람에 대해서 다 알고 싶어요. ※ 「その人についてすべて知りたいです」という言い方。-대해서は「〜について」。 = 그 남자의 모든 걸 알고 싶어요. ※ 그 남자は「その男（男性）」「彼」だが、目上の人には使わない。걸は것을（ことを）の縮んだ形。
彼の言ったことが知りたいです	그 사람이 무슨 말을 했는지 궁금해요. ※ 「その人が何を言ったのか知りたいです」とい

	う言い方。궁금하다は「気になって知りたい」。 ＝<ruby>그<rt>クガ</rt></ruby> <ruby>뭐라고<rt>ムォラゴ</rt></ruby> <ruby>말했는지<rt>マレンヌンジ</rt></ruby> <ruby>알고<rt>アルゴ</rt></ruby> <ruby>싶어요<rt>シポヨ</rt></ruby>. 「彼が何て言ったのか知りたいです」 ＊<ruby>그<rt>ク</rt></ruby>（彼）は文語的な言い方。<ruby>알고 싶다<rt>アルゴ シプタ</rt></ruby>は「知りたい」。
できればその秘訣を知りたいのですが	<ruby>괜찮으시다면<rt>クェンチャヌシダミョン</rt></ruby> <ruby>그<rt>ク</rt></ruby> <ruby>비결을<rt>ピギョルル</rt></ruby> <ruby>좀<rt>ジョム</rt></ruby> <ruby>가르쳐<rt>カルチョ</rt></ruby> <ruby>주셨으면<rt>ジュショッスミョン</rt></ruby> <ruby>하는데요<rt>ハヌンデヨ</rt></ruby>. ＊「よろしかったらその秘訣を教えていただきたいのですが」という言い方。-<ruby>았/었/였으면 하다<rt>アッ オッ ヨッスミョン ハダ</rt></ruby>（または <ruby>좋겠다<rt>チョッケッタ</rt></ruby>）は「〜したい」という願望表現。 ＝<ruby>가능하면<rt>カヌンハミョン</rt></ruby> <ruby>그<rt>ク</rt></ruby> <ruby>비결을<rt>ピギョルル</rt></ruby> <ruby>알고<rt>アルゴ</rt></ruby> <ruby>싶은데요<rt>シプンデヨ</rt></ruby>. ＊<ruby>가능하면<rt>カヌンハミョン</rt></ruby>は「可能なら」。<ruby>알다<rt>アルダ</rt></ruby>は「知る」「わかる」。
休憩はいつかなと思いました	<ruby>휴식<rt>ヒュシク</rt></ruby> <ruby>시간이<rt>シガニ</rt></ruby> <ruby>언제일까<rt>オンジェイルカ</rt></ruby> <ruby>싶었어요<rt>シポッソヨ</rt></ruby>. ＊<ruby>휴식<rt>ヒュシク</rt></ruby>は漢字では［休息］で、<ruby>휴식 시간<rt>ヒュシク シガン</rt></ruby>は「休憩時間」。-<ruby>ㄹ/을까 싶다<rt>ル ウルカ シプタ</rt></ruby>で「〜かなと思う」。
その企画についての情報がもっとほしいです	<ruby>그<rt>ク</rt></ruby> <ruby>기획에<rt>ギフェゲ</rt></ruby> <ruby>관한<rt>グァナン</rt></ruby> <ruby>정보를<rt>チョンボルル</rt></ruby> <ruby>더<rt>ト</rt></ruby> <ruby>얻고<rt>オッコ</rt></ruby> <ruby>싶어요<rt>シポヨ</rt></ruby>. ＊<ruby>얻고 싶다<rt>オッコ シプタ</rt></ruby>は「得たい」。「ほしい」にぴったり当てはまる言葉はなく、欲する具体的な内容によって、<ruby>가지고 싶다<rt>カジゴ シプタ</rt></ruby>（所有したい）とか<ruby>사고 싶다<rt>サゴ シプタ</rt></ruby>（買いたい）、<ruby>받고 싶다<rt>パッコ シプタ</rt></ruby>（もらいたい）のように使い分ける。 ＝<ruby>그<rt>ク</rt></ruby> <ruby>기획과<rt>ギフェックァ</rt></ruby> <ruby>관련된<rt>クァルリョンドゥエン</rt></ruby> <ruby>정보가<rt>ジョンボガ</rt></ruby> <ruby>더<rt>ト</rt></ruby> <ruby>필요해요<rt>ピリョヘヨ</rt></ruby>. 「その企画と関連した情報がもっと必要です」 <ruby>기획과<rt>キフェックァ</rt></ruby>は<ruby>기획에<rt>キフェゲ</rt></ruby>（企画に）と言い換えられる。<ruby>관련된<rt>クァルリョンドゥエン</rt></ruby>は「関連した〜」。<ruby>필요하다<rt>ピリョハダ</rt></ruby>は「必要だ」。

お父さんは何の仕事をしているんですか？	아버님은 무슨 일을 하세요? ※아버님은 아버지の敬語。부친という丁重な言い方もある。漢字では［父親］。 = 아버님 직업이 어떻게 되세요?　※直訳は「お父さんの職業はどのようになっていますか？」。어떻게 되다は「どうなる」。
彼の名前を知っているんですか？	그 사람 이름을 아세요?　「その人の名前をご存知ですか？」という言い方。알다は「知る」「わかる」。
明日の天気はどうでしょうか？	내일의 날씨는 어떨까요?　※날씨は「天気」。어떻다は「どうだ」で、어떨까요?は「どうでしょうか？」。 = 내일 날씨가 어떻게 될까요?　「明日の天気はどうなるでしょうか？」
この肉は何ですか？	이건 무슨 고기죠?　※「これは何の肉でしょう？」という言い方。고기は「肉」。-죠?は-지요?（～でしょう？）の縮んだ形。 = 이 고기는 무슨 고기예요? = 이 고기 종류가 뭐예요?　「この肉の種類は何ですか？」　※종류は「種類」。
この用紙はどう記入すればいいのですか？	이 용지 어떻게 기입하면 되죠? ※기입하다は「記入する」。 = 이 서류는 어떻게 써야 돼요?　※서류は「書類」。-아/어/여야 되다は「～ねばならない」

	という義務の表現。
もしかしたら、あの人の出身地を知っていますか？	혹시 그 사람 출신지 아세요? ＊혹시は「もしかして」。출신지は「出身地」。
あなたの名前はどうつづりますか？	성함 철자가 어떻게 되시죠？ ＊성함は이름（名前）の敬語。철자は「つづり」。어떻게 되다は「どうなる」。 ＝이름 표기가 어떻게 돼요？ ＊표기は「表記」。
Ⓐ너무 비싸요は日本語で何と言いますか？ Ⓑ「高過ぎます」と言います	Ⓐ '너무 비싸요' 는 일본말로 뭐라고 해요？ Ⓑ '다카스기마스' 라고 해요.
おすしはどうやって食べるのですか？	초밥은 어떻게 먹어요? ＊초밥は「酢めし」という意味。
Ⓐ今度の休みはどうするんですか？ Ⓑ家でゴロゴロするつもりです	Ⓐ이번 휴일은 어떻게 지내실 거예요? ＊「今度の休日はどのように過ごすつもりですか？」という言い方。지내다は「過ごす」。 Ⓑ그냥 집에서 쉴 거예요. ＊「ただ家で休むつもりです」という言い方。그냥は「ただ」。쉬다は「休む」。

フォーマル表現

もしできれば教えていただきたいのですが

가능하면 가르쳐 주셨으면 합니다.
* 가능하면は「可能なら」。가르쳐 주다は「教えてくれる」。-았/었/였으면 하다は願望表現で「～たらいいのだが」とか「～してほしい」という意味。

= 혹시 괜찮으시다면 가르쳐 주시기 바랍니다.
* -기 바라다は願望表現で「～することを望む（願う）」。

…を特にお伺いしたいのですが

…에 대해서 특별히 여쭙고 싶습니다.
* -에 대해서は「～について」。특별히は「特別に」。여쭙다は묻다（問う、尋ねる）の謙譲語。

…についての情報をいただきたいのですが

…에 관한 정보를 주셨으면 합니다.
* -에 관한は「～に関する」。합니다は좋겠습니다と言い換えられる。

= …와 관련된 정보를 얻고 싶습니다. 「…と関連した情報をいただきたいです」

私は日本の生活について興味があります

저는 일본의 생활양식에 관심이 있습니다. * 생활양식は「生活様式」。관심は「関心」だが、「興味」の意味でも使われる。

= 저는 일본 사람들의 생활에 흥미를 가지고 있습니다. 「私は日本人の生活に興味を持っています」 * 사람들は「人々」。

何かをする つもりだ
「やります」

カジュアル表現

…しよっと	… 하자.（ハジャ） ※하다（ハダ）は「する」「やる」。 = … 해 보자.（ヘ ボジャ）「やってみよう」 = … 할 거야.（ハル コヤ）※「やるぞ」と意志を表す。
おやすいご用です	그깟 것 일도 아냐.（クッカッ コッ イルド アニャ）※「それしきのこと わけないよ」という言い方。그깟は그까짓（クッカッ クッカジッ）（それしきの）の縮んだ形。 = 그런 건 땅 짚고 헤엄치기지.（クロン ゴン タン ジプコ ヘオムチギジ）※「そんなのは"地面に手を付いて泳ぐこと（とてもたやすいこと）"さ」ということわざを用いた言い方。
やってやろうじゃないか	한번 해 보지 그래.（ハンボン ヘ ボジ グレ）※「一度やってみようじゃないか」という言い方。그래（クレ）は前の事柄を強調する。 = 해 보자고.（ヘ ボジャゴ）※-자고（チャゴ）は決意を表す。-자구（チャグ）とも言う。
こうなったら一丁やるか	그럼 한바탕 해 볼까?（クロム ハンバタン ヘ ボルカ）그럼（クロム）は「それじゃあ」。한바탕（ハンバタン）は「一度」「一丁」「一発」。 = 이렇게 된 이상 한번 해 봐야지.（イロッケ トゥエン イサン ハンボン ヘ ボァヤジ）「こうなった以上一度やってみなきゃ」

何かをするつもりだ ◆ 463

私に任せて！	나한테 맡겨!	＊맡기다는「任せる」。
	= 나에게 맡겨 둬!	＊두다는「置く」。
	= 나만 믿어!	＊直訳は「僕（私）だけ信じて！」。믿다는「信じる」。
言われたとおりにするよ！	시키는 대로 할게!	＊「(君が) 命じるとおりにするよ！」という言い方。시키다は「させる」「やらせる」。대로は「とおり」。-ㄹ/을게は意志を表して相手に約束する言い方。
	= 니 말대로 할 거야!	＊니は네（君の、お前の）とも言う。말대로は「言葉どおり」「言うとおり」。-ㄹ/을 거야は意志を表す。
	= 네가 하라는 대로 하지!	「君がやれと言うとおりにするよ！」 ＊-지は意志を表す。
必ずするよ！	꼭 할게!	＊꼭は「必ず」「きっと」。
	= 반드시 할 거야!	＊반드시は「必ず」。
がんばろうね！	잘해 보자!	＊「うまくやってみよう！」という言い方。잘하다は「上手にやる」「立派にやる」。
	= 열심히 해 보자!	＊열심히は「熱心に」「一生懸命」。힘껏（力の限り、精いっぱい）も使える。
がんばるぞ！	잘할게!	＊意志を表す言い方。
	= 열심히 할 거야!	＊-ㄹ/을 거야は意志を表す。

464 ◆ 何かをするつもりだ

スタンダード表現

やります！	하겠어요! = 해 보겠어요! = 할게요!	＊-겠어요は意志を表す。 「やってみます！」 「やりますよ！」 ＊-ㄹ/을게요は意志を表す。
後でします	나중에 할게요. = 이따가 하죠.	＊나중에は「後で」「後ほど」。나중에 하겠어요も類似表現。 ＊이따가は「(その日のうちの)少し後で」。
すぐに取りかかります	곧 착수하겠어요. = 당장 해 보겠어요.	＊착수하다は「着手する」。곧の代わりに즉시(即時、直ちに)が使える。 「早速やってみます」 ＊당장は「早速」「即座に」「すぐさま」。
全力投球でがんばります	최선을 다하겠어요. = 전력을 기울일게요.	＊「最善を尽くします」という表現。다하다は「尽くす」「全うする」。 「全力を尽くします」 ＊전력は「全力」。기울이다は「傾ける」。
がんばります	열심히 할게요. = 열심히 노력하겠어요. = 잘할게요.	＊열심히は「熱心に」「一生懸命」。 ＊노력하다は「努力する」。 ＊잘하다は「立派にやる」「上手にやる」。

何かをするつもりだ ◆ 465

今月中に仕上げます	이번 달 안으로 마무리할게요. ＊이번 달은「今月」で、이달とも言う。마무리하다は「仕上げる」。 = 이달 내에 완성시키겠어요. ＊완성시키다は「完成させる」。
あなたのためなら何でもします	당신을 위해서라면 뭐든지 하겠어요. ＊ -를/을 위해서라면は「〜のためなら」。뭐든지は무엇이든지（何でも）の縮んだ形。 = 당신을 위해서라면 못 할 일이 없지요.「あなたのためならできないことなどありませんよ」 = 당신을 위한 일이라면 뭔들 못 하겠어요? ＊反語表現で、直訳は「あなたのためのことなら何であれできませんか？」。뭔들は무엇인들（何だって、何であれ）の縮んだ形。
後は僕がやっておきますよ	나머지는 제가 해 놓겠어요. ＊나머지は「残り」。해 놓겠어요（やっておきます）は해 두겠어요と言い換えられる。 = 남은 일은 제가 할게요.「残った仕事は私がやりますよ」 ＊남다は「残る」。 = 뒷일은 내가 알아서 하지요. 뒷일は「後のこと」。알아서 하다はよく使われる表現で、「自分で考えてやる」「うまくやる」「適当に処理する」という意味。-지요は意志を表す。
目的は果たしてみせます	목적을 이루고야 말겠어요. ＊목적は「目的」。이루다は「果たす」「遂げる」。-고야

	말다は強い決意を表す。 =목적을 달성해 내겠어요. ＊달성하다는「達成する」。-아/어/여 내다는「〜し抜く」。
彼女は明日あなたに電話するつもりです	그 사람 내일 당신한테 전화할 생각이에요. ＊그 사람は「その人」。생각は「考え」「つもり」。 =그 여자는 내일 당신에게 전화할 작정이에요. ＊그 여자는「彼女」だが、目上の人には使わない。작정は「つもり」「考え」。
中国に留学しようと思っているのですが	중국에 유학을 갈까 해요. ＊「留学」という目的のために行くので-를/을 가다を使う。유학에 가다とは言わない (-에は「場所」を言う場合)。「旅行に行く」なら여행을 가다となる。-ㄹ/을까 하다는「〜しようかと思う」。 =중국으로 유학 가려고 하는데요. ＊-려고 하다는「〜しようと思う」と、意図、計画を表す。
私はアメリカに1年いるつもりです	저는 미국에 일 년 동안 있으려고 해요. 동안은「間」。 =나는 일 년간 미국에 머물러 있을 거예요. ＊머무르다는「とどまる」「滞在する」。있을 거예요는「いるつもりです」。
引越しすることに決めました	이사 가기로 했어요. ＊이사는「引越し」。가다 (行く) とか오다 (来る) を付けて使うことが多い。-기로 하다는「〜することにする」

	と決定を表す言い方。 =이사를 하기로 결정했어요. ＊결정は「決定」。
自分に挑戦したいんです	나 자신에게 도전하고 싶어요. ＊나 자신は「私自身」または「自分自身」。 =자기 자신한테 도전해 보려고 해요. 「自分自身に挑戦してみようと思います」 ＊자기は漢字では［自己］で「自分」の意。자기 자신で「自分自身」。
私はあえて危険なことをするタイプなのです	저는 일부러 위험한 짓을 하는 타입이에요. ＊일부러は「わざと」。짓は主に否定的な意味で使う「まね」「こと」。
ものは試しです	뭐든 해 보지 않고는 모르는 법이에요. ＊「何であれやってみないとわからないものです」という表現。모르다は「わからない」。법は「道理」「きまり」。 =길고 짧은 것은 대봐야 알죠. ＊「長短は比べてみてこそわかる」ということわざを使った言い方で、「物事は実際にやってみないとわかりません」という意味。길다は「長い」。짧다は「短い」。대보다は「比べてみる」。
一か八かやってみましょう	되든 안 되든 한번 해 봐요. ＊「できようとできまいと、一度やってみましょう」という表現。-든 -든 (간에)または-든지 -든지 (간에)で「～しようが～しようが」。

	=운을 하늘에 맡기고 해 봅시다. 「運を天に任せてやってみましょう」 ＊맡기다は「任せる」。
もう一度チャンスが与えられました	또 한 번 기회가 주어졌어요. ＊또 한 번は「もう一度」。기회は「機会」。주어지다は「与えられる」。 =또다시 찬스가 왔어요. 「また(再び)チャンスが来ました」
それは私の担当です！	그건 제 담당이에요. ＊담당は「担当」。 =그 일은 내가 맡고 있어요. 「その仕事は私が担当しています」
彼は何か悪いことをたくらんでいますよ	그 사람은 뭔가 나쁜 짓을 꾸미고 있어요. ＊뭔가は「何か」。꾸미다は「企てる」。 =그 남자는 무슨 간계를 꾸미고 있어요. ＊무슨 간계は「何か悪だくみ」。간계は漢字では[奸計]。 =그자는 못된 꿍꿍이짓을 하고 있어요. 「やつは悪いたくらみをしています」 ＊그자は「その者」という言い方で、軽蔑的に言う「そいつ」「あいつ」の意。못되다は「悪い」。꿍꿍이짓は「たくらみ」。

フォーマル表現

延期する所存です	연기하려고 합니다. ＊연기하다は「延期する」。-려고 하다は意図、計画を表す。

	=뒤로 ミルル センガギムニダ =뒤로 미룰 생각입니다. 「延期するつもりです」 ＊뒤로は「後ろに」「のちに」。미루다は「延ばす」「延期する」。
私は買うつもり はありません	チョヌン サル センガギ オプスムニダ 저는 살 생각이 없습니다. ＊사다は「買う」。 チョヌン サゴ シブン マウミ オプスムニダ =저는 사고 싶은 마음이 없습니다. ＊사고 싶은 마음は「買いたい気持ち」。
拡張しようと存 じております	ファクチャンハリョゴ ハムニダ 확장하려고 합니다. ファクチャンハル センガギムニダ =확장할 생각입니다. 「拡張するつもりです」 ＊생각は「考え」「つもり」。
平和維持を目標 としています	ピョンファ ユジルル モクピョロ ハゴ イッスムニダ 평화 유지를 목표로 하고 있습니다. ＊평화 유지は「平和維持」。목표は「目標」。 -로/으로 하다は「～とする」。하다の代わりに삼다も使える。 ピョンファルル ユジハヌン ゴシ モクピョイムニダ =평화를 유지하는 것이 목표입니다. 「平和を維持することが目標です」
私は韓国語を勉 強するつもりで 韓国に行きます	チョヌン ハングゴルル コンブハリョゴ ハングゲ 저는 한국어를 공부하려고 한국에 カムニダ 갑니다. ＊-려고/으려고は意図、計画を表し、「～しようと」という意味。 ナヌン ハングンマルル ペウギ ウィヘソ ハングゲ カゲッスムニダ =나는 한국말을 배우기 위해서 한국에 가겠습니다. ＊배우기 위해서は「学ぶために」。-겠습니다は意志を表す言い方。

好みを尋ねる

「どれがいい？」

カジュアル表現

選んで	<ruby>골라<rt>コルラ</rt></ruby>. ＊고르다は「選ぶ」。 ＝<ruby>선택해<rt>ソンテッケ</rt></ruby>. ＊<ruby>선택하다<rt>ソンテッカダ</rt></ruby>は「選択する」「選ぶ」。
どれがいい？	<ruby>어느<rt>オヌ</rt></ruby> <ruby>게<rt>ゲ</rt></ruby> <ruby>좋아<rt>ジョア</rt></ruby>? ＊<ruby>게<rt>ケ</rt></ruby>は<ruby>것<rt>コシ</rt></ruby>이（ものが）の縮んだ形。<ruby>좋다<rt>チョッタ</rt></ruby>は「いい」「好きだ」。
何がいい？	<ruby>뭐가<rt>ムォガ</rt></ruby> <ruby>좋아<rt>ジョア</rt></ruby>? ＊<ruby>뭐가<rt>ムォガ</rt></ruby>는<ruby>무엇이<rt>ムオシ</rt></ruby>（何が）の縮んだ形。
何がしたいの？	<ruby>뭐가<rt>ムォガ</rt></ruby> <ruby>하고<rt>ハゴ</rt></ruby> <ruby>싶어<rt>シポ</rt></ruby>? ＊<ruby>하고 싶다<rt>ハゴ シプ'タ</rt></ruby>は「したい」。 ＝<ruby>하고<rt>ハゴ</rt></ruby> <ruby>싶은<rt>シプン</rt></ruby> <ruby>게<rt>ゲ</rt></ruby> <ruby>뭐니<rt>ムォニ</rt></ruby>? ＊直訳は「したいことは何なの？」。-니?は対等で親しい相手または子供や目下の人に対する気楽な聞き方。
どうだった？	<ruby>어땠어<rt>オッテッソ</rt></ruby>? ＊<ruby>어떻다<rt>オットッタ</rt></ruby>は「どうだ」。 ＝<ruby>어땠는데<rt>オッテンヌンデ</rt></ruby> <ruby>그래<rt>グレ</rt></ruby>? ＊<ruby>그래<rt>クレ</rt></ruby>は前の事柄を強調する言い方。
どんなタイプの男の子が好きなの？	<ruby>어떤<rt>オットン</rt></ruby> <ruby>남자가<rt>ナムジャガ</rt></ruby> <ruby>좋아<rt>チョア</rt></ruby>? ＊<ruby>어떤<rt>オットン</rt></ruby>は「どんな」。<ruby>좋다<rt>チョッタ</rt></ruby>は形容詞で、-<ruby>가/이<rt>カ/イ</rt></ruby> <ruby>좋다<rt>チョッタ</rt></ruby>で「～が好きだ」。 ＝<ruby>어떤<rt>オットン</rt></ruby> <ruby>남자를<rt>ナムジャルル</rt></ruby> <ruby>좋아해<rt>チョアヘ</rt></ruby>? ＊「～が好き」と言うとき、他動詞<ruby>좋아하다<rt>チョアハダ</rt></ruby>を使う場合は-<ruby>를/을<rt>ルル/ウル</rt></ruby>

好みを尋ねる ◆ 471

	좋아하다となる。-가/이 좋아하다ではない。 =**어떤 타입의 남자가 좋니?** ＊타입は「タイプ」。-니?は子供や対等以下のごく親しい相手に使う気楽な聞き方。
❶彼女は君のタイプなのかい? ❷うん、僕のタイプさ	❶**그 여자 니 타입이야?** ＊니は네(君の) とも言う。타입は「タイプ」。同じ意味で스타일 (スタイル) も使える。 ❷**맞어, 내 타입이야.** ＊맞어は맞아とも言う。相手の言うことが正しいと認める言葉。
❶いつテニスする? ❷いつでもいいよ	❶**언제 테니스 칠래?** ＊치다は「打つ」「叩く」。탁구 (卓球)、골프 (ゴルフ)、볼링 (ボーリング) なども치다を使って「する」を表す。 ❷**아무 때나 좋아.** ＊아무は「どんな」。때は「時」。-나は「〜でも」。 =❶**테니스 언제 할까?** ＊언제 할까? (いつしようか?) の代わりに언제가 좋아? (いつがいい?) と言ってもよい。 =❷**언제든 괜찮아.** ＊언제든은 언제든지 (いつでも) の지が省略されている。괜찮다は「いい」「構わない」。
お昼は何にする?	**점심 뭘로 할 건데?** ＊점심は「昼飯」「昼食」で、점심밥とも言う。뭘로 할 건데?は 무엇으로 할 것인데? (何にするつもり?) の縮んだ形。

472 ◆ 好みを尋ねる

❹夕食は何にする？ ❸何でもいいよ	❹저녁은 뭘로 할래? ❸아무거나 좋아.	＊저녁は「夕食」。 ＊아무거나は아무것이나（何でも）の縮んだ形。
おいしい？	맛있어? ＝맛있냐? ＝맛있니?	＊맛있다は「おいしい」。맛이 있다（または좋다, 나다）とも言う。 ＊子供に対して、またはごく親しい若者に使う。 ＊맛있냐?と同じように使われるが、よりくだけた気楽な感じの聞き方。
味はどう？	맛이 어때? ＝맛은 어떤가?	＊어떻다は「どうだ」。 ＊어떤가?は大人が対等以下の大人に聞く「どうかね？」。
気に入ってくれた？	맘에 들어?	＊直訳は「気に入る？」。普通このように現在形で言う。맘は마음（気、心）の縮んだ形。마음에 들다で「気に入る」。
❹この仕事は誰に頼もうか？ ❸誰でもいいよ	❹이 일은 누구한테 부탁하지? ❸아무나 괜찮아. ＝❹이 일 누구에게 맡길까? ＝❸누구든 상관없어.	＊부탁하다は「頼む」「お願いする」。 ＊아무나は「誰でも」。괜찮다は「いい」「構わない」。 ＊맡기다는「任せる」「委任する」。 ＊상관없다は「構わない」。

好みを尋ねる ◆ 473

Ⓐ どれを買おうか？ Ⓑ どれでもいいよ	Ⓐ 어느 걸 살까? ＊걸은 것을（ものを）の縮んだ形。 Ⓑ 아무거나 좋아. ＊아무거나는 아무것이나（どれでも）の縮んだ形。
Ⓐ どこに旅行したい？ Ⓑ どこでもいいよ	Ⓐ 어디로 여행 가고 싶어? ＊-로/으로/에 여행(을) 가다で「~に旅行に行く」。-를/를 여행하다で「~を旅行する」。 Ⓑ 아무 데나 좋아. ＊아무 데は「どんなところ」。-나は「~でも」。

スタンダード表現

喫煙席ですか、禁煙席ですか？	흡연석이나 금연석, 어느 쪽이 좋으세요? ＊「喫煙席か禁煙席、どちらがよろしいですか？」という言い方。흡연석は漢字では［吸煙席］。-나/이나は「~か~」「~または~」。 ＝흡연석과 금연석, 어느 쪽으로 하시겠어요? 「喫煙席と禁煙席、どちらになさいますか？」
現金とカードのどちらになさいますか？	현금으로 지불하실 거예요? 카드로 하실 거예요? ＊「現金でお支払いになりますか？カードになさいますか？」という言い方。지불하다は「支払う」。-ㄹ/을 거예요?は「~するつもりですか？」。 ＝결제는 현금이에요? 카드예요? 「決済は現

474 ◆ 好みを尋ねる

	金ですか？カードですか？」 ※^{キョルチェ}결제は「決済」。
お支払いはどうなさいますか？	^{チブル バンボブン オットッケ ハシル コエヨ} 지불 방법은 어떻게 하실 거예요? ※ ^{チブル バンボブ}지불 방법は「支払方法」。
ステーキの焼き具合はいかがしましょうか？	^{ステイクヌン オットッケ クウォ ドゥリルカヨ} 스테이크는 어떻게 구워 드릴까요? ※ ^{クプタ}굽다は「焼く」。 = ^{ステイクヌン オヌ ジョンドロ クウミョン ドゥエルカヨ} 스테이크는 어느 정도로 구우면 될까요? 「ステーキはどの程度に焼けばいいでしょうか？」 ^{ミョン ウミョン ドゥエダ}-면/으면 되다は「~すればよい」。
コーヒーに何か入れますか？	^{コピエ ムォル ノウシル コンガヨ} 커피에 뭘 넣으실 건가요? ※^{ノウシル}넣으실 ^{コンガヨ ノウシル コシンガヨ} 건가요?は넣으실 것인가요?（お入れになるのでしょうか？）の縮んだ形。 = ^{コピエ ムォル タ ドゥリルカヨ} 커피에 뭘 타 드릴까요? ※^{タ ドゥリダ}타 드리다は「入れて差し上げる」。^{タダ}타다は「（液体に何かを）混ぜる」。
ご予算はどのくらいでしょうか？	^{イェサヌン オヌ ジョンドセヨ} 예산은 어느 정도세요? ※^{ジョンド}정도は「程度」。 = ^{イェサヌン オルマッチュム ドゥエヨ} 예산은 얼마쯤 돼요? 「予算はどのくらいになりますか？」 ※^{オルマッチュム}얼마쯤は「どのくらい」。
ご希望を言ってください	^{ヒマンハシヌン ゲ ムォンジ マルスマセヨ} 희망하시는 게 뭔지 말씀하세요. ※「お望みのものが何かおっしゃってください」という言い方。^{ヒマンハダ}희망하다は「希望する」「望む」。^{マルスマシダ}말씀하시다は「おっしゃる」。 = ^{オットン ゴル ウォナシヌンジ マルスマセヨ} 어떤 걸 원하시는지 말씀하세요. 「どういう

好みを尋ねる ◆ 475

	ものをお望みなのかおっしゃってください」 ＊걸은 것을（ものを）の縮んだ形。원하다は「願う」「望む」。
ここで召し上がりますか、それともお持ち帰りですか？	여기서 드실 거예요? 아니면 싸 드릴까요? ＊아니면は「でなければ」。싸 드리다は「お包みする」。 ＝여기서 드실 건가요? 가지고 가실 건가요? 「ここで召し上がりますか？ 持っていかれますか？」
こちらのものはいかがですか？	이쪽 건 어떠세요? ＊어떻다は「どうだ」。
こちらのほうがいいですか？	이쪽 게 좋으세요?
これはあなたの好みの音楽ですか？	이게 당신이 좋아하는 음악이에요? ＊좋아하다は「好む」「好きだ」。음악は「音楽」。
どれを選びますか？	어느 걸로 하시겠어요? ＊「どれになさいますか？」という言い方。 ＝어느 걸 택하실 거예요? ＊택하다は「選ぶ」「選択する」。선택하다とも言う。
私が選べるんですか？	제가 골라도 돼요? ＊「私が選んでもいいんですか？」という言い方。고르다は「選ぶ」。 -아/어/여도 되다は「～してもいい」。돼요?は괜찮아요?と言い換えられる。 ＝제가 선택할 수 있는 건가요? ＊-ㄹ/을 수

	있다는「~することができる」。건가요?（のですか？）は親しみを込めた聞き方。
何が食べたいですか？	뭘 드시고 싶으세요? ＊敬語表現。드시다は먹다（食べる）の敬語で「召し上がる」。-고 싶다は「~したい」。 = 뭐가 먹고 싶어요? ＊뭐가는 뭘（何を）と言い換えられる。
日本食を試してみます？	일식을 드셔 보실래요? ＊일식は漢字では[日食]で「和食」の意。드셔 보다는「召し上がってみる」。 = 일식 한번 먹어 보겠어요?「和食を一度食べてみますか？」
中華とフランス料理では、どちらがいいですか？	중국 요리하고 프랑스 요리라면 어느 쪽이 좋으세요? ＊중국 요리は「中国料理」。-라면/이라면は「~なら」。 = 중국 요리랑 프랑스 요리랑 어느 게 더 좋아요? ＊-랑/이랑は「~と」で、会話でのみ使う。
食べられないものがあったら、言ってくださいね	못 드시는 게 있으시면 말씀하세요. ＊못 드시다は「召し上がれない」。있으시면은「ございましたら」。 = 먹지 못하는 게 있으면 말해요. ＊上の表現の敬語でない言い方。

好みを尋ねる ◆ 477

どうしたいですか？	어떻게 하고 싶으세요?	＊하고 싶다は「したい」。
何色が好きですか？	무슨 색을 좋아하세요? ＝좋아하는 색깔이 뭐죠?「好きな色は何でしょう？」	＊색は「色」。 ＊색깔は「色」。
どのサイズをお求めですか？	무슨 사이즈를 찾으세요? ＝찾으시는 치수가 어떻게 되세요?	＊무슨は「どんな」「何の」。찾다は「求める」「探す」。 ＊直訳は「お求めのサイズはどうなりますか？」。치수は「寸法」「サイズ」。
一番好きな野球の選手は誰ですか？	제일 좋아하시는 야구 선수가 누구예요? ＝야구 선수 중에서 누가 가장 좋아요?「野球選手の中で誰が一番好きですか？」	＊중에서は「(〜の)中で」。가장は「最も」「一番」。
どの先生が一番よかったですか？	어느 선생님을 가장 좋아했어요? ＝제일 좋아했던 선생님은 누구시죠?「一番よかった先生は誰ですか？」	
犬より猫のほうが好きなのですか？	개보다 고양이를 좋아하세요? ＝개보다도 고양이가 더 좋아요?	＊-보다도は「〜よりも」。더は「もっと」で、ここでは省略もできる。

478 ◆ 好みを尋ねる

フォーマル表現

お好みに合っていますか？	취향에 맞습니까? ※취향は「趣向」。맞다は「合う」。 ＝기호에 맞는지 모르겠습니다. 「お好みに合うかわかりません」 ※기호は「嗜好」。모르다は「わからない」。
ご都合がいいのはいつでしょうか？	언제면 형편이 좋으시겠습니까? ※「いつならご都合がよろしいでしょうか？」と取り引き相手などに尋ねる言い方。형편は「都合」「状況」「事情」。 ＝사정이 괜찮은 날은 언제입니까? ※사정は「事情」「都合」。날は「日」。
この仕事にはどのような人をお考えですか？	이 일에는 어떤 사람을 생각하고 계십니까? ※「お考えですか？」は염두에 두고 계십니까?（念頭に置いていらっしゃいますか？）も使える。
お好みをおっしゃってください	무엇을 선호하시는지 말씀해 주십시오. ※「何を好まれるのかおっしゃってください」という言い方。선호は漢字では［選好］。
あなたにとって何が最善でしょう？	당신에게 있어서 무엇이 최선이겠습니까? ※당신에게 있어서は「あなたにとって」。최선이다は「最善だ」。

好みを尋ねる ◆ 479

忘れた

「忘れていました」

カジュアル表現

わかってるんだけど名前が出てこない	아는데 이름이 안 나와. ✲알다は「わかる」「知る」。이름は「名前」。안 나오다は「出てこない」で、생각이 안 나다 (思い出せない) とも言う。 = 알긴 아는데 이름이 떠오르질 않아. ✲알긴 아는데は알기는 아는데 (知ってることは知ってるんだけど) の縮んだ形。떠오르다は「思い浮かぶ」。
つい忘れてたよ	그만 까먹었구나. ✲그만は「つい」。까먹다は「忘れる」。 = 깜빡 잊어 먹고 있었어. ✲깜빡は깜박 (うっかり) の強調形。잊어 먹다は잊다 (忘れる) の強調形で「忘れてしまう」。類似表現として 깜빡 잊었어 (または잊어버렸어) が使える。
つい、ぼーっとしていたんだ	정신 나갔었어. ✲정신(이) 나가다は「ぼーっとする」。-았/었/였었어は過去完了形で「~していた」。 = 그만 깜빡했거든. ✲깜빡하다は「うっかりする」「ぼんやりする」。-거든は軽く理由を表す。

スタンダード表現

忘れていました

잊어버리고 있었어요. ※잊어버리다는「忘れてしまう」。잊어 먹다とも言う。

= 깜빡했어요. 깜빡하다は「うっかりする」。

忘れてしまうなんて！

잊어버리다니! ※-다니は「〜なんて」「〜とは」。

= 까먹다니, 이거 참! ※까먹다は「忘れる」。이거 참!は「これは全く！」とか「いやはや！」「本当にもう！」という意味。

すっかり忘れていました

까맣게 잊고 있었어요. ※까맣게 잊다で「すっかり忘れる」。

= 까마귀 고기를 먹었나 봐요. ※直訳は「カラスが肉を食べたようです」。까마귀 고기를 먹었나は忘れっぽい人をからかって言うことわざ。閻魔大王のお使いに出たカラスが途中で道草を食い、おいしい肉を食べて命じられた用件が何だったか忘れてしまったという昔話からきた表現。

キチョルのことを忘れてましたよ

기철이를 잊고 있었어요. ※直訳は「キチョルを忘れていました」。「〜のことを〜」と言う場合、普通「〜를〜」と言えばよい。-이は終声（パッチム）で終わる名前の後ろに付けて名前を呼びやすくする言葉。

= 기철이 생각을 못 했었네요. ※直訳は「キチョル（に対する）考えをできないでいましたね」。

忘れた ◆ 481

彼に聞くのを忘れました	그 사람한테 물을 것을 잊어버렸어요. ＊묻다は「問う」「尋ねる」。 =그에게 물어볼 걸 깜박했어요. ＊그は「彼」だが、文語的な言い方。물어보다は「聞いてみる」。
いけない！眼鏡を忘れました	아이고! 안경을 잊어버렸어요. ＊아이고!は驚き、あきれ、悔しさ、そのほか様々な感情を表す「ああ！」「あれ！」など。안경は「眼鏡」。잊어버리다は「忘れてしまう」。 =아차! 안경을 두고 왔어요. ＊아차!は「しまった！」「いけない！」。두고 왔어요は「置いてきました」。 =참, 안경을 안 갖고 나왔네요. 「あっ、眼鏡を持たずに(出て)きましたね」 ＊안 갖고は안 가지고(持たずに)の縮んだ形。
また傘をどこかに忘れてきましたよ	우산을 또 어디다 놔두고 왔어요. ＊또は「また」。어디다 놔두다は어디에다 놓아두다(どこかに置いておく)の縮んだ形。「(どこどこに)忘れた」と言う場合、두고 오다、놓고 오다、놔두고 오다などを使って「(どこどこに)置いてきた」と言う。 =우산을 다시 어딘가에 놓고 왔어요. ＊다시は「また」「再び」。
何か忘れていませんか？	뭔가 잊으신 거 없으세요? ＊뭔가는 무엇인가(何か)の縮んだ形。잊다は「忘れる」。

	=뭐 잊어버리지 않으셨어요? ※뭐は무엇을(何かを)の縮んだ形。잊어버리다は「忘れてしまう」。
歌詞がなかなか覚えられないんです	가사를 좀처럼 외우지 못해요. ※가사は「歌詞」。좀처럼は「なかなか」。외우다は「暗記する」「覚える」。-지 못하다は「~られない」と、不可能を表す。受け身の形にして 가사가 좀처럼 외워지지 않아요 とも言える。 =가사를 제대로 외울 수가 없어요. ※제대로は「思いどおりに」「まともに」「きちんと」。-ㄹ/을 수(가) 없다は「~することができない」。
電話するのを忘れないでくださいね	전화하는 거 잊지 마세요. ※잊다は「忘れる」。 =까먹지 말고 전화해요. 「忘れないで電話してくださいね」 ※까먹다は「忘れる」の俗っぽい言い方。
忙しかったので時間がたつのを忘れてました	너무 바빠서 시간 가는 줄 몰랐어요. ※바쁘다は「忙しい」。바빠서は바빠 가지고(忙しくて)と言い換えられるが、過去形にはしない(바빴어서とは言わない)。시간 가는 줄 모르다は慣用句で「時がたつのを忘れる」。
テレビを見ていたら時間がたつのを忘れていました	TV를 보느라고 시간 가는 줄 몰랐어요. ※-느라고は原因や目的を表す「~ので」「~するために」。

忘れた ◆ 483

覚えていません	기억이 없어요.	「記憶がありません」という言い方。없어요の代わりに안 나요 (出ません) も使える。
思い出せません	생각나지 않아요. = 떠오르지 않아요.	※생각나다は「思い出す」。同じ意味で기억나다も使える。 ※떠오르다は「思い出される」。떠올리지 못해요 (思い浮かべることができません) という言い方もある。
おじいちゃんは忘れっぽいです	할아버지는 건망증이 심하세요. = 할아버지는 곧잘 잊어버리세요.	※건망증이 심하다は「健忘症がひどい」。 ※곧잘 잊어버리다は「よく忘れてしまう」。同じ意味で자꾸 까먹다や깜빡깜빡하다も使える。
私はその事故を覚えていません	저는 그 사고를 기억하지 못해요. = 난 그 사고의 기억이 없어요.	※기억하지 못하다で「覚えていない」。 「私はその事故の記憶がありません」
彼は記憶喪失症なのですよ	그 사람은 기억 상실증이에요. = 그는 기억 상실증에 걸렸어요.	※기억 상실증は「記憶喪失症」。 ※그は「彼」だが、文語的な言い方。걸리다は「かかる」。

フォーマル表現

見逃したようです

놓친 것 같습니다.
*놓치다は「見逃す」「逃す」。

= 빠뜨린 모양입니다.
*빠뜨리다は「見逃す」「見落とす」。모양は「模様」「様子」。

申し訳ありませんが思い出せません

죄송합니다만 생각이 나지 않습니다.
*생각이 나다は「思い出す」。

= 송구스럽습니다만 기억이 나지 않습니다.
*송구스럽다は「恐縮だ」。기억이 나다は「思い出す」。

私は寝食を忘れて研究に没頭しました

저는 침식을 잊고 연구에 몰두했습니다.
*침식は「寝食」。잊다は「忘れる」。몰두하다は「没頭する」。

= 나는 낮과 밤을 잊고 연구에 전념했습니다.
「私は昼夜を分かたず研究に専念しました」
*낮과 밤을 잊고は直訳では「昼と夜を忘れて」で、「休まずに」という意味の慣用句。낮에 밤을 이어 (夜を日についで、日夜) という言い方もある。

私はそのことは記憶にありません

저는 그 일에 관해서는 기억이 없습니다.
*「私はそのことに関しては記憶がありません」という言い方。-에 관해서는は「〜に関しては」。

= 나는 그것에 대해 기억나는 것이 없습니다.
「私はそれについて思い出すことがありません」
*-에 대해は「〜について」。

忘れた ◆ 485

覚えている

「あ、そうそう！」

カジュアル表現

覚えてる？	기억해? =기억하냐?	＊기억하다は「記憶する」。 ＊-냐?は子供やごく親しい間柄の若い人に対して用いる。
あ、そうそう！	아, 참! =맞다! 「そうだ！」	＊맞다は「合う」「正しい」で、相手に同意する場合や独り言を言う場合に用いる。
覚えているとも	기억하고 말고. =그럼, 기억하지. =잊을 리가 있니?	＊기억하다は「記憶する」。-고 말고は「～するとも」と、強調を表す。-구 말구とも言う。 「もちろん、覚えているとも」 ＊直訳は「忘れるはずがある？」。-니?は気楽な聞き方で、子供やごく親しい対等以下の相手に使う。
何となく覚えてるよ	어렴풋이 기억해.	＊어렴풋이は「ぼんやりと」。
あっ、思い出した	아, 생각났다. =아, 기억난다.	＊생각나다は「思い出す」。 ＊기억나다は「思い出す」。

覚えておいてくれ	기억해 줘. ＊「覚えておいて」と頼む言い方。 ＝기억해 둬. ＊「覚えておきなよ」と、命令する言い方。

スタンダード表現

覚えています	기억해요. ＊기억は「記憶」。 ＝기억이 있어요. ＊있다は「ある」。 ＝기억에 남아 있어요. 「記憶に残っています」 ＊남다は「残る」。
まだはっきりと覚えています	아직도 기억에 생생해요. ＊「まだ記憶に生々しいです」という言い方。생생하다は「生々しい」「新鮮だ」。 ＝지금도 선명히 기억하고 있어요. ＊지금도は「今も」。선명히は「鮮明に」。
昨日のことのように覚えています	어제 일처럼 기억하고 있죠. ＊어제 일は「昨日のこと」。-처럼は「〜のように」。同じ意味で-같이も使える。 ＝어제 일같이 기억에 생생해요. 「昨日のことのように記憶に新しいです」
初めて会ったときのことをまだ覚えています	처음 만났을 때 일을 아직도 기억하고 있어요. ＊처음은 「初めて」。만나다는 「会う」。아직도는 「いまだに」。

覚えている ◆ 487

= 처음 봤을 때의 기억이 여전히 남아 있어요.
「初めて会ったときの記憶が依然として残っています」 ＊보다는「見る」「会う」。

彼女はどこかで見たことがあります

그 사람 어디서 본 적이 있어요.
＊어디서は「どこかで」。본 적이 있다は「見たことがある」。

= 그 여자 어딘가에서 본 기억이 나요. ＊본 기억이 나다は「見たのを思い出す」。

彼女のことは絶対忘れません

그 사람을 절대로 잊지 않을 거예요.
＊절대로は「絶対に」。-ㄹ/을 거예요は意志を表す。-ㄹ/을래요、-겠어요も同様。

= 그 여자 절대 잊지 않을래요.

= 그 사람 영원히 기억하겠어요. 「その人のこと永遠に覚えているつもりです」 ＊영원히は「永遠に」。

今思えば…

지금 생각하면 … ＊생각하다는「思う」「考える」。

= 돌이켜 보니 … 「振り返ってみると…」
＊돌이켜 보다は「振り返ってみる」。-니は後ろに続く状況の前置きを表す「~すると」という意味。

今やっと思い出しました

이제야 생각났어요. ＊이제야は「今やっと」。-야は前の語を強調する。생각나다は「思い出す」。

	=이제 기억이 나는군요. ✼ -는군요는 새로이 알아차리거나 이해한 것을 나타낸다.
この歌を聞くと故郷のことを思い出します	이 노래를 들으니 고향이 생각나요. =이 노래를 들을 때면 고향 생각이 떠올라요. ✼ 直訳は「この歌を聞くときになると故郷の思いが浮かび上がります」。들을 때면は「聞くとき」とか「聞くと」という意味。
かすかに覚えています	어렴풋이 기억하고 있어요. ✼ 어렴풋이は「かすかに」。기억하다は「記憶する」「覚える」。 =희미하게나마 기억해요. ✼ 희미하게は「かすかに」「ぼんやり」。-나마は「~ではあるけど」。
その事故は今でも私の記憶に新しいです	그 사고는 지금도 제 기억에 생생해요. ✼ 사고は「事故」。생생하다は「生々しい」「新鮮だ」。「記憶に新しいです」は기억이 새로워요(記憶が新しいです)とも言う。 =그 사고의 기억은 아직도 선명해요. 「その事故の記憶は今でも鮮明です」 ✼ 선명하다は「鮮明だ」「あざやかだ」。
私は人の名前を覚えるのが苦手です	저는 사람 이름을 잘 기억하지 못해요. ✼ 잘 기억하지 못해요は「よく覚えられません」。

覚えている ◆ 489

フォーマル表現

そのことはよく覚えております

그 일은 잘 기억하고 있습니다.
= 그 일은 기억에 생생합니다. 「そのことは記憶に新しいです」 ＊생생하다는「生々しい」「新鮮だ」。
= 그때의 기억은 선명히 남아 있습니다. 「そのときの記憶は鮮明に残っています」

思い出してみると…

돌이켜 보건대 … ＊「振り返ってみると」という言い方。돌이켜 보다は「顧みる」。-건대は「〜すると」「〜するに」。돌이켜 보니 …も類似表現。보니는「見ると」。
= 생각해 보니 … 「思えば…」 ＊생각하다는「思う」「考える」。
= 기억을 더듬어 보니까 … 「記憶をたどってみたら…」 ＊더듬다는「たどる」。

私の覚えでは…

제 기억으로는 …
= 제가 기억하기에는 … 「私が記憶するには…」

私の記憶が正しければ…

제 기억이 맞다면 … ＊맞다는「正しい」「合う」。
= 제 기억에 틀림이 없다면 … 「私の記憶に間違いがなければ」 ＊틀림은「間違い」。

ほかに何かあるか聞く

「ほかに何か？」

カジュアル表現

これだけ？

이뿐이야? _{イップニヤ}
✽이は이것（これ）の縮んだ形。-뿐は「～だけ」「～のみ」。「～だけ」は-만とー뿐があるが、後ろに이다（または아니다）がくる場合は-뿐のみ使える。

=이것밖에 없어? _{イゴッパッケ オプソ}「これしかないの？」
✽-밖에は後ろに否定の表現を伴い「～しか」「～のほかは」という意味。이것밖엔 안 돼? _{イゴッパッケン アン ドェ}（これだけにしかならないの？）という言い方もある。

これで終わり？

이걸로 끝이야? _{イゴルロ クチャ}
✽이걸로は이것으로（これで）の縮んだ形。끝は「終わり」。끝이야?は끝났어? _{クンナッソ}（終わった？）と言い換えられる。

=이게 마지막이야? _{イゲ マジマギヤ}「これが最後なの？」
✽마지막_{マジマク}は「最後」「終わり」。

ほかに何か？

뭔가 더 있어? _{ムォンガ ト イッソ}
✽뭔가は무엇인가_{ムオシンガ}（何か）の縮んだ形。더は「もっと」「さらに」。또 뭐가 있어? _{ムォガ イッソ}（まだ何かある？）も類似表現。

=그 밖에 또 있어? _{ク パッケ ト イッソ}「そのほかにまだある？」
✽또は「また」「まだ」。

ほかに何か言うことはある？

따로 또 할 말이 있어? _{タロ ト ハル マリ イッソ}

	_{ムォンガ ト マラル コ イッソ} ＝**뭔가 더 말할 거 있어?** 「まだ何か言うことある?」
	_{ト ハゴ シプン マル インニ} ＝**더 하고 싶은 말 있니?** 「まだ言いたいことあるの?」 －니?は子供や対等以下の親しい相手に用いる気楽な聞き方。
もう終わり?	_{ポルソ クチャ} **벌써 끝이야?** ＊_{ポルソ}벌써は「もう」。_{クッ}끝は「終わり」。 _{ポルソ クンナッソ} ＝**벌써 끝났어?** 「もう終わったの?」 ＊_{クンナダ}끝나다は「終わる」。同じ意味で_{マチダ}마치다も使える。

スタンダード表現

ほかに何かありますか?	_{タロッ ト ムォンガ イッソヨ} **따로 또 뭔가 있어요?** ＊「ほかにまだ何かありますか?」という言い方。또は「また」「まだ」。 _{ク バッケ ムォガ ト イッソヨ} ＝**그 밖에 뭐가 더 있어요?** ＊_{ク バッケ}그 밖에は「そのほかに」で、_{ク ウェエ}그 외에と言い換えが可能。더は「もっと」「さらに」。 _{タルン ゴ ムォガ インナヨ} ＝**다른 거 뭐가 있나요?** ＊直訳は「ほかのこと何かあるかしら?」。-_{ナヨ}나요?はソフトな聞き方。
ほかにどうやってできますか?	_{タルリ オットッケ ハル トリガ イッスルカヨ} **달리 어떻게 할 도리가 있을까요?** ＊「ほかにどうにかする方法があるでしょうか?」という表現。도리は漢字では［道理］で「方法」「すべ」「道理」の意。 _{クゴン マルゴ タルン バンドガ インナヨ} ＝**그것 말고 다른 방도가 있나요?** 「それじゃなくて別の方法があるのかしら?」 ＊_{バンド}방도は

	漢字では［方途］。
	= 달리 무슨 방법이 없어요? 「ほかに何か方法がありませんか？」 ※방법は「方法」。
	= 그 외에 어떤 방법이 있죠? 「そのほかにどんな方法があるでしょう？」 ※그 외에는그 밖에と言い換えられる。疑問詞＋〜죠 (지요)?はやわらかい聞き方。
ほかにいつですか？	그때 말고 언제예요? ※그때 말고は「そのときではなくて」。
	= 그 밖에 또 언제죠? 「そのほかにまたいつでしょう？」 ※밖에の代わりに외에が使える。
ほかにどこですか？	거기 말고 어디예요? ※거기 말고は「そこじゃなくて」。
ほかに話し合うことはありますか？	따로 또 의논할 게 있어요? ※의논하다は「話し合う」「相談する」「打ち合わせる」。게は것이 (ことが) の縮んだ形。
それですべてですか？	그게 다예요? ※다は「すべて」。
	= 그걸로 전부예요? ※그걸로는그것으로 (それで) の縮んだ形。전부は「全部」。
ほかに言うことはありますか？	그 외에 또 말씀하실 거 있으세요? ※또は「また」「まだ」。말씀하시다は「おっしゃる」。
	= 그 밖에 하실 말씀이 또 있으세요?

ほかに何かあるか聞く ◆ 493

	=따로 또 얘기할 거 있어요? 「ほかにまだお話しすることありますか？」
何か加えるものはありますか？	뭔가 덧붙일 거 있으세요? ＊덧붙이다は「付け加える」。 =뭐 보충할 거 있나요? ＊보충하다は「補充する」。-나요?はやわらかい聞き方。보충하다の代わりに보태다（加える）が使える。

フォーマル表現

ほかに指摘するべき点はありますか？	그 밖에 지적해야 될 점이 또 있습니까? ＊지적하다は「指摘する」。
まだ話し合っていない点はほかに何かありますか？	아직 의논하지 못한 점이 또 있습니까? ＊의논하다「話し合う」「相談する」「打ち合わせる」。 =달리 또 의논할 것이 있습니까? 「ほかにまだ話し合うことがありますか？」
ほかにまだカバーしていない問題点はありますか？	그 밖에 취급하지 않았던 문제점이 또 있습니까? ＊취급하다は「取り扱う」。문제점は「問題点」。 =따로 또 언급해야 할 문제가 있습니까? 「ほかにまだ言及すべき問題がありますか？」 ＊언급하다は「言及する」。

例を挙げる

「例えば…」

カジュアル表現

例えば…

예를 들면 … ※「例を挙げれば…」という言い方。예は「例」。들다は「挙げる」。
= 예를 들어 …

実例としては…

실례로는 … ※실례は「実例」。-로는は「～としては」。
= 실제 예로는 … 「実際の例としては…」
※ 실제は「実際(の)」。

…みたいな

… 와/과 같은 ※「～と同じような」という言い方。같다は「同じだ」「似ている」。
= … 등등의 「…等々の」 ※등등は漢字では[等等]。

スタンダード表現

例えば…

예컨대 … ※예は「例」。
= 예를 들어 보면 … ※直訳は「例を挙げてみれば…」。들다は「挙げる」。
= 예를 들어 … ※上の表現の短い言い方。예를 들자면 …、예를 들어서 … なども類似表現。

これは一例に過ぎません	이건 하나의 예에 지나지 않아요. ＊-에 지나지 않다は「～に過ぎない」。 ＝이것은 한 가지 예에 불과해요. ＊한 가지は「一つ(の)」「一種類(の)」。가지は「種類」で、抽象的な事柄を数える単位としても使われる。두 가지は「二つ」「二種類」。불과は漢字では[不過]で、-에 불과하다で「～に過ぎない」。
いくつか例を挙げましょう	몇 가지 예를 들어 보죠. ＊몇 가지は「いくつ」「いくつか(の)」「何種類」「何種類か(の)」。-죠は-지요の縮んだ形で意志を表す。 ＝예를 좀 들어 볼까요?「例をちょっと挙げてみましょうか？」＊좀は「ちょっと」。

フォーマル表現

このことは一例だと言えるでしょう	이 일은 하나의 예라고 할 수 있겠습니다. ＊-라고은「～だと」。-겠습니다は控えめな気持ちを表した言い方。 ＝이것은 한 가지 예로 볼 수 있을 것입니다. 「これは一つの例と見ることができるでしょう」 ＝이것은 하나의 예에 지나지 않습니다. 「これは一つの例に過ぎません」
これを、例を挙げてご説明すれば…	이것을 예를 들어 설명해 드린다면 … ＊들다は「挙げる」。설명해 드리다は「ご説明申し上げる」。

	=이 설명의 예로는 … 「この説明の例としては…」 ＊-로는は「〜としては」。
そのような例は枚挙に暇がありません	그와 같은 예는 얼마든지 들 수 있습니다. ＊그와 같은は「そのような」。얼마든지は「いくらでも」。들 수 있다は「挙げることができる」。 =그러한 예는 일일이 다 들 수 없을 정도로 많습니다. ＊直訳は「そういう例はいちいち全部挙げられないほど多いです」。정도로は「程度に」「ほどに」。

例を挙げる ◆ 497

説明を始める

「こうなんだよ」

	カジュアル表現
聞いて！	내 말 좀 들어 봐! ※「私の話をちょっと聞いてみて！」という言い方。듣다は「聞く」。
だからぁ～	그러니깐. 그러니까（だから）の強調形。
これだよ！	이거야! ※이거は이것（これ）の縮んだ形。
こうなんだよ	이렇단 말야. ※説明、提示する前、または後に言う。말야は말이야の縮んだ形。特に意味はなく、語調を整えるために言う言葉。 ＝이렇단다. ※-단다はここでは親しみを込めて相手に告げたり、教えたりする言い方。目上の人には使わない。
こういうふうに考えてみて	이렇게 좀 생각해 봐. ※생각하다は「考える」。 ＝이런 식으로 한번 생각해 봐. 「こういうふうに一度考えてみなよ」 ※식は漢字では［式］で「方法」「やり方」の意。
見て！	봐 봐! ※「見てみて！」という言い方。 ＝이거 좀 봐! 「これちょっと見て！」

498 ◆ 説明を始める

どうやるか見せるよ	어떻게 하는지 보여 줄게. ＊줄게는「やるよ」と、意志を表したり、相手に約束したりする言い方。 = 어떻게 하는 건지 보여 주지. ＊건지는 것인지（ものなのか）の縮んだ形。주지は「やるよ」と意志を表す。
こうやってやるんだよ	이렇게 하는 거야. ＊이렇게 하다は「こうする」。 = 이렇게 한다고. ＊-ㄴ다고は強調を表す。 = 이런 식으로 한단다. ＊식は漢字では［式］。-단다はここでは親しみを込めて相手に告げたり、教えたりする言い方。目上の人には使わない。
早い話がこうなんだよ	간단히 말하면 이런 거야. ＊「簡単に言えばこういうことだよ」という言い方。간단히（簡単に）は쉽게（容易に）と言い換えられる。 = 요는 이런 거라구. ＊요는は「要は」。-라구は強い主張を表す。-라고とも言う。
そういうことなんだよ	뭐, 그런 얘기야. ＊「まぁ、そんな話だよ」という表現。 = 그렇게 됐어. 「そうなったのさ」 = 그런 거라구. ＊「そういうもんだよ」とか「そんなことだよ」という意味。거라구は거라고とも言う。

説明を始める ◆ 499

Ⓐまぁ、話せば長くなるんだけどね Ⓑ構わないよ	Ⓐ뭐, <ruby>얘기하자면<rt>イェギハジャミョン</rt></ruby> <ruby>긴데<rt>キンデ</rt></ruby> <ruby>말야<rt>マリャ</rt></ruby>. ★<ruby>길다<rt>キルダ</rt></ruby>は「長い」で、<ruby>긴데<rt>キンデ</rt></ruby>は「長いんだけど」。<ruby>말야<rt>マリャ</rt></ruby>は特に意味はなく、語調を整えるための言葉。 Ⓑ<ruby>괜찮아<rt>クェンチャナ</rt></ruby>. ★<ruby>괜찮다<rt>クェンチャンタ</rt></ruby>は「構わない」「大丈夫だ」。 =Ⓐ<ruby>글쎄<rt>クルセ</rt></ruby>, <ruby>얘기가<rt>イェギガ</rt></ruby> <ruby>좀<rt>ジョム</rt></ruby> <ruby>긴데<rt>キンデ</rt></ruby>.「まぁ、話がちょっと長いんだけど」 =Ⓑ<ruby>상관없어<rt>サングァノプソ</rt></ruby>. ★<ruby>상관<rt>サングァン</rt></ruby>は漢字では［相関］。
あの、あのね…あん、わかんない！	<ruby>저기<rt>チョギ</rt></ruby>, <ruby>저<rt>チョ</rt></ruby> <ruby>말야<rt>マリャ</rt></ruby> … <ruby>아<rt>ア</rt></ruby>, <ruby>모르겠다<rt>モルゲッタ</rt></ruby>! ★<ruby>말야<rt>マリャ</rt></ruby>は語調を整える言葉。<ruby>모르다<rt>モルダ</rt></ruby>は「わからない」。

スタンダード表現

それは十分説明できます	<ruby>그건<rt>クゴン</rt></ruby> <ruby>충분히<rt>チュンブニ</rt></ruby> <ruby>설명할<rt>ソルミョンハル</rt></ruby> <ruby>수<rt>ス</rt></ruby> <ruby>있어요<rt>イッソヨ</rt></ruby>. ★<ruby>충분히<rt>チュンブニ</rt></ruby>は「十分に」。<ruby>설명<rt>ソルミョン</rt></ruby>は「説明」。-ㄹ/<ruby>을<rt>ウル</rt></ruby> <ruby>수<rt>ス</rt></ruby> <ruby>있다<rt>イッタ</rt></ruby>は「〜できる」。 =<ruby>그건<rt>クゴン</rt></ruby> <ruby>얼마든지<rt>オルマドゥンジ</rt></ruby> <ruby>설명이<rt>ソルミョンイ</rt></ruby> <ruby>가능해요<rt>カヌンヘヨ</rt></ruby>.「それはいくらでも説明が可能です」
説明しづらいんですが	<ruby>설명하기가<rt>ソルミョンハギガ</rt></ruby> <ruby>좀<rt>ジョム</rt></ruby> <ruby>그런데요<rt>クロンデヨ</rt></ruby>. ★<ruby>설명하기<rt>ソルミョンハギ</rt></ruby>は<ruby>설명하다<rt>ソルミョンハダ</rt></ruby>（説明する）の名詞形で「説明すること」という意味。<ruby>좀<rt>チョム</rt></ruby> <ruby>그런데요<rt>クロンデヨ</rt></ruby>は「ちょっとそうなんですが」で、言葉を濁す言い方。 =<ruby>설명하기가<rt>ソルミョンハギガ</rt></ruby> <ruby>곤란해요<rt>コルラネヨ</rt></ruby>. ★<ruby>곤란하다<rt>コルラナダ</rt></ruby>は「困難だ」「難しい」。

説明させてください	제가 설명해 드리죠. ＊「私がご説明いたしましょう」と、意志を表明する言い方。저에게 설명시켜 주세요とは言わない。-해 드리다は「～して差し上げる」「～いたす」。 ＝제가 설명하겠어요. ＊-겠어요は意志を表す。 ＝내가 설명하도록 하겠어요. 「私が説明することにします」＊-하도록は「～するように」。
こうなっては説明せざるを得なくなりましたね	이렇게 되고서야 설명 안 할 수가 없겠네요. ＊이렇게 되고서야は「こうなっては」。안 할 수(가) 없다は「～せざるを得ない」。 ＝이렇게 된 이상 설명하지 않을 수 없게 됐군요. ＊이렇게 된 이상은「こうなった以上」。 ＝이렇게 됐으니 아무래도 제가 설명하는 게 낫겠네요. 「こうなったからにはどうしても私が説明したほうがよさそうですね」＊이렇게 됐으니は「こうなったので」。
そんなに言うこともないんですけどね	뭐 그렇게 설명할 것도 없는데요. ＊「何もそんなに説明することもないんですが」という言い方。것도は「ことも」。 ＝별로 얘기할 만한 것도 없지만요. 「特にお話しするほどのこともないんですが」＊별로は否定の表現を伴って「別に、特に、あまり（～じゃない）」という意味。

説明を始める ◆ 501

もう一度説明します	한 번 더 설명해 드리죠. ＊더 한 번とは言わない。 ＝다시 한 번 설명하겠어요. ＝또 한 번 설명할게요. －할게요は意志や相手への約束を表す言い方。
これからその特徴を言います	이제부터 그 특징을 말하겠어요. ＊이제부터は「これから」。특징は「特徴」。 ＝지금부터 그 특징에 대해서 얘기할게요. 「今からその特徴についてお話しします」
発表するものがあります	발표할 게 있어요. ＊발표할 게は「発表すること（もの）が」。 ＝공표해야 될 게 있거든요. 「公表しなくてはならないものがあるんですよ」
実演いたしましょう	직접 해 보겠어요. ＊「直接やってみます」という言い方。-겠어요は意志を表す。 ＝실제로 보여 드리죠. 「実際にお見せしましょう」
私が通訳します	제가 통역하겠어요. ＊통역は「通訳」。「翻訳」は번역。 ＝내가 통역할 거예요. ＊-ㄹ/을 거예요は意志を表す。내가 통역할게요も類似表現。

502 ◆ 説明を始める

フォーマル表現

では勤務条件について説明します

그러면 근무 조건에 대해서 설명드리겠습니다.
* 그러면은「それでは」。드리겠습니다는 謙譲語で、「差し上げます」「申し上げます」「いたします」。설명드리겠습니다（ご説明申し上げます）は 말씀드리겠습니다（お話しいたします）と言い換えられる。
= 그럼 근무 조건에 관한 설명을 하겠습니다.
「では勤務条件に関するご説明をいたします」

その男の特徴を説明できますが

그 남자의 특징을 설명해 드릴 수 있습니다만.
= 그 사람의 특징에 대해서 설명할 수가 있습니다만.「その人の特徴について説明することができますが」 * -할 수(가) 있다는「~することができる」。

ご説明いたしましょうか？

설명해 드릴까요? * 설명해 드리겠습니까? とは言わない。

ご使用法について説明させていただきます

사용법에 대한 설명을 해 드리겠습니다.
* 사용법은「使用法」。-에 대한은「~についての」。
= 사용 방법을 말씀드리겠습니다.「使用方法をお話しいたします」

説明を始める ◆ 503

内容を明らかにする

「だって…」

カジュアル表現

だって…	왜냐면 … ウェニャミョン	＊왜냐하면（なぜならば）の縮んだ形。
つまりこういうことなんだよ	쉽게 말하면 이런 거야. シュイプケ マラミョン イロン ゴヤ	＊쉽게 말하면は「易しく言えば」。 ＝말하자면 이런 얘기라고. 「言わばこういう話なんだよ」 ＊-라고は強い主張を表す。-라구とも言う。
もっとわかりやすく言うよ	더 알기 쉽게 말하지. ト アルギ シュイプケ マラジ	＊알기 쉽게は「わかりやすく」。-지は意志を表す。 ＝더 쉽게 얘기할게. ＊-ㄹ/을게は意志を表す。
君にはストレートに言うよ	너한텐 솔직히 말할게. ノハンテン ソルチッキ マラルケ	＊너한텐は너한테는（君には）の縮んだ形。솔직히は「率直に」「正直に」。 ＝네겐 단도직입적으로 얘기하지. 「君には単刀直入に話すよ」 ＊네겐は너에게는の縮んだ形。
これははっきりとさせてくれ	이건 분명히 해 주라. イゴン ブンミョンイ ヘ ジュラ	＊「〜させてくれ」という言い方はしない。「〜しろよ」とか「〜してくれ」くらいの言い方になる。분명は漢字。

	では [分明]。해 주라は「してくれよ」。 = 이것만은 명확히 하고 넘어가자. 「これだけは明確にしておこう」 ＊명확は漢字では [明確]。넘어가자は「(次に) 移ろう」。
こう言っては何だけど…	이런 말 하면 좀 그런데 … ＊그런데は「そうなんだけど」で、言葉を濁す言い方。 = 이런 말 하기가 좀 뭐한데 … 「こんなこと言うのは何だけど…」 뭐한데は「何だけど」。
それはそうなんだけど…	하긴 그런데 … ＊하긴은 하기는 (そう言えば、もっとも) の縮んだ形。 = 그렇긴 한데 … 「そうではあるけど…」

スタンダード表現

結論はこうなります	결론은 이렇게 돼요. ＊이렇게は「このように」。되다は「なる」。
私が言いたいのはこうです	제가 하고 싶은 말은 이래요. ＊이래요は이러해요 (こうです) の縮んだ形。 = 저는 이렇게 말하고 싶어요. 「私はこう言いたいです」
まぁ、こんなところでしょう	대충 이런 얘기예요. ＊「大体こういう話です」という言い方。대충は「大体」「おおよそ」。同じ意味で대강や대략も使える。

内容を明らかにする ◆ 505

Aが意味しますのは…ということです	A가 의미하는 것은 …예요/이예요. ※의미하다는「意味する」。 =A는 …라는/이라는 것을 의미해요.「Aは…ということを意味します」 ※-라는/이라는 것은「～ということ」。 =A의 뜻은 …예요/이에요. ※뜻은「意味」。
言い換えますと…	달리 말하면요 … 「別なふうに言いますと…」という言い方。달리는「別に」「ほかに」。 =바꾸어 말한다면요 … ※直訳は「換えて言うならば」。바꾸다は「換える」。말을 바꾼다면요…も類似表現。
というよりは…	그렇다기보다는 … ※直訳は「そうだというよりは」。그렇다기보담도という会話体の表現もある。
詳しく説明します	자세히 말씀드리겠어요.「詳しくお話しいたします」という言い方。자세は漢字では［仔細］で、자세히は「子細に」「詳しく」。 =상세히 설명할게요. ※상세히は「詳細に」。
私が言っていることがわかりますか？	제가 하는 말 아시겠어요? ※아시다는 알다（わかる）の敬語。 =내가 무슨 말 하는지 아세요?「私が何を言ってるかおわかりですか？」 ※무슨은「何の」「どういう」。

506 ◆ 内容を明らかにする

	=무슨 얘기인지 알아요? 「何の話かわかりますか？」
あなたがウソつきだと言っているのではありません	당신이 거짓말쟁이라고 말하는 거 아니에요. *거짓말쟁이は「うそつき」。-라고は「〜だと」。
彼女はそのことをはっきりさせなければなりません	그 여자는 그걸 분명히 해야 해요. *분명は漢字では[分明]で、분명히は「はっきり」という意味。해야 하다（または되다）で「しなければならない」。 =그 사람은 그 일에 대해 명확하게 할 필요가 있어요. 「その人はそのことについて明確にする必要があります」 *명확は漢字では[明確]。필요は「必要」。
彼はわかりやすく説明しましたか？	그 사람이 알기 쉽게 설명했을까요? *알기 쉽게は「わかりやすく」。설명했을까요？は「説明したでしょうか？」。
彼は役に立つヒントを与えてくれました	그 사람이 유익한 힌트를 주었어요. *유익한は「有益な」。주다は「くれる」。
我々の立場を明確にしたいのですが	저희들의 입장을 분명히 하려고 하는데요. *입장は「立場」。하려고 하는데요は「しようと思うのですが」。 =우리들의 입장을 명확히 해 두고 싶어요. *명확히は「明確に」。해 두다は「しておく」。

フォーマル表現

いくつかその具体例を挙げさせていただきます	그 구체적인 예를 몇 가지 들어 보겠습니다. ★「その具体的な例をいくつか挙げてみます」という言い方。「させていただく」という言い方はしない。
「インフルエンザ」とはこのように定義します	'인플루엔자'란 이렇게 정의합니다. ★ 정의하다は「定義する」。
もう少し詳しく説明させていただきます	조금 더 구체적으로 설명해 드리겠습니다. ★「もう少し具体的にご説明いたします」という言い方。설명해 드리다は「説明して差し上げる」。
ご質問には、できる限りお答えいたします	질문에는 가능한 한 대답을 해 드리겠습니다. ★질문は「質問」。가능한 한は「可能な限り」。대답は「答え」「返事」。 = 질문에 대해서는 최대한 대답하도록 하겠습니다. 「ご質問に対しては最大限お答えするようにいたします」 ★-에 대해서는は「〜に対しては」。
状況がおわかりになりましたでしょうか?	사태 파악이 되셨습니까? ★「状況把握ができましたでしょうか?」という言い方。사태は「事態」だが、「状況」の意味でも使われる。 = 어떤 상황인지 이해하셨습니까?「どういう状況かご理解されましたか?」 ★-인지は「〜であるか」。이해하다は「理解する」。

508 ◆ 内容を明らかにする

報告する

「いいお知らせです」

	カジュアル表現
ねぇ、知ってる?	야, 그거 알아? _{ヤー クゴ アラ} ＊야は対等以下の相手に呼びかける言葉で、「ねぇ」「おい」「よう」などの意味。그거は「あれ」「それ」。알다は「知る」。알아?は알어?とも言う。
ねえねえ!	야, 야! _{ヤー ヤー} ＝저 말이야! 「あのさぁ」 ＊말이야!は語調を整えるための言葉。 ＝있잖아! ＊있잖아!は「あるでしょ!」だが、呼びかけや話を切り出すときの「ねぇ」「あのさぁ」などの意味で使われる。
聞いてくれ	좀 들어 봐. ＊「ちょっと聞いてみて」という言い方。
聞いてもらいたいことがあるの	내 얘기 좀 들어 줄래? ＊「私の話ちょっと聞いてくれる?」という言い方。줄래?は「くれる?」と相手の意志を問う言い方。
話したいことがあるんだけど	할 말이 있는데. ＊말は「話」。同じ意味で얘기も使える。 ＝나 좀 보자. ＊直訳は「私にちょっと会って」

報告する ◆ 509

	だが、電話で「ちょっと会おう」と言うときや、ある人を呼び出すときの「ちょっと話がある」という意味でよく使われる。
	= 나랑 얘기 좀 하자. ＊-랑/이랑は「～と」で、会話でだけ使う。
いいニュースだよ	좋은 소식이야. ＊소식は「消息」「ニュース」「知らせ」。뉴스（ニュース）も使える。
	= 희소식이야. ＊희소식は漢字では［喜消息］で「吉報」の意。
ビッグニュースだ！	빅뉴스야! ＊빅뉴스は英語のbig news。
メールするね	문자 보낼게. ＊「文字を送るね」という表現で、携帯メールの場合に用いる（Eメールの場合は메일または이메일を使う）。-ㄹ/을게は相手に約束する言い方。
	= 문자 날릴게. ＊날리다は「飛ばす」。
何かある？	뭐가 있어? ＊뭐가は무엇이（何かが、何が）の会話体。뭔가とも言う。イントネーションに注意。뭐가を上げず、있어?を上げること。その反対にすると「何があるの？」という意味になる。
	= 무슨 일 있는 거야? ＊直訳は「何事かがあるの？」。거야?は것이야?の縮んだ形。
何か進展は？	무슨 진전 있어? ＊진전は「進展」。

	=뭐 좀 변한 거 있어? 「何か変化がある？」 ムォ ジョ ビョナン ゴ イッソ ※変하다は「変わる」。 ビョナダ
今やるところだったんだ	지금 막 하려던 참이었어. チグム マッ カリョドン チャミオッソ ※막は「まさに」「ちょうど」。-려던 참は「〜しようと思ってたところ」。 マッ　リョドン チャム

スタンダード表現

おもしろいことを聞いたんです	재미있는 얘기 들었어요. チェミインヌン ニェギ トゥロッソヨ ※얘기は이야기（話）の縮んだ形。듣다は「聞く」。 イェギ　イヤギ　トゥッタ
ビッグニュースがあるんです！	빅뉴스가 있어요! ピンニュスガ イッソヨ ※빅뉴스は英語のbig news. 큰 뉴스（大きいニュース）とも言う。 ビンニュス　クン ニュス
いいお知らせです	좋은 소식이에요. チョウン ソシギエヨ ※좋은 뉴스예요とか 희소식이에요（吉報です）とも言う。 チョウン ニュスエヨ　ヒソシギエヨ
悪い知らせがあります	안 좋은 소식이에요. アン ジョウン ソシギエヨ ※안 좋다は「よくない」。 アン ジョッタ
言わなくてはならないことがあります	드릴 말씀이 있어요. トゥリル マルスミ イッソヨ ※「申し上げることがあります」という謙譲表現。드리다は「差し上げる」「申し上げる」。말씀드릴 게 있어요とも言う。 トゥリダ　マルスムドゥリル ケ イッソヨ =할 말이 있어요. ※敬語ではないが丁寧な表現。 ハル マリ イッソヨ
そのことは彼に言っておきますよ	그 일은 그 사람한테 얘기해 놓겠어요. ク イルン ク サラマンテ イェギヘ ノッケッソヨ ※-해 놓다は「〜しておく」。-해 두다と言い換 ヘ ノッタ　ヘ ドゥダ

報告する ◆ 511

	えられる。 =그 일에 관해선 그 사람에게 말해 둘게요. ＊-에 관해선은「～に関しては」。
その出来事は電話で報告します	그 일은 전화로 보고하죠. ＊보고하다는「報告する」。-하죠는意志を表す言い方。
それには理由があるのです	그건 이유가 있어요. ＊그건은 그것은 (それは)の縮んだ形。 =그럴 만한 사정이 있는 거예요. ＊그럴 만한 사정で「それなりの事情」。
今日は十分な進展がありました	오늘은 큰 진전이 있었어요. ＊큰は「大きな」。진전は「進展」。 =오늘은 많이 진전됐어요.「今日はずいぶん進展しました」 많이は「たくさん」。
そのことは上司に報告します	그 일은 상사에게 보고하겠어요. ＊상사は「上司」。
その件について報告してください	그 건에 관해서 보고해 주세요. ＊-에 관해서는「～に関して」。
私に書面で報告してください	나한테 서면으로 보고하세요. ＊서면으로는「書面で」。 =나에게 문서로 보고해 주세요. ＊문서は「文書」。

報告書はまだできあがっておりません	보고서는 아직 완성이 안 됐어요. ＊아직は「まだ」。완성は「完成」。안 되다は「できない」。안 됐어요は過去形だが、現在の状態を表している。
彼女の報告によりますと、イタリアで地震があったとのことです	그 여자의 보고에 의하면 이탈리아에서 지진이 있었대요. ＊-에 의하면は「～によると」。지진は「地震」。 ＝그녀의 보고에 따르면 이탈리아에서 지진이 발생한 모양이에요. -에 따르면は「～に従えば」「～によれば」。발생한 모양は「発生したもう」。
今までにわかったことを教えてください	지금까지 알게 된 사실을 말씀해 주세요. ＊「今までにわかった事実をおっしゃってください」という言い方。지금까지에とは言わない。 ＝이제까지 입수한 정보를 알려 주세요.「これまでに入手した情報をお知らせください」 ＊입수は「入手」。정보は「情報」。
それは説明しにくいです	그건 설명하기가 쉽지 않아요. ＊설명하다は「説明する」。쉽지 않다は「容易ではない」。어렵다（難しい）も使える。 ＝그건 간단히 설명할 수가 없어요.「それは簡単に説明することができません」 ＊-ㄹ/을 수 (가) 없다で「～することができない」。

報告する ◆ 513

詳細はわかりません	자세한 것은 모르겠어요. ＊자세は漢字では［仔細］。모르다は「わからない」。-겠어요は控えめな気持を表す言い方。 ＝상세한 내용은 몰라요.「詳細な内容はわかりません」＊상세하다は「詳細だ」。내용は「内容」。
確かなことは言えません	장담할 수는 없어요. ＊장담하다は「自信を持って言う」。장담は漢字では［壮談］。 ＝확실한 얘긴 할 수 없어요. ＊확실하다は「確実だ」。類似表現として확실하게는 말 못 해요も使える。
先方は明日返事を求めています	그쪽은 내일 대답해 줄 것을 요구하고 있어요. ＊그쪽は話題に上った三人称の「あちら」「むこう」。대답は漢字では［対答］で「返答」の意。요구하다は「要求する」。 ＝상대방 쪽에서는 내일 답을 달라고 해요.「先方では明日返事をくれと言っています」＊상대방は漢字では［相対方］。쪽は「～のほう」「～の側」。
まだ検討中なんです	아직 검토 중이에요. ＊검토 중は「検討中」。 ＝지금 검토하는 중이거든요. ＊지금は「今」。검토하는 중は「検討している最中」。-거든요は軽く理由を表す。

514 ◆ 報告する

一日中、席を外しておりました	하루 종일 자리에 없었어요. ＊하루는「一日」。종일은「終日」。자리에 없다는「席にいない」で、자리를 비우다とも言う。
できるだけのことはやっています	할 수 있는 일은 다 하고 있어요. ＊할 수 있는 일은は「できることは」。할 수 있는 건とも言う。 ＝힘닿는 데까지 하고 있는걸요.「力の及ぶ限りやっています」 ＊-는걸요は軽く主張を表す。
彼があなたに伝言を残します	그 사람이 당신에게 메시지를 남길 거예요. ＊메시지를 남기다は「メッセージを残す」。-ㄹ/을 거예요は主語が三人称のときは「〜するでしょう」という推量の表現になる。「伝言」は전언だが、日本語に比べ使用範囲が狭く、あまり使われない。
彼女が最新の情報を提供します	그 여자가 최신 정보를 제공할 거예요. ＊그 여자는 目上の人には使わない。최신은「最新（の）」。제공하다は「提供する」。
我々の新たな方針をお知らせします	저희들의 새로운 방침을 알려 드리겠어요. ＊새로운 방침은「新たな方針」。알려 드리다は「お知らせする」。-겠어요は意志を表す言い方。
努力はしているんです	노력은야 하고 있어요. ＊노력은「努力」。-야は強調を表す。

報告する ◆ 515

	=물론 노력은 하고 있지요. 「もちろん努力はしていますよ」 *-지요は自分の考え、判断をやさしく述べる言い方。
私たち、みんな元気にやっています	저희들 모두 건강하게 잘 있어요. *直訳は「私たち皆健康によくいます」。건강하다는「元気だ」「健康だ」。모두는「皆」。 =우리 다 무사히 잘 지내고 있어요. *무사히는「無事に」。잘 지내다는「よく過ごす」で、「元気だ」の意。
まだ問題がいくつかあります	아직도 몇 가지 문제가 있어요. *몇 가지는「いくつか (の)」。
むだ足を踏みました	괜한 걸음 했어요. *괜한은「むだな」「つまらない」。걸음은「歩み」。類似表現として헛걸음했어요, 헛걸음쳤어요が使える。
状況は上向きです	상태가 좋아지고 있어요. *「状態がよくなってきています」という言い方。좋아지다는「よくなる」。 =상황은 개선돼 가고 있어요. 「状況は改善されつつあります」 *개선되다는「改善される」。
状況は厳しいです	심각한 상황이에요. *심각한은「深刻な」。상황은「状況」。 =매우 어려운 형편이에요. 「とても厳しい状況です」 *어려운은「困難な」「苦しい」。형편은「状態」「情勢」。

最近はいつもどおりです	요즘은 평상시와 같아요. ※「最近はいつもと同じです」という言い方。平상시は漢字では［平常時］。 = 요즘은 평상시대로예요. ※평상시대로は「平常どおり」。
全く予想外でした	전혀 예상하지 못했어요. ※「全然予想できませんでした」という言い方。전혀は「全然」。예상하다は「予想する」。 = 완전히 예상외였어요. 「完全に予想外でした」
先方は興味を示しています	그쪽에선 관심을 보이고 있어요. ※그쪽は話題に上った第三人称の「あちら」「むこう」。관심을 보이다は「関心を示す」。 = 그쪽은 구미가 당기는 모양이에요. 「先方は興味を持ったようです」 ※구미가 당기다は「興味を持つ」。모양は「模様」「様子」。
これらの数字を見てください	이 숫자들을 좀 보세요. ※-들は複数を表す言葉。 = 여기 숫자들 좀 봐요. ※여기は「ここ（の）」。
注文が新しく入りました	주문이 새로 들어왔어요. ※들어오다は「入って来る」。「入る、出る、上る、降りる」など移動を表す動詞は普通、오다（来る）とか가다（行く）を付けて使う。 = 새로운 주문이 들어왔어요. 「新たな注文が入りました」 ※새롭다は「新しい」。

期日どおりに終わらせることができました	기일 내에 끝낼 수 있었어요. ※기일 내에는「期日内に」。끝내다는「終える」。 =제 기일에 마칠 수 있었어요. ※마치다는「終える」「終わる」。
可能性はあります	가능성은 있어요. ※가능성은「可能性」。 =가능해요.「可能です」
可能性はあまりないです	가능성은 별로 없어요. ※별로는「あまり」。 =가망성은 적어요. ※가망성は漢字では［可望性］で「見込み」「望み」の意。
はなからわかっていたことです	처음부터 알고 있었던 일이에요. ※처음은「はじめ」「最初」。 =애초부터 알고 있었어요. ※애초は「はじめ」「当初」。
思っていたよりも手間どりました	의외로 시간이 걸렸어요. ※「意外と時間がかかりました」という言い方。의외는「意外」。걸리다는「(時間が)かかる」。 =생각보다 애먹었어요.「思いのほかこずりました」 ※애먹다は「てこずる」。
それを一人でやり遂げました	그걸 혼자서 해냈어요. ※혼자서는「一人で」。해내다는「やり遂げる」「やり抜く」。
変更なしです	변경 사항 없어요. ※변경 사항は「変更

	事項」。
	=바뀐 건 없어요. ※바뀌다は「変わる」。
調べてから後ほどお知らせします	알아보고 나중에 알려 드리겠어요. ※알아보다は「調べる」。나중에は「後で」。 =조사하고 난 뒤에 보고하지요. ※조사하다は「調査する」。-고 난 뒤에는「~し終えた後で」。보고하다は「報告する」。
大切な件とのことです	중요한 일이래요. ※중요한は「重要な」。일は「事」「用件」。-이래요は-이라고 해요(~だとのことです)の縮んだ形。 =중요한 용건이래요. ※용건は「用件」。
テソンさんのアイデアでいきます	대성 씨 아이디어로 가겠어요. ※씨は「~さん」だが、目上の人には使わない。 =대성 씨 아이디어를 채용하겠어요. ※채용하다は「採用する」。

フォーマル表現

うれしいお知らせがあります	반가운 소식이 있습니다. ※소식は「消息」「知らせ」。기쁜 소식이 있습니다も類似表現。
ちょっと嫌なことをお知らせしなければなりません	좀 안 좋은 일을 알려 드려야겠습니다. ※안 좋은 일は「よくないこと」。-아/어/여야겠다で「~しなければならない」。

報告する ◆ 519

	=좀 불미스러운 소식을 전해야 되겠습니다. ＊불미は漢字では［不美］。불미스럽다は「好ましくない」「まずい」。
まもなく選挙結果の報告を受けるでしょう	이제 곧 선거 결과를 보고 받게 될 것입니다. ＊선거は「選挙」。결과は「結果」。받게 되다は「受けることになる」。될 것입니다は「なるでしょう」と推量を表す。
まもなく公式発表があります	잠시 후에 공식 발표가 있겠습니다. ＊잠시 후は漢字では［暫時後］で「まもなく」の意。
今日はいくらか進展がありました	오늘은 약간 진전이 있었습니다. ＊약간は「若干」「いくらか」。진전は「進展」。 =오늘은 어느 정도 진전했습니다. 「今日はある程度進展しました」 ＊〜 진전되었습니다とも言う。
結果を委員会に報告します	결과를 위원회에 보고하겠습니다. ＊これから報告するという意志表明。위원회は「委員会」。
現場からの報告によれば、二人の容疑者がいるとのことです	현장에서의 보고에 의하면 두 명의 용의자가 있다고 합니다. ＊현장에서의は「現場からの」。-에 의하면は「〜によれば」。용의자は「容疑者」。

理由を聞く

「なぜ？」

カジュアル表現

なぜ？	_{ウェ} 왜?	＊「なぜ？」「どうして？」という意味。
どうしてダメなの？	_{ウェ アン ドゥエヌン ゴヤ} 왜 안 되는 거야? ＝_{オッチェソ アン ドゥエジ} 어째서 안 되지?	＊안 되다는「だめだ」。 ＊疑問詞＋~_チ지?はやわらかい聞き方。
それがどうしたの？	_{クゲ ムォンデ} 그게 뭔데?	＊「それが何なの？」という言い方。그게は그것이（それが）の縮んだ形。
何のために？	_{ムォッ テムネ} 뭣 때문에? ＝_{ムスン ニルロ グレ} 무슨 일로 그래?	＊_{ムォッ}뭣は_{ムオッ}무엇（何）の縮んだ形。때문에は「(～の) ために」「(～の) せいで」。 ＊直訳は「何のことでそうなの？」で、原因・理由を聞いている。
誰のため？	_{ヌグッ テムネ} 누구 때문에? ＝_{ヌグ タシヤ} 누구 탓이야?	＊_{ヌグ}누구は「誰」。 ＊_{タッ}탓は悪いことの原因・理由を表す「(～の) ため」「(～の) せい」。
なぜか言ってくれ	_{ウェンジ マレ} 왠지 말해. ＝_{ウェ グロンジ イェギヘ ボア} 왜 그런지 얘기해 봐.	＊_{ウェンジ}왠지は_{ウェインジ}왜인지（なぜなのか）の縮んだ形。 ＊「なぜそうなのか話してみなよ」 -해 _{ボダ}보다は「～してみる」。

理由を聞く ◆ 521

	그런지는「そうなのか」。 = 어째선지 말해 보라고. 「どうしてなのか言ってみろってば」 ＊話をせきたてるニュアンスの言い方。
なぜそうしたの？	왜 그랬어? ＊그러다は「そうする」。 = 무엇 때문에 그랬어? 「何のためにそうしたの？」
なぜ理由を言ってくれないの？	왜 이유를 얘기 안 해? ＊親しい間柄では普通~안 해 줘?（~くれないの？）とまでは言わないほうが自然。이유は「理由」。 = 어째서 이유를 말하지 않는 거야?
なぜ君に言わなくてはならないんだい？	왜 너한테 말해야 돼? ＊-해야 되다（~しなければならない）は-해야 하다と言い換えられる。 = 어째서 너에게 말해야 하는 거야? = 너한테 말해 둬야 할 이유가 뭔데? 「君に言わなきゃならない理由は何なの？」
何でグズグズしているんだ？	뭘 꾸물거리고 있는 거야? ＊뭘은 무엇을（何を）の縮んだ形。꾸물거리다は「ぐずぐずする」。 = 왜 우물쭈물하고 있어? ＊우물쭈물하다は「ぐずぐずする」「もたもたする」。
何がねらいなんだ？	무슨 속셈이야? ＊무슨は「何の」「どう

いう」。속셈は「腹積もり」「下心」。同じ意味で꿍꿍이속(もくろみ)も使える。
= 뭘 노리고 있는 거야? 「何をねらっているんだ?」 ＊노리다は「ねらう」。

スタンダード表現

理由は何ですか?

이유가 뭐죠? ＊이유は「理由」。「目的」は목적。「原因」は원인。「結果」は결과。뭐죠?は무엇이지요?(何でしょう?)の縮んだ形で、やわらかい聞き方。
= 무엇 때문에요? 「何のためにですか?」

なぜ気が変わったのですか?

왜 생각이 바뀌었어요? ＊생각は「考え」。바뀌다は「変わる」。
= 무엇 때문에 생각 바꿨어요? 「何で考えを変えたのですか?」 ＊바꾸다は「変える」。
= 어째서 마음 변했어요? ＊마음は「心」「気」。변하다는「変わる」。

なぜそうしたのか説明できますか?

왜 그러셨는지 설명하실 수 있으세요?
＊그러다は「そうする」。설명하다は「説明する」。
= 어째서 그랬는지 설명해 주실래요?
＊주실래요?は「くださいますか?」または「くださいませんか?」という言い方。어째서の代わりに무엇 때문에(何のために)が使える。
= 그렇게 한 이유가 뭔지 설명 좀 해 봐요.

	「そのようにした理由が何なのかちょっと説明してみなさい」
どうしてこんなことをするんですか?	왜 이런 짓을 하세요? ＊짓は悪い意味で使う「こと」「まね」「仕業」。 ＝ 어째서 이러시는 거예요? 「どうしてこのようになさるのですか?」 ＊이러다は「こうする」。 ＝ 무엇 때문에 이러는 거죠? 「何のためにこうするんですか?」 ＊-죠?はソフトな聞き方。 ＝ 이러는 이유가 뭐예요? 「こうする理由は何ですか?」
なぜ遅刻したんですか?	왜 지각하셨어요? ＊지각하다は「遅刻する」。 ＝ 어째서 늦었어요? ＊늦다は「遅れる」。
会議に出なかった理由は何ですか?	회의에 불참하신 이유가 뭐죠? ＊불참は漢字では[不参]で、불참하다は「参加しない」。会議、集会、式などに「出席する」は참석하다、「欠席する」は불참하다が一般的な言い方。참석は漢字では[参席]。 ＝ 회의에 참석 안 한 이유가 뭐예요? 「会議に出席しなかった理由は何ですか?」
何か理由があるんですか?	무슨 이유가 있으세요? ＊있다は「ある」。 ＝ 뭔가 이유가 있나요? ＊뭔가は무엇인가(何か)の縮んだ形。-나요?は親しみを込めた聞き方。

何かあるのですか？	무슨 일이 있으세요? _{ムスン ニル} ※무슨 일は「何事か」。敬語でない言い方は무슨 일 있어요?
正当な理由はあるのですか？	정당한 이유가 있는 거예요? ※정당한は「正当な」。
何か理由があるに違いありません	무슨 이유가 있는 게 틀림없어요. ※틀림없다は「間違いない」。 ＝분명히 뭔가 이유가 있을 거예요.「きっと何か理由があるはずです」 ※분명히は「明らかに」。-ㄹ/을 거예요は「〜でしょう」「〜のはずです」。
その理由が聞きたいです	그 이유를 듣고 싶어요. ※그 이유가〜でもよい。 ＝그 이유가 뭔지 궁금하네요.「その理由が何なのか知りたいですね」 ※궁금하다は「(気になって)知りたい」。
なぜそう思うのですか？	왜 그렇게 생각하세요? ※생각하다は「思う」「考える」。 ＝어째서 그런 생각을 해요? ※敬語でない言い方。直訳は「どうしてそういう考えをするのですか？」。
なぜそんなにうれしいのですか？	왜 그렇게 좋아하세요? ※좋아하다は「好きだ」のほかに「うれしがる」「喜ぶ」という意味がある。

理由を聞く ◆ 525

	= 뭐가 그렇게 기뻐요? ＊敬語でない言い方。 ムォガ ムォシ 뭐가は무엇이（何が）の会話体。
どうしてそうなったんですか？	어떻게 그렇게 되셨어요? ＊어떻게は ここでは「どうして」「なぜ」の意味。 = 왜 그렇게 됐어요? 「なぜそうなったのですか？」 ＊敬語でない言い方。
なぜそんなことを聞くのですか？	왜 그런 걸 물으세요? ＊묻다は「問う」 「尋ねる」。 = 그건 왜 묻죠? ＊敬語でない言い方。直訳は「それはなぜ聞くのでしょう？」。

フォーマル表現

理由をどうか言っていただけないでしょうか？	이유를 말씀해 주셨으면 합니다. ＊「理由をおっしゃっていただければと思います」という言い方。-았/었/였으면 하다は希望・願望表現で、「〜だったらいい」とか「〜してほしい」という意味。 = 어떻게 이유를 말씀해 주실 수 없습니까? ＊어떻게はここでは「どうか」の意。
なぜ頭痛がするのですか？	왜 두통이 나십니까? ＊두통は「頭痛」。 나다は「(ある状態が)現れる(または起こる)」。 = 어째서 머리가 아프십니까? 「どうして頭が痛いのですか？」 ＊머리は「頭」。아프다は「痛い」。

転職をした動機は何だったのですか？	직업을 바꾸시게 된 동기는 무엇이었습니까? ※직업을 바꾸다는「職業を替える」。-게 되다で「～するようになる」。 =무슨 동기로 직장을 옮기셨습니까? 「どういう動機で職場を移られたのですか？」 ※직장は「職場」。옮기다は「移す」。
あなたの行動をどう正当化するのですか？	자신의 행동을 어떻게 정당화하실 것입니까? ※자신은「自身」「自分」。정당화하다は「正当化する」。
その決断をした動機について説明してくださいますか？	그렇게 결단하신 동기가 무엇인지 설명해 주시겠습니까? ※「そのように決断された動機は何なのか説明していただけますか？」という言い方。결단하다は「決断する」。 =그런 결단을 내리신 동기에 대해서 설명해 주셨으면 합니다. 「そのような決断を下された動機について説明していただけたらと思います」 ※내리다は「下す」。-에 대해서は「～について」。았/었/였으면 하다は「～してほしい」「～だったらいい」という願望表現。
首になった理由は何ですか？	해고당한 이유가 무엇입니까? ※해고당하다는「解雇される」。 =무슨 이유로 잘리셨습니까? 「どういう理由で首になったのですか？」 ※잘리다は「(首を)切られる」。

理由を述べる

「忙しかったからです」

カジュアル表現

別に

그냥. ※特に理由がないとか、説明しないときに言う。그냥は「ただ」「そのまま」「何となく」という意味。

= 아무것도 아냐. 「何でもないよ」 ※아무は「何(の)」。것は「もの」「こと」。아니다は「〜ない」。

見たからだよ

봤기 때문이야. ※-기 때문は「〜する(した)ため」。

= 봤다니깐. 「見たんだってば」 ※-니깐は理由を強調した言い方。軽く理由を言う場合は、봤거든と言う。

できない理由はないよ

못 할 리가 없어. ※못 할は「できない〜」。리は「わけ」「はず」で、代わりに이유(理由)も使える。

= 못 할 것도 없지. 「できないこともないさ」
※「〜も辞さない」という意味でも使う。

= 왜 못 해? 「なぜできないの?」 ※反語表現で、「できるよ」の意。못 할 게 뭐야?(何ができないものか?)とも言う。

やりたかったから、やったの	하고 싶으니까 했어. ＊하고 싶다는「したい」「やりたい」。-니까/으니까は原因・理由を表す。 ＝하고 싶어서 한 거야.「やりたくてやったのさ」거야는것이야（ことだ）の縮んだ形。
みんながそうしているから	다들 그렇게 하니까. ＊다들은「みんな」。그렇게는「そのように」。 ＝다른 사람들이 다 그러니까.「ほかの人たちが皆そうしてるから」그러다는「そうする」。
世の中そういうもんだからさ	이 세상 다 그런 거니까 말이야. ＊세상은「世の中」。말이야は特に意味はなく、語調を整えるために言う言葉。
彼といると楽しいんだもん	걔랑 같이 있으면 재미있거든. ＊걔는子供、若者に用いる「あの子」「その子」。-거든は軽く理由を表す。
彼、やぼったいから	그 남자 촌스러워서 말야. ＊그 남자는「あの男性」「あの男」「彼」。촌は「田舎」で、촌스럽다は「田舎くさい」。 ＝개 촌닭 같아서.「あの子ダサイから」 ＊촌닭은「田舎の鶏」。같다는「～のようだ」。
彼は変わったね	그 남자 달라졌어. ＊달라지다는「変わる」。同じ意味で바뀌다も使える。 ＝걔 많이 변했구나.「あの子ずいぶん変わった

理由を述べる ◆ 529

	わね」 ＊개は子供、若者に用いる「あの子」「その子」。변하다は「変化する」「変わる」。
私たち、うまくいっていないの	지금 우리 사이 안 좋거든. ＊「今私たちの仲良くないの」という言い方。지금は「今」。사이は「仲」「間」。類似表現として우리 잘 안 돼 가（私たちうまくいかないの）も使える。 =우리 관계가 좀 그래. 「私たちの関係がちょっとね」 ＊좀 그래は直訳では「ちょっとそうだ」で、言葉を濁す言い方。
彼と話が合わないの	걔랑 말이 통하지 않아. ＊直訳は「あの子と話が通じない」。통하다は「通じる」。 =그 사람하곤 얘기가 안 돼. 「彼とは話にならないの」 ＊-하곤は하고는（〜とは）の縮んだ形。
彼、浮気してるの	걔 바람피우고 있어. ＊바람피우다（または바람나다）で「浮気する」。그 남자 바람났어も類似表現。

スタンダード表現

理由を言いましょう	이유를 말씀드리죠. ＊말씀드리죠は謙譲語。ただの丁寧語は말하겠어요となる。설명할게요（説明しますよ）も使える。
要するにこういうわけなんです	말하자면 이런 얘기예요. ＊말하자면は「言わば」。얘기は「話」。

530 ◆ 理由を述べる

	=요컨대 이런 말이에요. 「要するにこういう話ですよ」 ＊요컨대は「要するに」。	
	=간단히 말하면 이런 거예요. 「簡単に言うとこういうことです」 ＊말하면は「言えば」。	
それは父がそう言ったからです	그건 아버지가 그렇게 말씀하셨기 때문이에요. ＊말씀하시다は「おっしゃる」。他人に父親のことを言う場合でも敬語表現を使う。	
	=아버지가 그런 말씀 하셔서 그런 거예요. ＊-아/어/여서 그런 거예요は「~だからそうなのです」と前に述べた事柄を強調する言い方。	
理由は明らかです	이유는 분명해요. ＊분명は漢字では[分明]。	
	=이유야 뻔하죠. ＊-야は前の語を強調する。뻔하다は「はっきりしている」「明らかだ」で、빤하다とも言う。	
特に理由はありません	이유는 별로 없어요. ＊별로 없다는「特にない」。특히（特に）없어요とは言わない。	
	=특별한 이유는 없어요. 「特別な理由はありません」 ＊특별한は「特別な」。	
忙しかったからです	바빠서 그랬어요. ＊直訳は「忙しいからそうしたのです」。그러다は「そうする」「そう言う」で、会話では-아/어/여서 그러다の形でよく使う。바빴어서 그러다とは言わない。	

理由を述べる ◆ 531

	=바빴기 때문이에요. ※-기 때문은「〜なため」。바빴기 때문에 그래요とも言う。
今取り込み中なんです	지금 한창 바쁠 때예요. ※「今ちょうど忙しいときなんです」とか「今忙しい盛りなんです」という意味。한창は「盛んに」。 =지금 어수선해요. ※어수선하다は「気ぜわしい」「慌ただしい」。
これがアメリカに行く一番大きな理由です	이게 미국으로 가는 가장 큰 이유예요. ※가장 큰は「最も大きな」。첫 번째(一番目〔の〕)も使える。
食べていなかったのでお腹がすいていたんです	밥 못 먹어서 배가 고팠던 거예요. ※못 먹어서は「食べられなくて」。배가 고프다は「空腹だ」。同じ意味で출출하다も使える。
正しいことだと思ったのでやりました	옳은 일이라고 생각했기 때문에 한 거예요. ※옳다は「正しい」。-라고は「〜だと」。-기 때문에는「〜する(した)ために」。 =올바른 일인 줄 알고 그렇게 했어요. ※올바르다는「正しい」。-ㄴ/은 줄 알다는「〜と思う」。
新しい靴が必要だったので買いました	새로운 구두가 필요해서 산 거예요. ※새로운은「新しい〜」。구두는 주로「革靴」を意味する。「履き物」「靴」の意味で신발、신も使える。필요하다는「必要だ」。

彼女が私にそう させたのです	ク ヨジャガ ナハンテ クロッケ シキン ゴエヨ 그 여자가 나한테 그렇게 시킨 거예요. ＊그 여자는「彼女」だが、目上の人には使わない。시키다は「させる」「命じる」。 ＝그 사람이 그렇게 하라고 시켰어요.「その人がそうしろと命じたのです」＊그렇게 하라고は「そうしろと」。
私がそう決めた からです	チェガ クロッケ キョルチョンヘソ グレヨ 제가 그렇게 결정해서 그래요. ＊결정하다は「決定する」「決める」。그래요は「そうのです」。 ＝내가 그리 정했기 때문이에요. ＊그리は「そのように」。정하다は「定める」「決める」。

フォーマル表現

それには深いわ けがあるのです	コギエヌン キプン サヨニ イッスムニダ 거기에는 깊은 사연이 있습니다. ＊깊은は「深い～」。사연は漢字では[事縁]で「わけ」「理由」の意。
その理由として は次の2点が挙 げられます	ク イユロヌン タウム トゥ ガジルル トゥル ス イッスムニダ 그 이유로는 다음 두 가지를 들 수 있습니다. ＊다음は「次（の）」。두 가지は「二つ」。들다は「挙げる」。그 이유는 두 가지입니다（その理由は二つです）も類似表現。
私はそういう理 由で反対いたし ます	チョヌン クロン ニユッ テムネ パンデハムニダ 저는 그런 이유 때문에 반대합니다. ＊반대하다は「反対する」。 ＝그와 같은 이유로 나는 반대입니다.「その

理由を述べる ◆ 533

	ような理由で私は反対です」 ＊-와/과 같은は「～のような」。
それは理由にはならないかもしれません	그것은 이유가 안 될지도 모르겠습니다. ＊모르다は「わからない」。
それは私の間違いがもとで起こったことです	그것은 제 잘못으로 인해서 일어난 일입니다. ＊잘못は「間違い」「過ち」。-로/으로 인해서は「～のせいで」「～によって」。일어나다は「起こる」。 ＝그것은 제가 잘못한 탓으로 생긴 일입니다. ＊탓으로は「～(の)せいで」「～(の)ために」。생기다は「起こる」「発生する」。
転倒して、けがをしたのです	넘어지는 바람에 다친 것입니다. ＊넘어지는 바람에は「転んだ拍子に」。다치다は「けがする」。 ＝넘어져서 부상을 입었습니다. ＊부상을 입다は「負傷を負う」。
私はほかのことで頭がいっぱいだったからです	저는 다른 일 때문에 경황이 없었습니다. ＊경황は漢字では[景況]で、精神的、時間的余裕を持てる状況。 ＝제가 다른 일로 정신이 없었기 때문입니다. ＊정신이 없다は直訳では「精神がない」だが、「(何かに気を奪われて)気が気でない」「気がかりで落ち着かない」という意味。

534 ◆ 理由を述べる

理解を伝える

「なるほど」

	カジュアル表現
了解！	알았어! _{アラッソ} ＊알다_{アルダ}は「わかる」「理解する」「知る」。 ＝그래, 알았다! _{クレ アラッタ}「うん、わかった！」 ＊目上の相手には使わない。그래_{クレ}は「うん」「そう」「よし」。
やっとわかったよ	이제야 알았어. _{イジェヤ アラッソ} ＊이제야_{イジェヤ}は「今やっと」。 ＝겨우 이해가 가. _{キョウ イヘガ カ} 겨우_{キョウ}は「やっと」。이해가 가다_{イヘガ カダ}で「理解できる」「合点がいく」。
私だってそこまではわかってるよ	나도 거기까진 알아. _{ナド コギッカジン アラ} ＊-까진_{カジン}は-까지는_{カジヌン}(～までは)の縮んだ形。 ＝그 정돈 나도 알지. _{ク ジョンドン ナド アルジ}「その程度は僕だって知ってるよ」 ＊정돈_{チョンドン}は정도는_{チョンドヌン}(程度は)の縮んだ形。
みんな知ってるよ	다들 알아. _{タドゥル アラ} ＊다_タは「みんな」。들_{トゥル}は複数を表す言葉だが、省略もできる。類似表現として 모두 알고 있어_{モドゥ アルゴ イッソ}も使える。 ＝모르는 사람 없어. _{モルヌン サラム オプソ}「知らない人いないよ」 ＊모르는 사람이 어딨어?_{モルヌン サラミ オディッソ}(知らない人がどこにいるの?)という反語表現もある。

言われなくても わかってるよ	말 안 해도 알아. マル ア ネド アラ	＊「言わなくてもわかるよ」という言い方。왜 몰라?(何でわからないの?)という反語表現もある。
わかったんじゃん	알았구나. アラックナ	＊「わかったんだな」という言い方。-구나は感嘆を表す。縮むと-군となる。이해했군(理解したんじゃん)も類似表現。
道理でね	그럴 줄 알았어. クロル チュル アラッソ	＊「そうだろうと思った」という言い方。
	=그러면 그렇지. クロミョン グロッチ	「やはりそうなんだ」＊直訳は「そうならばそうさ」。
	=그래서 그렇구나. クレソ グロックナ	「それでそうなんだ」
そりゃぁそうだ	하긴 그렇지. ハギン グロッチ	＊하긴は하기는(そういえば、もっとも)の縮んだ形。類似表現に그건 그렇지がある。
	=누가 아니래? ヌガ アニレ	＊直訳は「誰が違うと言うの?」という反語表現。아니래?は아니라고 해?の縮んだ形。
	=맞아 맞아. マジャ マジャ	「そうだ、そうだ」＊맞다は「正しい」「合う」。
そうだったのか	그랬구나. クレックナ	＊-구나は感嘆を表す。縮むと-군となる。
	=그런 거였군. クロン ゴヨックン	「そういうことだったんだ」
話を続けてくれ	계속 말해 봐. ケソク マレ ボァ	＊「続けて話してみなよ」と

	いう言い方。継続(ケゾク)は漢字では[継続]で「続けて」「引き続き」の意。말해 보다는「話してみる」。 =얘기 계속해. ＊얘기는이야기（話）の縮んだ形。계속하다は「続ける」。
ちゃんと聞いているよ	잘 듣고 있어. ＊잘は「よく」。듣다は「聞く」。 =열심히 듣고 있다고. 「一生懸命聞いているって」 ＊-다고は強調を表す。-다구とも言う。
もうわかってるって	벌써 알고 있거든. ＊-거든は軽く理由を表す。 =이제 알고 있는걸. ＊-는걸は軽く主張を表す。 =이미 알고 있다니까. ＊이미は「もう」「すでに」。-다니까は相手に悟らせる言い方。
黙っておくからね	말 안 할게. 「言わないから」という言い方。입 다물고 있을 거야(口をつぐんでいるよ)とも言う。 =비밀로 해 둘게. 「秘密にしておくから」 ＊해 두다（しておく）は해 놓다と言い換えられる。

スタンダード表現

わかりました	알았어요. ＊알다は「わかる」「理解する」。 =알겠어요. ＊-겠が付くと、控えめで丁寧なニュアンスになる。

わかっています	알고 있어요.	*이해해요（理解します）とも言う。
気持ちはわかります	당신 마음 알아요.	*당신は「あなた」。
	= 심정은 이해할 수 있어요.	「気持ちは理解できます」 *-ㄹ/을 수 있다で「～することができる」。
	= 어떤 마음일지 이해가 가요.	「どういう気持ちか理解できます」 *이해가 가다で「理解できる」。
おっしゃることはわかります	하시는 말씀은 알겠어요.	*말씀は말の敬語で「お言葉」「お話」。
	= 무슨 말인지 알아요.	「何のことかわかります」
もちろん理解しています	물론 이해해요.	*물론は「もちろん」。
	= 이해하고 말고요.	*-고 말고요は強い肯定を表す。-구 말구요とも言う。
	= 당연히 알고 있어요.	*당연히は「当然」。
理解できません	이해할 수 없어요.	*-ㄹ/을 수 없다は「～することができない」。
	= 이해 못 해요.	*못 하다は「できない」。類似表現として이해가 안 가요も使える。
彼の言っていることは理解しにくいです	걔 말은 이해하기 어려워요.	*걔は子供や若者に用いる「その子」「あの子」。

	어렵다는 「難しい」。
	=그 사람이 하는 말은 잘 모르겠어요. 「あの人の言うことはよくわかりません」 ＊모르다は「わからない」。
君のお母さんって理解があります ね	당신 어머님은 이해심이 많으시군요. ＊이해심は漢字では［理解心］。많다は「多い」。-군요は感嘆を表す。
	=어머님께서 잘 이해해 주시네요. 「お母さんがよく理解してくださいますね」 ＊-해 주다で「〜してくれる」。-네요は感嘆をやわらかく表す。
なるほど	그렇군요. ＊그렇다は「そうだ」。
	=과연 그러네요. 「なるほどそうなんですね」 ＊과연は「なるほど」「やっぱり」。
私はそのように理解しています	저는 그런 걸로 알고 있어요. ＊그런 걸로はそうしたことで（そういうこととして）の縮んだ形。알다は「理解する」「わかる」。
	=나는 그렇게 이해하고 있는데요. ＊이해하다は「理解する」。
あなたに同感です	당신 생각에 동감이에요. ＊「あなたの考えに同感です」という言い方。생각は「考え」。
	=당신과 같은 생각이에요. 「あなたと同じ考えです」 ＊같은は「同じ〜」。

理解を伝える ◆ 539

要点はわかります	요점은 알아요. ＊요점は「要点」。
君を理解しているものと思っていましたが	당신을 이해하고 있는 줄 알았는데요. ＊-는 줄 알다で「～と思う」。 = 당신을 이해하고 있다고 생각했었는데 말이에요. ＊생각했었는데は過去完了形で、「今まで思っていたが、今はそうではない（現在と切り離す）」というニュアンス。
彼の言っていたことの意味が理解できました	그 사람이 하던 말의 뜻을 알았어요. ＊하던 말は「言っていたこと」。뜻は「意味」「意図」。 = 그 사람 말이 무슨 뜻인지 이해가 되네요. 「あの人の話がどういう意味なのか理解できます」
彼は英語をよく理解しています	그 사람은 영어를 잘 이해하고 있어요. = 그는 영어를 잘 알아요. 「彼は英語をよく知っています」 ＊그は「彼」だが、文語的な言い方。 = 그 사람은 영어에 능통해요. ＊능통は漢字では［能通］で、능통하다は「精通している」「熟知している」。
私にはちんぷんかんぷんです	저는 뭐가 뭔지 통 모르겠어요. ＊「私は何が何だかさっぱりわかりません」という言い方。この場合저한테는（私には）や저에게는は使えない。 = 나는 하나도 이해할 수 없어요. 「私はひとつも理解することができません」 ＊-ㄹ/을 수

	없다で「〜することができない」。
その話はもう聞きました	그 얘긴 이미 들었어요. ＊이미は「すでに」。듣다は「聞く」。 ＝그건 벌써 들은 얘기예요. 「それはすでに聞いた話です」 ＊그건は그것은(それは)の縮んだ形。
私の立場になってください	제 입장에 한번 서 보세요. ＊입장は「立場」。한번は「一度」。서다は「立つ」で、서 보세요は「立ってみてください」。 ＝내 입장에서 생각 좀 해 보세요. ＝역지사지해서 생각해 주세요. ＊역지사지は漢字では［易地思之］で「立場を変えて考えること」の意。

フォーマル表現

確信しました	확신했습니다. ＊확신하다は「確信する」。 ＝확신을 가졌습니다. ＊가지다は「持つ」。
あなたが行動に至った理由を理解しています	당신이 왜 그런 행동에 나섰는지 그 까닭을 이해하고 있습니다. ＊왜 그런は「なぜそのような」。행동에 나서다で「行動に出る」。-는지は「〜なのか」。까닭は「理由」「原因」「わけ」。이해하다は「理解する」。

理解を伝える ◆ 541

この件について私どもの立場をご理解いただけるものと存じます	イ コネ デハン チョイドゥレ イブチャンウル 이 건에 대한 저희들의 입장을 イヘヘ ジュシリラゴ ボムニダ 이해해 주시리라고 봅니다. ＊건에 デハン リラゴ ボダ 대한은「件についての」。-리라고 보다는「〜だろうと思う」。
我々はすべて同意に達していると理解しております	ウリドゥルン モドゥン ジョメソ ハビエ イルン 우리들은 모든 점에서 합의에 이른 ゴスロ アルゴ イッスムニダ 것으로 알고 있습니다. ＊모든 점에서는「すべての点で」。합의에 이르다는「合意に達する」。
我々は市場の状況を十分理解していないのです	ウリドゥルン シジャンエ ウムジギムル チュンブニ 우리들은 시장의 움직임을 충분히 イヘハジ モタゴ イッスムニダ 이해하지 못하고 있습니다. ＊시장은「市場」。움직임은「動き」。충분히는「十分に」。-지 못하다で「〜できない」。
私は父が子供のころに言っていたことがやっとわかりました	オリョッスル テ アボニムケソ ハシドン マルスメ 어렸을 때 아버님께서 하시던 말씀의 トゥスル イジェヤ アルゲ ドゥエオッスムニダ 뜻을 이제야 알게 되었습니다. ＊「幼いころ、父が言っていたことの意味が今やっとわかるようになりました」という表現。어렸을 때는「幼いころ」。하시던 말씀은「おっしゃっていたこと」。 オリル チョゲ ハシドン アボジエ マリ ムスン トゥシンジ ＝어릴 적에 하시던 아버지의 말이 무슨 뜻인지 ピロソ アラッスムニダ 비로소 알았습니다. 「幼いときに父が言っていたことがどういう意味なのか今ようやくわかりました」 ＊어릴 적은「幼いとき」。비로소は「ようやく」「今初めて」。

疑問を伝える

「それは怪しいぞ」

カジュアル表現

何か言ってよ	뭔가 좀 말해 봐. ムォンガ ジョム マレ ボァ	＊뭔가は무엇인가（何か）の縮んだ形。좀は「ちょっと」。
	=뭐라고 말 좀 해 봐. ムォラゴ マル ジョム ヘ ボァ	「何とか言ってみなよ」
そうなの？	그래? クレ	＊原形は그렇다で「そうだ」という意味。
	=그런 거야? クロン ゴヤ	「そういうことなの？」
	=맞아? マジャ	＊「（それで）正しい？」とか「合ってる？」という意味。맞다は「正しい」「合っている」。
マジ？	진짜? チンチャ	＊「本当？」という意味。
	=정말? チョンマル	「本当？」
さあ？	글쎄. クルセ	＊글쎄は「さぁ」「さて」「まぁ」。
ウッソー！	세상에! セサンエ	＊「世の中に（そんなことがあるの）?!」という意味。
	=그럴 리가! クロル リガ	「そんなはずが！」
	=말도 안 돼! マルド アン ドゥエ	「話にならないよ！」 ＊-도は強調を表す。

さぁ、どうかな	글쎄, 어떨까? = 글쎄 말이야. ＊말이야は特に意味はなく、「～なぁ」のように語調を整えるための言葉。 = 글쎄다.「さあね」
それは怪しいぞ	그거 수상한데. ＊「それ怪しいな」という言い方。수상하다は「怪しい」。
そんなこととってあるの？	어떻게 그런 일이 있을 수 있어? ＊어떻게はここでは驚きを表していて、「何と」とか「一体どうして」というニュアンスになる。있을 수 있어?は「あり得るの？」。 = 세상에, 그럴 리가? ＊直訳は「世の中に、そんなはずが？」。
冗談でしょう？	농담이지? ＊농담は「冗談」。
よく言うよ！	뻔뻔하긴! ＊「何てずうずうしいの！」という意味。뻔뻔하다は「ずうずうしい」。빤빤하다とも言う。 = 말은 잘하네.「話はうまいね」
そんなの信じないよ	그런 거 안 믿어. ＊믿다は「信じる」。 = 믿지 못해.「信じられないよ」 -지 못하다は「～できない」。
そうかな？	글쎄, 그럴까? ＊「さぁ、そうかな？」という言い方。

◆ 疑問を伝える

本当に？	^{チョンマリヤ} 정말이야? ＊^{チョンマル}정말は「本当」。	
	=진짜니? 「本当なの？」 ＊-니?は子供や親しい対等以下の相手に用いる気楽な聞き方。	
彼の話は疑わしいぞ	^{ケ マルン モン ミッケンヌンデ} 걔 말은 못 믿겠는데. ＊「あの子の話は信じられないんだけど」という言い方。걔は子供や若者に用いる「あの子」や「その子」。-는데はえん曲な言い方。	
	=^{ク サラム イェギン ウィシムスロウォ}그 사람 얘긴 의심스러워. ＊^{ウィシムスロプタ}의심스럽다は「疑わしい」。	
要点だけにしてよ	^{ヨッチョムマン カンダニ マレ} 요점만 간단히 말해. ＊^{ヨッチョムマン}요점만 は「要点だけ」。간단히は「簡単に」。	
	=^{コドゥジョルミ ハゴ マレ}거두절미 하고 말해. ＊直訳は「頭と尾を切って話してよ」。거두절미は漢字では[去頭切尾]。	
あの人誰？	^{チョ サラム ヌグヤ} 저 사람 누구야? ＊^{ヌグ}누구は「誰」。	
	=^{チェ ヌグジ}쟤 누구지? ＊쟤는^{チェ チョ アイ}저 아이(あの子)の縮んだ形。	
やる気あんの？	^{ハル マウム イッソ} 할 마음 있어? ＊^{マウム}마음は「心」「気持ち」。	
	=^{ハリョヌン ゴヤ マルリョヌン ゴヤ}하려는 거야, 말려는 거야? 「やる気なの？それともやめる気？」 ^{マルダ}말다は「やめる」「よす」。	
なにぼーっとしてんの？	^{ウェ グロッケ モーンヘ インヌン ゴヤ} 왜 그렇게 멍해 있는 거야? ＊왜 그렇게は「何でそんなふうに」。^{モーンヘ イッタ}멍해 있다は「ぼーっとしている」。	

スタンダード表現

それは怪しいです	그건 미심쩍어요.	＊미심は漢字では[未審]で、미심쩍다は「疑わしい」「いぶかしい」。미심쩍어요の代わりに의심스러워요（疑わしいです）や수상해요（怪しいです）も使える。
どうも君が怪しいと思っていたんです	아무래도 당신이 수상하다 싶었어요.	＊아무래도は「どうしても」「やはり」。수상하다 싶다で「怪しいと思う」。
それはどういうことですか？	그게 무슨 말이에요?	무슨 말は「どういうこと」。 ＝그건 또 무슨 뜻이죠? 「それはまたどういう意味ですか？」 또は「また」。뜻は「意味」。
間違いありませんか？	틀림없어요?	틀림は「間違い」。없다は「ない」。
混乱してきました	헷갈리네요.	헷갈리다は「こんがらかる」。 ＝혼란스러워요. 혼란は「混乱」。-스럽다が付くと形容詞になり、「混乱しているようだ」という意味になる。
実際に見るまで信じません	실제로 보기 전에는 안 믿어요.	＊실제로は「実際に」。-기 전에는は「〜する前は」。안 믿다は「信じない」。 ＝제 눈으로 볼 때까진 못 믿겠어요. 「自分の目で見るまでは信じられません」 제は저의

546 ◆ 疑問を伝える

	の縮んだ形で「私の」と「自分の」の両方の意味がある。
私がそんなこと信じると思いますか？	チェガ クロン ゴル ミドゥル チュル アセヨ **제가 그런 걸 믿을 줄 아세요?** ＊믿을 줄 알다で「信じるだろうと思う」。 ネガ クゴル ミドゥル コラゴ センガッケヨ ＝**내가 그걸 믿을 거라고 생각해요?** ＊믿을 거라고は「信じる (もの) と」。생각하다は「思う」「考える」。
どうしたらいいんですか？	オットッケ ハミョン ドゥエヨ ハミョン **어떻게 하면 돼요?** ＊하면は「すれば」「したら」。 オッチョミョン ジョアヨ オッチョミョン オッチ ハミョン ＝**어쩌면 좋아요?** ＊어쩌면은 어찌 하면 (どうすれば) の縮んだ形。
誰に聞けばいいのですか？	ヌグハンテ ムロボミョン ドゥエヨ ハンテ **누구한테 물어보면 돼요?** ＊-한테は「～に」。물어보다は「尋ねてみる」「聞いてみる」。 ヌグエゲ ムロボァヤ ハルカヨ ハルカヨ トゥエルカヨ ＝**누구에게 물어봐야 할까요?** 「誰に聞くべきでしょうか？」 ＊할까요?は될까요?と言い換えられる。
この1万ウォンは何の料金ですか？	イ マ ヌォヌン ムスン ニョグミジョ **이 만 원은 무슨 요금이죠?** ＊普通「1」を付けずに「万ウォン」と言う。요금は「料金」。
この韓国語おかしくありませんか？	イ ハングゴ イサンハジ アナヨ **이 한국어 이상하지 않아요?** イサンハダ ハングゴ ＊이상하다は「おかしい」。한국어の代わりに한국말も使える。

疑問を伝える ◆ 547

ここにはそのような名前の人はおりませんが	이곳엔 그런 이름을 가진 사람은 없는데요. ＊이름을 가지다는「名前を持つ」。없는데요はえん曲な言い方。 = 여기엔 그런 이름의 사람은 없어요.
でも雨になるのではないでしょうか？	하지만 비가 올 것 같지 않아요? ＊하지만は「だけど」。비가 오다（または 내리다）で「雨が降る」。 = 그렇지만 비가 내리지 않을까요?「だけど雨が降るのではないでしょうか？」
再確認したのですか？	재확인한 거예요? ＊재확인하다は「再確認する」。 = 다시 확인했어요?「再度確認しましたか？」 ＊다시は「また」「再び」。
要点だけお願いします	요점만 말씀하세요. ＊말씀하시다は「おっしゃる」。
それは道理にかなっていません	그것은 도리에 안 맞아요. ＊안 맞다は「合わない」。어긋나다（外れる）も使える。
それでは答えになりません	그건 대답이라고 할 수 없어요. ＊「それは答えとはいえません」という言い方。대답は漢字では［対答］で「答え」「返事」の意。 = 그것은 대답이 못 되지요. ＊못 되다は「なり得ない」「なれない」。

彼はいつも大げさに言います	グ サラムン オンジェナ クァジャンヘソ イェギヘヨ 그 사람은 언제나 과장해서 얘기해요. ＊언제나は「いつも」。과장하다は「誇張する」。 ＝그는 항상 거창하게 말하거든요. ＊항상は「いつも」。거창하게 말하다は「大げさに言う」。 －거든요は軽く理由を表す。 ＝그 친구는 늘 호들갑을 떨어요. ＊그 친구は第三人称をフランクにいう言い方。호들갑을 떨다は「大げさに振る舞う」。
彼には裏表があるんです	グ チングヌン コックァ ソギ タルラヨ 그 친구는 겉과 속이 달라요. ＊「彼はうわべと中身が違います」という言い方。 ＝그는 앞뒤가 다른 사람이에요. 「彼は表と裏が違う人です」 ＝그 사람은 표리가 일치하지 않아요. 「その人は表裏が一致しません」＊표리は「表裏」。
彼はわけのわからない人です	グ サラム チョンマル イサンハン サラミエヨ 그 사람 정말 이상한 사람이에요. ＊정말 이상한は「本当に変な」。
私は彼を疑っています	チョヌン グ サラムル ウィシマゴ イッソヨ 저는 그 사람을 의심하고 있어요. ＊의심は漢字では［疑心］で、의심하다は「疑う」。

フォーマル表現

私は確信していません	チョヌン ファクシナジ アンスムニダ 저는 확신하지 않습니다. ＝나는 확신을 못 가집니다. 「私は確信が持てません」＊못 가지다で「持てない」。

疑問を伝える ◆ 549

彼が本当に成功したかには疑いを持っております	ク サラミ チョンマルロ ソンゴンヘンヌンガエ デヘ 그 사람이 정말로 성공했는가에 대해 ウィシムル プムコ イッスムニダ 의심을 품고 있습니다.	★성공했는가에 대해는「成功したか（ということ）について」。의심을 품다は「疑いを抱く」。
もっと証拠がないと100%確かなことは言えません	ト マーヌン チュンゴガ オプスミョン ペク ポセントゥ 더 많은 증거가 없으면 백 퍼센트 ファクシラン ニェギヌン ハル ス オプスムニダ 확실한 얘기는 할 수 없습니다. = チュンゴガ ト イッソヤジ チグムロソヌン チャンダマル スガ 증거가 더 있어야지 지금으로서는 장담할 수가 オプスムニダ イッソヤジ 없습니다.	★더は「もっと」。증거は「証拠」。-면/으면は「〜ならば」。확실한は「確実な」。 ★더 있어야지は「もっとなければ」。지금으로서는は「今の段階では」という意味。장담は漢字では[壮談]で、장담하다は「自信を持って言う」。
1か月以上前に送らせていただきました、当社恒例の宴会のご招待のご返事はどのようになっておりますでしょうか？	ハン ダル イサン ジョネ ボネ ドゥリン チョイ 한 달 이상 전에 보내 드린 저희 フェサエ ヨルレ ヨヌェ チョデッチャンエ タプシヌン 회사의 연례 연회 초대장의 답신은 オットッケ ドゥエオッスムニッカ 어떻게 되었습니까?	★보내 드린は「お送りした〜」。연례は漢字では［年例］で「毎年恒例」の意。초대장は「招待状」。답신は漢字では［答信］で「返答」「返信」の意。

促す

「気を抜くな！」

カジュアル表現

落ち着いて	진정해. _{チンジョンヘ}	＊진정_{チンジョン}は漢字では［鎮静］で、진정하다_{チンジョンハダ}は「（気を）鎮める」「（心を）落ち着かせる」という意味。
油断は禁物だ	방심은 금물이다. _{パンシムン クムムリダ}	＊방심_{パンシム}は漢字では［放心］で「油断」の意。
気を抜くな！	긴장 늦추지 마! _{キンジャン ヌッチュジ マ} ＝긴장 풀면 안 돼! _{キンジャン プルミョン アン ドゥエ}	＊「緊張を緩めるな！」という言い方。긴장_{キンジャン}は「緊張」。늦추다_{ヌッチュダ}は「緩める」。 ＊풀다_{プルダ}は「解く」「ほぐす」。
何があるかわからない	뭐가 있을지 몰라. _{ムォガ イッスルチ モルラ} ＝무슨 일이 일어날지 모른다고. _{ムスン ニリ イロナルチ モルンダゴ}	＊모르다_{モルダ}は「わからない」。 「何事が起こるかわからないって」＊-ㄴ/는다고_{ン ヌンダゴ}は強い主張を表す。
その調子でがんばれ！	계속 잘해! _{ケソク チャレ}	＊直訳は「引き続きうまくやれ！」。계속_{ケソク}は漢字では［継続］で、「引き続き」「ずっと」の意味がある。잘해!は열심히 해!_{ヨルシミ ヘ}(一生懸命やれよ！)と言い換えられる。
弱音を吐かないで！	나약한 소리 마! _{ナヤッカン ソリ マ}	＊나약하다_{ナヤッカダ}は「意気地がない」。소리_{ソリ}は「言（こと）」「言葉」。나약한_{ナヤッカン}

促す ◆ 551

	소리は「弱音」で、우는소리（泣き言）と言い換えられる。마!は「よせ！」。
しっかりしろよ！	정신 차려! ＊「気をしっかり持て！」という言い方。정신は漢字では［精神］。차리다は「（気を）つける」「（気力を）集中する」。
もっと勇気を出して！	용기 내! ＊용기は「勇気」。내다は「出す」。용기の代わりに힘（力、元気）も使える。 ＝파이팅! 「ファイト！」 ＊英語のfighting。
怖がらないで！	겁먹지 마! ＊겁먹다は「怖がる」。겁は漢字では［怯］。-지 마!は「～するのはよせ！」。겁먹다の代わりに무서워하다や두려워하다も同じ意味で使える。
一か八かやってみよう！	죽기 살기로 해 보자! ＊죽기 살기로は「死ぬか生きるか」「死に物狂いで」。해 보다は「やってみる」。 ＝되든 안 되든 해 보자구! ＊「できようができまいがやってみよう！」という意味。
やるなら今だよ	할거면 지금 해야 해. ＊할거면は할 것이면（やるのであれば）の縮んだ形。지금は漢字では［只今］。해야 해は「やるべきだ」。
早ければ早いほどいいんだ！	빠르면 빠를수록 좋아! ＊빠르다はスピードが「速い」、時間的に「短い」という意味。時期、時刻が「早い」場合は、이르다を使って

	<ruby>이르면<rt>イルミョン</rt></ruby> <ruby>이를수록<rt>イルスロク</rt></ruby> <ruby>좋아<rt>チョア</rt></ruby>!となる。	
恨みっこなしだからね	<ruby>서로<rt>ソロ</rt></ruby> <ruby>원망하기<rt>ウォンマンハギ</rt></ruby> <ruby>없기야<rt>オプキヤ</rt></ruby>.	＊<ruby>서로<rt>ソロ</rt></ruby>は「お互い(に)」。원망하다<rt>ウォンマンハダ</rt>は「恨む」。-기<rt>キ</rt>は動詞、形容詞などの語幹に付いて「〜すること」「〜なこと」と名詞形を成す。

スタンダード表現

お先にどうぞ	<ruby>먼저<rt>モンジョ</rt></ruby> <ruby>하세요<rt>ハセヨ</rt></ruby>.	「先にやってください」という言い方。하세요<rt>ハセヨ</rt>の部分は가세요(行ってください)<rt>カセヨ</rt>とか보세요(見てください)<rt>ポセヨ</rt>という具合に、話す内容によって変える。
そんなにかたくならないでください	<ruby>그렇게<rt>クロッケ</rt></ruby> <ruby>딱딱하게<rt>タクタッカゲ</rt></ruby> <ruby>굴지<rt>クルジ</rt></ruby> <ruby>마세요<rt>マセヨ</rt></ruby>.	＊考え、態度が打ち解けない人に対して言う。딱딱하게 굴다<rt>タクタッカゲ クルダ</rt>は「かた苦しく振る舞う」。-지 마세요<rt>チ マセヨ</rt>は「〜しないでください」。
あきらめないでくださいね	<ruby>포기하지<rt>ポギハジ</rt></ruby> <ruby>마세요<rt>マセヨ</rt></ruby>.	＊포기하다<rt>ポギハダ</rt>は「放棄する」「あきらめる」。단념하다<rt>タンニョマダ</rt>(断念する)も使える。
そんなことでくじけてはいけません	<ruby>그<rt>ク</rt></ruby> <ruby>정도로<rt>ジョンドロ</rt></ruby> <ruby>기죽지<rt>キジュクチ</rt></ruby> <ruby>마세요<rt>マセヨ</rt></ruby>.	＊<ruby>그<rt>ク</rt></ruby> <ruby>정도로<rt>ジョンドロ</rt></ruby>は「その程度で」。기(가) 죽다<rt>キ ガ チュクタ</rt>は直訳では「気が死ぬ」で、「しょげる」「弱気になる」の意。
	＝<ruby>그만한<rt>クマナン</rt></ruby> <ruby>일로<rt>ニルロ</rt></ruby> <ruby>기<rt>キ</rt></ruby> <ruby>꺾이지<rt>コッキジ</rt></ruby> <ruby>마세요<rt>マセヨ</rt></ruby>.	＊<ruby>그만한<rt>クマナン</rt></ruby> <ruby>일<rt>ニル</rt></ruby>は「そのくらいのこと」。꺾이다<rt>コッキダ</rt>は「折れる」「くじける」。

いつまでもくよくよしないでください	언제까지나 끙끙 앓지 마세요. ＊언제까지나は「いつまでも」。끙끙 앓다は「うんうんうめいて苦しむ」。앓다は「心配して悩む」「胸を痛める」。-지 마세요は「～しないでください」。
自信をなくさないでください	자신을 잃지 마세요. ＊자신は「自信」。자신감[自信感]とも言う。잃다は「失う」。
君ならできますよ	당신이라면 할 수 있어요. ＊-라면/이라면は「～であるなら」。-ㄹ/을 수 있다で「～することができる」。할 수 있어요の代わりに가능해요(可能です)も使える。
すぐにコツをつかめますよ	금방 요령을 터득할 거예요. ＊금방は「すぐ」。요령は「要領」。터득하다は「会得する」。-ㄹ/을 거예요は推量を表す。類似表現として이내 요령이 생길 거예요という言い方も使える。 ＝곧 요령을 익힐걸요. ＊곧は「すぐ」。익히다は「覚える」「身に付ける」。-ㄹ/을걸요は推測、予想を表す。
やってみなさいよ	해 보세요. ＊해 보다で「やってみる」。
がんばりなさい！	열심히 하세요! ＊열심は漢字では[熱心]で、열심히は「一生懸命」「熱心に」。힘내세요!(力〈元気〉を出してください!)も類似表現。 ＝파이팅! 「ファイト！」 ＊英語のfighting。

やってみる価値はありますよ	시도해 볼 만해요. ※시도하다は「試みる」「試す」。-ㄹ/을 만하다は「~に値する」。 = 한번 해 볼 가치는 있어요. ※한번は「一度」。해 볼 가치は「やってみる価値」。
あなたにチャンスを与えます	당신한테 기회를 주겠어요. ※기회は「機会」。찬스（チャンス）も使える。
人生は一度きりですよ	인생은 한 번뿐이에요. ※인생は「人生」。 = 인생 한 번밖에 없거든요. -밖에 없다で「~しかない」。-거든요は軽く理由を表す。
相手に抜かれてはだめです！	상대방한테 뒤지면 안 돼요! ※상대방は「相手方」。뒤지다は「立ち遅れる」「引けを取る」。
仕事はおろそかにしないでください！	일은 소홀히 하지 마세요! ※소홀は漢字では［疏忽］で「おろそか」「ずさん」の意。-지 마세요は「~しないでください」。 = 일을 대충 하지 말아요! ※대충は「大ざっぱに」「ざっと」。代わりに등한히（おろそかに）も使える。
することは山ほどあるんですよ	할 일은 태산 같아요. ※태산 같아요は「泰山のようです」という意味。산더미처럼 쌓여 있어요（山のようにたまっています）とも言う。

それはあなたの功績となるんです	그건 당신의 공적이 되는 거예요. ＊-이 되는 거예요は「〜になるのです」と確信や断定を表す。 =그게 곧 당신 업적이 된다구요. ＊곧は「すなわち」。업적は「業績」。	
能力がすべてではないんです	능력이 다가 아니에요. ＊능력は「能力」。다は「すべて」。 =능력만으로 다 되는 거 아니에요. 「能力だけですべてできるわけではありません」	
何でも始めが肝心なんです	무슨 일이든 시작이 중요해요. ＊「何事も始めが重要です」という言い方。시작は「始め」。중요は「重要」。 =시작이 반이라고 하죠. ＊直訳は「"始めが半分"と言いますよ」。시작이 반はことわざで、「始めることが大事だ」という意味。	
前向きに考えてみたらどうですか？	좋은 쪽으로 생각해 보는 게 어때요? ＊「いい方向で考えてみてはどうですか？」という言い方。쪽は「方」。 =긍정적으로 생각하는 게 좋지 않을까요? 「肯定的に考えるのがよくないでしょうか？」 ＊긍정적は「肯定的」。	
よくなりますよ	좋아지겠죠. ＊「よくなるでしょう」という言い方。좋아지다は「よくなる」。	

フォーマル表現

大切なのはあきらめないことです

중요한 것은 포기하지 않는 것입니다.
※ 중요한は「重要な」。포기하다は「放棄する」「あきらめる」。

= 단념하지 않는 것이 중요합니다. 「あきらめないことが重要です」 ※ 단념は漢字では〔断念〕。

くよくよしてもしょうがありません

끙끙거려도 어쩔 수가 없습니다.
※ 끙끙거리다は「うんうんうめく」で、「くよくよ悩む」という意味になる。어쩔 수(가) 없다で「仕方(が)ない」。

= 비관만 하고 있어도 소용이 없어요. ※ 비관は「悲観」。소용(이) 없다で「役に立たない」「むだだ」。

我々はあなたに強いリーダーシップを求めております

저희들은 선생님의 강한 지도력에 기대를 걸고 있습니다. ※「私どもは先生の強力な指導力に期待をかけています」という言い方。선생님は学校の先生のほかに、相手に対する敬称として用いる。강한 지도력は「強い指導力」。

なぜそんな悲観的な人生観を持っているのですか?

왜 그런 비관적인 인생관을 가지고 계십니까? ※ 가지다は「持つ」。

= 어쩌면 그렇게도 인생관이 비관적입니까? 「どうしてそんなにも人生観が悲観的なのですか?」

表現を広げる言い回しのいろいろ②

- ㄹ/을 것 같다 • ~しそうだ
- ㄹ/을까 하다 • ~しようかと思う
- ㄹ/을 수 있다 • ~することができる
- ㄹ/을 줄 알다 • ~だろうと思う
- ㄹ/을 지경이다 • ~するほどだ
- ㄹ/을지도 모르다 • ~かもしれない
- 려고 그러다 • ~しようとする
- 로/으로 알다 • ~と思う、~と理解する
- 만 못하다 • ~には及ばない
- 아/어/여 보이다 • (~く、~に)見える
- 았/었/였으면 하다 • ~だったらいい、~してほしい
- 았/었/였을 테다 • ~だったはずだ
- 에 지나지 않다 • ~に過ぎない
- 지 말걸 그러다 • ~しなければよかった
- 지 않을 수 없다 • ~せざるを得ない

第5章

行動をおこす

- ◆**協力・援助を申し出る**（手伝おうか？）➜P.560
- ◆**希望・願望を申し出る**（金持ちだったらなぁ）➜P.567
- ◆**提案する**（こうしたら？）➜P.576
- ◆**依頼する**（よろしく頼むよ）➜P.586
- ◆**誘う**（一緒にどう？）➜P.598
- ◆**許可を得る**（いい？）➜P.608
- ◆**命令する**（やめろ！）➜P.614
- ◆**聞き返す**（何て言ったの？）➜P.622
- ◆**諭す**（やるなら今だ）➜P.630
- ◆**注意する**（気をつけて！）➜P.640
- ◆**制止する**（やめてください！）➜P.655
- ◆**警告する**（これは警告です）➜P.667

協力・援助を申し出る
「手伝おうか？」

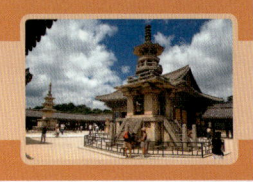

カジュアル表現

手伝おうか？	도와줄까? ※도와주다は「手伝ってあげる」。 = 거들어 줄까? ※거들다は「手伝う」「力添えをする」。주다は「やる」「あげる」。
手伝うよ	도와줄게. ※「手伝ってあげるよ」という言い方。-ㄹ/을게は意志を表す。 = 내가 도와주지. 「僕が手伝ってやろう」 = 좀 거들게. 「ちょっと手伝うよ」
荷物を持つよ	내가 짐 들게. ※짐は「荷物」。들다は「持つ」。 = 짐 들어 줄게. 「荷物持ってあげるよ」 = 그 짐 이리 줘. 「その荷物こっちにちょうだい」 ※이리は「こちらへ」。
どうかした？	왜? ※「なぜ？」という聞き方。人に呼ばれて返事をするときの「何？」にも使う。 = 왜 그래? ※直訳は「どうしてそうなの？」。
車で送ろうか？	차로 데려다 줄까? ※차は「車」。데려다 주다は「連れて行ってあげる」。

頼りにしてね	나만 믿어. * 「私だけ信じて」という言い方で、「まかせといて」というニュアンス。-만は「～だけ」。믿다は「信じる」。 = 나한테 맡겨. 「私に任せて（おいて）」 * 맡기다は「任せる」。
当てにしていいわよ	믿어도 돼. * -아/어/여도 되다で「～してもいい」。 = 기대해 줘. 「期待してちょうだい」 * 기대하다は「期待する」。
何か必要なら電話してね	뭐 필요한 거 있으면 전화해. * 뭐는 무엇の縮んだ形で、「何」と「何か」の意味がある。필요하다は「必要だ」。거は것（もの、こと）の縮んだ形。전화하다は「電話する」。 = 뭔가 필요하면 연락해. 「何か必要なら連絡して」 * 뭔가は무엇인가（何か）の縮んだ形。

スタンダード表現

何をお探しですか？	뭘 찾으세요? * 뭘は무엇을（何を）の縮んだ形。
手伝いましょうか？	도와 드릴까요? * -아/어/여 드리다は-아/어/여 주다（やる、あげる）の謙譲語。도와 드리다で「お手伝いする」。 = 좀 거들어 드릴까요? * 거들다は「手伝う」

協力・援助を申し出る ◆ 561

	「力添えをする」。
私にできることがあったら何でも言ってくださいね	제가 할 수 있는 일이 있으면 뭐든지 말씀하세요. ＊일は「こと」。있으면は「あれば」と仮定を表す。뭐든지は무엇이든지（何でも）の縮んだ形。말씀하세요は「おっしゃってください」。
次に手伝ってほしいときはお知らせください	다음에 또 도움이 필요할 땐 말씀하세요. ＊또は「また」。도움이 필요하다は「助けが必要だ」。땐は때는（ときは）の縮んだ形。
何でもしますよ	무엇이든 하겠어요. ＊-든/이든は「～でも」「～であれ」。 =뭐든 시켜만 주십시오. ＊直訳は「何でも命じてください」。시키다は「させる」「命じる」。-만は強調を表す。
いつでも協力いたしますよ	언제든지 협조하겠어요. ＊협조は「協調」だが、「協力」の意味でよく使う。
喜んで手を貸します	기꺼이 도와 드리죠. ＊기꺼이は「喜んで」。도와 드리다は「助けて差し上げる」「お手伝いする」。
私に任せてください	저한테 맡기세요. ＊맡기다は「任せる」。나에게 맡겨 놓으세요（私に任せておいてください）も類似表現。 =나만 믿어요. ＊直訳は「私だけ信じてください」。

手が要りそうですね	손이 달리나 보죠. ＊손이 달리다で「手が足りない」。-나 보죠は「～ようですね」。 = 일손이 부족한가 보네요. ＊일손は「人手」。부족하다は「不足だ」「足りない」。-ㄴ가 보네요は「～ようですね」。
私もお力になれますよ	저도 힘이 되어 드릴 수 있어요. ＊直訳は「私も力になって差し上げることができます」。
あなたの留守中は私がやります	당신이 안 계시는 동안 제가 하겠어요. ＊「留守中」は부재중(不在中)という硬い言い方もあるが、会話ではあまり使われない。안 계시는 동안は「いらっしゃらない間」。 = 당신이 없을 땐 내가 대신 하지요. ＊땐は때는(ときは)の縮んだ形。대신は漢字では[代身]で「代わり(に)」の意。
電話で助けを求めてみます	전화로 도움을 청해 보겠어요. ＊도움은「助け」。청하다는「請う」。 = 전화로 구조를 요청해 볼게요. ＊구조는「救助」。요청하다는「要請する」。
あなたが手伝ってくれるならしますよ	당신이 도와주신다면 하겠어요. ＊도와주다は「手伝ってくれる」。 = 댁이 도와준다면 해 보겠어요. ＊댁は対等以下の人を高めて遠まわしに言う「お宅」。해 보다は「やってみる」。

協力・援助を申し出る ◆ 563

次は何をしましょうか？	다음엔 뭘 할까요? ※다음엔은 다음에는 (次〔に〕は) の縮んだ形。 = 다음에 할 일이 뭐죠?「次にすることは何でしょうか？」
よかったら家まで送りますよ	괜찮으시다면 댁까지 모셔다 드리지요. ※댁は「お宅」。모셔다 드리다は「お連れする」。 = 괜찮다면 집까지 데려다 줄게요. ※上の表現の敬語でない言い方。데려다 주다は「連れて行ってあげる」「送ってやる」。
よかったら車で迎えに行きますよ	괜찮으시다면 차로 마중 나가겠어요. ※마중は「迎え」「出迎え」。나가다は「出て行く」「出かける」「出る」。 = 뭐하면 차로 마중하러 가죠. ※뭐하면は「何なら」。마중하러は「出迎えをしに」。
お医者さんを呼んであげましょうか？	의사를 불러 드릴까요? ※부르다는「呼ぶ」。-아/어/여 드리다で「～して差し上げる」。 = 의사 부를까요?「医者を呼びましょうか？」
お金を貸しましょうか？	돈을 꿔 드릴까요? ※꿔 드리다는「お貸しする」という謙譲語。 = 돈 빌려 줄까요? ※빌려 주다는「貸してあげる」。
お飲み物をお持ちしましょうか？	마실 거 가져다 드릴까요? ※마시다는「飲む」。거는것（もの）の縮んだ形。

564 ◆ 協力・援助を申し出る

	=음료수 갖다 줄까요? 「飲み物を持ってきて（行って）あげましょうか？」 음료수は漢字では［飲料水］で、「飲み水」を含めた「飲み物」。음료とも言う。	
コーヒーいかがですか？	커피 드시겠어요? ＊드시겠어요?は「召し上がりますか？」。하시겠어요?（なさいますか？）、마실래요?（飲みますか？）とも言う。	
	=커피 한잔 어때요? 「コーヒー一杯どうです？」	

フォーマル表現

お手伝いしましょうか？	도와 드릴까요? ＊도와 드리다は「手伝って差し上げる」。	
できれば彼のお手伝いをしたいのですが	가능하면 그 사람을 도와주고 싶습니다. ＊가능하면は、直訳では「可能であれば」。도와주다は「手伝ってあげる」。	
喜んでご協力いたします	기꺼이 협조하겠습니다. ＊협조は「協調」だが、「協力」の意味でよく使う。	
	=기쁜 마음으로 도와 드리겠습니다. ＊기쁜 마음은「うれしい気持ち」。	
何かございましたら、どうぞご遠慮なくお知らせください	무슨 일이 있으시면 언제든지 연락 주십시오. ＊언제든지は「いつでも」。연락 주십시오は「ご連絡ください」。	

	=뭐 필요하실 때는 아무 때나 말씀해 주십시오. 「何か必要なときはいつでもおっしゃってください」
これを提案させてください	이것을 제안드리려고 합니다. ＊「これをご提案しようと思います」という言い方。
病院でボランティア活動をしたいのですが	병원에서 봉사 활동을 하고 싶습니다. ＊봉사 활동は「奉仕活動」。「～です（ます）が」で文が終わる場合は、特に最後に「～が」にあたる-만を付けなくても構わない。 =의료 기관에서 봉사 활동에 종사했으면 합니다. 「医療機関で奉仕活動に従事したいのですが」 ＊종사하다は「従事する」。-했으면 하다は希望・願望を表す。
おっしゃるとおりにいたします	시키시는 대로 하겠습니다. ＊시키다はここでは「命じる」。대로は「とおりに」。 =말씀대로 하겠습니다.「お言葉どおりにいたします」
この件に関してご協力いたします	이 건에 관해서 협조하겠습니다. ＊협조は「協調」だが、「協力」の意味でよく使う。 =이 일에 한몫 거들겠습니다.「この仕事に一役買って出ます」 ＊한몫は「分け与えられた役割、任務」。거들다は「手伝う」「手助けする」。

希望・願望を申し出る

「金持ちだったらなぁ」

カジュアル表現

それがほしい

그게 갖고 싶어. ＊「ほしい」にぴったり当てはまる言葉はなく、その意味内容によって言葉が変わる。ここでは갖고 싶다(所持したい、所有したい) という表現になっている。これは가지고 싶다の縮んだ形。「買いたい」という意味なら사고 싶다を使うことになる。

= 그게 좋아. 「それがいい」 ＊좋다は「よい」。

それが必要だ

그게 필요해. ＊필요하다は「必要だ」。

= 그게 있어야 돼. ＊直訳は「それがあるべきだ」。-아/어/여야 되다(하다)で「~し(く、で)なければならない」。

それ、するよ

그거, 할게. ＊하다は「する」で、할게は「するよ」と意志とか相手に対する約束を表す。

= 그거 내가 하지. 「それ僕がやるよ」 ＊-지は意志を表す。

金持ちだったらなぁ

부자였으면 좋겠다. ＊부자は漢字では[富者]。았/었/였으면 좋다で希望・願望を表す。

= 돈이 많으면 좋을 텐데. 「お金がたくさんあっ

	たらいいのに」	＊돈は「お金」。
そう願ってなさい！	그렇게 되길 빌어!	＊「そうなることを祈りなよ！」という言い方。되다は「なる」。빌다は「祈る」。
ピと知り合いだったらいいよな〜	비랑 아는 사이였으면 좋겠다.	＊비は「雨」だが、歌手の名前でもある。아는 사이は「知り合いの仲」。
	= 비가 내 친구라면 얼마나 좋을까?	「ピが僕の友達だったらどんなにいいだろう？」＊친구は「友達」。
彼女、マドンナみたいになりたがってるの	걔, 마돈나처럼 되고 싶어해.	＊걔は子供や若者に使う「あの子」。-처럼は「〜のように」。되고 싶어하다は「なりたがる」。
これっていう男はどこにいるのかしら？	이 사람이다 싶은 남자 어디 없을까?	「この人だと思う男、どこかにいないかしら？」

スタンダード表現

将来、医者になりたいんです	앞으로 의사가 되고 싶어요.	＊앞으로は「将来」。-가/이 되다で「〜になる」。-고 싶다で「〜したい」という希望・願望表現。
	= 장차 의사가 되려고 하는데요.	＊장차は漢字では「将次」で「今後」「将来」の意。장래（将来）も使える。-려고 하다で「〜しようと思う」と意図・計画を表す。

あなたと話したいことがあります	의논하고 싶은 게 있어요. ※의논하다は「話し合う」「打ち合わせる」。게は것이（ことが）の縮んだ形。 ＝상의할 게 있는데요. ※상의は漢字では「相議」で「相談」の意。 ＝당신하고 얘기 좀 나누고 싶어요. ※얘기 나누다で「話を交わす」。좀は「ちょっと」。
あなたにあげたい物があります	당신한테 드릴 게 있어요. ※드리다は「差し上げる」で、주다（あげる、やる）の謙譲語。 ＝당신에게 주고 싶은 물건이 있어요. ※물건は「物」「品物」。
まさにこれがほしかったんです！	마침 이게 갖고 싶었어요! ※「ほしい」にぴったり当てはまる言葉はなく、その意味内容によって言葉が変わる。ここでは갖고 싶다（所持したい、所有したい）という表現になっている。これは가지고 싶다の縮んだ形。「買いたい」という意味なら사고 싶다と言うことになる。마침は「ちょうど」。 ＝이게 바로 내가 갖고 싶었던 거예요! ※이게 바로は「これがまさに」。
それをやってもらいたいのです	그걸 해 주었으면 좋겠어요. ※「それをしてくれたらいいです」という言い方。-았/었/였으면 좋겠다で希望・願望を表す。해 받고 싶어요とは言わない。 ＝그걸 해 주기 바래요. ※直訳は「それをしてく

	れることを望みます」。바래요は바라다(願う、望む)が原形で、丁寧語は바라요が正しい活用形だが、実際の会話では広く使われている。
おいしいものが食べたいです	맛있는 걸 먹고 싶어요.　*걸は것을(もの(を))の縮んだ形。「おいしいもの」は맛 좋은 것、맛난 것とも言う。
お茶でも飲みたいです	차라도 마시고 싶어요.　*-라도/이라도は「〜でも」で、-나/이나も使える。마시고 싶다は「飲みたい」。 = 차나 한잔 하고 싶은데요.「お茶でも一杯やりたいですね」　*類似表現として차 한잔 했으면 좋겠어요も使える。
コーヒーをもう一杯いただけますか	커피 한 잔 더 주시겠어요? *더は「もっと」。더 한 잔とは言わない。주시겠어요?は주실래요?と言い換えられる。
フランス語の勉強をしたいと思っています	프랑스어 공부를 하고 싶은데요. *공부は「勉強」。하고 싶은데요は「したいのですが」。 = 불어를 공부하려고 생각하고 있어요. *불어は「仏語」。-하려고는「〜しようと」。
現金で支払いたいのですが	현금으로 지불하고 싶은데요. *현금は「現金」で、현찰「現札」とも言う。지불하다は「支払う」。同じ意味で치르다や결제하다(決済する)も使える。

宝くじが当たらないかしら…	복권에 당첨되면 좋으련만. ＊복권は漢字では［福券］で「宝くじ」の意。당첨は漢字では［当籤］で「当選」の意。-련만は「～だろうに」「～のになぁ」。
	＝복권에 맞으면 얼마나 좋을까요?「宝くじに当たったらどんなにいいでしょう?」＊맞다は「当たる」。
できたらそうしたいです	가능하면 그러고 싶어요. ＊가능하면は「可能なら」。그러다は「そうする」。
	＝될 수 있으면 그렇게 하고 싶어요. ＊될 수 있으면は「できれば」。되도록이면（なるべくなら）も使える。
	＝내 희망으로는 그랬으면 좋겠어요. ＊直訳は「私の希望としてはそうだったらいいです」。희망は「希望」。
お願いがあります	부탁이 있어요. ＊부탁は漢字では［付託］で「依頼」「お願い」の意。同じ意味で청［請］も使える。
そうだといいですね	그랬으면 좋겠네요. ＊그랬으면は그러했으면（そうだったら）の縮んだ形。그러하다は「そうだ」。
	＝그렇길 바래요.「そうであることを願います」 ＊바라다は「望む」「願う」。바라요が標準語としての活用形とされているが、実際の会話では바래요も一般的に使われている。

希望・願望を申し出る ◆ 571

そうでないといいですね	<ruby>안<rt>アン</rt></ruby> <ruby>그랬으면<rt>グレッスミョン</rt></ruby> <ruby>좋겠네요<rt>チョッケンネヨ</rt></ruby>. ＊<ruby>안<rt>アン</rt></ruby>은<ruby>아니<rt>アニ</rt></ruby>(〜しない、〜くない)の縮んだ形。
	=<ruby>그렇지<rt>クロッチ</rt></ruby> <ruby>않길<rt>アンキル</rt></ruby> <ruby>바라요<rt>パラヨ</rt></ruby>.「そうでないことを望みます」
お邪魔でなければいいのですが	<ruby>제가<rt>チェガ</rt></ruby> <ruby>방해가<rt>パンヘガ</rt></ruby> <ruby>안<rt>アン</rt></ruby> <ruby>됐으면<rt>ドゥエッスミョン</rt></ruby> <ruby>좋겠어요<rt>チョッケッソヨ</rt></ruby>. ＊<ruby>방해<rt>パンヘ</rt></ruby>は漢字では［妨害］。<ruby>방해가<rt>パンヘガ</rt></ruby> <ruby>되다<rt>ドゥエダ</rt></ruby>で「邪魔になる」。
	=<ruby>내가<rt>ネガ</rt></ruby> <ruby>방해하는<rt>パンヘハヌン</rt></ruby> <ruby>거<rt>ゴ</rt></ruby> <ruby>아닐까요<rt>アニルカヨ</rt></ruby>?「私が邪魔しているのではないでしょうか？」
明日、天気になりますように	<ruby>내일은<rt>ネイルン</rt></ruby> <ruby>날씨가<rt>ナルシガ</rt></ruby> <ruby>갰으면<rt>ケッスミョン</rt></ruby> <ruby>좋겠어요<rt>チョッケッソヨ</rt></ruby>. ＊<ruby>날씨<rt>ナルシ</rt></ruby>は「天気」。<ruby>개다<rt>ケダ</rt></ruby>は「晴れる」。
	=<ruby>내일<rt>ネイル</rt></ruby> <ruby>날씨가<rt>ラルシガ</rt></ruby> <ruby>맑았으면<rt>マルガッスミョン</rt></ruby> <ruby>해요<rt>ヘヨ</rt></ruby>. ＊<ruby>맑다<rt>マクタ</rt></ruby>は「晴れている」。
	=<ruby>내일<rt>ネイル</rt></ruby> <ruby>좋은<rt>チョウン</rt></ruby> <ruby>날씨가<rt>ナルシガ</rt></ruby> <ruby>되게<rt>ドゥエゲ</rt></ruby> <ruby>해<rt>ヘ</rt></ruby> <ruby>주세요<rt>ジュセヨ</rt></ruby>. ＊願をかける言い方。
近いうちにまたお会いしたいものです	<ruby>조만간<rt>チョマンガン</rt></ruby> <ruby>또<rt>ト</rt></ruby> <ruby>뵙고<rt>ペプコ</rt></ruby> <ruby>싶네요<rt>シムネヨ</rt></ruby>. ＊<ruby>조만간<rt>チョマンガン</rt></ruby>は漢字では［早晩間］で「そのうち」の意。<ruby>뵙다<rt>ペプタ</rt></ruby>は<ruby>보다<rt>ボダ</rt></ruby>(会う)の謙譲語。
	=<ruby>가까운<rt>カッカウン</rt></ruby> <ruby>시일<rt>シイル</rt></ruby> <ruby>내에<rt>レエ</rt></ruby> <ruby>다시<rt>タシ</rt></ruby> <ruby>만났으면<rt>マンナッスミョン</rt></ruby> <ruby>해요<rt>ヘヨ</rt></ruby>.「近日中にまた会いたいです」 ＊<ruby>시일<rt>シイル</rt></ruby>は漢字では［時日］で「日時」の意。<ruby>만나다<rt>マンナダ</rt></ruby>は「会う」。
いい人と会えるかしら？	<ruby>좋은<rt>チョウン</rt></ruby> <ruby>사람<rt>サラム</rt></ruby> <ruby>만날<rt>マンナル</rt></ruby> <ruby>수<rt>ス</rt></ruby> <ruby>있을까요<rt>イッスルカヨ</rt></ruby>?
	=<ruby>근사한<rt>クンサハン</rt></ruby> <ruby>남자<rt>ナムジャ</rt></ruby> <ruby>만나고<rt>マンナゴ</rt></ruby> <ruby>싶은데<rt>シプンデ</rt></ruby> <ruby>말이에요<rt>マリエヨ</rt></ruby>.「すて

	きな男性に会いたいのですが」 ＊^{クンサハダ}근사하다は「すてきだ」。
幸運をお祈りします	^{ヘンウヌル} ^{ピロヨ}행운을 빌어요. ＊행운は「幸運」。^{ピルダ}빌다は「祈る」。
英語が話せたらいいなあと思います	^{ヨンオルル} ^{ハル} ^{チュル} ^{アラッスミョン} ^{チョッケンヌンデヨ}영어를 할 줄 알았으면 좋겠는데요. ＊^{ヨンオルル} ^{ハダ}영어를 하다で「英語ができる」とか「英語を話す」という意味。^{ハル} ^{チュル} ^{アルダ}할 줄 알다で「〜するすべを知っている」「〜することができる」。 ＝^{ヨンオ} ^{ハル} ^ス ^{イッスミョン} ^{ヘヨ}영어 할 수 있었으면 해요. ^ル ^{ウル} ^ス ^{イッタ}-ㄹ/을 수 있다で「〜することができる」。
お金持ちだったらいいのになあと思います	^{プジャヨッスミョン} ^{チョッケッソヨ}부자였으면 좋겠어요. ＊^{プジャ}부자は漢字では〔富者〕で、^{プジャヨッスミョン}부자였으면は「お金持ちだったら」。 ＝^{トニ} ^{マヌミョン} ^{オルマナ} ^{チョウルカヨ}돈이 많으면 얼마나 좋을까요? 「お金がたくさんあればどんなにいいでしょうか?」 ＊^{トニ} ^{マーンタ}돈이 많다で「お金がたくさんある」。
コートを持ってくればよかったです	^{コトゥルル} ^{カジョヨッスミョン} ^{チョアッスル} ^{テンデヨ}코트를 가져왔으면 좋았을 텐데요. ＊^{カジョオダ}가져오다は「持ってくる」。 ＝^{コトゥ} ^{カジョオル} ^{コル} ^{グレッソヨ}코트 가져올 걸 그랬어요. ＊^ル ^{ウル} ^{コル} ^{グロダ}-ㄹ/을 걸 그러다は「〜すればよかった」と後悔を表す。
この夏が楽しみです	^{オルリョルミ} ^{キデドゥエヨ}올여름이 기대돼요. ＊^{オル} ^{オルヘ}올は올해(今年)の縮んだ形。「(〜が)楽しみです」はぴったり合う表現がなく、多くの場合^{キデドゥエダ}기대되다(期待される)という言い方になる。

希望・願望を申し出る ◆ 573

	= 이번 여름이 기다려지네요. ＊이번は「今度(の)」。기다려지다は「待たれる」。
私は大統領になることを夢見ています	저는 대통령이 되기를 꿈꾸고 있어요. ＊대통령이 되기를は「大統領になることを」。꿈꾸다は「夢見る」。 = 저는 대통령이 된다는 꿈을 갖고 있어요. ＊된다는は「なるという~」。꿈을 갖고 있다は「夢を持っている」。 = 나는 대통령이 되는 게 꿈이에요.「私は大統領になることが夢です」

フォーマル表現

やりがいのある仕事をしたいです	보람 있는 일을 하고 싶습니다. ＊보람は「やりがい」。일は「仕事」。
我々は警察が殺人犯をすぐに捕まえることを期待します	우리는 경찰이 하루빨리 살인범을 체포할 것을 기대합니다. ＊경찰は「警察」。하루빨리は「一日も早く」。살인범は「殺人犯」。체포하다は「逮捕する」。
若者に訴えるものがほしいのです	젊은이들에게 호소할 만한 것이 필요합니다. ＊「若者たちに訴えることができるものが必要です」という言い方。젊은이は「若者」。-들は「~たち」。호소は漢字では[呼訴]で「アピール」の意。-ㄹ/을 만한は「~

574 ◆ 希望・願望を申し出る

	し得る~」。필요하다は「必要だ」。
なにとぞご意見をお聞かせください	제발 의견을 말씀해 주시기 바랍니다. ＊「なにとぞ意見をおっしゃってください」という言い方。제발は「なにとぞ」「どうか」。 ＝부디 고견을 들려주셨으면 합니다.「ぜひともご高見をお聞かせいただけたらと思います」 ＊부디は「ぜひとも」。고견は「高見」。
休日が待ち遠しく思います	빨리 휴일이 됐으면 좋겠습니다. ＊「早く休日になったらと思います」という言い方。휴일は「休日」。 ＝휴일이 몹시 기다려집니다. ＊몹시 기다려지다は「大変待たれる」。
ニューテクノロジーに飢えています	새로운 과학 기술에 굶주려 있습니다. ＊새로운 과학 기술は「新しい科学技術」。굶주리다は「飢える」。 ＝뉴 테크놀로지를 갈망하고 있습니다. ＊갈망하다は「渇望する」。
それは希望的観測のように見えます	그것은 희망적인 관측으로 보입니다. ＊관측は「観測」。-로/으로 보이다で「〜のように見える」。 ＝그것은 희망적 관측인 것 같습니다.「それは希望の観測のようです」 ＊-ㄴ/은 것 같다は「〜のようだ」。

提案する

「こうしたら？」

カジュアル表現

これはどう？	**이건 어때?** _{イゴン オッテ} ※이건は이것은（これは）の縮んだ形。어때?は「どう？」。
こうしたら？	**이러면 어때?** _{イロミョン オッテ} ※「こうしたらどう？」という言い方。이러다は「こうする」。이렇게 하면 어때?も類似表現。 ＝**이렇게 해 봐.** _{イロッケ ヘ ボァ}「こうしてみなよ」 ※이렇게は「このように」。해 보다は「やってみる」。
もう家に帰る？	**이제 들어갈까?** _{イジェ トゥロガルカ} ※「もう帰ろうか？」という言い方。들어가다は「（職場・外出先から家に）帰る」。 ＝**이제 돌아갈래?** _{イジェ トラガルレ} ※돌아가다は「帰る」「戻る」。 ーㄹ/을래?は相手の意志を問う言い方。 ＝**이제 집에 갈까?** _{イジェ チベ ガルカ}「もう家に行こうか？」
今夜は外食しないかい？	**오늘 저녁은 밖에서 안 먹을래?** _{オヌル チョニョグン パッケソ アン モグルレ} ※저녁は「夕方」という意味と저녁밥（晩ご飯）の意味がある。밖は「外」。 ＝**오늘 저녁밥은 밖에서 사 먹을까?** _{オヌル チョニョクパブン パッケソ サ モグルカ} ※사 먹다は「お金を払って食べる」という意味。 ＝**오늘 밤은 외식을 할까?** _{オヌル パムン ウェシグル ハルカ} ※밤は「晩」「夜」。

	외식은 「外食」。
一緒に行かない？	**같이 안 갈래?** ＊같이は「一緒に」。-ㄹ/을래?は相手の意志を問う言い方。-겠어?や-ㄹ/을 거야?も同様。 = 함께 갈 거야? 「一緒に行く？」 ＊ 함께は같이の類義語で「共に」「一緒に」。
お母さんにお願いしようと思ったことないの？	**엄마한테 부탁하려고 생각한 적 없어?** ＊엄마は本来は幼児用語の「ママ」だが、現在では大人（特に女性）も使っている。어머니（母、お母さん）より親密でフランクなニュアンスを持つ。부탁하다は「頼む」「お願いする」。 = 엄마에게 부탁해 보자고 생각한 적은 없어? ＊부탁해 보자고は「お願いしてみようと」。 = 어머니한테 부탁해 보자, 그런 생각은 안 해 봤어? ＊부탁해 보자, 그런 생각은「お願いしてみようという（そういう）考え」。
彼に聞いてみたら？	**걔한테 물어보지 그래?** ＊걔は子供や若者に使う「あの子」「その子」。-지 그래?は「～したらどう？」と、えん曲な勧誘を表す。 = 그 사람한테 물어봐. 「その人に聞いてみなよ」
君が行ったほうがいいと思わない？	**네가 가는 게 좋다고 생각 안 해?** = 네가 가는 편이 좋지 않을까? 「君が行くほうがよくない？」 ＊편은「(〜の、〜する) ほう」。

提案する ◆ 577

デートに誘っちゃえば？	デイト シンチョン ヘ ボァ **데이트 신청 해 봐.**	★シンチョン 신청は漢字では［申請］で、「申し込み」の意味でもよく使う。
	テイトゥ シンチョンハミョン オッテ =**데이트 신청하면 어때?**「デートを申し込んだらどう？」	
	ハンボン マンナジャゴ コショ ボァ =**한번 만나자고 꼬셔 봐.**「一度会おうと誘ってみなよ」 ★コシダ 꼬시다は「誘う」「誘惑する」。	
僕の助言を聞きな	ネ ジョオン ジョム ドゥロ **내 조언 좀 들어.**	★ジョオン 조언は「助言」。
	ネ チュンゴ チャル ドゥロ =**내 충고 잘 들어.** ★チュンゴ チャル 충고は「忠告」。잘は「よく」。	
やるならやってみろ	ハル テミョン ヘ ボァ **할 테면 해 봐.**	★テミョン トイミョン 테면は터이면（つもりならば）の縮んだ形。
	ハル ス イッスミョン ヘ ボラゴ =**할 수 있으면 해 보라고.**「やれるならやってみろよ」 -라고は強い主張を表す。	
花札しよう	ファトゥ チジャ **화투 치자.** ★ファトゥ 화투は漢字では［花闘］で「花札」の意。花札は韓国ではポピュラーな遊びのひとつ。치다は「打つ」。	
やめておこう	クァンドゥジャ **관두자.**	★クァンドゥダ クマンドゥダ 관두다は고만두다（やめる）の縮んだ形。
	ハジ マルジャ =**하지 말자.**「するのよそう」 ★マルダ 말다は「やめる」「よす」。	
	クマ ナジャ =**그만 하자.** ★途中で「もうやめよう」という意味。クマン 그만は「そのくらい（で）」。	

578 ◆ 提案する

出かけよう	가자.	＊가다は「行く」「立ち去る」。
	=나가자.	＊나가다は「出かける」「出て行く」。
	=출발하자.	「出発しよう」 ＊同じ意味で떠나자も使える。
今日はこれまでにしよう	오늘은 이만 하자.	＊이만は「これくらいに」。이 정도만（このくらいだけ）や여기까지만（ここまで）も使える。
	=오늘은 그만 해.	「今日はそれくらいに（これくらいに）しようよ」

スタンダード表現

タクシーで行ったほうがいいですよ	택시로 가는 게 좋아요.	＊게は것이（～のが）の縮んだ形。
	=택시 타고 가는 편이 좋겠어요.	「タクシーに乗って行ったほうがいいでしょう」 ＊타고 가다は「乗って行く」。편は「（～する）ほう」。
また明日お会いしましょう	내일 또 봬요.	＊自分を下げた言い方だが親しい相手に対して用いる。또は「また」。뵈다は보다（会う）の謙譲語で「お目にかかる」。
	=내일 또 봐요.	＊上の表現の謙譲語でない言い方。
	=내일 다시 만나요.	＊만나다は「会う」。
一つ提案があります	제안이 하나 있어요.	＊제안は「提案」。

	^{ハン ガジ チェアニ インヌンデヨ} = 한 가지 제안이 있는데요. ＊^{カジ}가지는「種類」だが、抽象的な事柄を数える単位としても使う。
ただの提案に過ぎないのですよ	^{クニャン チェアニル プニエヨ} 그냥 제안일 뿐이에요. ＊^{クニャン}그냥は「ただ(の)」。^{イル プニダ}일 뿐이다は「～であるに過ぎない」。
Ⓐ私はどんな提案でも受け入れます Ⓑこのようにはできないのですか？	^{チョヌン オットン チェアニラド パダドゥリゲッソヨ} Ⓐ저는 어떤 제안이라도 받아들이겠어요. ＊^{パダドゥリダ}받아들이다は「受け入れる」。-^{ゲッソヨ}겠어요は意志を表している。 ^{イロッケヌン モ タヌン ゴエヨ} Ⓑ이렇게는 못 하는 거예요?
その企画は私が提案しました	^{ク キフェグン チェガ チェアネッソヨ} 그 기획은 제가 제안했어요. ＊^{キフェク}기획は「企画」。
何を提案しますか？	^{ムォル チェアナシル コエヨ} 뭘 제안하실 거예요? ＊^{ムォル}뭘은 무엇을(何を)の縮んだ形。 ^{ムスン チェアヌル ハル コンガヨ} = 무슨 제안을 할 건가요? ＊^{ムスン}무슨은「何の」「どんな」。^{コンガヨ}건가요?は ^{コシンガヨ}것인가요?(のですか？) の縮んだ形で、親しみのある聞き方。
そうするのが一番です	^{クロッケ ハヌン ゲ チェイリエヨ} 그렇게 하는 게 제일이에요. ＊^{クロッケ}그렇게は「そのように」。^{ハヌン ゲ}하는 게는 ^{ハヌン ゴシ}하는 것이(するのが)の縮んだ形。제일は「第一」「一番」。 ^{クロヌン ゲ カジャン ジョアヨ} = 그러는 게 가장 좋아요. ＊「そうするのが一番いいです」という言い方。^{クロダ}그러다は「そうする」。^{カジャン}가장は「最も」「一番」。 ^{クゲ サンチェギエヨ} = 그게 상책이에요.「それが最善の策です」＊^{サンチェク}상책は漢字では[上策]。

あなた自身のためなんですよ	당신 자신을 위한 일이에요.	＊-를/을 위한 일は「〜のためのこと」。
別々にしてはいかがでしょうか？	따로따로 하면 어떨까요?	＊어떻다は「どうだ」。
彼女にメールするのもいいかもしれませんよ	걔한테 메일 보내는 것도 좋을지도 몰라요.	＊걔は子供や若者に使う「その子」「あの子」。메일(을) 보내다で「Eメールを送る」(携帯メールではない)。좋을지도 모르다で「いいかもしれない」。
	＝그 사람한테 문자 보내는 것도 괜찮을 거예요.	＊문자(를) 보내다は「文字を送る」だが、携帯電話で「メールする」の意。괜찮다は「構わない」「いい」。
車で行ったほうがよくないですか？	차로 가는 게 좋지 않을까요?	
	＝차로 가는 편이 낫지 않을까요?	＊-는 편이 낫다は「〜するほうがよい」。
我々と一緒に行きますか？	저희와 같이 가실래요?	＊저희は우리 (私たち)の謙譲語。-들(たち)を付けて저희들とも言う。
	＝우리랑 함께 갈래요?	＊-랑/이랑は하고や와/과と同じ意味の「〜と」だが、もっぱら会話で使う。함께は「共に」「一緒に」。
その店で会いませんか？	그 가게에서 만날까요?	＊가게は「店」。

僕だったらニューヨークに引っ越しますけどね	저 같으면 뉴욕으로 이사 갈 텐데요. ＊이사(를) 가다는「引っ越して行く」。이사(引越し)の場合、普通-를/을 가다 (行く)とか 오다 (来る)を付けて使う。このような言い方をするものには、유학 (留学)、출장 (出張)、여행 (旅行)、등산 (登山)、낚시 (つり)、소풍 (遠足) などがある。 ＝나라면 뉴욕으로 이사 갈 거예요. ＊-라면は「～なら」。
第三者の意見を聞いてみましょう	제삼자의 의견을 들어 봐요. ＊들어 보다는「聞いてみる」。 ＝다른 사람의 의견도 들어 보도록 하죠. 「ほかの人の意見も聞いてみることにしましょう」
近道しましょうか？	지름길로 가실까요? ＊지름길は「近道」。가실까요? (行きましょうか？) は敬語だがソフトな言い方。 ＝가까운 길로 갈까요? 「近い道で行きましょうか？」 가깝다は「近い」。
お互いに譲歩しませんか？	우리 서로 양보하지 않을래요? ＊서로は「互いに」。양보하다は「譲歩する」。 ＝서로 양보하는 게 어떻겠어요? 「お互い譲歩するのがどうでしょうか？」
髪を切ってもらったらどうですか？	머리를 자르시면 어때요? ＊「髪をお切りになってはどうですか？」という言い方。

582 ◆ 提案する

	「〜してもらう」という表現は、いくつかの名詞+받다〔안내받다〈案内される〉など〕の受け身の形が使われるぐらいで、後はほとんど使われない。자르다〈チャルダ〉は「切る」「切断する」。頭を「刈る」は깎다〈カクタ〉を使う。
それは本日のお買い得品です	그건 오늘 특가 상품이에요.〈クゴン オヌル トゥッカ サンプミエヨ〉 ✱특가 상품〈トゥッカ サンプム〉は「特価商品」。할인 상품〈ハリン サンプム〉(割引商品)や서비스 상품〈ソビス サンプム〉(サービス商品)とも言う。
二つ買っていただくと割引いたしますが	두 개 사시면 할인해 드리죠.〈トゥ ゲ サシミョン ハリネ ドゥリジョ〉 ✱사시면〈サシミョン〉は「お買いになれば」。할인하다〈ハリナダ〉は「割引する」。
弁護士と相談したらどうですか？	변호사하고 상의하시는 게 어떻겠어요?〈ピョノサハゴ サンイハシヌン ゲ オットッケッソヨ〉 ✱상의〈サンイ〉は漢字では［相議］で「相談」の意。 ＝변호사와 의논하면 어때요?〈ピョノサワ ウィノナミョン オッテヨ〉 ✱의논〈ウィノン〉は漢字では［議論］で「相談」「打ち合わせ」の意。

フォーマル表現

彼に電話するのもいいかもしれませんよ	그 사람한테 전화하는 것도 좋을지도 모르겠습니다.〈ク サラマンテ チョヌァハヌン ゴット チョウルチド モルゲッスムニダ〉 ✱좋을지도 모르다〈チョウルチド モルダ〉で「いいかもしれない」。괜찮을 것 같다〈クェンチャヌル コッ カッタ〉(よさそうだ)も使える。 ＝그에게 전화하는 것도 나쁘지는 않을 것입니다.〈クエゲ チョヌァハヌン ゴット ナップジヌン アヌル コシムニダ〉「彼に電話するのも悪くはないでしょう」

よく考えてから彼と話し合ったほうがいいでしょう	심사숙고하신 뒤에 그 사람하고 이야기하는 것이 좋을 것 같습니다. *심사숙고는「深思熟考」。-ㄴ/은 뒤에(후에)は「～した後で」。 =잘 생각한 후에 그 사람과 얘기 나누는 것이 좋을 것입니다. *나누다는「交わす」。
新しい展望を述べたいと思います	새로운 전망에 대하여 말씀드리고자 합니다. *말씀드리다는「申し上げる」。 -고자 하다는目的、望みを表す。
弁護士に相談されることをお勧めします	변호사와 의의하시는 것이 좋을 것입니다. *상의하다는「相談する」。 =변호사하고 의논하시는 것이 상책입니다. *의논하다는「相談する」「話し合う」。상책は漢字では[上策]で「最善の策」の意。
あなたにはこちらのほうをお勧めします	선생님께는 이쪽 것을 추천해 드립니다. *선생님は学校の先生の意味のほかに尊敬対象に用いる「先生」の意味がある。-께는は-에게는(～には)の敬語。이쪽 것は「こちらのもの」。추천하다는「推薦する」。
この取り引きから彼を外したらいかがですか？	이 거래에서 그 사람을 빼는 것이 어떻겠습니까? *거래は漢字では[去来]で、「取り引き」の意。빼다는「抜く」「除く」。

	= 이번 거래에서 그를 제외하면 어떻습니까? ＊이번은「今度（の）」。제외하다は「除外する」。
釜山(プサン)の事務所を閉鎖したらどうでしょうか？	부산 사무소를 폐쇄하는 것이 어떻겠습니까?　＊폐쇄하다は「閉鎖する」。 = 부산 영업소 문을 닫으면 어떻습니까? ＊영업소は「営業所」。문을 닫다は、直訳では「戸を閉める」だが「閉店する」「店を閉める」の意で、日本語と同じように使われる。
私と一緒に行かれませんか？	저하고 같이 가시지 않으시겠습니까? ＊-하고は-와/과（～と）の会話体。「行かれませんか？」は시を2回使ったこの言い方が最も敬意を表した言い方で、そのほかには시を1回だけ付けて、가시지 않겠습니까?または가지 않으시겠습니까?とも言える。 = 저와 함께 가지 않으시겠습니까?　＊함께は「共に」「一緒に」。

依頼する

「よろしく頼むよ」

カジュアル表現

出て行って！	나가! ※나가다는「出て行く」「出る」。
来て！	이리 좀 와! ※이리は「こっちへ」。이리로とか일로とも言う。좀は「ちょっと」。 ＝이쪽으로 와!「こっちへ来て！」 ＝나 좀 봐! ※直訳は「私(に)ちょっと会って！」で、人を気軽に呼び寄せるときによく使う。
ちょっと待ってて	잠깐만 기다려. ※잠깐만は「ちょっとだけ」だが、この言葉だけでも「ちょっと待って」の意味で使える。기다리다は「待つ」。
いい加減にしてちょうだい！	어지간히 해! ※어지간히は「いい加減に」。그만 해!(そのぐらいにしなよ！)も類似表現。
私の頼みでもだめ？	내 부탁인데도 안 돼? ※부탁인데도は「頼みであるのに」。 ＝내가 부탁하는데도 안 된단 말이야? ※-ㄴ단 말이야?は問い詰める言い方。
やってくれない？	안 해 줄래? ※해 주다は「やってくれる」。 -ㄹ/을래?は相手の意志を問う言い方。

	=해 주지 않을래?	
	=해 주면 안 돼?	＊直訳は「してくれちゃだめ？」。
お願いだから！	부탁이야!	＊「お願いだよ！」という言い方。
	=제발 좀 부탁한다!	「どうかお願いするよ！」＊제발は「どうか」「ぜひ」。
	=이렇게 두 손 모아 빈다!	＊直訳は「このように両手を合わせて頼む！」。빌다は「頼む」「請う」。
チャンスがほしい！	나한테 기회를 줘!	＊「僕にチャンスをくれよ！」という言い方。기회は「機会」「チャンス」。줘!は「ちょうだい！」「くれよ！」。
	=한 번만 기회 줘!	「一回だけチャンスちょうだい！」
今ちょっといい？	지금 좀 괜찮아?	＊괜찮다は「いい」「大丈夫だ」。
	=잠깐 시간 있어?	「ちょっと時間ある？」
手伝ってくれる？	좀 도와줄래?	＊도와주다は「手伝ってくれる」。-ㄹ/을래?は相手の意志を問う言い方。
	=나 좀 도와주지 않을래?	「（私を）ちょっと手伝ってくれない？」
ちょっと頼みがあるんだけど	좀 부탁이 있는데 말야.	＊말야は말이야の縮んだ形。特に意味はなく語調を整え

依頼する ◆ 587

	るために言う言葉。부탁は漢字では［付託］で「頼み」「お願い」の意。 ＝뭐 좀 부탁할 게 있어. ＊뭐는 무엇（何, 何か）の縮んだ形。부탁할 게は「頼むことが」。
これを明日までにして	이거 내일까지 좀 해 줘. ＊내일까지에とは言わない。해 줘は「やってくれ」とか「してちょうだい」という意味。 ＝이 일 내일까지 부탁할게. 「この仕事明日までに頼むよ」
よろしく頼むよ	잘 부탁해. ＝잘 좀 부탁한다.
ちょっとこの荷物見ててくれる?	이 짐 잠깐 봐 줄래? ＊잠깐は「ちょっとの間」。보다はここでは「守る」の意。
お金を貸してくれる?	돈 좀 꿔 줄래? ＊꿔 주다は꾸어 주다（［金品などを］貸してくれる［貸してあげる］）の縮んだ形。 ＝돈 좀 빌려 줘. 「お金ちょっと貸してよ」 ＊빌려 주다は「貸してくれる」または「貸してあげる」。
コーラを買ってきて	콜라 좀 사다 줘. ＊사다 주다は「買ってきてくれる」または「買ってきてあげる」。 ＝콜라 좀 사 가지고 와. ＊사 가지고 오다は「買ってくる」で、会話でのみ使う。

588 ◆ 依頼する

ボールペンを取ってくれる？	볼펜 이리 좀 줘. ★直訳は「ボールペンこっちにちょっとちょうだい」。
	=그 볼펜 좀 집어 줄래?「そのボールペンちょっと取ってくれる？」 집다は「取る」「つまむ」。
この写真、メールで送ってくれる？	이 사진, 이메일로 보내 줄래? ★이메일은「Eメール」。메일だけでも使う。보내다は「送る」。보내 줄래?は「送ってくれる？」と、相手の意志を問う言い方。同じ意味で보내 주겠니?も使える。
	=이 사진, 메일로 보내 줄 거야? ★줄 거야?は줄 것이야?（くれる？）の縮んだ形で、相手の意志を問うている。

スタンダード表現

ちょっといいですか？	잠시 괜찮아요? ★잠시は漢字では[暫時]で、「しばし」「少しの間」の意。
	=잠깐 시간 있어요?「ちょっと時間ありますか？」 ★잠깐は「ちょっとの間」。
南大門までお願いします	남대문까지 부탁합니다. ★タクシーの運転手に告げる言い方。부탁は漢字では[付託]で、부탁하다は「お願いする」「頼む」の意。
	=남대문으로 가 주세요.「南大門へ行ってください」

依頼する ◆ 589

今から一緒に成田まで行ってください！	지금부터 나리타까지 같이 가 주세요! ＊같이는「一緒に」. 가 주세요! は「行ってください！」. ＝이제부터 나랑 같이 나리타로 가요!「今から私と一緒に成田へ行きましょう！」
市内観光の案内をお願いしたいのですが	시내 관광 안내를 좀 부탁할까 하는데요. ＊관광은「観光」. 안내는「案内」. ＝시내를 좀 안내해 주시면 안 될까요?「市内をちょっと案内していただけませんか？」
内緒にしてくれますか？	비밀로 해 주실래요? ＊「秘密にしてくれますか？」という言い方. 비밀은「秘密」. ＝아무에게도 말하지 마세요.「誰にも言わないでください」
この話はオフレコにしてください	이 얘기는 공개하지 말아 주세요. ＊「この話は公開しないでください」という言い方. 공개하지 말다는「公開するのをよす」.
ギフト用に包んでもらえますか？	선물용으로 포장해 주실래요? ＊포장하다는「包装する」. -해 주실래요?で「～してくださいますか？」.
ちょっとお伺いします	말씀 좀 여쭈어 보겠는데요. ＊여쭙다は묻다「尋ねる」の謙譲語で「伺う」. -는데요はえん曲な言い方. ＝말씀 좀 묻겠는데요.「ちょっとお尋ねしますが」

伝言をお願いできますか？	メシジ ジョム チョネ ジュシゲッソヨ 메시지 좀 전해 주시겠어요?	＊「メッセージをちょっと伝えていただけますか？」という言い方。전하다は「伝える」。
電話をお借りできますか？	チョヌァ ジョム ビルリョド ドゥエルカヨ 전화 좀 빌려도 될까요?	＊빌리다は「借りる」。
日本語の話せるガイドをお願いできますか？	イルボンマル ハル チュル アヌン ガイドゥ ジョム ブタッカル ス イッスルカヨ 일본말 할 줄 아는 가이드 좀 부탁할 수 있을까요?	＊가이드は「ガイド」。안내원（案内員）とも言う。
オ・ヨンギさんをお願いします	オヨンギ シ ジョム ブタッカムニダ 오영기 씨 좀 부탁합니다.	＊電話で代わってもらうときの表現。씨は日本語の「〜さん」と似ている言葉だが、目上の人や学生・子供には使わない。
	オヨンギ シ ジョム バックォ ジュセヨ ＝오영기 씨 좀 바꿔 주세요.	＊直訳は「（通話の相手を）オ・ヨンギさんにちょっと代えてください」。
ボールペンをお借りできますか？	ボルペン ジョム ビルリョ ジュシゲッソヨ 볼펜 좀 빌려 주시겠어요?	＊빌려 주다は「貸してくれる」と「貸してあげる」の意味がある。
	ボルペン ジョム ビルリル ス イッスルカヨ ＝볼펜 좀 빌릴 수 있을까요?	＊빌리다は「借りる」。-ㄹ/을 수 있을까요?は「〜することができるでしょうか？」。
お願いしてもいいですか？	ブタクトゥリョド ドゥエルカヨ 부탁드려도 될까요?	＊부탁드리다は「お願いいたす」という謙譲語。ただの丁寧語

依頼する ◆ 591

	^{プタッカダ} なら 부탁하다になる。
お知恵をお借りしたいのですが	^{チョウン バンボビ イッスミョン ジョム カルチョ} 좋은 방법이 있으면 좀 가르쳐 ^{ジュシゲッソヨ} 주시겠어요? ＊「いい方法があれば教えていただけますか？」という言い方。
伝票は分けていただけますか？	^{ケサンソヌン タロッタロ ヘ ジュシゲッソヨ} 계산서는 따로따로 해 주시겠어요? ＊^{ケサンソ}계산서は漢字では[計算書]。^{タロッタロ ハダ}따로따로 하다は「別々にする」。
6万ウォンにしてくれませんか？	^{ユンマ ヌォヌロ ヘ ジュシル ス オプソヨ} 육만 원으로 해 주실 수 없어요? ＊直訳は「6万ウォンにしてくださることはできませんか？」。 ＝^{ユンマ ヌォヌロ ヘ ジュシミョン アン ドゥエヨ}육만 원으로 해 주시면 안 돼요?
今度は僕の頼みを聞いてくれますか？	^{イボネン チェ ブタグル トゥロジュシルレヨ} 이번엔 제 부탁을 들어주실래요? ＊-^{エン}엔は-^{エヌン}에는（～には）の縮んだ形。^{プタグル}부탁을 ^{トゥロジュダ}들어주다は「頼みを聞いてくれる」。 ＝^{イボネン ネ ブタク チョム トゥロジュゲッソヨ}이번엔 내 부탁 좀 들어주겠어요?
ドアを開けてくれませんか？	^{ムン ジョム ヨロ ジュシルレヨ} 문 좀 열어 주실래요? ＊^{ヨルダ}열다は「開ける」。 ＝^{ムン ニョロ ジュゲッソヨ}문 열어 주겠어요?「ドアを開けてくれますか？」
私の写真を撮っていただけますか？	^{サジン ジョム チゴ ジュシルレヨ} 사진 좀 찍어 주실래요? ＊^{チクタ}찍다は「(写真を) 撮る」。^{チュシルレヨ チュシゲッソヨ}주실래요?は주시겠어요?と言い換えられる。

	サジン ハン ジャン ブタッケド ドゥエルカヨ = 사진 한 장 부탁해도 될까요? 「写真一枚お願いしてもいいでしょうか？」
ちょっと手伝ってくれませんか？	チョム トワジュシゲッソヨ 좀 도와주시겠어요?　＊도와주다は「手伝ってくれる」。 チョム トワジュシルレヨ = 좀 도와주실래요?
気分が悪いので、私の代わりに行っていただけますか？	モム サンテガ アン ジョアソ グロヌンデ チェ 몸 상태가 안 좋아서 그러는데 제 デシン ジョム カ ジュシル ス イッケッソヨ 대신 좀 가 주실 수 있겠어요?　＊「気分が悪い」は、そのまま訳すと기분이 나쁘다となるが、これは「機嫌が悪い」「不愉快だ」という意味。「体調不良」の場合は、몸 상태가 안 좋다 (または나쁘다) (体の状態がよくない) と言う。-아/어/여서 그러는데は、直訳では「～だからそうする (言う) のだけど」という会話でのみ使う言い回し。대신は漢字では [代身] で「代わり (に)」の意。 チェガ コンディショニ ジョム ナップンデ テシネソ カ ジュシルレヨ = 제가 컨디션이 좀 나쁜데 대신해서 가 주실래요?「私はコンディションがちょっと悪いので、代わりに行っていただけますか？」
道を教えていただけますか？	キルル ジョム カルチョ ジュシゲッソヨ 길을 좀 가르쳐 주시겠어요?　＊길は「道」。가르치다は「教える」。 キル ジョム カルチョ ジュシルレヨ = 길 좀 가르쳐 주실래요? キル ジョム ムロボァド ドゥエヨ = 길 좀 물어봐도 돼요?「道をちょっとお聞きしてもいいですか？」　＊물어봐도 되다は「聞いてみてもよい」。

仁川（インチョン）に着いたら教えていただけますか？	인천에 도착하면 알려 주시겠어요?	*도착하다は「到着する」。-면/으면は仮定を表す。알리다は「知らせる」。
コーヒーを持ってきていただけますか？	커피 갖다 주시겠어요?	*ホテルの部屋でルームサービスを頼むときに言う。갖다 주다は「持ってきてくれる」。
塩をとっていただけますか？	소금 이리 좀 주실래요?	*「塩をこちらにくださいますか？」という言い方。주실래요?は주시겠어요?と言い換えられる。
Ⓐこれを直しておきましょうか？ Ⓑそうしていただけますか？	Ⓐ이걸 고쳐 놓을까요? Ⓑ그렇게 해 주시겠어요?	*이걸は이것을（これを）の縮んだ形。고치다は「直す」。놓다は「おく」。 *그렇게は「そのように」。
この手紙のコピーを取ってほしいのですが	이 편지 복사해 주셨으면 하는데요.	*「この手紙を複写していただけたらと思うのですが」という言い方。복사하다は「複写する」「コピーする」。
今日、彼に電話してほしいのですが	오늘 그 사람에게 전화 좀 해 주시면 좋겠는데요.	*「今日その人に電話していただけたらうれしいのですが」という言い方。
あなたに頼みましたよ	당신만 믿어요.	*直訳は「あなただけを信

	じます」で、「お任せしますよ」というニュアンス。 = ^{チャル} ^{ブタッカルケヨ} 잘 부탁할게요. 「よろしく頼みます」
あなたに任せますよ、いいですね	^{タンシナンテ} ^{マッキルケヨ} ^{クェンチャンケッチョ} 당신한테 맡길게요. 괜찮겠죠? ＊^{マッキダ} 맡기다は「任せる」「委ねる」。괜찮겠죠?は「いいでしょう？」と相手に確認する表現。 = ^{タンシネゲ} ^{マッキル} ^{コエヨ} ^{クレド} ^{ドゥエジョ} 당신에게 맡길 거예요. 그래도 되죠? ＊^{クレド} ^{ドゥエジョ} 그래도 되죠?は「そうしてもいいでしょう？」。

フォーマル表現

青木をなにぶんよろしくお願いいたします	^{アオキ} ^{グヌル} ^{プディ} ^{ジャル} ^{ブタクトゥリムニダ} 아오키 군을 부디 잘 부탁드립니다. ＊青木さんの上司がさらに上の人に、または外部の人に言う場合。군は「君」で、^{アオキ}아오키と呼び捨てにはしない。一般的には名前の後に役職名や職業名などを付ける。^{プディ}부디は「なにとぞ」「どうか」で、^{アムッチョロク}아무쪼록とも言う。 = ^{アオキ} ^{ヤンウル} ^{チャル} ^{ジョム} ^{ブタッカゲッスムニダ} ^{ヤン} 아오키 양을 잘 좀 부탁하겠습니다. ＊양は「嬢」で、目下の未婚の女性に用いる丁寧な呼称。
どうか音頭をとって、おやりください	^{チェバル} ^{チュドックォヌル} ^{ジャプゴ} ^ヘ ^{ジュシギ} ^{パラムニダ} 제발 주도권을 잡고 해 주시기 바랍니다. ＊^{チュドックォヌル} ^{ジャプタ} 주도권을 잡다は「主導権を握る」。해 주시기 ^{バラダ} 바라다は「やってくださることを望む」。 = ^{ソルソネソ} ^{ジョム} ^ヘ ^{ジュシプシオ} ^{ソルソネソ} 솔선해서 좀 해 주십시오. ＊솔선해서は「率先して」。
この件は弁護士に依頼します	^イ ^{コヌン} ^{ピョノサハンテ} ^{ウィルェハゲッスムニダ} 이 건은 변호사한테 의뢰하겠습니다.

	★건은「件」。변호사는「弁護士」。의뢰하다는「依頼する」。 =이 일은 변호사에게 맡기겠습니다. ★맡기다는「任せる」。
お邪魔でなければいいのですが	제가 방해가 되지 않았으면 좋겠습니다. ★방해는 漢字では[妨害]で、방해가 되다で「邪魔になる」。 =제가 방해하는 것이 아닌지 걱정입니다. 「私が邪魔しているのではないかと心配です」
あなたの上司にこの書類にサインをするよう頼んでくれませんか？	윗분께 이 서류에 사인해 주시도록 여쭈어 주지 않으시겠습니까? ★윗분は「上の方」「上司」。서류は「書類」。여쭈다は「(目上の人に)申し上げる」。 =상사께 이 서류에 사인 좀 해 주십사고 부탁해 주시겠습니까? ★상사は「上司」。해 주십사고は「してくださいと」とか「してくださるように」という意味。
この仕事をやっていただいてもいいですか？	이 일을 맡아 주시겠습니까? ★맡다は「引き受ける」。 =이 일을 부탁드려도 되겠습니까?「この仕事をお願いしてもよろしいですか？」
それをホテルまで送っていただけますでしょうか？	그것을 호텔까지 보내 주실 수 있겠습니까? ★보내다は「送る」。

	=그것을 호텔까지 배달해 주시겠습니까? ＊배달하다는「配達する」。
お電話をいただけますでしょうか?	전화해 주시겠습니까? ＊전화하다는「電話する」。
すみませんが、この仕事を手伝っていただけませんか?	죄송합니다만 이 일을 도와주실 수 없겠습니까? ＊죄송하다는「恐縮だ」「恐れ入る」。도와주다는「手伝ってくれる」で、도와주실 수 없겠습니까?は「手伝っていただけませんか?」という意味。 =미안합니다만 이 작업을 도와주시지 않으시겠습니까? ＊미안하다는「すまない」。작업은「作業」。
無理にとは申しませんが、これをタイプしていただけますか?	가능하시다면 이것을 타이핑해 주시겠습니까? ＊가능하시다면은「可能でしたら」「できましたら」。타이핑은英語のtyping。
これを仕上げていただけますでしょうか	이것을 마무리 지어 주시겠습니까? ＊마무리 짓다는「仕上げる」。마무리하다とも言う。 =이것을 완성시켜 주시겠습니까? ＊완성시키다는「完成させる」。

依頼する ◆ 597

誘う

「一緒にどう？」

カジュアル表現

来なよ	이리 와.	＊이리は「こっちへ」。同じ意味で이쪽으로も使える。오다は「来る」。
手ぶらで来てね	빈손으로 와.	＊빈손は「空(から)の手」で、「手ぶら」の意。
遊びに行こうぜ！	놀러 가자!	＊놀다は「遊ぶ」。-러/으러は目的を表す。
	＝같이 놀러 가!	「一緒に遊びに行こうよ！」
パ～っとやろう！	화끈하게 하자고!	＊화끈하게は「気前よく」。하자고!は「やろう！」と勧誘を表す。
一緒にどう？	같이 어때?	＊어때?は「どう？」。
オレんちに飲みに来いよ！	우리 집에 와서 한잔해!	「うちに来て一杯やろうよ！」という言い方。한잔하다は「一杯やる」。
	＝한잔하러 우리 집으로 와!	「一杯飲みにオレんちに来いよ！」
仕事の後は空いてる？	퇴근 후에 시간 있어?	＊「退社後に時間ある？」という言い方。퇴근は「退勤」。

	= 일 끝난 뒤에 예정 있어? 「仕事終わった後、予定ある？」 ★끝나다는「終わる」。
お茶しない？	차 한잔 할래? ★한잔は「一杯」。 = 차나 마실래? 「お茶でも飲まない？」 ★-나/이나は「～でも」。
うちに遊びに来ない？	우리 집에 놀러 오지 않을래? ★우리 집 (うち、我が家) は 내 집 (私の家) とも言う。놀러は「遊びに」。
いつかうちに遊びにきてよ	우리 집에 한번 놀러 와. ★한번は「一度」。 = 언제 한번 내 집에 놀러 와. ★언제は「いつ」と「いつか」の両方の意味がある。
ここに6時までに来られる？	여기 여섯 시까지 올 수 있어? ★여기는 여기에 (ここに) の-에を省略した形。「～までに」は-까지에とは言わない。 = 여섯 시까지 이쪽으로 올 수 있니? ★이쪽으로は「こっちに」。-니?は対等以下の親しい相手に用いる気楽な聞き方。
どこかに行く？	어디 갈래? ★어디は「どこ」と「どこか」の両方の意味がある。어디 갈까?も類似表現。
車で送ろうか？	차로 바래다줄까? ★바래다주다は「見送ってあげる」。데려다 주다 (連れて行ってやる) も使える。

誘う ◆ 599

食事にする?	밥 먹을래? バム モグルレ	＊밥(을) 먹다は「ご飯を食べる」「食事する」。-래/을래?は相手の意志を問う言い方。
	=식사할까? 「食事しようか?」 シクサハルカ	
今晩ひま?	저녁에 시간 있어? チョニョゲ シガ ニッソ	＊저녁は「夕方」だが、夜の早い時間も含む。 チョニョク
	=오늘 밤 예정 있어? 「今晩予定ある?」 オヌル バム イェジョン イッソ	
5時でいい?	다섯 신 어때? タソッ シン オッテ	＊「5時でどう?」という言い方。신は시는(時は)の縮んだ形。어때?は「どう?」。 シン シヌン オッテ
	=다섯 시 괜찮아? 「5時、大丈夫?」 タソッ シ クェンチャナ	
週末はどう?	주말은 어때? チュマルン オッテ	＊주말は「週末」。 チュマル
	=주말이면 괜찮아? 「週末なら大丈夫?」 チュマリミョン クェンチャナ	
私をナンパするつもり?	날 헌팅하려는 거야? ナル ホンティンハリョヌン ゴヤ	＊날は나를(私を)の縮んだ形。헌팅하다は英語のhunting+하다で、「ナンパする」の意。 ナルル ホンティンハダ ハダ
	=날 지금 꼬시는 거야? ＊꼬시다は「誘惑する」。 ナル チグム コシヌン ゴヤ コシダ	
それ買ったら?	그거 사는 게 어때? クゴ サヌン ゲ オッテ	＊「それ買うのはどう?」という言い方。사다は「買う」。어때?は「どう?」。 サダ オッテ
	=그걸 사지 그래. 「それを買えばどう?」 ＊-지 クゴル サジ グレ チ	

600 ◆ 誘う

	<ruby>그래<rt>グレ</rt></ruby>는 여기에서는 완곡한 권유를 나타낸다.
お酒はどうする?	<ruby>술<rt>スルン</rt></ruby> <ruby>은<rt></rt></ruby> <ruby>어떻게<rt>オットッケ</rt></ruby> <ruby>할래<rt>ハルレ</rt></ruby>? ＊<ruby>술<rt>スル</rt></ruby>은「酒」。<ruby>어떻게<rt>オットッケ</rt></ruby>は「どう」。-<ruby>래<rt>レ</rt></ruby>/<ruby>을래<rt>ウルレ</rt></ruby>?は相手の意志を問う表現。
	=<ruby>술<rt>スルン</rt></ruby> <ruby>어떡하지<rt>オットッカジ</rt></ruby>? ＊<ruby>어떡하지<rt>オットッカジ</rt></ruby>?는<ruby>어떻게<rt>オットッケ</rt></ruby> <ruby>하지<rt>ハジ</rt></ruby>?の縮んだ形で、「どうしよう?」というソフトな疑問形。同じ意味で<ruby>어쩌지<rt>オッチョジ</rt></ruby>?も使える。

スタンダード表現

デートに誘ってもいいですか?	<ruby>데이트<rt>テイトゥ</rt></ruby> <ruby>신청해도<rt>シンチョンヘド</rt></ruby> <ruby>될까요<rt>ドゥエルカヨ</rt></ruby>? ＊<ruby>신청<rt>シンチョン</rt></ruby>は「申請」だが、「申し込み」の意味でよく使う。
	=<ruby>저하고<rt>チョハゴ</rt></ruby> <ruby>데이트해<rt>テイトゥヘ</rt></ruby> <ruby>주실래요<rt>ジュシルレヨ</rt></ruby>?「私とデートしてくださいますか?」
今夜は何か予定がありますか?	<ruby>오늘<rt>オヌル</rt></ruby> <ruby>저녁은<rt>チョニョグン</rt></ruby> <ruby>무슨<rt>ムスン</rt></ruby> <ruby>예정이<rt>ニェジョンイ</rt></ruby> <ruby>있으세요<rt>イッスセヨ</rt></ruby>? ＊<ruby>저녁<rt>チョニョク</rt></ruby>は「夕方」とか「(早い時刻の)夜」。<ruby>무슨<rt>ムスン</rt></ruby> <ruby>예정<rt>ニェジョン</rt></ruby>は「何かの予定」。
	=<ruby>밤에<rt>パメ</rt></ruby> <ruby>뭔가<rt>ムオンガ</rt></ruby> <ruby>예정<rt>イェジョン</rt></ruby> <ruby>있어요<rt>イッソヨ</rt></ruby>? ＊<ruby>뭔가<rt>ムオンガ</rt></ruby>は<ruby>무엇인가<rt>ムオシンガ</rt></ruby>(何か)の縮んだ形。<ruby>뭔가<rt>ムオンガ</rt></ruby> <ruby>예정<rt>イェジョン</rt></ruby>は<ruby>무슨<rt>ムスン</rt></ruby> <ruby>일<rt>ニル</rt></ruby>(何か用事)と言い換えられる。
仕事の後はどうするのですか?	<ruby>퇴근<rt>トゥエグン</rt></ruby> <ruby>후에<rt>フエ</rt></ruby> <ruby>뭘<rt>ムォル</rt></ruby> <ruby>하세요<rt>ハセヨ</rt></ruby>? ＊<ruby>퇴근<rt>トゥエグン</rt></ruby> <ruby>후에<rt>フエ</rt></ruby>は直訳では「退勤後に」。<ruby>회사<rt>フェサ</rt></ruby> <ruby>끝나고<rt>クンナゴ</rt></ruby>(会社終わって)も使える。뭘は<ruby>무엇을<rt>ムオスル</rt></ruby>(何を)の縮んだ形。
	=<ruby>일이<rt>イリ</rt></ruby> <ruby>끝나면<rt>クンナミョン</rt></ruby> <ruby>뭘<rt>ムォル</rt></ruby> <ruby>할<rt>ハル</rt></ruby> <ruby>거예요<rt>コエヨ</rt></ruby>?「仕事が終わったら何をするつもりですか?」 ＊-<ruby>ㄹ<rt>ル</rt></ruby>/<ruby>을<rt>ウル</rt></ruby> <ruby>거예요<rt>コエヨ</rt></ruby>?は相手の意志を問う表現。

誘う ◆ 601

お昼は食べましたか?	점심 드셨어요? _{チョムシム ドゥショッソヨ} ＊점심は漢字では［點心］で「昼食」の意。드시다は「召し上がる」という敬語。敬語でない言い方は먹다（食べる）を使って점심 먹었어요?と言う。 ＝점심 식사 하셨어요? _{チョムシム シクサ ハショッソヨ}「昼食なさいましたか?」＊식사は「食事」。
一緒にランチでもどうですか?	같이 런치라도 어떠세요? _{カチ ロンチラド オットセヨ} ＊같이は「一緒に」。어떠세요?は「いかがですか?」。 ＝점심 같이 안 하실래요? _{チョムシム ガチ ア ナシルレヨ}「昼食一緒になさいませんか?」 ＝우리 함께 점심 먹는 게 어때요? _{ウリ ハムケ チョムシム モンヌン ゲ オッテヨ} ＊直訳は「私たち一緒にお昼食べるのはどうですか?」。
このレストランで昼食はいかがですか?	이 레스토랑에서 점심 드시면 어떠세요? _{イ レストランエソ チョムシム ドゥシミョン オットセヨ} ＊드시면 어떠세요? は「召し上がってはいかがですか?」。 ＝이 식당에서 점심 먹을까요? _{イ シクタンエソ チョムシム モグルカヨ}「この食堂でお昼食べましょうか?」＊식당は「食堂」。
いいところを知っています	좋은 데를 알고 있어요. _{チョウン デルル アルゴ イッソヨ} ＊데は「ところ」「場所」。알다は「知る」「わかる」。
私がごちそうしますから	제가 한턱 내겠어요. _{チェガ ハントン ネゲッソヨ} ＊한턱(을) 내다は慣用句で「ごちそうする」。 ＝내가 쏠게요. _{ネガ ソルケヨ} ＊쏘다は俗語で「おごる」。 ＝밥은 내가 사죠. _{パブン ネガ サジョ}「ご飯は私がおごりますよ」

602 ◆ 誘う

お茶でも飲みましょうか	차라도 같이 드실래요? ＊-라도/이라도는「〜でも」。드시다は마시다（飲む）と먹다（飲む、食べる）の敬語で「召し上がる」「お飲みになる」。 ＝차라도 하시겠어요?「お茶でもなさいますか?」 ＝차나 마실까요? ＊-나/이나は「〜でも」。
一杯どうです？	한잔 어떠세요? ＊어떠세요?は「いかがですか?」。 ＝한잔 안 할래요?「一杯やりませんか?」
お酒はストレスの解消になりますよ	약주는 스트레스를 푸는 데 도움이 돼요. ＊약주は술（酒）の敬語。푸는 데 도움이 되다は「解消するのに役立つ」「解消を助ける」。 ＝술은 스트레스 해소에 좋아요. ＊해소は「解消」。
その店に行きませんか？	그 가게에 안 가실래요? ＊가게は「店」。
映画を見に行きませんか？	영화 보러 안 가실래요? ＊영화は「映画」。보러は「見に」。 ＝영화 구경 안 갈 거예요?「映画見に行きませんか?」 ＊구경は「見物」。
どこでお会いしましょうか？	어디서 만날까요? ＊만나다は「会う」。만날까요?は만나죠?と言い換えられる。

いつだといいのですか？	언제라면 좋으세요? オンジェラミョン ジョウセヨ （縮んだ形は-면）は「～なら」「～だと」。 =언제면 괜찮아요? 「いつならいいですか？」 オンジェミョン クェンチャナヨ ＊괜찮다は「いい」「大丈夫だ」。괜찮아요?は クェンチャンタ クェンチャナヨ 돼요?と言い換えられる。 トゥエヨ	＊-라면/이라면 ラミョン イラミョン
月曜でいいですか？	월요일로 괜찮으세요? ウォリョイルロ クェンチャヌセヨ	＊「月曜日でよろしいですか？」という意味。
別の日にしますか？	다른 날로 하실래요? タルン ナルロ ハシルレヨ 날は「日」。하실래요?は하시겠어요? (なさいますか？)、할까요? (しますか？) と言い換えられる。 ナル ハシルレヨ ハシゲッソヨ ハルカヨ	＊다른は「別の」。 タルン
日曜日は空けておいてくださいね	일요일은 비워 두세요. イリョイルン ピウォ ドゥセヨ ける」で、비워 두다は「空けておく」。 ピウォ ドゥダ =일요일은 예정 잡지 마세요. 「日曜日は予定を組まないでください」 イリョイルン イェジョン ジャプチ マセヨ ＊예정 (予定) の代わりに스케줄 (スケジュール) も使える。잡다は「取る」「決める」。 イェジョン スケジュル チャプタ	＊비우다は「空ける」で、 ピウダ
私を誘惑しないでください	저를 유혹하지 마세요. チョルル ユホッカジ マセヨ 「誘惑する」。 =나를 꼬시지 말아요. ＊꼬시다は「誘惑する」「そそのかす」。 ナルル コシジ マラヨ コシダ	＊유혹하다は ユホッカダ
パーティーに来てください	파티에 와 주세요. パティエ ワ ジュセヨ れる」。	＊와 주다は「来てくれる」。 ワ ジュダ

604 ◆ 誘う

	ヨヌェエ チャムソッケ ジュセヨ = 연회에 참석해 주세요. ＊直訳は「宴会に参席してください」。集まり、会合などへ「出席する」は참석하다 チャムソッカダ（参席する）がよく使われる。
あなたが来られるといいなと思います	タンシニ ワ ジュショッスミョン ジョッケッソヨ 당신이 와 주셨으면 좋겠어요. タンシニ ワ ジュシギルル バレヨ = 당신이 와 주시기를 바래요. ＊바래요（望みます）は바라요 バラヨ が正しい形だが、この形も一般的に使われている。
ユチョルも来られるか聞いてみましょう	ユチョリド オル ス イッスルチ ムロボゲッソヨ 유철이도 올 수 있을지 물어보겠어요. ＊-이はパッチム（終声）で終わる名前に付けて呼びやすいようにする言葉。올 수 있을지 オル ス イッスルチ は「来ることができるか」。 ユチョリド オヌンジ アラボジョ = 유철이도 오는지 알아보죠. ＊오는지 オヌンジ は「来る（の）か」。알아보다 アラボダ は「調べてみる」。
車でお送りしましょうか？	チャロ バレダ ドゥリルカヨ 차로 바래다 드릴까요? ＊바래다 バレダ は「見送る」。드리다 トゥリダ は「差し上げる」。 チャロ モショダ ドゥリルカヨ モシダ = 차로 모셔다 드릴까요? ＊모시다 モシダ は「お連れする」。
ショーにお招きしたいのですが	ショエ チョデハゴ シプンデヨ チョデハダ 쇼에 초대하고 싶은데요. ＊초대하다 チョデハダ は「招待する」。 コンヨンネ モシリョゴ ハヌンデヨ コンヨン = 공연에 모시려고 하는데요. ＊공연 コンヨン は「公演」。 モシダ はここでは「お招きする」。-려고 하다 リョゴ ハダ は「～しようと思う」。

誘う ◆ 605

フォーマル表現

来ていただければ光栄です	와 주시면 큰 영광입니다. ＊「お越しいただければ誠に光栄です」という言い方。큰は「大きな」。영광は漢字では［栄光］で「光栄」の意。
来ていただけますでしょうか？	와 주실 수 있으십니까? ＊-ㄹ/을 수 있다で「〜することができる」。
5月10日はご都合がつきますでしょうか？	오월 십일은 시간이 어떠십니까? ＊시간は「時間」。어떠십니까?は어떠하십니까?の縮んだ形で「いかがですか？」。
明日、夕食でもいかがでしょうか？	내일, 저녁 식사라도 어떠십니까? ＊식사は「食事」。 ＝내일, 저녁 식사나 함께 하실 수 있으십니까? 「明日、夕食でも共になさることがおできになりますか？」
夕食をごちそうさせてください	저녁은 제가 한턱을 내겠습니다. ＊저녁は저녁밥（夕飯）の縮んだ形。한턱(을) 내다は慣用句で「ごちそうする」。 ＝저녁 식사는 제가 사겠습니다. 「夕食は私がおごります」 ＊사다は「買う」のほかに「おごる」の意味もある。
来週、一杯付き合っていただけないでしょうか？	다음 주에 술 한잔 하시지 않으시겠습니까? ＊술(을) 한잔 하다は

	「お酒を一杯やる」。
	=다음 주 술자리를 함께 해 주셨으면 합니다.
	「来週、酒席を共にしていただけたらと思います」
	＊술자리는「酒席」。함께 하다는「共にする」。
私どものパーティーへの出席はいかがなものでしょうか？	저희 파티에 참석해 주실 수 있으십니까?
	＊참석하다는「參席する」「出席する」。
お酒は何にいたしますか？	약주는 무엇을 드시겠습니까?
	＊약주は漢字では［薬酒］で、술（酒）の敬語。술은 무엇으로 하시겠습니까?も類似表現。
フランス料理はいかがでしょうか？	프랑스 요리는 어떠십니까? ＊요리は「料理」。
ちょっと付き合っていただけませんか？	잠깐 저 좀 보실 수 있습니까?
	＊잠깐は「ちょっと（の間）」。저 좀 보다는「私とちょっと会う」。
	=잠시만 시간을 내 주실 수 없겠습니까?「ちょっとだけお時間をいただけませんでしょうか?」
	＊시간을 내다は「時間を割く」。
またお目にかかれますか？	또 만나 뵐 수 있겠습니까?
	＊만나 뵈다は「お目にかかる」。
	=조만간 다시 뵙고 싶습니다.「そのうちにまたお目にかかりたいと思います」 ＊조만간は漢字では［早晩間］で「そのうち」の意。

許可を得る

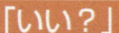

「いい？」

	カジュアル表現
いい？	좋아? _{チョア} ＊좋다_{チョッタ}は「いい」。 ＝괜찮아? _{クェンチャナ} ＊괜찮다_{クェンチャンタ}は「いい」「構わない」。 ＝오케이? _{オケイ} 「OK？」
私が行っても大丈夫？	내가 가도 돼? _{ネガ カド ドゥエ} ＊가다_{カダ}は「行く」。-아/어/여도 되다_{ヨド ドゥエダ}で「〜してもいい」「〜しても大丈夫だ」。돼?_{ドゥエ}の部分は좋아?_{チョア}や괜찮아?_{クェンチャナ}と言い換えられる。
君はそれでいいかい？	넌 그걸로 괜찮니? _{ノン クゴルロ クェンチャンニ} ＊넌_{ノン}は너는_{ノヌン}(君は、お前は)の縮んだ形。너は対等以下の親しい相手に使う。女性が言えば「あなた」にもなる。그걸로_{クゴルロ}は그것으로_{クゴスロ}(それで)の縮んだ形。-니?は対等以下の親しい相手に用いる気軽な聞き方。 ＝넌 그걸로 좋아? _{ノン クゴルロ チョア} ＝자넨 그거면 돼? _{チャネン クゴミョン ドゥエ} ＊자넨_{チャネン}は자네는_{チャネヌン}(君は)の縮んだ形。자네_{チャネ}は中年以上の人が対等以下の大人に使う「君」。그거면 돼?_{クゴミョン ドゥエ}は「それならいい？」。
何でもいいの？	아무거나 돼? _{アムゴナ ドゥエ} ＊아무거나_{アムゴナ}は「どんなものでも」。돼?_{ドゥエ}は좋아?_{チョア}(いい？)と言い換えられる。

	= 뭐든지 괜찮아? ※뭐는 무엇(何)의 縮んだ形。 -든지は「〜でも」。
ⓐ誰が運転する? ⓑ僕が運転するよ。もし、君がOKなら	ⓐ누가 운전할 거야? ※운전하다는「運転する」。 ⓑ내가 하지. 니가 괜찮다면. ※「僕がするよ。君が構わないなら」という言い方。 = ⓐ운전 누가 할 건데?「運転、誰がするの?」 = ⓑ니가 좋다면 내가 할게.「君がよければ僕がするよ」
タバコを吸ってもいい?	담배 피워도 돼? ※피우다는「(タバコを)吸う」。 = 한 대 피워도 괜찮아?「一服してもいい?」
いいよ!	좋아! ※괜찮아!(いいよ!)も使える。 = 그래! ※友達や目下の相手に使う「うん!」とか「ああ!」「よし!」。
全然OK	괜찮고 말고. ※-고 말고は強い肯定を表す「〜だとも」「もちろん〜だ」。좋구 말구も類似表現。 = 아무 문제 없어.「何の問題もないよ」
それで決まりだ!	그걸로 결정이다! ※그걸로는 그것으로(それで、それに)の縮んだ形。그걸로 결정됐다!(それに決まった!)も類似表現。

それならわかったよ	그래, 알았어. ＊「よし、わかったよ」という言い方。 = 그렇다면 됐어. 「そうならもういいよ」 ＊ 그렇다면は「そうであるなら」。

スタンダード表現

…しても構いませんか？	… 해도 괜찮아요? ＊괜찮다は「構わない」「大丈夫だ」。
…してもいいですか？	… 해도 돼요? ＊-아/어/여도 되다で「～してもいい」。되다の代わりに좋다や괜찮다を使うこともできる。
もしよければ、今出かけましょう	좋으시다면 지금 떠나죠. ＊지금は「今」。떠나다は「出発する」。 = 괜찮으시다면 이제 나갑시다. ＊이제は「今」「もう」。나가다は「出かける」「出る」。
今日は早く帰ってもいいでしょうか？	오늘은 일찍 들어가도 될까요? ＊ 일찍は「早く」。들어가다は「(家に)帰る」。-아/어/여도 되다は「～してもいい」。 = 오늘 일찍 돌아가도 돼요? ＊돌아가다は「帰る」「戻る」。
もう、あがってもいいですか？	이제 그만 해도 될까요? ＊「もうこれくらいで終わってもいいでしょうか？」という言い方。그만 하다は「これくらいでやめる」。

来週の金曜、休みたいのですけど	다음 주 금요일, 쉬고 싶은데요. ※ 다음 주는「来週」。쉬다는「休む」。-고 싶다は「～したい」。
ええ、どうぞ	네, 그렇게 하세요. ※「ええ、そのようになさってください」という言い方。 = 네, 그러셔도 돼요.「はい、そうなさってもいいですよ」
トラベラーズチェックで払ってもいいですか？	여행자 수표로 지불해도 돼요? ※ 여행자 수표は漢字では［旅行者手票］で、수표は「小切手」の意。
許可される可能性はありますか？	허가가 나올 가능성은 있어요? ※ 허가가 나오다は「許可が出る」。가능성は「可能性」。
駐車許可証をもらいました	주차 허가증을 받았어요. ※허가증は「許可証」。받다は「もらう」「取る」。
外出の許可が出ました	외출 허가가 나왔어요. ※외출は「外出」。 = 외출 허가를 받았어요.「外出許可を得ました」
私はそれで結構です	저는 그걸로 괜찮아요. ※ 그걸로は그것으로（それで）の縮んだ形。 = 나는 그걸로 됐어요.

許可を得る ◆ 611

できればそうします	가능하면 그렇게 할게요. ※「可能ならそのようにしますよ」という言い方。 = 될 수 있으면 그렇게 하겠어요. ※될 수 있으면は「できることなら」「できれば」。

フォーマル表現

電話をお借りしてもよろしいでしょうか?	전화 좀 써도 되겠습니까? ※쓰다は「使う」。-아/어/여도 되다は「~してもいい」。 = 전화 좀 빌려 주시겠습니까?「電話を貸していただけますか?」 ※빌려 주다は「貸してくれる」。
それを許可していただきたいのですが	그것을 허가해 주시기 바랍니다. ※-해 주시기 바랍니다は「~してくださることを望みます」。
そこに行く許可をいただきたいのですが	거기 가는 것을 허락해 주셨으면 합니다. ※허락は漢字では[許諾]。-해 주셨으면 합니다は「~していただけたらと思います」。
これを私が書き直してもよろしいでしょうか?	이것을 제가 새로 써도 되겠습니까? ※새로 쓰다は「新たに書く」。同じ意味で새롭게 쓰다も使える。 = 제가 이것을 다시 써도 좋겠습니까? ※다시は「もう一度」。좋겠습니까?は괜찮겠습니까?と言い換えられる。

それをするには上司の許可を得なくてはなりません	그것을 하려면 상사의 허가를 받아야 합니다. ★하려면は「しようとしたら」。 ＝그것을 하자면 윗분의 허가가 필요합니다. ★윗분は「上の方」で「上司」。필요합니다は「必要です」。있어야 합니다（あるべきです）も使える。
ここで写真を撮ってもよろしいですか？	여기서 사진을 찍어도 되겠습니까? ★사진을 찍다は「写真を撮る」。
その決定に異議はありますか？	그 결정에 이의가 있습니까? ★이의は「異議」。
私が代わりに行けるのではと思っていたのですが	제가 대신 갈 수 있을 줄로 알고 있었습니다만. ★대신は漢字では[代身]で、「代わりに」の意。-ㄹ/을 줄(로) 알다で「～だろうと思う」。 ＝제가 대신 갈 수 있지 않을까 하고 생각하고 있었습니다. ★갈 수 있지 않을까 하고は「行けるのではないかと」。
ええ、喜んでお引き受けします	예, 기꺼이 맡겠습니다. ★예は「はい」で、네より硬い言い方。기꺼이は「喜んで」。맡다は「引き受ける」。

許可を得る ◆ 613

命令する

「やめろ！」

カジュアル表現

待て！

<ruby>기다려라<rt>キダリョラ</rt></ruby>! ＊-아/어/여라!は子供や目下の相手に対する命令形。<ruby>기다리다<rt>キダリダ</rt></ruby>は「待つ」。

= <ruby>기다려<rt>キダリョ</rt></ruby>! ＊友達や遠慮のいらない相手に対する命令形。「待ってよ！」とか「待ちなよ！」というニュアンス。

= <ruby>가만 있어<rt>カマ ニッソ</rt></ruby>! ＊「ちょっと黙ってて！」とか「じっとしてて！」くらいの意味。<ruby>가만<rt>カマン</rt></ruby>は「そっと」「そのまま」。

= <ruby>잠깐만<rt>チャムカンマン</rt></ruby>! 「ちょっと（待って）！」 <ruby>잠깐<rt>チャムカン</rt></ruby>は「しばらく」「ちょっと（の間）」。<ruby>만<rt>マン</rt></ruby>は「だけ」。

行け！

<ruby>가라<rt>カラ</rt></ruby>! ＊子供や目下の相手に言う。<ruby>가다<rt>カダ</rt></ruby>は「行く」。

= <ruby>가<rt>カ</rt></ruby>! ＊友達や遠慮のいらない相手に言う「行けよ！」。

急げ！

<ruby>서둘러라<rt>ソドゥルロラ</rt></ruby>! ＊子供や目下の相手に言う。<ruby>서두르다<rt>ソドゥルダ</rt></ruby>は「急ぐ」。

= <ruby>서둘러<rt>ソドゥルロ</rt></ruby>! ＊友達や遠慮のいらない相手に言う「急げよ！」。

= <ruby>빨리<rt>パルリ</rt></ruby> <ruby>해<rt>ヘ</rt></ruby>! 「早くしろよ！」

とにかくやれ！

<ruby>아무튼<rt>アムトゥン</rt></ruby> <ruby>해라<rt>ヘラ</rt></ruby>! ＊子供や目下の相手に言う。

	アムトゥン **아무튼**は「とにかく」。 =**어쨌든 해!** ★友達や遠慮のいらない相手に言う。어쨌든は「とにかく」。同じ意味で좌우간や하여튼も使える。
言うとおりにしろ！	シキヌン デロ ヘラ **시키는 대로 해라!** ★「させるとおりにしろ！」という言い方。시키다は「させる」「命じる」。대로は「とおり（に）」。-아/어/여라!は子供や目下の相手に対する命令形。 =**내 말대로 해!** ★友達や遠慮のいらない相手に対する命令形。
それには構わないで！	ク イレン サングァナジ マ **그 일엔 상관하지 마!** ★그 일엔は「そのことには」。상관は漢字では［相関］で、상관하다は「かかわる」。-지 마!は「〜しないで！」「〜するなよ！」という禁止命令形。 =**그 일엔 신경 꺼!** 「そのことには神経使うなよ！」★신경 끄다は俗語で「気にしない」。
黙ってろ！	タクチョラ **닥쳐라!** ★「口を閉じろ！」という言い方。닥치다は「（口を）閉じる」。 =**입 닥쳐!** ★입は「口」。 =**입 다물어!** 「口閉じろ！」 =**가만 있어!** 「黙っていろ！」
消えうせろ！	サラジョラ **사라져라!** ★子供や目下の相手に対する命令形。사라지다は「消えうせる」。

命令する ◆ 615

	= 꺼져! ＊꺼지다は「消える」。
	= 물러가! ＊물러가다は「去る」「立ち去る」。
やめろ！	관둬! ＊관두다は「やめる」。
	= 아서라! ＊子供や目下の相手に対する命令形。遠慮のいらない相手には아서!と言う。
	= 그만 해! 「そのくらいにしろよ！」 ＊그만は「それくらい」。
	= 하지 마! 「よせよ！」 ＊말다は「やめる」で、-지 마!はぞんざいな命令形。
二度とそんなことをするな！	두 번 다시 그러지 마라! ＊「二度と再びそうするな！」という表現。-지 마라!は「~するのよせ！」と子供や目下の人に使う命令形。
	= 다신 그런 짓 하지 마! ＊다신は다시는の縮んだ形。그런 짓は「そんなこと」だが、悪い意味で使う。짓は「仕業」「まね」。
何度も同じこと言わせるな！	몇 번이나 같은 말 시키지 마라! ＊말 시키다は「言わせる」。
	= 같은 말 여러 번 시키지 마! 「同じこと何度も言わせるなよ！」 ＊여러 번は「幾度(も)」。
	= 몇 번을 말해야 알겠어?! 「何度言えばわかるんだ？！」
いい加減にしろ！	어지간히 해라! ＊子供や目下の人に対する命令形。

	_{イジェ クマ ネ} ＝이제 그만 해!「もうそのくらいにしなよ！」

スタンダード表現

それは命令です	_{クゴン ミョンニョンイエヨ} 그건 명령이에요. ＊_{クゴン}그건은 _{クゴスン}그것은（それは）の縮んだ形。
命令を実行しなければなりません	_{ミョンニョンウル スヘンヘヤ ドゥエヨ} 명령을 수행해야 돼요. ＊_{スヘンハダ}수행하다は「遂行する」。-_{ヘヤ ドゥエダ}해야 되다は「〜しなければならない」。 _{ミョンニョンエ タラヤ ヘヨ} ＝명령에 따라야 해요.「命令に従わなければなりません」＊_{タルダ}따르다は「従う」。
私は喫煙しないよう命じられたんです	_{チョヌン タムベ ピウジ マルラヌン ミョンウル} 저는 담배 피우지 말라는 명을 _{パダッソヨ} 받았어요. ＊「私はタバコを吸うなという命令を受けました」という言い方。_{ピウジ マルラヌン}피우지 말라는は「吸うなという」。_{ミョン ミョンニョン}명は명령の縮んだ形。
男らしく行動しなさい！	_{サネダプケ ヘンドンハセヨ} 사내답게 행동하세요! ＊_{サネ サナイ}사내は사나이（堂々たる男子）の縮んだ形。-_{タプケ}답게は「〜らしく」。行動하다は_{ヘンドンハダ}「行動する」。 _{ナムジャダプケ チョシネヨ} ＝남자답게 처신해요! ＊_{チョシン}처신は漢字では［処身］で、_{チョシンハダ}처신하다は「振る舞う」。
人にはよくしなさい！	_{サラムドゥレゲ チャル レ ジュオヤ ドゥエヨ} 사람들에게 잘 해 줘야 돼요! ＊「人々によくしてあげねばなりません！」という言い方。_{ヘ ジュダ}해 주다は「してあげる」。 -_{ア オ ヨヤ ドゥエダ}아/어/여야 되다は「〜しなければならない」。

命令する ◆ 617

服を着替えなさい！	옷을 갈아입으세요! オスル カライブセヨ	★「服を着替えてください！」という言い方。갈아입다は直訳では「替えて着る」だが、「着替える」という意味。同様に갈아 신다なら「履き替える」、갈아타다なら「乗り換える」となる。 =옷 갈아입어요! オッ カライブポヨ
必ずそれを返してください！	그걸 반드시 돌려주세요! クゴル パンドゥシ トルリョジュセヨ	★그걸はクゴスル그것을(それを)の縮んだ形。반드시は「必ず」。돌려주다は「返してくれる」。 =그거 꼭 돌려줘요! クゴ コク トルリョジュオヨ ★그거は그것(それ)の縮んだ形。꼭は「きっと」「必ず」。
私に恥をかかせないでください！	나를 창피하게 만들지 말아요! ナルル チャンピハゲ マンドゥルジ マラヨ	★창피하게 만들다は「恥ずかしくさせる」という言い方で「恥をかかせる」という意味。 =나를 망신시키지 말아요! ナルル マンシンシキジ マラヨ ★망신は漢字では〔亡身〕で「恥さらし」の意。망신시키다は「恥をかかせる」。
彼にガツンと言ってください！	걔 좀 혼내 주세요! ケ ジョム ホンネ ジュセヨ	★걔は子供や若者に使う「あの子」「その子」。혼내다は「こらしめる」。 =그 사람한테 호통 좀 쳐 주세요! ク サラマンテ ホトン ジョム チョ ジュセヨ ★호통(을) 치다で「叱りつける」。
生意気なことを言わないでください！	주제넘은 소리 하지 말아요! チュジェノムン ソリ ハジ マラヨ	★주제넘다は「分をわきまえない」「生意気だ」。 -지 말아요!は「～しないでください！」。

私に命令しないでください！	나에게 명령하지 마세요! ＊명령하다は「命令する」。
そんな命令じみた言い方をしないでください！	그렇게 명령조로 말하지 마세요! ＊명령조は漢字では［命令調］。 ＝그렇게 명령하듯이 말하지 말아요! ＊명령하듯이は「命令するかのごとく」。
頭を使いなさい！	머리를 쓰세요! ＊머리は「頭」。쓰다は「使う」。 ＝머리 좀 써요! ＊좀は「ちょっと」。
お静かに！	조용히 좀 하세요! ＊조용히は「静かに」。 ＝조용히들 해요! ＊複数の相手に言うとき、副詞や語尾に-들を付けると「みんな」というニュアンスが加味される。
気にしないでください！	신경 쓰지 마세요! ＊신경は漢字では［神経］で、신경(을) 쓰다は「気にかける」「気をつかう」。 ＝신경 끄세요! ＊俗語表現。直訳は「神経（のスイッチを）切ってください」。끄다は「消す」「スイッチを切る」。
ノックせずに部屋に入らないでください！	노크 좀 하고 들어오세요! ＊「ノックして入ってきてください！」という言い方。들어오다は「入ってくる」。 ＝노크할 줄 몰라요? 「ノックの仕方知らないのですか？」＊할 줄 모르다は「やり方を知らない」。

命令する ◆ 619

そんなことはできませんよ！	그럴 수는 없어요! _{クロル スヌン オプソヨ}	✸「そういうわけにはいきません！」という言い方。그러다は「そうする」。-ㄹ/을 수 없다は「～することができない」。
今すぐそこに行きなさい！	지금 당장 거기로 가세요! _{チグム タンジャン コギロ カセヨ} ＝지금 바로 그곳으로 가요! _{チグム パロ クゴスロ カヨ}	✸당장は「すぐさま」「直ちに」。거기は「そこ」。 ✸바로は「すぐ」「さっそく」。그곳は「そこ」。
あなたが行くべきですよ	당신이 가야겠어요. _{タンシニ カヤゲッソヨ}	✸-아/어/여야겠다は「(当然)～すべきだ」。당신이 가야 해요(돼요)も類似表現。

フォーマル表現

6時にここにいらしてください	여섯 시에 이쪽으로 와 주십시오. _{ヨソッ シエ イッチョグロ ワ ジュシプシオ}	✸이쪽으로は「こっちへ」。와 주십시오は「いらしてください」。
詳しいことはおっしゃらないでください	자세한 이야기는 하지 마십시오. _{チャセハン ニヤギヌン ハジ マシプシオ} ＝상세한 이야기는 하실 필요가 없습니다. _{サンセハン ニヤギヌン ハシル ピリョガ オプスムニダ}	✸자세한は「子細な」。말다は「よす」。-지 마십시오は「～なさらないでください」。 「詳細なお話はなさる必要がありません」✸상세한は「詳細な」。
私の忠告を聞くべきです	제 충고를 들어 주셔야겠습니다. _{チェ チュンゴルル トゥロ ジュショヤゲッスムニダ}	✸들어 주다は「聞いてくれる」。-아/어/여야겠다

	は「(当然)～すべきだ」。
彼と話すことが重要なのです	그 사람하고 이야기하는 것이 중요합니다. ＊이야기하는은 이야기 나누는 (話を交わす) と言い換えられる。
すぐに行動に移すことが必要です	곧 행동에 옮길 필요가 있습니다. ＊곧は「すぐ」。옮기다は「移す」。필요は「必要」。
どうしても今すぐそこへ行かなくてはなりません	아무래도 지금 곧 거기로 가셔야겠습니다. ＊아무래도は「どうしても」。
ルールに従ってください	규정에 따르십시오. ＊규정は「規定」。따르다は「従う」。규정대로 하십시오 (規定どおりなさってください) も類似表現。 ＝룰을 지켜야 합니다. 「ルールを守られなければなりません」 ＊지키다は「守る」。
会長は戻るように命じました	회장님께서는 돌아오라고 명령하셨습니다. ＊-님は敬称で「～さん」「～様」。-께서는は-는 (～は) の敬語。돌아오다は「戻ってくる」で、돌아오라고 명령하다は「戻れと命令する」。 ＝회장님께서 돌아오도록 명하셨습니다. ＊돌아오도록 명하다は「戻るように命じる」。

聞き返す

「何て言ったの？」

カジュアル表現

はぁ？	뭐? _{ムォ} ＊무엇（何）の縮んだ形。 ＝뭐야? _{ムォヤ}「何だ？」
何だって？	뭐라구? _{ムォラグ} ＊뭐라고? _{ムォラゴ}とも言う。 ＝무슨 소리야? _{ムスン ソリヤ}「何言ってんの？」 ＊소리_{ソリ}は「言葉」「話」。무슨 소리で「何のこと」。 ＝뭔 말이야? _{ムォン マリヤ}「何のこと？」 ＊뭔_{ムォン}は무슨_{ムスン}（何の）と同じ意味で、会話でのみ使われる言葉。말_{マル}は「話」「言葉」。
何だっけ？	뭐더라? _{ムォドラ} ＝그, 뭐지? _{ク ムォジ}「あの、何だ？」
何のために？	뭣 땜에? _{ムォッ テメ} ＊무엇 때문에_{ムォッ テメネ}の縮んだ形で「なぜ？」「どうして？」と原因、理由を聞く言い方。
もう一回言って	다시 말해 봐. _{タシ マレ ボァ} ＊다시_{タシ}は「また」。다시 한번_{タシ ハンボン}（もう一度）も使える。말해 봐_{マレ ボァ}は「言ってみて」。 ＝한번 더 말해 봐. _{ハンボンド マレ ボァ} ＊더 한번_{ト ハンボン}とは言わない。
わかるかな？	알아? _{アラ} ＊알어?_{アロ}とも言う。알다_{アルダ}は「わかる」。

	=알아들어? *알아듣다は「理解する」「わかる」。 アラドゥロ アラドゥッタ	
	=알겠니? *対等以下の親しい相手に気楽に尋ねる言い方。 アルゲンニ	
何がどうしたって？	뭐가 어째? *뭐가は무엇이の会話体。어째?は「何だって？」「どうしたって？」で、어쨌다고? (どうしたって？)とも言う。 ムォガ オッチェ ムォガ ムォシ オッチェ オッチェッタゴ	
何て言ったの？	뭐랬어? *뭐라고 했어? (何と言った？)の縮んだ形。 ムォレッソ ムォラゴ ヘッソ	
それ何のこと？	그게 무슨 말이야? *그게は그것이 (それは)の縮んだ形。 クゲ ムスン マリヤ クゲ クゴシ =무슨 얘긴데? 「何の話なの？」 ムスン ニェギンデ	
だから何？	그러니까 뭔데? *뭔데?は무엇인데? (何なの？)の縮んだ形。 クロニッカ ムォンデ ムォンデ ムォシンデ =그게 뭐 어쨌다는 거야? 「それがどうしたって言うの？」 *뭐には特に意味はなく、軽い反問の意を表す。 クゲ ムォ オッチェッタヌン ゴヤ ムォ	
君の名前、何だって？	이름이 뭐랬지? *「君の」は、実際の相手と自分との関係で言い方が違ってくるので、ここでは省略した。이름は「名前」。뭐랬지?は뭐라고 했지? 「何と言った？」の縮んだ形。 イルミ ムォレッチ イルム ムォレッチ ムォラゴ ヘッチ =이름이 뭐라 그랬지? 「名前は何と言ったっけ？」 イルミ ムォラ グレッチ	

誰がそう言ったの？	누가 그런 소리 했어?	＊「誰がそんなこと言ったの？」という言い方。소리は말と言い換えられる。
	=누가 그랬니?	＊그러다は「そう言う」。
もっとゆっくり言ってくれる？	더 천천히 말해 줄래?	＊더は「もっと」。천천히は「ゆっくり」。-ㄹ/을래?は相手の意志を問う言い方。
	=좀 더 천천히 얘기해.	「もう少しゆっくり話してよ」
もっと大声で言ってくれる？	더 큰 소리로 해 줄래?	＊큰 소리は「大きな声」。
	=더 크게 말해 봐.	「もっと大きく言ってみて」
聞いてるの？	듣고 있어?	＊듣다は「聞く」で、듣고 있다は「聞いている」。듣고 있는 거야?も類似表現。
私に話してたの？	나한테 얘기했었어?	＊나에게 말했던 거야?も類似表現。
話について行けないよ	얘기에 못 따라가겠어.	＊따라가다は「ついて行く」。못は「～できない」と不可能を表す。
わからないよ	못 알아듣겠어.	＊「聞いて理解できないよ」という意味。알아듣다は「(聞いて)理解する」「聞き取る」「聞き分ける」。-겠はここでは控え

	めな気持ちを表す。
	= 알 수가 없어. _{アル スガ オプソ} *알다は「わかる」。 _{アルダ}
	= 이해 못 하겠어. 「理解できないよ」 *이해は _{イヘ モッ タゲッソ} _{イヘ} 「理解」。
	= 모르겠다. *모르다は「わからない」。 _{モルゲッタ} _{モルダ}
ちんぷんかんぷんだよ	뭐가 뭔지 모르겠어. *「何が何だかわ _{ムオガ ムオンジ モルゲッソ} からないよ」という言い方。
	= 통 모르겠다. *통は「全然」「まったく」。 _{トン モルゲッタ} _{トン}
	= 전혀 이해할 수 없어. 「全然理解できないよ」 _{チョニョ イヘハル ス オプソ}

スタンダード表現

はい?	네? *「え?」「はい?」と反問する言い方。 _ネ
	= 왜요? *直訳は「なぜですか?」だが、人に _{ウェヨ} 呼ばれたときに言う「何ですか?」の意味でも 使われる。
	= 뭐요? 「何ですか?」 _{ムォヨ}
すみません、何とおっしゃったんですか?	죄송하지만, 지금 뭐라고 하셨어요? _{チュエソンハジマン チグム ムォラゴ ハショッソヨ} *죄송하지만は「恐縮ですが」。뭐라고は「何と」。 _{チュエソンハジマン} _{ムォラゴ}
混乱してきました	헷갈리는데요. *헷갈리다は「こんがらか _{ヘッカルリヌンデヨ} _{ヘッカルリダ} る」。혼란스러워요(混乱しています)も類似 表現。 _{ホルランスロウォヨ}
	= 머리가 복잡해졌어요. 「頭が混乱してきまし _{モリガ ポクチャッペジョッソヨ} た」 *머리は「頭」。복잡は漢字では「複雑」。 _{モリ} _{ポクチャプ}

理解できませんでした	이해를 못 했어요. ＊이해は「理解」。못하다は「できない」。 ＝이해할 수 없었어요. ＊-ㄹ/을 수 없다は「～できない」。 ＝알아듣지 못했어요. ＊알아듣다は「(聞いて)理解する」。
話がそれているのでは?	얘기가 빗나간 것 같은데요? ＊「話がそれたようですが?」という言い方。빗나가다は「それる」。-ㄴ/은 것 같다は「～したようだ」「～したみたいだ」。
何のことを言っているのですか?	지금 무슨 말씀을 하시는 거예요? ＊지금は「今」。무슨 말씀は「何のお話」。 ＝지금 무엇에 대해서 얘기하는 건가요? 「今、何について話しているのですか?」 ＝그게 무슨 말이에요? 「それは何のことですか?」
何か言いましたか?	지금 뭔가 말했어요? ＊지금は「今」。뭔가は무엇인가 (何か) の縮んだ形。
そうだということですか?	그렇다는 말씀이세요? ＊그렇다は「そうだ」。 ＝그렇단 거예요? ＊그렇단은 그렇다고 하는 (そうだという) の縮んだ形。

もう一度説明していただけますか?	ハンボン ド ソルミョンヘ ジュシゲッソヨ 한번 더 설명해 주시겠어요?	※「もう一度」は더 한번とは言わない。説明するは「설명하다」。-해 주다は「〜してくれる」。
	タシ ハンボン ソルミョンヘ ジュシルレヨ = 다시 한번 설명해 주실래요?	※-ㄹ/을래요?は相手の意志を問う言い方。
よく聞こえません	チャル アン ドゥルリョヨ 잘 안 들려요.	※잘は「よく」。들리다は「聞こえる」。
	チャル トゥルリジ アンヌンデヨ = 잘 들리지 않는데요.	「よく聞こえませんが」
わかりますか?	アシゲッソヨ 아시겠어요?	※「おわかりですか?」という敬語表現。알다は「わかる」。
	アルゲッソヨ = 알겠어요?	「わかりますか?」
	イヘドゥエヨ = 이해돼요?	「理解できますか?」
あなたの名前が聞き取れませんでした	ソンハムル チャル モッ トゥロッソヨ 성함을 잘 못 들었어요.	※「お名前をよく聞けませんでした」という言い方。성함は이름(名前)の敬語で「お名前」。
もっと大きな声で言ってください	ト クゲ マルスマセヨ 더 크게 말씀하세요.	※더 크게は「もっと大きく」。말씀하세요は「おっしゃってください」。
	ト クン ソリロ イェギヘ ジュセヨ = 더 큰 소리로 얘기해 주세요.	※-해 주다は「〜してくれる」。
そんなに速く話さないでください	クロッケ パルリ マルスマジ マセヨ 그렇게 빨리 말씀하지 마세요. ※빨리は「速く」。	

もっとゆっくりと話していただけますか？	좀 더 천천히 말씀해 주실래요? ＊말씀해 주실래요?は「おっしゃっていただけますか？」。-ㄹ/을래요?は相手の意志を問う言い方。-겠어요?も同様。 ＝더 천천히 얘기해 주시겠어요?
もっとわかりやすく言っていただけますか？	좀 더 알기 쉽게 말씀해 주실래요? ＊-기 쉽게は「〜しやすく」。 ＝더 쉽게 얘기해 주시겠어요?
彼は何を言おうとしているのでしょうか？	그 사람이 하고 싶은 말이 무엇일까요? ＊「その人が言いたいことは何でしょうか？」という言い方。하고 싶은 말は「言いたいこと」。

フォーマル表現

おっしゃることがわからないのですが	무슨 말씀인지 못 알아듣겠습니다. ＊무슨は「何の」。말씀は말（言葉、話）の敬語。-인지は「〜なのか」。알아듣다は「わかる」「理解する」。 ＝무슨 말씀인지 모르겠습니다. 「何のお話なのかわかりません」 ＊모르다は「わからない」。
すみませんが、もう一度言っていただけますか？	죄송합니다만, 다시 한번 말씀해 주시겠습니까? ＊「恐縮ですが、もう一度おっしゃっていただけますか？」という言い方。 ＝송구합니다만, 한번 더 말씀해 주시겠습니까?

	ソングハムニダマン ＊ 송구합니다만은「恐れ入りますが」。
すみませんが、 その言葉がよく わからないので すが	チュエソンハムニダマン　ク　マレ　トゥシ　ムオンジ チャル 죄송합니다만, 그 말의 뜻이 뭔지 잘 モルゲッスムニダ 모르겠습니다. ＊그 말의 뜻이 뭔지는「そ ムオンジ　ムオシンジ の言葉の意味が何なのか」。뭔지는 무엇인지(何 なのか)の縮んだ形。
その点がよくわ からないのです が	ク　ジョミ　チャル　イヘドゥエジ　　アンスムニダ 그 점이 잘 이해되지 않습니다. イヘドゥエジ アンタ ＊이해되지 않다는「理解できない」。
その点を明確に してくれますか？	ク　ジョムル　ブンミョンイ　ヘ　ジュシゲッスムニッカ 그 점을 분명히 해 주시겠습니까? ブンミョン　　　　　　　　　　　　　ブンミョンイ ＊분명은 漢字では「分明」で、분명히は「明ら ヘ　ジュダ かに」。해 주다は「してくれる」。 ク　ジョムル　ファクシラゲ　ヘ　ジュシギ　パラムニダ ＝그 점을 확실하게 해 주시기 바랍니다.「そ の点をはっきりさせてくださるようお願いしま ファクシラゲ す」＊확실하게は「確実に」「はっきりと」。
もっと具体的に お願いします	ト　クチェジョグロ　　マルスメ　ジュシプシオ 더 구체적으로 말씀해 주십시오. マルスメ　ジュシプシオ ＊말씀해 주십시오は「おっしゃってください」。 チョム　ド　チャセイ　イェギヘ　ジュシプシオ ＝좀 더 자세히 얘기해 주십시오.「もう少し詳 チャセイ しくお話してください」＊자세히は「子細に」。 サンセイ 상세히 (詳細)とも言う。
何のことをおっ しゃっているの ですか？	チグム　ムスン　　ニヤギルル　ハシヌン　ゴシムニッカ 지금 무슨 이야기를 하시는 것입니까? ヌン ゴシムニッカ ＊-는 것입니까?は「～するのですか？」。 チグム　ムオセ　デヘソ　マルスマゴ　ゲシムニッカ ＝지금 무엇에 대해서 말씀하고 계십니까? 「今、何についておっしゃっているのですか？」

聞き返す ◆ 629

諭す

「やるなら今だ」

カジュアル表現

やるなら今だ	하려면 지금 해라. ＊「やるなら今やれ」という言い方。하려면は「やるなら」。 =할 거면 지금 해야 해.「やるんなら今やらなきゃならない」할 거면は할 것이라면（やるのであれば）の縮んだ形。-아/어/여야 하다は「〜しなければならない」。
時がたつのは早いものだ	세월 한번 빠르다. ＊세월は漢字では「歳月」。한번（一度）は、ここでは「早い」を強調する意味で用いられている。빠르다は「速い」「早い」。 =세월이 유수 같다. ＊「歳月は流水のようだ」という表現のことわざ。유수は「流水」。같다は「〜のようだ」。
言うは易しだよ	말이야 쉽지. ＊「言うのは易しいよ」という言い方。야は前の事柄を強調する。 =말은 쉽고 행하긴 어렵다고 하잖아.「言うは易く行うは難しと言うじゃないか」말は「言葉」「話」。행하다は「行う」。
何でも役に立つんだ	뭐든지 쓸모가 있는 거야. ＊「何だっ

	て役に立つものさ」という表現。쓸모가 있다は「役に立つ」。
金がものを言うよ	**돈만 있으면 귀신도 부릴 수 있어.** ＊「金さえあれば鬼神も使うことができるよ」とことわざを用いた表現。돈は「お金」。부리다は「働かせる」「使う」。 ＝돈이면 지옥문도 연다고. ＊「金があれば地獄の扉も開くよ」とことわざを用いた表現。-ㄴ다고は強い主張を表す。-ㄴ다구とも言う。
安全第一だからな	**안전이 제일이거든.** ＊안전は「安全」。 -거든は軽く理由を表す。
虎穴に入らずんば虎子を得ず	**호랑이 굴에 들어가지 않고서야 호랑이 새끼를 잡을 수 없다.** ＊日本と同様のことわざ。호랑이は「虎」で、범とも言う。굴は「獣のすむ穴」「洞窟」。새끼は「動物の子」。잡다は「捕まえる」。-ㄹ/을 수 없다는「~することができない」。
さるまねだ	**그건 무턱대고 흉내 내는 짓이야.** ＊「それはむやみにまねすることだ」という言い方。흉내 내다は「まねる」。짓は悪い意味に用いる「こと」「仕業」。
壁に耳あり障子に目ありだ	**낮말은 새가 듣고 밤말은 쥐가 듣는다고 했다.** ＊「"昼の話は鳥が聞き、夜

諭す ◆ 631

	の話はねずみが聞く"と言うからな」とことわざを用いた表現。-고 했다は過去形だが、ことわざなどを引用するときによく用いる言い方。
始めることが重要だ	시작이 반이다. ※「始めることが半分だ」ということわざ。시작は漢字では[始作]で「始め」の意。
雨降って地固まると言う	비 온 뒤에 땅이 굳어진다고 한다. ※日本と同様のことわざ。비 온 뒤에は「雨（が）降った後に」。굳어지다は「固まる」。
自業自得だ	자업자득이야. ※자업자득は「自業自得」。 = 제 무덤 제가 판 거야. ※直訳は「自分の墓、自分が掘ったのさ」で、「自ら墓穴を掘った」の意。제 무덤は「自分の墓」。파다は「掘る」。
身のほどを知れ	분수를 알아라. ※분수は漢字では[分数]で「身のほど」の意。알다は「知る」で、알아라は「知れ」。 = 주제넘게 굴지 마. ※直訳は「身のほどをわきまえずに振る舞うな」。주제넘다は「分をわきまえない」「生意気だ」。굴다は「振る舞う」。
弱音を吐くな	나약한 소리 하지 마라. ※나약하다は「意気地がない」。나약한 소리 하다で「弱音を吐く」。 = 우는소리 하지 마. 「泣き言言うなよ」

真実を認めなきゃ	진실을 인정해야지. ＊인정は漢字では[認定]。-해야지は「～しなきゃ」。

スタンダード表現

私は経験を踏まえてこう言っているのです	저는 경험에 기초해서 이렇게 말하는 거예요. ＊경험は「経験」。기초は漢字では[基礎]で、-에 기초하다は「～に基づく」。이렇게は「このように」。 = 내가 경험에 비추어 보고 하는 말이에요. 「私が経験に照らして言っていることなのです」 ＊비추다は「照らす」。
あなたに望むことはもう一歩の努力です	당신한테 바라는 건 조금만 더 노력해 달라는 거예요. ＊바라다は「望む」。노력해 달라는 것は「努力してくれということ」。
それはやらないほうがいいです	그건 안 하는 게 나아요. ＊게は것이(ことが)の縮んだ形。낫다は「よい」「ましだ」。
彼の話はよく聞くべきです	그 사람 말은 새겨들을 필요가 있어요. ＊「その人の話はよく聞く必要があります」という言い方。새겨듣다は「よくかみしめて聞く」。필요は「必要」。 = 그 사람 말은 귀담아들어야 해요. ＊귀담아듣다は「注意深く聞く」。-아/어/여야

諭す ◆ 633

	하다(되다)で「〜しなくてはならない」。
中途半端でやめてはいけません	어중간하게 그만두면 안 돼요. ＊어중간は漢字では[於中間]で「中途半端」「生半可」の意。그만두다は「やめる」。 ＝흐지부지하게 마치면 안 돼요. ＊흐지부지하게は「うやむやに」。마치다は「終える」。
念には念を入れなさい	아는 길도 물어 가랬어요. ＊ことわざを用いた表現で、「"知っている道も聞いて行け"と言います」。가랬어요は가라고 했어요(行けと言いました)の縮んだ形。 ＝돌다리도 두드려 보고 건너라고 하잖아요. ＊日本と同様のことわざを用いた表現で「"石橋もたたいて渡れ"と言うじゃないですか」。두드려 보고は「たたいてみて」。건너다は「渡る」。
簡単に信用しないでください	무턱대고 신용하지 마세요. ＊무턱대고は「むやみやたらに」。-지 마세요は「〜しないでください」という禁止命令形。 ＝간단하게 믿어서는 안 돼요. 「簡単に信じてはいけません」 ＊믿다は「信じる」。안 되다は「いけない」。간단하게は쉽게(簡単に)と言い換えられる。
あの男を甘く見てはいけません	그 남자를 만만하게 봐서는 안 돼요. ＊만만하게 봐서는は「甘く見ては」。 ＝그 사람을 우습게 보면 안 돼요. ＊우습게

	ボダ 보다는「侮る」「見くびる」。
よくよく考えて 決心しなさい	シムサスッコヘソ キョルチョンハセヨ 심사숙고해서 결정하세요. ※ 심사숙고は漢字では[深思熟考]。결정하다は 「決める」。 シンジュニ センガッケソ キョルチョンヘヨ =신중히 생각해서 결정해요.「慎重に考えて シンジュニ 決めなさい」※신중히は「慎重に」。
頭を冷やしてよ く考えなさい	モリ シッキゴ チャル センガッケ ボセヨ 머리 식히고 잘 생각해 보세요. モリ シッキダ ※ 머리は「頭」。식히다は「冷やす」。 ネンジョンハゲ センガッケ ボァヨ =냉정하게 생각해 봐요.「冷静に考えてみなさい」
仕事だからしょ うがありません	イリニッカ オッチョル ス オプチヨ オッチョル ス 일이니까 어쩔 수 없지요. ※어쩔 수 オプタ 없다で「やむを得ない」「仕方ない」。 イル テムネ クロヌン ゴニッカ ハル ス オプクニョ =일 때문에 그러는 거니까 할 수 없군요. ※ 直訳は「仕事のためにそうするのだから仕方な いですね」。
早い者勝ちです	モンジョ ハヌン サラミ イムジャエヨ 먼저 하는 사람이 임자예요. ※直訳は あるじ 「先にする人が主です」。먼저は「先に」。임자 は「所有者」「主」。 モンジョ ハン サラミ ユリヘヨ =먼저 한 사람이 유리해요. ※「先にやった人 ハン が有利です」という言い方。한（やった〜）の 部分はその行為の内容によっていろいろな言葉 カン に変わる。「行った〜」なら간〜となる。
自尊心を持ちな さい	チャジョンシムル カジセヨ チャジョンシム 자존심을 가지세요. ※자존심は「自尊 カジダ 心」。가지다は「持つ」。

諭す ◆ 635

慌てると失敗しますよ	괜히 서두르면 일을 그르쳐요. ＊괜히は「いたずらに」。서두르다は「慌てる」。일을 그르치다は「事を仕損じる」。
ことを荒立てないように	일을 크게 만들지 말아요. ＊크게 만들다は「大きくする」。
時は金なり	시간은 금이에요. ＊시간は「時間」。금は「金」。금이에요は돈이에요（お金です）と言い換えられる。
悪銭身につかず	악으로 모은 살림 악으로 망한다. ＊「悪によって集めた財産、悪によってつぶれる」ということわざ。모으다は「集める」。살림は「財産」。망하다は「滅びる」「つぶれる」。
恋は盲目	눈 먼 사랑. ＊「盲目の愛」という言い方。눈(이) 멀다は「（何かに心を奪われ）理性を失う」。
知らぬが仏です	모르는 게 약이에요. ＊「知らないことが薬です」ということわざ。게は것이（ことが）の縮んだ形。
かえるの子はかえる	부전자전. ＊부전자전は漢字では［父傳子傳］で「父子相伝」の意。 ＝그 애비에 그 아이. 「この親にしてこの子あり」＊애비は아비（父親、おやじ）が標準語だが、日常会話で広く使われている。아이（子供）に代えて아들（息子）とすることもある。

	= 그 부모에 그 자식이네요. ＊上の表現と同じ意味。부모は漢字では「父母」。자식は「子」。
人それぞれ好みが違うんです	십인십색이지요. ＊십인십색は「十人十色」。
百聞は一見にしかず	백 번 듣는 것이 한 번 보는 것만 못하다. ＊「百回聞くのは一回見るのに及ばない」という言い方のことわざ。-만 못하다は「～には及ばない」。 = 백문이 불여일견이에요. ＊上の表現の漢文による言い方。「百聞이不如一見이에요」。
ダメでもともとです	밑져야 본전이에요. ＊「損をしても元金は残る」という意味のことわざ。밑지다は「損する」。-아/어/여야は「～しても」。본전は漢字では「本錢」で「元金」の意。
早ければ早いほどいいんです	빠르면 빠를수록 좋은 거예요. ＊빠르다は「早い」。빠를수록は「早いほど」。
やらないよりはましです	안 하는 것보다는 나아요. ＊낫다は「ましだ」。
燈台もと暗しです	등잔 밑이 어둡다고 하죠. ＊日本と同様のことわざ。등잔は漢字では「灯盞」で「油皿」の意。어둡다고 하죠は「暗いと言いますよ」。
歴史は繰り返す	역사는 되풀이된다. ＊되풀이되다は「繰り返される」。

過去のことは水に流そう	지난 일은 다 잊어버려요.	※「過ぎたことはみんな忘れてしまいましょう」という言い方。지나다は「過ぎる」。잊어버리다は「忘れてしまう」。
便りがないのはよい便りです	무소식이 희소식이에요.	※ことわざ。무소식、희소식は漢字ではそれぞれ［無消息］、［喜消息］。
空腹にまずい物はなし	시장이 반찬.	※「空腹がおかず」ということわざ。시장は「空腹」。반찬は「おかず」。
遠い親戚より近くの他人	먼 사촌보다 가까운 이웃이 낫다고 했어요.	※ことわざ。먼 사촌は「遠くのいとこ」。이웃は「隣近所（の人）」。-고 했어요は直訳では「〜と言いました」だが、「〜と言います」という意味で、ことわざや格言などを引用するときよく用いる言い方。

フォーマル表現

親しき仲にも礼儀ありです	친한 사이에도 서로 예의를 지켜야 하는 법입니다.	※친한 사이は「親しい間柄」。서로は「互いに」。예의は「礼儀」。지켜야 하는 법이다は「守るのが道理だ」。
火のないところに煙は立ちません	아니 땐 굴뚝에 연기가 나겠습니까?	※「火をたいていない煙突に煙が出るでしょうか？」ということわざを用いた表現。아니は안

	(〜ない)の硬い文語体。때다は「(火を)たく」。굴뚝は「煙突」。나다は「出る」。연기は漢字では［煙気］で［煙］の意。
口は災いのもとです	입이 말썽입니다. ＊「口が問題です」という言い方。말썽は「もめ事」。 ＝입은 재앙의 근원입니다. ＊재앙、근원は漢字ではそれぞれ［災殃］(災い)、［根源］。
それをするのがあなたの義務です	그것을 하는 것이 당신의 의무입니다. ＊의무は「義務」。
そんなことをしても大したメリットはありません	그렇게 해도 별로 득이 될 것은 없습니다. ＊「そうしても得になることはありません」という言い方。해도は하여도（しても）の縮んだ形。별로は「大して」「あまり」。득이 되다で「得になる」。 ＝그런 것을 해도 이익이 별로 없습니다.「そんなことをしても利益があまりありません」 ＊이익は「利益」。
あなただけ特別扱いするわけにはいかないのです	당신만 특별 대우 할 수는 없습니다. ＊「あなただけ特別待遇することはできません」という言い方。
すべてのことにもっと積極的になってもらいたいと思います	모든 일에 더 적극적으로 나서 주시기 바랍니다. ＊나서다は「乗り出す」「行動する」。주시기 바라다は「くださることを望む」。

注意する

「気をつけて！」

カジュアル表現

気をつけて！	조심해! _{チョシメ} ＊조심は漢字では［操心］で、조심하다は「気をつける」「用心する」。 = 조심해야 돼! _{チョシマダ} _{チョシメヤ ドゥエ} 「気をつけないとだめだよ！」 ＊-아/어/여야 되다は「〜しなければならない」という義務の表現。
足元に気をつけて	발밑을 조심해! _{パルミトゥル チョシメ} ＊발は「足」。밑は「下」。 = 발밑 주의해! _{パルミッ チュイヘ} ＊주의하다は「注意する」。
口のきき方に気をつけろ！	말조심해! _{マルジョシメ} 말조심하다は「言葉づかいに注意する」。 = 입조심해! _{イプ チョシメ} ＊입は「口」。口のきき方、または口を滑らさないように気をつけろという意味。
彼には用心して！	그 남자 조심해! _{ク ナムジャ チョシメ} ＊「その男、気をつけなよ！」という言い方。
おい、気をつけろよ！	야, 조심해라! _{ヤ チョシメラ} ＊-해라は子供や目下の相手に対する命令形。 = 이런, 조심하지 않고! _{イロン チョシマジ アンコ} ＊直訳は「おい、気をつけないで！」で、「だめじゃないか」という気持を表す。이런は驚きを表す「これは」「お

	やっ」などの意。
静かにして！	조용히 좀 해! ＊조용히は「静かに」。좀は「ちょっと」。
	＝가만 있어! ＊直訳は「静かにしてて！」。
黙れ！	닥쳐라! ＊닥치다は「(口を)閉じる」。-아/어/여라は子供や目下の相手に対する命令形。
	＝입 닥쳐! ＊直訳は「口を閉じろ！」。
冗談はよせ！	농담 말아! ＊농담は「冗談」。말다は「よす」「やめる」。
	＝농담하지 마! 「冗談言うなよ！」 ＊농담하다は「冗談を言う」。
真面目にやれ！	진지하게 해라! ＊진지하게は「真摯に」。
てきぱきとやれ！	야무지게 해! ＊「手際よくやれ！」という言い方。
	＝빨랑빨랑 해! ＊빨랑빨랑は「てきぱきと」。
年を考えろ！	나이 좀 생각해! ＊나이は「年」。
	＝나이가 몇 살인데! 「年が何歳なんだ！」
そんなことはするな！	그런 일은 하지 마라! ＊일は「こと」「仕事」「用事」。-지 마라!は子供や目下の相手に対する禁止命令形。
	＝그따위 짓 하지 마! ＊그따위 짓はそんな 일

注意する ◆ 641

	(そんなこと)の軽蔑した言い方で「そんなまね」といった意味。
ほらを吹くな！	**뻥치지 마라!** ＊뻥치다は俗語で「ほらを吹く」。-지 마라は子供や目下の相手に対する禁止命令形。 ＝**허풍 떨지 마!** ＊허풍は漢字では[虚風]で「ほら」の意。허풍 떨다で「ほらを吹く」。허풍 치지 마!も類似表現。 ＝**나팔 불지 말라구!** ＊나팔を(または나발を)불다のもとの意味は「ラッパを吹く」だが、俗語で「ほらを吹く」という意味。-지 말라구!は「～するのよせってば！」と口調を強めた言い方。
ふざけるな！	**까불지 마라!** ＊까불다は「ふざける」。 ＝**말이 되는 소리 해!** ＊直訳は「話になることを言え！」。말は「話」「言葉」。
頭を冷やせ！	**머리 좀 식혀라!** ＊좀は「ちょっと」。식히다は「冷やす」。
飲み過ぎよ！	**너무 많이 마셨어!** ＊너무は「あまりにも」。많이は「たくさん」。마시다は「飲む」。
しんぼう、しんぼう！	**참고 견뎌!** ＊참다と견디다は似たような意味で「耐える」とか「我慢する」。類義語を羅列して意味を強調している。 ＝**꾹 참아!** 「ぐっとこらえて！」 ＊꾹は「ぐっと」。

うまい話に乗らないでね	감언이설에 넘어가지 마. ※「甘い言葉にだまされないで」という言い方。감언이설は漢字では［甘言利説］。 ＝달콤한 유혹에 빠져선 안 돼. 「甘い誘惑に陥っちゃだめよ」 ※빠지다は「はまる」「陥る」。
笑いものになるぞ！	웃음거리가 될 거야! ※웃음거리は「笑いもの」「笑い種」。同じ意味で놀림거리も使える。될 거야!は「なるだろう！」。 ＝놀림 당할 거야! 「からかわれるぞ！」 ※놀림 당하다は「冷やかされる」「からかわれる」。
ヘマを繰り返すな！	실수 되풀이하지 마라! ※실수は漢字では［失手］で「へま」「ミス」の意。되풀이하다は「繰り返す」。-지 마라!は子供や目下の相手に対する禁止命令形。
そんなことを考えるのはもってのほかだ	그런 생각은 어림도 없다. ※直訳は「そういう考えはとんでもない」。어림도 없다は「とんでもない」。
そこは危ないよ	거긴 위험해. ※거긴は거기는（そこは）の縮んだ形。同じ意味で그곳은も使える。위험하다は「危険だ」。
あれだけ注意したでしょう！	그렇게 주의했는데도 말이야! ※했는데도 말이야!は「～したのに！」ほどのニュアンス。말이야!は特に意味はなく単に語調を整えるための言葉。

注意する ◆ 643

	=내가 주의한 게 몇 번인데 그래?	＊直訳は「私が注意したのが何回なのにそうなの？」。
	=내가 한두 번만 주의했어?!	＊反語表現で「私が注意したのは一度や二度じゃないでしょ？」という意味。한두 번만は「1、2回だけ」。
間違っているのは君だ	잘못된 건 너야.	＊잘못되다は「間違う」「誤る」。
	=니가 잘못했어.	「君が間違ってるよ」＊過去形になっているが、現在の状態を表す。니は네とも言う。
君の全くの誤解だよ！	완전히 너의 오해야!	＊완전히は「完全に」。오해は「誤解」。
	=니가 완전히 오해한 거야!	「君が完全に誤解したのさ！」
ベタベタしないでよ！	달라붙지 마!	＊特に女性が男性に言う。달라붙다は「ピタッと付く」「寄り添う」。-지 마!は「〜しないでよ！」。
ファスナーが開いてるよ	지퍼 열렸어.	＊열리다は「開く」「開かれる」。지퍼は「ジッパー」。파스너とも言うが会話ではあまり使われない。
	=남대문 열렸어.	＊「南大門（男大門）開いてるよ」で、男性の「社会の窓が開いてる」という俗語表現。女性の場合は여대문（女大門）を使う。

スタンダード表現

頭上にご注意ください	머리 위를 조심하세요.	＊조심は漢字では［操心］で、조심하다は「注意する」「気をつける」。
類似品にご注意ください	유사한 상품에 주의하세요.	＊유사한 상품は「類似した商品」。주의하다は「注意する」。
猛犬にご注意ください	맹견에 주의하세요. ＝개 조심!「犬に注意！」	＊맹견は「猛犬」。 ＊개は「犬」。
取扱いにご注意ください	취급에 주의하세요. ＝취급 시 주의 바랍니다.「お取扱い（の時）にご注意ください」	＊취급は「取扱い」。 ＊商品の注意書きに使われる。
お手回り品にご注意ください	소지품에 주의하세요.	＊소지품は「所持品」。
注意事項をよく読んでください	주의 사항을 잘 읽어 주세요. ＝주의 사항을 잘 읽어 주시기 바랍니다.	＊읽다は「読む」。 ＊取扱説明書などの書き方で、丁寧な表現。
横断するときは気をつけなさい	길을 건널 때는 조심하세요. ＝횡단보도 건널 땐 주의해요.「横断歩道を渡	＊「道を渡るときは気をつけてください」という言い方。 건너다は「渡る」。

注意する ◆ 645

	るときは気をつけなさい」 ☀︎횡단보도(フェンダンボド)は「横断報道」。
体には十分注意してください	건강에(コンガンエ) 주의하세요(チュイハセヨ). ☀︎「健康に注意してください」という言い方。주의(チュイ)は유의(ユイ)（留意）と言い換えられる。 =몸조심하세요(モムジョシマセヨ).「体に気をつけてください」 =건강(コンガン) 잘(チャル) 챙기세요(チェンギセヨ).「健康管理をしっかりしてください」 ☀︎챙기다(チェンギダ)は「取りまとめる」「管理する」。
飲み過ぎないよう、彼に注意してください	너무(ノム) 많이(マーニ) 마시지(マシジ) 말라고(マルラゴ) 그(ク) 사람한테(サラマンテ) 주의(チュイ) 좀(ジョム) 해(ヘ) 주세요(ジュセヨ). ☀︎마시지(マシジ) 말라고(マルラゴ)는「飲むなと」。「飲み過ぎないよう（に）」は과음하지(クァウマジ) 말라고(マルラゴ)とも言う。과음(クァウム)は漢字では［過飲］。
よく考えて行動してください	잘(チャル) 생각해서(センガッケソ) 행동하세요(ヘンドンハセヨ). ☀︎행동하다(ヘンドンハダ)は「行動する」。 =신중하게(シンジュンハゲ) 처신하세요(チョシナセヨ).「慎重に振る舞ってください」 ☀︎처신(チョシン)は漢字では［処身］で「身の振り方」「振る舞い」「行動」。
場所をわきまえなさい	장소를(チャンソルル) 가려서(カリョソ) 행동하세요(ヘンドンハセヨ). ☀︎장소(チャンソ)は「場所」。가리다(カリダ)は「よりわける」「わきまえる」。
私を巻き込まないでください	저를(チョルル) 말려들게(マルリョドゥルゲ) 하지(ハジ) 마세요(マセヨ). ☀︎말려들게(マルリョドゥルゲ) 하다(ハダ)は「巻き込まれるようにする」。

646 ◆ 注意する

	-지 마세요は「〜しないでください」と禁止を表す。非敬語は-지 말아요となる。 =나를 끌어들이지 말아요. ✻끌어들이다は「引き込む」「引き入れる」。
自分のやるべきことをしなさい	제 앞가림이나 잘하세요. ✻「自分のことでもちゃんとしてください」と非難する言い方。앞가림は「(自分の) 始末」とか「身の回りのこと」。 =당신이나 잘하세요. ✻「(他人はさておき) あなた自身がちゃんとしてください」という意味。 =제 할 일이나 잘해요. ✻제はここでは「自分の」。할 일이나は「するべきことでも」。
むだ話しないで仕事をしなさい	쓸데없는 얘기 하지 말고 일하세요. ✻쓸데없는は「むだな〜」「役に立たない〜」。 =잡담하지 말고 일 봐요. ✻잡담は「雑談」。-지 말고は「〜しないで」。
お黙り！	닥치세요! ✻닥치다は「(口を) 閉じる」。 =입 닥쳐요! ✻입は「口」。 =잠자코 있어요! 「黙っていなさい！」
言葉を慎みなさい！	말조심하세요! ✻말조심は「言葉づかいに気をつけること」。同じ意味で입조심も使える。
散らかさないでくださいね！	어지르지 마세요! ✻어지르다は「取り散らかす」。

注意する ◆ 647

	= 어지럽히지 말아요! ＊어지럽히다는「散らかす」。
一つのミスも許されないんです	사소한 실수도 허용이 안 돼요. ＊사소한 실수는「わずかなミス」。사소는「些少」。실수는漢字では［失手］。허용은「許容」。안 되다는「できない」。 = 한 치의 차질도 있어서는 안 돼요. 「一寸の狂いもあってはなりません」 ＊차질은漢字では［蹉跌］で「狂い」「手違い」の意。
問題をこじらせないでくださいね!	문제를 꼬이게 하지 마세요! ＊문제는「問題」。꼬이다는「こじれる」。-게 하다は使役の表現で、「～するようにする」「～させる」。 = 문제를 복잡하게 만들지 말아요! ＊복잡하게 만들다는「複雑にする」「ややこしくする」。
あなたは巻き込まれないでくださいよ!	당신은 휩쓸리지 마세요! ＊휩쓸리다는「巻き込まれる」。同じ意味で말려들다も使える。
自分勝手なことをしないでください!	제멋대로 굴지 마세요! ＊제멋대로는「自分勝手に」。굴다는「行動する」「振る舞う」。 = 누구 마음대로 그런 짓을 해요? ＊直訳は「誰の思いどおりにそんなまねをするのですか？」で、反語的に「勝手なまねをしないでください」という意味。짓은悪い意味での「こと」とか「まね」「仕業」。

ルールは守ってください！	룰은 지키세요!	＊룰は「ルール」。지키다は「守る」。
	＝규칙을 준수하세요!	＊규칙は「規則」。준수하다は「遵守する」。
人をからかうのはよしてください！	사람 놀리지 마세요!	＊놀리다は「からかう」。
見返りを期待してはだめですよ	대가를 기대해서는 안 돼요.	＊대가は「代価」。
	＝보수를 바라면 안 되지요.	「報酬を望んではいけないでしょう」　보수は「報酬」。바라다は「望む」。
	＝떡고물이라도 바라는 건 아니겠죠?	「見返りを望んでいるのではないでしょうね?」と釘を刺す言い方。떡고물はもとの意味は「餅にまぶす小豆などの粉」だが、転じて「見返りとしてもらう金品」のこと。
当然のことと思ってはだめですよ	당연한 일로 생각해서는 안 돼요.	
	＝예사로운 일로 여기지 말아요.	＊예사로운 일は「平凡なこと」「当たり前のこと」。여기지 말아요は「思わないでください」。
もう手を引くには遅過ぎますよ	이제 손을 떼기에는 너무 늦었어요.	＊손을 떼다は「手を引く」。너무は「あまりにも」。늦다は「遅れる」「遅くなる」。
	＝발을 빼기에는 때가 이미 늦었어요.	「手を引

注意する ◆ 649

	くには時すでに遅しです」 ※発<small>パルル</small>을 빼<small>ペダ</small>다は「足を抜く」だが、「手を引く」という意味。
危険なことはしないでくださいね、わかりましたか?	위<small>ウィホマン</small>험한 짓<small>ジスン</small>은 하<small>ハジ</small>지 마<small>マセヨ</small>세요, 아<small>アシゲッソヨ</small>시겠어요? ※짓<small>チッ</small>は悪い意味で使う「こと」「まね」。아시겠어요<small>アシゲッソヨ</small>?は「わかりますか?」。 ＝위<small>ウィホマン</small>험한 일<small>ニルン</small>은 하<small>ハジ</small>지 않<small>アントロッ</small>도록 케<small>ケヨ</small>요, 알<small>アラドゥロッソヨ</small>아들었어요? ※하<small>ハジ</small>지 않<small>アントロッ</small>도록 하<small>カダ</small>다は「しないようにする」。알<small>アラドゥッタ</small>아듣다は「理解する」「納得する」。
そんなにヒステリーを起こさないでください	그<small>クロッケ</small>렇게 신<small>シンギョンジル</small>경질 부<small>ブリジ</small>리지 마<small>マセヨ</small>세요. ※신<small>シンギョンジル</small>경질は「神経質」。신<small>シンギョンジル</small>경질 부<small>ブリダ</small>리다で「ヒステリーを起こす」。 ＝너<small>ノム</small>무 신<small>シンギョンジル</small>경질 내<small>ネジ</small>지 말<small>マラヨ</small>아요.「あまり神経質にならないでください」※신<small>シンギョンジル</small>경질 내<small>ネダ</small>다は「ヒステリーを起こす」。
時間を大切にしなさい	시<small>シガヌル</small>간을 아<small>アッキセヨ</small>끼세요. ※아<small>アッキダ</small>끼다は「大事にする」。
私の言ったことは忘れないでください	제<small>チェガ</small>가 한<small>ハン</small> 말<small>マル</small> 잊<small>イッチ</small>지 마<small>マセヨ</small>세요. ※잊<small>イッタ</small>다は「忘れる」。 ＝제<small>チェ</small> 말<small>マル</small> 기<small>キオッカセヨ</small>억하세요.「私の話を覚えていてください」※기<small>キオッカダ</small>억하다は「記憶する」。 ＝내<small>ネガ</small>가 얘<small>イェギハン</small>기한 것<small>ゴッ</small> 잊<small>イッチ</small>지 말<small>マラヨ</small>아요.「私が話したこと忘れないように」※얘<small>イェギハン</small>기한 것<small>ゴッ</small>は「話したこと」。

650 ◆ 注意する

これには落とし穴がありますよ	이 일엔 무슨 함정이 있을 거예요.
	*이 일은「このこと」。무슨 함정이는「何か落とし穴が」。함정は漢字では［陷穽］で「落とし穴」「罠」の意。-ㄹ/을 거예요はここでは「～でしょう」と推量を表す。
	=여기엔 함정이 숨어 있어요.「ここには罠が潜んでいます」 *숨다は「隠れる」「潜む」。
やり過ぎないようにしましょう	너무 지나치게 하지 말아요.
	*지나치게は「過度に」「過激に」。과도하게（過度に）も使える。
	=도를 넘지 않도록 해요.「度を越さないようにしましょう」 *넘지 않도록は「越えないように」。
ひとこと言っておきますが	한마디 해 두겠는데요. *한마디 하다で「ひとこと言う」。두다は「置く」で、해 두다は「言っておく」。
	=이 말만은 꼭 해 둘 필요가 있을 것 같은데요.「このことだけは必ず言っておく必要がありそうですが」 *꼭は「必ず」。있을 것 같다は「ありそうだ」「あるようだ」。
注意が足りないですよ	주의력이 부족해요. *주의력は「注意力」。부족하다は「不足だ」「足りない」。
	=조심성이 모자라요.
	*조심성は漢字では［操心性］で「注意力」「用心深さ」の意。모자라다は「足りない」。

注意する ◆ 651

むやみにお金を使うんじゃありません	함부로 돈 쓰지 마세요.	＊함부로は「むやみに」「やたらに」。돈は「お金」。쓰다は「使う」。
	＝돈을 헤프게 쓰지 말아요.「お金をむだに使うのよしなさい」＊헤프게は「荒く」「むだに」。	
ここではタバコを吸えません	여기선 담배를 피울 수 없어요.	＊여기선は여기에서는（ここでは）の縮んだ形。담배를 피우다は「タバコを吸う」。-ㄹ/을 수 없다は「〜できない」。
どうしてもっと真面目になれないのですか？	왜 더 진지하게 못 하는 거예요?	＊왜は「なぜ」。더は「もっと」。진지하다は「真摯だ」で、성실하다（誠実だ）も使える。
もうあなたも若くないんですよ	당신도 이제 젊지 않아요.	＊젊다は「若い」。
	＝당신도 이제 나이 들었어요.「あなたももう年を取りました」＊나이(가) 들다は「年を取る」。	
自力でやりなさい！	제 힘으로 하세요!	＊제 힘は「自分の力」。
	＝자기 힘으로 해요!　＊자기は漢字では［自己］。	
仕事が遅いですよ	일 처리가 느려요.	＊처리가 느리다は「処理が遅い」。
またミスですよ	또 실수했어요.	＊또は「また」。실수は漢字では［失手］で「ミス」「へま」「失敗」の意。

652 ◆ 注意する

あなたの態度は問題です	당신의 태도는 문제예요.	＊태도は「態度」。問題は「問題」。
次はもう許しませんからね	다음엔 용서 안 할 거예요. ＊다음は「次」。-엔は-에는（〜には）の縮んだ形。용서は「容赦」。 =다음번엔 용서 못 해요.「次は容赦なりません」 ＊다음번は「次回」。못 하다は「できない」。	
君のことを思って言っているんですよ	당신을 위해서 하는 말이에요. ＊-를/을 위해서는「〜のために」。 =당신을 위해서 얘기하고 있는 거예요.	
もっと早くやらないといけません	더 빨리 하지 않으면 안 돼요. ＊하지 않으면은「やらないと」。안 되다は「いけない」。 =더 신속히 해야 돼요.「もっと迅速にやらなければなりません」 ＊신속히は「迅速に」。	

フォーマル表現

静粛に！	정숙하십시오!	＊정숙は「静粛」。
もっと正々堂々としていなさい	더 정정당당하게 행동하십시오. ＊정정당당하게は「正々堂々と」。행동하다は「行動する」。 =더 떳떳한 모습을 보여야 합니다.「もっと堂	

注意する ◆ 653

	々とした姿を見せねばなりません」 ★<ruby>떳떳한<rt>トットッタン</rt></ruby> <ruby>모습<rt>モスプ</rt></ruby>은「堂々たる姿」。<ruby>보이다<rt>ボイダ</rt></ruby>は「見せる」。 -<ruby>아<rt>ア</rt></ruby>/<ruby>어<rt>オ</rt></ruby>/<ruby>여야<rt>ヨヤ</rt></ruby> <ruby>하다<rt>ハダ</rt></ruby>（または<ruby>되다<rt>トゥエダ</rt></ruby>）は「〜せねばならない」という義務を表す表現。
お酒をやめるよう強く忠告します	<ruby>술을<rt>スルル</rt></ruby> <ruby>끊도록<rt>クントロク</rt></ruby> <ruby>따끔히<rt>タックミ</rt></ruby> <ruby>충고하겠습니다<rt>チュンゴハゲッスムニダ</rt></ruby>. ★<ruby>술을<rt>スルル</rt></ruby> <ruby>끊다<rt>クンタ</rt></ruby>は「酒を断つ」。<ruby>따끔히<rt>タックミ</rt></ruby>は「手厳しく」。 =<ruby>금주할<rt>クムジュハル</rt></ruby> <ruby>것을<rt>コスル</rt></ruby> <ruby>분명히<rt>プンミョンイ</rt></ruby> <ruby>충고합니다<rt>チュンゴハムニダ</rt></ruby>.「禁酒するよう確かに忠告します」 ★<ruby>금주하다<rt>クムジュハダ</rt></ruby>は「禁酒する」。
あなたの考えは甘過ぎます	<ruby>당신<rt>タンシン</rt></ruby> <ruby>생각은<rt>センガグン</rt></ruby> <ruby>물러<rt>ムルロ</rt></ruby> <ruby>터졌습니다<rt>トジョッスムニダ</rt></ruby>. ★<ruby>생각<rt>センガク</rt></ruby>は「考え」。<ruby>무르다<rt>ムルダ</rt></ruby>は「甘い」「もろい」。 -<ruby>아<rt>ア</rt></ruby>/<ruby>어<rt>オ</rt></ruby>/<ruby>여<rt>ヨ</rt></ruby> <ruby>터지다<rt>トジダ</rt></ruby>は程度が甚だしいことを表す。 =<ruby>당신은<rt>タンシヌン</rt></ruby> <ruby>생각이<rt>センガギ</rt></ruby> <ruby>너무<rt>ノム</rt></ruby> <ruby>짧습니다<rt>チャルスムニダ</rt></ruby>. ★<ruby>생각이<rt>センガギ</rt></ruby> <ruby>짧다<rt>チャルタ</rt></ruby>は「考えが浅はかだ」。<ruby>너무<rt>ノム</rt></ruby>は「あまりに」。
この結果は厳粛に受けとめなさい	<ruby>이<rt>イ</rt></ruby> <ruby>결과는<rt>キョルグァヌン</rt></ruby> <ruby>엄숙히<rt>オムスッキ</rt></ruby> <ruby>받아들여야<rt>パダドゥリョヤ</rt></ruby> <ruby>합니다<rt>ハムニダ</rt></ruby>. ★<ruby>엄숙히<rt>オムスッキ</rt></ruby>は「厳粛に」。<ruby>받아들이다<rt>パダドゥリダ</rt></ruby>は「受け入れる」。
忠告させていただきますが、きちんとした身なりをしなさい	<ruby>옷차림을<rt>オッチャリムル</rt></ruby> <ruby>단정히<rt>タンジョンイ</rt></ruby> <ruby>하시도록<rt>ハシドロク</rt></ruby> <ruby>충고드립니다<rt>チュンゴドゥリムニダ</rt></ruby>. ★直訳は「服装を端正になさるようご忠告いたします」。<ruby>옷차림<rt>オッチャリム</rt></ruby>は「服装」。<ruby>하시도록<rt>ハシドロク</rt></ruby>は「なさるように」。<ruby>충고<rt>チュンゴ</rt></ruby>は「忠告」。<ruby>드리다<rt>トゥリダ</rt></ruby>は「差し上げる」「申し上げる」「いたす」という謙譲語。

654 ◆ 注意する

制止する

「やめてください！」

カジュアル表現

ダメ、ダメ！	안 돼, 안 돼! アン ドゥエ アン ドゥエ	*안 되다は「だめだ」「いけない」。 アン ドゥエダ
止まれ！	뭄춰! ムオムチュオ	*멈추다は「止まる」。 モムチュダ
	= 서라! ソラ	*軍隊、警察などが言う。서다は「止まる」「立ち止まる」。거기 서!(そこに止まれ！)も類似表現。 ソダ コギ ソ
やめろ！	관둬! クァンドゥオ	*관두다は고만두다（〔行っている行為を〕やめる、よす）の縮んだ形。 クァンドゥダ クマンドゥダ
	= 아서라! アソラ	*（するのを）「よせ！」「やめろ！」という意味。아서!とも言う。 アソ
	= 그만 해! クマン ネ	*直訳は「それぐらいにしろよ！」。
ちょっとタイム！	잠깐만! チャムカンマン	「ちょっとだけ！」という言い方。
	= 타임! タイム	*英語のtimeで、運動競技などで進行を一時止めるときに言う。
やめてよ！	하지 마! ハジ マ	*-지 마!はぞんざいな禁止命令形。 チ マ
	= 이러지 마! イロジ マ	*直訳は「こうするなよ！」。
時間切れだ！	시간 다 됐어! シガン タ ドゥエッソ	*다 되다は「すっかり～に タ ドゥエダ

制止する ◆ 655

	なる」「いっぱいになる」。
	= 이제 시간이다! 「もう時間だ!」 　　イジェ　シガニダ
おい、ちょっと！	야!　＊若者、子供に呼びかける「おい！」「やあ！」。 ヤ
	= 야, 임마!　＊임마は이놈아（こいつ、この野郎）の縮んだ形。 　　ヤ　イムマ　　　　イムマ　イノマ
	= 야, 이 자식아!　＊이 자식は「この野郎」。-아!は目下の相手に呼びかけるときの「〜よ！」とか「〜め！」。 　　ヤ　イ ジャシガ　　　イ ジャシク　　　　　　　　　　　　ア
むちゃ言わないで！	당치 않은 소리 하지 마!　＊당치 않은 소리は「不当なこと」「とんでもないこと」。말다は「やめる」「よす」で、하지 마!はここでは「言わないで！」。 タンチ アヌン ソリ ハジ マ　　　　　　タンチ アヌン ソリ　　　　　　　　　　　　　　マルダ　　　　　　　　　　　　　　　　　　ハジ マ
	= 터무니없는 얘기 하지 마!　＊터무니없는は「とんでもない〜」「途方もない〜」。 　　トムニオムヌン ニェギ ハジ マ　　　　　トムニオムヌン
	= 말도 안 돼!　＊直訳は「話にもならない！」。 　　マルド アン ドゥエ
絶対にだめ！	절대 안 돼!　＊절대は「絶対」で、-로が付くと「絶対に」。안 되다は「だめだ」「いけない」。 チョルテ アン ドゥエ　　　チョルテ　　　　　　　　　　　　　　　　　　　　　　　　　アン ドゥエダ
絶対に許さん！	절대로 용서 안 해!　＊용서は「容赦」。同じ意味で용납（漢字では［容納］で「容認」の意）も使える。 チョルテロ ヨンソ ア ネ　　　ヨンソ　　　　　　　　　　　　　　　　ヨンナプ
	= 절대 용납 못 해!　＊못 해!は「できない！」。 　　チョルテ ヨンナプ モ テ　　　モ テ
ここではだめだ	여기선 안 된다.　＊子供、目下の相手にい ヨギソン アン ドゥエンダ

	う言い方。여기선は여기에서는（ここでは）の縮んだ形。 ＝이곳에선 안 돼.
まだだめ	아직 안 돼. ＊아직は「まだ」。 ＝아직은 아냐. ＊「まだ時じゃない」という意味。아냐は「違う」。
生意気な口をきくな！	건방진 소리 마라! ＊건방지다は「生意気だ」「横柄だ」。말다は「やめる」「よす」。
動くな！	움직이지 마라! ＊움직이다は「動く」。-지 마라!は「～するな！」と子供や目下の相手に禁止する言い方。 ＝꼼짝 마! ＊꼼짝 말다は「身じろぎしない」。
変なまねはするな！	딴생각하지 마라! ＊直訳は「別な考えするな！」で、「言われたとおりにしろ！」とか「変な考えを起こすな！」という意味。
ケンカはよせ！	싸우지 마라! ＊싸우다は「けんかする」「争う」。 ＝다투지 마! ＊다투다は「争う」「けんかする」。
泣くな！	울지 마라! ＊울다は「泣く」。 ＝눈물 보이지 마! 「涙を見せるなよ！」 ＊눈물は「涙」。보이다は「見せる」。

制止する ◆ 657

私に近寄るな！	가까이 오지 마라! ★가까이は「近く(に)」。 =저리 가! 「あっち行けよ！」 저리は「あちらに」。
この件にかかわるな！	이 일에 상관하지 마라! ★일は「仕事」のほかに「こと」「用件」などの意味がある。상관は漢字では［相関］で、상관하다は「かかわる」。관여하다（関与する）も使える。
電話を切れ！	전화 끊어! ★끊다は「切る」。끊어라!とすると子供や目下の相手に対する命令形になる。
電話が切れちゃった	전화가 끊겼어. ★끊기다は「切られる」「切れる」。 =전화 끊어졌어. ★끊어지다は「切れる」。
君は首だ！	넌 모가지다! ★넌は너는（君は、お前は）の縮んだ形。모가지は俗語で「首」。 =넌 잘렸어! 「君を首を切られたんだよ！」★잘리다は「(首を)切られる」。
そんなことはするな！	그런 짓 하지 마라! ★짓は悪い意味で使う「こと」「まね」「仕業」。-지 마라!は「～するな！」と子供や目下の相手に禁止する言い方。 =그런 일 하지 마! 「そんなことするなよ！」★-지 마!は遠慮のいらない親しい相手に言う。 =그러지 마! ★直訳は「そうするのよせよ！」。그러다は「そうする」。

私の悪口を言わないで！	날 욕하지 마! ★욕하다는「悪口を言う」。욕は漢字では [辱] で「悪口」の意。
	= 내 흉 보지 마! ★흉(을) 보다は「悪口を言う」「欠点をあげつらう」。
べらべらしゃべるな！	경망하게 지껄이지 마라! ★경망は漢字では [軽妄] で、경망하게は「軽はずみに」。지껄이다は「口をたたく」「しゃべりまくる」。
	= 함부로 입 놀리지 마! ★함부로は「むやみに」「やたらに」。입(을) 놀리다は「口を動かす」。
	= 넌 입도 싸다! ★넌は너는（君は、お前は）の縮んだ形。입(이) 싸다は「口が軽い」。-도はここでは意外やあきれを表す。
そう慌てないで！	덤벙거리지 마! ★덤벙거리다は「せかせかする」。
	= 당황하지 마! ★당황하다は「慌てる」。

スタンダード表現

やめてください！（止めてください！）	멈추세요! ★멈추다は「止める」「止まる」。
	= 그만둬요! ★그만두다は「やめる」。
	= 그만 해요! ★그만 하다は「それぐらいにしておく」。
あの信号の手前で止めてください	저 신호 앞에서 세워 주세요. ★저 신호は「あの信号」。세우다は「止める」。

仁川（インチョン）に着くまで3回停車しますよ	インチョネ トチャッカル テッカジ セ ボン チョンチャハル **인천에 도착할 때까지 세 번 정차할** コエヨ **거예요.** ＊トチャッカル テッカジ 도착할 때까지は「到着するときまで」。정차는「停車」。-ㄹ/을 거예요は「〜するでしょう」と推量を表す。
バスが完全に止まるまで待ちなさい	ボスガ ワンジョニ モムチュル テッカジ キダリセヨ **버스가 완전히 멈출 때까지 기다리세요.** ＊멈추다は「止まる」。기다리다は「待つ」。
その場にいなさい！	コギ ゲセヨ **거기 계세요!** ＊「そこにいらしてください！」という敬語表現。 クゴセ イッソヨ クゴッ **=그곳에 있어요!**「そこにいなさい！」 ＊그곳は「そこ」。 ク ジャリルル トナジ マラヨ **=그 자리를 떠나지 말아요!**「その場所を離れないでね！」 ＊자리は「席」「場所」。떠나다は「離れる」。
ここには入れません	ヨギエン モッ トゥロガヨ **여기엔 못 들어가요.** ＊「ここへは入って行けません」という言い方。「入る」は들다다が、普通後ろに가다（行く）か오다（来る）を付けて使うので、話し手の居場所によって使い分けることになる。들어가다は「入って行く」で들어오다は「入って来る」。못＋動詞で「〜することができない」。 ヨギン トゥロオルス オプソヨ **=여긴 들어올 수 없어요.**「ここは入って来ることができません」 ＊-ㄹ/을 수 없다で「〜することができない」。이곳엔 못 들어와요も類似表現。

私に触らないでください	ナハンテ ソンデジ マセヨ **나한테 손대지 마세요.** ＊ソンデタ 손대다は「触る」「手を触れる」。
そういう口のきき方はしないでください	クロン シグロ マラジ マセヨ **그런 식으로 말하지 마세요.** ＊「そんなふうに言わないでください」という言い方。 シグロ 식으로は「~式に」だが、「~なふうに」とか「~なやり方で」という訳にもなる。
列に並んでください！	チュルル ソソ キダリセヨ **줄을 서서 기다리세요!** ＊「並んでお待ちください！」という言い方。줄을 서다は「列に並ぶ」。 ハン ジュルロ ナラニ ソセヨ ＝**한 줄로 나란히 서세요!** 「一列に並んでください！」 ＊나란히 서다は「立ち並ぶ」。
エアコンを止めてくれますか	エオコン ジョム コ ジュシルレヨ **에어컨 좀 꺼 주실래요?** ＊「エアコン消してくださいますか？」という言い方。끄다は「消す」。 ネンバン ジョム モムチュオ ジュゲッソヨ ＝**냉방 좀 멈춰 주겠어요?** ＊냉방は「冷房」。「暖房」は난방。멈추다は「止める」。
携帯電話のご利用はご遠慮ください	ヘンドゥポン サヨンウン サムガセヨ **핸드폰 사용은 삼가세요.** ＊携帯電話は핸드폰(ハンドフォン)、휴대폰(携帯フォン)、휴대 전화(携帯電話)などの言い方がある。사용は「使用」。삼가다は「遠慮する」「慎む」「控える」。 ヒュデポヌン サヨンハジ マラ ジュセヨ ＝**휴대폰은 사용하지 말아 주세요.** 「携帯電話は使用しないでください」

制止する ◆ 661

押さないでください！	밀지 마세요! ※밀다は「押す」。
動かないでください！	움직이지 마세요! ※움직이다は「動く」。 = 꼼짝 말아요! ※꼼짝 말다は「身じろぎしない」。 = 가만있어요! ※가만있다は「じっとしている」。
水を出しっぱなしにしないでください	수돗물을 틀어 놓은 채로 놔 두지 마세요. ※수돗물을 틀어 놓다は直訳では「水道の水をひねっておく」だが、「水道の栓をひねっておく」の意味。 놓은 채로は「おいたままで」。놔 두다は「置いておく」「放っておく」。
電気をつけっぱなしにしないでください	불 켠 채로 놔 두지 마세요. ※「灯をつけたまま放っておかないでください」という言い方。
今日はこのへんにしておきましょう	오늘은 이만 하지요. ※이만 하다は「このぐらいにする」。 = 오늘은 여기까지만 해요. 「今日はここまでにしましょう」
そのイベントは中止となりました	그 이벤트는 중지가 됐어요. ※중지(가) 되다は「中止になる」。
終わりました	끝났어요. ※끝나다は「終わる」。同じ意味で끝장나다や마치다も使える。

662 ◆ 制止する

問題を引き起こすのはよしてください	サゴ チジ アントロッ ケ ジュセヨ **사고 치지 않도록 해 주세요.** ＊사고は「事故」だが、사고(를) 치다は「問題を起こす」。치지 않도록で「起こさないように」。 ムンジェ イルキジ マセヨ　　　イルキダ ＝**문제 일으키지 마세요.** ＊일으키다は「起こす」。 マルソン ブリジ マセヨ　　　マルソン ウル ブリダ ＝**말썽 부리지 마세요.** ＊말썽(을) 부리다 ピウダ　イルキダ (피우다、일으키다)は「問題を起こす」。
1分間息を止めることができます	イル ブンガン ホフブル モムチュル ス イッソヨ **일 분간 호흡을 멈출 수 있어요.** ホフブル モムチュダ ＊호흡을 멈추다は「呼吸を止める」。 イル ブン トンアン スムル アン シュィル ス イッソヨ ＝**일 분 동안 숨을 안 쉴 수 있어요.**「1分の間息をしないことができます」 ＊동안は「間」。 トンアン スム ウル シュィダ 숨(을) 쉬다は「呼吸をする」。
感情を抑えなくてはなりませんね	カムジョンウル オンヌルロヤ ハゲンネヨ **감정을 억눌러야 하겠네요.** オンヌルダ　　　　　　　　　　　　　　ヌルダ ＊억누르다は「抑える」。누르다も使える。-아/ ア オ ヨヤ　ハダ トゥェダ 어/여야 하다(되다)は「～しなければならない」という義務の表現。-겠네요(または-겠군요) ケンネヨ　　　　　ケッグニョ は「～でしょうね」という推量と詠嘆の表現。 カムジョンウル オクチェヘヤゲックニョ オクチェハダ ＝**감정을 억제해야겠군요.** ＊억제하다は「抑制する」。
私は会社を辞めました	チョヌン フェサルル クマンドゥオッソヨ **저는 회사를 그만두었어요.** クマンドゥダ ＊그만두다は「辞める」。
ついにタバコをやめました	トゥディオ タムベルル クノッソヨ トゥディオ **드디어 담배를 끊었어요.** ＊드디어は「ついに」「とうとう」。담배를 끊다は「タバコ タムベルル クンタ を断つ」。

		=끝내 담배를 그만두었어요. ※끝내は「つい に」「とうとう」。그만두다は「やめる」。
辞表を出しました	사표를 냈어요. ※내다は「出す」。	
	=사직서 제출했어요. ※사직서は漢字では［辞 職書］で「辞表」の意。제출하다は「提出する」。	

フォーマル表現

もう終わりにします	이제 그만 하겠습니다. ※「もうやめます」という言い方。	
	=이것으로 마치도록 하겠습니다. ※이것으로 は「これで」。마치도록 하다は「終えることに する」。	
延期しなくてはなりません	연기해야겠습니다. ※연기하다は「延期 する」。해야겠습니다は「せねばなりません」。	
	=연기하지 않으면 안 됩니다. 「延期しないと いけません」 ※안 되다は「いけない」「だめ だ」。	
以下の商品はキャンセルされました	이하의 상품들은 취소가 되었습니다. ※-들は複数を表す接尾辞。취소가 되다は「取 消しになる」。	
旧来の価格でのご注文は受けられなくなりました	종전의 가격으로는 주문을 받을 수가 없게 되었습니다. ※종전의 가격으로는は

	「従前の価格では」。받다は「受ける」「もらう」。 = 옛날 가격으로는 주문하시지 못하게 되었습니다. 「昔の価格ではご注文できなくなりました」 ＊옛날は「昔」。
この小切手は換金停止されています	이 수표는 사용 정지가 돼 있습니다. ＊수표は「小切手」。사용 정지가 되다は「使用停止になる」。 = 이 수표는 환전이 정지돼 있습니다. ＊환전は漢字では［換錢］で「換金」「両替」の意。
車は急停車することがあります	차가 급정거할 수가 있습니다. ＊급정거は「急停車」で、급정차とも言う。「車」の音読みは차と거の二通りがあり、「自動車」は자동차、「自転車」は자전거と言う。-할 수 (가) 있다はここでは「～する可能性がある」という意味。 = 차는 급정차할 때가 있습니다. 「車は急停車することがあります」 ＊때가は「ときが」。
その事故で交通渋滞しました	그 사고로 인해 교통 체증이 빚어졌습니다. ＊-로/으로 인해は「～によって」「～が原因となって」。교통 체증は漢字では［交通滯症］で「交通渋滞」の意。빚어지다は「引き起こされる」。 = 그 사고 때문에 교통이 정체되었습니다. ＊때문에は「～のせいで」。정체되다は「停滞する」。

制止する ◆ 665

警察は群衆を押しとどめることができました	경찰은 군중을 제압할 수 있었습니다. ※ 제압하다는「制圧する」。-할 수 있다는「~することができる」。 = 경찰은 군중을 통제하는 데 성공했습니다. ※ 直訳は「警察は群集を統制するのに成功しました」。통제하다は「統制する」で、통제하는 데は「統制することに」。
我々は行き詰まっているのです	우리들은 앞길이 암담합니다. ※ 앞길이 암담하다は「暗たんとしている」「見通しがたたない」。 = 우리는 앞길이 막혔습니다.「我々は行く手がふさがれました」 ※ 막히다는「詰まる」「ふさがる」。 = 우리의 갈 길이 막막합니다.「我々の進むべき道が見えません」 ※ 막막하다は「果てしなく漠然としていて、方向性が見えない」という意味。
あなたは解雇されました	당신은 해고되었습니다. ※ 해고되다는「解雇される」。 = 당신은 면직 처분이 되었습니다.「あなたは免職処分になりました」 ※ -가/이 되다는「~になる」。

警告する

「これは警告です」

カジュアル表現

やらないと知らないぞ！

안 하면 어떻게 될지 모른다! ※「やらないとどうなるかわからないぞ！」という言い方。어떻게 될지 모르다は「どうなるかわからない」。

サボっちゃだめよ！

게으름 피우면 안 돼! ※게으름(을) 피우다（または부리다）で「怠ける」。-면 안 되다は「〜してはだめだ」。

= 농땡이 치지 마! ※농땡이(를) 치다（または부리다）は俗語で「さぼる」「怠ける」。농땡이と同じ意味で땡땡이も使える。

動くな！

움직이지 마라! ※움직이다は「動く」。-지 마라!は子供や目下の相手に対する禁止命令形で「〜するな！」。

= 꼼짝 마! ※꼼짝は「身動き」。마は말다（やめる、よす）のぞんざいな命令形。

かがめ！

쪼그리고 앉아라! ※直訳は「かがんで座れ！」。쪼그리다は「かがむ」。쭈그리다とも言う。-아/어/여라!は子供や目下の相手に対する命令形。

手をあげろ！	<ruby>손<rt>ソン</rt></ruby> <ruby>들어<rt>ドゥロ</rt></ruby>!	＊<ruby>손들다<rt>ソンドゥルダ</rt></ruby>は「手をあげる」。
オレの言うとおりにしろ！	<ruby>내<rt>ネ</rt></ruby> <ruby>말대로<rt>マルデロ</rt></ruby> <ruby>해라<rt>ヘラ</rt></ruby>!	＊<ruby>대로<rt>テロ</rt></ruby>は「とおりに」。
	＝<ruby>내가<rt>ネガ</rt></ruby> <ruby>시키는<rt>シキヌン</rt></ruby> <ruby>대로<rt>デロ</rt></ruby> <ruby>해<rt>ヘ</rt></ruby>! ＊<ruby>시키는<rt>シキヌン</rt></ruby> <ruby>대로<rt>デロ</rt></ruby>は「命じるとおりに」。<ruby>시키는<rt>シキヌン</rt></ruby>は<ruby>하라는<rt>ハラヌン</rt></ruby>（やれと言う）と言い換えられる。	
伏せろ！	<ruby>엎드려라<rt>オプトゥリョラ</rt></ruby>!	＊<ruby>엎드리다<rt>オプトゥリダ</rt></ruby>は「伏せる」「うつぶせる」。-아/어/여라!は子供、目下の相手に対する命令形。<ruby>엎드려<rt>オプトゥリョ</rt></ruby>!も類似表現で、対等以下の相手に用いる。
その場にいろ！	<ruby>거기<rt>コギ</rt></ruby> <ruby>있거라<rt>イッコラ</rt></ruby>!	＊<ruby>있거라<rt>イッコラ</rt></ruby>!は<ruby>있어라<rt>イッソラ</rt></ruby>(いろ！)と同じ。<ruby>가다<rt>カダ</rt></ruby>（行く）、<ruby>자다<rt>チャダ</rt></ruby>（寝る）、<ruby>있다<rt>イッタ</rt></ruby>（いる）のぞんざい体（子供、目下の者に使う）の命令形語尾は-<ruby>아<rt>ア</rt></ruby>/<ruby>어<rt>オ</rt></ruby>/<ruby>여라<rt>ヨラ</rt></ruby>という形と-<ruby>거라<rt>コラ</rt></ruby>という形がある。同様に<ruby>오다<rt>オダ</rt></ruby>（来る）には-<ruby>너라<rt>ノラ</rt></ruby>という形がある。
	＝<ruby>거기<rt>コギ</rt></ruby> <ruby>그냥<rt>クニャン</rt></ruby> <ruby>있어<rt>イッソ</rt></ruby>! 「そこにそのままいろよ！」	
前へ進め！	<ruby>앞으로<rt>アプロ</rt></ruby> <ruby>가라<rt>ガラ</rt></ruby>!	＊<ruby>가다<rt>カダ</rt></ruby>は「行く」で、<ruby>가라<rt>カラ</rt></ruby>!は「行け！」。
	＝<ruby>앞으로<rt>アプロ</rt></ruby> <ruby>나가<rt>ナガ</rt></ruby>! 「前に出ろよ！」 ＊<ruby>나가다<rt>ナガダ</rt></ruby>は「出て行く」。「出て来いよ！」は<ruby>나와<rt>ナワ</rt></ruby>!となる。	
ひざまずけ！	<ruby>무릎<rt>ムルプ</rt></ruby> <ruby>꿇어<rt>クロ</rt></ruby>!	＊<ruby>무릎(을)<rt>ムルプ ウル</rt></ruby> <ruby>꿇다<rt>クルタ</rt></ruby>は「ひざまずく」。

放して！	<ruby>이거<rt>イゴ</rt></ruby> <ruby>놔<rt>ノア</rt></ruby>!	★<ruby>이거<rt>イゴ</rt></ruby>は「これ」で、相手の手などを指す。<ruby>놔<rt>ノア</rt></ruby>!は<ruby>놓아<rt>ノア</rt></ruby>!（放して！）の縮んだ形。
逃げろ！	<ruby>도망쳐라<rt>トマンチョラ</rt></ruby>!	★<ruby>도망치다<rt>トマンチダ</rt></ruby>は「逃亡する」「逃げる」。
	=<ruby>뛰어<rt>トゥイオ</rt></ruby>!	★<ruby>뛰다<rt>トゥイダ</rt></ruby>は「走る」だが、俗語では「逃げる」。
その男を止めて！	<ruby>그놈<rt>クノム</rt></ruby> <ruby>잡아라<rt>ジャバラ</rt></ruby>!	★「そいつを捕まえろ！」という言い方。<ruby>그놈<rt>クノム</rt></ruby>は「そいつ」「その野郎」。<ruby>잡다<rt>チャプタ</rt></ruby>は「捕まえる」。
手足を広げろ！	<ruby>팔다리<rt>パルダリ</rt></ruby> <ruby>벌려<rt>ポルリョ</rt></ruby>!	★軍、警察などがボディーチェックするときの命令の言葉。<ruby>팔<rt>パル</rt></ruby>は「腕」。<ruby>다리<rt>タリ</rt></ruby>は「脚」。<ruby>벌리다<rt>ポルリダ</rt></ruby>は「広げる」。
危ない！	<ruby>위험해<rt>ウィホメ</rt></ruby>!	★<ruby>위험하다<rt>ウィホマダ</rt></ruby>は「危険だ」「危ない」。
	=<ruby>조심해<rt>チョシメ</rt></ruby>! 「気をつけて！」	★<ruby>조심하다<rt>チョシマダ</rt></ruby>は「気をつける」「用心する」。
それを落とせ！	<ruby>그거<rt>クゴ</rt></ruby> <ruby>버려<rt>ポリョ</rt></ruby>!	★<ruby>그거<rt>クゴ</rt></ruby>は<ruby>그것<rt>クゴッ</rt></ruby>（それ）の縮んだ形。<ruby>버리다<rt>ポリダ</rt></ruby>は「捨てる」。
	=<ruby>그거<rt>クゴ</rt></ruby> <ruby>내려놔<rt>ネリョノア</rt></ruby>!	★<ruby>내려놓다<rt>ネリョノッタ</rt></ruby>は「下ろしておく」。
触らないで！	<ruby>손대지<rt>ソンデジ</rt></ruby> <ruby>마<rt>マ</rt></ruby>!	★<ruby>손대다<rt>ソンデダ</rt></ruby>は「手で触る」。
	=<ruby>만지지<rt>マンジジ</rt></ruby> <ruby>마<rt>マ</rt></ruby>!	★<ruby>만지다<rt>マンジダ</rt></ruby>は「触る」「いじる」。
伏せていろ！	<ruby>엎드려<rt>オプトゥリョ</rt></ruby> <ruby>있어<rt>イッソ</rt></ruby>!	★<ruby>엎드리다<rt>オプトゥリダ</rt></ruby>は「伏せる」「うつぶせる」。

警告する ◆ 669

出て行け！	ナガラ 나가라! ＊ナガダ 나가다は「出て行く」。 タンジャン ナガ　　　　タンジャン ＝당장 나가! ＊당장 は「ただちに」。
立て！	イロナラ 일어나라! ＊イロナダ 일어나다は「立つ」「立ち上がる」。 イロソ　　　　　　　　イロソダ ＝일어서! ＊일어서다は「立つ」「立ち上がる」。
どけ！	ピキョラ 비켜라! ＊ピキダ 비키다は「どく」「退く」「遠ざかる」。 チョリ ピキョ　　　　　チョリ ＝저리 비켜! ＊저리は「あっちへ」。

スタンダード表現

これは警告です	イゴン　キョンゴエヨ 이건 경고예요. ＊キョンゴ 경고は「警告」。
そのことを心しておいてください	ク　イレ　　ユニョマセヨ 그 일에 유념하세요. ＊ク　イルル 그 일을 ~とも言 ユニョム う。유념は漢字では［留念］で「留意」の意。
彼には書面で注意してください	ク　サラマンテヌン　　ソミョヌロ　　チュイルル　ジュセヨ 그 사람한테는 서면으로 주의를 주세요. ＊チュイルル ジュダ 주의를 주다は「注意を与える」。
忠告をありがとうございます	チュンゴ　カムサハムニダ 충고 감사합니다. ＊チュンゴ 충고は「忠告」。 カムサハダ 감사하다は「感謝する」。 チュンゴヘ ジュショソ コマウォヨ ＝충고해 주셔서 고마워요.「忠告してくださっ コマプダ てありがとうございます」＊고맙다は「ありがたい」。

部長から、彼には気をつけるよう忠告されました	부장님이 그 남자 조심하라고 충고해 주었어요. ★「部長がその男に気をつけろと忠告してくれました」という言い方。「誰々に気をつける」は-를/을 조심하다だが、ここでは를が省略されている。 =부장님한테서 그 사람을 조심하라는 충고를 받았어요. 「部長からその人に気をつけろという忠告を受けました」★충고를 받다は「忠告を受ける」。
この地域は危険です	이 지역은 위험해요. ★위험하다は「危険だ」。 =이곳은 위험 지역이에요. 「ここは危険地域です」
そうすることはお勧めできません	그건 권장할 만한 일이 못 돼요. ★「それはお勧めできるほどのことではありません」という言い方。권장は「勧奨」「奨励」。-가/이 못 되다は「〜にならない」。
危険を冒すべきではないんです	위험을 무릅쓰면서까지 할 필요가 없어요. ★위험을 무릅쓰다は「危険を冒す」。-면서/으면서까지は「〜してまで」。필요가 없다は「必要がない」。
もう繰り返して言いませんよ	이제 다시 말 안 하겠어요. ★이제 다시は「もう二度と」。

警告する ◆ 671

	=이젠 같은 말 되풀이하지 않을거예요. 「もう同じこと繰り返しませんからね」 ＊이젠은 이제는（もう）의 縮んだ形。되풀이하다는「繰り返す」。
スピードの出し過ぎです	너무 속도 내시는군요. ＊너무는「あまりにも」「すごく」とか「〜過ぎる」。속도(를) 내다는「速度を出す」。-는군요は「〜ですねえ」という言い方。 =그렇게 과속하지 마세요. 「そんなに加速しないでください」
テストのために勉強しておくべきです	시험을 대비해서 공부해 둬야 해요. ＊-를/을（または-에）대비하다で「〜に備える」。대비는 漢字では［対備］。공부해 두다は「勉強しておく」で、공부해 놓다とも言う。-아/어/여야 하다で「〜すべきだ」。
ミスはないようにしてください	실수하지 않도록 하세요. ＊실수는 漢字では［失手］で「ミス」「へま」の意。-지 않도록은「〜しないように」。실수가 없도록 하세요도 類似表現。
それはやめてください	그건 하지 마세요. ＊그건은 그것은의 縮んだ形。 =그러지 말아요. ＊그러다는「そうする」。
彼女の言うことは本気にとらないでください	그 사람이 하는 말은 곧이듣지 마세요. ＊하는 말은「言うこと」。곧이듣다는「真に受

672 ◆ 警告する

	ける」「本気にする」。 = 그 여자의 말, 곧이곧대로 받아들이지 말아요. ＊ 그 여자는「彼女」だが、目上の人には使わない。곧이곧대로は「ストレートに」「額面どおり」。받아들이다は「受け入れる」。
後で後悔するようなことはしないでください	나중에 후회하지 않도록 하세요. ＊ 후회하다は「後悔する」。-지 않도록は「～しないように」。 = 나중에 후회하는 일 없도록 하세요.「後で後悔することのないようにしてください」
規則が守れなかったら首にします	규칙을 어기면 해고할 거예요. ＊ 어기다는「破る」「違反する」。해고하다は「解雇する」。-ㄹ/을 거예요は意志を表す。해고할 거예요の代わりに잘릴 거예요(首になりますよ) も使える。 = 규칙을 지키지 못하면 자를게요. ＊지키다は「守る」。자르다는俗語で「（首を）切る」。

フォーマル表現

私の警告にもかかわらず、彼は態度を変えようとしません	제 경고에도 불구하고 그 사람이 태도를 바꾸려고 하지 않습니다. ＊ -에도 불구하고は「～にもかかわらず」。불구は漢字では［不拘］。바꾸다は「変える」。-려고 하다は「～しようとする」という意図・計画の表現。

警告する ◆ 673

	チェガ キョンゴヘンヌンデド ク チングガ テドルル コチジ =제가 경고했는데도 그 친구가 태도를 고치지 アンスムニダ 않습니다. 「私が警告したのに彼は態度を改めません」 ＊그 친구は直訳では「その友達」だが、第三人称をフランクに言う「彼」「彼女」の意味。경고했는데は「警告したのに」。-도は前の語の意味の強調。고치다は「改める」「直す」「正す」。
自分のしたことには責任を取ってもらいますよ	チャシニ ハシン ニレヌン チェギムル チョ 자신이 하신 일에는 책임을 져 ジュショヤゲッスムニダ 주셔야겠습니다. ＊「ご自身がなさったことには責任を取ってくださらなければなりません」という言い方。자신は「自身」。책임(을)지다は「責任を負う (取る)」。
もし来週までにお支払いなき場合は、弁護士による取り立てに委ねられます	マニル タウム チュッカジ サンファニ オムヌン ギョンウ 만일 다음 주까지 상환이 없는 경우, ピョノサエ ウィハン チュシムロ ノモガムニダ 변호사에 의한 추심으로 넘어갑니다. ＊만일は「万一」。「〜までに」は-까지에とは言わない。상환は「償還」。경우は「場合」。추심は漢字では [推尋] で「取り立て」の意。추심으로 넘어가다は「取り立てに移る」。
その裁判は油断できません	ク ジェパヌン パンシマル ス オプスムニダ 그 재판은 방심할 수 없습니다. ＊재판は「裁判」。방심は漢字では [放心] で「油断」の意。할 수 없다は「できない」。 ク ジェパヌン マンマナゲ ボル リリ アニムニダ =그 재판은 만만하게 볼 일이 아닙니다. ＊만만하게 볼 일は「甘く見る (べき) こと」「侮れること」。

索　引

- ◆日本語索引→P.676
- ◆韓国語索引→P.712

◆◆◆ 日本語索引 ◆◆◆

●あ●

あ～あ！	83
ああ、惜しい！	181
合いそうにないです	358
あいにく	297
明らかだ	531
明らかに	525
あきらめないでください	135
あきらめる	553
あきれたわ！	241
あきれて何も言えないわ	210
握手してください	33
悪銭身につかず	636
空けておく	604
明けましておめでとうございます！	310
開ける	592
朝飯前だよ！	405
脚	669
明日知らせてあげますよ	402
明日の天気は	460
明日までに	444
味はどう？	473
あせらないで	135
頭	526
頭が切れますね	99
頭にきました！	197
新しく	517
新しく入られた方	32
あちらに	658
あっ、いけない！	207
あっ、そう？	85
あっ、そうだ！	386
合ってると思うけど	362
集める	636
後10分だけ待ってて	37
後で後悔しますよ	291
後でします	465
後で電話してね	66
後には引けない	449
後のこと	466
後は	466
あなたがしたことです！	250
あなたにもできますよ	371
あなたの言い分	414
あなたの言い分はあるんですか？	202
あなたの意見に賛成します	409
あなたの大ファンなんです！	32
あなたの手に負えません	251
あなたは自己中心過ぎます	251
あなたは～の友達ですか？	78
あなたは間違っています	352
あなたは無責任です	252
あなたも懲りないですね！	250
あなたを応援しますからね	137
あのさぁ	82
あのねぇ	386
アホ！	196
甘い言葉にだまされる	359
甘え過ぎです	272
甘く見ないでください	246
甘く見る	448
甘過ぎます	654
あまり自信はないのですが	398
あまりにも恥知らずです	391
あまりにもひど過ぎます	269
あまりのうれしさに	177

あまり無理しないでください	……………………………115
雨が降る	……………………548
雨降って地固まる	………632
怪しい	……………………544
謝らなければなりません	……165
謝ることないですよ	………146
歩み	………………………516
争う	………………………657
新たな	……………………517
新たな方針	………………515
あらを探す	………………244
あり得るそうです	…………365
ありがとう	………………152
ありがとうございました	……72
歩いて行けますか？	………29
ある意味では	……………341
ある種の	…………………275
ある程度	…………………520
ある程度までは	……………410
合わせる顔がありません	……166
慌ただしい	………………532
安心させようと	……………285
安心しました	………144, 284
安全	………………………631
案内	………………………590
あんまりですよ！	…………232

●い●

いいえ、違います	…………351
いいお知らせです	…………511
言い換えますと	……………506
言いがかりをつける	………256
いい加減に	………………586
いい加減にしろ！	…………185
言い方が気に入りません	……431
言い切れはしませんが	……400
いいじゃない！	……………332
言い過ぎです	……………201
いいぞ！	…………………92
言いたいこと	……………392
言いたくありません	………400
言いたくはないが	…………269
いいですとも！	………………86
いいですね	……………87, 259
いいところ	………………602
いいニュースだよ	…………510
言い分	……………………414
いいホテル	…………………29
いいみたいだけど！	………332
Eメール	…………………589
言い訳するな！	……………186
言い訳のしようもないです	……165
言うは易しだよ	……………630
言うべきではありません	……429
家でゴロゴロする	…………461
言おうとしている	…………391
意外と	……………………518
イキイキとしています	………97
意気込み	…………………101
生き残ることが難しいでしょう	……………………………371
息を止める	………………663
異議を申し立てました	……433
意気地なし！	……………238
いくつか	…………………496
いくら考えても	……………424
いくらですか？	………………28
いくらでも	………382, 410, 497
いくらでもあることさ	……141
いくら働いても	……………279
行け！	……………………668

日本語索引 ◆ 677

いけない！	482
いけるほうです	22
意見	409
意見が一致しますね	412
意見といえるほどではありません	400
意見を言わせてもらいます	390
石橋もたたいて渡れ	634
医者に診てもらいましたか？	119
いじる	669
依然として	488
忙しかったので	483
急ぐ	614
痛い！	178
いたずらに	636
いただきたいのですが	462
一か八か	468, 552
一度行ったことがあります	14
一度ご招待したいと思っておりました	304
一度食べてみますか？	477
一度も	14, 403
1、2回	644
一日	515
一日中	222, 515
一日も早く	315, 574
一番好きな	478
一番目	532
一番よかった	478
一枚上	98
一文無し	290
一理あるね	368
一例に過ぎません	496
いつか	599
1カ月以内に	323
一件落着だ！	170
一生懸命	464
一緒に	577
一緒に写真撮ってもらえますか？	32
一体どうなっているんですか？	274
一体どうなってるんだ！	265
一体何ごとですか？	115
一致しません	549
一丁やるか	463
言っていることが	506
言っておきますが	390
言っておきますよ	511
行ってきます	45
行ってくるよ！	37
言って何ですが	269
いつでも	382
いつでもいいよ	333, 404
いつでも歓迎します	300
行っても結構です	342
いつでも寄ってくれ！	299
行ってらっしゃい	45, 69
一杯飲みに行こうか？	332
一杯やる	598
一発	463
一歩も譲りません	328
いつまでも	554
いつまでもお幸せに！	309
いつもどおり	517
いない、いない、ばあ	35
犬に注意！	645
犬より猫のほうが	478
祈る	568
違法行為	423
今、行くよ	38

いまいち感じがつかめません 353	
今おっしゃったことに ·····392	
今思えば··············488	
今から················502	
いまだに··············444	
いまだに決めかねています ·401	
今でも················489	
今何て言った？········208	
今の段階では··········550	
今初めて··············542	
今はその時じゃない····349	
今までにわかったこと····513	
今までをふり返って····296	
今やっと···········488, 535	
今やるところだった····511	
いやだ················419	
嫌なやつだな！········186	
嫌になりました········270	
いやんなっちゃうわ！····265	
依頼する··············596	
イライラしますよ！····198	
いらっしゃいませ！····299	
いらないです··········351	
いるつもりです········467	
色····················478	
いろいろとお世話になりました ··········153	
いろいろな面で········338	
言わなくてはならない····511	
言わなければよかったです ·293	
言わば············504, 530	
言われなくても········536	
インフルエンザ········508	

●う●

伺う··················590	
ウキウキしちゃう！····169	
受け入れがたいことです····224	
受け入れるべきだと思います 395	
動き··················542	
動く··················657	
うそじゃないって！····325	
うそだろ？············421	
うそつき··········187, 236, 507	
疑いを抱く············550	
疑う··················549	
打ち合わせる··········493	
うっかりする··········481	
移す··················621	
ウッソー！············543	
訴えます··············277	
うつぶせる············668	
腕····················669	
うぬぼれないでください····246	
うまくいかないよ······345	
うまくいきました······340	
うまくいくといいですね····129	
うまくいくと思いますよ····144	
うまくいってますか？····58	
うまくいってるさ！····258	
うまくなりましたね······137	
生まれつき············206	
うやむやに············634	
裏づけています········330	
恨む··················553	
売上げが伸びました····262	
うれしい気持で········418	
うれしいです··········171	
うれしがる············525	
うれしく思います······176	

日本語索引 ◆ 679

うれしそうですね	172	お祝いをしましょう！	307
うわ～！	207	応援します	137
浮気する	530	横断する	645
うわべと中身が違います	549	横断歩道	645
うん	82	終える	518
運が向いてきましたよ！	174	お～い！	25
うんざりだ	228	大きな声	624
運転手さん！	51	大口をたたく	244
運転する	609	大げさに言う	549
運を天に任せて	469	お買い得品	583
		お帰り！	38

●え●

永遠に	488	お帰りなさい！	299
映画	603	おかげ	101
営業所	585	おかげさまで	155
え～？	83	おかしい	547
ええ、そうですよね	86	おかしいと思う	270
え～と…	82	おかず	638
ええ、本当に	58	お金がたまらない	279
えへん！	179	お変わりないですね	63
偉いですね	137	お気の毒ですが	352
偉いね！	93	お気の毒なことですね	91
選べません	294	お気の毒に	311
延期する	469, 664	お気持ちはわかります	125
円満解決	415	起きる時間ですよ！	42
遠慮なく	377	送ってやる	564
		送る	596

●お●

お会いできてうれしいです		遅れてすみません	162
	12, 174, 302	遅れる	524
お会いできて光栄です	176	お詳しいですね	99
おいしい！	39, 46	お元気でしょうか？	33
お忙しいところ	153	お子さんは大きくなったで	
お忙しそうですね	58	しょう？	58
おいたままで	662	お断りです	423
お祝いに	307	お好みに合う	479
		怒らないでください	197
		怒りっぽい性格	206

日本語	ページ	日本語	ページ
起こる	534	おっちょこちょい	254
おごる	602	おっといけない！	179
抑える	663	お釣りが合ってませんが	271
お先にお入りください	122	お連れする	564
お先に失礼します	71	お手上げですよ	231
お先真っ暗なんです	233	お手数をかけて	163
幼いときに	542	お手回り品	645
お幸せに！	129	お出迎えありがとうございます	302
惜しい人をなくしました	314	男はつらいです	275
教えてください	457	驚いたことに	211
教えてくれてありがとう	154	驚きました！	211
教えてもらえますか？	458	驚くようなことではありません	216
お時間を割いていただき	75	お腹いっぱいだ	40
おじさん	53	お腹がすいていた	532
おしゃべり	21, 238	お腹すいてませんか？	118
お邪魔してすみません	162	お腹すいてる？	38
おしゃれして	105	同じ〜	539
お知らせいたします	50	同じ意見	392, 414
お知り合いなんですか？	79	同じこと	426
お知り合いになれて	75	同じことじゃないですか！	426
押す	662	お名前	627
お世辞がうまいですね	98	鬼は外、福は内！	130
おそらく	370	お願い	571
お大事に	69, 119	お願いしてもいいですか？	32
お互い	412	お願いする	589
お互いに譲歩して	416	お久しぶり！	59
お宅(あなた)	563	お久しぶりですね	62
お誕生日おめでとうございます！	308	お昼は何にする？	472
お疲れさま	60	お二人の幸せをお祈りいたします	130
お疲れさまでした	72	オフレコ	590
おっしゃってください	384	覚えています	487
おっしゃるとおり！	86	覚えていません	62, 484
おっしゃるとおりかもしれません	411	覚えておいて	487
おっしゃるとおりです	339		

覚えられない	483
お待たせしました！	59
お招きくださって	155
お見せしましょう	502
おめでとう！	93, 94
おめでとうございます！	308
お目にかかる	579
お目にかかれて光栄です	24
思い込んでいた	447
思い出させてくれて	154
思い出した	486
思い出してみると	490
思い出しましたよ	89
思い出します	489
思い出せない	80
思い出せません	484
思いのほか	232, 518
思いやりがあります	100
思いやりのない人	249
思うには	387
おもしろいことを聞いた	511
おもしろ〜い！	41
おもしろそうですね	415
思ったとおりでした	363
思っていたとおりですよ	89
思っていたよりも	518
おやすいご用！	405
おやすいご用です	463
お休みなさい	46, 68
おやまあ！	209
折り合いがついて	111
折り入ってお話したいことがあります	63
折れる	553
おわかりいただけるかと	440
おわび申し上げます	166
終わる	518
音楽	476
音痴	23
音頭をとって	595
恩に着るよ	151

●か●

カードで	475
解雇される	527, 666
会社を辞める	450
外出	611
解消	603
外食	577
改善される	516
買いたい気持ち	470
ガイド	591
買う	600
買うつもりはありません	470
変える	523
帰る	576
変える	673
かえるの子はかえる	636
帰るよ	64
顔色が悪いですね	116
科学技術	575
かがむ	667
かかわり合いになる	432
限りなく	263
確信する	541
額面どおり	673
隠れる	651
可決されました	418
かけ離れています	431
かける	458
過去をふり返って見る	296
重ねてお礼を申します	152

重ねて強調します・・・・・・・327	金なしでは・・・・・・・・・・・・・368
傘を持って行きなさい・・・・・・44	金持ち・・・・・・・・・・・・・・・・・567
かしこまりました・・・・・・・・・90	可能性・・・・・・・・・・・・・・・・・518
貸してあげる・・・・・・・・・・・564	可能な限り・・・・・・・・・・・・・508
かすかに・・・・・・・・・・・・・・・489	可能なら・・・・・・・・・・・・・・・459
風邪ですか？・・・・・・・・・・・119	可能ならば・・・・・・・・・・・・・354
家族と離れていて・・・・・・・221	かばってくれて・・・・・・・・・154
家族の方はお変わりありません	過半数票で・・・・・・・・・・・・・418
か？・・・・・・・・・・・・・・・・・・58	壁に耳あり障子に目ありだ・・631
固く信じています・・・・・・・394	我慢できないよ・・・・・・・・・264
固く信じます・・・・・・・・・・・326	髪・・・・・・・・・・・・・・・・・・・・・582
かた苦しく・・・・・・・・・・・・・553	からかう・・・・・・・・・・191, 649
肩の荷が下りました・・・・・・284	刈る・・・・・・・・・・・・・・・・・・・583
固まる・・・・・・・・・・・・・・・・・632	彼が言うには・・・・・・・・・・・365
傾ける・・・・・・・・・・・・・・・・・465	彼にできるのなら・・・・・・・371
価値・・・・・・・・・・・・・・・・・・・555	彼に利用されているのよ・・248
勝ち目がないんです・・・・・・231	彼はキレちゃうかもね・・・・369
がっかりさせて・・・・・・・・・159	彼はキレやすいたちです・・199
がっかりだ！・・・・・・・・・・・219	カワイー！・・・・・・・・・・・・・257
がっかりです・・・・・・・・・・・232	かわいそうに！・・・・・・・・・112
かっこいい！・・・・・・・・92, 168	変わったね・・・・・・・・・・・・・529
かったるいです・・・・・・・・・275	代わり（に）・・・・・・・・・・・563
買ってきてくれる・・・・・・・588	変わる・・・・・・・・519, 523, 530
勝手にしろ！・・・・・・・・・・・191	考えが浅はかだ・・・・・・・・・654
勝手にすればいいです！・・・203	考え方次第だ・・・・・・・・・・・394
渇望する・・・・・・・・・・・・・・・575	考え過ぎないでくださいね・・146
過度に・・・・・・・・・・・・・・・・・651	考えたこともありません・・403
悲しいです・・・・・・・・・・・・・220	考えてください！・・・・・・・425
悲しみにくれています・・・・225	考えでは・・・・・・・・・・・・・・・391
悲しみを払いのける・・・・・・315	考えてみて・・・・・・・・・・・・・498
必ず・・・・・・・・・・・・・・・・・・・618	考えてみますよ・・・・・・・・・402
必ず伺います・・・・・・・・・・・322	考え直したほうがいいんじゃな
必ずしもそうではないけど・・420	い？・・・・・・・・・・・・・・・・・388
必ずやり遂げましょう！・・・323	歓迎会を開きます・・・・・・・301
必ずやります・・・・・・・・・・・321	歓迎します・・・・・・・・・・・・・304
金がものを言う・・・・・・・・・631	感激です・・・・・・・・・・・・・・・173

観光	590
感じがする	378
感じのいい人	101
感情的になっている	256
感心させられますね	101
肝心なのは	392
関心を示す	517
完成	513
完成させる	597
感想をおっしゃってください	381
観測	575
簡単に言うと	531
簡単に言えば	336, 499
感動しました	94
堪忍袋の緒が切れました！	198
乾杯！	305
乾杯しましょう！	307
がんばって！	135
がんばります	465
がんばるぞ！	464
がんばれ！	132
がんばろうね！	464
完璧だ	257
関与する	658

● き ●

聞いて！	48, 498
消えうせる	615
記憶喪失症	484
記憶にありません	485
記憶に生々しいです	487
記憶に残っています	487
記憶力が悪いですね	253
着替える	618
気がかりだったんです	121

気が利かないな！	240
企画	580
気が沈みました	230
気がとがめています	292
気がとがめます	164
気がねなく	385
気がめいる	229
聞き違いですよ	437
聞き間違える	438
聞く	624
聞くのを忘れました	482
機嫌が悪い	593
危険を脱したようです	148
着こなしが上手ですね	105
期日内に	518
気性が激しい人です	199
傷つきました	224
傷つけるつもりはなかったのです	164
期待しています	137
期待する	561
期待に応えられません	352
期待外れです	234
きちんとやりこなしますね	102
喫煙席	474
気づかい	153
気づかってくれるんです	117
きっと	618
規定	621
来てくださって	155
来てくれてありがとう！	60
来てくれてうれしいですよ	301
気に入ってくれた？	473
気に入らない	201
気に入りました	259
気に障るのです	206

日本語	ページ
気に障るようなことがありましたら	165
昨日テレビ見ましたぁ？	61
昨日のことのように	487
気のせい	393
気のせいですよ	121
気の毒に思います	291
厳しい状況	516
気分	593
気分を害しました	197, 205
希望	571
気前がいいですね	101
気まずい関係	110
君が言ったとおりにするよ	409
君がそう言うのなら	335
君が悪いんだよ！	421
君の言うとおりだよ	408
君の責任だよ	235
君はどう？	54
君を信じてたのに	193
義務	639
決めがたい	445
決めてかからないでください	369
決めましょう	445
決められません	444
気持ち	392
疑問の余地はありません	327
逆です	438
逆転勝ち	339
救急車を呼んでください！	31
休憩時間	459
休日	575
救助	563
急用があるので	361
恐縮ですが	162
今日は暑いですね	60
興味ありません	356
興味があります	462
興味がありません	398
興味を示しています	517
協力	562
許可	611
気楽にしてください	302
義理堅いですね	98
きりがない	278
きれいごと言わないで！	202
きれいに整理ができて	282
切れる	658
気を落とさないでください	312
気をつかう	619
気をつける	640
気を抜くな！	551
禁煙	450
禁煙席	474
禁煙を勧めました	395
緊張	551
緊張していたから	295
勤務条件について	503
禁物だ	551

●く●

日本語	ページ
具合はいかがですか？	115
偶然ですね！	88, 215
空腹だ	532
空腹にまずい物はなし	638
臭い！	180
苦情を言いました	272
ぐずぐずする	522
くずしてもらえますか？	31
くそっ！	179, 180
くそ真面目なので	269

日本語索引 ◆ 685

具体的な例	508
具体的に	508
くだらん！	196
口	640
口が軽い	243
口出ししないでよ！	351
口のきき方に気をつけろ！	243
口は災いのもと	639
口約束	322
ぐっと	642
くどいんだよ	243
くよくよ	554
比べてみる	468
繰り返される	637
来る	598
ぐるっと回ってみる	184
くれぐれも	75
加える	494
企てる	469
群衆	666

●け●

経験	633
警告	670
警察	574, 666
携帯電話	456, 661
けがする	534
消す	619
ケチ！	187
けちのつけどころがないな！	257
結果	520
結構です	351
決済する	570
決してぐちをこぼしません	97
決心しました	443

決心はつきましたか？	445
決心を固める	448
決断が早い	444
決断する	527
決断のとき	449
決断力	444
決定は君がしろよ	441
結論を出す	403
けなしているわけではありません	245
煙	639
限界だった	295
見解は一致していない	434
元気？	25
元気かい？	54
元気がないですね	115, 221
元気そうですね	58
元気だった？	48
元気にしてましたか？	59
元気にやっています	516
現金	570
現金で	474
検討してみます	401
検討すべきだと思います	394
検討中	514
現場からの報告	520
見物	603
健忘症がひどい	484

●こ●

ご意見を伺いたいです	384
恋は盲目	636
合意	542
こういうふうに	498
合意しました	416
こう言っては何だけど	505

幸運·····573	虎穴に入らずんば虎子を得ず·····631
光栄·····606	ここで会うとは！·····216
公演·····605	ここで召し上がりますか？·····476
後悔先に立たず·····296	ここは何という通り？·····27
後悔しています····291, 294, 296	心当たりあります·····89
公開する·····590	心が狭いですよ·····253
効果はあると思います·····393	心が広いですね·····98
抗議します！·····431	心が揺れる·····403
公式発表·····520	心からお悔やみを申し上げます·····314
こうしたらどうだろう？·····386	心より·····157
高所恐怖症·····24	心より歓迎いたします·····303
こうする（このようにする）·····524	心を打たれました·····102
交通渋滞·····665	心を決める·····444
肯定的·····556	ご愁傷さまです·····313
こうでなきゃダメだ！·····325	ご冗談を！·····87
行動·····527	こじれる·····648
行動する·····617	個人的に·····380
こうなった以上·····463	故人のご冥福を祈り·····315
こうなったので·····501	ご心配なさらないでください·····148
こうなっては·····501	ご存知ですか？·····29
こうなんだよ·····498	答えになっていません·····278
こうやってやるんだよ·····499	ごちそうさまでした·····47
考慮に入れるべきです·····394	ごちそうする·····602, 606
コートをお預かりしましょう·····120	誇張する·····549
コーヒーを入れたよ·····44	こちらにお座りください·····302
ご恩は忘れません·····158	こちらのほうが·····476
誤解しないでください·····271	こちらへ·····560
誤解ですよ·····357, 437	コツ·····554
ご期待に沿えなくて·····166	こっちだよ！·····34
小切手·····611, 665	こっちに·····599
ご希望に沿えません·····352	こっちに来てくださいよ·····60
ご希望を言ってください·····475	言葉に表せないほどの悲しみ·····226
呼吸をする·····663	
ご協力ありがとうございます·····153	

日本語索引 ◆ 687

言葉にできないほど……172	これで安心して眠れます……286
子供扱いしないで……192	これで終わり？……491
子供のころ……542	これで我慢します……412
子供みたいなことは……247	これで２回目です……273
この歌を聞くと……489	これに勝る喜びはありません……177
この格好で……377	これはどういうことなの？……193
この件に関して……385	これは問題だよ……264
この件に関しては……328	これらの……517
この資料に基づき……367	転んだ拍子に……534
この度は大変でしたね……312	怖がる……552
この近くに……29	こんがらかる……546
この地図のどこ？……27	今月中に……466
この点では……361	今後絶対に……165
この夏で40歳になります……20	根性があるね！……93
このバカが！……236	今度こそ……442
好ましくない……520	今度(の)……585
このままでは済ませません！……204	こんなことは言いたくはありませんが……434
この野郎！……196	こんなことをするなんて……295
コピー機の使い方……458	こんなところでお目にかかるとは！……63
コピーを取って……594	こんなはずじゃなかったんです……221
ゴマすり野郎めが！……240	コンピュータ関係の仕事……16
困ったことになったよ……290	
ご迷惑さまです……166	●さ●
ごめん……159	さぁ……209
ごもっともです……415	さあねぇ……347
こらしめる……618	最悪です！……232
ご立派！……94	最悪の状態……233
これ以上は……326	再確認する……548
これがほしかったのよ……151	最高だよ！……258
これから……502	最高にいい！……335
これからが勝負さ！……388	最高の気分だよ！……170
これからは気をつけます……164	最終的な決断……451
これくらいに……579	
これだけ？……491	
これだよ！……498	

最初から	448
最新の情報	515
サイズ	478
最大限	508
最低！	186
裁判	674
採用する	519
採用することにする	371
サインいただけますか？	32
先に失礼しなくてはなりません	161
酒	601
酒は強いほうです	22
酒は飲めません	22
酒をやめる	448
差し上げる	605
さすがですね！	94
さぞ、お疲れでしょう	116
雑談	647
寂しかったです	108
寂しくなりますよ	74
さぼる	667
さよなら	68
触る	669
〜さん	591
参加しない	524
参考になりました	156
賛成します	416
賛成できません	423
残念です	70
残念ながら	342

●し●

仕上げる	466, 597
幸せです	258
幸せな家庭を築いてください！	309
し〜っ！	181
塩	594
〜し終えた後で	519
次回	653
仕返ししてやります	204
仕方がない	427, 557
〜しかない	555
叱りつける	618
時間	606
時間がたつのを	483
時間が許せば	371
時間切れ	655
時間厳守	98
時間のムダよ！	388
時間を割く	607
自業自得	632
自己中心	251
仕事で来ています	15
仕事につきたい	17
仕事ぶり	272
事故にあったら	375
自己満足	261
指示に従っただけです	206
地震	513
自信	554
地震があった	513
自信をなくさないでくださいね	126
自信を持ちなさい	136
静かに	619
静かにして！	35
静かにしてください！	49
自尊心	635
〜した後で	584

次第・・・・・・・・・・・・・447	自分勝手・・・・・・・・・・・・251
従う・・・・・・・・・・・・・・617	自分自身・・・・・・・・・・・・468
～したくありませんが・・・・・433	自分だけ目立とうと・・・・・247
下心・・・・・・・・・・・・・・523	自分で決める・・・・・・・・・447
親しき仲にも礼儀あり・・・・638	自分に挑戦したい・・・・・・468
舌を巻く・・・・・・・・・・・212	自分を責めることないですよ
しっかりしてくれよ！・・・265	・・・・・・・・・・・・・・・・147
しっかりしろよ！・・・・・133	しまった！・・・・・・・・・・208
失業中です・・・・・・・・・・・17	じゃあ、切るね・・・・・・・・66
しつこいわね！・・・・・・・187	社交性があります・・・・・・・96
実際に・・・・・・・・502, 546	写真・・・・・・・・・・・・・・592
知ったかぶり・・・・・・・・247	若干・・・・・・・・・・・・・・520
知ったことではありません・・356	借金だらけ・・・・・・・・・・252
知っている限り・・・・・・・336	～じゃなくて・・・・・・・・348
じっとしている・・・・・・・662	じゃね！・・・・・・・・・・・・64
実にすばらしいこと・・・・・341	邪魔・・・・・・・・・・・・・・596
失敗を恐れないでくださいね 136	邪魔になってないでしょうね
質問・・・・・・・・・・・・・・508	・・・・・・・・・・・・・・・・162
失礼いたします・・・・・・・・71	しゃれたカバンだね・・・・・104
失礼しました・・・・・・・・160	住所・・・・・・・・・・・・・・454
失礼します・・・・・・・・・361	終電・・・・・・・・・・・・・・・71
失礼じゃないですか？・・・203	自由に飲んでください・・・302
実例としては・・・・・・・・495	十人十色・・・・・・・・・・・637
しておく・・・・・・・507, 537	十分に・・・・・・・・500, 542
指摘するべき点・・・・・・・494	十分にあり得ます・・・・・・410
～してまで・・・・・・・・・671	十分に可能性はあります・・・337
～してもいい・・・・・・・・608	十分に食べられましたか？・・118
自転車・・・・・・・・・・・・665	週末・・・・・・・・・・・・・・600
自動車・・・・・・・・・・・・665	重要な・・・・・・・・・・・・519
しなきゃよかったよ！・・・288	主張しています・・・・・・・328
～しなければならない・・394, 522	出身地・・・・・・・・・・・・461
～しなければよかった・・・・293	出席・・・・・・・・・・・・・・154
品物・・・・・・・・・・・・・・569	出席する・・・・・・・・・・・524
～にくい・・・・・・・・・・446	出張・・・・・・・・・・・・・・582
死に物狂いで・・・・・・・・552	出発する・・・・・・・・・・・610
支払方法・・・・・・・・・・・475	主導権・・・・・・・・・・・・595

寿命が縮んだよ！	211
種類	460
順調です	259
順風満帆	259
紹介したい人がいるのですが	78
小学生	19
〜しょうがしまいが	344
しょうがないですね	415
しょうがなかったんです	295
状況	516
状況把握	508
状況は厳しい	516
詳細はわかりません	514
上司	596
正直なところ	380
上司の〜部長	78
上手！	334
消息	519
招待状	550
招待する	605
承諾を得ようが得まいが	344
上達させたい	23
冗談	544
冗談じゃないんだよ！	422
冗談だよ	348
冗談だろ？	421
冗談で	161
冗談ですよ	356
冗談のつもり	161
承知しました	343
上出来だ！	257
〜しようと思う	467
しようと思うのですが	507
〜しようと思ってたところ	511
承認できません	434
商売はどうですか？	58
商売繁盛です	261
上品ですね	104
使用法	458, 503
情報	513
譲歩する	582
ショー	605
除外する	585
食事	602
食堂	602
職場	527
しょげる	553
助言	578
所持品	645
徐々に効果が現れるでしょう	339
初対面です	79
ショックです	212
ショックを受けております	218
書面	670
書面で	512
書類	460
知らせる	594
知らないよ〜だ！	181
知らないんですか？	61
知らぬが仏	636
調べる	519
知り合い	568
知り合いなの？	457
自力で	652
知りたい	457
知る限り	436
信じません	428
寝食を忘れて	485
信じられないかもしれないが	336
信じられないです！	87

日本語索引 ◆ 691

信じられません	201
人生観	557
迅速に	653
慎重に検討する	394
進展がありました	512
しんどいよ！	268
心配いりません	283
心配し過ぎです	143
心配してくれて	153
心配しないでください	143

●す●

推薦する	584
ずうずうしい！	238
好き嫌いはダメだよ！	39
好きな色	478
好きにして	441
過ぎる	638
すぐ	621
すぐに取りかかります	465
スケジュール	604
すごいです！	171
すごいな！	168
すご〜い！	93
すごくいいじゃないですか！	172
スタイル	472
頭痛	526
すっかりしょげてるね	227
すっかり忘れていました	481
すてきだ！	92
すてきです！	171
すてきなドレスですね	104
すでに	537, 541
捨てる	669
ストレートに	504

ストレス	603
ストレスがたまりましてね	278
すばらしい考えです！	88
すばらしいです！	87
スピードの出し過ぎ	672
すべてが水の泡です	254
図星です	86
すまなく思っています	292
すみません！	49
すみませんが…	33
すみません、できません	161
ずるい！	267
ずるーい！	237
〜することにする	443, 447
〜すればよい	475
〜すればよかった	292, 573

●せ●

(〜の) せい	163
制圧する	666
精いっぱい	464
成功を祈ります	129
誠実だ	652
せいせいした	282
正々堂々と	653
精通している	540
正当化する	527
正当な理由	525
せかせかする	659
責任はとらせていただきます	344
席を外しておりました	515
世間知らず	252
世間は何と言うでしょう？	385
〜せざるを得ない	433, 501
積極的に	639

切実に感じる	392
絶対ダメ！	345, 419
絶対にダメだ！	325
絶対に許しません	198
絶対反対です	424
説得力があります	100
絶望しているのです	225
絶望的です	233
説明させてください	501
説明しづらい	500
説明書に従わない	327
説明できます	500
ぜひとも	575
迫られています	451
選挙	520
全然違う	432
前代未聞	214
洗濯機で洗えるの？	41
先方	517
専門家の立場から	381
先約があります	361
全力	465
全力投球で	465

●そ●

そういう意味では	358
そういうことだと推測しました	366
そういうことなんだよ	499
そういう仲だったわけ？	457
そう思います	336, 363
そう思いません	353
そう思いませんか？	383
そう思う？	376
そうかい？	82
そうかな？	544
そうかも	368
そうかもしれません	399
そう聞いておりません	271
そうしていただけると	157
そうしてくれると	171
そうじゃないだろうか？	362
そうじゃないみたいだね	349
そうしろと	533
そうすべきだ	392
そうそう	83
そうだといいですね	89
そうだとは言えないよ	420
そうだなぁ	82
そうだね	406
そうだよな	83
そうだろう	387
そうだろうと思った	536
そうだろうね	331
そうだろうよ	387
そうでしょうか	89
そうです	336
そうですか？	87
そうではありません	90
そうではあるけど	505
そうではないよ	348
そうでもないよ	420
そうとは思いません	425
そうならば	429
そうなる可能性は十分です	410
そうなんだよ	331, 334
そうは言っていません	437
そうは言っておりません	426
そうは聞いていません	436
そこが間違っている	430
そちらのせいです	271
率先して	595

日本語索引 ◆ 693

率直に言ってください······382	それはいい考えですね！····340
その意図は何かというと····393	それはいいことを知りました······174
その上·····················221	それはいいですね···········341
そのうち··················572	それはいいね················332
その企画についての·········459	それはお気の毒ですね········88
その件について············512	それはお気の毒に···········124
その後お元気でしたか？····57	それは憶測に過ぎません····365
そのことじゃなくて·········348	それは驚きですね！··········88
そのことで··················450	それは興味深いですね········91
そのことは···········490, 512	それは残念ですね！··········88
その知らせを聞いて·········148	それはそうなんだけど·······505
その調子！··················92	それはどうかな············347
その調子でがんばってください······135	それは当然です·············251
その点では·················424	それはどうですかねぇ········86
そのとおり！···············334	それはどうもご親切に······152
そのとおりだよ········84, 407	それは初耳です·············214
そのとおりです········85, 340	それはひどい！··············311
そのとおりですよ···········411	それは本当に大きいんだ····332
その特徴について···········502	それは本当によかったですね··95
そのほかに··················493	それはまずいですね！········88
そのようです···············342	それほどでもないよ·········346
そのような例は············497	それる······················626
そりゃあそうだ·············536	そろそろ·················68, 444
そりゃあそうだろう！········84	損する······················637
それが何なの？··············521	そんな気分じゃない·········355
それじゃなくて·············492	そんなこと言ってません····359
それで？·····················85	そんなことすべきじゃなかったのに······250
それで行こう！··············406	そんなことだろうと思いました······364
それで十分です·············413	
それでは····················503	
それとこれとは·············440	そんなの構うもんか·········189
それとも····················414	そんなの知るか！···········397
それならOKです············412	そんなバカな！········182, 347
それなりの事情············512	そんなはずが！·············347
それはあり得ることですね···91	そんなはずないよ！··········84

日本語	ページ
そんなはずはありません	214, 436
そんなはずはない！	435
そんなもんだよ	140
そんなわけないでしょう？	436
損をする	319

● た ●

日本語	ページ
大学の先輩	80
大歓迎します	300
大嫌い！	195, 350, 419
退勤	598
大したことじゃない	353
大したことじゃないです	145
大したことじゃないよ	139
大事にする	650
大丈夫？	35
大丈夫ですか？	115
大丈夫ですよ	143
大好きです	23
大成功を収める	338
大切な人です	156
大切に	650
大体	505
体調不良	593
態度	653
タイプ	454, 472
大ファン	32
大変お世話になりました	158
大変でしょうね	125
大変ですね	121
大変なことになりました！	215
逮捕する	574
タイミングが悪かった	147
タイミングが悪かったんです	232
耐えられないです	231
互いに	412
互いに違う	434
高過ぎます	275
高望みはしないほうがいいよ	387
だからぁ〜	498
だから言ったじゃないか	235
宝くじ	571
だから何？	84
だから私がそう言いましたよね	271
妥協できません	326
たくさん	512
たくらんでいますよ	469
ダサイよ	244
確かですか？	385
確かなことは	514
確かなんですか？	120
確かに！	90
確かにそうです	340
出しっぱなし	662
出す	552
多数決	418
助けていただき	154
助けてくれました	284
尋ねる	526
ただいま！	37
正しい	532
正しいかもしれない	434
正しいと言えません	440
正しいとは思えません	437
正しくありません	438
ただでは済みませんからね	273
立ち上がる	670
立ち遅れる	555

日本語	ページ
立ち直る	443
立ち並ぶ	661
立場	425, 507
立場が違います	425
立場を変えて	425
断つ	448
立つ	670
脱サラして	16
～だったら	391
～だと言う	419
例えば	495
だと思ったよ	362
～だとは言えないけど	347
～だとは思いません	354
楽しいご旅行を！	70
楽しかったです	258
楽しみです	573
タバコを吸う	609
タバコをやめる	450
たぶん、そうでしょう	90, 398
食べられないもの	477
だまされたと思って	388
だまされたんだ	268
ダメ	345
ダメでもともとです	637
ダメなようです	354
便りがないのはよい便り	638
足りない	651
誰が勝つと思いますか？	379
誰でもいいよ	473
誰と付き合っているの？	457
誰とも会いたくありません	222
誰に	547
誰にだってあることです	146
誰にも言いません	320
誰にもわかってもらえません	223
短気ですね	253
断固たる立場を取らなければ	329
断固として	431
断じて	424
誕生祝いの贈り物です	308
担当	469
単刀直入	504
暖房	661

●ち●

日本語	ページ
ちぇ！	179
近い	582
近いうちにまた	72
違うようです	438
近道	582
近寄るな！	658
力になれません	352
力の及ぶ限り	515
遅刻する	524
着手する	465
チャンスが与えられました	469
チャンスです	338
ちゃんとやっているよ	141
注意力	651
忠告	578
中国料理	477
中止になる	662
昼食	602
中途半端	634
昼夜を分かたず	485
調査する	519
調子はどう？	35, 56
ちょうど	569

ちょうど電話しようと思ってた ……57	慎む……661
直接……502	つづり……461
ちょっと……589	つまらないことを言いました……293
ちょっといい？……56	つもり……467
ちょっと言いづらいですね……399	強い指導力……557
ちょっと聞いてくれる？……509	つらかったでしょうね……125
ちょっとすみません……121	つり……582
ちょっと待て！……181	
ちんぷんかんぷん……540	

●つ●

ついに……480
ついて行く……624
ついて来てください……49
ついてない よ……219
ついてますね！……175
ついてるぞ！……169
ついに……664
ついに努力が実を結びましたね……306
ついにやりましたね！……94
通訳……502
通訳します……502
使う……612
捕まえる……631
疲れた！……283
疲れているようですね……116
付き合いやすい人……95
付き合ってんの？……456
次の駅……27
次のように推測します……367
付け加える……494
つけっぱなし……662
都合がいい……405, 479
伝える……591

●て●

〜であるに過ぎない……580
提案……579
提供する……515
停滞する……665
デートに誘わないです……373
出かける……564
出かけるの？……37
手が足りない……563
手が離せません……355
できたらそうしたくないです……354
できない……653
できないこともない……528
てきぱきしています……95
手厳しく……654
できますよ……371
できる限り……508
できる限りのことはいたします……324
できるだけ……355
できるだけのことは……515
できるなら……371
できれば……400, 459, 612
てこずる……518
でしゃばらないで……251
テスト……672

でたらめだよ	245	同意に至りました	416
手伝う	561	どうお考えですか？	385
徹夜したんだ	43	どう思いますか？	379
出てって！	195	どうかお許しください	167
手に負えません	251	どうかしたの？	113
テニスする？	472	どうかしましたか？	115
手抜き仕事をした	276	どうか許してください	165
ではこれでいいですね？	411	どう考えても	424
手ぶら	598	どう感じますか？	378
でまかせ言うんじゃない！	244	同感だ	407
手間どりました	518	動機	527
出迎え	154, 564	どう記入すればいいのですか？	460
～でも	570	どうしたの？	455
照らす	633	どうしたらいいのですか？	383
手を引く	649	どうしても	424, 546
手を触れる	661	どうしましょう？	232, 372
天気	572	どうしますか？	373
伝言	515	どうしよう！	207
転職	527	どうしようもないんです	230
転倒して	534	統制する	666
天にも昇るようだ	170	当選	571
伝票	592	当然	538
電話する	597	当然そうでしょう	410
電話で	512	当然のことだと思い込んでいます	370
電話のかけ方	458	どうぞお座りください	302

●と●

ドア	592	どうぞお入りください	60
～と言います	461	どうぞくつろいでください	120
というよりは	506	どうぞよろしくお願いいたします	62
どういう風の吹き回し？	215		
どういうことですか？	90	燈台もと暗し	637
どういう理由で	527	どうだった？	471
どう行くのですか？	29	到着する	594
どう行けば	29	どうでしょうか？	460
どう言ったらいいのか	399	等々	495

堂々たる姿	654
どうなるか	370
どうなるでしょうか？	460
どうもありがとうございます	152
どうもすみません	161
どうやって	445
どうやって知り合ったの？	456
どうやって食べるのですか？	461
どうやるか	499
道理でね	87
遠い親戚より近くの他人	638
遠いですか？	29
〜とおりに	566
都会育ち	14
時がたてばわかるよ	142
時は金なり	636
度肝を抜かれました！	211
度胸のないやつだな！	239
どく（退く）	670
独身貴族	18
特に意見がありません	401
特にない	531
得になる	639
特別待遇	639
特別な	531
どこかで	488
どこかで会ったことがあります	79
どこで買えますか？	30
どこですか？	30
どこに行くの？	37
登山	582
ドジってしまって	159
年の割には	99

戸締まり	44
年を取る	652
どちらがよろしいですか？	474
どちら側	446
どちら様でしょうか？	26
どちらであれ	401
どちらとも言えません	403
どちらになさいますか？	474
どっちが大切なの？	455
とどまる	467
とにかく	150
とにかく…	89
どの駅で	27
どのくらい	475
どの程度に焼けば	475
どの電車に乗れば？	27
どのような意見をお持ちですか？	380
どのように過ごすつもりですか？	461
止まれ！	655
止める	659
共に	577
共にする	607
虎	631
トラブルメーカー	253
取扱い	645
取り返しのつかないこと	292
取消しになる	664
取り込み中	532
取り立て	674
取り散らかす	647
取り引き	584
努力が報われましたね	306
努力した甲斐がありましたね	94

努力はしている	515
どれですか？	28
どれでもいいよ	474
どれになさいますか？	476
どれを買おうか？	474
とんでもない	426
とんでもないことです	360
どんな	454
どんなことがあっても	442
どんなことでも	381
どんな人が好きなの？	454

●な●

内緒にするよ	319
直す	594, 674
長い	468
長い目で	427
仲が気まずくなったら	372
(〜の) 中で	478
仲直りしなさい	109
なかなか	483
なかなかだよ	93
泣き崩れました	223, 234
泣き言	552
泣きたい気持ちです	222
泣く	657
嘆いています	297
情けないことです	230
なぜそう言うのですか？	428
なぜそうしたの？	522
なぜならば	504
納得できないよ！	421
納得できません	205, 277, 359, 430
何色が	478
何か	524

何かある？	454, 510
何かあるのですか？	525
何かいい考え	382
何か言いたいことある？	376
何かいい番組	41
何か嫌なこと	112
何か入れますか？	475
何か贈り物をしたい	309
何がお勧めですか？	379
何かおもしろいこと	45
何かご意見はありますか？	381
何か困ったことでも？	115
何が最善でしょう？	479
何がそんなにおかしいんだ？	189
何が食べたいですか？	477
何が何だか	540, 625
何が何だかさっぱりわからん	396
何が不満なのですか？	383
何か方法が	493
何が問題かと言うとですね…	269
何か悪いこと	469
何様だと思ってるんですか？	201
何してるの？	54
何はともあれ	284
なにぶん	24, 595
何も決められない	255
何も知らないくせに	247
何も知りません	354
何もやる気が起きません	231
何を言うべきかわかりません	400
何を言ったのか	458

| 何を考えてるのか‥‥‥‥377
| 何を心配しているんですか?
| ‥‥‥‥‥‥‥‥‥‥‥116
| 何をそんなに‥‥‥‥‥‥213
| 生意気だ‥‥‥‥‥‥‥‥657
| 名前‥‥‥‥‥‥‥‥‥‥461
| 名前が出てこない‥‥‥‥480
| 生々しい‥‥‥‥‥‥‥‥487
| 涙‥‥‥‥‥‥‥‥‥‥‥657
| 涙が出るほどでした‥‥‥176
| なめる‥‥‥‥‥‥‥‥‥448
| 悩まないでください‥‥‥145
| なるべくなら‥‥‥‥‥‥571
| なるほど‥‥‥‥‥‥‥‥85
| なるようになれ!‥‥‥‥181
| 慣れる‥‥‥‥‥‥‥‥‥135
| 何時ですか?‥‥‥‥‥‥28
| 何だって?‥‥‥‥208, 623
| 何であれ‥‥‥‥‥‥‥‥468
| 何ていいんでしょう!‥‥‥88
| 何て意地悪な!‥‥‥‥‥239
| 何て言ったのか‥‥‥‥‥459
| 何て悲しいことでしょう‥‥225
| 何て悲しいことなのかしら!
| ‥‥‥‥‥‥‥‥‥‥‥220
| 何てこった!‥‥‥‥‥‥83
| 何てことだ!‥‥‥‥207, 311
| 何てすてきな‥‥‥‥‥‥105
| 何てすばらしい‥‥‥‥‥184
| 何てみっともないことを‥‥249
| 何でも構いません‥‥‥‥401
| 何でもします‥‥‥‥‥‥466
| 何でもないよ‥‥‥‥‥‥528
| 何てラッキーなんだ!‥‥181
| 何度言わすつもりなんです?
| ‥‥‥‥‥‥‥‥‥‥‥202

何と歌がうまいんでしょう!
‥‥‥‥‥‥‥‥‥‥‥183
何とかいたしますので‥‥324
何とかしていただけませんか?
‥‥‥‥‥‥‥‥‥‥‥274
何とかなるから‥‥‥‥‥144
何と好都合なことなんでしょう!‥‥‥‥‥‥‥‥‥175
何とすばらしい人生‥‥‥184
何と退屈なんでしょう!‥‥182
何となく‥‥‥‥‥‥‥‥528
何となく覚えてる‥‥‥‥486
何度も‥‥‥‥‥‥‥‥‥616
何ともお礼のしようがありません‥‥‥‥‥‥‥‥‥157
何のお構いもしませんで‥‥73
何のことだかわからないよ‥‥396
何の仕事‥‥‥‥‥‥‥‥460
何のために?‥‥‥‥‥‥521
何のためにですか?‥‥‥523
何のつもり?‥‥‥‥‥‥237
何の話か‥‥‥‥‥‥‥‥507
ナンパする‥‥‥‥‥‥‥600
何分おきに‥‥‥‥‥‥‥28
何名様でしょうか?‥‥‥50

●に●

似合ってますね‥‥‥‥‥104
〜に行くには‥‥‥‥‥‥28
荷が重過ぎる‥‥‥‥‥‥277
〜に勝つ‥‥‥‥‥‥‥‥356
苦手‥‥‥‥‥‥‥‥‥‥419
肉‥‥‥‥‥‥‥‥‥‥‥460
肉の種類‥‥‥‥‥‥‥‥460
逃げる‥‥‥‥‥‥‥‥‥669
〜に過ぎない‥‥‥‥365, 496

日本語索引 ◆ 701

～に備える	672
～についての情報	462
～に勤めております	15
～にとって	156
二度と会わない	448
二度と再び	165
～には及ばない	637
日本から来ました	13
日本語で何と言いますか？	461
日本食	477
～にも	371
～にもかかわらず	673
荷物	560
～に基づく	633
～に役立ちます	338
入手した情報	513
～によると	513
～によれば	520
～によろしくお伝えください	73
～によろしくね！	67
妊娠しています	20

●ね●

ねぇ、知ってる？	386, 509
ねえねえ！	509
熱はあるんですか？	119
寝耳に水	218
ねらう	523
年がら年中	268
念願がかないました	259
念頭に置いて	479
念頭に置く	394
念には念を	634

●の●

能力	556
残る	466
(～の) せい	163
～のためなら	466
～の近くにいますか？	27
(～の) 中で	478
飲み物	565
～のように	568
乗り遅れるなんて！	287
乗り換える	618

●は●

パーッと	598
パーティー	604
パーティーに来てほしいんですけど	308
配達する	597
入ってくる	619
バカなこと	293
バカなこと言わないで！	209
バカなこと言わないでください	213
ばかにしないでください！	203
バカにするな！	191
励ましの言葉	154
はじめ	518
初めて会った	487
はじめまして	13, 24
恥をかかせる	618
恥を知りなさい！	204
罰が当たりますよ	251
はっきり言って	326
はっきり答えてください	276
はっきりさせなければなりません	507
はっきりしていません	357
はっきりとした答え	276

日本語	ページ
バックアップいたします	138
抜群です！	183
発表するもの	502
初耳です	85
はなから	518
はなから結論づける	447
話し合うこと	494
話し合っていない点	494
話が合いませんね	424
話がある	510
話が違います	429
話にならん！	182
話にもならない！	347
話せば長くなる	500
花札	578
羽を伸ばせます	286
歯は磨いた？	46
はまる	643
早い話が	499
早い者勝ち	635
早合点しないでください！	364
早くしてよ！	37
早くしないと遅れるよ	43
早くよくなるといいですね	119
早ければ早いほど	637
晴れる	572
番号	456
ハンサムです	100
反しています	434
反対しています	424
反対票を投じる	431
反対を押し切って	433

●ひ●

日本語	ページ
悲観的	557
引き受ける	613
引き起こされる	665
秘訣	96
引けをとりません	99
日頃のご愛顧に	158
久しぶり	55
久々に会ったから	307
ひざまずく	668
ビッグニュース	510
びっくりさせる	216
びっくりするじゃないですか！	213
引越し	582
引越しする	467
必要なら	561
ひどい！	237
ひどく怒ってます	200
一口どう？	38
ひとこと言う	264
ひとこと言っても構いませんか？	390
ひとことで言って	335
一つのミスも	648
人手	563
一人で	518
ひとりぼっち	221
日取りを決めました	451
非の打ちどころがない！	257
火のないところに煙は立ちません	638
秘密	590
百聞は一見にしかず	637
冷やす	635
表記	461
病気なんですか？	118
広げる	669
品があります	97

ピンときません	353
ヒントをくれました	507
貧乏暇なしだよ	268
ピンポ〜ン！	334

●ふ●

深い〜	533
不可能なこと	156
複雑にする	648
覆水盆に返らず	293
ふさがる	666
ふざけてるの？	421
ふざけんな！	422
無事に	516
二人の容疑者	520
ふだんは	21
ぶちあけた話が	326
部長	671
二日酔いだよ	43
部分的には	414
プロとしてのご意見は？	380
分相応にやらなきゃ	388

●へ●

閉鎖する	585
閉店する	585
ベストを尽くしてください	135
別居中	19
別個の問題	440
別に	528
別に問題ないようですよ	401
別の	604
別の機会にしてください	355
別の方法	492
別々に	581
勉強	672

変更	518
弁護士	583
弁償してください	280
返事をくれと言っています	514
返答	550

●ほ●

ほう！	178
妨害	596
報告します	512
報告する	512
報酬	649
包装する	590
法律違反	423
ぼーっとしていた	480
ぼーっとしている	545
ボールペン	589
ほかに	493
ほかに何か？	491
ほかに何かありますか？	492
ほかにまだ	492
ほかのことで	534
ほかの人に聞いてよ	397
僕が悪かった	160
僕だったら	373
僕のおごりだ	305
僕はやらないよ	419
保険金が入ります	375
誇りに思います	261
ほしい	459, 567, 569
補充する	494
保証します！	340
保証人になる	323
ほっといて！	191
没頭する	485
ホッとしたよ！	168

ホッとしました	283	前々から	304
ほどに	497	前向きに	556
ほめられた	100	任せなさい	144
ほら	642	任せる	562
ほらね！	82	巻き込まないでください	356
ぼられました	274	まさか！	87
ボランティア	566	まさにそれだよ！	334
保留中	444	ましなほうだよ	141
掘る	632	真面目に	652
ほれちゃったの？	457	まだぁ？	38
滅びる	636	また会いましょう	72
本気で言っているのです	327	また会いましょうね！	69
本気なんですか？	120	また会えてうれしいです！	59
本気にする	673	また来てね	67
ほんと？	82	まだ決めていません	401
本当？	208	また来るね	66
本当だと思いますが	363	まだだよ	349
本当に？	86	まだできあがっておりません	513
本当に意外です	212	まだ何か	492
本当にイヤ〜！	185	間違いありません！	340
本当にそうなんですか？	213	間違いです	291
本当によかった！	182	間違いない	84, 525
本当にわくわくしますね！	182	間違いないですね？	385
本当のこと言って	194	間違った選択	438
ほんとにありがとう！	150	間違っています	429
ほんとにもう	179	待つ	586
本音が知りたいの	455	真っ赤になって怒った	200
本音を聞きたいのです	382	真っ向から反対	394
翻訳	502	全く異議がありません	418
		全くずうずうしいわね！	188
●ま●		全く正しいと思います	328
まぁ！	178	全く同感です	413
まぁ、そんな話だよ	499	全くばかげている！	435
まあまあ	58	全く腹が立ちます	205
まあまあいいよ！	332	的外れです	358
枚挙に暇がありません	497		

日本語索引 ◆ 705

的を射ています	339
真に受ける	672
まねる	631
まもなく	520
万が一	375
満足しています	172
満足していますか？	384
満足してますか？	260
満足そうですね	260
満足です	258

●み●

見落とす	485
見方によっては	341
見方によると思います	393
見くびる	448
見込み	518
見込みゼロなんだ！	228
短い	468
みじめな気分です	229
ミス	162
自ら	447
水に流しましょう	110
水に流そう	638
店	581
見せる	657
～みたいな	495
見たことがあります	488
見た目がだらしないよ	242
見た目で判断しないでください	363
道に迷ったのですが	26
道を教えていただきたい	26
みっともない！	249
見て！	498
認めることができません	434
見逃したもよう	485
見るには	387
みんな	516
みんな準備できた？	44
みんな、楽しんでる？	48

●む●

昔	665
むかつきます	198
むかつく！	186
無関係です	356
無罪であるものと判断しました	367
無罪を主張しました	330
虫がよ過ぎます	391
むしむしする	45
矛盾しています	429
無条件	419, 424
息子	636
娘が一人います	19
無責任です	252
むだ足	516
むだな～	647
むだなことをしました	293
むだ骨です	353
無茶しないでね	67
無頓着な人	255
むなしいです	221, 275
胸が痛みます	220
胸が張り裂ける思いです	223
むやみやたらに	634
ムリです	351
無理ないですね	410
無論ですよ	342

●め●

明確に・・・・・・・・・・・・・・・・・507
名誉にかけて・・・・・・・・・・・・324
命令しないでください！・・・・203
命令するかのごとく・・・・・・619
迷惑をおかけしまして・・・・・・167
メールアドレス教えて・・・・・454
メールしてくださいね！・・・・73
メールする・・・・・・・・・・・・・・581
メールするね・・・・・・・・・・・・319
目頭が熱くなるよ・・・・・・・・・124
めちゃくちゃだな！・・・・・・・・41
メッセージを残す・・・・・・・・・515
メリット・・・・・・・・・・・・・・・・639
免職処分・・・・・・・・・・・・・・・・666
メンツを保てました・・・・・・・156
面目が立ちました・・・・・・・・・156

●も●

もう・・・・・・・・・・・・・・・・・・・・492
もう！・・・・・・・・・・・・・・・・・・185
もうあなたなんか信じません
・・・・・・・・・・・・・・・・・・・・・・・198
もういい！・・・・・・・・・・・・・・229
もう、いい加減にしてください
・・・・・・・・・・・・・・・・・・・・・・・199
もう行かなくてはなりません
・・・・・・・・・・・・・・・・・・・・・・・361
もう一度・・・・・・・・・・・・・・・・502
もう終わったの？・・・・・・・・・492
もう終わりだ！・・・・・・・・・・179
もう帰るの？・・・・・・・・・・・・・66
もう帰ろうよ・・・・・・・・・・・・・64
もう我慢できない！・・・・・・・185
もう我慢できません！・・・・・198
もう繰り返して言いません！ 202
猛犬・・・・・・・・・・・・・・・・・・・・645
申し込み・・・・・・・・・・・・・・・・578
申し分ないです・・・・・・・・・・・96
申し訳ありません・・・・・・・・・164
申し訳ありませんが・・・・281, 485
もう済んだことだから・・・・・147
もうダメ！・・・・・・・・・・・・・・228
もう二度としません・・・・165, 322
もう利用されるのはイヤ！・・194
黙祷を捧げたいと思います・・315
目標としています・・・・・・・・・470
目標を達成した・・・・・・・・・・283
もくろみ・・・・・・・・・・・・・・・・523
もし１億ウォン持っていたら
・・・・・・・・・・・・・・・・・・・・・・・369
もしかして・・・・・・・・・・・・・・461
もしキャンセルになっていたら
・・・・・・・・・・・・・・・・・・・・・・・375
もしそれが本当だったら・・・370
もしもし！・・・・・・・・・・・・・・・48
もし私がそうすると・・・・・・372
もし私の立場にいたら・・・・・373
もたもたする・・・・・・・・・・・・522
もちろん！・・・・・・・・・・・・・・・83
もちろんです・・・・・・・・・・・・・86
持つ・・・・・・・・・・・・・・・・・・・・541
持っていかれますか？・・・・・476
持ってくる・・・・・・・・・・・・・・573
もってのほか・・・・・・・・・・・・643
もってのほかだ・・・・・・・・・・360
もっと・・・・・・・・・・・・・・・・・・478
もっといい案・・・・・・・・・・・・382
もっと詳しく・・・・・・・・・・・・457
もっと詳しく伺いたいのですが
・・・・・・・・・・・・・・・・・・・・・・・・91

もっと時間が必要なんです！ ･････････････････279	やっておきますよ ･･･････466
もっと早く言ってください ･･279	やってみせます ･･･････････321
もっと真面目にやるべきよ ･･249	やってみましょう！ ･･････337
最も ･････････････････････580	やってみよう！ ･･････････404
もっともです ･･･････････････340	やっぱり！ ････････････87, 179
もっとわかりやすく ･･････504	やっぱりそうですか ･･････363
元金 ･････････････････････637	やばい！ ････････････････287
もとのもくあみ ･･････････254	やはりそうなんだ ･･･････536
ものは試しです ･･････････468	やぼったい ･･････････････529
文句はありません ･･･････260	山のように ･･････････････555
文句をつける ････････････256	やめておこうよ ･････････349
問題 ･････････････････････653	やらないと ･････････････667
問題ありません ･･････････400	やらないよりはまし ･････637
問題点 ･･････････････････494	やりがい ･･･････････････574
問題を起こす ･･･････････663	やり方 ･････････････････329
	やりたいとおりにしなよ ･･441
●や●	やりたくないです ･･･････276
やぁ、どうですか？ ･････････57	やり遂げる ･････････････518
約束が入っています ･･････321	やれやれ！ ･････････････178
約束します ･･････････････319	
約束できません ･････････320	●ゆ●
約束ですよ！ ･･･････････322	憂うつです ･････････････230
約束は守ってください ･･････320	勇気 ･･････････････････552
約束を破ってはいけません ･322	優柔不断 ･･････････････442
役に立たない ･･･････････557	有名人になる ････････････23
やけを起こさないでください ･････････････････････143	ユーモア ･･･････････････97
やさしくしてくれない ･････408	有利な点が ････････････338
休む ･････････････････････611	誘惑する ･･････････578, 604
休んだほうがいいんじゃないですか？ ･････････････120	油断 ･･････････････551, 674
やたらに ･･････････････････652	ゆっくり休める ･･････････282
八つ当たりしないで ･･････190	指切りげんまんしよう ･････318
やった！ ･･････････････････168	夢にも思いませんでした ･･215
やっていけないね ･･･････････368	夢のような話です ･･･････174
	夢見る ･････････････････574

708 ◆ 日本語索引

●よ●

よい週末を！ ・・・・・・・・・・・・・70
容易じゃないです・・・・・・・・・446
容易ではない・・・・・・・・・・・・513
要求します・・・・・・・・・・・・・・329
要求する・・・・・・・・・・・・・・・・514
用件・・・・・・・・・・・・・・・・・・・・519
ようこそ！ ・・・・・・・・・・・・・・・49
ようこそいらっしゃいました！
・・・・・・・・・・・・・・・・・・・・・・・50
ようこそ日本へ！・・・・・・・・・300
要するに・・・・・・・・・・・・・・・・531
要請する・・・・・・・・・・・・・・・・563
要領・・・・・・・・・・・・・・・・・・・・554
よかった！ ・・・・・・・・・・・・・150
よかったです・・・・・・・・・・・・284
よかったですね・・・・・・172, 306
よく合ってますよ・・・・・・・・・105
よくあること・・・・・・・・・・・・141
よく言うよ！ ・・・・・・・267, 544
よく聞いてくれました・・・・・174
よく来ましたね！・・・・・・・・・299
抑制する・・・・・・・・・・・・・・・・663
よくそんなことが言えますね
・・・・・・・・・・・・・・・・・・・・・・202
よくそんなに涼しい顔をしていられますね・・・248
よくないこと・・・・・・・・・・・・519
よくないです・・・・・・・・・・・・427
よくなってきています・・・・・516
よく寝たの？ ・・・・・・・・・・・・43
よくばりだなぁ！ ・・・・・・・・242
よくもそんなことが言えるね！
・・・・・・・・・・・・・・・・・・・・・・266
よくやった！ ・・・・・・・92, 305
よく忘れてしまう・・・・・・・・・484

余計なお世話だよ・・・・・・・・・192
よし！ ・・・・・・・・・・・・・・・・・257
予想外・・・・・・・・・・・・・・・・・・517
予想する・・・・・・・・・・・・・・・・517
予定・・・・・・・・・・・・・・601, 604
世の中・・・・・・・・・・・・・・・・・・529
世の中狭いですね・・・・・・・・・215
世の中バラ色ですよ！・・・・・173
呼ぶ・・・・・・・・・・・・・・・・・・・・564
夜更かしはダメだよ！・・・・・・43
読み間違えました・・・・・・・・・163
読む・・・・・・・・・・・・・・・・・・・・645
予約ができない・・・・・・・・・・446
〜よりも・・・・・・・・・・・・・・・・478
よりわける・・・・・・・・・・・・・・646
夜遅くまで起きていたの？・・・43
夜型・・・・・・・・・・・・・・・・・・・・・21
喜びを抑えきれなかったんです
・・・・・・・・・・・・・・・・・・・・・・177
喜んで・・・・・・・・・・・・418, 562
喜んで受け入れる・・・・・・・・・304
よろしかったら・・・・・・・・・・459
よろしくお願いします・・・・・・61
弱音・・・・・・・・・・・・・・・・・・・・551
弱音を吐く・・・・・・・・・・・・・・・98

●ら●

来週・・・・・・・・・・・・・・・・・・・・611
来年までには・・・・・・・・・・・・364
楽観はしていません・・・・・・・353
ランチ・・・・・・・・・・・・・・・・・・602

●り●

利益・・・・・・・・・・・・・・・・・・・・639
理解・・・・・・・・・・・・・・・・・・・・625
理解できません・・・・・・・・・・357

理にかなった意見	344
理由がある	512
留学	582
留学しようと思っている	467
理由が何なのか	525
理由は何なの？	522
了解！	535
両替	665
料金	547
両親	424
良心の呵責を感じるよ	227
両手	587
旅行	582
リラックスなさってください	302

● る ●

類似品	645
ルール	621
留守中	563
留守電聞きました？	61

● れ ●

礼儀	638
礼儀知らず！	242
礼儀正しい	99
冷静に	635
冷房	661
例を挙げましょう	496
歴史は繰り返す	637
レストラン	602
列に並ぶ	661
連絡を待ってますからね	73

● わ ●

わ～い！	168
わぁ、かわいい～！	103
若く見えるとよく言われます	20
わかったよ	84
わがままねー！	239
若者	574
我が家	599
我が家へお越しください	301
わからない	625
わかりやすく	507
別れたくないわ	108
わくわくしています	173
わけ	533
わざと	468
和食	477
わずらわせてごめん	160
忘れっぽいです	484
忘れていました	481
忘れてきました	482
忘れてしまうなんて！	481
忘れないで	483
忘れないでね	44
忘れません	488
忘れ物はありません？	71
私が言いたいことは	392
私が言いたいのは	505
私が言おうとしているのは	391
私が思うには	387
私が記憶するには	490
私が担当しています	469
私が見るには	387
私が悪いんです	163
私個人の意見	395
私自身	468
私だったら	391
私とは関係のないこと	428
私にだってできますよ	337

私にできるのだから	136
私にとって	156
私には都合がいい	405
私に任せて！	464
私に任せなさい	144
私の考えでは	391
私の考えは違います	352, 434
私の気持ちは変わらないでしょう	392
私のことはほっといて！	191
私の知ったことではありません	428
私の知っている限りでは	336
私のせいかもしれません	163
私のせいにしないでください	246, 256
私の立場になって	425
私の間違いです	291
私のミスです	162
私のやり方で	329
私はそうすべきだと感じます	392
私はやっていません	352
私も同じ考えです	413
私も同じ気持ちでいます	91
私もそう思います	89
私もそう思っていたところです	411
私をからかってるの？	191
私を誰だと思ってるんですか？	200
渡る	634
わっ！	180, 207
罠	651
笑いごとじゃない！	422
笑いもの	643
笑わせるなよ！	422
割引	583
悪い	163
悪いけど、今急いでいるので	355
悪い知らせ	511
悪い夢を見た	43
悪気はなかったんだ	160
悪気はなかったんです	109
悪口を言う	659
悪口を言って	164
我ながらバカだった！	288

● を ●

〜を巡って	367

日本語索引 ◆ 711

◆◆◆ 韓国語索引 ◆◆◆

●가●

가게·················581
가깝다·············582
가능성·············518
가능성은 충분히 있어요····337
가능하다고 생각하세요?···383
가능하면·········354, 459
가능한 일이라고 합니다···365
가능한 한···········508
가능할 거라고 보세요?····383
가도 괜찮아요·······342
-가/이 되다········568
가라!··············668
가르쳐 주세요······457
가르쳐 줘서 고마워요···154
가리다·············646
가만!··············181
가만있다············662
가만있어 봐!········181
가만히 있어!·········35
가망성·············518
가망성이 없어요·····231
가망이 전혀 없어!····228
-가/이 못 되다·····355
가 본 적이 없어요·····14
가 본 적이 있습니다···14
가 볼까요?··········69
가셔도 돼요········342
가슴 설레네요······173
가슴이 막 뜁니다···176
가슴이 미어질 것 같아요···223
가슴이 벅차오릅니다···177
가슴이 아파요······220
가이드·············591

가장···············580
가져오다···········573
가족분들···········58
가지다·············541
간단히 말하면··336, 499, 531
간담이 내려앉았어요!····211
간담이 서늘해졌어요!····211
간이 떨어질 뻔했어요!···211
간이 철렁하다······218
갈망하다···········575
갈아입다···········618
갈아타다···········618
감기···············119
감당할 수 없을 거예요····251
감명을 받다·······102
감언이설···········643
감언이설에 넘어가다·····359
감정이 앞서다······256
강한 지도력········557
갖고 싶다·····151, 567
갖다 버리다··········41
같으니라고!········240
같은··········413, 539
같은 거잖아요!·····427
같은 말 하지 않겠어요!···202
같은 의견··········392
같이···············577
개다···············572
개선돼 가고 있어요···516
개인적인 의견······395
개 조심!···········645
개코도 모르면서········247

●갸●
개 · · · · · · · · · · · · · · · 420, 529
걔가 좋다고 했니? · · · · · · 420

●거●
거기 서! · · · · · · · · · · · · · · · 655
거꾸로 됐어요 · · · · · · · · · · 438
-거나 말거나 (간에) · · · · · · 344
거두절미 · · · · · · · · · · · · · · 545
-거든 · · · · · · · · · · · · · · · · 289
-거든요 · · · 270, 370, 398, 555
거래 · · · · · · · · · · · · · · · · · 584
거봐 · · · · · · · · · · · · · · · · · 235
거봐! · · · · · · · · · · · · · · · · · ·82
거스름돈이 맞지 않는데요 · · 271
거절하겠어요 · · · · · · · · · · · 423
거짓말 아니야! · · · · · · · · · · 325
거짓말쟁이 · · · · · · · · · · · · · 507
거짓말쟁이! · · · · · · · · · · · · 236
거참 · · · · · · · · · · · · · · · · · 123
거창하게 말하다 · · · · · · · · · 549
걱정하실 필요 없어요 · · · · · 284
건가요? · · · · · · · · · · · · · · 477
건너다 · · · · · · · · · · · · · · · 634
건망증이 심하다 · · · · · · · · · 484
건방지다 · · · · · · · · · · · · · · 657
건배! · · · · · · · · · · · · · · · · 305
건지 · · · · · · · · · · · · · · · · · 458
걸 · · · · · · · · · 458, 476, 570
걸다 · · · · · · · · · · · · · · · · · 458
걸음 · · · · · · · · · · · · · · · · · 516
검토 중 · · · · · · · · · · · · · · · 514
검토해 보겠어요 · · · · · · · · · 401
겁먹다 · · · · · · · · · · · · · · · · 552
것 · · · · · · · · · · · · · · · · · · 528
겉과 속이 달라요 · · · · · · · · 549
겉만 보고 판단하지 마세요 · · 363
걸치레 말 그만 하세요! · · · · 202
게 · · · · · · · · · 446, 493, 569
-게(기) 마련이다 · · · · · · · · 297
게다가 · · · · · · · · · · · · · · · 221
-게 되면 · · · · · · · · · · · · · · ·74
게으름(을) 피우다 · · · · · · · 667

●겨●
겨우 허가해 주셨어 · · · · · · 282
결과 · · · · · · · · · · · · · · · · · 520
결단 내릴 때 · · · · · · · · · · · 449
결단력 · · · · · · · · · · · · · · · 444
결단이 빠르다 · · · · · · · · · · 444
결단코 · · · · · · · · · · · · · · · 424
결단하다 · · · · · · · · · · · · · · 527
결판(이) 나다 · · · · · · · · · · 254
결론부터 짓다 · · · · · · · · · · 447
결론부터 짓지 마세요 · · · · · 369
결론에 도달한 셈입니다 · · · · 416
결론을 내리다 · · · · · · · · · · 403
결심을 굳히다 · · · · · · · · · · 448
결심이 서다 · · · · · · · · · · · · 445
결심이 서지 않아요 · · · · · · 444
결정은 니가 해 · · · · · · · · · 441
결혼하기로 했어요 · · · · · · · 447
겹쳐 입다 · · · · · · · · · · · · · 105
경거망동 · · · · · · · · · · · · · · 254
경고 · · · · · · · · · · · · · · · · · 670
경우 · · · · · · · · · · · · · · · · · 674
경찰 · · · · · · · · · · · · · 574, 666
경험 · · · · · · · · · · · · · · · · · 633
경황이 없었습니다 · · · · · · · 534
계산서 · · · · · · · · · · · · · · · 592

●고●

고기 · · · · · · · · · · · · · · · · · 460
-고 난 뒤에 · · · · · · · · · · · 519
고려해야 할 것입니다 · · · · 394
고를 수가 없었거든요 · · · · 294
고마울 따름입니다 · · · · · · 157
-고 말겠어! · · · · · · · · · · · 443
-고 말고요 · · · · · · · · · · · · 538
-고 보다 · · · · · · · · · · · · · 362
-고 봐도 되다 · · · · · · · · · 417
-고 생각하다 · · · · · · · · · · 256
고소공포증 · · · · · · · · · · · · ·24
-고 싶지 않다 · · · · · · · · · 276
고인의 명복을 빌며 · · · · · ·315
-고자 하다 · · · · · · · 391, 584
고치다 · · · · · · · · · · 594, 674
고향이 생각나요 · · · · · · · · 489
곧 · · · · · · · · · · · · · · · · · · 621
곧이곧대로 · · · · · · · · · · · 673
곧이듣다 · · · · · · · · · · · · · 672
곧잘 잊어버리다 · · · · · · · 484
곧 착수하겠어요 · · · · · · · · 465
공부 · · · · · · · · · · · · · · · · 672
공식 발표 · · · · · · · · · · · · 520
공연 · · · · · · · · · · · · · · · · 605
과거를 되돌아보다 · · · · · · 296
과장하다 · · · · · · · · · · · · · 549
과학 기술 · · · · · · · · · · · · 575
관광 · · · · · · · · · · · · · · · · 590
관두자 · · · · · · · · · · · · · · ·420
관심 없어요 · · · · · · · · · · · 398
관심을 보이다 · · · · · · · · · 517
관심이 있습니다 · · · · · · · ·462
관여하다 · · · · · · · · · · · · · 658
관측 · · · · · · · · · · · · · · · · 575
괜찮을 거 같은데! · · · · · · 332
괜한 걸음 · · · · · · · · · · · · 516
괜한 말 해서 · · · · · · · · · · 159
괜한 짓 · · · · · · · · · · · · · · 293
괜한 짓을 했어! · · · · · · · · 288
괜히 · · · · · · · · · · · · 192, 636
굉장하네! · · · · · · · · · · · · · ·93

●교●
교통 체증 · · · · · · · · · · · · 665

●구●
구경 · · · · · · · · · · · · · · · · 603
-구나 · · · · · · · · · · · · · · · 536
구미가 당기다 · · · · · · · · · 517
구조 · · · · · · · · · · · · · · · · 563
구체적으로 · · · · · · · · · · · 508
구체적인 예 · · · · · · · · · · · 508
-군요 · · · · · · · · · · · · · · · 425
군중 · · · · · · · · · · · · · · · · 666
굳게 믿고 있습니다 · · · · · 394
굳어지다 · · · · · · · · · · · · · 632
궁금하다 · · · · · · · · · · · · · 525
귀담아듣다 · · · · · · · · · · · 633
귀를 기울이다 · · · · · · · · · 296

●규●
규정 · · · · · · · · · · · · · · · · 621

●그●
그거 너무하다! · · · · · · · · 311
그거면 · · · · · · · · · · · · · · ·407
그거 안됐군요 · · · · · · · · · ·88
그거 안됐네요 · · · · · · · · · 124
그거 안됐네요! · · · · · · · · · ·88
그거 알어? · · · · · · · · · · · 386
그거야 당연하죠 · · · · · · · · 251

그거야 시간 낭비지! · · · · · 388	그나마 나은 편이야 · · · · · 141
그거 재미있겠습니다 · · · · · 91	그나저나 · · · · · · · · · · · · · · 89
그거 좋은데요 · · · · · · · · · 341	그냥 · · · · · · · · · · · · · · · · 528
그거 참 놀라운 일이네요! · · · 88	그냥 넘어갈 수 없어요 · · · · 273
그건 · · · · · · · · · · · · 435, 617	그다지 자신은 없지만요 · · · 398
그건 들도 보도 못했어요 · · · 215	그들과 상관하는 것에 · · · · 432
그건 안타까운 일입니다 · · · · 91	그따위 거 번거로워 · · · · · · 267
그건 억측에 불과해요 · · · · 365	그딴 짓 집어치워요! · · · · · 250
그 건에 관해서 · · · · · · · · · 512	그때 말고 · · · · · · · · · · · · 493
그건 오해예요 · · · · · · · · · 357	그래 · · · · · · · · · · · 82, 404
그건 있을 수 있습니다 · · · · 91	그래야만 한다고 믿어 의심치
그건 헛수고예요 · · · · · · · 353	않아요 · · · · · · · · · · · · · · 392
그걸 · · · · · · · · · · · · · · · · 321	그랬으면 좋겠어요 · · · · · · · 89
그걸 내가 어떻게 알어! · · · 397	그러게 · · · · · · · · · · 83, 331
그걸로 · · · · · 261, 407, 608	그러게 말이야 · · · · · 83, 331
그걸로 가자! · · · · · · · · · · 406	그러게 말이야! · · · · · · · · · 334
그걸 말이라고 하세요? · · · 214	그러게 말이에요 · · · · · 85, 411
그걸 말이라고 해? · · · · · · · 180	그러게요 · · · · · · · · · · · · · · 86
그걸 말이라고 해요?! · · · · 426	그러니까 내가 그랬잖아 · · · 235
그것 말고 · · · · · · · · · · · · 492	그러니까 내가 뭐랬어? · · · 235
그게 · · · · · · · · · · · 521, 623	그러니까 뭔데? · · · · · · · · · 84
그게 무슨 대수로운 일이에요?	그러니깐 · · · · · · · · · · · · · 498
· · · · · · · · · · · · · · · · · · · 353	그러면 · · · · · · · · · · · · · · 503
그게 무슨 대수로운 일인가요?	그러면 그렇죠 · · · · · · · · · · 87
· · · · · · · · · · · · · · · · · · · 145	그러면 그렇지 · · · · · · · · · 536
그게 무슨 말이에요? · · · · · · 90	그러면 그렇지! · · · · · · · · · 179
그게 무슨 상관이야 · · · · · · 189	그러면 됐어요 · · · · · · · · · 412
그게 뭐 어때서? · · · · · · · · · 84	그럭저럭 · · · · · · · · · 56, 58
그게 뭔데? · · · · · · · · · · · 521	그런 거 아냐 · · · · · · · · · · 348
그게 사실이에요? · · · · · · · 213	그런 거지, 뭐 · · · · · · · · · · 140
그게 아냐 · · · · · · · · · · · · 348	그런 것 같애요 · · · · · · · · · 342
그게 아닌 거 같아 · · · · · · · 349	그런 게 아냐 · · · · · · · · · · 346
그게 틀림없어요 · · · · · · · · 340	그런 게 아니에요 · · · · · · · · 90
그까짓 거 · · · · · · · 145, 405	그런 뜻으로 말하진 않았어요
그까짓 것 · · · · · · · · · · · · 216	· · · · · · · · · · · · · · · · · · · 358
그깟 것 · · · · · · · · · · · · · · 463	그런 말씀 · · · · · · · · · · · · 428

韓国語索引 ◆ **715**

그런 말이 입에서 나와요? ··202	그렇게 생각하지 않아요···353
그런 말 하는 거 아니에요···429	그렇게 생각해?·········376
그런 말 하면 안 돼요···429	그렇게 생각해요·········89
그런 말 한 적이 없어요···271	그렇게 하라고·········533
그런 모양이에요·········342	그렇게 한대?·········420
그런 사이였단 말야?···457	그렇게 해 주신다면·····157
그런 실례가 어디 있어요?···203	그렇겐 말하지 않았어요···426
그런 얘긴 못 들었는데요···436	그렇고말고·········84
그런 이유겠지 싶었어요···364	그렇고말고!·········334
그런 줄도 모르고·········162	그렇고말고요!·········86
그런 줄로 아는데요·····363	그렇구말구·········84
그럴 가능성은 충분하죠···410	그렇군요·········85
그럴 거라고 믿어요·····326	그렇긴 한데·········505
그럴 거야········331, 386	그렇다고 봐요······336, 363
그럴 것이라고 짐작했습니다······366	그렇다고 할 순 없어···420
그럴 기분이 아니에요····355	그렇다기보다는·········506
그럴까?·········544	그렇다면·········429
그럴까요?·········89	그렇지도 않아·····346, 420
그럴 리가!·········347	그렇지 싶어요·····336, 389
그럴 리가 없어!··84, 209, 435	그렇지 않아요·········90
그럴 리가 없어요·······436	그리 못 하겠어요·······162
그럴 리가 있겠어요?···436	그리 생각하다·········383
그럴 리는 없어요·······214	그리 생각해요·········363
그럴 만한 사정·········512	그리 해 주시면·········157
그럴 수도 있습니다·······91	그리 해 주시면 고맙겠어요···171
그럴 수도 있지요·······399	그만 까먹었구나·······480
그럴 수 있지·········368	그만두었다고 봅니다만····374
그럴 줄 알았어······362, 536	그만둔 것으로 알고 있습니다만·········374
그럴 줄 알았어요····87, 89	
그럴지도 몰라·········368	그만 하다·········68
그럴지도 몰라요·······399	그만 하자!·········229
그럴 테지·········387	그 밖에·········493
그럼!·········84	그 사람들하고 얽히는 것은···432
그럼요·········86, 342	그 사람 말로는·········365
그렇게 됐어·········499	그 사람 말에 의하면·····365
	그 사람 못지 않아요·····99

그 사람을 이기는 것은	356
그 사람이 못마땅해할 거예요	372
그 사람한테 너무 기대고 있어요	272
그 소식을 듣고	148
그 애비에 그 아이	636
그야 그렇지!	84
그 양반은 언짢아할 거예요	372
그 얘기 말고	348
그와 같은 예는	497
그 외에	493
그 의도가 뭐냐 하면	393
그 일로	450
그 일 말고	348
그 일은	490
그자들	432
그 점에서는	424
그 점이 잘못된 거예요	430
그치 싫었어	362
그 친구	401
근데	419
근무 조건에 대해서	503
근사하다!	92
근사한데요	106
근사한 드레스	104
글쎄	82
글쎄다	347
금물이다	551
금시초문이에요	85
금시초문인데요	214
금연	450
금연석	474
금연을 권장했습니다	395
금연하기로 작정했습니다	450
금할 길(이) 없다	226
금할 수 없다	314
급한 일이 있어서	361
긍정적으로	556

● 기 ●

-기	553
기(가)	553
기가 차다	290
기꺼이	418
기꺼이 받아들이겠습니다	304
기다리다	586
기대가 빗나갔습니다	234
기대에 못 미쳐서	166
기대에 보답하지 못하겠어요	352
기대에 보답하지 못해서	166
기대에 어긋나다	159
-기 때문에	528
-기로 돼 있다	321
-기로 하다	110
기(가) 막히다	183, 210, 241
-기만 하다	222
-기 바랍니다	81, 385
기분 더러워요	221
기분 더러워졌어요	197
기분 상했어요	197
기분이 말이 아니에요	229
기분이 좋아 보이네요	172
기분이 처져요	229
기쁘게 생각합니다	176
기쁜 마음으로	418
-기 쉽다	206
-기 싫다	222, 231, 277
-기 어렵다	446
기억나지 않아요	80
기억 상실증에 걸렸어요	484

韓国語索引 ◆ 717

기억에 남아 있어요······487
기억에 생생해요······487
기억이 나요··········89
기억이 나지 않습니다····485
기억이 안 납니다······62
기억이 없어요········484
기억해?·············77
기억해 둬···········487
기억해요············487
기억해 줘···········487
기운이 없어 보이네요····221
기운이 없으시네요·····115
기울이다············465
기(가) 죽다······112, 553
기죽지 마···········140
-기 짝이 없다·····205, 230
기초···············633
기(를) 펴다·········286
기회가 주어졌어요····469
기획···············580
긴 안목으로 보면·····427
긴장···············551
긴장해서 그랬어요····295
긴히 드릴 말씀이 있습니다···63
길고 짧은 것은 대봐야 알죠
 ··················468
길다···············468
김(이) 빠지다····219, 229
깊은···············533

● 까 ●
까닭···············541
까마귀 고기를 먹었나 봐요··481
까맣게 잊고 있었어요····481
까먹다니············481
까불지 마!··········422

-까지··············28
깎다···············583
깎아내리는 거 아니예요···245
깔보지 마!··········191
깜박했어요··········481
깜빡 잊다···········297
깜빡 잊었어·········480
깜짝 놀랐어!········210
깜짝 놀랐잖아요!·····213
깜짝이야!···········210
깡이 있네!··········93
깨달으시리라고 봅니다···440
깨워 줘!············42

● 꺼 ●
꺼리다·············553
껄끄러운 관계········110
-께는··············584
-께서는············63

● 꼬 ●
꼬시다·········578, 604
꼬이다·············648
꼭················618
꼭 갈게요··········322
꼭 그런 건 아냐·····346
꼭지 돌지도 모르겠네···369
꼭 찾아뵙겠어요······322
꼭 한번 들르세요·····301
꼭 해냅시다!········323
꼴도 보기 싫어!······195
꼼짝 말아요!········662

● 꾸 ●
꾸물거리다··········522
꾸미다·············469

꾹 · · · · · · · · · · · · · · · · · 642
꿈꾸다 · · · · · · · · · · · · · 574
꿈만 같다! · · · · · · · · · · · 171
꿈에도 생각 못 했어요 · · · · 215
꿈을 꾸다 · · · · · · · · · · · · ·43
꿈자리가 사나웠어요 · · · · · ·43
꿍꿍이속 · · · · · · · · · · · · 523
꿔 주다 · · · · · · · · · · · · · 588

● ㄲ ●
끄다 · · · · · · · · · · · · · · · 619
끊기다 · · · · · · · · · · · · · 658
끌어들이지 마세요 · · · · · 356
끙끙 앓다 · · · · · · · · · · · 554
끝내 · · · · · · · · · · · · · · · 664
끝내다 · · · · · · · · · · · · · 518
끝내준다! · · · · · · · · 92, 335

● ㄴ ●
-ㄴ/은가 보다 · · · · · · · · · 261
-ㄴ가 봐요 · · · · · · · · · · · ·58
-ㄴ/은/는 거예요 · · · · · · · 430
-ㄴ/은 걸요 · · · · · · · · · · 146
-ㄴ/은 것 같다 · · · · · · · · 295
-ㄴ/은/는 것 같다 · · · · · · 358
-ㄴ/은 것 같은데요 · · · · · · 32
-ㄴ/은 뒤에(후에) · · · · · · 584
-ㄴ/은 셈이다 · · · · · · · · · 416
-ㄴ/은 적 없다 · · · · · · · · 437
-ㄴ/은 적이 없다 · · · · · · · ·32
-ㄴ/은 적(이) 있다 · · · · · · ·79
-ㄴ/은 줄 알다 · · · · · · · · 532
-ㄴ/은/는 척하다(체하다) · · 247

● 나 ●
나가다 · · · · · · · · · · · · · 564

나 가만 놔두면 안 돼? · · · · 191
나 같으면 · · · · · · · · · · · 391
나라고 못 하겠어요? · · · · 338
나라고 못 할 거 없어요 · · · 337
나라고 알 것 같아? · · · · · 396
나라면 · · · · · · · · · · · · · 373
나란히 서다 · · · · · · · · · · 661
나랑 같은 의견이에요 · · · · 414
나랑 얘기 좀 하자 · · · · · · 510
나를 열 받게 했어요 · · · · · 200
나름 · · · · · · · · · · · · · · · 447
-나마 · · · · · · · · · · · · · · 489
나만 믿어! · · · · · · · · · · · 464
나만 믿어요 · · · · · · · · · · 144
나머지는 제가 해 놓겠어요 · · 466
나무랄 데가 없어! · · · · · · 257
나무랄 데 없군요 · · · · · · · ·96
-나 보다 · · · · · · · · 253, 358
-나 보죠 · · · · · · · · · · · · 120
나쁜 자식! · · · · · · · · · · · 187
나쁜 짓을 꾸미고 있어요 · · 469
나약하다 · · · · · · · · · · · 551
나약한 소리 · · · · · · · · · · 551
나에겐 너무 힘겨워요 · · · · 277
나 왔어! · · · · · · · · · · · · · 37
-나요? · · · · · · · · · 382, 524
나이(가) 들다 · · · · · · · · · 652
나이에 비해 · · · · · · · · · · ·99
나 자신 · · · · · · · · · · · · · 468
나 좀 보자 · · · · · · · · 56, 509
나중에 · · · · · · · · · · · · · ·56
나중에 할게요 · · · · · · · · 465
나하곤 상관없는 일 · · · · · 428
나하곤 상관없는 일이에요 · · 356
나한테 맡겨! · · · · · · · · · 464
나한텐 힘에 부치거든요 · · · 277

낙관은 하지 않고 있어요 ··· 353	내가 보증 서겠어요! ····· 340
낙심천만입니다 ········ 234	내가 상관할 게 뭐예요? ··· 429
낚시 ················ 582	내가 생각하기엔 ······· 387
난 ·········· 161, 398, 423	내가 쏠게 ············ 305
난 됐어 ·············· 346	내가 알 게 뭐야! ··· 181, 397
난방 ················ 661	내가 알기로는 ····· 336, 436
난 안 할래 ············ 419	내가 얘기하려는 것은 ··· 392
날 ·················· 154	내가 한 거 아냐 ······· 345
날 그냥 내버려 둬! ····· 191	내겐 너무 힘겨워! ····· 266
날씨 ················ 572	내년까지는 ··········· 364
날씨는 어떨까요? ······ 460	내다 ················ 552
날을 잡았습니다 ······· 451	내다 버리다 ··········· 41
날이면 날마다 ········· 268	내 말 안 들려? ········ 190
날짜를 정했습니다 ····· 451	내 말이 그 말이야 ······ 84
날 탓하지 마세요 ······· 246	내 말이 그 말이에요 ··· 340
남다 ················ 466	내 말이 그 말이에요! ···· 86
남을 배려할 줄 아시네요 ·· 100	내 말 좀 들어 봐! ······ 498
남을 생각하지 않는 사람 ·· 249	내 밑에서 일하는 사람 ··· 80
남의 일인 양 ·········· 248	내 생각도 그래요 ······· 413
납득이 가지 않아요 ····· 359	내 생각엔 ············ 387
납득이 안 가! ·········· 421	내 생각은 이래요 ······· 390
납득이 안 가요 ········· 430	내일 알려 줄게요 ······· 402
납득이 안 갑니다 ······· 205	내 정신 좀 봐라! ······· 179
납득하지 못하겠어요 ··· 430	내 짐작이 딱 맞았어요 ··· 364
납득할 수 없습니다! ···· 205	내 탓으로 돌리지 마세요 ··· 246
낮과 밤을 잊고 ········ 485	내 탓이에요 ··········· 163
낮말은 새가 듣고 밤말은 쥐가	냉방 ················ 661
듣는다 ············ 631	냉정하게 ············· 635
낮에 밤을 이어 ········ 485	
낯가죽 두껍다! ········ 238	●너●
낯(이) 두껍다 ········· 238	너, 돌았냐? ··········· 422
내가 누군 줄 아세요? ··· 200	-너라 ··············· 668
내가 맡고 있어요 ······· 80	너를 믿었는데 말야 ····· 193
내가 무슨 말 하는지 ···· 506	너무 고지식해서 재미없어 ·· 269
내가 바본 줄 알아? ····· 194	너무 귀엽다! ·········· 257
내가 보기엔 ··········· 387	너무 떨려서 그랬어요 ··· 295

너무 바빠서·········483
너무 뻔뻔스러워요·····391
너무 상심하지 마······140
너무 상심하지 마세요···312
너무 심술 사납다!·····239
너무 심한 말을 하네요···201
너무 열 받지 마·······190
너무 염치가 없어요····391
너무 좋아해요········23
너무 지루하네요!·····182
너무해!············237
너무 화가 납니다·····205
너한테 속았구나······194
너한텐············504
넉살 한번 좋으시네요···253
넌···············608
넌 빠져!···········351
널 볼 낯이 없어······289
넘겨짚지 말아요!·····364
넘어지는 바람에·····534
네가 그렇게 말한다면···335
-네요··········306, 539

● 노 ●
노력은야 하고 있어요···515
노리다············523
논쟁 끝에···········111
놀라게 해 드리다·····216
놀라운 일인데·······212
놀라 자빠질 걸요·····212
놀랄 만한 일········216
놀랄 일이 아니에요···216
놀랍게도···········211
놀래 줄 게 있거든요···216
놀리다············649
농담·············544

농담이죠?··········87
농땡이(를) 치다······667
농으로 말한 거야·····348
놓은 채로··········662
놓친 것 같습니다·····485
놔두고 왔어요······482

● 누 ●
누가 아니래·········407
누가 아니래?·····84, 536
누가 이길 거라고 생각하세요?
···············379
누구나 겪는 일이에요··146
누구랑 사귀니?······457
누구 마음대로·······648
누구하고 만나고 있어?···457
누구한테··········547
누워서 떡 먹기······405
눈 가리고 아웅 하다···248
눈 먼 사랑·········636
눈(이) 멀다·········636
눈물·············657
눈물 닦으세요·······143
눈물이 날 지경이었습니다··176
눈물 훔쳐요········143
눈시울이 뜨거워졌습니다··176
눈치가 없어!········240
눈치코치도 모르네!···240
눈코 뜰 새 없다······270

● 느 ●
느낌이 들다········378
-느라고············483
-는가요?···········202
-는걸·············537
-는걸요···········515

韓国語索引 ◆ 721

-는데 · · · · · · · · · · · · · · · ·57
-는데요· · · · · · · 26, 398, 426
-는 듯 싶다 · · · · · · · · · · · 122
-는 모양이다 · · · · · · · · · · 120
-는 편이 · · · · · · · · · · · · · 120
늘 그랬잖아, 왜? · · · · · · · 408
늘 그러지 않었어? · · · · · · 408
능글맞기도 하네요 · · · · · · 253
능통하다 · · · · · · · · · · · · · 540
늦다 · · · · · · · · · · · · · · · · 524
늦어서 미안해요 · · · · · · · 162
늦어서 죄송해요· · · · · · · 162

● 니 ●
-니? · · · · · · · · · · · · · 37, 471
니가 정해 · · · · · · · · · · · · 441
니 말이 맞어 · · · · · · · · · · 408
-님 · · · · · · · · · · · · · · · · · 621

● 다 ●
-다고 보다 · · · · · · · · · · · 328
-다구! · · · · · · · · · · · · · · · 436
-다구요 · · · · · · · · · · · · · 428
-다니까 · · · · · · · · · · · · · 537
다 되다 · · · · · · · · · · · · · · ·42
다들 · · · · · · · · · · · · 48, 529
다른 · · · · · · · · · · · · · · · · 604
다른 방도 · · · · · · · · · · · · 492
다른 일 때문에· · · · · · · · 534
다를 게 뭐가 있어요! · · · · 427
다리· · · · · · · · · · · · · · · · 669
다수결로· · · · · · · · · · · · · 418
다시는 · · · · · · · · · · · · · · 448
다시는 안 그럴게요 · · · · · 322
다시 뵙게 되어· · · · · · · · ·59
다시 생각해 보는 게 어때? · · · 388

-다 싶을 거예요 · · · · · · · 294
다음과 같이 추측하는 바입니다
· · · · · · · · · · · · · · · · · · 367
다음번 · · · · · · · · · · · · · · 653
다음번으로 하세요 · · · · · 355
다음엔 · · · · · · · · · · · · · · 564
다음 주· · · · · · · · · · · · · · 611
다치게 하다 · · · · · · · · · · 164
다치다 · · · · · · · · · · · · · · 534
다투다 · · · · · · · · · · · · · · 657
다행이군요! · · · · · · · · · · 172
다행이네요 · · · · · · · 95, 306
다행이다! · · · · · · · · · · · · 150
다행이에요 · · · · · · · · · · · 284
단단히 결심했어요 · · · · · 443
단단히 마음먹었어요 · · · · 448
단도직입적으로 · · · · · · · 504
단언할 수는 없지만 말이에요
· · · · · · · · · · · · · · · · · · 400
단호한 입장을 취해야겠습니다
· · · · · · · · · · · · · · · · · · 329
달리 · · · · · · · · · · · · · · · · 506
달리 도리가 없거든요 · · · · 427
달리 말하면요 · · · · · · · · · 506
담배를 끊기로 · · · · · · · · 450
답신 · · · · · · · · · · · · · · · · 550
답을 달라고 해요 · · · · · · 514
당신 · · · · · · · · · · · · 59, 377
당신 덕분입니다 · · · · · · · 101
당신이 못 할 게 뭐가 있겠어요?
· · · · · · · · · · · · · · · · · · 371
당신이 짐작한 그대로네요 · · · 365
당신 잘못이에요 · · · · · · · 429
당신한테 달려 있어요 · · · · 446
당신 할 나름이에요· · · · · 446
당연하죠· · · · · · · · · · · · · 342

| 당연하지····································333
| 당연한 일인 줄로 알고 있어요
| ····································370
| 당연히····································538
| 당장 꺼져!············186, 195
| 당장 해 보겠어요·····················465
| 당첨····································571
| 당치 않다··························360
| 당해 내지는 못해요·················356
| 대견스럽습니다·····················101
| 대단하네요!·························87
| 대단해!····································168
| 대단해요!····························171
| 대로····································566
| 대보다····································468
| 대비하다··························672
| 대신····································563
| 대체 어떻게 된 거예요?
| ····································215, 274
| 대충··························505, 555
| 대학 시절····························80
| 대환영이에요······················300
| 댁····································563

●더●

| 더는 못 참겠어요·····················231
| 더는 참지 못해!·····················185
| 더 쉽게····························504
| 더 얻고 싶어요·····················459
| 더없는 기쁨입니다·················263
| 더 이상····························326
| 더 이상 못 견디겠어요·············231
| 더 이상 못 참겠다!·················185
| 더 이상 믿지 않겠어요·············198
| 더 이상 바랄 것 없어요·············259
| 더 자세히····························457

| 더펄이····································254
| 덜렁이····································254
| 덤벙거리다··························659
| 덮어놓고····················369, 374
| 데····································602
| 데려다 주다··························564
| 데이트 신청······················373

●도●

| 도대체 어떻게 된 거야!·····265
| 도망치다····························669
| 도시에서 자랐어요···············14
| 도와주다····························565
| 도착하다··························594
| 돈만 있으면 귀신도 부릴 수 있어
| ····································631
| 돈 없인····························368
| 돈이 모이지 않아요···············279
| 돈이 없으면 못 할 걸·············368
| 돌다리도 두드려 보고 건너라
| ····································634
| 돌봐 주셔서····························158
| 돌아가다··························576
| 돌이켜 보건대······················490
| 돌이켜 보니··························488
| 돌이킬 수 없는 일·················292
| 동기····································527
| 동문서답하고 있네요·············358
| 동정을 금할 길 없습니다···127
| 됐어!····································346
| 됐어!····················229, 257
| 되도록이면··············355, 571
| 되든 안 되든··························468
| 되풀이되다··························637
| 되풀이 안 할 거예요!·············202
| 될 수 있으면············400, 612

●두●

두고 보세요·············144
두고 왔어요·············482
두근두근해요············173
두 다리 뻗고 자다·········286
두 명의 용의자···········520
두 번 다시··············448
두 번째················273
두 손··················587
두 손 들었어요···········231
두통··················526
뒤로 미룰 생각입니다······470
뒷일··················466

●드●

드디어·················663
드리다·················605
드릴 말씀이 있어요········511
득이 되다··············639
-든 -든 (간에)···········468
-든 말든···············344
-든지 -든지 (간에)········468
-든지 말든지 (간에)·······344
듣고 보니 꿈만 같네요·····174
듣다··················624
듣던 중 반가운 소리네요···174
들고 있다··············104
들어가다···············576
들어 본 적이 없어요······214
들어 봐!···············56
들어오다···············619
들어오세요·············60
등등··················495
등산··················582
등잔 밑이 어둡다·········637

●디●

딩동댕!················334

●따●

따끔히·················654
따라가다···············624
따로따로···············581
따로 또················492
따르다·················617
딱딱하게 굴다···········553
딱 맞는데요············105
딱 맞아떨어지다·········175
딴 사람한테 가서 물어봐···397
딴전(을) 부리다··········237
딴청 피우지 마!·········237
딸이 하나 있어요········19
땅바닥에 떨어지다········232
땅 짚고 헤엄치기지······463
땡··················562
땡!··················334
땡땡이················667

●떠●

떠나다·················610
떳떳한 모습············654

●또●

또 만나십시다··········74
또 만나요·············72
또 뵙게 되어···········63
또 올게···············66
또 의논할 것···········494
똑같은 생각이에요······413
똑바로 말해!···········194
똑바로 해!·············265

●뚜●
똥딴지 같은 소리예요! ····426
뛰다············669

●뜨●
뜻············540
뜻대로 안 돼서····125
뜻을 같이하다····416

●ㄹ●
-ㄹ/을 거(것) 같다 ·····332
-ㄹ/을 거라고·······379
-ㄹ/을 거예요······74, 212
-ㄹ/을 거예요?······601
-ㄹ/을 건가요?······414
-ㄹ/을 걸 그러다
·········288, 292, 573
-ㄹ/을걸요·······554
-ㄹ/을 것 같다····223, 418
-ㄹ/을게·········442
-ㄹ/을게요········73
-ㄹ/을까 싶다······459
-ㄹ/을까 하다······467
-ㄹ/을래·········387
-ㄹ/을래?······40, 586
-ㄹ/을 만한·······574
-ㄹ/을 바 없다·····327
-ㄹ/을 수(가) 없다···402
-ㄹ/을 수도 있다····399
-ㄹ/을 수 없다·····352
-ㄹ/을 수 있다······29
-ㄹ/을 수 있다고 봅니다···137
-ㄹ/을 줄 모르다·····255
-ㄹ/을 줄(로) 알다····362
-ㄹ/을 줄 알다·····89, 371
-ㄹ/을 지경이다···205, 222

-ㄹ/을지도 모르·····399
-ㄹ/을지도 모르다····411
-ㄹ/을 텐데요·····292, 372

●라●
-라고/이라고 보다······353
-라고/이라고 합니다·····13
-라고 하다········419
-라고 해서········337
-라고 해요········461
-라도/이라도·······570
-랑/이랑·········581

●려●
-려고 그러다·······285
-려고 들다········245
-려고 하다········467
-려던 참·········511
-런만···········571

●로●
-로/으로 알다····368, 389
-로/으로 알다········24
-로/으로 인해·······665
-로/으로 인해서······534
-로/으로 하다·······470

●르●
-를/을 놓고········367
-를/을 위해서라면·····466

●리●
-리라고 보다·······542

●마●
마무리 짓다········597

韓国語索引 ◆ 725

마무리하다	597
마무리할게요	466
마음(이) 놓이다	283
마음대로 드세요	302
마음대로 하세요!	203
마음대로 해	441
마음(을) 먹다	443
마음(이) 설레네요	173
마음(을) 쓰다	153
마음(을) 정하다	444
마음에 걸려요	164
마음에 걸리다	292
마음에 두다	212
마음에 들어요	259
마음에 들지 않아요	326
마음에 안 들어요	201
마음에 큰 상처 받았어요	224
마음을 다치게 하다	291
마음이 무거워졌어요	230
마음이 설렙니다	177
마음이 흔들리다	403
마음 크게 다쳤어요	224
마음 편해요?	118
마음 한구석이 텅 빈 것 같아요	275
마중	564
마중 나오다	154
마중 나와 주셔서	302
마치다	518
마침	569
마침 잘됐네요!	175
막막하다	666
막차	71
막히다	666
만나기로 돼 있어요	321
만나 뵙게 돼서 영광입니다	176
만나 뵙다니요!	63
만나서 반가워요	302
만나서 반갑습니다	12
만나지 않기로 작정했어요	448
만만하게 보다	448
만만하게 보지 마세요	246
만만하게 보지 마세요!	203
-만 못하다	637
만약 그게 사실이라면	370
만에 하나	375
만일 당신이 제 입장이라면	373
만일 일억 원 갖고 있다면	369
만일 취소되었더라면	375
만족스러운 결론이 났습니다	263
만족스러워 보이네요	260
만지다	669
많이	512
많이 컸지요?	58
말끔히 정리돼서 시원하다	282
말도 안 돼!	180, 209, 347, 435
말도 안 돼요!	213
말도 안 되는 소리!	188
말도 안 되는 소리예요	254
말로 표현할 수 없는 슬픔	226
말문이 막혔습니다	217
말썽꾼	253
말썽(을) 부리다	663
말씀이 지나치세요	201
말씀해 주십시오	384
말은 잘하네	267
말을 바꾼다면	506
말이 되는 소릴 하세요!	213
말이 되는 소릴 해!	209
말이 안 통하네요	424

말이야 ···································529
말이야 쉽지 ·······················630
말이 통하지 않나 봐요 ····358
말조심해! ····························243
말짱 도루묵 ························254
말투 ·······································431
말하고 싶지 않아요 ··········400
말하기가 좀 그러네요 ······399
말하자면 ···················504, 530
맘대로 해! ····························191
망하다 ··································636
맞는 거 같은데 ·················362
맞는다고 보는데 ···············362
맞는 말이에요 ·· 85, 340, 411
맞아요 ··································336
맞아요! ···································90
맞지? ······································55
맡기다 ··································562
맡다 ·······································613
매상이 늘었어요 ···············262
맥이 빠지다 ························112
맥이 풀리다 ························225
맥(이) 풀리다 ·····················228
맵시 있게 ····························105
맹견 ·······································645

●머●
머리 ·····························526, 582
머리가 수그러집니다 ······101
머무르다 ······························467
먼 사촌보다 가까운 이웃이 낫다
···638
먼저 가 봐야 겠어요 ······161
먼저 일어날게요 ·················71
멋있다! ·······················92, 168
멍해 있다 ····························545

메시지 들었어요? ···············61
메시지를 남기다 ···············515
메일 주소 알려 줘 ···········454

●며●
-면서/으면서까지 ···········671
-면/으면 안 돼 ··················39
면직 처분 ····························666
명령하듯이 ·························619
명예를 걸고 ························324
명확히 ··································507
몇 가지 ································496
몇 번을 말해야 하는가요? ··202
몇 번이나 ····························616
몇 분 ······································50
몇 분마다 ······························28

●모●
모가지 ··································658
모르는 게 약 ······················636
모르다 ··································625
모르세요? ······························62
모셔다 드리다 ···················564
모순되네요 ·························429
모으다 ··································636
모자라다 ······························651
목 놓아 울었습니다 ·······234
목표로 하고 있습니다 ···470
몰두하다 ······························485
몰라요? ···································61
몰상식해요 ·························252
몸 상태 ································593
몸은 좀 어떠세요? ···········115
몸이 아파요? ······················119
몸조리 잘 하세요 ····69, 119
몸조심하세요 ·······················69

몹쓸 놈! · · · · · · · · · · · · · · · 187	무슨 요일 · · · · · · · · · · · · · · · · 30
못 가 봤어요 · · · · · · · · · · · · · 14	무슨 의견 있어? · · · · · · · · · 376
못된 꿍꿍이짓 · · · · · · · · · · · 469	무슨 이유로 · · · · · · · · · · · · · 527
못 드시는 게 있으시면 · · · · 477	무슨 일을 하세요? · · · 15, 460
못마땅해요 · · · · · · · · · · · · · · 430	무슨 일이 있어? · · · · · · · · · 210
못 믿겠어! · · · · · · · · · · · · · · 208	무슨 일이 있어도 · · · · · · · · 442
못 믿겠어요! · · · · · · · · · · · · · 87	무슨 일이 있으세요? · · · · · 525
못 믿을지도 모르겠지만 · · · 336	무슨 일 있는 거야? · · · · · · 510
못 배웠군요 · · · · · · · · · · · · · 252	무슨 일 있어? · · · · · 113, 455
못써! · · · · · · · · · · · · · · · · · · · 442	무슨 일 있어요? · · · · · · · · · 525
못 하다 · · · · · · · · · · · · · · · · · 653	무슨 일 있으세요? · · · · · · · 115
못 할 게 뭐야? · · · · · · · · · · 528	무엇 때문에요? · · · · · · · · · · 523
못 할 일이 없지요 · · · · · · · · 466	무조건 · · · · · · · · · · · · · · · · · 419
못 해 나갈 거야 · · · · · · · · · 368	무조건 반대예요 · · · · · · · · · 424
	무죄를 주장했습니다 · · · · · 330
●무●	무죄인 것으로 판단했습니다
무관한 사람이에요 · · · · · · · 356	· 367
무르다 · · · · · · · · · · · · · · · · · 654	무지무지 어렵다구 · · · · · · · 350
무릎(을) 꿇다 · · · · · · · · · · · 668	무지 운 좋다! · · · · · · · · · · · 181
무리예요 · · · · · · · · · · · · · · · · 351	무척 화나 있어요 · · · · · · · · 200
무사히 · · · · · · · · · · · · · · · · · 516	무턱대고 · · · · · · · · · · · · · · · 634
무서워하다 · · · · · · · · · · · · · 552	묵념을 올리고자 합니다 · · · 315
무소식이 희소식 · · · · · · · · · 638	문 · 592
무슨 고기죠? · · · · · · · · · · · 460	문단속 · · · · · · · · · · · · · · · · · · 44
무슨 놈의 · · · · · · · · · · · · · · 265	문을 닫다 · · · · · · · · · · · · · · 585
무슨 말을 해야 할지 · · · · · · 399	문자 넣을게 · · · · · · · · · · · · 319
무슨 말인지 몰라 · · · · · · · · 396	문자(를) 보내다 · · · · · · · · · 581
무슨 말인지 알겠어요 · · · · · 414	문자 보내 주세요! · · · · · · · · 73
무슨 말인지 알아요 · · 85, 125	문자 보낼게 · · · · · · · · · · · · 510
무슨 방법이 · · · · · · · · · · · · 493	문자 할게 · · · · · · · · · · · · · · 319
무슨 뾰족한 수 · · · · · · · · · · 382	문제 · · · · · · · · · · · · · · · · · · · 653
무슨 사이즈 · · · · · · · · · · · · 478	문제점 · · · · · · · · · · · · · · · · · 494
무슨 색 · · · · · · · · · · · · · · · · 478	묻다 · · · · · · · · · · · · · · · · · · · 526
무슨 생각을 하고 있는지 · · · 377	물거품이 돼서 · · · · · · · · · · 234
무슨 소리 하는 건지 · · · · · · 396	물건 · · · · · · · · · · · · · · · · · · · 569
무슨 얘기인지 · · · · · · · · · · · 507	물러설 수는 없어요 · · · · · · · 449

728 ◆ 韓国語索引

| 물론이죠·····················86
| 물론이지····················333
| 물론이지!····················83
| 물론이지요··················342
| 물에 물 탄 듯 술에 술 탄 듯
| ························442
| 뭐가 ··········471, 526, 623
| 뭐가 문제냐 하면요········269
| 뭐가 뭔지 ···········540, 625
| 뭐가 뭔지 통 모르겠다····396
| 뭐가 어떻게 된 거야?······193
| 뭐가 있어?··················510
| 뭐가 잘났다고 그래요?····201
| 뭐, 그런 얘기야·············499
| 뭐든·······················468
| 뭐든지·····················562
| 뭐든지 다··················381
| 뭐든지 하겠어요············466
| 뭐라고 감사해야 할지
| 모르겠네요··············152
| 뭐라고 말해야 될지········399
| 뭐랬지?····················623
| 뭐야?························83
| 뭐 하는 짓이야?············237
| 뭔·························180
| 뭔가 · 121, 454, 482, 524, 543
| 뭔가 감을 잡을 수가 없어요
| ························353
| 뭔가 더 있어?··············491
| 뭔가 덧붙일 거 있으세요?··494
| 뭔가 선물하고 싶어요·····309
| 뭔가 하고 싶은 말 있어?···376
| 뭔데······················194
| 뭔데?························38
| 뭔들 못 하겠어요··········466
| 뭔 소리야?·················208

뭔 소리 하는 거야!········180
뭘 넣으실 건가요?·········475
뭘로 할 건데?··············472
뭘 어쨌다는 거야?·········189
뭘 타 드릴까요?············475
뭣 때문에?··················521

●미●

미남이세요·················100
미안하게 생각해요········292
미안하지만··················355
미안합니다···················33
미안해·······················159
미처 몰랐거든요············162
미쳤어?·····················422
믿기 어렵지만··············212
믿기지가 않아요!············87
믿기지 않아요!·············214
믿기지 않을지도 모르겠지만
  ························336
믿을 수가 없어요··········201
믿을 수가 없어요!··········87
믿을 수 없어요·············428
믿지 못하겠어요!·········214
밀고 나갔습니다···········433
밀다························662
밑져야 본전················637
밑지다······················637

●바●

바가지(를) 쓰다············274
바꾸다···············523, 673
바뀌다···············519, 523
바람피우다·················530
바래요······················605
바로 그거야!········325, 334

韓国語索引 ◆ 729

바로 그거에요 · · · · · · · · · · ·86	번거롭게 해서 · · · · · · · · · ·160
바로 그래요! · · · · · · · · · · · ·90	번번이 · · · · · · · · · · · · · · ·273
바보 같은 자식! · · · · · · · · ·236	번역 · · · · · · · · · · · · · · · · ·502
바보 같은 짓 · · · · · · · · · · ·293	번호 · · · · · · · · · · · · · · · · ·456
바빠 가지고 · · · · · · · · · · · ·483	벌리다 · · · · · · · · · · · · · · ·669
바쁘신데 · · · · · · · · · · · · · · ·75	벌 받을 거에요 · · · · · · · · ·251
바쁜데 · · · · · · · · · · · · · · · · ·72	벌써 · · · · · · · · · · · · · · · · ·492
반가워요 · · · · · · · · · · · · · ·171	벌써 가려고? · · · · · · · · · · ·66
반대를 물리치면서까지 · · · ·433	벌써 끝났어? · · · · · · · · · ·492
반대표를 던지다 · · · · · · · · ·431	법률 위반이에요 · · · · · · · · ·423
반대하는 것을 무릅쓰고 · · ·433	법에 어긋나는 짓이에요 · · ·423
반드시 · · · · · · · · · · · · · · · ·618	
반드시 끝장내겠습니다 · · · ·323	●벼●
반찬 · · · · · · · · · · · · · · · · ·638	변명 따위 필요 없어! · · · · ·186
반했니? · · · · · · · · · · · · · · ·457	변명하지 마! · · · · · · · · · · ·186
받아들여야 한다고 봅니다 · ·395	변명할 여지가 없어요 · · · · ·165
받아들여지지 않았습니다 · ·330	변하다 · · · · · · · · · · · 523, 530
받아들이기 어렵다 · · · · · · ·224	변호사 · · · · · · · · · · · · · · · ·583
받아들일 수 없어요 · · · · · · ·423	별개 문제 · · · · · · · · · · · · ·440
발을 빼다 · · · · · · · · · · · · · ·650	별거 중 · · · · · · · · · · · · · · · ·19
발표할 게 있어요 · · · · · · · ·502	별것도 아냐 · · · · · · · · · · · ·139
밤 늦게까지 · · · · · · · · · · · · ·43	별고 없으시죠? · · · · · · · · · ·58
밤 늦도록 · · · · · · · · · · · · · ·43	별로 · · · · · · · · · · · · · · · · ·501
밤을 새웠어요 · · · · · · · · · · ·43	별로 없다 · · · · · · · · · · · · · ·531
방심 · · · · · · · · · · · · · · · · ·551	별문제 없어 보이는데요 · · ·401
방정(을) 떨다 · · · · · · · · · ·254	별일 아닐 거에요 · · · · · · · ·353
방침에 어긋납니다 · · · · · · ·434	별일이 다 있네! · · · · · · · · ·210
방해 · · · · · · · · · · · · · · · · ·596	병에 걸렸어요? · · · · · · · · ·118
배꼽이 웃을 일이야! · · · · · ·435	병이 들었어요? · · · · · · · · ·118
배달하다 · · · · · · · · · · · · · ·597	
백 번 듣는 것이 한 번 보는 것만	●보●
못하다 · · · · · · · · · · · · · ·637	보고하겠어요 · · · · · · · · · · ·512
	보고하다 · · · · · · · · · · · · · ·512
●버●	보내다 · · · · · · · · · · · · · · · ·596
버릇이 없구나! · · · · · · · · ·242	보는 시각에 따라 다르다고
버리다 · · · · · · · · · · · · · · · ·669	봅니다 · · · · · · · · · · · · · ·393

보람··········574
보람이 있다······94
보류 중이에요····444
보수··········649
보여 드리죠·····502
보이다·········657
보증(을) 서다····323
보통이 아니다····105
보험금이 들어옵니다··375
복권··········571
복사기·········458
복사하다·······594
복잡하게 만들다···648
본심이 뭔지·····382
본 적이 있어요···488
본전··········637
볼펜··········589
봉사 활동·······566
뵈다··········579
뵙게 되어 반갑습니다···302
뵙고자 합니다····418

●부●
부당성을 증명해 보았습니다
············440
부디··········24
부디 잘 부탁드리겠습니다··62
부분적으로는·····414
부인··········58
부인이 아시게 되면···375
부자··········567
부전자전········636
부탁··········571
부탁하다········589
분명히·········525
분명히 말해 두겠는데·····390

분명히 해야 해요···507
분수에 맞게······388
불미스럽다······520
불안해 하다·····122
불이 켜져 있어요··46
불참하다········524
불평할 것 하나도 없어요···260
붙임성이 있어요···96

●비●
비겁하게········237
비관적인········557
비로소·········542
비밀··········590
비 온 뒤에 땅이 굳어진다···632
비위가 좋으시네요···253
비위에 거슬리다···165
비위에 거슬립니다··206
비추다·········633
비키다·········670
비행기 태우지 마세요··98
빅뉴스·········510
빈손··········598
빈틈없이 해내십니다····102
빌다··········568
빌려 주다·······564
빗나가다········626
빚더미에 올라앉다··252
빚어지다········665
빚투성이에요·····252

●빠●
빠뜨린 모양입니다··485
빠르면 빠를수록···637
빠졌어?········457
빠지다·········643

빤하다 · · · · · · · · · · · · · · · · · 531

● 뻐 ●
뻔뻔하긴! · · · · · · · · · · · · · · · 238
뻔뻔하네! · · · · · · · · · · · · · · · 188
뻔하다 · · · · · · · · · · · · · · · · · 531
뻥 아냐! · · · · · · · · · · · · · · · · 325
뻥치는 거지? · · · · · · · · · · · · 421
뻥치지 마! · · · · · · · · · · · · · · 236

● 사 ●
사고가 나다 · · · · · · · · · · · · · 218
사고를 당하시면 · · · · · · · · · · 375
사고 싶은 마음 · · · · · · · · · · · 470
사고 치다 · · · · · · · · · · · · · · · 159
사과드릴게요 · · · · · · · · · · · · 165
사과드립니다 · · · · · · · · · · · · 166
사과할 필요 없어요 · · · · · · · 146
사귀다 · · · · · · · · · · · · · · · · · 456
사내 · · · · · · · · · · · · · · · · · · · 617
사다 · · · · · · · · · · · · · · 600, 606
사다 주다 · · · · · · · · · · · · · · · 588
사라지다 · · · · · · · · · · · · · · · 615
사모님께서 아시면 · · · · · · · · 375
사실과는 동떨어져 있습니다
· 431
사실대로 말해! · · · · · · · · · · 194
사실일 거라고 보는데요 · · · 363
사양 말고 · · · · · · · · · · · · · · · 377
사연 · · · · · · · · · · · · · · · · · · · 533
사용법 · · · · · · · · · · · · · · · · · 458
사이가 어색해지면 · · · · · · · · 372
사정 · · · · · · · · · · · · · · · · · · · 479
사정이 괜찮은 날 · · · · · · · · · 479
사진 · · · · · · · · · · · · · · · · · · · 592

사태 파악이 되셨습니까? · · · 508
산더미처럼 · · · · · · · · · · · · · 555
살 생각이 없습니다 · · · · · · · 470
살아남기가 어려울 걸요 · · · 371
삼가고 있습니다 · · · · · · · · · · 24
삼가다 · · · · · · · · · · · · · · · · · 661
상대방 · · · · · · · · · · · · 514, 555
상사 · · · · · · · · · · · · · · · · · · · 596
상사이신 ~ 부장님 · · · · · · · · 78
상상해 보세요 · · · · · · · · · · · 370
상심이 크시겠습니다 · · · · · 314
상책 · · · · · · · · · · · · · · · · · · · 580
상처 줄 생각은 없었어요 · · 164
상황 · · · · · · · · · · · · · · · · · · · 516
새로 · · · · · · · · · · · · · · · · · · · 517
새로운 방침 · · · · · · · · · · · · · 515
새해 복 많이 받으세요! · · · · 310
생각나게 하다 · · · · · · · · · · · 154
생각나지 않아요 · · · · · · · · · 484
생각났다 · · · · · · · · · · · · · · · 486
생각났어요 · · · · · · · · · · · · · · 89
생각(이) 안 나다 · · · · · · · · · · 80
생각이 짧다 · · · · · · · · · · · · · 654
생각조차도 못 했어요 · · · · · 215
생각하기 나름일 것입니다 · 393
생각하다 · · · · · · · · · · · · · · · 525
생각해 보니 · · · · · · · · · · · · · 490
생각해 본 적도 없습니다 · · · 403
생각해 볼게요 · · · · · · · · · · · 401
생각해 봐 · · · · · · · · · · · · · · · 498
생기다 · · · · · · · · · · · · · · · · · 534
생생하다 · · · · · · · · · · · · · · · 487
생신 축하드려요! · · · · · · · · 308
생일 축하해요! · · · · · · · · · · 308

●서

서두르다	614
서두르지 않으면	43
서로가 양보한 끝에	416
서로 다르다	434
서로 뜻이 맞은 것 같군요	412
서로 양보해서	416
서류	460
서면으로	512, 670
서서히 효과가 나타날 거예요	339
선거	520
선약이 있습니다	361
설마!	87
설마 그럴 리가!	87, 436
설마 그럴 리가요	436
설명하기가 곤란해요	500
설명하도록 하겠어요	501
설명할 수 있어요	500
설명해 드리죠	501
설움을 안기다	226
섭섭해	219
성가시게 해서	160
성급하시군요	253
성미가 사나워요	199
성실하다	652
성질이 급해요	199
성함	627
세상 떠나다	224
세상에!	83, 311, 347
세상에 부러울 것 없어요!	173
세상이 좁기도 하네요	215
세우다	659
세월	630
세월아 네월아 하고	241

●소

소개시켜 드리죠	79
소개해 드리겠습니다	81
소금	594
소름이 끼치다	217
소식	519
소용(이) 없다	557
소원이 이루어졌어요	259
소 잃고 외양간 고친다	296
소임을 다하다	138
소중한 사람	156
소지품	645
속는 셈 치고	388
속단하지 마세요!	364
속도(를) 내다	672
속마음	455
속상하게 했다면	159
속상했어!	195
속상했어?	112
속셈	523
속수무책이에요	231
속(을) 썩이다	145
속을 썩이다	273
속이 너무 좁아요	253
속이 뒤집히다	205
속이 상하다	205
손금 보듯 아시네요	99
손대다	661
손발이 맞다	262
손(을) 쓰다	274
손을 놓을 수가 없어요	355
손을 떼다	649
손이 달리다	563
손이 크시네요	101
손해(를) 보다	319
솔선해서	595

솔직히 말씀하세요·····382
솔직히 말할게·········504
솔직히 말해서·········326

●수●
수고하셨어요·······61, 72
수긍 못 해!···········421
수다쟁이··············21
수다쟁이!············238
수포로 돌아가다······254
수표·············611, 665
순풍에 돛(을) 단 배····259
술··················601
술은 안 해요··········22
술이 깨지 않아요······43
술자리···············22
숨다················651
숨(을) 쉬다··········663
숨이 막히다··········45
쉬다················611
쉽지 않다············513
쉽지 않아요··········446

●스●
스스로··············447
스케줄··············604
스타일··············472
슬슬················68
슬슬 일어나야겠습니다····74
슬퍼요··············220
슬픔에 잠겨 있습니다····225
슬픔을 털다··········315
승낙을 받든 말든······344

●시●
시간················606

시간 가는 줄 몰랐어요····483
시간은 금이에요·······636
시간을 내다··········607
시간을 칼같이 지키시네요···98
시간이 생기면········371
시간이 허락하면······371
시비(를) 걸다········256
시시하게!············196
시원시원해요··········95
-시/으시죠···········302
-시/으시지요··········47
시작이 반············556
시장이 반찬··········638
시장하지 않으세요?···118
시치미(를) 떼다······248
시침 떼다···········237
시키는 대로 할게!····464
시험················672
시험에 붙다··········175
식당················602
식사················602
식은 죽 먹기········405
식히다··············635
신경과민 탓이겠죠····393
신경 끄다···········615
신경(을) 쓰다····153, 619
신경 안 쓰다········255
신 난다!············169
신물 나!············186
신세 많이 졌습니다···158
신세 많이 졌어요····153
신속히·············653
신중히 검토하다····394
신청················578
실력을 늘리고 싶어요·····23
실례하겠습니다·······71

실수	652
실수했나 봐	264
실업자예요	17
실제로	502, 546
싫어	419
싫증(이) 나다	265
심각한 상황	516
심기 불편하게 하다	165
심려치 말아요	143
심사숙고	584
심통 부리다	239
십년감수했어!	211
십인십색	637

● 싸 ●

싸가지 없는 놈!	242

● 써 ●

써먹을 수 있어요	339

● 쏘 ●

쏘다	602

● 쓰 ●

쓰다	612
쓸데없는	647
쓸데없는 참견!	351

● 씨 ●

씨	591
씨!	180

● 아 ●

-아	76
아기를 가졌어요	20
아까운 분을 잃었습니다	314
아끼다	650
아냐	345, 435
아는 길도 물어 가랬어요	634
아는 척하지 마세요	247
아니 땐 굴뚝에 연기가 나겠습니까?	638
아니면	414
아닌 말로	269
아닌 밤중에 홍두깨	218
-아/어/여도 돼요?	31
-아/어/여도 되다	608
-아/어/여도 될까요?	32
-아/어/여도 한참 ~	430
-아/어/여 드리다	564
아들	636
-아/어/여라!	614, 667
아량이 넓으시군요	98
아마	370
아마 그럴 거예요	90, 398
아무거나	473
아무거나 좋아	474
아무것도 결정하지 못해요	255
아무것도 모르는 주제에	247
아무것도 몰라요	354
아무것도 아냐	528
아무나 괜찮아	473
아무 데나 좋아	474
아무 때나 괜찮아	404
아무래도	546
아무런 이의가 없습니다	418
아무런 이의도 없습니다	395
아무리 일해도	279
아무 일 없어	150
-아/어/여 보이다	104
-아/어/여 본 적도 없다	403
아쉬워요	70

아야! ··········178	안 할 수가 없습니다 ·····432
아이고! ········207, 208	안 할 수(가) 없다 ·······501
아저씨 ·········53	알게 될 거야 ··········142
-아/어/여 주세요 ·······31	알겠습니다 ·······90, 343
-아/어/여 주셔서 ······153	알겠지만 ············427
-아/어/여 주시겠어요? ····31	알기 쉽게 ·······504, 507
-아/어/여 주실래요? ·····32	알긴 아는데 ··········480
-아/어/여 죽겠다 ··108, 172	알려 드리다 ···········50
아직 갈 길이 멀어 ······141	알리다 ·············594
아직 멀었어 ···········349	알아들었어? ··········455
아직 멀었어? ··········38	알아보다 ············519
아직 완성이 안 됐어요 ···513	알아서 하다 ··········466
아차! ········207, 482	알아차리실 것이라고 ····440
아, 참! ·············386	알았어! ·············535
악으로 모은 살림 악으로 망한다	암만해도 ············424
················636	-았/었/였으면 하다
안 그럴까? ··········362	·········26, 81, 526
안내 ···············590	-았/었/였을 테다 ······221
안내원 ·············591	앞으론 조심할게요 ·····164
안녕하세요? ······26, 33	애도의 뜻을 표합니다 ···314
안녕히 주무세요 ········46	애먹다 ·············518
안 돼 ··············345	애비 ···············636
안 되는 거 같아요 ·····354	애초부터 ············448
안 되는 모양이에요 ····354	
안 맞는 것 같아요 ·····358	●야●
안 믿어요 ···········428	-야 ················76
안 보기로 했어요 ·····448	야, 그거 알아? ········509
안부 전해 주세요 ·······73	-야말로 ············442
안색이 어두우신데요 ····229	야, 야! ·············509
안심(이) 되다 ········284	야행성 ··············21
안전 ···············631	약간 ···············520
안전한 게 제일이에요 ···294	약 먹었냐? ··········422
안 좋은 소식이에요 ····511	약속(을) 깨다 ········204
안 좋은 일 ···········519	약속 깨시면 안 돼요 ···322
안타깝지만 ··········352	약속 못 하겠어요 ·····320
안 하면 ·············667	약속은 지키세요 ·······320

| 약속이 잡혀 있어요·····321
| 약속한 거예요!········322
| 약속할게요·········319
| 약주············603
| 약한 소리 하다········98
| 양보하다··········582
| 양심에 찔려요········292
| 양심의 가책을 느껴·····227
| 양심의 가책을 느껴요····164
| 얕보지 마!·········191
| 얘기가 다른데요·······429
| 얘기하자면 긴 데 말야···500
| 얘해 놓겠어요·······511
| 얘긴············437

●어●

| 어기다···········673
| 어깨가 가벼워졌어요····284
| 어느 걸 살까?·······474
| 어느 의미에선········341
| 어느 정도··········520
| 어느 정도까지는요·····410
| 어느 쪽으로 하시겠어요?··474
| 어느 쪽이라고 말할 수가
| 없습니다·········403
| 어느 쪽이 이길 거 같애요?··379
| 어느 쪽이 좋으세요?····474
| 어디다 놔두다········482
| 어디서 구하셨어요?·····106
| 어디 이런 놈을 봤나!···181
| 어딘가에··········482
| 어딘가에서·········488
| 어땠어?···········471
| 어떡하죠?··········372
| 어떡하지?··········207
| 어떡해!···········207

| 어떤············454
| 어떤 걸 원하시는지·····475
| 어떤 공허감을 느껴요···275
| 어떤 느낌이 드세요?····378
| 어떤 방법으로········445
| 어떤 식으로·········445
| 어떨까요?··········86
| 어떻게 구워 드릴까요?···475
| 어떻게 그런 말을······202
| 어떻게 그런 생각을 하지?··377
| 어떻게 기입하면 되죠?···460
| 어떻게 될지·········370
| 어떻게 말해야 좋을지···399
| 어떻게 먹어요?······461
| 어떻게 보면·········341
| 어떻게 알게 됐어?·····456
| 어떻게 지내실 거예요?···461
| 어떻게 하겠으니······324
| 어떻게 하는지········499
| 어떻게 하실 거예요?···373
| 어떻게 하죠?········232
| 어떻게 해야 되죠?·····383
| 어려운 형편·········516
| 어렴풋이···········489
| 어렴풋이 기억해······486
| 어렸을 때··········542
| 어리석은 짓·········293
| 어린애 같은 짓·······247
| 어릴 적에··········542
| 어림도 없다·········643
| 어머!········83, 178
| 어서 꺼지지 못해!·····186
| 어서 오세요!·····49, 299
| 어서 와요!··········299
| 어수선하다·········532
| 어안이 벙벙하다·······213

韓国語索引 ◆ 737

어유! · · · · · · · · · · · · · · · · 208	언제까지나 · · · · · · · · · · · · 554
어이가 없다 · · · · · · · · · · · · 210	언제든 괜찮아 · · · · · · · · · · 472
어이없어! · · · · · · · · · · · · · · 241	언제든 들러! · · · · · · · · · · · 299
어제 일처럼 · · · · · · · · · · · · 487	언제든 상관없어 · · · · · · · · 333
어중간하게 · · · · · · · · · · · · · 634	언제든지 · · · · · · · · · · · · · · · 382
어지간히 · · · · · · · · · · · · · · · 586	언제든지 좋아 · · · · · · · · · · 404
어지간히 멍청하다 · · · · · · · 248	언짢은 일 · · · · · · · · · · · · · · 112
어지간히 하세요 · · · · · · · · · 199	얼마나 비통한 일입니까 · · · 225
어지간히 해! · · · · · · · · · · · · 185	얼마든지 · · · · · · · 382, 410, 497
어지르다 · · · · · · · · · · · · · · · 647	엄마 · · · · · · · · · · · · · · · · · · · 577
어질러 놓다 · · · · · · · · · · · · · ·41	엄연한 차이가 있습니다 · · · 432
어쨌거나 · · · · · · · · · · · · · · · · ·90	엉뚱한 소리예요! · · · · · · · · 426
어쩌면 · · · · · · · · · · · · · · · · · 547	엉뚱한 소리 하시네요 · · · · 358
어쩌면 저렇게 노래를 잘	엉뚱한 소리 하지 마!
부를까요? · · · · · · · · · · · · 183	· · · · · · · · · · · · · · · 188, 209
어쩌죠? · · · · · · · · · · · 232, 372	엉뚱한 소리 하지 마세요! · · 214
어쩌지? · · · · · · · · · · · 179, 207	엉망이네! · · · · · · · · · · · · · · · ·41
어쩐지 허전하네요 · · · · · · · 275	엉터리야 · · · · · · · · · · · · · · · 245
어쩔 도리가 없다 · · · · · · · · 102	엎드리다 · · · · · · · · · · · · · · · 668
어쩔 수가 없어요 · · · · · · · · 427	엎지른 물 · · · · · · · · · · · · · · 293
어쩔 수(가) 없다 · · · · · · · · · 557	-에 관한 정보 · · · · · · · · · · 462
어쩔 수 없군요 · · · · · · · · · · 415	-에 관해서 · · · · · · · · 246, 385
어쩔 수 없어요 · · · · · · · · · · 230	-에 관해선 · · · · · · · · · · · · · 354
어쩔 수 없었던 거예요 · · · · 295	에구 한발 늦었네! · · · · · · · 287
어쩔 줄 몰랐습니다 · · · · · · 177	-에 기초하다 · · · · · · · · · · · 633
어찌 될 건지 · · · · · · · · · · · · 370	-에 대하여 · · · · · · · · · · · · · 417
어찌 보면 · · · · · · · · · · · · · · · 341	-에 대한 · · · · · · · · · · · · · · · 503
어찌하겠어요? · · · · · · · · · · 373	-에 대해서 · · · · · · · · · · · · · 379
어찌할 도리가 없거든요 · · · 230	-에 대해선 · · · · · · · · · · · · · 354
어찌해야 할까요? · · · · · · · · 384	-에도 불구하고 · · · · · · · · · 673
어처구니없는 일입니다 · · · · 360	-에 따르다 · · · · · · · · · · · · · 327
어처구니없다 · · · · · · · · · · · · 237	-에 따르면 · · · · · · · · · · · · · 513
어처구니없어! · · · · · · · · · · · 435	-에 불과하다 · · · · · · · · · · · 496
억누르다 · · · · · · · · · · · · · · · 663	-에서 근무하고 있습니다 · · 15
억제하다 · · · · · · · · · · · · · · · 663	-에 쓸모가 있어요 · · · · · · · 338
억척같이 일해 봐야 · · · · · · 279	-에 의하면 · · · · · · · · 513, 520

-에 지나지 않다 ···· 261, 365

●여●
여기서 만나다니! ······· 216
여기요! ················ 52
여러 가지로 ············ 153
여러모로 ·············· 338
여러 번 ··············· 616
여보세요 ··············· 26
여보세요! ·············· 48
여전하십니다 ··········· 63
여전히 ················ 488
여쭈다 ················ 596
여행 ·················· 582
역시! ·················· 87
역시 그렇군요 ········· 363
역전승 ················ 339
역지사지 ·············· 541
역지사지해서 ·········· 425
연기 ·················· 639
연기하다 ········· 469, 664
연휴라서 편안히 쉴 수 있을
  거야! ··············· 282
열다 ·················· 592
열매(를) 맺다 ········· 306
열 받았어요! ·········· 197
열성 팬 ··············· 32
열심히 ················ 464
열심히 하세요! ········ 135
열심히 할게요 ········· 465
염두에 두고 계십니까? ·· 479
염두에 두다 ··········· 394
염치도 없이! ·········· 204
영광 ·················· 606
영업소 ················ 585
영원히 ················ 488

영화 ·················· 603
예를 들면 ············· 495
예를 들어 ············· 495
예를 들어 보죠 ········ 496
예상외 ················ 517
예상하다 ·············· 517
예약할 수(가) 없다 ···· 446
예의 ·················· 638
예의가 발라요 ········· 99
예절 바른 사람 ········ 99
예정 ············ 601, 604
예컨대 ················ 495
옛날 ·················· 665

●오●
오뉴월의 똥파리 ······· 243
오다 ·················· 598
오래간만에 만났으니 ··· 307
오래 기다리셨죠? ······ 60
오랜만 ············ 55, 59
오랜만에 뵙습니다 ····· 62
오르지 못할 나무 쳐다보지도
  말랬다 ·············· 387
오리발(을) 내밀다 ····· 237
오해하고 있는 거예요 ·· 437
올 ···················· 573
올여름에 마흔이 돼요 ·· 20
옮기다 ················ 621
옳다 ·················· 532
옳다고는 생각 못 해요 ·· 437
옳다고 할 수 없습니다 ·· 440
옳을지도 모릅니다만 ··· 434
옷차림 ················ 654
-와/과 같은 ··········· 495
와 주셔서 반가워요 ···· 301
와 주어서 ············· 60

와 주어서 고마워요······301
완성············513
완성시키다········597
완전히 기죽었구나·····227
왜 그래?······209, 455
왜 그랬어?·········522
왜 그러세요?·······115
왜 그런지··········428
왜 그렇게 볼썽사나운 짓을
해요?············249
왜냐하면··········504
왜 열을 올리고 그래?····190
왜 이래!··········185
왠지··········428, 521
외식············577
외우지 못해요·······483
외출············611

● 요 ●
요구하다··········514
요금············547
요는············392
요령············554
요점············540
요즘 어때?······35, 54
요즘 어때요?········57
요청하다··········563
요컨대···········531
욕하다···········659
용건············519
용기············552
용서를 빌다········165
용서치 않을 거예요····198

● 우 ●
우는소리··········552

우는소리 하다·······290
우리도 매한가지야····406
우리 집··········599
우물쭈물하다·······522
우습게 보다········279
우습게 보지 마!·····191
우습게 보지 말아요····247
우습게 여기다·······448
우연이네요!·····88, 215
우유부단··········442
욱하는 성질이 있어요···199
운을 하늘에 맡기고····469
운이 좋군요!·······175
운이 트이기 시작했어요!···174
운전기사···········51
운전하다··········609
울다············657
울화통이 터졌어요!····198
움직이다··········657
움직임···········542
웃기지 마!········422
웃을 일이 아냐!·····422
웃음거리··········643
원망하다··········553
원인을 짚어 보도록 합시다··367
웬·············190
웬 신경질이야?······190
웬일이에요?········215
위법 행위예요·······423
위하여!··········305
위험한 고비를 넘기다····148
윗분············596

● 유 ●
유감스럽지만········342
유감이네요!·········88

유감이에요 ··············70	이게 무슨 날벼락이야! ····207
유감이지만 ·············342	이게 무슨 일이야? ·······193
유학 ··················582	이게 얼마 만이야? ·······298
유학을 갈까 해요 ········467	이 노래를 들으니 ········489
유혹하다 ···············604	이 닦았어요? ············46
	이달 내에 ··············466
●으●	이대로 넘길 일이 아니에요. ··273
음료수 ················565	이대로는 지나가지 못하겠어요!
음악 ··················476	····················204
음치 ···················23	이따가 ·················56
의견을 여쭙고 싶습니다 ···384	이따가 하죠 ·············465
의견이라고 할 만한 게	이따 봐요 ···············68
아니거든요 ············400	이래야 된단 말이야! ·····325
의논하지 못한 점 ········494	이러다 ·················524
의뢰하다 ···············596	이러면 어떨까? ·········386
의리 있는 분 ·············98	이런! ········ 178, 207, 311
의무 ··················639	이런 말은 하고 싶지 않습니다만
의심을 품다 ·············550	····················434
의심하다 ···············549	이런 말 하면 좀 그런데 ····505
의심할 여지가 없어요 ····327	이런 식으로 ·············498
의외로 ················518	이런 일까지 해야 해요? ···276
	이런 일을 저지르다니 ····295
●이●	이런 일이! ··············83
이거 알아? ·············386	이런 차림으로 ···········377
이거야! ···············498	이럴 수가! ·············311
이거야 원! ·············208	이렇게 ·················498
이건 ··················386	이렇게 됐으니 ···········501
이 건에 관해서 ··········385	이렇게 되고서야 ·········501
이 건에 관해선 ··········328	이렇게 된 이상 ··········463
이걸로 ···· 48, 411, 412, 491	이렇게 알게 되어 ·········75
이걸로는 불충분해요 ·····260	이렇게 하는 거야 ········499
이 겁쟁이가! ···········239	이렇단 말야 ·············498
이것 가지고는 부족해요 ···260	이르다 ················552
이것과 그것은 ···········440	이름이 떠오르질 않아 ····480
이것밖에 없어? ··········491	이름이 안 나와 ··········480
이것밖엔 안 돼? ·········491	이리 ··················560

이만	579
이만 끊어	66
이만 실례하겠습니다	361
이만저만(이) 아니다	218
이메일	589
이미	537, 541
이번	585
이번 달 안으로	466
이번에 수고가 많으셨어요	312
이번에야말로	442
이번엔	442
이보다 더	232
이보다 더 큰 기쁨은 없습니다	177
이봐!	25
이뿐이야?	491
이사	582
이사 가기로 했어요	467
이상하다	547
이 새끼야!	196
이웃	638
이유가 뭔데?	522
이유가 뭔지	525
이익	639
이 자식!	196
이 점에서는	361
이제 가 봐야겠습니다	361
이제 그만	65
이제 그만 하세요	199
이제 끝장이다!	179
이제 더는 못 참겠어요!	198
이제부터	502
이제부터가 승부지!	388
이제 안되겠다!	228
이제야	535
이제야 마음이 놓여요	144
이제야 생각났어요	488
이젠	230
이젠 틀렸어!	228
이쪽으로	599
이쪽으로 앉으시죠	302
이해	625
이해가 갑니다	126
이해가 안 가요	430
이해심	539
이해할 수가 있어야지!	268
익히다	554
인생관	557
인정할 수 없습니다	434
-인지	508
인플루엔자	508
일 때문에 왔어요	15
일리가 있어	368
일리 있는 말일 거예요	370
일본말로 뭐라고 해요?	461
일본에서 왔습니다	13
일본에 오신 걸 환영해요!	300
일부러	468
일부러 그런 거 아니에요	161
일부러 그런 건 아냐	160
일손	563
일어나다	670
일어서다	670
일을 부실하게 했기 때문이에요	276
일을 하고 싶어요	17
일찍 들어오다	38
일치하지 않는 모양입니다	434
일치하지 않아요	549
일하기가 싫어졌어요	270
읽다	645
임마	656

임신 중이에요 · · · · · · · · · · ·20	자식· · · · · · · · · · · · · · · · ·637
입· · · · · · · · · · · · · · · · · · ·640	자신감 · · · · · · · · · · · · · · ·554
입(을) 놀리다 · · · · · · · · · ·659	자업자득 · · · · · · · · · · · · ·632
입수한 정보· · · · · · · · · · · ·513	자전거 · · · · · · · · · · · · · · ·665
입(이) 싸다· · · · · · · · · · · ·659	자존심 · · · · · · · · · · · · · · ·635
입이 가벼워 · · · · · · · · · · · ·243	자포자기하지 마세요 · · ·143
입이 말썽 · · · · · · · · · · · · · ·639	작게 하다 · · · · · · · · · · · · · ·40
입이 열 개라도 할 말이 없습니다	작정· · · · · · · · · · · · · · · · ·467
· ·165	작정하고 한 거· · · · · · · · ·161
입이 헤퍼 · · · · · · · · · · · · · ·243	-잖아요 · · · · · · · · · · · · · · ·261
입장· · · · · · · · · · · · · · · · ·507	잘 가요· · · · · · · · · · · · · · · ·68
입장이 다르거든요 · · · · · ·425	잘난 척하지 말아요 · · · · ·246
입 함부로 놀리지 마! · · ·243	잘돼 가? · · · · · · · · · · · · · · · ·56
있거라! · · · · · · · · · · · · · · ·668	잘돼 가요? · · · · · · · · · · · · · ·58
있어 보이다 · · · · · · · · · · · ·280	잘됐네요· · · · · · · · · · · · · · · ·95
있으려고 해요 · · · · · · · · · ·467	잘됐네요! · · · · · · · · · · · · · ·172
있잖아 · · · · · · · · · · · · ·82, 386	잘됐다! · · · · · · · · · · · · · · ·257
있잖아! · · · · · · · · · · · · · · ·509	잘됐어요 · · · · · · · · · ·284, 340
잊으신 거 없으세요? · · · · ·482	잘되고 말고! · · · · · · · · · · ·258
잊은 물건 · · · · · · · · · · · · · ·71	잘리다 · · · · · · · · · · · · · · ·658
잊지 마세요 · · · · · · · · · · · ·483	잘못된 점을 · · · · · · · · · · · ·440
잊지 않을 거예요 · · · · · · · ·488	잘못 들은 거예요 · · · · · · · ·437
	잘못 선택했어요· · · · · · · ·438
●자●	잘못을 범하고 있어요 · · · ·430
자고 있었니? · · · · · · · · · · · ·42	잘못 읽었어요 · · · · · · · · · ·163
자기가 옳다고 주장하고 있어요	잘 보이려고 하다 · · · · · · ·247
· ·328	잘 생각하셨어요· · · · · · · ·337
자기 마음대로 · · · · · · · · · ·251	잘생겼다! · · · · · · · · · · · · · · ·92
자기만족에 지나지 않잖아요	잘생겼어요 · · · · · · · · · · · ·100
· ·261	잘 안돼 · · · · · · · · · · · · · · ·345
자기 자신 · · · · · · · · · · · · · ·468	잘 어울리시네요· · · · · · · ·104
자네· · · · · · · · · · · · · · · · ·608	잘 있다 · · · · · · · · · · · · · · · ·55
자동차 · · · · · · · · · · · · · · ·665	잘 있어! · · · · · · · · · · · · · · ·128
자리를 비우다 · · · · · · · · · ·515	잘 지내다 · · · · · · · · · · · · · ·516
자리에 없었어요· · · · · · · ·515	잘 지냈어? · · · · · · · · · · · · · ·54
자세한 것은 모르겠어요 · · · ·514	잘 지냈어요. · · · · · · · · · · · ·57

잘한다!	334
잘 해내다	137
잘해 주지 않다	408
잘했어!	92, 257, 305
잠깐	589
잠시 후에	520
잡다	631
잡담	647
장난치지 마!	422
장난하는 거야?	421
장담하진 못하겠는데요	400
장담할 수는 없어요	514
장을 보다	45
재미있는 얘기 들었어요	511
재미있을 것 같은데요	415
재수 없는 놈!	186
재수 없어	219
재수 없어!	186
재수 좋네요!	175
재수 좋다!	169
재판	674
재확인하다	548

●저●

저 같으면	373, 391
저기!	25
저기 말이야	82
저기요	26
저기요!	49
저녁	576
저도 같은 심정입니다	91
저런!	83, 178, 207, 311
저리	658
저 말이야!	509
저에게 맡겨 주십시오	324
저희	581

적극적으로	639
-적으로	256
전	398, 423
전대미문이에요	214
전력	465
전력을 기울일게요	465
전적으로 반대하다	394
전적으로 옳다고 봐요	328
전하다	591
전해 드리다	158
전혀 다릅니다	432
전화 거는 방법	458
전화로 보고하죠	512
전화하다	597
절	154
절대로 안 된다!	345
절대 반대에요	424
절대 안 돼!	325
절대 용서 못 해요	199
절망감을 느끼고 있습니다	225
절실히 느끼다	392
절호의 기회예요	338
젊어 보인다는 말을 자주 들어요	20
젊은이	574
점심	602
정곡을 찌르다	339
정당한 이유	525
정당화하다	527
정도로	497
정말 뜻밖입니다!	63
정말 멋져요!	171
정말 안됐네요	313
정말 안타깝네요	311
정말이라고 생각하는데요	363
정보	513

744 ◆ 韓国語索引

정신 나가다	288
정신(이) 나가다	480
정신없이 울었어요	223
정신이 없다	534
정신 차려!	133, 552
정신(을) 차리다	265
정이 많다	100
정정당당하게	653
정체되다	665
정하기 어려워요	445
정하지 못했어요	444
제가 생각한 그대로였어요	363
제가 아는 한	436
제가 아는 한에는	336
제가 알 바가 아니에요	356, 428
제가 하고 싶은 말은	505
제가 하는 말	506
제가 한 일이 후회됩니다	296
제공하다	515
제기랄!	179
제 기억으로는	490
제대로	483
제멋대로 구는구나!	239
제발	575
제발 용서해 주십시오	167
제 방식대로	329
제법이구나!	93
제 생각은 다릅니다	434
제 시간에 댔다!	169
제안	579
제압하다	666
제외하다	585
제 입장에 서서	425
제 주장을 뒷받침하고 있습니다	330
제 힘으로	652
젠장!	287

●조●

조만간	572
조바심 내지 마세요	135
조사하다	519
조심하다	640
조언	578
조용히	619
조용히 하세요!	49
좀 그런데요	500
좀 더 자세히 여쭙고 싶습니다만	91
좀 도와줘	34
좀처럼	483
좀 하는 편이에요	22
종류	460
좋고말고요!	86
좋아 보이네요	58
좋아하는 색깔	478
좋은 소식이야	510
좋은 주말 되세요!	70
죄송하지만	162, 355
죄송합니다	33

●죠●

-죠?	445

●주●

주도권	595
주말	600
주셨으면 합니다	462
주소	454
주의력	651
주제넘게 나서지 마세요	251

죽기 살기로 · · · · · · · · · · · 552
죽인다! · · · · · · · · · · · · · 168
줄래? · · · · · · · · · · · · · · · 56
줄을 서다 · · · · · · · · · · · · 661
중에서 · · · · · · · · · · · · · · 478
중요한 · · · · · · · · · · · · · · 519
중지(가) 되다 · · · · · · · · · 662

● ㅈ ●
즐거운 여행 되세요! · · · · · · 70

● 지 ●
-지 · · · · · · · · · · · · · · · · 289
지각하다 · · · · · · · · · · · · 524
지겨워! · · · · · · · · · · · · · 185
지겨워 죽겠다! · · · · · · · · 267
지겹지도 않아요? · · · · · · 250
-지 그래? · · · · · · · · · · · · 577
지금까지 알게 된 사실 · · · 513
지금도 · · · · · · · · · · · · · · 489
지금 막 하려던 참이었어 · · 511
지금 뭐했어? · · · · · · · · · 208
지금 뭐 하자는 거야? · · · · 237
지금부터 · · · · · · · · · · · · 502
지금 생각하면 · · · · · · · · 488
지금 시비 거는 거야? · · · · 190
지금으로서는 · · · · · · · · · 550
지금은 아냐 · · · · · · · · · · 349
지긋지긋해 · · · · · · · · · · 228
지긋지긋해! · · · · · · · · · · 185
지나가는 개가 웃겠다! · · · 435
지나다 · · · · · · · · · · · · · · 638
지나치게 · · · · · · · · · · · · 651
지내기 편하다 · · · · · · · · · 95
지당하신 말씀이에요 · · · · 339
지당한 말씀이에요 · · · · · 415

지레짐작하지 마세요! · · · · 364
지름길 · · · · · · · · · · · · · · 582
-지 말 걸 그러다 · · · · · · · 293
-지 말고 · · · · · · · · · · · · · 39
-지 못하다 · · · · · · · 264, 357
지불 방법 · · · · · · · · · · · 475
지시대로 하다 · · · · · · · · 206
지시에 따랐을 뿐입니다 · · 206
-지 않을 수 없다 · · · · · · · 432
-지요 · · · · · · · · · · · · · · 516
지적해야 될 점 · · · · · · · · 494
지진 · · · · · · · · · · · · · · · 513
지진이 있었대요 · · · · · · · 513
직업이 어떻게 되세요? · · 460
직장 · · · · · · · · · · · · · · · 527
직장 생활 그만두고 · · · · · · 16
직장을 그만두기로 · · · · · 450
직접 · · · · · · · · · · · · · · · 502
진심으로 · · · · · · · · 125, 327
진심으로 감사드립니다 · · 157
진심으로 환영합니다 · · · · 303
진저리가 난다 · · · · · · · · 228
진저리(가) 나다 · · · · · · · 265
진전이 있었어요 · · · · · · · 512
진정해! · · · · · · · · · · · · · 139
진짜 놀랐어요! · · · · · · · · 211
진짜 대단하세요 · · · · · · · 341
진짜 죽여준다! · · · · · · · · 258
진짜 화났어요! · · · · · · · · 197
질리지도 않아요? · · · · · · 250
질문 · · · · · · · · · · · · · · · 508
질색이야 · · · · · · · · · · · · 419
질색이야! · · · · · · · · · · · 350
짐 · · · · · · · · · · · · · · · · 560
짐작이 가요 · · · · · · · · · · · 89
집사람 · · · · · · · · · · · · · · 18

746 ◆ 韓国語索引

짓 · · · · · · · · · · · · · · · · ·524
짚이는 데가 있어요 · · · · · · ·89

● 짜 ●
짜증 나요! · · · · · · · · · · · 198
짜증을 내다 · · · · · · · · · · 122
짜증이 날 법도 하죠 · · · · · 126
짧다 · · · · · · · · · · · · · · · · 468

● 쪼 ●
쪼그리다 · · · · · · · · · · · · · 667
쪽 빼입고 · · · · · · · · · · · · 105

● 찌 ●
찍다 · · · · · · · · · · · · · · · · 592

● 차 ●
차질 · · · · · · · · · · · · · · · · 648
차질 없이 · · · · · · · · · · · · 329
찬성 과반수로 · · · · · · · · · 418
찬성 못 하겠어요 · · · · · · · 423
참견하지 마 · · · · · · · · · · 192
참견하지 마! · · · · · · · · · · 351
참견하지 마세요 · · · · · · · 251
참석하기로 했습니다 · · · · · 450
참석하다 · · · · · · · · · · · · · 524
참을 수가 없어 · · · · · · · · 264
참을 수 없어요 · · · · · · · · 231
창피하게 만들다 · · · · · · · 618
채용하다 · · · · · · · · · · · · · 519
채용하도록 하다 · · · · · · · 371
책임(을) 지다 · · · · · · · · · 344
챙겼어요? · · · · · · · · · · · · ·44

● 처 ●
-처럼 · · · · · · · · · · · · · · · 568

처신 · · · · · · · · · · · · · · · · 646
처음 · · · · · · · · · · · · · · · · 518
처음 만났을 때 · · · · · · · · 487
처음 뵙겠습니다 · · · · · 13, 24
척척 해내요 · · · · · · · · · · ·95
천성 · · · · · · · · · · · · · · · · 206
철(이) 들다 · · · · · · · · · · · 239
철자 · · · · · · · · · · · · · · · · 461
첫 번째 · · · · · · · · · · · · · · 532
청 · · · · · · · · · · · · · · · · · 571
체포하다 · · · · · · · · · · · · · 574

● 초 ●
초대장 · · · · · · · · · · · · · · 550
초대하다 · · · · · · · · · · · · · 605
초등학생 · · · · · · · · · · · · · ·19
초면이에요 · · · · · · · · · · · ·79
촌닭 같애 · · · · · · · · · · · · 244
최고라곤 할 수 없지만 · · · · 347
최대한 · · · · · · · · · · · · · · 508
최선을 다하겠어요 · · · · · · 465
최선을 다하세요 · · · · · · · 135
최신 정보 · · · · · · · · · · · · 515
최종 결단 · · · · · · · · · · · · 451

● 추 ●
추심 · · · · · · · · · · · · · · · · 674
추천하다 · · · · · · · · · · · · · 584
축하하는 의미에서 · · · · · · 307
출신지 · · · · · · · · · · · · · · 461
출장 · · · · · · · · · · · · · · · · 582
충고 · · · · · · · · · · · · · · · · 578
충분히 · · · · · · · · · · 500, 542
충분히 있을 수 있어요 · · · · 410
취급 · · · · · · · · · · · · · · · · 645
취소가 되다 · · · · · · · · · · 664

韓国語索引 ◆ 747

취향에 맞습니까?······479

● 치 ●
치수가 어떻게 되세요?····478
친구하다···········109
침식을 잊고········485
칭찬 받은 거예요······100
칭찬해 주셔서·······157

● 커 ●
커피 끓였어요········44
컴퓨터와 관계된 일······16

● 코 ●
쾌차하신 거 축하해요!···309

● 크 ●
큰 도움이 돼요········338
큰 소리············624
큰일 났어요!········215

● 타 ●
타고난 성질·········206
타입··········454, 472
타협이 이루어졌습니다···110
타협할 수 없어요······326
탄복할 따름입니다·····102
탐탁하지 않아요····272, 355
탓···············521
탓으로············534
태도··············653
태산 같아요·········555

● 터 ●
터득하다···········554
테니스 칠래?········472

● 토 ●
통···············625
통 모르겠어요·······540
통역··············502
통역하겠어요········502
통이 크시네요········101
통제하다···········666
퇴근··············598

● 투 ●
툭 까놓고··········326

● 트 ●
트집(을) 잡다·····245, 256
특별 대우···········639
특별한············531
틀림없다···········525
틀림없어!············84
틀림없어요!·········340

● 티 ●
TV를 보느라고·······483

● 파 ●
파다··············632
파이팅!········65, 552
팔···············669
패션 감각이 뛰어나십니다··106

● 펴 ●
편···············577
편안하게 하세요······302
평상시대로·········517
평상시와 같아요······517
평소에는············21
폐를 끼쳐···········167

폐쇄하다·····585	하는 줄로 알다·····447

●포●
포기하다·····553
포기하지 마세요·····135
포장하다·····590

●표●
표기·····461

●푸●
푸념을 늘어놓다·····97
푹 잤어요?·····43
풀(이) 죽다·····227
풀이 죽다·····233

●피●
피우다·····609
필요 없어요·····351
핑계 대지 마라!·····186
핑계(를) 삼다·····279

●하●
-하게 해 주세요·····273
하고 싶은 대로 해·····441
하기 나름·····447
하기 싫어·····350
하기야 안달복달하겠군요···126
하긴·····407, 536
하긴 그래요·····340
하긴 그런데·····505
하긴 그렇지!·····536
하긴 그렇지!·····84
하나의 예에 지나지 않아요··496
하는 수 없네요·····415
하는 일은 잘돼 가요?·····117

하늘이 두 쪽이 나도·····442
하늘이 무너져도 솟아날 구멍이
 있다·····147
하도 반가워서·····176
하려고 하는데요·····507
하려던 참이었어·····57
하루·····515
하루빨리·····574
하루 종일·····222, 515
하시는 말씀은·····85
하시는 말에·····100
하시는 일·····384
하지 말자·····349
한 가지·····496
한 달 안으로·····323
한두 번·····644
한마디로 말해서·····335
한마디 하다·····264
한마디 할 거야?·····376
한마디 해도 될까요?·····390
한밑천 잡다·····338
한바탕·····463
한바탕 해 볼까?·····463
한 번 더·····502
한 번도·····403
한 수 위지요·····98
한숨 놓였다!·····168
한숨(을) 돌리다·····283
한심한 놈!·····238
한심한 일이에요·····230
한없이·····263
한잔하다·····598
한잔하러 안 갈래?·····332
한창·····532
한 치의 양보도·····328

한턱(을) 내다 ········606	
할 말 없어 ··········396	
할 말이 있어요 ·······511	
할 수 있다 ··········136	
할 수 있다면 ·········371	
할인 상품 ···········583	
함께 ···············577	
함께 하다 ···········607	
함부로 ·············652	
함부로 말하지 마! ····244	
함정 ···············651	
합격하셨다니 정말 잘됐습니다 ········310	
합의 ···············542	
합의에 이르렀습니다 ···416	
합의했습니다 ········416	
해고당하다 ··········527	
해고되다 ············666	
해내고야 말겠어요 ····321	
해내다 ·············518	
해 놓다 ·············537	
해도 해도 너무해요 ···269	
해 두다 ········507, 537	
해 보자! ············404	
해 보자구요! ·········337	
해 봅시다! ···········337	
해 봐요! ············337	
해소 ···············603	
해야 한단 말이에요? ···276	
핸드폰 ·············661	
핸드폰 번호 ·········456	
했더라면 ············294	
행동 ···············527	
행동하다 ············617	
행운 ···············573	
행운을 기원합니다 ····130	

●허●

허가 ···············611	
허망해요 ············221	
허물없이 ············385	
허전하군요 ··········222	
허튼소리 하지 마! ····244	
헛걸음했어요 ········516	
헛소리야 ············245	
헤프게 ·············652	
헷갈리다 ············546	

●혀●

혀를 내두르다 ···212, 217	
현장에서의 보고 ······520	
협조 ···············562	
형편 ···············479	

●호●

호들갑을 떨다 ········549	
호랑이 ·············631	
호랑이가 굴에 들어가지 않고서야 호랑이 새끼를 잡을 수 없다 ········631	
호통(을) 치다 ········618	
호흡을 멈추다 ········663	
호흡이 맞다 ·········262	
혹시 ···············461	
혹시 그게 진짜라면 ····370	
혹시 일억 원이 생긴다면 ···369	
혹시 제가 그렇게 하면 ···372	
혼내다 ·············618	
혼자서 ·············518	
화가 치밀어요 ········198	
화끈하게 ············598	
화내지 마 ···········190	
화내지 마세요 ········197	

화려한 싱글 · · · · · · · · · · · 18	힘껏 · · · · · · · · · · · · · · · · 464
화투 · · · · · · · · · · · · · · · · 578	힘내! · · · · · · · · · · · · · · · · 65
확신하다 · · · · · · · · · · · · · 541	힘내세요! · · · · · · · · · · · · 135
확실하지 않아요 · · · · · · · 357	힘닿는 데까지 · · · · · · · · · 515
확실한 얘긴 · · · · · · · · · · · 514	힘드시겠네요 · · · · · · · · · · 125
확실합니까? · · · · · · · · · · · 385	힘에 부치다 · · · · · · 251, 266
환전 · · · · · · · · · · · · · · · · · 665	힘이 되어 드릴 수 없어요 · · · 352
횡단보도 · · · · · · · · · · · · · 645	

● 효 ●
효과는 있다고 봐요 · · · · · · 393
효힘이 있으리라 보는데요 · · 393

● 후 ●
후회하게 되다 · · · · · · · · · 291

● 휴 ●
휴 · · · · · · · · · · · · · · · · · · 168
휴일 · · · · · · · · · · · · · · · · 575
흉내 내다 · · · · · · · · · · · · 631
흉(을) 보다 · · · · · · · · · · · 659

● 흐 ●
흐지부지하게 · · · · · · · · · · 634
흠을 잡다 · · · · · · · · · · · · 244
흠잡을 데가 없구나! · · · · · 257
흡연석 · · · · · · · · · · · · · · 474
흥미를 가지고 있습니다 · · · 462
흥미 없거든요 · · · · · · · · · 398
희망 · · · · · · · · · · · · · · · · 571
희망하시는 게 뭔지 · · · · · 475
희미하게나마 · · · · · · · · · · 489
희소식 · · · · · · · · · · · · · · 510

● 히 ●
힌트를 주었어요 · · · · · · · · 507

● 著者紹介

李 清一（イ チョンイル）

　ハングル能力検定協会理事、池袋ハングルスクール校長。朝鮮大学校文学部外国語科卒業後、朝鮮新報社記者、ハングル能力検定協会事務局長等を経て現在に至る。

　著書に『アンニョンハセヨ！韓国語』『アンニョンハセヨ！韓国語 かんたんドリル』『アンニョンハセヨ！韓国語 ハングル読み書きドリル』『アンニョンハセヨ！韓国語 すぐに使える日常単語』（以上、池田書店）、『大活字CDブック 気持ちを伝える韓国語表現1300』（実務教育出版）、『これで合格！ハングル能力検定試験4級・5級［頻出］問題集』『これで合格！ハングル能力検定試験準2級・3級［頻出］問題集』『ひとりで学べる 韓国語会話』（以上、高橋書店）などがある。

編集・制作協力	株式会社エディポック
編集担当	伊藤雄三（ナツメ出版企画）

カラー版 とっておきの韓国語会話表現辞典

2010年5月3日 初版発行

著 者	李 清一	©Lee Cheong-Il 2010
発行者	田村正隆	

発行所	**株式会社ナツメ社** 〒101-0051 東京都千代田区神田神保町1-52 加州ビル2F 電話 03(3291)1257　　FAX 03(3291)5761 振替 00130-1-58661
制 作	ナツメ出版企画株式会社 〒101-0051 東京都千代田区神田神保町1-52 加州ビル3F 電話 03(3295)3921
印刷所	図書印刷株式会社

ISBN978-4-8163-4888-4　　　　　　　　　　　Printed in Japan
＜定価はカバーに表示しています＞　＜落丁・乱丁はお取り替えします＞

本書の一部または全部を著作権法で定められている範囲を超え、ナツメ出版企画株式会社に無断で複写、複製、転載、データファイル化することを禁じます。